SV

Martin Walser
Der Lebenslauf der Liebe

Roman

Suhrkamp Verlag

© Suhrkamp Verlag Frankfurt am Main 2001
Alle Rechte vorbehalten, insbesondere das
der Übersetzung, des öffentlichen Vortrags sowie der Übertragung
durch Rundfunk und Fernsehen, auch einzelner Teile.
Kein Teil dieses Werkes darf in irgendeiner Form
(durch Fotografie, Mikrofilm oder andere Verfahren)
ohne schriftliche Genehmigung des Verlages reproduziert
oder unter Verwendung elektronischer Systeme
verarbeitet, vervielfältigt oder verbreitet werden.
Schutzumschlag und Satzausführung: FaGoTt, Ffm.
Druck: Friedrich Pustet, Regensburg
Printed in Germany
Erste Auflage 2001

3 4 5 6 – 06 05 04 03 02 01

Der Lebenslauf der Liebe

Sonntagskind

1.

Sechsmal hielt sie den Zeigefinger Domino hin, sechsmal hielt sie ihn Jeannie hin und zählte mit und wechselte ab, weil sie wußte, Jeannie hätte es für ungerecht gehalten, wenn Domino sechsmal nacheinander den aus der Quarkschüssel auftauchenden Zeigefinger hätte ablecken dürfen, bis sie zum ersten Mal drangekommen wäre. Susi Gern genoß es, gerecht sein zu können. So hätte Mr. Warhol sie malen müssen. Frühstückend. Domino und Jeannie links und rechts vor ihr auf dem großen, runden, weißen Tisch. Edmunds Kommentar: Wenn mir das einer gesagt hätte, Katzen auf deinem Frühstückstisch. Sie, von Anfang an: Meine Katzen dürfen alles. Sie hatte allerdings nicht von Anfang an Katzen gehabt. Erst als sie fünf oder sechs Jahre verheiratet gewesen waren, hatte sie angefangen, sich nach Katzen umzusehen. Um Edmund die Zustimmung zu erleichtern, hatte sie gesagt: Kinder brauchen Tiere. Conny durfte den Katzen Namen geben. Andreas interessierte sich für die Katzen so wenig wie Edmund. Daß ihre Katzen Kunstwerke waren, wußte nur sie. Wenn Edmund mit ihr frühstückte – also gar nicht mehr so oft, und sie hatte sich nicht nur daran gewöhnt, sie hatte es sogar genießen gelernt, ohne ihn zu frühstücken –, aber wenn er sich dann wieder einmal zur gleichen Zeit an den von ihm ausgesuchten Tisch setzte, dann ließ er sie das vorher wissen; und sie wußte, daß es besser sei, die Katzen den Quarkfinger lecken zu lassen, bevor Edmund ihr gegenüber Platz nahm. Edmund hat beim Frühstück zwar von Anfang an die *Frankfurter* vor dem Gesicht gehabt, aber er hat ihr, während er las, immer lieben Blödsinn zugerufen. Frühstück ist die schönste Jahreszeit. Dergleichen. Oder hat sich lustig gemacht darüber, daß bei ihr, angefangen von sechsmal den Finger hierhin und sechsmal dahin, bis zum fünffachen Süßstoff immer alles gleich ablaufe. Magerquark, Knäckebrot, Nescafé ohne Coffein, aber mit fünf Stückchen Süßstoff und Milch. Edmund brauchte jeden Tag ein anderes Frühstück. Es machte ihm Spaß, bei ihr zu bestellen. Ihr machte es Spaß, daß er in zweiunddreißig Ehejahren noch nie etwas bestellt hatte, was sie nicht vorrätig gehabt hätte. Sie hatte ihn allerdings schon erwischt, wie er, bevor er ins Bad ging, schnell noch in die Küche abbog und den Kühlschrank inspizierte. Rücksicht nehmen gilt nicht, hatte sie gerufen. Und er: Du täuschst dich, ich will sehen, was du NICHT hast, das bestelle ich dann. Sie hatte aber immer alles. Alles, was er überhaupt bestellen konnte. Es waren nicht Eßgelüste, die Edmunds Phantasie belebten.

Domino und Jeannie zogen sich, sobald Edmund auch nur im Eßzimmer erschien, auf einen ihrer Kratzbäume zurück. Jeannie freiwilliger als Domino, der immer glaubte, er könne noch einen siebten Quarkfinger erzwingen. Aber Susi Gern sagte mit einer Stimme, die für ein Parlament ausgereicht hätte: Wenigstens bei mir soll es gerecht zugehen.

Heute morgen hatte Edmund weder mit ihr noch ohne sie gefrühstückt. Mit Heimchen Pudlich nach Rom. Das hätte sie sich ausrechnen können, daß er da zu aufgeregt war, um sich hier ruhig, gar noch Zeitung lesend, hinsetzen zu können. Aber dann fand sie sich doch ganz unvorbereitet, als es um halb acht plötzlich klingelte. Das konnte nur das Taxi sein. Edmund war noch im Bad. Sie rief ihn. Keine Reaktion. Da ihr, ein Taxi warten zu lassen, in der Seele wehtat, ging sie ins Bad, fand Edmund vor dem Spiegel, er probierte Gesichter.

Lächeln und Lachen, sagte er, kann ich mir nicht mehr leisten. Lachen schon länger nicht mehr. Aber jetzt ist auch Lächeln schon gefährlich. Schau, wie sich schon bei einem Anflug von Lächeln die Fältchen häufen. Und führte es vor. Das Taxi wartet, sagte Susi, und Frau Pudlich auch. Und sah die betuliche Dörte Pudlich im Flughafen hin und her trippeln. Susi mußte Edmund, was ihn erwartete, vorführen. Hach, Edmund, bist du aber früh gekommen, früher, als ich hoffen durfte, was für ein wunderbarer Tag, hach, Rom, Edmund, endlich wieder einmal Rom. Und das mit dir, hach, Mündchen. Sie nannte ihn, wenn sie zärtlich wurde, Mündchen. Hatte Edmund verraten. Und dabei den Kopf geschüttelt, als plage ihn diese Bezeichnung. Daß Susi Heimchen Pudlich nachmachte, gefiel ihm. Am liebsten würde ich wieder auspacken, sagte er. Und zeigte, wie ihm die Augen schwammen. Ist ja gut, Lieken, sagte Susi, hau ab jetzt.

Sie waren schon längst in ihrem Ritual und wußten es beide. Immer wieder kam ein Satz dazu, der neu war. Und vielleicht von jetzt an dazugehörte. Edmund machte weiter. Schnucke, sagte er, wie weh mir das wieder tut. Du leidest so, daß ich dich sofort im Leiden übertreffen möchte. Ich ertrage es nicht, daß du mehr leidest als ich. 's iss, wie's iss, sagte Susi. Hau ab. Oh, sagte er, nur das noch, daß du mich nicht ganz falsch verstehst: Frau Pudlich muß die Kassettendecke in Maria Maggiore ohne mich anschauen ... Das Taxi, rief Susi. Ja, ja, ja, sagte Edmund und stellte sich noch einmal dicht vor Susi hin. Sie mußte, um ihm in die Augen schauen zu können, fast gar nicht nach oben schauen.

Susi, sagte er, siebenundfünfzig bin ich ...

Achtundfünfzig, rief Susi.

Nächste Woche, Dienstag, sagte er. Aber gekündigt bei Oxfort mit grade mal siebenundfünfzig und jetzt Sozietät Ophoff, Kebben, Wallisch und Gern. Nachsagen!

Das gab es erst, seit er, und zwar mit seiner Sekretärin, über die Kö herübergewechselt hatte, weg von Oxfort ins Hohenzollernhaus. Seit er in der neuen Sozietät war, sagte er ihr jeden Tag einmal die Namen auf, und sie mußte nachplappern. Nein, nicht plappern, groß die Namen hissen wie Fahnen, wie er es vormachte. Ophoff, Kebben, Wallisch und Gern.

Und Herr Edmund Gern, rief er, der siebenundfünfzigjährige Neuling, kaum hat er seine Edelmöbel im Hohenzollernhaus, dritte Etage, plaziert, zieht er die Ausschreibung des Jahres an Land. Schlachthof Rom. Schnucke. Aus der Westentasche zieht Edmund dergleichen. Auf jeden Fall tut er so. Hat er bei Oxfort mitlaufen lassen. Wär dort sein finales Opus geworden oder schon Nachlaß. Also mitgenommen über die Kö hinüber ins Hohenzollernhaus.

Und daß du auch weißt, sagte er, mit wem du verheiratet bist, bring ich's dir dar.

Das Taxi, rief Susi.

Aber Edmund ließ sich nicht rausbringen. Es folgte einer jener Auftritte, die Edmund selber Nummern nannte.

Die Ein-Engel-namens-Edmund-Nummer, rief er. Schau, Schnucke, schau-schau-schau. Und hob bei jedem *schau* die Arme, daß die Goldfassungen seiner Manschettenknöpfe leuchten konnten. Und als eine Art Fred Astaire unterstützte er seinen Singsang.

Zweihunderttausend
Aufwand,
die Ausschreibung
war unser,
Edmund himself
meißelt den Vertrag,
hermesgesichert,
jetzt, Konzernkonsortium,
leg los.
Die schicken hin
zuerst einen
Dipl-Insch,
der hält Rom
für Castrop-Rauxel,
Rom ist sauer,
will raus aus
dem Vertrag,
jetzt flehen
die Konzerne,
ein ganzes Konsortium
fleht: Herr Gern,
Herr Gern, retten Sie,
retten Sie Ihr Werk.
Also überfliegt
der Engel namens
Edmund schnell mal
die Alpen. Schnucke,
wie das tut,
tun zu dürfen,
was man am liebsten

tut. Irre gut tut
das, Schnucke. Adieu.
Und tanzte, als würde Fred Astaire einen Torero parodieren, hinaus. Sie wußte es ja, Edmund war ein Kind. Nein, pubertär war er. Als sie ihm das einmal gesagt hatte, hatte er sich gekränkt gegeben. Um ihn zu versöhnen, hatte sie gesagt, Männer seien eben pubertär. Das hatte ihn versöhnt. Aber es stimmte nicht. Sie hätte sagen müssen: viele Männer sind pubertär. Und denken: aber nicht alle. Zum Glück. Aber lustig waren die Pubertären. Durchaus möglich, daß Edmund nur den Anzug hatte vorführen wollen, der gestern von Mr. Wilkinson aus London eingetroffen war. Ein Stoff, der sein Grau adelte. Angepaßt, wie Edmund es verlangt: als wäre der Anzug eine Winzigkeit zu klein. Wahrscheinlich sollte Edmund dadurch ein bißchen größer wirken. Die Krawatten immer von Blau oder Schwarz beherrscht. Was gelb oder rot als Muster auftritt, muß eher verloren wirken im blauen oder schwarzen Fond.

Fort war ihr Pubertärer mit all seinen feinen mit EAG signierten Sachen, die sie gestern abend gepackt hatte, als er summend von seinem Schach-Guru zurückgekommen war. Summend, obwohl er wieder verloren hatte. Er behauptete, Mr. Yingling sei der einzige Mensch, gegen den er genau so gern verliere wie gewinne, aber wenn Susi am Freitagabend versäumte zu fragen, wer denn gewonnen habe, war Edmund verstimmt. Auch verlorene Spiele wollte er ihr melden, weil er dann ihr und sich erklären konnte, warum er diesmal verloren hatte. Susi hörte sich das Schachkauderwelsch seit Jahr und Tag an. Wenn Edmund fragte: Verstehst du? nickte sie. Die Mr. Yingling-Sätze, die er immer mitbrachte, verstand sie immer. Gestern hatte Mr. Yingling Edmund erklärt, warum er, Mr. Yingling, der sich einen Fastgläubigen nenne, mit Edmund immer am Freitagabend Schach spielen könne, also genau dann, wenn der Sabbat beginne. Nicht verboten sei, hatte Mr. Yingling erklärt, das Einfangen eines Hirsches, das Einfangen der Schlange und das Aufstechen eines Geschwürs. Auch nicht verboten seien Handlungen, die nur scheinbar sind. Warum das Schachspielen eine scheinbare Handlung genannt werden dür-

fe, werde er seinem Freund Gern ein anderes Mal erklären. Gestern hatte Edmund verloren, angeblich weil er zuviel von Mr. Yinglings historischem Burgunder getrunken habe, während Mr. Yingling, der gut und gerne Fünfundachtzigjährige, sich beschämend gut beherrscht habe: Musigny, Jahrgang 1945, und da nippt Mr. Yingling eher, als er trinkt, während Edmund nach dem zweiten Schluck eigentlich nicht mehr aufhören möchte. Und weiß doch auch, daß man so eine höchste Flüssigkeit gar nicht fromm genug zu sich nehmen, sich einverleiben kann. Natürlich hat er auch gestern ein Buch mitgebracht, wie immer eine Erstausgabe. Ich bin sein letzter Kunde, sagte Edmund. Außer an Edmund verkauft er an niemanden mehr, seit er das Geschäft in der Breiten Straße geschlossen hat. Auch das Buch, das Edmund gestern mitgebracht hatte, sah gar nicht aus wie ein Buch, sondern wie etwas, in dem man etwas Kostbares aufbewahrt, Schmuck zum Beispiel. Edmund streichelte die Bücher, die er von Mr. Yingling brachte, wie Susi ihre Kätzchen. Da fühl mal, dieses Maroquin, quergenarbt, fühlst du's. Und da, diese florale Bordüre, goldgeprägt, Schnucke, und das ist der erste Druck der ersten Ausgabe, die in wenigen Exemplaren für Goethe selbst hergestellt wurde. Auf Velinpapier. Und heißt ... Er drehte ihr den Buchrücken zu. Lies! Sie las: *Goethe West-Oestlicher Divan*. Und las ihr gleich volltönend vor:
Gottes ist der Orient! Gottes ist der Okzident!

Und geschrieben für eine Marianne, die vierunddreißig Jahre jünger war als er.

Und wie immer am Freitag bestieg Edmund, als er das Buch lange genug liebkost hatte, die riesige und auf riesigen Messingrollen fahrbare Mahagonileiter, setzte sich oben auf der Plattform auf die lederbezogene Bank, fing noch einmal an zu blättern und zu lesen und schob dann die Neuerwerbung feierlich zärtlich da hin, wo sie hingehörte.

Ach, Schnucke, hatte er dann, als er ihr beim Packen zugeschaut hatte, gesagt, wenn ich doch auch schon fünfundachtzig wäre. Ach, Lieken, hatte Susi gesagt, schön wär's.

Er schaute ihr beim Packen immer zu, als wolle er das, was da getan wurde, lernen, um es bald selber zu können. Pose. Seit

Jahrzehnten. Susi wußte, daß in Rom, wenn er den Koffer öffnete, Heimchen Pudlich neben ihm stehen würde. Heimchen Pudlich sollte sehen, daß dieser Koffer von Frau Gern gepackt worden war. So konnte nur Frau Gern einen Koffer packen. Frau Gern, ein Genie der Ordnung und der Gerechtigkeit. Sollte Heimchen Pudlich denken. Und sich fürchten.

Susi rannte zur Fensterfront im Wohnzimmer, um Edmund abfahren zu sehen. Vielleicht schaute er ja herauf. Tatsächlich, er schaute, er winkte herauf. Oh Lieken, dachte sie. Empfand sie. Damals in Essen kuckte er runter und sie hinauf, kuckte aus dem RHEINSTAHL-Bau, fünfte Etage, sah sie unten stehen, die Verlobte, die den Referendar jeden Abend abholte, hin und her ging, stehen blieb vor dem erleuchteten Schaufenster gegenüber, vor Heiligenfiguren, Kreuzen, Weihnachtsflitter. Ein leichter Schneesturm trieb an diesem Abend, als Edmund runterkuckte, durch die Straßen. Sie stand, sagte er nachher und sagte es in den Jahren und Jahrzehnten danach noch hundertmal, so himmlisch geduldig stand sie, er habe gewußt: dieser Augenblick ist unvergänglich, zu der, die da unten im lyrischen Schneesturm steht – so hat er sich dann ausgedrückt –, zu der habe er in der fünften Etage laut gesagt: Du gehörst zu mir. Als sie sich, zu Connys Erstkommunion, wieder einmal viel zu kleine Schuhe gekauft hatte und in der Kirche wenigstens aus dem rechten geschlüpft war und gestöhnt hatte vor Schmerz, und das Edmund, als er fragte, was denn sei, erklärt hatte, da habe er, erzählte er später, das Gelübde abgelegt: Ich will ihr immer zuhören, egal was sie mir sagt. Also. Ab zu Heimchen Pudlich. Jetzt Witwe. Der arme Herr Pudlich. Als Herr Pudlich, weil er ein Trinker war, seine kleine Galerie in Köln nicht mehr hatte halten können, hatte Edmund Herrn Pudlich beim Galeristen Hüllencremer untergebracht. Hüllencremer: Ob Herr Pudlich mit dem Maler Pudlich verwandt sei. War er nicht. Herr Hüllencremer nahm ihn trotzdem. Ihnen kann ich nichts abschlagen, Herr Gern. Schließlich ließ sich Edmund von Herrn Hüllencremer alle seine Konstruktivisten besorgen. Sie hatten schon zehnmal so viel, wie sie in ihrem Dachpalast an die Wände hängen konnten. Susi wollte nicht froh sein über des armen Herrn Pudlich Tod, obwohl sie, wenn er noch gelebt hätte, heute und morgen und übermorgen und solange Edmund unterwegs war, Herrn Pudlichs Anrufen ausgesetzt gewesen wäre, seiner elend leisen Stimme und den quälend langsamen Sätzen. Immer wenn Heimchen Pudlich mit Edmund verreiste, mußte Susi Herrn Pudlichs Kontrollanrufe aushalten und Herrn Pudlich durch ebenso kühne wie konkrete Auskünfte von dem Verdacht erlösen, seine Frau sei womöglich mit seinem Wohltäter Gern unterwegs. Herr Pudlich wagte natürlich nie, direkt zu fragen, ob Edmund da sei und, wenn nicht, wo er denn gerade sei. Susi, die wußte, was Herr Pudlich brauchte, bediente ihn gleich mit einer Budapest-Reise, Herr Gern hat eine Schweineverarbeitungsfabrik, Tageskapazität tausend Schweine, zu finanzieren. Oder: Herr Gern ist in Kuwait, weiht dort eine Palastkühlanlage ein, daß die zwölf Frauen des Prinzen bei minus zwanzig Grad in den von den Sowjets geschenkten Schneetigerfellen herumspazieren können. Das waren immer Reisen, die wirklich aus Edmunds Reisekalender stammten, also eine unbezweifelbare Tatsächlichkeit ausstrahlten. Aber Susi wurde das Gefühl nicht los, Herr Pudlich wisse genau, daß seine Frau mit seinem Wohltäter in Baden-Baden oder in Ascona flanierte. Er mußte anrufen, Kontrollfragen stellen, aber eigentlich bat er Susi, ihn vor der Wahrheit zu schützen. Ging es ihr denn anders? Einerseits hatte Edmund, als er die Fundamentalbedingung ihrer Ehe gewürdigt hatte – nichts hinterm Rücken des anderen! –, die Unverbrüchlichkeit ihrer Ehe gefeiert – wenigstens die Wahrheit und nichts als die Wahrheit –, andererseits hatte sie sich oft genug gewünscht, es nicht wissen zu müssen, weil dann in ihrer Vorstellung alles ablief, was dort, wo er gerade war, ablief. Und trotzdem: es zu wissen, so weh es tat, war besser als die undurchsichtige Watte des Betrugs. Ist doch gar nicht wahr! Hin jetzt, quer durch die Flughafenhalle, denen Guten Flug ins Gesicht geschrieen und zurück in die Stadt, die Scheidung eingereicht ... Susi in Aufruhr. Du hast dich nie abgefunden, Blödesuse, du hast nur so getan, als ob. Schluß. Bleib. 's iss, wie's iss. Werde praktisch. Wenn Edmund zurückkommt, erstes Thema: die Pudlich hat sich sofort nach einem Mann umzusehen. Vielleicht wird's ja einer, der es ihr nicht so leicht macht, mit Herrn Gern Kunstreisen zu machen wie ihr Dritter. Susi konnte verlangen, daß die Geliebten ihres Mannes feste Partnerschaften hatten. Der arme Herr Pudlich hat diese Funktion nicht ganz drei Jahre ausüben können. Edmund würde sich wehren. Hatte die Pudlich niemanden, war sie leichter zu disponieren. Er würde wieder schwören, daß er, sollte Susi etwas zustoßen, weder die Pudlich noch die Prellmann noch die Proll je ins Haus holen würde. Trotzdem, wenn eine von denen keinen Partner hatte, sah Susi die in Wartestellung. Die Pudlich, fünf Jahre jünger als Susi, die Prellmann sieben und die Edelnutte Proll einunddreißig Jahre jünger. Alle drei auf ganz unterschiedliche Weise weniger verausgabt als Susi. Susi fühlte sich, schon von innen her, zerschlissen. Daß er keine von denen so liebt, wie er sie liebt, glaubt sie ihm. Sie reckte sich, streckte sich. Edmunds Offenheit ihr gegenüber, ihre Offenheit Edmund gegenüber, dieses Allessagenkönnen, das kann sie sich bei keiner dieser drei Frauen vorstellen. Aber daß Herr Pudlich tot ist, darf sie trotzdem nicht einfach hinnehmen. Ihr erster Satz am Mittwoch zu Edmund: Entweder du bringst das Heimchen sofort dazu, daß sie wieder mit einem zusammenlebt und den dann wieder mit dir betrügt, oder ich kündige den Vertrag. Ist doch klar, wenn sie alles schleifen läßt, ist ihr Mann in absehbarer Zeit umringt von einer Schar von Witwen, die nur noch Zeit für ihn haben und auf Susis Tod warten. Hätte die Pudlich besser auf ihren Mann aufgepaßt, würde der wahrscheinlich noch leben. In zermürbenden Telephonaten hatte Herr Pudlich ihr immer wieder geschildert, welche Fallen ihm das Schicksal schon gestellt hat. Als Galerist hat er antreten müssen gegen immer noch mehr Sprößlinge aus immer noch reicheren Häusern. Ob die verkaufen oder nicht verkaufen, die haben so viel Geld hinter sich, Verluste stecken die doch weg wie nichts. Und da erscheint Herr Gern und holt ihn raus. Bei Hüllencremer hat Pudlich nicht mehr getrunken. Und weil Edmund sein Retter war, hat er es sich nicht leisten können, in ihm seinen Feind zu sehen.

Heute vor sieben Wochen ist Herr Pudlich beerdigt worden. Daß man einen Mann leichter verliert als ein Kind, konnte sich Susi vorstellen. Obwohl einem, genau genommen, ein Mann wichtiger ist als ein Kind. Aber eben eine Wichtigkeit, für die es Ersatz gibt. Schnucke, hatte er gestern, als er beim Packen zugeschaut hatte, gesagt, nur daß das klar ist: sie kann dir das Wasser nicht reichen, die Pudlich.

Kaum saß Susi wieder am Eßtisch, um ihr immer gleiches Frühstück zwischen den zwei Katzen und den zwei Kerzen zu zelebrieren, da schlurfte Conny in die Küche. Conny hatte immer Schlappen an, die man nicht mit dem Fuß heben konnte, weil sie dann sofort abgefallen wären, man mußte sie auf dem Boden schieben. Es gelang Conny, Jeannies habhaft zu werden und sie in ihr Zimmer zu tragen. Als sie Jeannie drüben hatte, kam sie noch einmal und holte das Tablett, auf dem Susi ihr jeden Morgen das Frühstück richtete. Auch heute lud Conny noch zwei Schokoriegel drauf. Mäusken, rief Susi, einer genügt. Polster Teufel, rief Conny. Als ihre Mutter nicht, wie es sich gehörte, auch Polster Teufel rief, worauf beide gelacht hätten, rief Conny noch einmal und deutlich mahnender, fast flehend: Polster Teufel!! Aber Susi konnte nicht nachgeben. Einer genügt, rief sie und versuchte Unerbittlichkeit auszudrücken. Conny legte einen Riegel auf den Tresen, der die Küche vom Eßzimmer trennte, und schnipste den Riegel noch vollends herüber. Er fiel zu Boden. Mäusken! Das klang schmerzerfüllt. Und war nicht gespielt. Conny durfte einfach diesen Schokoriegel nicht so herüberschnipsen, daß der zu Boden fiel. Susi hatte das Gefühl, daß ihr Leben jeden Sinn verliere, wenn sie das zuließ. Und Conny kapierte, kam rüber, hob den Riegel auf und legte ihn auf den Tisch wie ein Clown, der so tut, als ekle er sich vor dem, was er in der Hand hat, gleichzeitig aber ausdrückt, daß er das, wovor er Ekel demonstriert, heiß begehrt. Conny drückte sich zur Zeit am liebsten als Clown aus. Susi mußte immer wieder staunen. Waren sie je im Zirkus gewesen? Oder war Conny ein geborener Clown? Weil Susi ihrem Kind etwas Nettes sagen wollte, sagte sie: Mäusken, weißt du eigentlich, wie glücklich ich bin, daß du nicht mehr mit dem Kopf wackelst! Du bist achtundzwanzig und wackelst schon seit drei Jahren nicht mehr mit dem Kopf. Ist doch phantastisch. Ganz deiner Meinung, Muttertier, sagte Conny. Und Susi: Jetzt schau dir deine Haare an, am Hinterkopf, wie schön die gewachsen sind, und bis vor drei Jahren war hinten alles verfilzt und abgewetzt, weil du auch nachts nicht aufgehört hast, den Kopf hin und her zu drehen. Ist das nicht ganz wunderbar, daß wir das hinter uns haben, Conny-Mäusken? Conny: Ganz wunderbar, Muttertier.

Und Susi: Und seit sieben Jahren kein Pipi mehr ins Bett, Mäusken, das ist noch viel wunderbarer.

Conny: War aber auch schön, Muttertier, wenn das Pipi so warm rauslief und lief und lief.

Susi: Aber nachher war das doch scheußlich, Conny-Mäusken, das wurde doch sicher kalt.

Conny: Wurde es. Aber dann stand man eben auf, zog sich um, verstehst du. Man wurde richtig aktiv.

Aber wie das roch, Mäusken, sagte Susi, das kriegte man ja nicht mehr raus aus den Matratzen.

Affenstall, sagte Conny, hat der Boß getönt, wenn er die Nase zu mir reinsteckte. Affenstall, Muttertier.

Susi: Ich gebe die Hoffnung nicht auf, Mäusken, daß du eines Tages Lust auf Ordnung kriegst, wie du bis jetzt Lust auf Unordnung hast.

Oh Muttertier, rief Conny, Unordnung nennst du das. Heilige Ahnungslosigkeit eines Muttertiers. So sieht doch jede Werkstatt aus, jedes Atelier. So sieht es überall aus, wo Großes versucht wird.

Aber, sagte Susi, die Schokoladedosis fahren wir zurück, Mäusken. Kopfwackeln weg, Pipimachen weg, jetzt wollen wir doch nicht unser Figürchen gefährden.

Muttertier, sagte Conny, sobald ich einen Mann habe, erfülle ich alle deine Wünsche. Aber wirklich, Alte. Ich halt's jetzt nicht mehr aus. Ich brauche jetzt einen Freund. Ich leide so.

Susi sagte: Das weiß ich doch, Mäusken, ich …

Ich habe zu tun, sagte Conny und ging in ihr Zimmer, um weitere Säulen aus Groschen und Fünfzigpfennigstücken zu bauen. Ihr Ziel war es, Säulen aus fünfzig Groschen oder fünfzig Fünfzigpfennigstücken zu bauen. Und wenn sie dazu keine Lust mehr hatte, schaltete sie ihren Fernseher ein oder telephonierte. Am liebsten telephonierte sie nachts. Und rund um die Welt.

Connys Telephonpartner in aller Welt wußten nicht, daß Conny achtundzwanzig war. Susi hatte durchgesetzt, daß Conny ihren neun- bis dreizehnjährigen Brief- und Telephonpartnern nicht verriet, daß sie mindestens doppelt so alt war wie die.

Dreimal war Conny bei der Einschulung abgelehnt worden. Sonderschule, hieß es! Susi hatte Fräulein Witte berufen. Die Sonderschule wäre eine Niederlage gewesen. Und der Rektor der normalen Schule hatte eine Hasenscharte. Darin spürte Susi eine Chance. Beim vierten Versuch war die Einschulung gelungen. Neun Jahre lang trichterte Fräulein Witte Conny an jedem Nachmittag das ein, was Conny am Vormittag in der Schule nicht verstanden hatte. Fräulein Witte hatte neun Jahre lang keinen einzigen Nachmittag ausfallen lassen. Englisch war Connys liebstes Fach gewesen. Wegen der Aussprache. Sie habe, hatte sie gesagt, eine bessere Aussprache als der Lehrer. Sie konnte überhaupt alles nachmachen, was sie hörte. Zuerst hatte Conny, um den ewigen Quälereien und Neckereien der Schüler etwas entgegenzusetzen, gesagt, daß ihr Vater einen Bentley fahre, ihre Mutter einen Porsche. Das hatte nichts genutzt. Sobald Conny auf dem Pausenhof erschien, brüllte einer: Achtung, weg mit euch Käfern, Bentley hat Vorfahrt. Erst als ihr Englisch besser war als das der anderen, ließ man sie in Ruhe. Aber nach neun Jahren ging nichts mehr. Fräulein Witte war erschöpft. Conny war erschöpft. Die Schule war erschöpft. Die Zeugnisse waren eher besser als schlechter geworden, aber in Mathematik hatte die Schule auf eine Note verzichtet, da es unfair gewesen wäre, Conny dafür zu bestrafen, daß bei ihrer Geburt ein Professor einen Fehler gemacht hatte, der sich auf die Gehirnpartie auswirkte, in der Zahlen mit einander auskommen sollten. Schon das kleine Einmaleins war für Conny unzugänglich gewesen. Susi hatte dem Rektor den professoralen Fehler bis ins einzelne erklärt. Ohne Haß, ohne Bitterkeit. Das hatte sie sich beigebracht. Und war jedesmal wieder überrascht, wenn es ihr glückte, die Kollision zweier Schicksale leidlos darzustellen.

Wenn sich Conny am Vormittag überhaupt für etwas außerhalb ihres Zimmers interessierte, dann waren es Domino und Jeannie. Am liebsten hätte sie die Katzen ganz zu sich in ihr Zimmer genommen. Sie wollte die Mutter der Katzen sein, denen sie Namen gegeben hatte. Susi bewunderte Conny, wenn die für jede Katze sofort einen Namen hatte, der paßte. Wasty, Necko, Minus hatten Jeannies und Dominos Vorgänger geheißen. Alle Namen hatten sofort gestimmt. Aber Conny vergaß immer wieder, daß die Katzen es bei ihr nicht lange aushielten. Susi hatte versucht, ihr den Satz beizubringen, den sie aus Bielefeld mitgebracht hatte. Frau Gern solle sich, wenn es mit Domino oder Jeannie zu Konflikten komme, immer vorstellen, daß Domino oder Jeannie zu ihr sage: Denk immer daran, du wolltest mich, nicht ich dich. Conny kannte den Spruch, sagte ihn sich auch vor, konnte aber nicht danach handeln. Susi wußte, ihr durfte nichts passieren. Wenn sie nicht mehr da wäre, wäre das hier für die Katzen die Hölle. Edmund hatte, als sich Minus einmal morgens im Bad vor ihm auf dem Boden gewälzt hatte, gerufen: Schnucke, der Minus will mich verführen. Als Susi hinkam, sah sie sofort, daß Minus schwer krank war. Erbrach auch gleich Galle. Zwei Stunden später hatte er eingeschläfert werden müssen. Noch nicht fünf Jahre alt. Susi hatte Nächte lang wach gelegen und Minus, Minus, lieber Minus vor sich hingesagt. Begraben wurden ihre Katzen unter der Trauerweide, die sie vor fünfzehn Jahren in Niel für diesen Zweck hatte pflanzen lassen. Susis Lieblingsplatz, wenn sie übers Wochenende in ihrem Landhaus waren. Weil Minus so jung hatte sterben müssen, hatte sie bei Juwelier Kuck ein goldenes Kettchen gekauft, an dem ein ebenso goldenes Herzchen hing. Das hatte sie Minus in seinen kleinen, extra für ihn angefertigten Zinnsarg gelegt. Nach einer Trauerzeit von sieben Monaten war sie zu Frau Paul-Wesenholl nach Bielefeld gefahren, hatte Domino und Jeannie gefunden. Nach Bielefeld war sie durch die Empfehlung der Gelsenkirchner Züchterin gekommen. Beim ersten Besuch hatte sie einen Prachtkerl ausgesucht gehabt, aber die Mutter des Prachtkerls hatte gefaucht, als Susi sie streicheln wollte, und hatte sich unters Sofa gezwängt. Nein, von der wollte sie kein Junges. Eine andere trug noch, die ließ sich streicheln ohne zu zucken. Deren Junges wollte sie. Siam, Chocolate Point. Und die kleine Jeannie mußte mit, weil sie grüngraue Augen hatte wie Susi selbst und weil sie gestromt war. Susi Gern hatte sofort gesagt, daß sie verrückt sei auf etwas Gestromtes. Das wußte aber Frau Paul-Wesenholl schon. Die Züchterinnen riefen einander an. Frau Paul-Wesenholl verriet ihr, die aus Gelsenkirchen habe am Telephon gesagt: Obwohl die Frau Gern so viel Geld hat, bei der haben's die Katzen gut. Das müssen Sie mir erklären, Frau Paul-Wesenholl, hatte Susi Gern gesagt. Und Frau Paul-Wesenholl: Manche geben damit an, daß es ihnen an nichts fehle, und dann sind sie alles andere als tierlieb, während Sie, Frau Gern, wirklich tierlieb sind, obwohl Sie Geld haben.

Dem Galeristen Hüllencremer, der Andy Warhol ins Haus gebracht hatte, daß der Edmund und Susi photographiere, um nach diesen Photos die Portraits zu malen, hatte sie gesagt, sie möchte gern mit ihren zwei Katzen photographiert und gemalt werden. Da Mr. Warhol aussah wie ein mißhandeltes Kind, wagte man nicht, ihn anzusprechen. Der Galerist sagte, er habe Mr. Warhol diesen Wunsch übermittelt, aber Mr. Warhol habe gesagt, er sei kein Tiermaler. Mindestens hundertmal hatte Mr. Warhol Edmund und sie, getrennt von einander, photographiert. Auf Polaroid. Die Bilder hatten sie nicht sehen dürfen. Ein Assistent, der nicht so mißhandelt aussah wie Mr. Warhol selber – er sei der Geliebte des Meisters, hatte der Galerist gesagt, so gesagt, als habe er den Auftrag, das mitzuteilen –, der Assistent und Geliebte hatte die Bilder in einem silbern glänzenden Koffer untergebracht. Edmund trug natürlich einen seiner in London von Mr. Wilkinson für ihn geschneiderten Anzüge und eine dort für ihn produzierte Krawatte. Am liebsten hätte er einen seiner Vicuñamäntel getragen. Mr. Warhol lehnte ab. Er bat Edmund, die Brille abzunehmen, Edmund tat's, und Mr. Warhol schrie Yes! That's it! Edmund hat danach sofort Kontaktlinsen machen lassen, hat die Brille nie mehr getragen. Aus

Susi hatte Mr. Warhol ein Kunstwerk gemacht, bevor er sie photographierte. Er hat Susi angemalt mit einem dicken weißen Stift. Gesicht, Hals, Dekolleté, alles dick weiß angemalt. Der Galerist halblaut: Damit er Sie flächiger hat. Dann ihr einen grell roten Mund praktisch ins Gesicht gemalt. Hundertmal photographiert, ein Bild ausgewählt, das vergrößert, darüber gemalt, das war dann das Original. Akzeptiert hatte sie das Bild, weil es Seele hatte und sie diese Seele als die ihre erkannte, und zwar wegen der Augen, und die Augen waren ihr das Wichtigste an ihr. Wo der Hals anfängt, hatte Mr. Warhol das Bild beginnen lassen. Ein nackter Hals, so weit zu sehen, daß man wußte, diese Frau war nackt bis über die Schultern. Und schräg steigt dieser Hals nach oben, und oben wendet die Gemalte dem Betrachter das Gesicht zu. Edmund dagegen ganz von vorne, und mit Anzug und Krawatte. Sie vor Taubenblau, Edmund vor Graugrün. Ihr gefiel es, daß Mr. Warhol sie, wie der Galerist sagte, so flächig wollte. Und nur drei Farben. Haare schwarz, der Mund gleißend rot, alle Haut ein wirklich ungeheuer zartes Beige, in dem man einen Rosaton ahnte. Edmund hatte seine Bildhälfte nicht akzeptiert. Für 30 000 Dollar sieht man anders aus, hatte Edmund gesagt, er verlange eine Sonderwertberichtigung. Der Galerist meldete es so weiter, daß der Künstler das Bild zu Edmunds Zufriedenheit berichtigte. Fast zu seiner Zufriedenheit. Sein EAG, das er jeder Jacke, jedem Hemd, jedem Koffer verpassen läßt, ziert natürlich auch jede seiner Krawatten: der Künstler weigerte sich. Der Galerist: Herr Gern, wo sie so deutlich als Sie selbst erscheinen, können Sie auf Ihre Initialen verzichten. Edmund hatte dann doch noch sagen müssen, seine Kunstrichtung sei's nicht. Ist uns bekannt, Herr Gern, hatte Galerist Hüllencremer gesagt, aber stellen Sie sich, bitte, vor, wie Sie aussähen, wenn einer Ihrer Konstruktivisten Sie gemalt hätte.

Zweimal sechs Stunden hatte Susi Gern im Nagelstudio gesessen, um sich neue Nägel aufsetzen und die von Hand bemalen zu lassen. Aber ihre Hände waren dann auf dem Gemälde so wenig zu sehen wie die Katzen. Sie hatte schöne Hände. Die Hände ihres Vaters, der Lehrer gewesen war für Malerei und

Graphik an der Folkwangschule in Essen. Wenn sie ihre Hände nicht wirklich schön fände, führe sie wohl kaum jeden Donnerstag nach Oberkassel zu Aenne Klomfass ins Nagelstudio. Manchmal trat sie in ihren verrücktesten Schuhen und mit ihrer teuersten Handtasche vor den großen Spiegel in der Ankleide, spreizte ihre Hände so, daß ihre Nägel leuchteten, und sagte: Susi Gern, du hast etwas Biederes. Immer wenn sie das sagte, wurde es ihr wohl. Dann sagte sie sich ins Gesicht: Du bist nett. Alle sollten sie nett finden. Das war ihr Ehrgeiz. Ihre Putzfrauen fanden sie nett und sagten es ihr. Aber heute könnte sie nicht vor den großen Spiegel treten und sich ins Gesicht sagen: Susi Gern, du bist nett. Sie hatte Edmund die Großmütige vorgespielt. Die wollte sie nicht sein.

Um neun kam die Putzfrau, die an diesem Tag Dienst hatte. Frau Oschatz, bei weitem die älteste ihrer Frauen, sieben Jahre älter als Susi, die problematischste war sie auch. Andererseits doch die verläßlichste. Die intelligenteste sowieso. Das war eben das Problematische. Susi hatte öfter das Gefühl, Frau Oschatz halte sich für intelligenter als Susi. Susi hatte sich selber noch nie für intelligent gehalten. Lebensklug, ja. Aber intelligent? Nein. Edmund war lebensdumm, aber furchtbar intelligent. Paß nur auf, daß Edmund nicht noch vor der Hochzeit merkt, wie dumm du bist, sonst heiratet er dich nicht, hatte ihre Mutter zu ihr am Verlobungstag gesagt. Sie hatte das Edmund sofort weitergesagt. Und Edmund: Wenn du so dumm wärst wie deine Mutter, dann stünde es schlecht um uns. Aber wenn Susi einen Brief an Tante Grete geschrieben hatte, wartete sie doch, bis Edmund Zeit hatte, dann fragte sie: Kommt da 'n Strichpunkt hin oder reicht 'n Komma. Und Edmund war es auch wichtig, daß Susi sich vor seiner strengen Tante Grete nicht blamierte. Daß sie so gut wie kein Allgemeinwissen hatte, störte Susi von Jahr zu Jahr mehr. Mein Gott, wie hieß wieder dieses Zeug, das in den Bomben drin war, die in Essen den ganzen Block verbrannt hatten! Ihr konnte es schwindlig werden, wenn sie etwas, was sie einmal gewußt hatte, nicht mehr wußte. Edmund nennt einen Film, fragt nach dem Regisseur, Conny sofort: Polanski. Plötzlich stellt es sich heraus, daß ihre riesige, von einer Terrasse auf allen vier Seiten umgebene Wohnung – der Treppenhaus- und Aufzugsturm unterbricht die Terrasse auf der Vorderseite für ein paar Meter – Penthouse heißt. Und Susi hatte immer Penthaus gedacht. Und nie gefragt, was das überhaupt heißt: Penthouse. Bei ihr hieß die gewaltige Wohnung sowieso Dachpalast. Sie hatte, als sie Tante Grete einmal vorgeschwärmt hatte, wie schön es sei, im Herbst im dritten Stock im Penthaus zu sitzen und durch die Fensterfronten überall die goldrotgelbbraunen Blätterkronen im Wind wogen und abblättern zu sehen, noch nicht gewußt, daß diese Art Wohnung Penthouse heißt. Als Susi ihren Fehler entdeckt hatte, nahm sie sich vor, das Wort gelegentlich in einem Brief wieder vorkommen zu lassen, um die Blamage auszuwetzen. Vielleicht nur in einem Brief an Edmunds Bruder Edgar. Vielleicht machte sich die kritische Tante Grete einmal Edgar gegenüber lustig über Susi, zitierte den Fehler, dann würde Edgar sagen: Im Brief an mich hat sie's richtig geschrieben. Susi hatte Dr. Hornfeck fragen müssen: Herr Doktor, wenn ich 'n Gehirnschaden habe, kriegen Sie das raus? Der Doktor: Kann man prüfen. Und fragte nach dem Symptom.

Susi: Allgemeinwissen, verheerend. Von der Mutter gehört, die Nabelschnur sei zweimal um den Hals gewickelt gewesen, sie sei, bis sie herauskam, schon halb stranguliert gewesen. Jetzt möchte sie ihre Gehirnströme gemessen haben, weil ihr dieser Mangel an Allgemeinwissen auf die Nerven gehe.

Dr. Hornfeck nachher: Tut mir leid, kein Schaden festzustellen. Vielleicht ist es ein Desinteresse. Vielleicht interessieren Sie sich für etwas anderes als die anderen. Schön wär's, hatte sie gedacht. Aber vielleicht war es ja so. Sollte Frau Oschatz tatsächlich intelligenter sein als sie, dann wollte Susi nicht, daß Frau Oschatz das bemerke oder es gar Susi gegenüber ausspiele.

Steh auf, geh in die Küche, wetz das Messer, mit dem Frau Oschatz nachher das Rinderherz für die Katzen schneiden wird.

Der Wetzstahl lag in der richtigen Schublade und in der richtigen Schublade auf der richtigen, nämlich der linken Seite. Susi Gern wußte, auch wenn sie plötzlich erblindet wäre, sie hätte in ihrem Dachpalast, ohne tasten zu müssen, alles auf den ersten Griff gefunden. Sie genoß es, Ordnung zu haben. Gerechtigkeit und Ordnung, für sie eigentlich ein und dasselbe. Wenn sie nachts zur Toilette muß, holt sie sich auf dem Rückweg, ohne das Licht anzumachen, aus der Tüte in der Küche ihren Zwieback, taucht ihn, sobald sie wieder im Bett liegt, in den Tee, der auf dem Nachttischchen steht, bis der Zwieback weich ist und nicht mehr kracht, wenn sie ihn mit viel Genuß ißt. Sie möchte Edmund nicht stören. Und das gelingt ihr nur durch ihre nichts auslassende Ordnung. Als sie jetzt im Mai zum siebzehnten Mal mit Conny im *SEMIRAMIS* in Hammamet eingetroffen war und von Herrn Scherbe feierlich zu IHREM Bungalow geleitet wurde, gefolgt von begeisterten Kellnern und Zimmermädchen, sogar ein Koch war dabei, da war doch nichts so schön wie das: es war das siebzehnte Mal.

Und wenn immer alles sein mußte, wie es sein mußte, dann mußte sie jetzt in die Küche und das Messer wetzen. Frau Oschatz verließ sich darauf, daß das Messer, das sie Susi Gern vor vielen Jahren zu Weihnachten geschenkt hatte, wenn sie kam, immer frisch gewetzt war. Die Frischgewetztheit des Messers war die Bedingung, die erfüllt sein mußte, daß Frau Oschatz Susi Gern als Chefin oder überhaupt anerkannte. Das war ein Ritual. Dem hat Susi zu genügen. Das hatte die alte, schwerleibige, unter kaputten Venen leidende, aber einen am liebsten rotzfrech musternde Hexe doch geschafft. Die irgendwo in Dormagen geborene, in Ostpreußen aufgewachsene und dann wieder hierher vertriebene Ottilie Oschatz.

Susi Gern sagte ihren Frauen, daß sie sich nur wohlfühle, wenn ihre Frauen sich bei ihr wohlfühlten, aber das galt mehr als für alle anderen für Frau Oschatz. Susi rief Frau Oschatz manchmal sogar mit dem Vornamen. Natürlich so, daß Frau Oschatz merkte, es sei scherzhaft gemeint. Ottilie war ja ohnehin kein ernstzunehmender Vorname mehr. Und ihr Mann, bald siebzig, hieß Theo. Also, bitte. Aber Susi bedankte sich jedesmal dafür, daß Theo Ottilie überhaupt hatte gehen lassen. Und sie bat immer, daß Ottilie diesen Dank auch ausrichte. Frau Oschatz war die einzige ihrer Frauen, die sie schon mal anrief, ohne daß etwas anlag. Aber wenn Ottilie Oschatz das Messer für das Katzenfleisch aus dem Messerblock zog und mit ihrem Daumen die Schneide prüfte, hielt Susi Gern den Atem an. Wenn Frau Oschatz nickte, atmete sie weiter. Einmal war sie herumgesessen und hatte nur noch nachdenken können, wie sie sich für das, was Klaus zwei ihr angetan hatte, rächen könnte, da hatte sie das Messer nicht gewetzt gehabt. Frau Oschatz hatte die Schneide geprüft. Da druff könnse nach Moskau reiten, hatte sie gesagt und zu Susi Gern herübergeschaut, als habe sie gesagt: Von Ihnen hätte ich mehr erwartet. Halb neun. Noch eine halbe Stunde Zeit. Gefrühstückt hast du. Die Kätzchen haben sich auf ihre Kratzbäume zurückgezogen. Blas das Teelicht aus, laß den Tag beginnen. Aber sie konnte nicht aufstehen. Keine Panik, bitte. Das kannte sie, daß sie sich nicht unter allen Umständen bewegen konnte, wie sie gerade wollte. Feigesuse. Sobald sie sich Suse nannte, sah sie ihren Vater vor sich, der ein frommer Mann gewesen war, der, hieß es, dagegen gewesen war, daß die Mutter sie Susanne taufen ließ, weil ihn Susanne immer an die im Bade von Lüstlingen Beobachtete erinnere. Der Vater hatte während ihrer ganzen Kindheit dafür gesorgt, daß nicht eine einzige Illustrierte in die Wohnung gekommen war. Aber Susi hatte aus elterlichen Dialogen entnehmen können, daß der Vater, um in Illustrierten zu blättern, öfter ins Café ging. In seiner Gegenwart durfte sie nur Suse genannt werden. Susi fand er unanständig. Feigesuse, du.

Sie schloß die Augen. Wenn alles gut war, wirkten die zwei Scheiben wie eine einzige. Sobald etwas in ihrem Leben nicht stimmte, schoben sich die zwei Scheiben auseinander. Wenn die Scheiben sich je so weit verschieben würden, daß sie sich trennten, wäre sie wahnsinnig oder gerade am Sterben.

Schon bevor die beiden randscharfen Scheiben heute auftauchten, hatte sie gewußt, die waren verrutscht. Bis neun hatte sie noch Zeit. Sie mußte zum momentanen Zustand in ein Verhältnis der Zustimmung kommen. Der Billigung wenigstens. Susi Gern wollte glücklich sein, auch wenn sie unglücklich war. Sie mußte glücklich sein, auch wenn sie unglücklich war. Ich kann nur leben, wenn ich glücklich bin, sagte sie einmal zu jemandem, dem sie ihr Leben aufsagte. In einem Zustand verharren, in dem sie zugeben müßte, sie sei unglücklich –, das konnte sie nicht. Durfte sie nicht. Das ließ ihr Kreislauf nicht zu. Und ihre Sonntagskindschaft auch nicht. So ne Angst schießt da durch mich durch, sagte sie und schaute ihren Zuhörer an, ob der das begreife. Die Angst, daß es so bleiben könnte, wie es jetzt gerade ist. So unerträglich. Nein, jetzt bloß nicht rauslaufen, nicht schreien. Sag dir, was du dir für solche Augenblicke eingebleut hast: Tu gewisse Dinge nie! Nie rauslaufen und schreien. Du kannst glücklich sein. Das hast du bewiesen. Schau zurück auf die ersten Jahre. Ein sonnenbeschienenes Wasser, das dich fast blendet. Aber nur fast. Der Glanz tut dir gut.

Edmund hatte ihr, solange sie schwanger war, jeden Abend vorgelesen. Aus englischen, französischen und russischen Romanen. Das war zwar langweilig, aber wunderschön. Eigentlich hatte sie in ihrem Leben nichts erlebt, was sie so gestreichelt hatte wie die von Edmund vorgelesenen Romanszenen. Sie selber hatte noch nie einen ganzen Roman gelesen. Dafür war sie einfach zu lebhaft. Schon dieses Umblättern! Eine Seite nach der anderen. Wenn sie sich das vorstellte, dachte sie: Nee. Sie hatte Tänzerin werden wollen.

Der Vater: Kommt nicht in Frage, Kinderärztin. Bei jedem Gewitter die Rolläden runter, Kopf in seinen Schoß, Augen zu, der Donner knallte, rollte dahin, der Vater sagte: Mach die Augen wieder auf, Schätzchen, das Gewitter ist vorbei.

Hoffentlich hatte Dr. Hornfeck recht. In der Schule war nichts drangekommen, was sie interessiert hätte. Sie hatte sich nichts merken können. Was sie für Prüfungen gelernt hatte, war, wenn die Prüfungen vorbei waren, unauffindbar verschwunden. Die Schulstunden waren nicht langweilig, sondern schmerzlich.

Wann waren die zwei Scheiben zum ersten Mal in ihrer Vorstellung aufgetaucht? Vielleicht in Tunesien. Sie auf Urlaub mit Conny in Hammamet. Und gleich gegeneinander verschoben. Als übereinanderliegende hatte sie die Scheiben noch gar nicht wahrgenommen gehabt. Erst, als sie auseinanderdrifteten, hatte sie sie entdeckt. Und sofort gewußt, daß diese zwei Scheiben übereinander gehörten und daß sie dafür da war, die zwei Scheiben zur Deckung zu bringen. Die auseinanderdriftenden Scheiben taten weh.

Sie war gegen sechs vom Strand zurückgekommen, das Wetter hatte eher zum Gehen als zum Liegen eingeladen, Conny war, wie so oft, überhaupt nicht mit hinausgegangen. Susi hatte sich, solange sie durch den Sand gestapft war, bemüht, mit Erfolg bemüht, sich nicht vorzustellen, was Edmund gerade tue. Hatten die besseres Wetter in Ascona? Zum Glück war sie noch nie in Ascona gewesen, konnte sich also überhaupt nicht vorstellen, wo und wie Edmund und Heimchen Pudlich gerade gingen, saßen, oder lagen. Susi stieß, während sie ging und stapfte und stapfte und ging, immer wieder Laute aus. Griff auch öfter jäh in die Luft. Sie wollte den Himmel wie eine Decke über sich herabziehen. Über sich und das Meer. Sie mochte nirgends mehr hinschauen als in die blaue Schwärze des Meers. Oder in den Sand. Vor allem in den Sand. Der Sand hat es hinter sich. So weit müßte man sein. Wie schön, daß das Meer jedes Jahr ein Stück Strand wegfrißt. Herr Scherbe zeigte ihr jedes Jahr, und jedes Jahr noch besorgter, was das Meer inzwischen wieder weggefressen hat. Wenn das Meer doch alles fräße, dachte Susi. Aber Herr Scherbe hatte gesagt, *THE SEMIRAMIS* werde sich wehren. Das Meer habe gegen *THE SEMIRAMIS* keine Chance. Schade, dachte Susi. Und Gott sei Dank, dachte sie auch. Und beides dachte sie gleich innig. Dann rief sie ziemlich laut – da war ja weit und breit kein Mensch –: Susi Gern, du bist schla-a-au! Dreisilbig machte sie das Wort. Sie fand nämlich nicht, daß sie sich im Augenblick mit Edmunds Namen und Taten herumschlagen mußte. Dann, als spreche sie zu jemandem, der neben ihr gehe: Du weißt dir zu helfen. Dann flüsterte sie: Susi, komm, wir drehen um. Schnell ins Hotel. Daß sie sich flüstern hörte, stimmte sie zärtlich. Selbstbefriedigung. Das Wort, eine Gemeinheit. Aber genau das liebte sie jetzt an diesem Wort, daß es so gemein war. Selbstbefriedigung. Ihr konnte es jetzt gar nicht gemein genug klingen. Lotfi anrufen. Lotfi wußte, daß sie da war. Schon von Düsseldorf aus hatte sie angerufen. Vom 5. bis zum 25. Mai sind wir in deiner Nähe. Conny und ich. Wenn Susi einen Fehler nicht machte, dann war es der: von Menschen zuviel zu erwarten. Was man allenfalls erwarten durfte und was man nicht erwarten konnte, dafür hatte sie das feinste Gefühl der Welt. Eines allerdings erwartete sie unter allen Umständen: Respekt. Wenn ihr Respekt verweigert wurde, vereiste sie förmlich. Und fing an, die Vergeltung zu entwerfen, die Rache, den Gegenschlag. Sie konnte nicht weiterleben als Beleidigte, Mißachtete, Übersehene. Sie mußte zurückschlagen, dann lebte sie wieder. Nichts wußte sie so sicher, wie daß sie Respekt verdiente. Fast drei Jahre lang war sie Woche für Woche nach Remscheid gekurvt, mit Rasierwasser, Oregano, Knoblauchpulver, Fernsehapparat, türkischer Wurst, Abos von *stern* und *Le Monde*. Lotfi und zwei Freunde hatten, erfuhr sie, mit 850 Gramm Kokain monatelang auf einen Käufer gewartet. Dann kam einer. Von der Polizei. Und bei ihr in der Simrockstraße standen, bevor Lotfi ihr hatte Nachricht geben können, zwei Polizisten vor der Tür, ein Beamter und eine Beamtin. Kripo. Wir dürfen Ihre Wohnung durchsuchen. Auf ihr bloßes Staunen, die: Bei ihr wohne ein Dababi Lotfi? Ja. Dann durchsuchen sie alles, dürfen aber noch nicht sagen, was sie suchen. Sie fand das langsam lächerlich. Der ist doch nicht hier, das sehen Sie doch. Lotfi ist mein Geliebter. Ist das verboten? Nein, nein, sagte der Beamte, aber eines verstehe er nicht, Dababi Lotfi sei hier gemeldet, sie aber nicht. Mußte sie dem also erklären, daß das eine Zweitwohnung sei, gemeldet ist sie ein paar hundert Meter stadteinwärts, Holbeinstraße. Was hat er denn getan, ihr Lotfi, jemanden ermordet? Morgen kann sie anrufen. Hier, die Nummer.

Susi hat denen nicht gesagt, daß Lotfi zwar wegen der Verlängerung der Aufenthaltsgenehmigung noch bei ihr gemeldet war, daß sie aber seit zwei Jahren mit dem nichts mehr zu tun gehabt hatte. Schluß gemacht hatte sie mit dem. Nicht mehr ertragen hatte sie es, daß der sich jeden Morgen fünfzig Mark von ihr geben ließ, in die Stadt fuhr zum Billardspielen, anstatt sich nach einer Arbeit umzusehen oder wenigstens den Berlitz-Kurs, den sie für ihn gebucht hatte, zu besuchen. Aber abends hatte er für sie tunesisch gekocht. Morgens dann raus und vor in die Holbeinstraße, den Kaffeetisch decken. Alle anderen Frauen haben nur einen Frühstückstisch zu decken, sie aber hat zwei, die gedeckt sein wollen. Einmal frühstückte sie mit ihrem Geliebten, einmal mit ihrem Mann, solange der das noch gewollt hatte. Conny rief strafend an: Gleich siebenuhrzwanzig, siebenuhrfünfzehn wolltest du da sein. Dann zurück, Lotfi wecken, auf, in die Berlitz-Schule, auch wenn es längst klar war, daß er nur noch zum Billardspielen ging. Als sie die Trennung geschafft hatte, stellte sich heraus, daß sie keinen anderen Mann in dem kleinen Klinkerpenthouse empfangen konnte. Der Herd, an dem Lotfi für sie tunesisch gekocht hatte, durfte von keinem anderen Mann berührt werden. Die ganze Wohnung mußte, weil in ihr alles an Lotfi erinnerte, verkauft werden. Jetzt war der, als Abgeschobener, wieder in Tunis, wußte, daß sie hier war, und rief nicht an. Er hätte doch anrufen und fragen können: Seid ihr gut angekommen, habt ihr wieder Bungalow 122, wie jedes Jahr, wie geht es Conny, das Wetter ist ja jedes Jahr noch schlechter ... Nichts. Kein Anruf. Als sie es am vierten Tag nicht mehr ausgehalten und ihn angerufen hatte, hatte er erklärt, er müsse gerade auf eine dieser Inseln, endlich ein Riesengeschäft mit dem türkischen Schmuck, am nächsten Wochenende komme er. Gekommen war er nicht. Angerufen hatte er auch nicht. Das ging nicht. Mit ihr nicht. Der mußte ja nicht kommen. Aber anrufen konnte er und sagen: Hallo, ich kann nicht kommen, meine Mutter hat schon wieder eine Kolik. Aber nicht so. So nicht. Was konnte sie dem tun? Keinesfalls durfte sie die arme Frau sein, die hier bei schlechtem Wetter im *SEMIRAMIS* rumhängt, dieses Kind am Hals hat, diese Ehe, dieses Leben, der jetzt nicht einmal mehr Respekt erwiesen wird von einem Kerl, dem sie, als er noch nicht wegen Rauschgift eingesperrt gewesen war, im Lauf von dreieinhalb Jahren fünfundfünfzigtausend Mark geliehen hatte. Gut, das war zehn Jahre her. Aber die Respektpflicht verjährt nicht. Sie wollte von dem nichts mehr. Aber Respekt schon. Die elf Schuldscheine hatte sie dabei. Edmund hatte jedesmal gelacht. Kannst du dir sparen, hatte er gesagt, das Geld siehst du sowieso nie wieder. Sie sei für Ordnung, hatte Susi gesagt und den nächsten Schuldschein ausgestellt. Sie konnte jetzt nicht Lotfi anrufen. Den mußte sie bestrafen. Und nicht nur den. Sie hatte in ihrem eigenen Leben nichts zu sagen, das war's doch überhaupt. Alle in Spielfiguren verwandeln, Edmund, Frau Prellmann, Frau Pudlich, Ascona, Hammamet, Abdul, Lofti, alles auf ein Brett zum Hinundherschieben, noch besser wäre Würfeln, daß es nicht an ihr läge, wo die Figuren landeten, und wenn ihr das nicht genügte, konnte sie immer noch eingreifen, wie Gott eben. Also nicht zum Bungalow jetzt, sondern zum Empfang. Herrn Scherbe, bitte. Und das so, daß die sofort rannten, Herrn Scherbe zu holen. Und Herr Scherbe sah sofort, daß Frau Gern etwas zu besprechen hatte, was nicht am Empfang besprochen werden konnte. Er ging ihr in sein Direktionszimmer voraus. Herr Scherbe, sagte Susi, ich bin das siebzehnte Jahr hier im *SEMIRAMIS*. Jetzt aber brauche ich Ihren Rat. Lotfi mißhandelt mich. Durch Respektlosigkeit. Sie müssen mir drei Tunesier beschaffen, denen vermache ich fünfundfünfzigtausend Mark, die sollen die bei Lotfi eintreiben. Die stehen dem dann Tag und Nacht auf der Matte. Will der 'n Auto kaufen, sind die da: Junge, du zahlst uns erst mal unser Geld zurück. Herr Scherbe kannte Lotfi, weil Susi in den Lotfi-Jahren Lotfi immer mitgebracht hatte ins *SEMIRAMIS*. Susi war von allen als Madame Lotfi angesprochen worden. Herr Scherbe fand, Frau Gerns Idee sei zu mitteleuropäisch. Die Tunesier gehen nämlich hin zu Lotfi und sagen, gib uns ein Viertel davon auf die Hand, dann zerreißen wir den Wisch ... Dann, rief Susi, beschaffen Sie mir ein Charakterschwein, ich zahl dem extra was, daß der nach Tunis fährt und in der Nachbarschaft herumerzählt, wie lange Lotfi gesessen hat, die Mutter weiß das ja immer noch nicht. Wenn er dann von der Insel Kerkenah zurückkommt, ist er blamiert, die Mutter heult ihm was vor. Das tut ihm weh, das weiß ich. Die Mutter glaubt ja immer noch, die fabelhaften Hemden und Hosen, die ich ihm bei Selbach gekauft habe, habe er selber verdient und bezahlt. Fünf Brüder von ihm rennen in Tunis in den Sachen herum, die ich bezahlt habe. Überschlafen, riet Herr Scherbe. Als Herr Scherbe Überschlafen sagte, hatte Susi gewußt, daß sie zum letzten Mal im *SEMIRAMIS* war. Trotz Ihres Fünfmillimeterbartes, mit dem Sie Ihr nicht vorhandenes Kinn ersetzen, Schluß. Draußen am Empfang sagte sie: Abreise, übermorgen. Und stakste davon. Die zwei Koffer, die sie sonst, weil sie im nächsten Jahr wieder kommen würden, hier ließen, würden sie diesmal mitnehmen. Schluß. Sahen ihr jetzt alle nach? Schwankte sie? Sie schwankte doch nicht. Sie fürchtet doch nicht, daß ihr alle nachschauen. Sie hat doch noch nie Hemmungen gehabt, durch eine große Halle zu gehen. Susi, dachte sie, du warst noch nie bescheiden. Gleichgewichtsstörungen hatte sie bisher nur gekannt, wenn sie merkte, daß ihr niemand nachschaute. Jetzt schauten ihr aber alle Leute von allen Polsterinseln in der Halle nach. Die beobachteten, wie sie durch die Halle watete. Und sie hatte das Gefühl, sie wate durch Blei. Schwankte sie? Aber nein. Und war draußen zwischen Bungalows und Palmen.

Aber noch bevor sie ihren Bungalow erreichte, wußte sie, daß Fred Scherbe heute abend nach dem Essen an ihren Tisch kommen und ihre Abreise bestreiten und damit rückgängig machen würde. Sehen Sie, würde er sagen, als Conny diese furchtbare Allergie nicht los wurde, wissen Sie noch, vor sieben Jahren, Tag und Nacht kratzte sie sich, da haben wir dafür gesorgt, daß Sie schnellstens zurückfliegen konnten. Und sie würde dem Direktorschwein nachgeben. Daß er mit Abhängigen schlief, wußte außer Conny und ihr sicher niemand. Conny wußte es von Abduls Schwester. Muslimische Zimmermädchen pflegte er vor dem Geschlechtsverkehr mit billigem Sekt und Wiener Würstchen zu traktieren.

Als sie Conny vor dem Fernseher kauern sah, sagte sie: Mäusken, das ertrage ich aber nicht. Wir haben abgemacht, ich komme nicht vor sechs herein, du suchst dir ne Serie, die um sechs zu Ende ist. Ja, ja, sagte Conny, o. k. Und das Allerschlimmste, daß du dir jeden Morgen auch noch die Wiederholung von diesem Mist anschaust.

Ich bin eine Mistgeburt, wissen wir doch, sagte Conny und grinste.

Das tust du nur gegen mich, sagte Susi.

Conny sagte: O. k.

Susi: Wenn ich mit dir böse bin, geht's mir nachher immer so dreckig.

Und sah die Elfjährige mit der Kommunionkerze die große Treppe von St. Nikolas herunterkommen. Die anderen Kommunionkinder kamen locker und lachend herunter zu ihren Familien. Conny blieb zurück. Daß sie ihre Kerze mit dem allergrößten Ernst trug, sah man von weitem. Und daß sie Angst hatte vor den vielen Stufen, sah man auch. Sie mußte bei jeder neuen Stufe mit der Fußspitze kreisen und prüfen, wo genau die nächste Stufe beginne. So tastete sie sich herunter und landete schließlich in den Armen ihrer Mutter. Aber solange sie da mit der Schuhspitze nach der nächsten Stufe tastete, dachte Susi nur eins: Ich gehe nicht von deiner Seite. Für dich werde ich mein ganzes Leben lang da sein.

Um nicht irgend etwas zu brüllen oder zu tun, was sie nachher bereuen mußte, war sie in ihr Zimmer gerannt. Tür zugeknallt – das konnte sie nicht unterlassen – und sich aufs Bett geworfen. Selbstbefriedigung. Sie drehte sich auf den Rücken und hoffte, sie würde diesem Wort nie mehr begegnen. Was die einem für Wörter liefern, dachte sie. Dafür gehören sie gepeitscht, alle.

Sie sprang auf, rannte hinüber, an Conny vorbei, rannte ins Badezimmer, sah sich im Spiegel, dachte: Diese Frau ist verrückt. Bloß jetzt nicht vor dem Spiegel stehenbleiben.

Dann war sie auf ihrem Bett gelegen und hatte die beiden Scheiben beobachtet. Beobachten müssen. Die müssen auf einander liegen. Die müssen wohl immer auf einander gelegen haben. Und solange die auf einander gelegen hatten, waren sie ihr nicht aufgefallen, hatte sie nicht gewußt, daß es die überhaupt gab, diese zwei Scheiben. Sie mußte dafür sorgen, daß diese zwei Scheiben wieder auf einander lägen. So auf einander, daß sie aussähen wie eine einzige. Sie hatte es geschafft. Wie? Irgendwie. Aus nichts als Angst und Not. Sie hatte sich entzogen. Weg von der Stelle, auf die eingedroschen wurde. Zusammenschnurren zu nichts und wieder nichts, dann wegrutschen, abwärts, in das schwärzeste Loch der Welt. In der vollkommenen Licht- und Ortlosigkeit ließ sie dann die Scheiben kommen, atmete durch, schaffte es durch nichts als Atmen, daß die Scheiben auf einander zutrieben, bis es nur noch eine einzige Scheibe gab. Dann war Conny hereingekommen und hatte gesagt: Mutti, eenes Dachs schlach 'n kapott, de Jlotzkaste. Immer wenn sie ins Platt wechselte, das sie vom Kindergarten mitgebracht hatte, hieß das, daß sie wieder zugänglich war. Was sie heute abend anziehen solle, wollte sie wissen. Abduls Schwester habe, als sie gekommen sei, die Betten aufzudecken, gesagt, die Mutter werde für Conny heute abend Kuskus kochen. Sie könne ja ein paar Flaschen Cola mitbringen. Susi hatte nur nicken können. Du weißt, hatte Conny gesagt, ich werde Abdul heiraten.

Iss ja doll. Mehr hatte Susi nicht sagen können. Nicht sagen dürfen. Sie mußte zustimmen und den Moment abwarten, von dem an sie mit der Zerstörung dieser Illusion beginnen konnte. Schon 'n netter Kerl. Rein optisch. Aber ein eiskalter Typ, der nur nach Deutschland will, Geld will, der ganz schnell spürte, daß Susi ihn durchschaut hatte. Conny war stolz auf jedes arabische Wort, das sie behalten konnte. Ihre Mutter konnte so gut wie keins. Conny wurde von Abduls unüberschaubar großer Familie bewundert, weil sie alles Arabisch, das sie hörte, sofort nachsprechen und auch behalten konnte. Die Schule hatte sie verlassen müssen, weil sie auch nach neun Jahren kein Verständnis für das kleine Einmaleins und für Rechtschreibung hatte aufbringen können. Sie war in einem geradezu unheimlichen Ausmaß auf ihr Gehör angewiesen. Was durchs Gehör in sie gelangte, veränderte sich in ihr überhaupt nicht. Sie konnte es jederzeit aufsagen. Dadurch brachte sie Abduls unzählbare Familie abendelang zum Lachen. Das tat ihr gut. Susi hatte denen jedes Jahr Geld gegeben, daß sie ein Fest für Conny veranstalten konnten.

Wie soll ich je ohne meinen Abdul leben? Hatte Conny gesagt. Susi nahm sie in den Arm, zog sie aufs Bett. Hat Lotfi angerufen, fragte sie, weil sie wußte, Conny würde vor lauter Wut auf Lotfi ihren Abdul vorübergehend vergessen. Dä Lomp, sagte Conny. Hat er angerufen, fragte Susi. Afselut nich, sagte Conny, dä Pullovertyp, dä fiese. Weil Conny bemerkt hatte, daß ihrer Mutter seit Tagen an Lotfis Gesellschaft gelegen gewesen wäre, mußte sie den heruntermachen, so sehr sie konnte. Ihrer Mutter durfte nur an ihr gelegen sein. Daß sie mit ihrer Pulloverschmähung ihre Mutter dahin traf, wo's weh tat, war ihr wahrscheinlich sogar bewußt. Pullovertyp! Susi bei Selbach, fünf Pullover, sechs Oberhemden, vier Hosen, zum Mitnehmen. Herr Herzig lächelte mädchenmäßig, wenn er für sie einpackte, weil er schon wußte: sie wird nicht ein Hemd, nicht eine Hose und keinen einzigen Pullover zurückbringen, weil ihrem Geliebten alles so gut steht, daß er es einfach behalten muß. Dieser hellbeige Pullover mit der Waffeloberfläche, V-Ausschnitt, dazu das hellste Hellblauhemd mit einem feinsten weißen Karo. Aber Lotfi war nie mit ins Geschäft gegangen. Der Verkäufer weiß doch, daß das Geld von deinem Mann kommt, hatte er gesagt. Sie hatte gesagt, Herr Herzig sei homosexuell, der werde, wenn er Lotfi einen Pullover probieren lasse, an etwas ganz anderes denken als daran, woher das Geld komme. Lotfi weigerte sich. Er habe auch seinen Stolz. Sie hatte mit ihm Schluß gemacht gehabt, bevor er eingesperrt worden war, aber manchmal hatte sie gespürt, daß sie vielleicht zu früh Schluß gemacht hatte. Sie nannte, was sie Lotfi gegenüber empfand, Resterotik. Unausgelebtes eben. Aber wenn sie ihn nicht, aus purer Fürsorglichkeit, fast drei Jahre lang im Gefängnis besucht hätte, wäre vielleicht von Lotfi weniger übrig geblieben in ihr. Obwohl, diese schreckliche Szene in der Simrockstraße sprach dagegen. Dirk Pfeil war der erste Mann, den sie, als sie sich nach Lotfi wieder bewegen mußte, liebenswert fand. Gefunden per Annonce. Also, Kaffee getrunken, Händchen gehalten, der sah aus wie der von der Liz Taylor, ja, wie der Burton sah der aus. Ein bißchen weicher, schmerzbereiter. Sie nimmt ihn mit in ihr Simrock-Penthaus hinauf, ihr von Edmund gekauft, damit sie für sich sein könne. Eine spielzeughafte Klinkerburg mitten zwischen Wipfeln. Und als sie drinnen in der Ringsumhelle Kaffee getrunken hatten, er dann Cognac, sie ihren immerwährenden roten Martini, als sie soweit waren, ins Schlafzimmer hinüberzugehen, um ihre Bekanntschaft zu vollenden, da hatte sie plötzlich gespürt und es ihm gleich sagen müssen, daß sie in diesem Zimmer nicht mit ihm schlafen könne, weil, ja, weil sie da immer mit einem gewissen Lotfi geschlafen habe, der jetzt eingesperrt sei, mit dem sie Schluß gemacht habe, bevor er eingesperrt worden sei, aber jetzt, in diesem Augenblick, erlebe sie sich als unfähig, Dirk in diesem Zimmer zu empfangen. Dirk Pfeil litt. Gesicht, Schultern, Hände –, der Mann zerfiel. Er war dann zurückgegangen zu dem Sessel, in dem er gesessen hatte. Er habe das gewußt oder geahnt, nein, nein, gewußt habe er es, diese Frau, das wäre ja einmal nicht wie immer, das wäre doch überhaupt nicht von dieser Welt, daß diese Frau seine Frau werden könnte, das würde überhaupt nicht zu seinem bisherigen Leben passen: Vater im Krieg geblieben, Mutter einfach weggestorben, ab ins Heim, als Siebzehnjähriger in die Fremdenlegion, dem Freund zuliebe, nach zehn Jahren zurück, aufs Sofa beim Cousin, dann wagt er es, die Annonce zu beantworten, dann erscheint Susi, dann sitzen sie einander gegenüber in der *SCHILLERSTUBE*, und als sie zum Auto gehen, macht sie schon Schluß, und dann fängt sie am Auto doch wieder an, schöne Küsse dann, und jetzt also wieder nichts, klar, ist ja nicht das erste Mal. Nein, sagte Susi, nein, nur in diesem Schlafzimmer nicht. Wenn das Bett hier stünde, in diesem Zimmer, kein Problem. Dirk Pfeil wuchtet das Großbett herüber, da steht es, und Susi merkt: es ist nicht das Zimmer, es ist das Bett. Das Bett ist von Lotfi belegt. Tut mir so leid, sagt sie. Und ist überrascht, daß ihm bei dieser neuerlichen Verhinderung sein schmerzbereites Gesicht nicht endgültig in einer Schmerzgrimasse zerläuft. Er nickt und murmelt, er verstehe das ja. Susi fährt sofort heim. Edmund, bitte, die Simrockstraße verkaufen. Wird verkauft. Wo man besitzt, im Apartment-Haus in der Lindemannstraße, zieht Susi ein, da war Lotfi nie. Dirk Pfeil kann kommen, Lotfi war gebannt.

Cornelia, hatte Susi gesagt, wenn du Lotfi erwähnen mußt, nenne ihn Lotfi, aber, bitte, nicht Pullovertyp. Und wenn Susi Connys Namen unverkürzt aussprach, wußte die, daß die Mutter es ernst meinte.

Conny trampelte offensichtlich ohne Schlappen in die Küche und stampfte auf und schrie: Da haben wir den Salat. Wenn sie so stampfte und schrie, wurde ihr immer blasses Gesicht blaurot. Jeannie hatte sich offenbar wieder dagegen gewehrt, Connys Kind zu sein. Häufchen gemacht, sagte Susi. Geschissen, sagte Conny. Putz es auf, sagte Susi. Soll die Oschatz machen, sagte Conny. Susi holte Eimer und Lappen, ließ Wasser ein, ging hinüber, Conny folgte und sah zu und verfluchte, während sie zusah, die böse Jeannie. Susi war froh, daß Conny wenigstens darunter litt, wenn ihr eine der Katzen ins Zimmer schiß. Ist ja nur 'n kleines Häufchen, sagte Susi. Ach, du heiliger Strohsack, sagte Conny. Ach, du heiliger Strohsack, wiederholte Susi, weil sie wußte, daß Conny es gern hatte, wenn die Mutter ihre Lieblingssätze wiederholte. Dann konnte Susi sich doch nicht beherrschen und fragte: Hast du dich gewogen?

Conny: There comes trouble, oh, oh, oh. Susi spürte, daß sie einen riesigen Umweg machen mußte, wenn sie jetzt überhaupt noch etwas erreichen wollte, zum Beispiel, daß Conny sich wiege und das Gewicht, falls sie wieder zugenommen hatte, in roten, und falls sie abgenommen haben sollte, in blauen Zahlen auf den Kalender schreibe, der extra dafür im Bad hing. Scheiße im Trompetenrohr kommt Gott sei Dank recht selten vor, sagte Susi und erntete sofort die lockere Antwort: Scheiße in der Lampenschale dämpft das Licht im ganzen Saale! Und Susi sofort, und auch lockerleicht: Scheiße auf dem Sofakissen wird man wohl entfernen müssen.

Conny: Scheibenkleister.

Schönes Scheißspiel, sagte Susi, dafür wiegt sich Mäusken heute und schreibt, was rauskommt, aufs Kalenderblatt. Um Conny keine Gelegenheit zum Widerspruch zu geben, drehte sie sich um und ging. Wenn Susi so ruckzuck hinausstürmte wie jetzt, antwortete Conny mit ihrer Musik. Das waren finster trommelnde Stämme aus Afrika oder irgendeinem Amerika, schrill klimpernde Inder oder nerventötend flötende Malaien. Susi rannte in die Küche und drückte ihre Musik.

Heute ließ sie Frank Sinatra kommen, und es mußte gleich das Lied sein, das sie seit Wochen jeden Tag nicht nur einmal hörte. My way. Je heftiger Sinatra sang, desto weniger verstand sie den Text, desto mehr aber die Musik, den Gesang. Dieses

Wunder, daß ein Lied einen so ausdrücken konnte! And now the end is near, and so I face the final curtain, my friend I'll say it clear, I'll state my case of which I'm certain. I've lived a life that's full, I've traveled each and every highway, and more, much more than this, I did it my way. Sie sang mit. Wenn der Sänger dann abhob, sich und sein ganzes gesungenes Schicksal in die Höhe stemmte, so heftig, daß die Wörter eingeschmolzen wurden zu nichts als Empfindung, dann war Susi praktisch nicht mehr da im Eßzimmer, im dritten Stock, Penthaus, in der Holbeinstraße im Zoo-Viertel in Düsseldorf, sie war weg, war aber so bei sich selbst, wie sie nie und nirgends bei sich selbst war wie bei Frank Sinatra. Nachher mußte sie wieder landen, obwohl sie nie mehr hatte landen wollen, und hier schon gar nicht, im Eßzimmer, dritter Stock, Penthaus Holbeinstraße, Zoo-Viertel, Düsseldorf, verheiratet mit einem Mann, der sagte, Frank Sinatra sei nichts als ein billiger Gangster.

Es war gleich neun. Das Messer hatte sie nicht gewetzt. Frau Oschatz stand plötzlich vor ihr, Susi begrüßte sie freudig. Susi begrüßte ihre Frauen immer freudig, aber jede auf eine andere Art. Bei Frau Oschatz wäre es möglich gewesen zu sagen: Ach, Frau Oschatz, ich möchte nicht wissen, was aus mir geworden wäre, wenn Sie jetzt nicht gekommen wären. Wie geht's Herrn Oschatz, ist die Allergie ganz und gar weg? Aber Frau Oschatz kam mit Geschenken. Obwohl sie fast immer mit Geschenken kam, war Susi Gern nie darauf vorbereitet. Heute trug sie auf einer Kuchenplatte einen kompletten Kuchen herein. Käsekuchen. So etwas aß Susi nie. Das konnte Frau Oschatz wissen. Und zwei umhäkelte Topflappen. Und zwei Taschentücher mit Lochstickereien für Conny. Conny haßte Stickereien. Etwas Gesticktes oder Gehäkeltes war immer dabei, wenn Frau Oschatz schenkte. Frau Oschatz häkelte, stickte und strickte praktisch ununterbrochen. Das habe sie sich in einer für sie schwierigen Zeit angewöhnt und könne es jetzt nicht mehr lassen. Jetzt bedank dich, daß sie nicht merkt, wie überflüssig alles ist, was sie dir schenkt. Am besten du rufst ganz laut: Aber Ottilie, wie Sie mich wieder verwöhnen, also wirklich. Also rief Susi laut: Aber Ottilie, wie Sie mich wieder verwöhnen. Ottilie Oschatz trokken: Sie mich ooch. Und außerdem ham Sie morgen Geburtstag. Und das wissen Sie, rief Susi. Wo wir doch beide Sonntagskinder sind, sagte Frau Oschatz. Aber, sagte Susi, ich verbiete es mir, Ihnen noch irgend etwas zu schenken – und das fällt mir schwer genug –, weil Sie es einem immer so maßlos heimzahlen. Ihnen gegenüber kann man den Kampf WER SCHENKT MEHR nur durch Rückzug beenden. Frau Oschatz sagte, Susi solle jetzt mal halblang machen. Und zog das Messer aus dem Messerblock, aber bevor sie mit dem Daumen an der Schneide entlangfahren konnte, rannte Domino herein und schiß, so dicht es ging, neben Frau Oschatz' Füße. Domino, schrie Susi, Frau Oschatz, Achtung, Domino hat schon wieder ein Häufchen gemacht! Oh, sagte Frau Oschatz, hat er wieder jeschissen, der Schlawiner. Susi hätte auch gern gesagt, daß Domino geschissen hatte, aber da sie schon wußte, daß Frau Oschatz nicht vor dem Wort geschissen zurückschrecken würde, hatte sie sich aus diesem Wort vertreiben lassen. Das ärgerte sie. Wieder diese Regung: sie mußte diese Frau feuern. Daß Domino immer wieder einmal ganz dicht neben Frau Oschatz hinschiß, schien ihr recht zu geben. Domino empfand das offenbar auch, daß diese Frau nicht hierher paßte. Wenn man nur wüßte, warum, dachte Susi.

Domino saß inzwischen schon in der höchsten Gabel des Eßzimmer-Kratzbaums und schaute so neugierig herüber und herunter, als wolle er sehen, wie auf seine Tat reagiert werde. Frau Oschatz putzte Dominos Dreck auf, spülte ihn im Klo hinunter, wusch sich die Hände und fuhr dann mit dem Daumen die Schneide entlang und sagte, ihre schwarzen Brauen hochziehend: Da druff kann ich nach Moskau reiten. Ja, sagte Susi, mir geht's heute nicht so gut. Frau Oschatz verzog den Mund, als wolle sie sagen: Nu machen Se mal halblang. Und fing an das Messer zu wetzen. Sie würde Frau Oschatz feuern. Die war ja eiskalt. Wie die einen anschaute. Da konnt's einen direkt frieren.

2.

Susi rannte zum Aufzug und fuhr hinunter in die zweite Etage. Ich bin unten, Frau Oschatz! Das hatte sie gerade noch rufen können. Sie war noch nie vor Frau Oschatz geflohen. Aber jetzt schon. Dafür, daß sie von ihrem Dachpalast ins Kleine Apartment fahren konnte, ohne den Bewohnern der anderen Etagen begegnen zu müssen, war sie Edmund in diesem Augenblick so dankbar wie nie zuvor. Was für ein Feingefühl, ein Haus zu bauen, in dem man ins Extra-Apartment und in den Keller fahren kann, ohne jemandem begegnen zu müssen. Dazu hatte Edmund einen Aufzug konstruieren lassen, der Türen nach drei Seiten hat. Der einzige Aufzug der Welt, der das hat, Schnucke, so hatte Edmund sie zur ersten Fahrt ins Kleine Apartment eingeladen. Der Architekt, von dem er sich beraten ließ, hatte gesagt, er würde Edmund sofort in sein Büro aufnehmen. Edmund hatte gesagt: Da ich mir keine Kugel bauen lassen darf, will ich einen Würfel. Aber einen Würfel mit Irritationen. Er hatte dem Architekten seine Konstruktivisten-Sammlung gezeigt. Diese Bilder müssen sich wohlfühlen in dem Haus, das war seine Maßgabe.

Als Susi in Edmunds gewaltigem Schreibtischsessel saß, ließ sie sich zuerst einmal den Schreibtisch zugute kommen, der sich links und rechts zu ihr hinbog. Meine Wunderniere: so sprach Edmund von seinem kurvigen Schreibtisch. Da Edmund alles andere als groß war, wurde er hinter diesem Schreibtisch zum Zwerg. Seine Büromöbel, die er, samt Sekretärin Hoppe, auf die andere Kö-Seite mitgenommen hatte, waren berühmte Möbel, die Sessel hießen *Barcelona*, waren so alt wie Edmund selber und waren, samt Tisch, Glasplatte auf Stahlkreuz, entworfen von Mies van der Rohe. Zu Hause wollte er's anders. Obwohl sie vier Zentimeter kleiner war als Edmund –, sie fand, in diese Gigantenmöbel passe sie besser als er. Der Stuhl war sowieso eine ins Melodramatische gesteigerte Gynäkologie.

Daß sie vor Frau Oschatz geflohen war, ging ihr nach. In den fünf Stunden, in denen ihre Frauen bei ihr arbeiteten, fühlte sie sich doch als deren Vorarbeiterin. Sie genoß es, wenn eine nach einem neuen Schrubber rief, einen neuen Aufnehmer brauchte oder neue Gummihandschuhe. Sofort war sie in der Stadt und wieder zurück und immer mit fünf Schrubbern, zehn Aufnehmern und zwanzig Paar Gummihandschuhen. Und Dünger für die Blumen. Und neue Netze, daß die Katzen nicht von der Terrasse sprangen. Nur nichts Kleines annähen! Dafür war Frau Oschatz zuständig. Ins einzelne Gehendes wie Knöpfe annähen lag Susi nicht. So wenig, wie einen Roman Seite für Seite umzublättern, nur um zu lesen, was da auf jeder Seite stand. Die Waschmaschine zu bedienen war auch nicht ihre Sache. Sie hatte immer Angst, daß dann genau der Pulli, an dem ihr am meisten lag, aufs winzigste zusammengeschnurrt herauskomme. Die Waschmaschine wurde ausschließlich von Hildchen Tönnissen bedient.

Für Hildchen Tönnissen aus Engelskirchen war Susi ein Star. Hildchen Tönnissen sagte öfter, wenn sie nach der Arbeit das Geld in Empfang nahm, als sei es ein Geschenk, sie rätsele immer noch herum, an welche Schauspielerin Frau Gern sie erinnere. Ach, Kindchen, sagte Susi dann, wir sehen doch alle irgendwelchen Schauspielern gleich. Dadurch, daß sie tat, als bedeute ihr Hildchens Bewunderungssatz überhaupt nichts, wurde sie von Hildchen noch mehr bewundert, das spürte sie. Wenn Hildchen Tönnissen am Wochenende ihrer Mutter im Bergischen Land erzählte, wie Frau Gern zusammen mit ihren Katzen frühstückte, zwei Katzen in weißen Körbchen auf dem weißen Tisch, links und rechts vor ihr, und mit einem Quarkfinger füttere sie die zwei schönen Tiere, dann wurde Hildchens Mutter eifersüchtig. Ach, ihre Frauen. Wie dieses Hildchen arbeiten konnte! Vier, fünf Stunden, und keine Pause. Dabei war Hildchen so korpulent, daß man ihr fast nichts von dem, was man sie tun sah, zutraute. Aber sie war eben erstaunlich gut aufgelegt. Stundenlang sah sie aus, als sei Arbeiten eine Leidenschaft. Sie habe einfach, sagte sie, zuviel Dampf. Wenn sie eine größere Wohnung hätte, würde sie überhaupt nicht auswärts putzen gehen. Als sie das gesagt hatte, richtete sie sich auf und lachte ihrer Chefin ins Gesicht. Sie sang sogar, während sie arbeitete. Frau Thomasius ächzte. Sie ächzte, wenn sie einen Wassereimer schleppte und wenn sie nach einem Schalter griff. Frau Thomasius rackerte sich ab, das sah man. Sie ist nicht so korpulent wie Hildchen, hat aber kranke Hüften, watschelt mehr, als sie geht, aber sie ist zäh, sie ist die zäheste überhaupt. Zuverlässiger als Frau Thomasius kann niemand sein. Entschlossener auch nicht. Hängt noch ne Stunde dran. Ne Stunde mehr sind 20 Mark mehr. Sie zeigt's ihrem Mann, dem Eisenbahner. Sie bringt rund zweitausend im Monat nach Hause. Von den fünftausend für Putzfrauen nimmt Frau Thomasius zwei mit. Und sie will's immer erst am Monatsende. Wenn Susi ihr das Geld hinblättert, spürt Frau Thomasius ihre Hüften nicht mehr, dann ist Frau Thomasius stolz. Während die Signora einem ins Gesicht sagt, daß sie diese Putzarbeit nur tut, weil sie ein Auto will. Die kommt um viertel vor rein und um zwanzig vor geht sie. Frau Thomasius tut es auch fürs Geld, aber sie will unentbehrlich sein. Wenn sie nicht wäre, würde hier alles zusammenbrechen. Diese Überzeugung ist für Frau Thomasius wie noch mal zweitausend. Perfekt ist sie nicht. Von Perle keine Spur. Bei keiner muß Susi so viele Zettelchen schreiben wie bei Frau Thomasius. Inzwischen läßt Susi die Zettelchen von ihrem Computer ausdrucken. Jede ihrer Frauen eine Datei. Oberverzeichnis *Hausbesorgung*. Und was Susi dazu einfällt, kommt sofort in ihren Computer, der im Kleinen Apartment auf einem runden, weißlackierten Extratischchen thront. Sie nannte ihn, den die Firma als Commodore Amiga anlieferte, vom ersten Tag an Leonardo. Sie muß, womit sie lebt, taufen. Je genauer sie Leonardo kennenlernte, desto glücklicher wurde sie mit ihm. Nichts hat je ihrem Bedürfnis nach Ordnung so sehr entsprochen wie Leonardo. Manchmal fühlte sie sich förmlich erkannt von ihm. Wenn ihr droben alles zuviel wurde, floh sie zu Leonardo, erging sich in seiner Verläßlichkeit, erholte sich im Erleben seiner Ordnungsbegabung. Leonardo war ein Genie, und er gehörte ihr. Welche Blumen Frau Thomasius mit welchem Dünger zu versorgen hat, wann gegossen werden muß und daß am Kratzbaum in der Großen Diele das Sisal gerissen ist, das wird jeden Morgen ausgedruckt und der Frau, die an diesem Tag Dienst hat, hingelegt. Susi formuliert, was getan werden muß, als Ratschläge Leonardos. Leonardo meint: steht über jedem Zettel. Und die empfindliche Frau Thomasius läßt sich lieber von Leonardo raten als von Frau Gern befehlen.

Suse, was würdest du machen, wenn du deine Putzfrauen nicht hättest? Kuck doch mal, was du so machen würdest, vormittags frei!! Susi war Edmund dankbar, daß er die fünf- bis sechstausend Mark für ihre Frauen jeden Monat kommentarlos bewilligte. Edmund, dieses Scheusal. Edmund, dieser liebste Mensch der Menschheit. Edmund, dieser Gemeinste aller Gemeinen. Edmund, ihr Mann. Sie schloß die Augen. Die Scheiben wanderten auseinander. Ganz langsam. Aber doch deutlich genug. Sinatra hatte nicht lange gehalten. Sie würde die zwei Scheiben erst dauerhaft übereinanderbringen, wenn sie mit Edmund im reinen war. Oder sollte sie einfach wieder hinauffahren und sagen: Frau Oschatz, mir geht's besser. Packen wir's an. Aber wie die sich umgesehen hatte, vorher, als sie eingetreten war. Ein Blick, und der hieß: Aha, Herr Gern ist nicht da, am Sonnabend, und das in diesem Jahr schon zum ... zum elften Mal, aber wir haben heute ja immerhin schon den 17. Oktober. Diesen Oschatz-Blick kannte Susi. Es war auch ein Sonnabend gewesen, Edmund war mit Frau Prellmann in Paris. Allerdings war auch Herr Prellmann dabei. Edmund hatte Frau Prellmann zum Geburtstag eine Überraschung versprochen. Dazu müßten sie aber nach Paris reisen. Zu dritt. Und als sie an den reservierten Tisch im *BENOÎT* kamen, waren für die drei vier Plätze reserviert. Herr Prellmann wollte das vierte Gedeck schon wegräumen lassen, Halt, sagte Edmund, die Überraschung, und da kam sie schon, kam er schon, ein prächtiger Schwarzer. Oh, wie mich das ärgert, rief Herr Prellmann, das hätte doch mir einfallen müssen, wer weiß besser als ich, daß Ulla so auf Neger steht. Edmund habe ganz sanft gesagt, für Überraschungen sei er zuständig.

Edmund hatte ihr das erzählt, weil ausgemacht war, daß er ihr alles erzähle. Sie hatte gesagt: So etwas solltest du mir besser nicht erzählen. Ich habe Angst, ich kann dich dann nicht mehr achten. Krasser konnte ihre Unvereinbarkeit nicht demonstriert werden. Er berichtet voller Stolz von seiner fabelhaften Idee, für sie ist dieses Arrangement der Lieblosigkeit nichts als Horror.

An jenem Januarsonnabend hatte Frau Oschatz, nachdem sie die Lage mit einem einzigen Blick erfaßt hatte, noch bevor sie zum Messer griff, gesagt, sie möchte mit Susi nicht tauschen, obwohl die so viel Pinke habe. Susi fand es zartfühlend, daß Frau Oschatz, als sie das sagte, nicht herschaute, sondern sich ganz auf das Messer konzentrierte. Frau Oschatz war zum zweitenmal verheiratet. Über ihren ersten Mann kein Wort, der zweite, ein Juwel. Bald siebzig, und ein Juwel. Mit bald siebzig, keine Kunst. Bei Edmund, gleich achtundfünfzig, noch nicht vorstellbar. Susi wartete Jahr für Jahr darauf, daß Edmund ein Juwel werde. Edmund war ein Juwel. Aber eins mit alles verfinsternden Trübungen. Manchmal wunderte sich Susi darüber, daß sie sich von der Oschatz Sätze gefallen ließ, für die sie jede andere gefeuert hätte. Eine, die selber schon öfter geschieden war, hatte zweimal gesagt: Frau Gern, ich weiß überhaupt nicht, warum Sie noch hier sind. Bevor sie das ein drittes Mal sagen konnte, hatte Susi sie gefeuert.

Bis Pfingsten vor zwei Jahren hatte Susi in der *Rheinischen Post* Annoncen aufgegeben, mit denen sie Männer suchte. Dann nicht mehr. Sie hatte gehofft, Edmund werde aufhören, zu seinen Frauen zu gehen. Sie hatte Signale gegeben. Bis jetzt ohne Echo. Er ließ weder von Frau Pudlich noch von Frau Prellmann noch von der Edelnutte Proll. Im Gegenteil. Was die sich inzwischen erlaubten! Neulich hatte die Pudlich angerufen und gefragt: Ach, vielleicht weiß Edmund, wo ich meine Schilddrüsentropfen habe? Verrecken Sie doch, hatte Susi gedacht, gesagt hatte sie: Er ist verreist. Und hatte aufgelegt. Nachträglich hatte es sie geärgert, daß sie nicht gesagt hatte: Er liegt in Baden-Baden auf Frau Prellmann. Das hätte wahrscheinlich auch gestimmt. Sie hatte Heimchen Pudlich geschont. Entsetzlich. Edmunds Witwen. Zwischendurch waren die dann mal wieder verheiratet. Sobald der Sohn das Abitur hat, laß ich mich scheiden! Diesen Frau-Prellmann-Satz hatte Edmund neulich gemeldet, und Susi hatte sofort verlangt, daß Edmund das zu verhindern habe. Die hatten gefälligst mit Susis Edmund ihre Partner zu betrügen. Susi glaubte nicht, daß die Proll dem sie aushaltenden Anwalt die Termine mit Edmund gestehe. Daß Edmund die Edelnutte Proll aufgetrieben hatte, verdankte er Susi. Nimm dir endlich eine für Geld, hatte sie gesagt. Die anderen zwei wurden mehr indirekt als direkt bezahlt. Edmund hatte die Proll gefunden und hatte sich dann übermäßig bei Susi bedankt. Wieder einmal eine von Susis Ideen! Und vielleicht überhaupt die beste Idee, die Susi je gehabt hatte. Ruth Proll, also wirklich, wenn er mit ihr danach noch essen gehe, die hat soviel Witz, die kröne jeden zweiten Satz mit einer Pointe. Das würde man doch bei einer solchen Person, und sie ist achtundzwanzig, überhaupt nicht erwarten. Pointen, die sich gleichermaßen auf Politik und Literatur bezögen. Eine Hetäre, wie sie im Buche stehe. Und diese klassische Hetäre verdanke er Susi. Seiner unvergleichlichen Susi. Wie dumm kann ein Mann denn sein, hatte Susi gedacht. Wie lebensdumm. Aber sie hatte das nicht gleich sagen können. Später, mein Herr, später. Wart's ab. Ich setz es auf die Rechnung. Und das Schlimmste oder Lächerlichste oder das Lächerlichschlimmste: Edmund hatte jetzt die Hetäre Proll als dritte, ohne daß er von seinen zwei anderen gelassen hätte. Also doch wieder annoncieren! Susi weckte Leonardo, Oberverzeichnis *Beschaffung*, Unterverzeichnis *Annoncen*. Die Dateien dann nach Jahren geordnet. Die letzte Annonce, 1985, druckte sie noch einmal aus, barg sich in Edmunds Sesselburg und las sie sich laut vor.

Suche gut aussehenden Mann, nicht älter als vierzig. Größe einsachtzig und darüber. Zuverlässig. Modern. Eine gewisse Ausstrahlung. Eben so, daß es einer Frau leichtfällt, sich in ihn zu verlieben. Bin finanziell gesichert. Bin, heißt es, nicht langweilig. Immer noch nicht fünfzig. Einsachtundsechzig groß, schlank, und was man so gut aussehend nennt. Zuschriften bitte nicht ohne Bild. Telephonnummer sollte nicht fehlen.

Damals, vor zweieinhalb Jahren, hatte sie vier Jahre weggeschummelt. Nächste Woche wird sie sechsundfünfzig. Das heißt, jetzt würde sie sechs Jahre wegschummeln. Zu gestehen, daß sie älter sei als fünfzig, würde sie nicht über sich bringen. Sie hatte nie älter werden wollen als fünfzig. Sie will nie älter sein als fünfzig. Und sie wird nie älter sein als fünfzig. Sie findet, neunundvierzig ist genug. Überhaupt: zu gestehen »Immer noch nicht fünfzig«, heißt doch, gestehen, daß man so gut wie fünfzig ist. Mehr ist nicht zu verlangen. Und den, der ihr nachweist, daß sie gleich sechsundfünfzig ist, will sie zuerst einmal sehen. Den, der ihr das ins Gesicht sagt! In ihr Gesicht. ... and so I face the final curtain, summte sie und sang: my friend, I'll say it clear ... Ach, wenn sie doch nur noch in Englisch leben müßte. In dieser Schmiegesprache gab es keine Probleme. Die schmuste einem im Mund herum, daß man ganz weich und schwach und selig wurde. ... and more, much more than this, I did it my way. Oh, warum war sie nicht fähig, sich in Englisch zu annoncieren! To think I did all that, and may I say – not in a shy way, I did it my way. Deutsch nur noch mit Frauen. Mit Männern nur noch Englisch. Die Annonce in Englisch. Sie konnte sie übersetzen lassen. Wahrscheinlich würde sie damit eine ganz andere Art von Männern anziehen, Männer, die zu ihr paßten. Schon diese Formulierung: *Eine gewisse Ausstrahlung.* Weg damit. Seit im letzten Jahr Tschernobyl explodiert war, konnte man das Wort nicht mehr verwenden. Aber Annoncieren hieß: wieder kotzen. Das *schlank* konnte sie auch streichen. Inzwischen. Und *vollschlank* kam nicht in Frage. Seit Pfingsten vor zwei Jahren kotzt sie nicht mehr. Seit Pfingsten vor zwei Jahren annonciert sie nicht mehr. Seit Pfingsten vor zwei Jahren, könnte Edmund, wenn es ihn interessieren würde, mitkriegen, daß sie nicht mehr annonciert, keine Männer mehr sucht, nicht mehr kotzt. Es war überhaupt Edmund gewesen, der ihr den Weg in diese rettende Katastrophe gewiesen hatte. Sie hatte gerade ihren ersten länger dauernden Versuch hinter sich. Zwei Jahre lang war Salim in ihrem Penthaus in der Simrockstraße ihr Mann gewesen. Edmund ging fröhlich zu seinen Frauen, sie wollte dem entsprechen. Den Libanesen päppelte sie auf, bis er es wagte, statt mit der Schulter an den Hauswänden entlangzustreifen, neben ihr in der Mitte des Trottoirs zu gehen. Aber dann erlebte sie das Verebben ihrer Empfindungen. Sie mußte Salim entlassen. Saß dann wochenlang herum und warf sich vor, daß sie vielleicht zu früh Schluß gemacht habe. Da geisterten doch noch Empfindungen herum in ihr. Wenn sie bloß daran dachte, was alles der ihr abends gekocht hatte. Ein Essen zubereiten –, das dauerte bei Salim mehrere Stunden. In Gedanken an Salim fing sie an zu essen. Nicht zu kochen, nur zu essen. Sie kaufte sich gewaltige Mengen und tischte sich abends wild auf und aß und aß. Sie hatte das Gefühl, daß sie den Rest ihres Lebens essend verbringen würde. Und trinkend. Eine Flasche Wein jedesmal. Edmund war eine Zeit lang kopfschüttelnd vorbeigegangen. Einmal war er stehen geblieben und hatte gesagt: Du feierst jeden Abend eine Hochzeit, weißt du das? Sie behauptete, seit sie diese Eßlust entdeckt habe, sei sie nur noch halb so traurig.

Falls es dich interessiert, sagte Edmund, die alten Römer hatten auch ihre Traurigkeiten, also auch ihre Eßlust. Aber was sie nicht drin haben wollten, haben sie nachher wieder herausbefördert. Mit dem Federkiel. Susi hörte direkt, wie es Klick machte in ihr. Also hat sie eine ihrer langen Nagelfeilen geholt, die aus Pappe, die mit Watte umwickelt und sich damit gekitzelt, bis alles wieder da war. Die alten Römer, dachte sie, diese alten Römer. Und Edmund weiß das. Was der alles weiß, dieser Dummkopf. Sie meldete Edmund den Erfolg. Mit Martini-rosso-Begleitung ging es leichter als mit Wein. Edmund gegenüber nannte sie es Spucken. Für sie selber war es das Kleine Kotzen. Sie exekutierte das dann und wann probeweise. An einem Tag, an dem sie abends kotzte, nahm sie nicht zu. Das war eine Aussicht. Ein Gefühl. Nicht mehr jeden Bissen büßen müssen. Selig konnte es einem da zumute werden. Einmal, Mitte Mai, mußte sie gegen Abend zu Edmund sagen: Leihst du mir mal deinen Jaguar? Und Edmund, sofort alles richtig bewertend: Daß du so lange wartest, bis du solche Eskapaden machen mußt!

Ihr war ihre Mutter eingefallen, die, als Susi vierzehn war, gesagt hatte: Ab sechs Uhr abends gefällst du mir überhaupt nicht mehr. Was du gegen Abend für einen Blick kriegst. Und warnte: Die Männer wollen sich bei einer Frau nur die Füße abstreifen, für die bist du eine Fußmatte, sonst nichts.

Krieg ich deinen Jaguar oder krieg ich ihn nicht, hatte Susi gesagt. Sie hoffte, sein Jaguar präsentiere sie deutlicher als ihr Porsche. Sie kriegte ihn. Aber nicht ohne guten Rat. Such dir einen Verheirateten, der ist Heiligabend bei seiner Familie wie du, das vereinfacht vieles. Sie blieb noch einmal stehen und sagte, sie sei dankbar für jeden Satz, der es ihr leicht mache, Edmund zu verachten. Niemals könnte sie, sagte Susi, einen Verheirateten lieben. Eine andere Ehe kaputtmachen, ihr unvorstellbar. Und fuhr in die Stadt. Die Stadt begann für sie, wenn sie auf der Brücke über die vielen Bahngleise fuhr, wenn es nach der Wehrhahnbrückenmitte abwärts ging. Dann aber nicht geradeaus ins Schaufensterparadies, sondern gleich abgebogen, Richtung Bahnhof, ins Viertel der Nachtlokale. Die Friedrich Ebert runter, die Bismarck rauf, der ist zu alt, der zu dick, der dann doch zu jung. Ziemlich schwer, sich, ohne ein Wort zu hören oder zu sagen, einen aus diesen Rumflanierenden auszusuchen. Aber auch wenn du keinen findest, kein Zusammenbruch, bitte. Du hast es probiert, hast dein Schicksal mal ein bißchen selber bestimmen wollen, hat nicht geklappt, vielleicht ein anderes Mal. So mußte sie, um sich nicht ganz elend zu fühlen, mit sich sprechen. Also, jetzt ein letztes Mal, noch langsamer am Bahnhof vorbei. Die Immermann rauf. Und wird überholt von einem Mercedes, alt, drin ein dunkler Typ, und nach dunkler Haut sehnt sie sich doch. Der kuckt rüber, ihr reißt es die Hand hoch, die linke, in Stirnhöhe bleibt die Hand starr stehen. Würde Susi versuchen zu winken –, die Hand bräche. Der biegt vor ihr ein, stoppt, steigt aus, sie senkt die Scheibe, ihr zittern die Beine, das Herz schlägt, der kuckt so schummrig und sagt: Wollen wir einen Kaffee trinken. Und sie, obwohl es dafür schon viel zu spät ist: Jaa, gerne. In meinem Lokal, sagt er, in der Oststraße. Sie soll hinter ihm herfahren. Da, im ersten Stock, plazierte er sie. Ein Nuttenlokal. Er müsse noch etwas besorgen. Später stellt sich heraus, daß seine Frau ihn geschickt hatte, im Supermarkt im Bahnhof Milch zu holen. Sie hatte fürs Wochenende zu wenig Milch im Haus. Hätte sie genug Milch gehabt, hätte sie ihren Mann behalten. Er kam zurück, bestimmte, daß man jetzt in ein anderes Lokal gehe. Dort zog er einen Ring vom Finger, den konnte man auseinanderziehen, daß drei Ringe daraus wurden. Kriegen Sie die wieder zusammen? Sie gab sich alle Mühe, schaffte es nicht. Er: Ist doch ganz einfach. So, so, so, und fertig. Dann weiter im Jaguar. Auf einen Parkplatz. Er zieht sie hinüber, will küssen. Sie: Moment. Er: Was ist denn? An seinem Ton hörte sie, daß er gemerkt hatte, wie gut er ihr gefiel. Shankar. Ein Inder. Aus Kenia. Sieben Jahre jünger als sie. Und ein ganz anderes Selbstbewußtsein als Salim. Nicht nur braun, fast dunkelhäutig. Sie sei verheiratet, sagte sie rechtzeitig. Er: Ich auch. Wollte wieder zum Küssen übergehen. Sie wehrte ab. Er: Was denn jetzt noch sei. Sie: Ich habe zwei Kinder. Er: Ich auch. Damit war für sie diese Geschichte beendet. Sie sagte es dem freundlich, daß das ihr Oberstes sei, nie eine andere Ehe ruinieren. Er: Nur in der Hochzeitsnacht habe er seine Frau nicht betrogen. Also an seiner Ehe sei nichts mehr kaputt zu machen. So kamen sie dann doch in die Simrockstraße. Und ins Bett. Das war wieder nicht der Rede wert. Und wieder konnte sie das wettmachen durch Liebe. Liebenswert war der. Darauf kam es an. Kam es ihr an. Sie hatte, ohne daß er merkte, warum sie das wissen wollte, herausgebracht, daß seine Frau schlank sei. Als sie sich acht Tage und Nächte kannten, versprach sie ihm, daß sie, solange sie zusammen sein würden, kein Gramm zunehme. Ab sofort praktizierte sie ihr Kleines Kotzen jeden Abend. Es wurde eine Ausscheidung wie eine andere auch. Und blieb das zwanzig Jahre lang. Als sie's dann vor zwei Jahren hatte loswerden wollen, merkte sie erst, daß das Kleine Kotzen eine große Sucht geworden war. Also hin zu Dr. Hornfeck und alle Angst vor diesem Zwang gestanden. Herr Doktor, helfen Sie mir! Sie will keine Annoncen mehr, keine Männer mehr, also auch kein Kotzen mehr! Der Doktor taufte das Kleine Kotzen zuerst einmal Bulimie. Und sie ist eine Bulimikerin. Es war fast wohltuend zu hören, wie viele Menschen, vor allem Frauen, und zwar solche von Niveau, an dieser Eß-Brech-Sucht teilhatten. Berühmte Frauen. Die Prinzessin Diana, eine Tochter von Hemingway, Jane Fonda, alles Bulimikerinnen. Sie versorgte den Doktor mit der Erfahrung, daß das, was er Bulimie nenne, eine Sucht für Starke sei. Ein Schwächling schafft diese Disziplin gar nicht, die dazu gehört, den Körper zu zwingen, etwas herzugeben, was er doch wirklich behalten will. Aber sie hatte es satt, dieses allabendliche Würgen. Egal, ob ihr Mann zu ihr zurückfand oder nicht. Sie hatte es satt. Der Doktor sagte, sie müsse sich, wenn ihr Mann nicht zu ihr zurückfinde, von ihm trennen, weil sie sonst doch wieder nach Männern suche, und das mache sie weiterhin zur Bulimikerin. Sie sprechen das blöde Wort so schön aus, Herr Doktor, daß man gar nichts mehr dagegen hat, so eine zu sein, sagte Susi. Drei Wochen lang bezwang sie sich. Dann gab sie an einem Abend nach. Dann mußte sie wieder jeden Abend über die Schüssel. Sie bejahte, was sie getan hatte. Es lag ihr nicht, etwas zu tun und dann darüber jammern, daß sie's getan hatte. Andererseits war es ihr in den drei Wochen ohne Kotzen wohler gewesen, keine Kopfschmerzen mehr, keinen Schweißausbruch mehr, kein Kreislaufgewackel. Aber am ersten Abend nach dem Rückfall wußte sie ganz sicher, daß die Kopfschmerzen diesmal doch nicht so schlimm gewesen waren. Und sieht sich in den Keller hinunterfahren, als sei sie es gar nicht selber. Nimmt eine Flasche Wein mit. Martini hatte sie nie auf Vorrat gekauft. Und den Vorsatz, an diesem Tag keinen Martini zu kaufen, hatte sie den ganzen Tag über durchgehalten. Also wieder Wein. Hat ja auch was für sich, Wein. Nimmt die Flasche, fährt hinauf, zieht den Korken und sagt: Ihr könnt mich alle mal! Ich stehe im Leben immer hinter dem, was ich tue. Oder ich tu's nicht. Und tat's. Und tat's wieder nicht. Aber wenn sie's nicht tat, war sie bösartiger. Gegen alle. Conny sagte: Mutter, trink doch wieder. Hatte sie nicht getrunken, ertrug sie es nicht, Conny in einem Meer von 50-Pfennig-Stücken sitzen zu sehen. Hatte sie getrunken und gespuckt, rief sie: Hallo, Schätzchen. Beugte sich hinab zu ihr und küßte irgendwohin.

Nach Monaten furchtbaren Schwankens nahm sie sich auf eine Weise ernst wie noch nie zuvor.

Ich entlarve dich, sagte sie zu ihrem Spiegelbild. Du legst mich nicht mehr herein. Du mußt es für dich tun. Nicht, daß der wieder zurückkommt. Tu's doch für dich, Blödesuse. Und besiegte die Sucht, und beobachtete Edmund, ob er's bemerke.

Willst du für immer meine Schnucke sein, hatte Edmund sie gefragt, als sie ein halbes Jahr mit einander gegangen waren. Ihr Ja war sicher zu hastig, zu laut gekommen. Sie hatte, als sie sich zum ersten Mal zu dick war, gefürchtet, sie werde mit vierzig noch bei ihren Eltern sitzen und jeden Tag von ihrer Mutter vorgejammert bekommen, was sie alles falsch gemacht habe.

Susi weckte Leonardo und gab ein: Spiele ich die Hauptrolle in meinem Leben? Mein Mann spielt in seinem Leben die Hauptrolle. Auch Hildchens Busfahrer Ulli spielt in seinem Leben die Hauptrolle. Edmund will nicht die Hauptrolle in meinem Leben spielen. Will ich, daß er in meinem Leben die Hauptrolle spielt?

Dann drückte sie auf LÖSCHEN.

Das letzte Gespräch, gestern abend, mit Edmund, das mußte sie eingeben.

Sie: Edmund, wenn eine Frau schön ist, ist sie weniger schön, weil es noch andere schöne Frauen gibt?

Edmund: Nein.

Sie: Wenn eine Frau leidet, leidet sie weniger, weil es noch ähnliches oder noch größeres Leid gibt?

Edmund: Nein.

Das speicherte sie unter *Edmund*. Susi hatte Edmund gestern abend, als er von Mr. Yingling vom Schachspielen zurückgekommen war, auf sich aufmerksam machen wollen. In letzter Sekunde sozusagen. Daß er begriffe, was es für sie sei, wenn er morgen mit Frau Pudlich nach Rom fliegen würde. Am Sonntag hat sie Geburtstag. Gut, es ist nur der sechsundfünfzigste. Und bei Edmund am Dienstag der achtundfünfzigste. Wichtig werden beide Tage nur dadurch, daß man nicht bei einander ist. Erst gestern abend, als sie angefangen hatte zu packen und er mit seiner gespielten Aufmerksamkeit zugeschaut hatte, war es herausgekommen, daß Frau Pudlich mitreisen würde. Da erst hatte er die Geständnisnummer geschafft. Nie etwas hinter dem Rücken des anderen! Das Besondere ihrer Ehe wäre zerstört! Eine Verheimlichung, eine Lüge ist gleich Scheidung! Das seien Susis Worte, Susis eherne Ehegesetztafeln; seine, weniger ehern, organischer, aber nicht weniger entschieden: Beide nur ein Kreislauf, eine Lüge schnürt ab, erwürgt ihn, er muß ihr also sagen, morgen mit Dörte Pudlich nach Rom. Nahein, hatte sie geschrien. Jetzt die nächste Nummer: Edmund als feiner Maxe beziehungsweise Weltmann. Stolzierte herum, setzt die Straußenlederschuhe fast auf den Fußspitzen auf. Vergrößerte Schritte. Fingerspitzen gegeneinander, Tonart, ganz und gar explizierend: Mein Gott, Frau Pudlich, hier stolpert man von einer Vernissage in die andere, aber Rom, bitte, Rom, die Pudlich will selber bezahlen, soll heißen, ihr Interesse an Rom ist größer als das an Edmund. Susi kennt doch die Pudlich, die schmachtet nach dem Kreuzgang von Santa Maria della Pace wie Susi, mit Verlaub, nach einem Porsche in Pink. Und hat gehört, daß jetzt die Restaurierungsarbeiten in Santo Stefano Rotondo abgeschlossen seien, also da muß die doch hin.

Susi hatte geradeaus geschaut, da hing das Konstruktivistenbild, das eine Schwarzweißklaviatur oder eine Schwarzweißtreppe durch die linke Hälfte des diagonal geteilten Bildes zieht, die Hälfte oberhalb der Diagonale ist nichts als blau. Susi starrte ins Blau. Edmund war, auch als er nichts mehr sagte, weiter hin und her gegangen, hatte ihre Blickbahn gekreuzt. Mit der Prellmann hatte er ganze Nächte auswärts verbracht. Baden-Baden, Paris. Mit der Pudlich mal eine

Nacht in Ascona, meistens aber Nachmittage, Abende, halbe Nächte. Und jetzt mit Heimchen Pudlich vier Nächte! In Rom! Das hieß: Nie mehr Rom. Wenn Susi die Namen der Städte hörte, in denen Edmund ganze Nächte mit Frauen verbracht hatte, schoß in ihr ein Feuer auf, das sie nicht aus dem Mund schießen lassen durfte, weil sonst Paris, Ascona und Baden-Baden in nullkommanichts verbrannt wären. Da sind aber doch Menschen! Ja, ja, jaa. Keinem was tun. Ist ja gut. Aber nie mehr dahin. Nie mehr. Daß Städtenamen so wehtun konnten! Sie hatte Rom zu verteidigen. Gegen Heimchen Pudlich. Du und ich, hatte Edmund gestern abend nach der Pudlich-Offenbarung gesagt, du und ich, wir fliegen in der ersten Novemberwoche nach Berlin, von dort aus starten wir in die Zone. Zuerst besuchen wir in Ostberlin Herrn …

Schluß, hatte Susi geschrieen, Schlu-uß.

Jetzt erst, erst seit sie sich in Edmunds Sesselburg schmiegte, zerfielen seine Tiraden, und es blieb übrig ein böser Plan. Sie sah klar. Heute vor acht Tagen, am letzten Sonnabend, als Andreas und Ksenija und Xandra unangemeldet hereingebrochen waren und Ksenija ihre Nerven-Show nicht vor halb elf hatte beenden können, da hatte er sein Programm allmählich enthüllt. Schnucke, Schnucke, Schnucke, hatte er, als sie endlich allein waren, gesagt und sie dabei mit dem leicht feuchten Hundeblick angeschaut. Weißt du noch, Schnucke, im Sommer hast du zu mir gesagt: Frohe Botschaft, lieber Mann, dir wird ein Wunsch erfüllt, ich spring über meinen Schatten und fahr mit dir 'n paar Tage in die Ostzone. Stimmte. Das hatte Susi gesagt. Sie fühlte sich schlecht, wenn sie ihm einen Wunsch, der ihm wichtig war, immer wieder abschlug. Und jetzt, gestern abend, er, es sei soweit, jetzt gleich, Anfang November. Und wie dankbar er ihr sei, wie genau er wisse, daß die Ostzone in Susis Gefühlsatlas so ziemlich das unbeliebteste Gelände der Welt sei. Aber sie werde es, dafür werde er sorgen, nicht bereuen. Dann die volle Ostberlin-Nummer. Jetzt zahlte sich aus, daß er diese Nummer viele Jahre lang gepflegt und immer mit echtem Gefühl gedüngt hatte. Gegen die Ostberlin-Nummer war nichts einzuwenden. Die Deutsche

Handelsbank-Nummer. Der Direktor, sein einziger Freund überhaupt. Ja, Schnucke, das hier herum, Piranhas, dort drüben, der Freund. Nie gesehen, Schnucke. Immer nur Telephon, Briefe, Fernschreiben. Aber dann doch dieser Kontakt, Schnucke. Das weißt du. Seit zehn Jahren singe ich dir das Lied dieser deutsch-deutschen Freundschaft. Und schwieg. Sie auch. Jetzt malte er mit dem Zeigefinger Kringel auf ihren Schenkel. Offenbar konnte er nichts mehr sagen. Aber die Nummer war doch noch nicht zu Ende. Da fehlte doch noch, daß der in Ostberlin den Umsatz von, wieviel war das noch, von 700 Millionen auf 18 Milliarden gebracht hat. Die einzige Bank drüben, die in Westmark bilanziert. Und alles für monatlich dreisechs mit einem Citroën 1100 mit Chauffeur. Das waren Zahlen, die blieben. Sie gibt fünftausend für ihre Putzfrauen aus, und der Ostfreund macht Milliarden für dreisechs und wird im kleinen Citroën chauffiert. Jetzt noch die Jugend-Nummer, Lieken, wollte sie sagen, weil er, von sich selbst ergriffen, schwieg. Aber da war die Nummer schon gekommen. Beim selben Verwaltungsrechtler gehört. Edmund bei dem, als der von Berlin nach Köln gewechselt hatte. Jahreis, hatte sie gesagt, um zu dieser Aufführung wenigstens etwas Refrain beizusteuern. Jahreis, jawohl, sagte Edmund und sah sie, wenn sie ihn richtig verstand, dankbar an. Du weißt, sagte er, der, der in der Uni in Köln am Münztelephon stand, Geld drin, gewählt, er hört den Teilnehmer, der aber ihn nicht, weil er als DDR-Flüchtling den Knopf nicht kennt, auf den man im Westen drückte, wenn der Teilnehmer sich gemeldet hatte, aber da kommt eben der Student Gern vorbei, zeigt's dem Herrn Professor und hat seitdem im Verwaltungsrecht keine Probleme mehr. Solche Geschichten habe er jahrelang ausgetauscht im Ferngespräch mit Ostberlin. Und gelacht. Und er hat immer den Besuch versprochen. Und dieses Versprechen wird jetzt, da die tolle Susi zugestimmt hat, eingehalten. Und zwar jetzt, noch ehe das Jahr 87 in den Annalen verdämmert. So hatte er vor acht Tagen gesprochen. Abends, als sie nach dem Ksenija-Andreas-Streß noch in der Küche saßen. Sie schälte sich einen Apfel für die Nacht, er schlich herum. Da hatte er herausgelassen, daß das Geschäftliche in Rom am Neunzehnten und Zwanzigsten stattfinde. Montag und Dienstag, ob Susi etwas dagegen habe, wenn er schon am Sonnabend fliege, da er doch noch diese befreundete Familie besuchen wolle. Susi hatte nichts dagegen. Und gestern dann die wahre Wirklichkeit: die Pudlich kommt mit. Da hatte sie etwas dagegen. Er hat mit der Pudlich in die Zone zu fahren, nach Rom aber mit ihr.

Nein, Schnucke, niemals, du weißt, ich nehme der Pudlich ihre betulich schnörkelige Art nicht übel, ich habe sogar meine Freude an ihrer krausen Stilistik à la: Hach Mündchen, iß doch noch ein Kartöffelchen, aber zu diesem Freund kann ich nur dich mitbringen. Du weißt, wie heftig herzlich er dich grüßen läßt. Der will dich kennenlernen. Dich und nur dich. Und hat mir gerade wieder so geholfen. Edmund war aufgestanden, in seinem Zehenspitzengang hin und her gegangen. Wenn er die vorderen Fußhälften vor den Absätzen aufsetzte, war es ihm immer besonders ernst. Er kam fast ins Singen. Dieses ewig nicht glücken wollende Geschäft mit der Tschechischen Investitionsbank hat ins reine gebracht werden können, weil es dem Freund gelungen ist, den Prager Betonköpfen in perfektem Tschechisch beizubringen, daß sie die Druckerei in Offenbach, dieses Relikt des Sündenfalls von 1968, nur dann am deutschen Fiskus vorbei veräußern können, wenn sie die Kapital- in eine Personengesellschaft umwandeln. Du weißt nicht, Schnucke, wie viele Anwälte sich da schon Zähne dran ausgebissen haben. Und ich habe es jetzt mit des Freundes Hilfe geschafft. Jetzt muß, jetzt muß ich hin. Aber der will mich nur mit dir sehen oder nicht. Sie hatte – oh, du Blödesuse – noch gehofft, ihn daran erinnern zu können, daß er ihr Rom einmal versprochen gehabt hatte. Und jetzt kriegt die Pudlich Rom und sie kriegt die Zone! Die Pudlich habe doch eine solche Lust auf Paläste, Kuppeln und Säulen. Gut, hatte Susi nicht. Sie hätte hie und da eine Basilika in Kauf genommen: aber sie war scharf auf Bikinis und auf Schuhe, auf Tücher und auf Handtaschen. Schöne Sachen, das war Rom für sie. Aber wie Edmund die Ostberlin-Nummer inszeniert hatte, das ließ kein Geschrei mehr zu. Er hatte Friedenszwang erzwungen. Streit wäre ihr lieber gewesen. Schreistreit bis zum Heulen und Zähnefletschen. Eben bis er dann nicht mehr anders könnte, als seinen Erzsatz herauszubrüllen oder – noch wirksamer – plötzlich pianissimo zu flüstern: Ja, soll ich mir denn meinen Schwanz abschneiden. Das war wenigstens Klartext. Plötzlich war er zwischen ihren Knien gekniet und hatte mit einem Zeigefinger weitere Kringel auf ihren Schenkel gezeichnet. Susi hatte, nicht zum ersten Mal, gedacht: Wer etwas einsieht, ist verloren. Keine Angst, Susi, du siehst es nicht ein. Du tust nur so, als sähest du es ein. Du setzt es auf die Rechnung. Nichts wird vergessen, alles vergolten. Das kann die Scheiben wieder mit einander versöhnen. Ordnung. Nur Ordnung. Gerechtigkeit. Alles muß allem entsprechen.

Als wieder einmal bilanziert worden war, hatte Edmund gesagt, sie habe in den ersten Ehemonaten, immer bevor man mit einander geschlafen habe, zuerst ihre Hausschuhe ordentlich vors Bett gestellt, Schuhspitzen immer unters Bett zeigend. Das habe ihn immer richtig erschreckt. Andererseits hat er aber doch, als er ihr einmal beim Wäscheaufhängen zugesehen hatte, gesagt: Es ist eine Freude, dir beim Wäscheaufhängen zuzuschauen.

Nur was von ganz alleine kommt, zählt.

Wenn du einmal klarsiehst, ist dir nicht mehr zu helfen.

Sie hält das Schlimmste nicht für möglich. Ihr alter Fehler.

Fahr hinauf jetzt, ruf Andreas an, und zwar so, daß die Oschatz es mitkriegt, wie du mit deinem Sohn telephonieren kannst. Die Scheiben waren, sie spürte es, auf dem Weg zur Übereinstimmung. Aber nachzuprüfen, ob es tatsächlich so sei, wagte sie nicht.

Ohne es zu wollen, griff sie nach dem einzigen Buch, das auf Edmunds gewaltigem Schreibtisch lag. J. D. Salinger. *Hebt den Dachbalken hoch, Zimmerleute*. Weil das ein so komischer Titel war, schlug sie auf und las. Das war keines von den Balkonbüchern, die so hießen, weil Edmund sie auf der Terrasse im Liegestuhl las. Sie mußte die bei Schrobsdorff besorgen, mußte dort schildern, was für ein Mann das sei, der sich lesend entspannen wollte. Und das gelang ihr. Edmund war meistens zufrieden mit den Büchern, die sie brachte. Aber er kaufte auch selber Bücher. Dieses Buch mit dem komischen Titel hatte er selber gekauft. Sie schlug es auf, irgendwo, weil sie wußte, sie würde den Anfang nicht aushalten. Bücher fingen immer so an, wie nur Bücher anfingen. Anstatt daß da gleich stünde, um was es ging, sollte man zuerst mal ein Anfangsritual mitmachen. Mit Männern, ja. Aber nicht mit Büchern. Und sie hatte Glück. Da wurde eine Halsentzündung geschildert. Einer tastete mit zurückgerollter Zunge nach der schmerzenden Stelle. Ist es schon eine Halsentzündung oder könnte es noch Hypochondrie sein. Das kannte sie. Genau so kannte sie es. Sie mußte weiterlesen. Und zwar laut. Wenn sie nicht laut las, verschwamm, was sie las, schon während sie's las. Sie kriegte es nicht mit. Wenn sie laut las, spürte sie, sie hatte etwas davon, daß sie las. Sogar die Zeitung las sie laut oder wenigstens halblaut.

Einen hellen Schrei stieß sie aus, als sie las, wenn in ZEN-Klöstern ein Mönch einem anderen Mönch He zurufe, müsse der so Angerufene, ohne zu zögern, He zurückrufen. Das würde sie Conny vorlesen, weil doch Conny dieses plötzliche He-Rufen wildfremden Menschen gegenüber nicht lassen konnte. Und was da über Katzen drinstand. Der Autor mußte ein Katzenfreund sein. Während sie las, stellte sie sich vor, daß sie Edmund, falls der aus Rom doch noch einmal kurz anrufen sollte, erzählen würde, was sie alles entdeckt habe in dem Buch, das er auf seinem Schreibtisch liegen gelassen hatte. Las sie nur, um dann Edmund sagen zu können, sie habe das gelesen? Aber wohin sollte sie denn mit den Empfindungen, die sich in ihr bildeten, während sie las? Sie hätte, was sie empfand, am liebsten gleich ausgesprochen. Vor dem zuhörenden Edmund. Oder vor sonst jemandem. Sie hätte jetzt so gern einen Menschen gehabt – am liebsten natürlich Edmund –, dem sie hätte sagen können, daß ihr dieser Schriftsteller so sympathisch sei, weil er einen spüren lasse, wie sympathisch er sich selber ist. Die meisten Menschen trauen sich ja nicht zuzugeben, wie sympathisch sie sich selber sind. Susi fand es richtig befreiend, daß einer so deutlich merken läßt, wie sympathisch er sich ist. Sie war sich doch auch nichts als sympathisch. Aber sie hatte keine Gelegenheit, das andere merken zu lassen. Das hätte eigentlich noch dazu gehört. Aber daß die zwei Scheiben jetzt auf einander lagen, als seien sie eine einzige, das wußte sie. Danke, Herr Salinger.

Jetzt konnte sie nicht mehr weiterlesen. Auf und hinauf. Statt ihre zwei Frühstückskerzen und das Teelicht auszublasen und zu sagen: Jetzt darf der Tag beginnen, war sie davongerannt. Jetzt weiß sie, warum. Sie hatte ihr Gefühl fragen müssen, ob sie wieder annoncieren sollte oder nicht. Ihr Gefühl hatte geantwortet: Nein, nicht mehr annoncieren. Egal, was er tut.

Frau Oschatz, rief sie, ich komme, hören Sie, ich komme. Dann sah sie, Frau Oschatz hatte das Teelicht und die Kerzen gelöscht. Frau Oschatz dachte eben mit.

3.

Als droben der Aufzug sie freigab, wußte sie, wie mit dem Sohn zu sprechen sei. Ihr verschwindet nächste Woche nach Dubrovnik. Wenn ich tot bin, merkst du, wir haben etwas versäumt. Der Frieden zwischen uns ist faul. Ruf ich dich an, stellst du auf Mithören. Das verletzt mich. Will ich mit dir sprechen, will ich mit DIR sprechen. Will ich mit Ksenija sprechen, will ich mit Ksenija sprechen. So mit Alexandra. Wenn ich euch einen Witz erzählen will, sag ich: Stell auf Mithören, daß ich den Witz nicht dreimal erzählen muß. So.

So fing sie dann an, laut. Was ihr nicht erspart blieb, sollte auch ihren Frauen nicht erspart bleiben. Die waren auf ihrer Seite. Nicht unbedingt. Susi wollte keine Sklaven. Sie wollte ein Parlament. Ein Frauenparlament, dem sie jederzeit Probleme vortragen konnte. Frau Oschatz war die einzige, die lieber Opposition als Koalition war. Sie mußte die Oschatz immer wieder einmal auf die Probe stellen. Opposition ertrug sie. Prinzipielle Opposition nicht. Wenn die Oschatz dergleichen ausbildete, mußte Susi sie feuern. Also sprach Susi so laut, daß Frau Oschatz, die mit dem Staubsaugen fertig war, sie hören mußte.

Als sie ihre Eröffnungssätze losgeworden war, sollte Andreas sagen, was ihm nicht passe. Er wüßte nichts, sagte Andreas. Aber bis heute abend, sagte Susi, wisse er etwas, sie seien ja zum Essen verabredet, er und sie, sie habe den Tisch bestellt im *SANSONE*. Andreas stöhnte weinerlich. Gerade komme Ksenija vom Balkon herein. Sie will nach Niel. Begründung: Die Sonne. Und er könne froh sein, daß sie ihre Laune mit einer Begründung ausstatte. Sie hätte ja auch sagen können: In einer Stunde Aufbruch nach Niel. Da man, wenn man nicht furchtbare, das ganze Wochenende vergiftende Stimmungen heraufbeschwören wolle, einfach ihren Weisungen folgen müsse, werde jetzt nach Niel gefahren. Heute abend mit der Mutter essen, heiße, kaum sei man in Niel, fahre man wieder zurück. Für ihn ein Sport. Für Ksenija eine Tortur. Liebe Mutter, jetzt hat man die Aussprache so lange aufgeschoben, kommt es da auf vierundzwanzig Stunden an? Bitte, nicht auch noch die Beleidigte spielen. Darin ist seine Frau unschlagbar. Bestell, bitte, den Tisch einfach um, auf morgen abend.

Nein, schrie Susi, das machst duuu!

Was er darauf sagte, war nicht mehr zu verstehen. Entweder hielt ihm seine Frau den Mund zu oder hatte ihm den Hörer aus der Hand gerissen.

Zwei Tage bevor die in Urlaub fahren, müssen die also noch das Wochenende im Landhaus verbringen! Ksenija!

Frau Oschatz sagte aus der kleinen Diele herein, von ihren vier Kindern seien drei ihre Feinde. Das habe deren Vater geschafft. Nur Bertram, der Jüngste, halte noch zu ihr. Das wolle nicht viel heißen, weil er ein verpfuschter Mensch sei, der seine Wohnung nur nachts verlassen könne. Sie vermute, seine Frau empfange dann Liebhaber, wahrscheinlich für Geld. Aber einen Beweis habe sie nicht. Oh, arme Ottilie, dachte Susi, aber sie tat, als sei das doch nicht so schlimm. Eigentlich hätte sie sagen wollen: Bei den heutigen hygienischen Standards ist das doch kein Problem. Das war das, was ihr zuerst einfiel. Sauberkeit war ihr noch wichtiger als Gerechtigkeit. Schmutz war überhaupt die größte Ungerechtigkeit. Und eines wußte sie jetzt auch: Sie würde Frau Oschatz nicht entlassen. Niemals. Diese Frau gehörte hierher.

Punkt ein Uhr schellte es dreimal. Theo, sagte Frau Oschatz. Susi sagte: Bitte, grüßen Sie ihn. Und, wenn Sie Lust haben, am Dienstagabend mit mir meinen Geburtstag nachzufeiern, würde ich mich freuen. Im *BAAN THAI*. In der Bergstraße. Allerdings müßten Sie versprechen, sich zu beherrschen, das heißt: Keine Geschenke. Falls Theo abends nicht fahren will, schick ich Ihnen ein Taxi.

Also bis Dienstag.

Sobald Susi allein war, kam es ihr vor, sie habe sich hinreißen lassen. Aber bedauern wollte sie es nicht. Edmund in Rom; Andreas und Ksenija in Dubrovnik; also, bitte. Einen Mann gab es nicht. Schon lange nicht mehr.

An Connys Tür hing das Schild BITTE NICHT STÖREN. Dann baute Conny Türme aus Groschen und Türme aus

Fünfzigern und notierte die Ergebnisse. Domino und Jeannie hielten es offenbar noch aus bei ihr. Da schellte es. Über die Gegensprechanlage teilte Frau Oschatz mit, daß sie im Vorbeigehen in Gerns Briefkasten Post gesehen habe, aber erst als sie in die Hans-Sachs-Straße eingebogen seien, sei sie darauf gekommen, daß Frau Gern heute Post brauchen könnte. Also umjekehrt und jemeldet. Falls Frau Gern darin etwas Anmaßendes sehe, habe sie, Frau Oschatz, Pech gehabt. Schönes Wochenende wünschen Ottilie und Theo Oschatz.

Susi war gerührt und zeigte es. Dann hinunter. Der Brief kam aus England, war über und über mit roten Herzchen bemalt, Absender: Abdul. An Conny. Erste Reaktion: Zerreißen, ab ins Klöchen. Zweite Reaktion: Zuerst lesen. Aber was drinstand, wußte sie doch. Das ganze Kuvert voller hingeschmierter Herzchen. Zinnoberrot. Susi hatte in ihrer Annoncen-Zeit Briefe mit obszönen Zeichnungen bekommen. Gestört hatte sie immer nur die mangelhafte Ausführung. Das war das eigentlich Obszöne: Das Ungekonnte. Das Unordentliche eben.

Susi klopfte. Sie wußte, sie würde es nicht schaffen, den Brief zu zerreißen und im Klo hinunterzuspülen. Sie wußte, was der Brief bei Conny auslösen würde. Und sie würde dann die aufgeflammten Hoffnungen wieder löschen, zertreten, vernichten müssen.

Kannst du nicht lesen, rief Conny, NICHT STÖREN. Mitten in der Arbeit, Mensch.

Post, Mäusken, aus England. Von Abdul.

Mein Abdülsche, rief sie und riß ihr den Brief aus der Hand. Sie graste den Brief förmlich ab. Ein paar Wörter konnte sie nicht stumm zur Kenntnis nehmen, die mußten ihr über die Lippen gehen. Dann den ganzen Brief für die Mutter übersetzt und demonstriert, daß die Mutter mit ihren Unkenntnissen diesen fabelhaften, alle Zukunft bestimmenden Brief überhaupt nicht lesen konnte. Liebste Conny, sagte Conny und sah ihrer Mutter zuerst einmal triumphierend in die Augen. Liebste Conny, hier in England ist es zu kalt. Ich fliege zurück. Aber ich kann nicht über Deutschland hinwegfliegen. Du weißt, daß ich Dich nicht vergessen habe, Dich nie vergessen werde. Wär ich ein Vogel, flög ich zu Dir. Ich bin ein Vogel. Ich fliege zu dir. Du bist mein Leben. Ich liebe Dich. Ich liebe Dich wie eine Blume. Die Blume in meinem Herzen heißt Conny. Ich befinde mich bei bester Gesundheit. Wir werden Kinder kriegen. Soviel Du willst. Ich küsse Dich und grüße Dich, ewig Dein Abdul.

Ewig Dein Abdul, wiederholte sie und sah dabei ihrer Mutter wieder in die Augen.

So möcht ich dich zeichnen, sagte sie, und drunterschreiben: Muttertier, sprachlos.

Conny, sagte Susi, Mäusken.

Sie sah den schönen Abdul vor sich, als er Conny abgeholt hatte zum Fest. Susi hatte ihm das Geld für das Fest so zugesteckt, daß Conny es nicht sah. Das war schon falsch. Sie hatte dem doch sofort angesehen, worauf der spekulierte. Und der hatte sofort gesehen, daß sie ihn durchschaut hatte. Er hatte aber sicher auch gesehen, daß Susi beeindruckt war von ihm, von brauner Haut und schwellendem Mund. Sie hatte dem in Hammamet gesagt: Conny wird nie heiraten. Der müssen Sie täglich dreimal die Brille putzen. Die putzt doch ihre Brille nicht. Nichts macht die. Susi hatte gesehen, daß der sich nicht abschrecken ließ. Dieses Schwein. Er achtzehn, Conny siebenundzwanzig. Edmund würde seinen schönen, großen, für seine Körpergröße fast zu großen Mund zerbeißen, wenn er von diesem Anschlag erführe.

Mäusken, sagte Susi, schau mal, wenn du Abdul zehn Frauen hinstellst, du bist unter diesen zehn Frauen, ich auch. Er soll eine wählen. Das bist du nicht. Das bin ich nicht. Falls alle zehn gleich viel Geld haben. Mutter, sagte Conny, mich legst du nicht rein. Abdul käme direkt auf mich zu, die will ich, würde er rufen, die will ich zur Frau, von der will ich so viele Kinder, wie sie will.

Moment, Mäusken, rief Susi, komm, komm rüber, ich habe das Gefühl, das Haus brennt, ich muß dich retten. Komm!

Dann saßen sie einander gegenüber. Nicht im großen Sitzgelände an der Fensterfront, sondern in der Fernseh-Ecke. Da fand es Susi kuscheliger. Komm, Mäusken, jetzt kucken wir einander mal gründlich in die Augen. Wer's länger aushält. Ich erzähl dir was dabei.

Behindert, Conny kenne das Wort, doofer könne ein Wort nicht sein, kein Wort sei das, sondern eine Riesenschublade, in die die Menschen einen steckten, um einen los zu sein. Klar, Mäusken? Conny nickte, winkte ab, als wolle sie sagen: Wem sagst du das. Mach weiter. Susi machte weiter. Sie hätte Conny längst sagen müssen, wie alles, womit sie jetzt zu tun hätten, gekommen sei. Erst bei der Geburt sei's passiert, zuviel wehenfördernde Mittel gespritzt, weil die Wehen immer wieder ausgesetzt hätten. Statt daß sie sie in Ruhe gelassen und gewartet hätten, bis das Kind ganz von selber gekommen wäre. Der Professor wollte nach Hause. Hatte gerade die Tochter verloren. Die war neunzehn. Leukämie. Der wollte an die Flasche. Hat sie nachher erfahren. Das Krankenhaus habe ihm empfohlen gehabt, eine Zeit lang zu pausieren. Er habe gesagt, die Arbeit sei das einzige, was ihn noch retten könne. Aber der Alkohol auch. Und das Geld. Wenn er die Geburt Untergebenen überlassen hätte, hätte er keine Rechnung schicken können. Darum habe er bleiben müssen, bis das Kind da gewesen sei. Und das sei ihm eben zu langsam gegangen.

Conny: Den verklagen wir.

Susi: Und was bringt's? Du mußt dir vorstellen: zwei Schicksale stoßen auf einander. Daß seine Tochter sterben mußte, ist unser Schicksal geworden. Sobald Susi Conny bei sich gehabt habe, habe sie gehört, wie die Hebamme zu einer Schwester gesagt habe: Kuck mal, was der sich wieder geleistet hat. Darauf die Schwester: Was ist denn? Darauf die Hebamme: Ach, gar nichts. War ja auch alles dran, schwarze Haare, kleine Händchen, die waren so süß, diese kleinen Händchen. An denen habe sie sich, sagte Susi, überhaupt nicht sattsehen können. Ein volles Jahr habe es gedauert, bis sie, die ganz und gar Ahnungslose und Nichtsvermutende, bemerkt habe, daß da etwas nicht stimmt. Bei 'nem Contergan-Kind oder bei einem Mongölchen sehe man's natürlich gleich.

Verklagen, sagte Conny.

Mäusken, sagte Susi, was hätte das bringen können?

Geld, sagte Conny.
Susi: Das haben wir selber. Ihr habe der Professor leid getan. Schickt die Tochter auf eine Weltreise, die kommt zurück und stirbt. Dann pfuscht ein Arzt eine Minute lang, das reicht für ein ganzes Leben.
Die Arbeit ruft, rief Conny und trippelte zurück in ihr Zimmer. Bevor sie verschwand, drehte sie sich noch einmal um und sagte: Ich brauche doch einen Mann, Muttertier. Ich bin neunundzwanzig. Ich leide!
Susi sagte: Ab Montag bist du erst mal im *TIERPARADIES*.
Oh ja, sagte Conny. Endlich wieder ne gut bezahlte Arbeit.
Wieviel war's wieder? Vierhundert pro Monat, sagte Susi.
Toll, sagte Conny, hundert mehr als bei Oxfort.
Von neun bis eins, sechsmal die Woche. Stell dir das nicht zu leicht vor, sagte Susi. Aquarien putzen, Käfige ausmisten.
Muttertier, ich danke dir, sagte Conny. Und war weg.
Edmund war stolz auf diese Konstruktion: Neunhundert werden dem Geschäft überwiesen, davon überweisen die vierhundert an Conny. Nein, hatte die Frau zuerst gesagt, daran wolle sie nichts verdienen. Warten Sie's ab, hatte Edmund gesagt, die kann einen ganz schön nerven.
Schon wieder der Satz der Züchterin: Die Katze sagt zu Ihnen: Denk immer daran, du wolltest mich, nicht ich dich. Ja, Mäusken, dachte Susi, so ist es.
Wenn Susi den Eindruck hatte, das Telephon schelle genau in dem Augenblick, in dem man es am wenigsten wünsche, dachte sie, daß sie so nicht denken sollte. So zu denken paßte nicht zu ihr. Das paßte zu Ksenija. Und es war Andreas. Andreas stöhnte wieder, aber diesmal sollte es komisch klingen. Er wollte zeigen, daß er sich beim besten Willen nicht mehr ernst nehmen könne. Was für ein Sonnabend, Mutter, was für ein Sonnabend. Ksenija sei, als man schon mit allen Utensilien im Auto saß, um nach Niel zu fahren, plötzlich klargeworden, daß sie in Niel noch keine Sekunde lang glücklich gewesen sei, im Grafenberger Wald dagegen habe es Glücksmomente gegeben. Also in den Grafenberger Wald ...
Ksenija nahm ihm den Hörer ab, sprach weiter: Sie behaup-

te, die Mutter habe *SANSONE* noch nicht abbestellt, Andreas sage, die Mutter habe abbestellt. Hast du oder hast du nicht, Mutter. Susi wußte, sie hätte lügen sollen. Je wichtiger es gewesen wäre zu lügen, desto weniger war sie dazu imstande. Sie hat also nicht ab- und nicht umbestellt. Ksenija triumphierte. Wir gehen hin, rief sie. Wer, sagte Susi. Andreas, Xandra und ich. Zum Abbestellen sei es jetzt zu spät. Und, bestellen und dann nicht kommen, wenn Mutter den Tisch bestellt hat, das hieße, Mutters Namen beschmutzen, also gehen sie hin. Und es sei, da Andreasowe – oder -lowe, auf jeden Fall eine ihrer jugoslawischen Zärtlichkeitsendungen – und sie am Montag aufbrächen, der vorletzte Abend mit Xandra. Xandra freue sich schon sehr auf die Tage und Nächte bei der Oma. Die Oma freue sich sicher auch darauf, außer dem behinderten Kind jetzt ein übertalentiertes Kind bei sich zu haben. Sie verlange, daß nach den Ferien ein Intelligenztest gemacht werde bei Xandra, damit Xandras Spitzenbegabung amtlich festgestellt sei. Sie werde nicht ruhen, bis Xandra in eine Eliteschule überwiesen werde. Andreas, wenn sie sage, Xandra müsse gefördert werden: Was willst du, sie spielt doch Hockey. Aber um ein Kind zu haben, das Hockey spielt, sei sie nicht aus Jugoslawien hierhingekommen. Neulich, nachmittags im Bett, nach der Liebe, sie zu Andreas: Fahr schnell vor zum Brehmplatz, hol Xandra und mir ein Eis bei *PALATINI*, er, zu faul, stöhnt wie eine Frau, sagt, sie fresse bald noch mehr Eis als seine Mutter, dabei kann sie sich jede Menge Eis leisten, um ihre Figur muß sich ihr Bauch ansetzender Mann nicht sorgen ...

Immer lauter, immer schriller. Dann auf einmal, als wolle sie beweisen, daß alles falsch sei, was man gerade über sie denke, sagte sie katzenpfotenweich: Mutter, ich habe dich doch nur bitten wollen, meine Schwester anzurufen. Wenn ich sie anrufe, verrät sie's in ihrem Lokal, dann wissen die in Kaiserswerth wieder Bescheid über mich. Du mußt nur sagen: Liebe Ljubinka, Ksenija ist schon heute nach Dubrovnik gefahren, du kannst deine Neger nach Hause schicken. Sie hat nämlich drei Neger in ihr Lokal bestellt, die mich, sobald ich dort auftauche, anmachen sollen, damit bewiesen wäre, wie schlecht ich bin. Und die zwei als Nutten aufgemachten Hausfrauen muß sie auch nicht mehr vor die Tür stellen, daß die Autos dann hupen. Damit will Ljubinka sagen: Andreas, du gehst doch besser mit einer dieser Frauen als mit Ksenija. Aber, Mutter ...

Ist gut, rief Susi, muß aufs Klöchen. Schön' Abend noch. Und legte auf. Andreas, sagte sie, schrie sie, Andreas!! Blödesuse! Wenn ihr Sohn nicht jeden Monat fünftausend Mark von ihr kriegte, könnte sie sich nicht darüber beklagen, daß er sie schlecht behandle, obwohl er jeden Monat fünftausend Mark von ihr kriegt. Jetzt also im *SANSONE* anrufen, den Tisch abbestellen. Man sollte die, wenn sie nachher dahinkamen, nicht an den von Susi bestellten Tisch führen. Aber sie konnte sich nicht rühren. Wieder diese Handlungssperre. Das rote Gift. Da hat sie wieder was gefunden, wo sie dir was konnte. Manchmal fragte sich Susi: Ist die krank oder nur böse.

Frau Oschatz hatte, als sie Ksenijas Temperament einmal erlebt hatte, gesagt: Die hat'n Sprung inner Schüssel.

Zum Glück hatte Susi die Flasche schon vor diesem Gespräch aufgemacht gehabt. Sie nahm den ersten Schluck. Und gleich den zweiten. Dann war sie im Stand, den Fernsehapparat einzuschalten.

Diese lange, dünne, und immer dünnere, freche, magersüchtige Ziege. Wie viele Jahre frißt Andreas das jetzt schon in sich hinein und schweigt. Etwas Männlicheres als dieses Schweigen konnte sich Susi nicht vorstellen. Und hatte sich an den Hochzeitstag erinnert, als sie die weiße Braut auf der Kirchentreppe gefragt hatte: Und, wie fühlt man sich als Frau Gern? Man fühlt sich ganz gut, hatte Ksenija gesagt. Susi hatte mehr erwartet. Was hat sie sich abgeplagt mit der!

Susi stand auf. Schwankte. Schwankte sie absichtlich? Wollte sie sich demonstrieren, daß es bei ihr, wenn sie nicht beachtet wurde, zu Gleichgewichtsstörungen kam? Denk jetzt nicht an die zwei Scheiben. Später an diesem Abend. Vielleicht ruft er ja noch an, der Herr Gern. Jetzt schellte es. Dreimal kurz, einmal lang. Andreas. Wenn er die rote Mähne mitbringt, schlägt sie ihnen die Tür vor der Nase zu. Es war noch vor acht.

Es war nur Andreas. Ksenija und Xandra warten allerdings unten im Auto. Sie sind auf dem Weg ins *SANSONE*; da fällt ihm zum Glück noch ein, daß sie einen Koffer brauchen könnten, und wenn die Mutter noch Strandtücher entbehren könnte, da sie ja, aus Tunesien zurück, sicher nicht gleich wieder ans Meer strebe ... Und ließ den Satz hängen. Susi hätte ihn gern geküßt. Und sei's auf die Stirn. So groß war er auch wieder nicht. Größer als Edmund schon. Aber nicht so groß, daß sie ihn nicht, wenn er ein bißchen in die Knie gegangen wäre, auf die Stirn hätte küssen können. Und überhaupt: die hatten doch selber Koffer, Strandtücher ..., das war ein Vorwand. Andreas will dir sagen, es tue ihm leid. Und hat es nicht anders sagen können als mit Koffer und Strandtüchern. Etwas anderes hätte die rote Haarpracht nicht gestattet. Und wieder einmal dachte Susi: Andreas, du wärst wohl besser ein Mädchen geworden. Sie gab ihm den Kellerschlüssel. Einen Koffer willst du, sagte sie, Badetücher willst du, auf dem Weg ins *SANSONE* seid ihr. Da, sagte sie und gab ihm den Kellerschlüssel. Bedien dich. Wirf ihn nachher in den Briefkasten. Und wir, du und ich, essen morgen nicht mit einander. Das hat Zeit bis nach eurem Urlaub. Wie du willst, sagte er. Ging aber noch nicht. Die warten auf mich, sagte er. Ich weiß, sagte Susi. Jetzt stand er, die Augen groß, ausdruckslos eigentlich, dieser Blick. Vielleicht ein bißchen Angst. Vor dem, was Ksenija gleich wieder veranstalten würde. Am ausdrucksvollsten die Unterlippe. Die hing richtig. Und er ging tatsächlich. Susi trank, um einen ganz besonderen Durst zu löschen, die Flasche Wein ganz schnell aus. Das war ihr Andreas, um den man sie, als der acht, neun, zehn war, beneidet hatte, wo immer sie auftauchte mit ihm. Aber schon in der Sexta sitzengeblieben, also Nachhilfe, sie hat ihn hingefahren, dann ist sie draufgekommen, daß der nicht in die fünfte Etage zu Studienrat Felgenhauer hinaufging, sondern im Treppenhaus wartete, bis die Mutter weg war, und ab in die Altstadt zum Zocken und Rauchen. Ihr war es, als hätte ein Liebhaber sie betrogen. Sie dann zu ihm: Wenn du 'n Mädchen wärst, würde ich das schluren lassen, aber du bist 'n Mann. Es geht nicht, daß aus dir nichts wird. Und wie hatten sie geschmust mit einander. Er wolle antreten, hatte er gesagt, gegen die Männer, die ihm die Mutter wegnähmen. Sie hatte seine Sätze ins Lustige, doch nicht nur Lustige fortgesetzt: Du wärst überhaupt der richtige Mann für mich, zu dumm, daß du mein Sohn bist. Und mußte ihn, wenn er sie drückte, immer deutlicher von sich weghalten. Und weil die Altstadt-Touren nicht aufhörten, dann die Trennung. Salem. Der böseste Tag in ihrer Geschichte. Als sie sich vor dem Uraltmauerwerk von ihm verabschiedeten, sah er nur noch sie an. Als wäre Edmund gar nicht dabei. Seine Unterlippe hing weg. Sie wußte, daß er jetzt dachte: Das werde ich Dir nie, nie, nie verzeihen. Nächste Station: Wenn ihr mich jetzt nicht holt, müßt ihr mich nie mehr holen. Edmund: Nicht ohne Abitur. Ihr hätte die Mittlere Reife genügt. Andreas knackte ein Auto und fuhr heim, hob mit Vaters gefälschter Unterschrift Geld ab, verkaufte Susis beste Pelzjacke, Vaters teuerste Uhr und fuhr den Jaguar zu Schrott. Zur Rede gestellt, sagte er: Sie seien doch reich, Arme zu bestehlen käme ihm nie in den Sinn. Und wollte Schreiner werden! Nichts als Schreiner! Susi hatte aufgeschrieen. Andreas hat die schönen Hände ihres Vaters. Und dann fehlen plötzlich zwei Finger! Andreas wollte aber Schreiner werden. Der Meister lobte ihn zwar, aber er komme eben viel zu selten. Dann war Andreas verschwunden. Sie hat ihn gesucht. Sie allein. Edmund wollte die Polizei alarmieren. Sie hat sich durchgefragt durch die Kneipen und Winkel der Altstadt, die ihr plötzlich vorkam wie eine außereuropäische Hafenstadt. Sie hatte sich durchgefragt durch den Pulk der trüben Freunde, dann hatte sie's. Zu seiner Renommiermache gehörte es, daß er jede Unterschrift nachmachen könne und daß ihm keine Tür widerstehe. Also, hinaus in die Mulvanystraße. Da lag er. Mit einer hohlwangigen lippenlosen Person, die so elend aussah, daß man nichts sagen konnte. Andreas hatte offenbar mitgekriegt, daß der Vater die Mulvanystraße zur Zeit so gut wie gar nicht mehr aufsuchte.

Erst Ksenija hat Andreas in die Reihe gebracht. Vier Jahre älter als er. Ihm auf eine angenehme, weil unaufdringliche Weise überlegen. Der Junge lief voll in der Spur. Will Bankdirektor werden. Endlich. Edmund: Bei deinem Fälschertalent die ideale Karriere. Er brachte ihn bestens unter, obwohl die sonst keinen mehr ohne Abitur nehmen. Und der übertraf seine sechs Mitlehrlinge von Anfang an. Der Liebling des Chefs, hörte Edmund, sei er. Aber Edmund und Susi mußten, weil die dafür keinen Freund und keine Freundin hatten, als Trauzeugen herhalten. Susi gestand sich, daß sie das nicht überrasche. Sie hatte nicht das Gefühl, daß Ksenija Andreas genug liebe. Und wie die ihre Schwester Ljubinka heruntermachte. Aber wenn man etwas nicht abwenden kann, färbt man es ins Freundliche. Und daß diese Ksenija aus Andreas einen Ausbund der Annehmlichkeit gemacht hatte, durfte man doch in jedem Augenblick dankbar empfinden. Nicht nachgelassen hat er, bis er die schändlich verscherbelte Uhr seines Vaters für viel mehr, als er bekommen hatte, zurückgekauft und dem Vater zu Weihnachten geschenkt hatte. Andreas war einfach gut und schön und herzlich wie noch nie. Aber sonntags, wenn Edmund für alle kochte, fiel Susi mehr als einmal der Sauerbraten von der Gabel, weil sie Ksenijas Art, Andreas ununterbrochen zu maßregeln, nicht mehr ertrug. Dann gab die bekannt, Andreas dürfe seine Eltern nicht mehr besuchen, ohne daß sie dabei sei. Jetzt schrie Susi auf. Edmund schaute zu wie der Zeuge eines Verkehrsunfalls, der ihn nichts angeht. Aber Susi schrie wie noch nie. Wenn Andreas allein kam, konnte sie ihn abküssen. Wenn der nie mehr allein kam, das hieß, ihn nie mehr nach Herzenslust küssen. Also gab sie bekannt: Wenn es verboten wird, daß Andreas auch mal allein in die Holbeinstraße kommt, dann will sie keinen mehr sehen. Andreas nicht, Ksenija nicht, Xandra nicht. Das ist ihr letztes Wort. Und wirkte. Ksenija reagierte, wie Susi es nie zu erwarten gewagt hätte. Das war gar nicht mehr dieselbe Frau. Sie schaute einen jetzt erst an, wenn man sie dazu ermunterte. Wenn man ihr jetzt die Hand geben wollte, hatte man etwas knochenlos Weiches in der Hand, während sie vorher immer zugegriffen hatte wie ein Mann. Und wollte es jetzt allen nur noch recht machen. Sie setzte sich, wenn sie zu Besuch waren, in keinen Sessel mehr, sondern auf den Boden, kuschelte sich an Andreas hin, sah zu ihm auf wie der Hund zum Herrn. Darauf war man nicht gefaßt gewesen. Als sie sich zum ersten Mal so benahm, hatte Susi noch gesagt und hatte merken lassen, daß sie sich jetzt übermenschlich anstrenge, um so ruhig sprechen zu können: Weißt du, worauf ich warte, Ksenija! Daß du wieder losschreist! Wir sind daran gewöhnt, daß du Andreas herumkommandierst und ihn und uns anbrüllst. Dann können wir nämlich auch brüllen. Was ziehst du denn hier für ne Schau ab! Läßt du das wohl! Dich so hinzukuscheln an ihn! Vor seinen Eltern!

Aber Ksenija kauerte, kniete, kuschelte. Dann aber, so plötzlich wie sie am Boden war, war sie wieder in der Höhe. Und zwar herrschsüchtiger als je. War wieder die Auftrumpfende, die ihren Andreas maßregelte, ja, ihn, wie Andreas der Mutter gestand, ihn manchmal ohrfeigte, und das auch vor Zeugen. Von ihr erfuhr man, er schlage sie auch. Aber, sagte Andreas, sie hat angefangen. Allmählich sah Susi ein, daß sie Ksenija immer noch unterschätzte.

Hilfesuchend sah Susi zu Marilyn Monroe hin, die in goldenem Rahmen auf dem niederen Glastisch neben dem Fernseher stand. Susi prostete ihr zu. Setzte sich so, daß sie ihr direkt gegenüber saß. Dann prostete sie Marilyn noch einmal zu, trank das Glas aus, schaute wieder Marilyn an. Die lächelte ihr zu. Daran war überhaupt nicht zu zweifeln. Susi füllte das Glas, trank Marilyn zu, und das noch einmal und noch einmal. Es war ja nicht das erste Mal, daß sie in diesen Kontakt zu Marilyn geriet. Ziemlich genau sechs Jahre ist es her, sie in der Schönheitsfarm in der Eifel, wo sie sich jedes Jahr in der Woche vor ihrem Geburtstag pflegen läßt; in der Woche vor ihrem Fünfzigsten also, da geschah das. Sie hatte in sechs Tagen acht Pfund abgenommen, obwohl Abnehmen dort gar nicht zum Programm gehörte. Aber sie wollte ihren Fünfzigsten als Leichtgewicht begehen. Sie hatte immer, wenn sie in die Eifel fuhr, ihr Marilynbild im matten Goldrahmen dabei. Und immer das an Nippes, was ihr gerade unentbehrlich war, und die gerade in Gunst stehenden Püppchen und Stofftiere. Aber hundert Püppchen ersetzen ja nicht eine einzige Katze. Marilyns Bild hatte sie erst am dritten Tag aufgestellt, so aufgestellt, daß sie, wenn sie vom Bett aus hinschaute, Marilyn eher von der Seite sah. Aber Marilyn sah doch herüber zu ihr. Und am sechsten Tag, am Tag vor der Heimreise, grinst Marilyn sie an. Moment mal, dachte Susi, was grinst die denn so? Macht die sich jetzt lustig über dich? Will sie sagen: Was iss'n das für'n Kult, den du treibst mit mir? Wer bist'n du überhaupt? Susi dachte: Augen zu, sofort. Und spürte ein Gruseln. Daß Marilyns Mund gelächelt hatte, daß sich die Lippen richtig von den Zähnen geschält hatten, das war sicher. Also was tun? Sonnenbrille auf und hin und das Bild umdrehen? Oder gleich in den Koffer? Wenn du heute nacht das Fenster aufmachen willst, mußt du an ihr vorbeigehen, das ist doch unvorstellbar. Nein, nein, nein. Die bleibt da stehen. Du schaust sie an. Du bist nicht verrückt. Du hältst es aus, daß dich Marilyn Monroe anlächelt. Du bist kein Fan. Warst noch nie 'n Fan von irgendwem. Nicht mal von Sinatra. Und die Augen geöffnet, Marilyn lächelte noch immer. Und Susi hatte es jetzt geschehen lassen wie eine große Gunst. Wie eine Auszeichnung.

Das hatte sich so nie mehr wiederholt. Aber Susi konnte sich, wenn ihr danach war, immer wieder in die Augenblicke dieser großen Gunst hineinversetzen. Auch jetzt blieb Marilyns Lächeln Photographie. Aber sobald Susi ihr zuprostete, antwortete, wenn auch keine sanft wogende Bewegung, so doch eine an die Grenze des bloß Photographischen reichende Eindringlichkeit, Gegenwärtigkeit, Herzlichkeit. Gerade, als denke Marilyn auch an den Nachmittag in der Eifel-Farm. Sie denkt daran, dachte Susi, sie ist wieder verzaubert ins Photographische, aber sie möchte gern heraus aus Bild und Rahmen wie damals. Prost, Marilyn, sagte Susi und nahm Marilyns Lächeln gerührt zur Kenntnis. Sie verstanden einander. Naiv sei Marilyn gewesen, hatte Susi gehört, und leichtgläubig. Das war Susi doch auch. Naiv und leichtgläubig. Susi stellte das Glas weg, schaltete ihren Sinatra ein und tanzte ein bißchen herum. Zum Glück mußte sie sich nicht ernst nehmen. Plötzlich blieb sie stehen, nahm das Glas, setzte sich und sagte: Ach, Marilyn, du hast es nicht erlebt, wie Oberschenkel aussehen können, wenn man soundso alt ist. Ja, Edmund, schon gut. Misch du dich nicht ein.

Das sagte sie zu Warhols Edmund-Bild. Edmund lächelte nicht. Warhol hat Edmunds zu großen Lippen einen zu grellen Farblosglanz gemalt. Der Mund fiel ja bald aus'm Gesicht vor Wollust und Fülle. Prost, mein Scheusal, du. Ich bin stark, mein Lieber, ich strecke die Hand nicht aus nach dir. Ich bin so stark, daß ich vor lauter Stärke in der Mitte glatt abbrechen könnte. Wenn ich mich bewegen würde. Tu ich aber nicht. Dieses wiederkehrende Bedauern, nicht am ersten Liebeskummer gestorben zu sein. Das ist nicht mehr gutzumachen. Wo sind die gerade jetzt, in Rom, wie lieb ist er gerade jetzt mit ihr, rückt ihr den Stuhl zurecht, noch ganz alte Schule, setzt sich nicht, bevor sie nicht sitzt. Im *HASSLER*-Dachgarten, Tisch an der Fensterseite, reserviert für zwei Personen, nein, Edmund zieht Essensqualität der Aussicht vor, also sind sie im *GIOVAN-NI* in der Via Marche, im vorderen Raum natürlich, weil nur der Edmunds Ansprüchen genügt. Dann stöhnt die Pudlich ihre am Nachmittag gesammelten Empfindungen heraus, hach, der Kreuzgang von Santa Maria della Pace, hach und so ein Glück, daß Santo Stefano Rotondo jetzt restauriert ist, hach, hach, hach, dann aber ab ins *RAPHAELI* und …

Wenn Susi sähe, was da läuft, wäre sie geschieden, das ist sicher. Sie weiß genau, was da läuft, aber so genau sie es sich auch vorstellen muß, wenn sie's mit den Augen sähe, wäre alles aus. Sofort aus. Explosionsartig aus. Es gäbe kein Bedenken mehr. Was denkst du denn, was ich für diese Frau empfinde, hat er gesagt. Du bist lieb und nett zu ihr, hat Susi gesagt. Und er: Ja, das bin ich, lieb und nett, mehr nicht. Aber sehen dürfte Susi das nicht. Wenn die Pudlich anrief und Conny nahm ab, machte Conny die Stimme ihrer Mutter so nach, daß die Pudlich das nicht merkte. Auch Edmund merkte es nicht, wenn Conny die Mutter nachmachte. Andreas, des Vaters Unterschrift, Conny, Mutters Stimme, dachte Susi. Und selber, was sind sie selber? Neulich, als die Pudlich anrief und Conny nahm ab, hatte sie zu Frau Pudlich gesagt: Ach,

Sie sind's, Frau Pudlich, wie schön, Ihre schöne Stimme zu hören, ich hoffe, Sie führen Ihre Oper mal bei den Indianern auf, die suchen nämlich noch wen für'n Marterpfahl, howgh, ich habe gesprochen, die Häuptlingin des Koscheren Wigwams. Da hatte Frau Pudlich natürlich längst am Inhalt gemerkt, daß Conny sprach, und legte auf. Susi umarmte dann Conny und küßte sie und sagte: Du bist meine Rächerin. Tausend Dank. You're welcome, sagte dann Conny. Oder sie sagte: Kannste en et Piefke rohke, dinn Dank.

Susi hatte das Gefühl, jetzt könne sie den Fernseher anmachen.

4.

Man paßt eigentlich nicht zu einander. Man macht sich passend. Dachte Susi. Und sah zu, willenlos, wie draußen der Sturm die Bäume leerte. Um sie herum wurden die farbigen Wipfel geschüttelt. Die fortfliegenden Blätter sahen aus, als gingen sie auf eine Reise. Susi mochte Stürme, denen man anmerkte, daß sie vom Meer direkt nach Düsseldorf geschickt worden waren, und dort in das Viertel, in dem immer noch eher die Bäume als die Häuser in den Himmel wachsen. Grellblau der Himmel, grellweiß die Wolken. An einem so brillanten Tag möchte sie nicht beerdigt werden. Dafür gibt's Regentage. Sobald es in Düsseldorf regnet, wogt durch die Stadt ein Meer von Schirmen. Susi stellt sich dann vor, wie gewaltig der Mann gewesen sein muß, der da beerdigt wird. In Essen hat es nicht so viele Schirme gegeben. In Essen gingen immer mehrere unter einem Schirm. In Düsseldorf hat jeder einen Schirm für sich. Ob Edmund ihren Wunsch, daß sie in ihrem Porsche beerdigt werden will, ernst genug genommen hat? Sie muß einen Vertrag erreichen, der garantiert, daß sie in ihrem Porsche beerdigt wird. Edmund ist Weltmeister im Verträgemachen. Siebzehn Firmen aus drei Erdteilen schreibt er so in einen Vertrag hinein, daß die ohne den Hauch einer Komplikation auf so ner indonesischen Insel aus dem Nichts einen Hafen bauen, in dem die größten Pötte ein- und ausfahren können. In ihrem Porsche beerdigt werden, dann hat sie nicht umsonst gelebt. Das muß Edmund bündig formulieren. Gelesen hatte sie, daß es einem Italiener, der in seinem Auto beerdigt werden wollte, nicht gelungen war. Man hatte ihn bis ans Grab gefahren, aber hinab mußte er ohne. Das wird Edmund verhindern. Wozu war sie denn sonst mit einem Meisteranwalt verheiratet!

Je länger sie den Handlungen des Sturms zuschaute, desto deutlicher wurde es ihr, daß sie, auch wenn der Sturm weitergezogen sein würde, nicht aufhören konnte zuzuschauen. Immer öfter, dieser Zwang zur Bewegungslosigkeit. Oder zum bloßen Gerenne. Ohne Zuschauer würde sie diese jähen Wechsel zwischen Erstarren und Gerenne nicht ertragen. Schon diese Unterscheidung so zu treffen ist ein Versuch, sich den immerwährenden Zuschauern verständlich zu machen. Noch genauer: Erst durch die Zuschauer begreift man sich. Der Chor der Zuschauer sagt es einem, was man empfindet. Ohne den andauernd formulierenden Chor der Zuschauer wäre man wie nicht vorhanden. Oder bedeutungslos. Wenn sie nicht immer so lebte, als hätte sie Zuschauer, könnte sie nicht leben. Sobald sie, wenn sie durch eine Hotelhalle oder die Kö lang geht, fürchten muß, daß ihr niemand zuschaue, niemand ihr nachschaue, kriegt sie doch Gleichgewichtsstörungen. Nur für sich könnte sie nicht sein. Manchmal bestand der Chor aus einhundert Edmunds. Dann aus neunundneunzig Andreas-Ksenijas. Dann wieder aus tausend Unbekannten oder aus zehntausend Gesichtern ihrer Mutter, ihres Vaters. Manchmal einfach aus ihren vier Frauen. Oder eben aus dem unendlich dienlichen Leonardo. Und heute, an ihrem Geburtstag, wer schaut ihr zu? Keiner! Jetzt merkt sie, wie sehr sie ihre Frauen als Zuschauer braucht. Daß keine von denen da ist, macht den Sonntag gleich so leer. Und der 18. Oktober war 1931 auch ein Sonntag. Und heute wieder. Immer wenn etwas geriet, wie es sollte, spürte sie, daß das nicht mehr als recht und billig sei, sie ist doch ein Sonntagskind. Alles Mißlingende wehrte sie ab als ihr, dem Sonntagskind, nicht gemäß. Wenn wenigstens Hildchen Tönnissen da wäre. Sie war Susi die liebste Zuschauerin. Am leichtesten spielte es sich vor Hildchen Tönnissen. Am schwersten vor Frau Oschatz. Eben deshalb wird sie Frau Oschatz erst entlassen, wenn sie sie dazu gebracht hat, ihrer Herrin ohne Einschränkung zu applaudieren. Sie wollte Frau Oschatz weder erpressen noch täuschen. Sie wollte sich so aufführen, daß eine Frau Oschatz ihr applaudieren konnte. Sie spürte in Frau Oschatz eine gewaltige Urteilskompetenz. Instanz Oschatz, dachte Susi wohlig schaudernd. Vor Frau Oschatz zu bestehen, hieß, überhaupt bestehen. Jetzt übertreibste aber, sagte Susi laut ins Zimmer. Ja, sagte sie, weil es mir Spaß macht. Frau Oschatz ist nämlich ...

Das Telephon.

Xandra. Pappi und Mami seien noch immer nicht aufgestanden heute. Sie habe schon öfter geklopft und denen gesagt, wie spät es sei. Pappi habe gerufen, vor Sonnenuntergang könnten sie heute nicht aufstehen. Xandra könne, wenn sie wolle, ein Taxi nehmen und zur Oma fahren. Er könne Mami überhaupt nicht loslassen. Es gehe ihr nicht gut. Sobald er sie loslasse, rufe sie: Halt mich, halte mich fest. Schließlich fragte Xandra, ob sie kommen könne. Susi sagte: Aber ja, Xandraschätzchen, komm sofort. Dann mußte sie sich nicht Edmund vorstellen. Heute. Am Sonntag. Am Sonntagnachmittag, Sonntagabend, in Rom, im *RAPHAELI*; mit Heimchen Pudlich. Sich passend machen, da war die Pudlich groß drin. Die floß um Edmund herum wie heiße Seide. Harmoniesüchtig sei sie, sagte Herr Gern. Das bin ich auch, sagte Susi in den Raum. Ihre Sehnsucht: einem Mann so zustimmen zu können, daß nur noch dieser Mann übrig blieb. Am liebsten ginge sie auf in einem anderen. Am liebsten macht sie sich zu eigen, was der denkt, wie der denkt. Am liebsten wäre sie überhaupt nicht sie selber. Alles so erleben wie der. Von sich erlöst zu werden. Für eine Zeit. Nachher die traurige Rückkehr in die eigene Person. Die sich nichts mehr glaubt. Oder alles glaubt. Kommt auf dasselbe heraus. Mach Schluß jetzt. Xandra kommt, sie wird dich retten. In letzter Zeit neigst du dazu, immer etwas zu befürchten. Eines Tages wirst du nur noch aus Befürchtungen bestehen. Befürchtest du. Leider sind ihre Befürchtungen alles andere als eingebildet. Am letzten Sonntag plötzlich dieses Zungenbrennen. Am Sonnabend steht in der Zeitung etwas über Zungenbrennen. Am Sonntag hat sie's. Am Montag auch. Am Dienstag zum Hautarzt. Diagnose: Pilzerkrankung. Salbe, Lutschtabletten, am Freitag ist es weg. Den Fleck an der Nasenwurzel hat er auch noch gleich weggelöffelt. Krebs. Das Schlimmste: Nicht mehr an die Sonne, nicht mehr ins Solarium. Vorerst. Aber als Weiße erträgt sie sich nicht. Vier Jahre Shankar, drei Jahre Lotfi. Seitdem erträgt sie sich nur noch braungebrannt. Lieber Krebs als weiß. Das ist sicher. Andererseits ist es nicht nur unangenehm, nicht mehr ins Solarium zu dürfen. Sie haßt alles, was man nicht durch

Konzentration und Eifer auch schneller tun kann. Die dreißig Minuten Solarium ließen sich nicht beschleunigen. Darunter litt sie jedesmal. Ach, Xandra, komm und erlöse mich von mir beziehungsweise Herrn Gern.

Sie hatte schon den Hörer in der Hand, um im *SANSONE* einen Tisch mit drei Plätzen für heute abend zu bestellen, da fiel ihr ein, daß Xandra nicht mit Conny zusammen gesehen werden wollte.

Daß es auch heute abend zu keinem Essen, keiner Aussprache mit Andreas kommen wird, kann sie ertragen. Wenn sie stürbe, solange die in Dubrovnik waren, würde Andreas Zeit seines Lebens daran denken, daß seine Mutter noch hatte sprechen wollen mit ihm.

Xandra war eine schöne Beschäftigung. Die Siebenjährige brachte einen Koffer voller schmutziger Wäsche mit und füllte damit die Waschmaschine und wusch und schleuderte und trocknete, es war erstaunlich. Kochen konnte Susi nicht. Das war von Anfang an nicht nötig gewesen. Aber sie hatte ja Köstlichkeiten im Kühlschrank, mit denen sie Xandra bestechen konnte. Conny aß nie mit. Was sie tagsüber brauchte, holte sie sich in ihr Zimmer, abends aß sie in der Stadt in einem der Lokale, in denen sie mit Bedienungen befreundet war oder, wie im *BAAN THAI*, sogar mit der Chefin. Sonntags aß sie im *ROYAL ORCHID* im *HILTON*, wo Vilai, ihre beste Freundin, bediente. Susi hätte, wenn Conny da gewesen wäre, den ganzen Abend nicht zeigen dürfen, wie lieb ihr Xandra war. Conny ertrug es nicht, ihre Mutter glücklich zu sehen, wenn der Anlaß nicht sie selber war. Krank durfte die Mutter nicht sein, verzweifelt auch nicht. Conny freut sich, wenn die Mutter sich für Hüte, Schuhe, Taschen und Tücher begeistert. Nur nicht für Menschen. Da funkt sie sofort dazwischen. Die Mutter muß ihr gehören, ganz und gar ihr.

Als Susi Xandra ins Bett brachte, war Conny noch nicht zurück. Xandra wollte, als sie schon lag, noch wissen, wie alt sie werden müsse, bis sie einen Hund kriege. Solange Xandra alle Hunde gleich schön finde, räudige, wüste, große, kleine, so lange sei es für einen Hund noch zu früh. Oh je, sagte Xandra, da könne sie ja gleich zu Tante Ljubinka ziehen. Du, du, du, dachte Susi. Aber sie sagte nichts mehr, löschte das Licht. Lebenswert war heute eine einzige Minute gewesen. Als Xandra ihr Waschprogramm erledigt und Susi sie dafür herzlich bewundert hatte, hatte sich Xandra ganz eng neben Susi aufs Sofa gesetzt und hatte gefragt: Oma, was willst du denn kucken jetzt? Und Susi: Was du kucken willst. Du bist mein Gast, ich will, daß du glücklich bist. So rücksichtsvoll. Das hatte gutgetan. Sie spürte das Blinkzeichen in ihrem Inneren. Sonntagabend, Tante Grete anrufen, die letzte Tante überhaupt, liebe Tante Grete, dein Neffe Edmund ist in Rom, hat die Ausschreibung des Jahres an Land gezogen, weiter würde sie ohnehin nicht kommen ... Aber bevor Susi ihrer sonntäglichen Tante-Grete-Pflicht nachkommen konnte, läutete zum Glück das Telephon. In ihr flammte es hoch. Edmund. Das ist aber lieb von ihm ... Es war aber Conny. Sie ist im *ROYAL ORCHID* im *HILTON*: Conny schluchzt. Sie soll das Lokal verlassen, hat der Geschäftsführer gesagt. Hat sie in die Wange gekniffen und gesagt: Verlassen Sie sofort das Lokal. Mutter ...

Susi: Nimm ein Taxi, Mäusken, und komme sofort. Es ist gleich elf, Mäusken, denk doch, gleich elf und ich immer noch ohne mein Mäusken. Bittebitte, komm zu mir. Oh, Mutter, sagte sie, ich komme.

Und kam. Susi mußte sie immer wieder bitten, nicht so laut zu werden, weil sonst Xandra aufwache.

Ja, ja, ja, das Kind braucht seinen Schlaf, sagte Conny. Susi mußte mit ihr in ihr Zimmer, mußte sich mit ihr aufs Bett setzen, das noch nicht aufgedeckt war, mußte sich mit ihr zurücklehnen bis an die Polsterrollen, die an der Wand entlang das Bett tagsüber zum Sofa machten. Conny schmiegte sich in Susis Arm. Susi preßte sie mit aller Kraft und Zärtlichkeit an sich.

In die Wange gekniffen, sagte Conny, das darf er doch nicht, dieses Schwein, dieses Superschwein.

Hast du, sagte Susi, wieder laut zwei- oder dreimal Gesundheit gerufen, weil sieben Tische weiter jemand geniest hat? Hab ich nicht, sagte Conny. Schon mal gut, sagte Susi.

Kommt überhaupt nicht mehr vor, sagte Conny, die können sich die Nasen aus ihren Gesichtern niesen, von mir kein Gesundheit.

Prima, sagte Susi. Hast du He gerufen?

Hat sie nicht.

Du weißt, die Leute haben keine Ahnung. Wenn du, weil da einer niest, Gesundheit rufst oder He, halten sie dich für behindert. In Tunesien nicht, rief Conny. In Tunesien nicht, sagte Susi. Überhaupt im Ausland nicht. Aber hier eben schon.

In Düsseldorf, sagte Conny. Zum Glück sind wir aus Essen.

Aber wir leben nun mal in Düsseldorf, sagte Susi.

Nie mehr Gesundheit! nie mehr He!

Ganz klar, sagte Conny.

Also, was war's dann, sagte Susi, hast du wieder zu lange mit Vilai getratscht? Du mußt verstehen, Schätzchen, daß Vilai nicht nur für dich da ist. Der Geschäftsführer wird natürlich nervös, wenn er sieht, daß Vilai minutenlang mit dir tratscht. Und er hat dir's ja schon mal angedroht, daß er das nicht dulden kann. Also, versteh ihn, bitte, auch.

Ich habe dich ausquatschen lassen, Mutter, nur damit du siehst, wie daneben du wieder mal bist. Oh je, oh ja, oh je. There comes trouble, Olly. Sag mir das Datum, please.

Gerade noch achtzehnter Zehnter, sagte Susi.

Da Conny zahlenabweisend war, verband sie mit diesem Datum nichts. Geburtstag war für sie eine Torte, nicht eine Zahl. Neunzehnhundertund …, sagte Conny.

Siebenundachtzig, sagte Susi, und fühlte sich schuldig. Da Conny so zahlenabweisend war, hatte Susi sich angewöhnt, ihr jeden Morgen das Datum vorzusagen, daß sie es nachspreche. Das hatte sie heute morgen, weil es doch ihr Geburtstag war, unterlassen. Conny sollte nicht meinen, ihre Mutter wolle sie durch dieses Datumaufsagen auf Mutters Geburtstag hinweisen. Aber sie war hell glücklich, daß Conny selber das Datumsritual vermißt hatte und es jetzt, kurz vor Tagesende, nachholte.

Also, sagte Conny, achtzehnter Oktober, nicht wahr?

So ist es, sagte Susi.

Neunzehnhundertsiebenundachtzig, sagte Conny.

Als Conny diese Zahl herauswürgte, erlebte es Susi selber, was für eine sinnlose Quälerei es war, sich solche Zahlen zu merken und sie dann auch auszusprechen. Ist ja wie Stacheldraht gebären.

Nu ma Tacheles, sagte Conny. Listen! Heute hat eine von Gold strotzende Blondine Connys Freundin Vilai angefaßt. Das hat Conny gesehen. Und gesehen, daß es Vilai nicht recht war. Am Kopf angefaßt, ja! Und Thailänder und Thailänderinnen darf man überhaupt nicht am Kopf berühren. Das muß man wissen. Davon hat das blonde Goldschwein natürlich keine Ahnung. Aber Conny beherrscht sich. Vilai weiß sich zu helfen, das sieht sie ja. Richtig stolz ist sie auf ihre Freundin. Aber dann will das Blondgoldschwein Vilai auch noch photographieren. Aber Vilai will nicht von der photographiert werden. Vilai geht zum Geschäftsführer und sagt, daß sie an diesem Tisch nicht mehr bedienen will. Und der genehmigt's. Geht hin an den Tisch und erklärt das denen. Conny ist jetzt noch viel stolzer auf ihre Freundin. Und als Vilai das nächste Mal an Connys Tisch kommt, um ihr noch einen Fruchtsaft zu bringen, steht Conny auf und ruft, sie trinke jetzt auf ihre Freundin Vilai, die hier endlich mal klargemacht hat, daß das *ROYAL ORCHID* kein Zoo ist, in dem man gezähmte Thais photographieren kann. Aber da war schon der Geschäftsführer an ihrem Tisch, kniff sie in die Wange und sagte, sie müsse das Lokal verlassen. Mutter, stell dir das vor, kniff mich in die Wange. Zuerst denk ich, der will mir was Liebes, aber dann der Text: raus hier, sofort.

Susi streichelte sie, küßte sie an den Hals. Ach, Mäusken, ich liebe dich so.

Und ich erst dich, sagte Conny, wie es eingeübt war.

Dann machte Susi ihr die Honigmilch, mit der Conny gern den Tag beschloß, Conny trank, wurde noch einmal geküßt, dann: Gute Nacht.

Aber Conny schlurfte ihr nach. Mutter, darf der das denn, in die Wange kneifen und sagen: Sie müssen das Lokal verlassen. Vilai wollte nicht am Kopf angefaßt und wollte nicht photographiert werden und hat sich behauptet, das darf man doch feiern, die beste Freundin behauptet sich gegen eine taktlose, instinktlose, kenntnislose Blondgoldbestie, das muß man doch feiern, Mutter.

Du hast es mir erzählt, Conny, es ist gut jetzt. Bitte, denk an Xandra.

Stimmt, sagte Conny, das Kind braucht seinen Schlaf. Aber, und jetzt flüsterte sie nur noch, ich frage dich, ob der das darf, mich in die Wange kneifen und sagen, raus hier, wenn ich meine beste Freundin …

Susi führte Conny in ihr Zimmer zurück, legte sie in ihr Bett, küßte sie auf beide Augen, löschte das Licht.

Nach einer Viertelstunde kam Conny wieder. Wieder laut. Susi sagte: Das Kind.

Ach ja, entschuldige, sagte Conny, ich vergesse immer wieder das Kind. Und fing an, flüsternd, das ganze noch einmal.

Susi wußte, daß Conny, wenn sie so etwas erlebt hatte – und sie erlebte nur so etwas –, nicht schlafen konnte, also immer wieder herüberkommen und aufsagen oder flüstern mußte, was sie erlebt hatte. Und Susi wußte, daß dagegen nichts zu machen war. Sie ging in ihr Bett, Conny setzte sich auf die Bettkante und flüsterte ihr, was sie erlebt hatte, noch drei- oder viermal zu, als wäre es das erste Mal.

Am nächsten Morgen sagte Conny: Mutter, du bist ja gestern abend so was von schnell eingeschlafen. Ich wollte dir noch erzählen, was mir im *ROYAL ORCHID* mit Vilai passiert ist, aber du warst für nichts mehr zu haben. Also, paß auf. Und fing an.

Susi sagte: Pscht, leise, das Kind schläft noch.

Oh je, oh ja, oh je, flüsterte Conny. Ich vergesse immer, daß wir ein Kind haben. Und wollte ihrer Mutter die *ROYAL ORCHID*-Geschichte ins Ohr flüstern. Aber Susi saß an ihrem Frühstückstisch, das Teelicht brannte, Domino und Jeannie kauerten in ihren Körbchen links und rechts vor Susi, und Susi mußte sich konzentrieren auf ihren Quarkfinger. Erst als diese Zeremonie durchlebt war, Domino und Jeannie auf dem nächsten Kratzbaum ihre Plätze gefunden hatten, durfte Conny weiterflüstern. Sie mußte das alles noch einmal erzählen, weil die Mutter bis jetzt noch nicht so reagiert hatte, wie Conny es brauchte. Die Notwendigkeit ihres Toasts auf die sich selbst behauptende Vilai hatte ihre Mutter noch nicht zur Genüge bestätigt. Sie sei Vilais Bodyguard. Ejal wat do kütt! Willst du schon am ersten Tag zu spät kommen, sagte Susi. Conny grinste und sagte: Oh ja, oh je, oh ja. Wenn sie es so sagte, war sie tatbereit. Leider könne sie, weil sie den ersten Arbeitstag nicht mit einer Verspätung beginnen wolle, der Mutter jetzt nicht schildern, wie sie gestern als Vilais Bodyguard aufgetreten sei. Sie war schon fertig zum Gehen. Ohne je auf eine Uhr zu schauen, war sie immer pünktlich. Sie behauptete, sie höre, wie die Zeit vergehe. Der Morgen klinge doch völlig anders als der Abend oder gar die Nacht. Aber auch wie der Morgen in den Vormittag übergehe, sei ganz genau hörbar. Das mußte etwas mit ihrer Zahlenabweisung zu tun haben. Susi, die ohne Uhren nicht leben konnte, begriff es nicht.

Also komm, sagte Susi.

Aber Conny sagte: Für ein Liedchen ist noch Zeit. Hör mal, hab ich für dich gemacht.

Und sang heftig:
>Von allen Bäumen fallen
>auf einmal
>alle Blätter
>alle Blätter fallen
>auf einmal
>von allen Bäumen
>runter.

Oh wie schön, Mäusken, und umarmte und küßte sie.

Dann Conny, in ihrem tiefsten Ton, und das war bei ihr der Ton der puren Vernunft: Es sei besser, am *TIERPARADIES* mit der 702 als mit dem Taxi vorzufahren, darum gehe sie jetzt.

Susi staunte. Dann mußte Conny ihren Entschluß, mit der Straßenbahn zu fahren, noch kommentieren. Düsseldorf, sagte sie.

Versteh ich nicht, sagte Susi.

Und Conny: Et spielt kenn Roll. Und stand da mit hängenden Schultern, einem aller Fassung entglittenen Mund. Offenbar kam es ihr ganz unmöglich vor, jetzt wirklich zur Grafenberger vorzugehen und dort an der Straßenbahnhaltestelle auf die 702 zu warten.

Samsalabim, rief Susi. Conny zuckte zusammen und sagte leidend:

Simsalabim, Mutter.

Sie zu einer Korrektur zu reizen –, das hatte wieder einmal funktioniert. Conny ging. Susi sah ihr nach, wie sie durchs Laub davonstapfte. Wie im Märchen, dachte Susi.

Susi ging auf der Terrasse um ihren Dachpalast herum bis zum Liftturm. Eigentlich schade, daß man nicht ganz herum gehen konnte. Edmund sagte, ohne den Aufzugscorpus – er nannte diesen aus der Hauswand vorspringenden Turm immer Corpus –, wäre der helle Würfel Holbeinstraße 28 langweilig. Als sie die bunte Blättermasse sah, die der Sturm bei ihr abgeladen hatte, lobte sie sich für ihre Planung. Sie hatte Herrn Granderath, der für Äußeres zuständig war, für heute Vormittag bestellt. Und daß sie ihre Frühstücksandacht mit Domino und Jeannie schon gehalten hatte, bevor Hildchen Tönnissen auftauchte, erwies sich auch als weise. Hildchen Tönnissen weinte, bevor sie zu arbeiten anfing. Ihr Arzt hat ihr gesagt, er wisse jetzt keinen anderen Rat mehr als weniger Streß. Falls Hildchen noch ein Kind wolle, müsse sie kurztreten. Vier Stellen, und jede gleich ernst nehmen, das sei auch für ein Hildchen Tönnissen zuviel. Susi sagte, sie werde von jetzt an dafür sorgen, daß Hildchen Tönnissen alles nur noch halb so schnell mache. Hildchen fiel Susi um den Hals. Beide weinten.

Als sie sich von einander lösten, sagte Hildchen – und sah dabei Susi in die Augen –, sie könne, was sie jetzt sagen werde, zu niemanden als zu Frau Gern sagen: Susi bemühte sich aufmunternd zu lächeln. Ihr Ulli hat sich ein Fernglas geliehen, ohne es ihr zu sagen. Schon ein Jahr her. Sie sah es immer, wenn er mit ausgebeulter Tasche ins Schlafzimmer ging. Stundenlang dann im dunklen Schlafzimmer. Ulli, was machste denn im dunklen Schlafzimmer. Ja, ich such was, komme gleich. Im dunklen Schlafzimmer sucht er was. Sie war so aufgeregt. Sie mußte hin zu ihm. Da stand er und schaute hinüber in die beleuchteten Zimmer der Häuser, die am selben Innenhof liegen.

Sie hat ihm das Fernglas weggenommen, hat, wenn er noch beim Sport war, abends selber hinübergeschaut. Und nichts gesehen. Aber Ulli muß einmal etwas gesehen haben, sonst hätte er nicht so fanatisch hinübergeschaut. Ulli sei kein Mann, der immer wolle oder könne. Sie müsse manchmal komische Sachen machen, daß er in Fahrt komme. In Fahrt kommen wolle er. Von ihr verlange er, daß sie ihn so weit bringe, Lust zu haben auf mehr. Von selber nichts. Und was sie da alles ausprobieren müsse mit Pinseln, Federn und Schwämmen, sogar mit dem Staubsauger müsse sie tätig werden. Sie habe immer alles gemacht, was er wollte. Aber daß er da hinüberschaute, habe sie nicht ertragen. Jetzt fängt er an zu trinken. Jetzt kriegt sie's mit der Angst zu tun. Wenn das rauskommt, ist er als Bus-Fahrer unmöglich. Sie, gleich vierzig, er bald fünfzig, wie soll das denn weitergehen? Manchmal glaubt sie, der Ulli liebt das Körperliche überhaupt nicht. Dabei könnte es doch so schön sein.

Susi rief: Zuerst dem Ulli ein Fernglas kaufen, ihn kucken lassen, soviel er will. Das Fernglas aber nicht einfach so, dann merkt er die Absicht. An Weihnachten oder zum Geburtstag schenkt sie ihm ein Fernglas. Dann soll sie sich, wenn Ulli kuckt, dazugesellen und lieb sein zu ihm. Das könnt' es bringen.

Hildchen umarmte Susi noch einmal. Dann arbeitete sie wie wild. Susi rief: Langsam, Hildchen, der Nachwuchs!

Aber bevor sie sich wieder auf Edmund konzentrierte, sagte sie noch: Hildchen, das Fernglas bezahle ich!

Hildchen dankte mit einem Tränenstrom. Bei Hildchen war eben alles übermäßig. Aber nicht Großzügigkeit hatte Susi das souffliert, sondern die Erinnerung an ein Angebot, das Hildchen ihr gemacht hatte, als Susi nach einer Möglichkeit suchte, sich an jenem Wiener Ferdi zu rächen, weil er sie mißhandelt hatte, respektlos, lieblos, bis zur Bösartigkeit. Sie hatte es dann auf Anwalt Hinkers Rat doch selber besorgt. Aber Hildchen, die wie alle ihre Frauen alle Miseren Susis mitkriegte, hatte gesagt, ihr Mann Ulli sei in einem Boxclub, aber auch dort könne er nicht soviel prügeln, wie er, um sich halbwegs wohlzufühlen, einfach prügeln müsse. Überall fange er Streit an. Also der würde diesen Wiener Ferdi so vermöbeln, daß der dann nicht mehr wisse, ob er ein Männchen oder ein Weibchen ist. Daran hatte Susi jetzt gedacht. Man kann nie wissen, hatte sie gedacht.

Jetzt konnte sie sich wieder auf Edmund konzentrieren. Wenn er übermorgen zur Tür hereinkommt, wird sie ihn mit einer Pudlich-Parodie empfangen. Ach nee, sind doch schon wieder Pflaumen auf'm Markt. Diesen Satz à la Pudlich wird Susi so flöten, daß er total pudlichsch klingt. Und Edmund wird ihr seinen aufleuchtendsten Blick zuwerfen – das kann er so gut, den Blick plötzlich richtig aufleuchten lassen –, und wird wie ein für alle Male abschließend sagen: Schnucke, sie kann dir das Wasser nicht reichen. Immer wieder vergaß Susi, ihn zu fragen, was das genau heiße, das Wasser nicht reichen können. Was es bedeutete, war ihr klar. Aber woher kommt die Bedeutung? Ihr fehlte einfach das Allgemeinwissen. Und trotzdem konnte ihr Frau Pudlich das Wasser nicht reichen. Basta.

Ksenija rief an. Sie will sofort Xandra sprechen. Susi verließ das Zimmer, daß Xandra ungeniert sprechen konnte.

Xandra meldete, sie müsse sofort heim. Sie glaube nicht, daß Vater und Mutter heute nach Dubrovnik führen.

Und gleich wieder das Telephon. Andreas.

Bitte, behalte Xandra bei dir. Ksenija schlägt auf mich ein ... Schluß.

Xandra sollte selber wählen, wem sie es recht machen wollte, dem Vater oder der Mutter. Sie wollte hin. Und wollte gefahren werden. War ja nur zweimal um die Ecke.

Inzwischen war Wilhelm Granderath, von Conny Dabbelju-Dschi genannt, eingetroffen und kämpfte gegen die Laubmassen, die der Sturm auf der Terrasse um den Dachpalast herum gehäuft hatte. Susi grüßte kurz hinaus. Wilhelm Granderath wollte, wenn er arbeitete, keine Zeit mit Plaudern vertun, das wußte Susi. Er war Fahrer bei Oxfort gewesen und war, als Edmund dort kündigte, gerade pensionsreif und seither jederzeit bereit für die Holbeinstraße. Und erst recht für die Lindemannstraße. Wo auch immer etwas fehlte in den fünfundvierzig Apartments, Granderath half. Wenn er einen Schaden anschaute, betastete oder abhörte, kam er Susi immer wie ein Arzt vor. Sie nannte ihn dann schon mal ihren Haus-Arzt. Das freute ihn. Granderath schaute, als Susi hinausgrüßte, kurz auf unter seinem Mützenschild – er hat seit der Pensionierung die Chauffeursmütze mit einer US-Langschild-Mütze mit den zwei Großbuchstaben NY vertauscht – und sagte: Alles löpt. Ne schöne Jruß von seiner Frau fehlte auch nie. Herr Granderath legte Wert darauf, aus Benrath zu sein und Düsseldorf als einen nördlichen Vorort von Benrath zu betrachten. Ach ja, rief sie ihm noch zu, Conny arbeitet wieder. Innem Tiergeschäft. Sie wußte, daß er mit Conny rechnete. Seit er entdeckt hatte, daß Conny zwar nicht Platt sprechen konnte, aber über einen Vorrat von Platt-Sätzen verfügte, die sie makellos aussprechen konnte, weil ihr eben akustisch nichts zu viel war, seitdem war Wilhelm Granderath erpicht darauf, ihr, so oft es ging, noch einen Satz in Platt sozusagen für immer anzuvertrauen.

Mit die Dierkes hätt' sie's jo immer jehoot, sagte Herr Granderath. Und daß er mit die Dierkes sagte, störte Susi so wenig, wie wenn Hildchen Tönnissen mit die Kinder sagte. Wenn einer ihrer Annoncen-Männer einen solchen Fehler gemacht hatte, hieß das für Susi: möglichst rasch weg von dem. Große Ausnahme: Dirk Pfeil. Als sie mit dem nach dem ersten Treff von der *SCHILLERSTUBE* zu ihrem Auto ging und der sagte, mit die Frauen habe er bisher weniger schlechte Erfahrungen gemacht als mit die Menschen überhaupt, da blieb bei ihr der Strom weg. Und der war bis zu diesem Augenblick ganz schön geflossen. Von ihm zu ihr und von ihr zurück. Der war Arbeiterklasse, positive Arbeiterklasse, hatte drin am Tisch gleich erzählt von dem im Krieg gebliebenen Vater, der weggestorbenen Mutter, vom Heim, aus dem abgehauen mit dem Freund, siebzehnjährig, in die Fremdenlegion, zehn Jahre später zurück, zum Cousin aufs Sofa. Dann das mit DIE Frauen. Susi schob's auf das Heim. Aber der Strom floß trotzdem nicht mehr. Dieser Dirk sah zwar aus wie der von der Taylor, ja, wirklich, wie der Burton sah dieser Dirk aus, vielleicht nicht ganz so groß wie der Burton, aber eben auch dieser seelenvolle und trotzdem männliche Blick. Sie mußte ihm, als sie an ihrem Auto standen, leider sagen, daß sie glaube, es könne nichts werden mit ihnen. So entschieden, wie es sich wirklich anfühlte, daß nämlich plötzlich der Strom weggeblieben war, konnte sie es nicht sagen. Und dieser fast prachtvolle Kerl, gerade mal dreißig, also dreizehn Jahre jünger als sie, der stimmte zu, als sie sagte, es könne nichts werden mit ihnen. Aber wie der zustimmte. Nur mit einem Laut stimmte er zu, nicht mit einem Wort oder einem Satz, sondern mit einem leisen Laut. Man sah, daß er alles andere wollte als dieser Beendigung zustimmen. Das war auf eine Art liebenswürdig, daß Susi ihn in ihre Arme nahm und küßte. Und wußte nicht mehr, daß sie ja in der Achenbachstraße standen, also durchaus in der Gegend, in der noch Nachbarn vorkommen konnten. Dirk Pfeil war dann der erste Mann geworden nach Lotfi. Als sie mit ihm in ihrem Apartment lag, hatte sie ihm zuerst beigebracht, daß nach MIT nie DIE kommen kann. Du erzählst so lebensvoll, hatte sie gesagt, ich hänge an deinen Lippen, und dann auf einmal das mit die Koffer, Dirk! Genauso gut könntest du mir eine Ohrfeige geben. Und sie hatte es geschafft. Nach ein paar Monaten gab es nach MIT kein DIE mehr. Susi hatte zu ihm gesagt: Ich bin stolz auf dich. Und gedacht: Auf mich auch. Erziehen machte ihr Spaß. Mein Gott, was wäre aus Conny geworden, wenn sie nicht Tag und Nacht auf sie eingewirkt hätte, neunundzwanzig Jahre lang. Nimmermüde, dachte sie. Sie fand, sie dürfe sich nimmermüde nennen. Nett, bieder, naiv, leichtfertig, leichtgläubig und nimmermüde, das war sie. Im Augenblick lagen die zwei Scheiben komplett über einander. Das spürte sie, ohne es nachprüfen zu müssen.

Andreas rief an: Die Mutter soll Xandra sofort wieder holen, heute nicht nach Dubrovnik, morgen auch nicht, wahrscheinlich nie mehr nach Dubrovnik, Ksenija behaupte, Andreas wolle sie nach Jugoslawien transportieren, sie dort irgendwo aussetzen, sitzenlassen, nach Deutschland zurückfahren und der Tochter erzählen, ihre Mutter habe sich von einem Felsen gestürzt.

Susi holte die zitternde Xandra. Ach Oma, sagte Xandra, ich möchte zurück in die Pipimaus. Susi bog nicht ab zur Holbeinstraße, sondern fuhr mit ihr nach Kaiserswerth, ging mit Xandra in das Spielwarengeschäft, in das sie immer ging, wenn sie sich's schön machen wollte. Tach Frau Gern, wurde ihr da immer schon von weitem zugerufen. Sie lenkte Xandras Aufmerksamkeit zuerst auf eine weiche Ente, die sie selber gern gehabt hätte. Aber Xandra wollte lieber einen Affen, einen Affen mit langen Armen. Und einen Hund, der einem lebendigen Beagle zum Verwechseln ähnlich sah. Für sich kaufte Susi noch eine Uhr, die das Herzstück eines Hahns war. An die Wand zu hängen. Sie wußte, daß sie in der Küche, wo diese Uhr hingehörte, keinen Platz mehr hatte für diesen Uhrenhahn, aber sie mußte ihn haben. Grade mal dreihundert Mark alles zusammen. Xandra war selig. Susi glücklich. Xandra: Mit dir einkaufen ist echt klasse. Und warum, fragte Susi. Weil immer alle Leute so nett sind zu dir, sagte Xandra. Susi mußte sie dafür küssen. Auf der Rückfahrt sangen sie beide. Dann noch das Nußeis bei *PALATINI*, je drei Bällchen, und heim. Hildchen Tönnissen war schon weg, Conny war schon da. Zuerst sauer, weil die Mutter, als Conny heimgekommen war, sie nicht mit ausgebreiteten Armen am Aufzug begrüßt hatte. Als Conny sah, was für Xandra gekauft worden war, sagte sie: Poor child. Dann mußte sie aber ihren ganzen wunderbaren Vormittag einmal, zweimal, dreimal, ja, viermal mußte sie erzählen, daß sie die Hundefutterdosen nach Verfallsdaten sortiert hat, und fünfmal mußte sie den Fischwitz erzählen, der ihr im *TIERPARADIES* eingefallen sei. Ein Betrunkener kommt nach Hause, wirft das Fischbecken um, ein Fisch auf dem Teppich schnappt nach Luft, der Betrunkene sagt: Na du, schnappste nach deinem Herrchen. Den Witz hat sie gleich der Chefin erzählt. Die hat laut gelacht.

Dann hat sie ihn jedem, der in den Laden kam, erzählt. Die haben alle gelacht. Conny selber lachte auch anhaltend und laut. Xandra lachte nicht. Susi lachte zuerst hellauf und umarmte Conny. Daß sie vom zweiten bis zum fünften Mal nicht mehr so laut lachen konnte, nahm Conny übel. Sie ziehe sich jetzt einen Horrorfilm rein, sagte sie und verschwand. Sie wußte, daß das ihrer Mutter nicht recht war. Horrormäusken, flüsterte Susi. Xandra balgte sich mit Affe und Hund. Susi fuhr ins Kleine Apartment hinab, setzte eine Annonce auf. Edmund hatte sie gestern nicht angerufen. Heute nicht angerufen. Daß sie seit Pfingsten vor zwei Jahren keine Männer mehr einfing, nahm er wahr, aber es beeindruckte ihn nicht. Also bitte, Herr Gern. Dann werfen wir eben das Netz wieder aus. Drei Stunden dauerte das Verfassen der Annonce. Sie suchte bei allen früheren Annoncen beziehungsweise bei Leonardo Rat. Dann schrieb sie doch eine Annonce, in der keine Sätze von früher vorkamen. Sie spürte, daß sie ihren jetzigen Stimmungen folgen mußte. Und las sich laut vor, was sie geschrieben hatte:

> Haben Sie den Film ›Harold und Maude‹ gesehen? Ich suche meinen Harold. Nein, ganz so groß soll der Altersunterschied nicht sein. Ich bin, wie Maude, eine außergewöhnliche und gut aussehende Frau. Schon gleich 50 Jahre alt, wünsche ich mir einen gut aussehenden 10-20 Jahre jüngeren Mann. Wenn Sie ein phantasievoller Mann mit Niveau und Humor sind, ohne ein Spinner zu sein, schreiben Sie mir. Vielleicht schaffen wir es, mit einander glücklich zu werden. Zuschriften bitte mit Telephonnummer und, wenn möglich, mit Bild.

Sie schaute die Annonce an, las sie sich noch einmal und noch einmal vor. Das Telephon erlöste sie. Wie immer, wenn Edmund verreist war, dachte sie: Es könnte Edmund sein. Und diesmal war er's. Und er sagte ihren Lieblingssatz: Schnucke, ich komme früher. Der schönste aller Edmund-Sätze. Und sofort blitzte durch sie durch der Text, den er vor gut zehn Jahren aus dem Hotel *BYBLOS* in St. Tropez durchgesagt hatte: Hör mal, ich halt es nicht aus, drei Tage sind rum, ich habe zu dem Mädchen gesagt, so, das war's, hier ist das Geld, verbring du deinen Urlaub vollends hier, ich muß weg. Ja, Schnucke, rund um die Uhr dieses Geplapper, ich halt's nicht aus, morgen hast du mich wieder. Manchmal sagte er auch: Schnucke, nur noch du und nichts als du! Aber wenn er auch nicht jedesmal genau das sagte, was sie am liebsten gehört hätte, sobald er weg war von ihr, klang seine Stimme immer zärtlicher. Zärtlicher, als wenn er zu Hause war. Glaubhaft zärtlicher. Auch jetzt startete er mit geradezu schwingenden Tönen. Gratulierte auf italienisch zum Geburtstag. Viele dicke Küßchen. Durchs Telephon. Sie reagierte nicht. Da er nicht aufhörte und die Schmatzgeräusche im Hörer nicht verstummten, gab sie ihm zwei, drei solche Geräusche zurück. Sie war ungern unhöflich. Auch nicht zu Edmund, obwohl es Grund genug gab, zu ihm unhöflich, ja, unbarmherzig zu sein. Warum er erst heute gratuliere, werde seine Lebenslängliche, Übermäßige, Allumfassende, Reingoldene bald begreifen. Susi hatte das Gefühl, er werfe seidene Lassos nach ihr. Denen bog sie sich mit ihren Sätzen förmlich entgegen. Wenn je wieder etwas Geschlechtliches zwischen ihnen gelingen sollte, sagte er, müßte es am Telephon anfangen. Susis Stimme sei für ihn immer noch ein Signal der Süße. Er komme schon morgen zurück, sagte er. Und gestern habe er nicht anrufen können aus genau dem Grund, aus dem er schon morgen zurückkomme. Das Geschäft in Rom ist geplatzt. Vorerst. Dann fragte er: Steht denn Düsseldorf noch? Aber Lieken, rief Susi, und wie! Nach all dem Sturm. Der Himmel, ein blaues Tuch, ein grellblaues Tuch, genau genommen. Jedes Fenster funkelt. Lieken! Düsseldorf funkelt! Vor Freude. Über deine Rückkehr. Ob sie denn keine Nachrichten gehört habe, fragte er. Jetzt merkte sie, daß Edmund plötzlich ganz anders gestimmt war als sie. War Susi heute nicht in der Stadt? Nein. Sie soll nachher Nachrichten schauen. Der heutige Montag sei schwärzer als der Freitag im Oktober 1929. Er hat gerade mit Bruce Perelman telephoniert. In London haben sie ausgerechnet: alle Wertpapiere zusammen sind heute 500 Milliarden weniger wert als gestern. Investieren, jetzt ein obszönes Wort. Jetzt wird nur noch storniert. Er hofft, er habe die Römer vom Schlimmsten abhalten können. Vertragsbruch als Notwehr. Bruce hat gesagt: Edmund, that's a lay-up. Was das ist, erklärt er ihr später. Das Publikum verkauft jetzt, wie es sich bei einer Massenpanik zu Tode trampelt. Global. That's a lay-up. Sie wisse, daß er, wenn er Bruce im *CRILLON* in Paris oder bei *TANTE CLAIRE* oder *CONNAUGHT* in London getroffen habe, bis jetzt noch nie weich geworden sei, noch nie für sich gekauft habe. Schnucke, jetzt, wenn alle aussteigen, steigt Edmund Gern ein. It's a lay-up.

Sie spürte, er brauchte sie als Zeugin. Als Zeugin von irgend etwas Epochalem. Vielleicht hatte er diesen Text Dörte Pudlich vorgetragen, und die hatte nicht reagiert, wie er es brauchte. Oder er übte ihn bei ihr, um ihn nachher der Pudlich vorzutragen. Sie sagte auf jeden Fall mal: Edmund, mir läuft's kalt den Rücken runter, wenn du so redest. Und er: Mir auch, Schnucke. Buona notte.

Sie ärgerte sich gleich, weil sie nicht noch dicker aufgetragen hatte in ihrer Reaktion. Kam ja nicht so oft vor, daß er ihr Geschäfte vortrug. Und jetzt gleich zweimal hintereinander. Sie konnte nur dem Ton entnehmen, wie wichtig es war, was Edmund vorhatte. Sie würde die Nachrichten einschalten, sich informieren, ihm zuliebe. Wenn sie etwas nicht interessierte, dann Geschäfte.

Aber Andreas ersparte ihr die Nachrichten. Er brauchte eine Stunde, bis er ihr erzählt hatte, was alles Ksenija sich heute hatte einfallen lassen. Susi meldete, daß der Vater morgen zurückkomme. Andreas atmete hörbar auf. Der Vater sei der einzige, der auf Ksenija vielleicht noch Einfluß habe. Er werde ihr gleich sagen, daß der Vater sie morgen abend besuchen werde. Und zwar nur sie. Das ist jetzt ihre Bedingung. Sie will nur noch Leute sehen, die zu keinem als zu ihr wollen.

Dann mußte Susi Xandra ans Telephon holen, daß die noch eine halbe Stunde mit ihrer Mutter sprechen konnte, ihr schwören konnte, daß die Oma über sie nur Liebes sage. Dann stand schon Conny bereit, Xandra den Horrorfilm zu erzählen. Ein Altersheim, gekämpft wird um das Herz, das sie aus einem Mädchen herausgeschnitten haben, wer es kriegt, ißt es und verjüngt sich dadurch. Conny erzählte mit weit vorgeschobenem Unterkiefer. Susi hielt Xandra die Ohren zu, Conny wurde lauter. Susi rannte mit Xandra aus dem Zimmer, Conny folgte. Es durfte nicht der Eindruck entstehen, als gehöre Xandra zu Susi, Conny aber nicht. Als sie die beiden endlich in ihren Betten hatte, ging nur noch ein Western. Ein alter Western. *Wichita.* Bei alten Western hatte Susi immer das Gefühl, als könne noch alles gut werden. Sie konnte sich noch keine Situation vorstellen, in der ein alter Western ihr nicht helfen würde.

Sobald Edmund vom Flughafen aus gemeldet hatte, daß er gelandet sei, rief sie Frau Oschatz an und fragte in nicht ganz ernst gemeinter Unterwürfigkeit, ob Frau Oschatz damit einverstanden sei, die Geburtstags-Nachfeier auf Donnerstag zu verschieben. Frau Oschatz sagte: Mir ist alles recht. Und triumphierend mußte Susi der Allesdurchschauerin noch hinpatzen: Mein Mann ist nämlich heute schon zurückgekommen. Und mußte sich beherrschen, nicht abzuschließen mit Ätsch!

Edmund hatte, als er zur Tür hereinkam, Ksenija schon hinter sich. Susi müsse sich nicht mehr aufregen, er habe die Dame mit einem Auto bestochen, ein mittlerer Honda habe gereicht. Er brauche zwar im Augenblick für seinen Coup auch noch die letzte Mark, aber einen mittleren Honda habe er zugesagt. Farbe rot. Ihr Wunsch. Schnucke, sagte er, die war nur noch Reue, Schwüre, Tränen. Tat eher weh.

Und Dubrovnik? fragte Susi.

Hat er auch gefragt. Kopfschütteln, ihre Antwort. So, und jetzt hinunter ins Kleine Apartment, Schnucke. Und was dein Edmund da tut, können nur zwölf Pauken zwölf Stunden lang mit ebenso bebenden wie wuchtigen Schlägen begleiten. Horch, Schnucke, horch-horch-horch.

> Weißt du schon,
> du weißt es eben nicht,
> England! schon mal was
> gehört von British Petroleum?
> Heute mittag steht BP

auf zweidreiundfünfzig
pro Aktie, Pfund natürlich,
vor drei Wochen haben
Goldman Sachs,
Salomon Brothers,
Sherson Lehman,
Morgan Stanley,
die vier New Yorker Riesen
haben vierhundertfünfzig
Millionen BP-Aktien übernommen,
weg mit den letzten
einunddreißig Prozent BP,
sagt die kluge Frau Thatcher.
Alle Bürger werden
Aktionäre. Die Investment-
jungs teilen's auf unter sich.
Überweisen schon mal neun
Milliarden an Regierung
und BP, jetzt ABER, gestern
der Schwarze Montag, alles
purzelt, alles stürzt,
alles will raus aus den Papieren,
Banken verweigern Börsianern
Kredit, ein käuferloser Markt,
eine Börse aus Geisterpapieren,
heute mittag hat Phelan,
der Börsenpräsident,
den Stock Exchange dicht gemacht.
Und da hinein jetzt die größte
Privatisierungsaktion
der englischen Geschichte.
Der Aktien-Neuling rutscht,
bevor er draußen ist,
auf zweidreiundfünfzig,
den Investmentboys
drohen Milliarden-
Verluste. N. M. Rothschild,

in London daheim,
fleht den Schatzkanzler an,
alles zu verschieben,
bis die Börse sich wieder
fängt. Aber Frau Thatcher
ist Frau Thatcher ist gleich
ehern, verkauft ist
verkauft, versprochen
ist der Dreißigste.
Dabei bleibt's. Und
das ist Edmunds Stunde.
Kaufen, kaufen, kaufen.
Sobald die Börse sich
erholt von Schock
und Hysterie,
Frau Thatcher kann, was
sie grad dem Volk
angedient hat, nicht
verlumpen lassen, also
wird der Kurs gepflegt,
also wird er steigen,
der Kurs, dann wird
verkauft, verkauft, verkauft.
Allerdings, ich schäme mich.
Schnucke. Alles nur Profit-
Gedöns. Von Wertschöpfung
nicht ein Hauch. Kein
Wirtschaftssinn whatso-
ever. Nichts als Profit.
Nackter Profit. Und weil
er so nackt ist, Schnucke,
will ich ihn. Und darum
wird jetzt telephoniert.
Morgen bis zwölf
will Bruce Perelman,
mein Mann bei Salomon,
meine Order. Denen

> geht, weil von sechs
> Millionen Zeichnern
> nur hunderttausend
> geblieben sind, der Arsch
> auf Grundeis. Doch Hilfe
> soll kommen aus Düsseldorf.
> Von bust zu boom, Schnucke,
> gute Nacht.

Und drehte sich noch einmal, nicht mehr so schwungvoll, um und sagte: Bruce meldete vor einer Stunde, AT & T ist runter auf die Hälfte. Stell dir vor, AT & T. Ein klassischer Wert. Wenn die blöde Bank mir noch eine Million extra gibt, nehm ich das auch noch mit, und in vier Wochen ist damit auch noch ne Million verdient. Und Geburtstag, Schnucke, erst nach dem Sieg. Und ging summend hinaus. Der schöne Schuft. Übertreib nicht. Der gut aussehende Schuft. Der Schuft.

Ob sie überhaupt einschlafen konnte? Er im Sessel, der ihn klein machte. Wenn er noch einmal zu ihr sagen sollte: Soll ich mir den Schwanz abschneiden? wird sie sagen, darauf ist sie jetzt vorbereitet: Nein, aber vielleicht ich ihn dir. Und dachte an das Messer für das Katzenfleisch.

Als sie wieder einmal über Scheidung geredet hatten, hatte Edmund gesagt: Mord ja, Scheidung nie. Und sie hätte ihn gern gestreichelt für diesen Satz. Hatte sie aber nicht.

5.

Ech han en Sioux! So stürmte sie herein. Susi hatte gerade hören müssen, daß Ksenija keinen roten Honda mehr wollte, sondern einen grünen. Edmund, mitten in der Investment-Schlacht, mußte die Farbe umbestellen. Jetzt hatte also Conny einen Roten. Er liebt mich. Conny hatte nach ihrer Arbeit bei *MC DONALD'S* gegessen. Sie fand, es gebe nichts, worauf man sich so verlassen könne wie auf den Cheese-Burger-Geschmack bei *MC DONALD'S*, und da ihr Verläßlichkeit überhaupt das wichtigste war, aß sie nirgends so gern wie bei *MC DONALD'S*. Und was passiert da heute! Der Junge gegenüber rutscht von seinem Hocker, bewegt sich mehr tanzend als gehend auf sie zu, macht vor ihr Halt, verneigt sich und sagt: I do adore you, Royal Highness.

Und Conny tickt sofort, daß der von dem Logo auf ihrem T-Shirt spricht, nimmt ihre Rechte vom Burger und zeichnet mit dieser Rechten einen Bogen in die Luft und sagt:

You're welcome, dear creature. Which tribe do you come from?

Und der: Sioux, Royal Highness.

Oh, hatte Conny gesagt, South Dakota. I've been there. Und hatte ihm gleich ihre ganze Sioux-Geschichte erzählt. Zwei Jahre Plackerei bis zum Brief-Kontakt, Konsul, Gesandtschaft, Liste der Stämme, Sioux-Reservat, Conny will nur Sioux-Kontakt, eine Sinona, achtzehn, antwortet, mit Bild, kriegt auch eins, zehn Monate geschrieben, dann mit Sack und Pack hinüber, sich in einen Sioux verliebt, der wird an Weihnachten von seiner Schwägerin erstochen, Conny zurück, liegt wochenlang weinend auf dem Bett und schreit: Ich habe ihn geliebt. Und die hat ihn ermordet.

Conny hat dem Altstadt-Sioux versprochen, ihm Photos zu zeigen und die Stammeszeitung, Conny Gern und Chief auf Seite 1. Und jetzt wieder ein Sioux. Mutter! Endlich wieder ein Sioux! Er glaubt, sie sei die Häuptlingstochter des Häuptlings von Düsseldorf. Arbeitet im Hafen. Morgen wieder im *MC DONALD'S*, Mutter …

Aber Susi mußte hart sein, konnte die Erzählung nur einmal anhören. Sie mußte nach Oberkassel zu Aenne Klomfass, dann sofort nach Ratingen zu Frau Oschatz. Die hatte angerufen, daß sie es für ergiebiger halte, wenn man sich bei ihr in Ratingen treffe. Lokale finde sie so öde. Ergiebiger, hatte sie gesagt. Das Wort hatte es Susi gleich angetan. Ergiebig, ach wenn doch nur alles immer ergiebig wäre! Sie konnte nur noch zusagen. Auch wenn sie, als sie zugesagt hatte, merkte, daß sie wieder einmal zu schnell zugesagt hatte. Ein Leben lang wird sie immer zu schnell JA sagen. Wahrscheinlich hatte sie von ihrem Vater und ihrer Mutter das Neinsagen überhaupt nicht gelernt.

Sie fuhr noch bei *PALATINI* vorbei und nahm drei Bällchen Nußeis zu sich. Das war heute ihr Mittagessen. Ihr liebstes Mittagessen überhaupt, Nußeis. Also zuerst nach Oberkassel, zu Aenne Klomfass. Und traf, wie abgemacht, um zwei Uhr ein, aber Aenne war noch mit einer anderen Dame beschäftigt. Susi wartete nirgends so gern wie im Nagelstudio. Sie wußte, je länger Aenne sie warten ließ, um so heftiger und phantasievoller würde sie sich nachher Susis Nägeln widmen. Edmund wollte, daß auf allem, was ihm gehörte, seine Initialen leuchteten. Statt irgendwelcher Firmenzeichen, nur EAG. Kein Hemd ohne EAG, kein Nachthemd ohne EAG, keine Krawatte, kein Feuerzeug, kein Kugelschreiber, kein Taschentuch und kein Schlüsselbund. Natürlich gab jedes seiner Nummernschilder bekannt, daß dieser Wagen von EG gefahren werde. Susi wollte, daß sie überall und immer an ihren Nägeln erkannt werde. Und Aenne Klomfass wußte das auch. Lange genug war Susi mit ewig abben Nägeln herumgelaufen, hatte Strümpfe, um sie nicht gleich zu zerreißen, mit Handschuhen anziehen müssen, dann sah sie beim Friseur eine Damenhand mit Nägeln, die sie sofort bewunderte. Sprach die Dame an, hatte die Adresse und wurde Aennes Lieblingskundin. Die feilte Susis eigene Nägel kurz, klebte die falschen drauf, dann zwei Glasuren drüber, dann, nach einer Stunde, noch eine dritte, man sieht keinen Ansatz mehr. Als Susi nach dem ersten Mal mit Musik heimfuhr, war sie so fasziniert von ihren Händen auf dem Steuer, daß sie bei Rot auf den vor ihr drauffuhr. Daß Aenne keine Kundin so lange warten läßt wie Susi, wird inzwischen als Auszeichnung erlebt. Wenn Aenne eine Kundin nicht mag, erledigt sie neun Nägel in einer Stunde. Für Susi braucht sie länger. Kaum hat sie Susis Hände in den ihren, fällt ihr etwas ein. Diesmal muß es ein Teddybärchen sein, das sie mit winzigsten Pinseln auf den rechten Zeigefingernagel zaubert. Aenne hat gerade einen Spanier kennengelernt, hat drei ergiebige Nächte hinter sich, Benedikt hat noch nichts bemerkt. Jetzt sagt die auch schon ergiebig! Susi will wissen, ob Aenne nach diesen ergiebigen Spaniernächten gleich wieder mit ihrem Benedikt schlafen kann. Sie, Susi, glaubt, sie könnte nach drei solchen Nächten mit keinem Benedikt mehr ins Bett gehen. Die zierliche Aenne richtet sich auf, dehnt sich und seufzt. Stimmt, sagt sie. Schön iss es nich. Alles hat eben seinen Preis, sagt sie und macht an Susis Nägeln weiter. Aber Benedikt sei ja auch ohne Anlaß ununterbrochen hochtourig eifersüchtig. Und geschubst hat er sie neulich auch wieder. Wenn er das nicht läßt, dieses Sieschubsen, dann ist es sowieso aus. Als sie alle Nägel bedient hatte, besah sie sich ihr Werk und verzog ihr kleines Gesicht, daß es ein großes wurde. Der Nagel ist doof, sagte sie, den mach ich noch mal. Susi wagte nicht zu sagen, daß sie doch gleich beim Hereinkommen mitgeteilt habe, es dürfe heute nicht länger als drei Stunden dauern. Sie genoß es, wenn ihre Nägel Aennes Ehrgeiz entfachten.

Wenn Susi Aennes Studio verließ, hatte sie öfter das Gefühl, daß Aenne vielleicht ihre Freundin sei. Das wäre dann die einzige Freundin überhaupt. Sie sagten Sie zu einander, aber es war ein Vornamen-Sie.

Sich würde sie wohl nicht mehr ändern können, ihre Familie auch nicht, aber auf ihren Nägeln änderte sich jede Woche etwas. Und immer zu ihren Gunsten. Als sie dann ihre Hände auf dem Steuerrad liegen sah, dachte sie: Das ist mit Geld nicht zu bezahlen. Das Teddybärchen war weg, dafür waren die Nägel der kleinen Finger mit Diamantsplitterreihen besetzt, alle anderen gleißten tiefrot. Ihren Vater, obwohl er zuerst Kirchenmaler war und sich nur der Familie wegen zum Beamten machen ließ, ihn hätte das gefreut, daß sie so pfleglich umging mit seinen Händen.

Susi war schon bei Ottilie Oschatz gewesen, hatte sie abgeholt, wenn Herr Oschatz wieder im Krankenhaus gelegen hatte. Susi vergewisserte sich der Oschatzdaten. Sohn Bertram kann wegen besonderer Gemütszustände nur nachts aus dem Haus, also verlegt er nachts Kabel für die Post oder fährt, auch nachts, Pizzen aus; die Schwiegertochter ist ehrgeizig, Änderungsschneiderin im Kaufhof; eine Enkelin, hieß die wirklich Petra? Petra, so begabt, daß man Angst haben muß. Sie hätte Frau Oschatz jedesmal auch zurückgefahren, aber zurück nahm die immer die 712. Das sei weniger aufregend. Susi hatte nichts dagegen, daß diese Hexe ihre Fahrweise aufregend fand. Manchmal fuhr sie so lange aufregend, bis der oder die nebendran reagierte. Schlimm war nur, wenn gar nicht reagiert wurde.

Susi hätte also bemerken sollen, daß sie heute nicht durch dieselbe Tür trat wie beim letzten Mal. Herr Oschatz steht seit einer Stunde vor der Tür, um zu verhindern, daß Susi zu der Tür gehe, durch die sie das letzte Mal gegangen ist. Daß er eine Stunde vor der Tür auf sie gewartet habe, sagte er, ohne auch nur den geringsten Vorwurf anklingen zu lassen. Jetzt sollte sie ihre Nummer abspulen, daß Pünktlichkeit für sie etwas Gewalthaftes sei und daß sie Gewalt ablehne ... Laß es.

Theo und Ottilie Oschatz standen vor ihr und lächelten auf zwei sehr verschiedene Arten. Ottilie ließ ihr breites Mundwerk hängen, daß es fletschte, wenn auch auf eine gerade noch freundliche Art. Theo lächelte wie zehn Maikäfer, wird sie Edmund abends erzählen, und Edmund wird sanft streng fragen: Wie lächeln zehn Maikäfer, Schnucke? Und sie wird sagen: Wie Theo Oschatz. Da sie jetzt schon dabei war, sich als Berichterstatterin Edmunds zu fühlen, fuhr sie fort: Nicht einmal seine viel zu großen dritten Zähne konnten dieses Lächeln stören. Wahrscheinlich weil die Augen mitlächelten. Der Hexe gelang kein solcher Blick. Sie schaute schaurig skeptisch. Aber es wirkte immer so, als könne sie nichts dafür. So war eben alles, daß man so schauen mußte.

Wir haben nicht die Tür ausgewechselt, sondern die Wohnung, sagte Theo Oschatz. In diesem Neue-Heimat-Silo gibt es nur eine Art Tür, dachte Susi, wagte das aber nicht zu sagen. Alle gleich öde furniert. Sie wohnten doch vorher schräg vis à vis. Aber Frau Oschatz ließ ihn nicht weiterreden. Jetzt laß nur, Theo. Kommen Sie.

Und ging voraus. Aber Theo mußte noch darauf hinweisen, daß Susi die Herrenkommode, an der man gerade vorbeiging, noch nicht gesehen habe. Die stand vorher im Keller. Die konnten sie gar nicht stellen in der alten Wohnung. Jetzt können sie die stellen, sehen Sie.

Theo! rief die Frau vom Wohnzimmer aus. Und das klang so, daß Theo eine Zeit lang nichts mehr sagte. Susi fand es richtig komisch – und hörte sich auch das schon abends Edmund erzählen –, daß Theo Oschatz, der beim letzten Mal so gut wie keine Haare mehr gehabt hatte, jetzt mehr als genug Haare hatte, und kein graues dabei. Diese dichte Pracht über dem totenhaft blassen und eingefallenen Gesicht! Und die Stimme eher krächzend. Aber darf man zu einer Perücke Komplimente machen? Susi wußte es nicht. Sie hatte noch nie Kaffee getrunken bei Frau Oschatz. Drei Kuchen prangten. Käse, Apfel und Schwarzwälder Kirsch. Sie habe nur zwei gebacken, sagte sie entschuldigend. Die Schwarzwälder Kirschtorte sei ein Geschenk ihrer Schwiegertochter. Sie, Ottilie Oschatz, habe nämlich heute Geburtstag.

Oh, rief Susi, und der Schmerzlaut war echt, das hätte ich wissen müssen.

Theo Oschatz sagte rasch, Susi habe ja Geschenke generell verboten, also hätte sie auch nichts bringen dürfen, wenn sie's gewußt hätte.

Ottilie sagte: Theo! Jetzt laß nur.

Außer dieser alltäglichen Kleinigkeit habe ich tatsächlich nichts dabei, sagte Susi und zog die Rosenthal-Sauciere aus ihrer Tasche.

Woher sie denn wisse, daß sie ein Rosenthal-Service zusammensammle, fragte Frau Oschatz scheinheilig. Und ihr Mann ergänzte: Aber Ottilie, wer je von dir gehört hat, weiß, daß du ein Rosenthal-Service sammelst. Das mit Stiefmütterchen, sagte Susi. Nur für Petra, sagte Frau Oschatz. Dann bewunderten beide die Sauciere. Petra weiß nichts davon, sagte Frau Oschatz. Sie hat zwar gerade, weil sie so begabt ist, eine Klasse übersprungen, aber sie läuft immer noch herum mit Fransenröcken und alten Tüchern, wie ein Türkenweib eben. Aber zum Abitur kriegt sie das Rosenthal-Service. Bis dahin wird sie's zu schätzen wissen. Sie, die Großmutter, werde der Enkelin eine Tischdecke sticken, mit dem Stiefmütterchenmuster drin. Zur Zeit liegt Petra im Krankenhaus, mit dem Fahrrad gestürzt, Lenkstange in den Bauch, die Bauchspeicheldrüse durchtrennt. Susi schauderte. Sehen Sie sich ruhig um, sagte Herr Oschatz. Ich bin glücklich, sagte Susi, in einem Raum zu sein, der von hübschen Kleinigkeiten überladen ist, wie meine Kämmerchen in der Holbeinstraße. Da sie wußte, daß es Leute gab, die das Wort Nippes nicht schätzten, vermied sie es. Was hier alles an den Wänden hing und Simse und Borde bedeckte oder belagerte! Nirgends eine Stelle ohne etwas drauf oder dran. Viel stammte aus Ottilies Hand. Gestickt, gehäkelt, gestrickt. Insgesamt düster, dunkel, schwer, eng, überfüllt. Ein paar Bilder retteten das Licht. Am liebsten hätte Susi nur noch auf die Bilder geschaut. Das waren Oasen der Ruhe in all dieser Überfülltheit. Schön gerahmte Reproduktionen von Raphael-Gemälden. Ihres Vaters Lieblingsmaler. Und drei Originale, große breitformatige Ölbilder, auf jedem ein Mädchen, eins in einem blauen, eins in einem roten und eins im grünen Gewand, alle in wallenden Gewändern. Und alle drei schienen geradewegs aus dem Himmel zu kommen.

Susi hörte, wie sie plötzlich anfing, Ottilie Oschatz zu loben. Es war ihr Instinkt, der ihr das gebot. Und auf der Heimfahrt lobte sie ihren Instinkt, der ganz rasch eine Art Aufwertung dieser Person geboten hatte. Anfangen konnte sie allerdings mit nichts als einem Knopf, den sie gestern an ihre Pelzjacke hatte annähen wollen. Der erste Satz geriet ihr so daneben, daß sie die Laune des Skispringers brauchte, um überhaupt weiterzusprechen. Was hatte diese Frau plötzlich für eine Macht über sie! Völlig unvermittelt sagte sie zu Herrn Oschatz hin: Ohne Ihre Frau könnte ich nicht leben. Herr Oschatz sagte einfach: Ich auch nicht.

Als sie den Knopf angenäht hatte – sie habe sich beweisen wollen, etwas ohne Frau Oschatz zustande zu bringen –, ging der nicht durchs Knopfloch, zu groß gekauft, wieder abgeschnitten. Sie überläßt's Frau Oschatz. Herr Oschatz könne nicht wissen, was seine Frau in fünf Stunden leiste. Sie, Susi Gern, müsse endlich einmal aussprechen, daß es ihr selber auf die Nerven gehe, andauernd so hinter Frau Oschatz herzurufen, noch ne Bitte und noch eine, obwohl doch Frau Oschatz von allen ihren Frauen die sei, die selber mitdenke, also sie, Susi Gern, würde es nicht ertragen, wenn andauernd so ne verrückte Hausfrau so hinter ihr herriefe. Wie Ottilie Oschatz das aushält, darauf, Herr Oschatz, können Sie stolz sein. Sie kann alles, sagte Herr Oschatz. Und das klang nichts als sachlich.

Frau Oschatz sagte: Wenn der Vater eine Kartoffelkiste machte, eine gefütterte, weil die Winter in Ostpreußen so kalt waren, hat er Saskia, Bernadette und mich gerufen, wir sollten zuschauen und, wenn er etwas brauchte, sollten wir es holen. Sie hörte auf, zündete eine Kerze an. Dadurch wurde es rundum noch finsterer. Herr Oschatz nutzte die Gelegenheit und fragte, ob er Frau Gern ein Likörchen anbieten dürfe. Kein Alkohol vor Sonnenuntergang, sagte Susi, obwohl sie das Gefühl hatte, in diesem traurig überladenen Raum sei die Sonne schon für immer untergegangen. Ihr Vater, sagte Ottilie Oschatz, sei kein Maler gewesen, sondern Elektromeister. In Dormagen-Nievenheim, wo sie als zweitälteste Kempenich-Tochter heute vor fünfundsechzig Jahre geboren worden sei. Ein Sonntag übrigens. Ich doch auch, dachte Susi, aber sagen konnte sie nichts mehr. Die Hexe ließ sich jetzt nicht mehr dreinreden. Heiner Kempenich, ein bedeutender Mann, sagte sie, da sehen Sie, und reichte eine Art Operngucker, schob vorne ein Glas hinein, Susi mußte hineinschauen, sah ein altes Photo, sah einen Mann mit Hut in einem Lehnstuhl, lesend. Theo meldete, das sei nicht nur eine Pose ...

Ja, Schatz, sagte seine Frau milder als je, er hat viel gelesen, viel studiert. Theo wurde von einem tief heraufkommenden Husten geschüttelt. Susi sah, daß Herr Oschatz danach durch den offenen Mund atmete. Frau Oschatz redete in die brennende Kerze hinein.

Der Vater hat sich selbständig gemacht, als Zulieferer für Elektromotoren. Ankerwicklungen. Hat zwanzig Leute beschäftigt. Dann verkauft. Hinaus in den Osten. In Wenden bei Rastenburg ein Gut gekauft, hundertundacht Morgen Land, alles vorher aus Büchern gelernt, hingekommen, Bodenproben machen lassen, danach gedüngt, eine Rekordernte nach der anderen, abends gesungen, mit Klavier, und gemalt, die Bilder sind alle zugrunde gegangen, bis auf die drei, auf denen ihr Vater die drei Töchter Saskia, Ottilie und Bernadette als *Glaube, Liebe* und *Hoffnung* gemalt hat. Das als *Liebe* ist sie. Saskia, *Glaube*. Bernadette, *Hoffnung*. Saskia ist in Ostpreußen gestorben. An Diphtherie. Sie hat Saskias Tod vorausgefühlt. Sie hat, wenn etwas nicht abwendbar war, immer diese schmerzliche Helligkeitsempfindung gehabt. Der Vater kam, habe er immer gesagt, aus der Jugendbewegung. Ihr sei das Wort immer kostbar gewesen: Jugendbewegung. Die hat es wirklich gegeben, sagte Theo Oschatz zu Susi und lud ihr ein Stück Käsekuchen auf den Teller und flüsterte krächzend, den habe sie ja noch gar nicht probiert.

Als ihre Mutter sie, weil sie die Masern hatte, zu Hause halten wollte, ist sie durch die Hintertür hinausgeschlüpft. Zwei Mädchen haben sie, weil es ihr in der Schule schlecht wurde, heimbringen müssen. Beim Kämmen hat sie sich immer vorgedrängt, weil sie auf keinen Fall zu spät in die Schule kommen wollte. Dann der Schulrat, sie die einzige, die die Satzgliederung kann. Sie meldet sich und gliedert an der Tafel Das Schaf blökt vor Angst. Umstandswörter des Grundes, Hauptwort undsoweiter. Der Vater schenkte ihr einen Schokoladentaler, den er aus Königsberg mitgebracht hatte. Der Vater konnte nichts, was ihn freute, unbelohnt lassen.

Sie schwieg. Herr Oschatz sagte, sein Chef habe ihm, immer wenn er mit ihm zufrieden gewesen sei, extra Geld gegeben, damit Herr Oschatz für seine Rente mehr einzahlen könne. Allerdings habe er, Herr Oschatz, um überhaupt genommen zu werden, ganz wenig Gehalt verlangt. Der Chef habe dann immer von sich aus erhöht. Dem Maschinenbau sei es damals noch gut gegangen. Praktisch keine Konkurrenz aus dem Ausland.

Herr Oschatz hörte auf, weil er wieder husten mußte. Der ist ganz neu, dieser Husten, sagte Frau Oschatz zu Susi. Da Herr Oschatz auch für das Aufschneiden des Kuchens zuständig war, versuchte er, ohne daß er die Hände vom Kuchen nahm, durch Hinaufdrehen des Kopfs den Kuchen zu schützen vor dem, was der Husten eventuell herausschleudern konnte. Er demonstrierte förmlich, daß er weit am Kuchen vorbeihuste. Seine Frau erzählte der Kerzenflamme, daß ihr Vater, als Ottilie in den Tanzkurs sollte, ihr ein Tanzkleid im Wiener Biedermeierstil genäht hat. Und als die Tante Erika in Dormagen wissen wollte, wie das Dreschen in Ostpreußen gehe, hat es der Vater ihr in einem Gedicht geschrieben. Natürlich hat er auch alle Maschinen repariert. Im Tanzkurs lernte sie Detlef kennen. Bevor sie Detlef kennenlernte, hatte sie sich über Jungens erhaben gefühlt. Detlef, Junglehrer in Wenden, gehörte zum Gotenbund. Der Mensch sei auf der Welt, um nach Vollkommenheit zu streben: Dazu gebe es den Gotenbund. Jeder kriegte einen Heilsnamen. Kombiniert aus Familiennamen und Horoskop. Detlef Blanck hieß Hellhorn. Sie muß Kühe, Schweine, Hühner, Enten, Gänse und Bienen versorgen, wie jede Landlehrersfrau. Natürlich auch Brot backen, Rüben hacken, Wurst fabrizieren und in der Schule Handarbeit unterrichten. Und schwanger sein. Ein ums andere Mal. Eine Wolhynierin als Hilfe kriegt sie erst, als der Doktor beim Hausbesuch entdeckt, daß ihre Hände voller Schwielen sind. Detlefs zwei Schwestern laden sich selber ein, samt ihren Chefs, über deren Ehefrauen wird furchtbar gelacht. Dann verschwinden die Schwestern mit ihren Chefs in den Zimmern. Bernadette kommt zu Besuch. Ottilie ist müde, will schlafen. Nach fünf Minuten noch einmal in die Küche. Aus der Kammer neben der Küche hört sie etwas. Detlef und Bernadette. Als die weg ist, fragt sie Detlef, ob sie ihm nicht genüge. Er: Bernadette könne ihr nicht das Wasser reichen. Sie hat Bernadette nie sagen können, daß sie es wußte, weil sie Bernadette gegenüber immer stolz gewesen war auf ihren Mann. Nie ein Wort zu Bernadette über diesen Vorfall. Zum ersten Mal in Ottilies Leben etwas Häßliches. Detlef verlangt von ihr, daß sie verspreche, ihn nie wieder an diesen Vorfall zu erinnern. Sie verspricht es. Dann ist die Wolhynierin schwanger. Von ihm. Ottilie, auch wieder schwanger, hatte bemerkt, daß er die, wenn die abends die Kühe vom Rehsauer See eintrieb, immer begleitete und bei ihr blieb, wenn sie molk. Wenn Ottilie gemolken hatte, war er nie in den Stall gekommen. Warum jetzt, fragt sie. Er müsse die Kuhschwänze halten, weil das Mädchen Angst habe, die Kühe schlügen ihr beim Melken mit den Schwänzen ins Gesicht. Dann die Fehlgeburt. Im Stall. Das Mädchen schwimmt im Blut. Detlef krümmt sich vor Ottilie im Bett, verflucht die Wolhynierin. Wenn Ottilie es nicht mehr aushält, einfach auf und davonrennt, rennt er ihr nach, heult, ist verzweifelt. Er müsse in seinem Horoskop eine Stelle bezwingen, ohne Ottilie schaffe er das nicht. Am 23. Oktober 44, in aller Frühe, klopft es. Flüchten, flüchten, flüchten. Die Russen in Goldap. Das ganze Dorf nach Heilsberg. Aber Detlef schickt sie mit den Kindern noch ein Stück weiter, nach Schliewe, zu einem Gotenfreund. Er bleibt in Heilsberg, wird sofort NS-Volkswohlfahrtsleiter, soll Flüchtlinge unterbringen. Ihr ist es elend von der tagelangen Holperfahrt auf dem Leiterwagen, zum Umsinken elend. Wieder schwanger. Schwanger hieß immer: monatelang erbrechen. Warum kann er sie und die Kinder nicht in Heilsberg unterbringen, wenn er doch Evakuierungsleiter ist? Er will sie und die Kinder nicht in Heilsberg. Sie müssen weiter nach Schliewe. Kaum dort, fährt sie zurück, dringt ein in das Amt für Evakuierung. Detlef Blanck, Evakuierungsleiter, residiert mit zwei NSV-Frauen, zuständig für *Mutter und Kind*, sie bettelt, er, unerbittlich, die beiden NSV-Frauen, Heta und Dorchen, rahmen ihn ein, sie kniet, bis der Zug geht, in einer dunklen Kirche und weint, bis sie keine Tränen mehr hat. Betet für ihn, für die schwache

Stelle seines Horoskops. Fährt zurück. Telegraphiert an Bernadette, ob die Kinder und sie kommen dürften. Bevor die Antwort da ist, ins Krankenhaus nach Osterode. Die Frucht entfernen. Bernadette sagt zu. Ostpreußen ist eingeschlossen von den Russen. Jetzt muß sie aber hin zu Detlef. Zwölf Kilometer zur Bahn kutschiert Lionel sie, der französische Gefangene, mit dem Pferdeschlitten. Es geht tatsächlich noch ein Zug. Kurz vor Wormditt, Explosion. Zu Fuß noch ganz hin. Der Bahnhof in Trümmern. Zerfetzte Tote. Kein Zug mehr. Also auf die Chaussee. Zu Fuß zurück nach Schliewe. Eine Gutsbesitzerin nimmt sie mit bis Liebstadt, sie soll sich bei ihr erholen, sie muß aber weiter, hört von einem Lastwagen nach Mohrungen, schon im Anfahren wird sie noch hinaufgezogen, in Mohrungen steht ein Zug, der Schaffner ruft: Nach Maldeuten! Am Zug hängen die Menschen in schwarzen Trauben, sie, an allen vorbei, zur Lokomotive, der Beamte gibt das Signal, sie klettert hinauf, reißt die Tür auf, der Zug fährt, Hunderte bleiben laut schreiend zurück, der Lokomotivführer schaut sie an, sie zittert und stammelt, abends um neun in Maldeuten, um zehn soll's weitergehen nach Groß-Hanswalde, aber es wird kein Zug mehr fahren, also findet sie einen, der auch zu Fuß die fünfzehn Kilometer nach Saalfeld geht und unterwegs schwärmt vom Führer. Kanonendonner sagt ihm den Sieg voraus. In Saalfeld ruft einer von der Feldpolizei für sie in Schliewe an, Bertram weckt Lionel, Lionel ist um zwei Uhr morgens mit dem Pferdeschlitten da und fährt sie heim, sie will sofort mit Detlef telephonieren, wird abgewiesen, läßt es Bertram probieren, die Kinderstimme kommt durch, Detlef sagt: Wollt ihr kommen oder geht ihr über die Weichsel? Sie jubelt. Er will, daß sie kommen! Packt, was sie noch haben, Schweineschmalz und Bienenhonig auf den Schlitten. Lionel hilft. Als sie abfahren könnte, kann sie nicht. Der Kanonendonner. Lionel sagt: Madame, ich glaube, es ist zu spät. Sie zieht mit den Kindern in den Hühnerstall, bittet die Kinder, laut zu weinen, wenn Russen ihr etwas täten. Die Russen seien gute Menschen, Weinen könne helfen. Wieder einmal geht es allen anderen schlechter als ihnen. Außer Läusen und Krätze nichts. Die Russen fragen, ob im Gutshaus jemand etwas vom Wurstmachen verstehe. Sie meldet sich. Als Landlehrersfrau hat sie pro Jahr vier Schweine geschlachtet, mit dem Messer kann sie umgehen. Der von den Russen eingesetzte Verwalter, ein Pole, sei lieb, meldet Bertram, ihr Ältester. Die Kinder helfen dem Verwalter die Kartoffeln für die Aussaat auslesen. Sie nimmt Stoffreste mit als Vorwand, ob sie mit der Maschine nähen dürfe, zieht das Beste an, was sie hat, zum Beispiel den Faltenrock, der Kontakt gelingt, Herr Halladin und seine Frau bleiben freundlich. Er analysiert schon bald, daß Ottilie immer sagt keinen Hunger, wenn Hunger; nicht kalt, wenn kalt; geht gut, wenn geht schlecht. Als sie denen ihre Lage schildern soll, bringt sie es zuerst nicht über sich zu sagen: mein Mann. Schließlich sagt sie es doch. Von dem hört sie erst wieder, als sie bis nach Letmathe gekommen ist. Bis nach Iserlohn hätte sie kommen sollen, knapp davor, in Letmathe, war Schluß. Tante Erika in Nievenheim hat den Weg gewiesen. Jetzt war sie fast wieder, von wo Heiner Kempenich fünfundzwanzig Jahre zuvor aufgebrochen war. Daß alles, was passiert ist, in fünfundzwanzig Jahre hineingeht, kann sie öfter gar nicht fassen. Zum Glück hat der Vater nur das Schöne erlebt. Über Detlef hat er, kurz bevor er starb, gesagt: Hoffentlich glückt es ihm besser als seinem Vater. Detlefs Vater war Hausmeister am Gymnasium, bis er, weil er trank, aufhören mußte.

Aber jetzt fing es ja erst an, sagte Herr Oschatz und fragte Susi, ob er ihr ein Likörchen einschenken dürfe. Susi sagte: Oh ja, gern.

Es kam ein Brief aus Schleswig-Holstein, sagte Frau Oschatz. Susi spürte, daß es jetzt von ihr abhing, ob Frau Oschatz weitersprechen würde. Ach, sagte Susi, aus Schleswig-Holstein. Von Detlef, sagte Frau Oschatz. Er war dort gelandet. Lebte mit den zwei Frauen von *Mutter und Kind*, Heta und Dorchen. Es ist, schrieb er, die lang ersehnte Vollkommenheit. Du bist mit deiner unerbittlichen Kritik immer mein bester Freund gewesen. Ich habe dich verloren. Geh ins Kino. Ich gehe oft ins Kino. Sie kann den Brief nicht in den Händen halten. Sie muß ihn zerreißen und im Klo hinunterspülen. Sie hat nie daran gezweifelt, daß die Menschen gut sind, daß die Gerechtigkeit letzten Endes den Ausschlag gibt. Sie, die nirgends lieber war als in der Schule, kriegt einen Lehrer als Mann. Und hat von ihm vier Kinder bekommen, die, so verschieden sie von einander sind, doch alle die reinen Engel sind. Daß Detlef bei Heta und Dorchen nicht bleiben wird, hat sie gewußt. Sie hat in der Maschinenfabrik Transformerspulen gewickelt im Akkord, hat Strümpfe gestrickt für Bertram, Lothar, Moni und Heide und für Detlef, hat in Ruinen nach Holz und Kohlen gegraben und alles immer heimgekarrt in den Unterschlupf. Dann kommen Detlefs bessere Briefe. Nie erwähnt er Heilsberg. Das fehlt ihr. Daß er sie nach Schliewe weitergeschickt hat mit den vier Kleinen. Sie würde ihm das so gern verzeihen. Wenn er nur darum bäte. Seine Not und Bedürftigkeit spricht aus jedem Brief. Du Arme, Du Gute, Du Liebe, schreibt er. Vertrau mir, Ottilie, schreibt er, ich will nur dich und liebe nur dich. Und kommt, wird endlich wieder Lehrer, der begnadete Lehrer, der er ist. Du Arme, Du Gute, Du Liebe: das ist ihr Gestirn. Er in Wülfrath, sie in Letmathe. Auch wenn die Züge im Schritt-Tempo fahren, sie kommen an.

Detlef und sie sitzen einander gegenüber in der Lehrerwohnung, er führt sie herum in Wülfrath, erzählt, wie beliebt er schon ist. Sie erzählt nur von Bertram, Lothar, Heidrun und Monika.

Frau Oschatz schwieg, starrte in die Kerzenflamme, Herr Oschatz sagte: Der Unfall.

Frau Oschatz sagte:

Mit dem rechten Arm in die Wickelmaschine. Die gasige Luft hat einen halb betäubt. Und schon war der Arm drin. Vierzehn Tage kein Brief möglich. Bertram schreibt dem Vater. Der schreibt zurück, so erschrocken sei er, als er die Nachricht las, daß er seine Klasse zehn Minuten vor Pausenbeginn in den Hof schicken mußte.

Frau Oschatz schwieg. Herr Oschatz: Silvester 47. Frau Oschatz sagte: Der Brief kam am 5. Januar an. Detlef, eingeladen gewesen bei Bäcker Lammerding, Silvester zu feiern. Als Ottilie Detlef zum ersten Mal besuchte, hatte sie eine Tasse Kaffee bei Lammerdings trinken müssen, in dem Wohnzimmer neben dem Laden. Sie hat sich von Frau Lammerding prüfend angeschaut gefühlt. Der Mann wurde herumgescheucht. Jupp gerufen und herumgescheucht. Und folgte aufs Wort. Dieser Frau. Detlef wird Kostgänger bei Lammerdings. Sie kann doch für einen mehr kochen. Und sie kocht gut. Auf die Marken kommt es in einer Bäckerei überhaupt nicht an. Adelheit Lammerding, sagt Detlef, sei der Typ Wohltäterin. Sie sei erst glücklich, wenn sie einem etwas Gutes tun könne. Dann nichts mehr. Keine Zeile. Ottilie schreibt, er antwortet nicht. Also hin zu ihm. Ihn auf den Bahnhof bestellt. Sein Mund, seine Augen, seine Haltung sagen, was dann sein erster Satz sagt: Unsere Ehe ist kaputt. Sie zittert am ganzen Körper. Sie rennt auf den Bahnsteig, fährt zurück, birgt sich im Bett, Moni kniet neben sie ins Bett und streichelt sie. Er schreibt: Ich nehme die Schuld auf mich. Ergreife du von dort aus die Initiative. Sie mußte den Brief sofort im Klo hinunterspülen. Im nächsten Brief: Arbeite nicht so viel, geh lieber mal ins Kino, gönn dir etwas. Er gehe mit Frau Lammerding auch ins Kino. Sie fährt hin zu ihm, er ist noch in der kleinen Lehrerwohnung, Teller voller Ostersüßigkeiten auf seinem Tisch, sie setzt sich aufs Bett, will ihn streicheln, er stößt sie zurück, da muß sie zuschlagen, ihm ins Gesicht. Er strahlt und nickt und strahlt. Sie zurück nach Letmathe, kündigt in der Fabrik, organisiert den Umzug, jeder will ihr helfen, sie steht mit ihren Helfern vor dem Lehrerhaus, Detlef erbleicht wie noch nie, aber die Kinder stürmen auf ihn ein, die Matratzen werden hineingetragen, Detlef ruft sofort seine Schwester Birgit an, sie kommt noch am selben Abend aus Frankfurt. Jeden Abend ist er mit Birgit bei Lammerdings. Wenn sie spät nachts heimkommen, flüstern sie noch lange. Nachmittags nehmen sie Heidrun mit zu Lammerdings. Heidrun wird beschenkt, umworben. Ottilie kauft das Brot im Konsum. Detlef verlangt, daß sie das Brot in der Bäckerei kaufe. Schließlich liegt die keine hundert Meter vom Schulhaus. Ottilie: Sie habe seinetwegen mehr als ein Jahr lang in Ostpreußen Gefangenenbrot gegessen und ein Jahr in Letmathe Bettelbrot, aber Hurenbrot werde sie seinetwegen nicht essen. Jetzt schlug er ihr ins Gesicht. Die Kinder fangen an, was sie in der Bäckerei geschenkt bekommen, vor der Mutter zu verstecken. In den Ferien fährt Detlef mit Heidrun zu seiner Schwester nach Frankfurt, schreibt von dort aus, daß er die Scheidung einreiche, nehme sie die halbe Schuld auf sich, nehme er auch eine Hälfte, weigere sie sich, lehne er jede Schuld ab. Ottilie erinnert sich an ihren Beichtunterricht. Damals saß sie als Zehnjährige vor dem Papier und suchte nach Sünden. Zum Glück war ihr noch eingefallen, daß sie einmal Zucker genascht hatte. Es wäre ihr peinlich gewesen, gar keine Sünde zu haben. Der Pfarrer hätte ihr sicher nicht geglaubt. Was hatte sie ihrem Mann getan? Sollte sie alles, was sie für ihn getan hatte, als Schuld ansehen? Sie geht aufs Schulamt. Als sie alles erzählt hat, sagt der Schulrat, er werde ihren Mann strafversetzen. Detlef wird einbestellt. Bevor der Schulrat seinen Beschluß kundtun kann, sagt Detlef, er wolle versetzt werden. Er wurde nach Neviges versetzt. Sollte sich in Wülfrath nicht mehr blicken lassen. Hat ihr der Schulrat mitgeteilt. Aber am Mittwoch und am Sonnabend sah man ihn trotzdem bei Frau Lammerding. Dann kommt die Klageschrift. Dann kommt er und sagt: Gütliches Einvernehmen wäre besser als gerichtsöffentliche Schande. Schmutzige Wäsche! Wir doch nicht!

Ihre Wäsche könne sie zeigen in jedem Gerichtssaal, sagt sie. Er, weiß vor Wut, wirft sich, mit Schuhen, aufs Bett, wälzt sich.

Susi hatte den Eindruck, die nächste Pause habe Frau Oschatz für ihren Mann gemacht.

Paragraph 43, sagt Theo Oschatz. Sie hat jetzt Hilfe gebraucht. Der Anwalt, gleich: Herr Blanck wollte ihn auch, er habe abgelehnt, so einen vertritt er nicht, aber die Frau schon. Ihre Sache sei gut und vollkommen sicher. Paragraph 43: Wenn die Schuld des einen Ehegatten aus der Schuld des anderen Ehegatten komme, sei dies nicht als Schuld anzurechnen, und der, der sich selbst schuldig mache, dürfe überhaupt nicht klagen. Diesen Paragraphen läßt sie sich abschreiben. Damit hat sie den Sieg in der Tasche. Noch am selben Tag, sagte Ottilie, befahl er, daß Heidrun, so oft er hier sei, ihm sein Essen auf sein Zimmer serviere. Weihnachten darf sie mit Papa bei Tante Birgit in Frankfurt verbringen. Und kommt nicht mehr zurück. Ihr Heidelein. Immer wenn Detlef bei der Lammerding einkehrt, holt er Moni hinüber und läßt sie beschenken. Und für Bertram und Lothar bringt Moni Hände und Taschen voller Süßigkeiten mit und die Grüße von der lieben Tante Adelheit. Dann die Schriftsätze. Ottilie lasse die Kinder verkommen. Die Kinder seien bei Tag in Nachthemden am Fenster gesehen worden. Und weil nach dem Gesetz der Vater die elterliche Gewalt hat, bleibt Heide bei seiner Schwester. Wegen ehrlosen Verhaltens dem Vater die Gewalt entziehen zu lassen, lehnt sie ab. Sie will für ihre Kinder keinen ehrlosen Vater. Zwischen Weihnachten und Neujahr erhängt sich Herr Lammerding in seiner Backstube. Das Landgericht weist die Scheidungsklage ab. Der Mann geht in die Berufung. Erbittet das Armenrecht. Wird abgelehnt, weil das landgerichtliche Urteil rechtlich einwandfrei, eine weitere Klage also aussichtslos sei. Frau Lammerding verschwindet. Sie hat, hört Ottilie, 4600 Mark von der Lebensversicherung des Verstorbenen erhalten. Ottilie lebt inzwischen, weil die Unterhaltszahlungen mager ausfallen, von Heimarbeit. Dann, am 1. Dezember 1949, der Briefträger, das Oberlandesgericht teilt mit: Aus Verschulden der Beklagten wird die Ehe geschieden. Das Wort *Beklagte* hat sie in all diesen Schriftsätzen immer wieder zum Zittern gebracht. Jetzt hört das Zittern nicht mehr auf. Sie sieht ihre Heide in den Händen dieser Frau. Und Moni auch. Diese Adelheit darf jetzt Detlef heiraten.

Und Theo unterbricht Ottilie geradezu, kann, was er beizusteuern hat, nicht länger aufschieben: Adelheit mit t, bitte vergessen Sie das nie.

Ottilie nickt ihm zu und sagt: Es gibt also doch kein Recht, habe ich gedacht. Es sei denn, du sorgst selbst dafür. Also hin zu ihr. Ihr ins Gesicht gesagt, was Recht ist. Von ihr Rechenschaft verlangt. Den Mantel an und fort. Die Buben wollen mit. Zu wenig Geld für den Zug. Zur Sparkasse. Alles abgehoben. Für Lothar noch ein paar Gummistiefel gekauft. Für sich einen Trainingsanzug. Zum Bahnhof gerannt. Metzmachersrath. Da wohnt sie. Detlef wird der Lammerding sofort die Nachricht bringen, daß jetzt geheiratet werden kann. Das Beilchen dabei. Im Fall die nicht öffnet. Diese Angst. Ottilie weiß nicht mehr, ob sie vor Kälte zittert oder vor Angst. Ihre Zähne klappern. Bertram sagt: Kauf uns ein Messer. Sie kauft eins, Bertram wählt es. Ein Stilett. Im Zug, eine Frau aus Metzmachersrath. Die Lammerding ist bekannt dort. Sie hat wieder einen Laden. Wohnt ein paar Häuser weiter bei ihrer Mutter. Die Frau empfiehlt Ottilie, zur Therese von Konnersreuth zu fahren, ihr alles zu erzählen, die fromme Therese wird dann für ihren Mann beten, dann wird der von allem Bösen lassen. Ottilie verspricht, genau so zu verfahren. Aber zuerst Aug in Aug mit dieser Adelheit. Rechenschaft. Die muß Rechenschaft ablegen vor ihr. Heute noch. Den Weg wußte sie jetzt. Neben dem Laden noch ein Laden. In den hinein. Und gesagt: Man soll ihr, bitte, die Frau Lammerding herüberholen. Soll aber keinen Namen nennen, sonst kommt die nicht. Die Ladnerin macht zuerst Kaffee für Ottilie und Tee für die Buben. Dann kommt sie zurück. Die Lammerding komme nicht. Ottilie wird es schwindlig. Sie will zu deren Mutter. Sofort. Dort warten, bis die Lammerding abends kommt. Die Mutter ist krank. Kann niemanden sprechen. Hinaus auf die Straße. Keine Orientierung mehr. Bertram und Lothar zittern vor Kälte. Im Gasthaus *ZUR TANNE* kriegen sie ein Zimmer mit einem Bett. Wie ein einziger Klumpen Eis liegen alle drei. Morgens um fünf heraus. Die Wirtin weist den Weg. Die Metzgerei, das seien Verwandte von der Lammerding, da hat sie zuerst gewohnt, ist rausgeflogen, die wissen Bescheid, die können weiterhelfen. Die Verwandten wollen von ihrer Verwandten nichts mehr wissen. Die Schwester der Lammerding komme mittags, die soll weiterhelfen. Bis die kommt, kleben die drei am Ofen in der *TANNE*. Die Schwester kommt, sagt, mit ihrer Schwester habe sie nichts zu tun. Der Wirt zu Ottilie: Jetzt haben Sie doch keine solche Angst. Ottilie zieht den

Mantel an, rennt die Straße hinab, Bertram und Lothar kommen kaum nach. Die Tür muß offen gewesen sein. Sie sieht nur die Augen der anderen. Nichts als deren Augen. Und sie schreit und merkt, daß ihre Stimme überhaupt nichts hergibt, sie möchte schreien, aber sie keucht bloß: Geben Sie auf der Stelle zu, daß Sie mit meinem Mann ein Verhältnis haben. Und die: Was sie denn rede. Fragen Sie doch Ihren Mann. Dann will sie Ottilie hinauswerfen. Das hat der Metzger vorhergesagt. Die wird Sie hinauswerfen. Ottilie spürt die Griffe. Ottilie ruft: Bertram, hilf. Und der drückt ihr das Messer in die Hand. Sie sticht zu. Die schreit um Hilfe. Ottilie sticht ihr in den Hals. Von der Seite. Sie muß hinaus. Atmen. Rennen. Das Beilchen wegwerfen. Das Messer nicht. Wenn du es getan hättest, Bertram, könnten wir zusammenbleiben, sagt sie. Sie will es nicht auf Bertram schieben. Bertram sagt: Mutti, ich habe es getan. Dabei bleibt er. Sie redet's ihm aus. Zu ihr waren jetzt alle nur noch gut. Nichts als gut. Der Staatsanwalt war ihr Verteidiger. Das Scheidungsurteil nannte er ein Fehlurteil mit schrecklichen Folgen. In den zwei Jahren, die sie abzusitzen hatte, nahm in ihr eine einzige Gewißheit zu: Alles ist gut. Es gibt kein Übel.

Theo Oschatz sagte: Schon noch ein Likörchen, nicht wahr.

Susi sagte: Oh ja, gern. Vielen Dank.

Außer Bertram, sagte Theo Oschatz eher laut, ist ihr keines der Kinder geblieben. Bertram braucht mich, sagte sie. Das sei doch richtig so, daß die bei einander blieben, die einander brauchten.

Sie ist ein Sonntagskind, sagte Herr Oschatz.

Ich auch, sagte Susi.

Das wissen wir, sagte Herr Oschatz.

Mein Vater hat auch gemalt, sagte Susi.

Das wird ja immer interessanter, sagte Herr Oschatz.

Susi begriff, warum Edmund sich vor Wahlsonntagen gescheut hatte, Frau Oschatz zu fragen, was sie wählen werde. Zu der habe ich keinen Draht, hatte er gesagt. Die anderen Putzfrauen hat er immer in ein politisches Geplauder gezogen, das damit endete, daß Edmund sagte: Die FDP darf uns nicht verloren gehen. Und Susi überreichte dazu fünfundzwanzig oder dreißig Mark. Edmund sagte nachher zu ihr, das sei strafbar. Also holte Susi das nächste Mal aus ihren Schränken Sachen für die Wählerinnen. Sie selber machte das Kreuzchen immer da, wo es Edmund machte. Das sagte sie auch ihren Frauen. Dazu habe ich meinen Mann, sagte sie. Aber zu Genscher würde sie, falls sie ihm begegnete, sagen: Sie sind ja nur am Ruder, weil ich Sie mit alten Klamotten dahin gebracht habe.

Mein Vater hat Zeichnen und Malen gegeben, sagte Susi. An der Folkwang-Schule, ich weiß nicht, ob Sie die kennen. In Essen.

Ihr wurde höflich zugehört. Das war ihr zu wenig. Sie wollte ihren Vater durchsetzen. Neben dem von Frau Oschatz. Sie wollte mit ihrem Vater nicht über den von Frau Oschatz triumphieren. Aber neben Heiner Kempenich aus Dormagen-Nievenheim sollte jetzt Anatol Fahrenhold aus Essen erscheinen. Susi spürte, eine Idylle tut's nicht. Also Konflikt. Wenn der Vater malte und das Bild war noch nicht fertig, hängte er es zu, keiner durfte kucken, auch die Mutter nicht, die kuckte aber trotzdem. Wenn sie sagte: Das find ich wirklich gut, Anatol! schrie er wie unter Schmerz: Nein, nein, nein! Malte weiter. Die Mutter kuckte wieder und sagte: Jetzt hast du's kaputtgemalt. Aber sie, Susi, war die Königin über allem und über alles. Gab's eine Banane, war's ihre. In der ganzen Steeler Straße, in jeder Wohnung, in der sie auftrat, das große Hallo. Und im Hof und auf der Straße, die Gleichaltrigen umringten sie, wo sie erschien.

Was du wieder anhast. Und erst die Schuhe, schaut mal, was sie wieder für Schuhe hat. Die kamen ja in die Schule mit holländischen Holzschuhen. Hatten ein Paar Schuhe für zwei Jungs. Warst du wieder im Kino, sag! Susi erzählte die Filme. Sie hatte diese Filme erlebt. Es waren ihre Filme. Die anderen hatten kein Geld für Kino. Die hatten ja kaum so viel, satt zu werden. Und das mit Brotsuppe. Tu doch nicht so bescheiden, sagte sie zu ihrem Vater, wir sind etwas Besonderes. Er sei ein kleiner Studienrat, sagte der Vater. Sie ließ das nicht gelten. Die Steeler Straße war die Welt. Und in der Steeler Straße waren sie etwas Besonderes. Und dann kommt Edmund Gern und sagt: Du stammst aus kleinen Verhältnissen. Sein Vater, Bürovorsteher bei *RUHRKOHLE*. Von Anfang an trat er mit Homburg und Regenschirm auf, der Herr Referendar.

Jetzt steuerte Susi auf Mitteilungen zu, mit denen sie, was Frau Oschatz mitgeteilt hatte, aufwiegen wollte. Sie mußte denen jetzt etwas servieren, was die so wenig erwarten konnten, wie sie hatte gefaßt sein können auf das, was Frau Oschatz aufgetischt hatte. Du stammst aus kleinbürgerlichen Verhältnissen. Damit war sie erst mal wieder bei denen. Aber jetzt, wie das ins Nacheinander bringen, was doch in ihr, in ihrem Leben eine einzige immerwährende Augenblicklichkeit war. Und ist. Dieses vollkommene Verzehrtwerden von ihrem aufflammenden Gefühl. Und wie dann die Welt – ja, die Welt, wer denn sonst! – darauf reagiert.

Wie hatte die Mutter gesagt: Wenn es auf den Abend zugeht, gefällst du mir überhaupt nicht mehr. In der Schule hatte Susi nur gelernt, um bei den Lehrern beliebt zu sein. Als einmal die Eltern verreist waren, kamen drei Jungens mit einer Flasche Korn. Zwei gingen wieder, einer blieb, half beim Aufräumen, mit dem lag sie plötzlich in ihrem Bett, und alles verlief so, daß sie nachher zu dem Jungen sagte: Das wird mein Hobby. Gedacht hat sie: Und darauf schimpfen die Eltern andauernd.

Du stammst aus kleinbürgerlichen Verhältnissen, sagte Edmund Gern, als er ihr beibringen wollte, es gebe mehr, als zu zweit in einem inzwischen sattsam bekannten Bett herumzuturnen. Zusammen mit anderen, Gleichgesinnten, das sei die wahre Vervielfältigung der Lust, praktisch ein Versuch, ins Paradies zurückzukehren, weil der Geschlechtsverkehr unter mehreren sich wieder der Qualität Unschuld nähere. Die Lust entstehe nicht durch eine verbissene Spezialisierung auf Steigerungen, die vom menschlichen Körper gar nicht mehr empfindbar seien, sondern durch nichts als das Miteinander vieler Gleichgesinnter.

Jetzt merkte Susi, daß Theo Oschatz richtig zuhörte. Ottilie Oschatz hatte die Ellbogen auf dem Tisch, ihren schweren, breiten Kopf stützte sie unterm Kinn mit beiden Händen. Susi fühlte sich herausgefordert. Diese Frau hatte dies und das mitgekriegt, die hat sich längst ein Urteil gebildet über Herrn und Frau Gern, Susi hatte das Gefühl, eine Revision erreichen zu müssen.

Und, bitte, bedenken Sie, sagte Susi, in der Jugend habe ich immer geglaubt, wenn einer von mir wegging, jetzt sterb ich. Liebe hieß bei mir immer Für immer. Und Edmund sei vom ersten Augenblick an so maßgebend, so einnehmend, so bestimmend gewesen, daß alles, was er sagte, auch dann richtig sein mußte, wenn sie es nicht richtig gefunden habe. Edmund hatte studiert. Sie hatte sich sofort in Edmunds andauernd auffallendes Wissen verliebt. Edmund wußte noch mehr als ein Bekannter ihrer Mutter, der bisher mit seinem Wissen alle und alles beherrscht hatte. Edmund habe diesen Mann schon beim ersten Zusammentreffen praktisch zum Verstummen gebracht. Flink, leise, höflich, durchdringend. So sei Edmund aufgetreten. Und sie saß dabei und ließ alles über sich hinrieseln wie eine göttliche Dusche. Ja, wirklich. Von Anfang an. Einmal abends, bei Alf, einem Schüler ihres Vaters, es klingelte, in der Tür erschien dann mit Alf, deutlich kleiner als Alf, Edmund Gern. Aber mit Homburg und Schirm. Ihre Freunde seien bisher immer größer gewesen, eben Schaltypen mit Fahrrad. Aber wie der Susi angeschaut habe! Einen verzehrenden Augenblick zu lang. Dann aber zu Alf: Ach, du hast Besuch, dann will ich nicht stören. Nein, bleib doch, sagt der. Susi hatte schon länger bemerkt, daß der Vater sich den vorgenommen haben mußte. Wenn der Vater mit ihren Freunden gesprochen hatte, berührten die Susi nicht einmal mehr an der Schulter. Einer hatte ihr einmal den entscheidenden Vatersatz weitergesagt: Du machst mit der gar nichts oder du heiratest sie. Dann hatte Herr Gern, der sie zuerst in all seiner Korrektheit an irgendeine Witzfigur erinnert hatte, gesagt, er müsse kurz noch mal weg, ging, kam wieder mit einer Flasche Beaujolais, die hatte er in seinem Quartier, einen Kilometer weit weg, geholt.

Dann hatte Alf Kopfschmerzen, Edmund mußte Susi nach Hause bringen, das hatten die, wie Susi später erfuhr, ausgemacht, als Susi mal auf'm Klo gewesen war. An der Tür zu Hause war es viertel nach, statt zehn. Der Vater drehte sich um und ging, laut schimpfend, in die Wohnung zurück. Die Mutter sagte ihm, als er an ihr vorbeiging, halblaut nach: Sei doch still mit deinem Zehnuhrquatsch, es kann doch vor zehn Uhr genausoviel passieren. Edmund, Regenschirm überm Arm, Hut vor der Brust, entschuldigte sich sorgfältig, bat, die Verspätung, die ganz allein er verschuldet habe, nicht übelzunehmen. Und wünschte einen Guten Abend. Und, zu Susi hin: Hoffentlich ein Wiedersehen. Die Mutter rannte hinein: Anatol, Anatol, so einen hat sie noch nie gebracht.

Das Wochenende drauf, sie mit ihrer ganzen Clique in der Stadt, sie wollen ins Kino gehen, und wer kommt ihnen da entgegen: Edmund Gern. Er ginge gern mit, hat aber kein Geld bei sich. Sie: Macht überhaupt nichts, streck ich Ihnen vor. Er war ja der erste Junge, der so sehr ein Mann oder mehr noch ein Herr war, daß sie Sie sagte zu ihm. Und war ganze zwei Jahre älter als sie. Aber eben Referendar. Sie, Sprechstundenhilfe bei einem HNO.

Ein halbes Jahr später sagte Edmund: Willst du meine Schnucke sein. Sie: Ja. Als sie das der Mutter erzählte, drückte die die Orange, die sie gerade für den Vater ausdrückte, immer noch aus, obwohl da schon längst nichts mehr auszudrücken war, und fing an zu weinen. Der Vater kam zurück in die Küche und weinte auch. Und als sie fragte, was denn jetzt los sei, sagten beide gleichzeitig: Wir freuen uns so. Und nach nicht ganz fünf Jahren Ehe und zwei Kindern sagt er: Du stammst aus kleinbürgerlichen Verhältnissen. Sie wäre, als Edmund seine Gruppenverkehrsvisionen entfaltet hatte, am liebsten davongerannt. Edmund merkte das, lenkte ein: Wir wollen nie etwas getrennt von einander tun. Nie darf einer vor dem anderen etwas verheimlichen. Damit war sie doch einverstanden. Vielleicht war sie so erschrocken, weil sie einfach zu wenig wußte. Edmund fing an zu experimentieren. Wenn die Kinder im Bett waren, führte er sie vom Schlafzimmer ins Wohnzimmer, baute ganze Bühnenbilder auf, hängte Tücher, färbte das Licht und nahm die Spiegel von den Wänden, auf einmal brauchte der Spiegel. Sie wäre doch nie auf die Idee gekommen, das vor dem Spiegel zu tun. Aber wenn er einen Spiegel braucht, bitte, dann ist sie die letzte, die da Nein sagt. Soll ich noch den kleineren aus'm Bad holen, hat sie gesagt. Das mit den Spiegeln hat sie wirklich begriffen. Wenn sie sich dann mit dem Bühnenbild in den Spiegeln sah, dachte sie: Eigentlich bist du doch ganz süß. Sie mußte tanzen. Für ihn. Ihr war auch danach. Er sagte: So unanständig kann nur eine anständige Frau sein. Dann fing er wieder an, sie stamme aus kleinbürgerlichen Verhältnissen, das heiße aber nicht, daß sie spießig sein müsse. Spießig sein, dachte Susi, das möchte ich nicht. Daß sie falsch erzogen worden sein könnte, hielt sie für möglich. Waren ihre Eltern nicht bigott zu nennen? Der fromme Vater, die frömmelnde Mutter?

Ob sie jemanden mitbringen wolle oder ob er den Anfang machen solle.

Sie: Was wäre dir lieber?

Er: Wenn du jemanden brächtest.

Sie: Nein, zuerst du.

Das war ja noch in der Heinrichstraße. Drei Zimmer, Küche, Bad und klammenge Diele. Edmund füllte die kleine Wohnung mit Leuten. Die rauchten, tranken, quatschten, lachten, schmusten. Edmund hatte eine gnädige Dämmerung erzeugt. Als Susi merkte, daß die Tätlichkeiten immer eindeutiger wurden, zog sie den, der gerade bei ihr war, in das Kinderzimmer. Ein ums andere Mal versagte sie. Sie verstand nichts, wußte nichts, konnte nichts. Zum ersten Mal begriff sie ihren Mann nicht mehr. Der konnte ihr das noch so hochtönend erklären, sie begriff nur: ihr Mann, ein Rudelbumser. Wer einem über den Weg läuft, mit dem mußt du schlafen. Und sie erlebte die Energie, die ihren Mann antrieb: Eine furchtbare Energie. Diese Energie würde vor nichts Halt machen, das spürte sie. Es gab kein Zurück mehr. Edmund war seiner Sache so sicher, an ein Abbiegen oder Wegschummeln oder auch nur an ein Hinauszögern war gar nicht zu denken.

In diesem Mann, der nur vier Zentimeter größer war als sie, brannte eine Kraft, die sich nicht betrügen ließ. Entweder oder. Sie wollte diesen innigen, ebenso zarten wie zärtlichen Mann nicht verlieren, nicht vertreiben in irgendwelche Quartiere, zu irgendwelchen Frauen. Immer alles zusammen, hatte er gesagt, nichts im Alleingang, immer soll der eine wissen, was der andere erlebt. Das entsprach ihr doch ganz und gar. Ihr Vertrauen zu ihrem Mann war grenzenlos. Er hatte sie noch nie verletzt, enttäuscht oder gar getäuscht. Sie fühlte sich aufgehoben bei ihm, wie sie sich noch nie aufgehoben gefühlt hatte. Vielleicht bei ihrem Vater während des Gewitters, wenn sie die Rolläden herunterlassen und, solange es blitzte und donnerte, den Kopf in seinen Schoß legen durfte.

Such dir jemanden, sagte ihr Mann zu ihr.

Auf der Westplatte der Kö patrouillierten damals noch die Frauen. Susi hatte eine von denen einmal gegrüßt. Einfach so. Weil sie nicht wollte, daß diese übermäßig aufgemachte Frau glaube, Susi gehe, sie verachtend, an ihr vorbei. Durch ihren Gruß wollte sie diese Frau sogar teilhaben lassen an ihrer augenblicklichen Stimmung. Die grüßte, wie es schien, zu ihrer eigenen Überraschung, zurück. Und so oft Susi dieser Frau noch begegnete, sie grüßte jedesmal und wurde von ihr gegrüßt.

Gestatten Sie mir, daß ich jemanden anspreche, sagte Susi zu ihrer Grußpartnerin. Kannst du machen, sagte die und grinste. Susi ging auf und ab, wartete darauf, daß einer käme, den anzuschauen nicht schwer fiele. Oft und oft mußte sie ihren Blick rasch wieder wegwenden, niederschlagen, einziehen. Dann einer, der groß genug, blond genug, schlank genug und flott genug war. Den sah sie an. Der sah sie auch an und fragte ganz munter: Was kostet es bei dir? Sie: Nichts. Wie, sagte der, gar nichts? Sie: Gar nichts. Er: Das mußt du mir erklären. Sie: Gehn wir hier mal weg. Sie erklärte ihm, daß sie einen Mann nach Hause bringen sollte. Er: Gut, das mach ich. Ins Taxi gesetzt. Ihr Zittern hörte nicht auf. Kam nach Hause. Geschafft, die Mutprobe bestanden. Aber dann noch mit dem schlafen. Ihr Mann dabei. Sie dachte: Das geht doch nicht.

Das ist verrückt. Das ist krankhaft. Aber der Junge kann nichts dafür. Den darfst du jetzt nicht enttäuschen. Ihren Mann fand sie noch nie so gräßlich wie in diesem Augenblick. Aber sie wußte, daß sie sich das nicht anmerken lassen durfte. Das wäre spießig. Und spießig wollte sie nicht sein. Ihr war klargemacht worden und sie hatte begriffen, daß es nichts Schlimmeres gibt als Spießigsein. Und dann das Komischste: Sie hatte natürlich nichts davon gehabt, aber der Junge war jetzt, behauptete er, richtig doll auf sie. Er wollte gar nicht mehr gehen. Du hast so schöne Augen, sagte er, bei denen möchte ich bleiben. Und so schöne Haare, in denen möchte ich wohnen. Das fand sie romantisch, und für Romantisches war sie anfällig. So gut wie alles an ihr fand der schön und konnte es auch noch schön sagen. Und ihr Mann fand das schön, daß der andere sie so schön fand. Bevor der dann ging, sagte Edmund zu dem: Bist du damit einverstanden, daß du eine käufliche Frau bezahlst? Die ist dann für mich. Man war ja noch eher arm. Edmund hatte bei Oxford gerade erst angefangen. Ja, sagte der, mach ich. Als der weg war, vermißte sie den. Am nächsten Tag wieder auf die Kö. Um dieselbe Zeit. Der kam tatsächlich. Und ging wieder mit. Ihr Mann hatte gesagt: Alles nur gemeinsam. Also mußte sie diesen Jungen mit in die Wohnung nehmen. Und dann noch einmal. So ein kristallklarer Junge war das. Kein komischer Kerl oder Spinner. Mit dem wäre sie direkt bis ans Ende der Welt gegangen. Nun war das wieder aus. Dann brachte Edmund eines Tages die Französin mit. Für Geld. Eine Figur wie aus dem Journal. Die wollte zuerst mal Susi streicheln. Deutsch konnte sie nicht. Edmund sagte, er müsse ihr noch erklären, daß hier nichts zu dritt stattfinde. Aber schnell, rief Susi, mir sträuben sich die Nackenhaare. Die soll mich nur nicht noch mal anfassen. Dann also ...

Susi merkte, daß sie sich zuviel zugetraut hatte. Sie konnte auch nur noch in die brennende Kerze starren. Aber diese Frau Oschatz hatte sich Urteile erlaubt, dessen war sie sicher. Aber sie merkte, daß sie, was sie jetzt sagen mußte, dieser Frau leichter sagen konnte als dem dabeisitzenden Mann. Der störte. Zu spät. Du mußt durch.

Dann also, als sich ihr Mann über die Französin beugte, die lag ja schon, beide nackt, da spürte Susi einen Schlag. Sah nichts mehr. War das ein Blitz gewesen. Sie rannte. Die Schlafzimmertür flog auf. Im Wohnzimmer im Vorbeirennen nach der großen Schere gegriffen, die in den nächsten Sessel gerammt. In der Küche gegen die Hängelampe. Die schlug voll aus. Von dort hinaus auf den Balkon, war ein ganz kleiner Balkon, sie kauert in der Balkonecke, preßt sich da richtig hinein in die Ecke und heult. Später er: Mein, Gott, Schnukke, was ist denn los? Sie konnte nur heulen und heulen. Er zog sie hoch, führte sie hinein, sie konnte noch lange nichts sagen. Sie war froh, daß er da war und daß die Französin nicht mehr da war. Er redete und redete. Frauen seien, wenn sie mit einem anderen schliefen, untreu, sagte er. Männer nicht. Und so weiter. Sie konnte an diesem Tag überhaupt nicht mehr sprechen. Als er sie berühren wollte, mußte sie sich entziehen. Sie merkte, daß es unvorstellbar war, sich von diesem Mann je wieder berühren zu lassen.

Ein paar Tage später, als sie wieder sprechen konnte, sagte sie, sie sei ein Mensch, der alle Wünsche erfüllen können will. Wenn ich nicht alle Wünsche erfüllen kann, bin ich traurig. Er könne, sagte er, versuchen, seine Wünsche zu vergessen. Ihr zuliebe. Nein danke, hatte sie gesagt. Mir zuliebe, das ist mir nicht genug. Sie will einen Mann, der solche Wünsche gar nicht hat. Sie will einen Mann, der nur Wünsche hat, die sie erfüllen kann. Sie gehört von jetzt an nur noch sich selbst. Er, mit allem einverstanden, wenn sie nur zusammenblieben.

Susi schwieg, starrte in die Kerzenflamme. Dann sah sie die beiden wieder an, ruckte den Kopf, aber nicht so heftig wie Ksenija, wenn sie Haare zurückwarf, dann sprach sie in einem anderen, gewissermaßen nur noch erledigenden Ton weiter.

Von da an habe sie jeden Mann nur daraufhin angesehen, geprüft, ob er einer für immer sei. Sie selber machte die Erfahrung, daß sie bei jedem, der sie glaubhaft lieben konnte, eine andere war. Und die jedesmal aufflammende Hoffnung: Bei dem für immer. Der erste, der diese Für-immer-Probe bestand, ein Libanese. Salim. Aber er war schon der fünfte Libanese. Der erste war, weil sie von ihm schwanger war, abgereist. Zurück nach Beirut. Sie, herumgerannt bei allen Libanesen und nach dem geforscht, der ihre Briefe nicht beantwortete. Ein Effekt ihrer Nachforschungen: einmal von vier Libanesen vergewaltigt. Das Kind habe sie dann verloren. Danach also Salim. Reicher Leute Sohn aus West-Beirut. Ewiger Student. Bis der Vater kein Geld mehr schickte. Also übernahm sie die Kosten. Der ging immer eng an den Hauswänden entlang. Nicht auffallen. Dem mußte sie jeden Morgen zuerst beibringen, daß er sich nicht verachten müsse. Am liebsten kochte der für sie stundenlang seine libanesischen Gerichte und wollte, daß sie's von ihm lerne. Unten in den Topf Fett, dann Kartoffelscheiben, dann vorgekochten Reis drauf, in den hinein Löcher, daß es dampfen konnte, dann Salz dran, Handtücher drüber, daß die Feuchtigkeit da reinzog. Das paffte und zischte, und er hörte an den Geräuschen, wenn es fertig war. Als sie es probierte, mußte sie andauernd fragen. Und was jetzt? Das regte ihn auf. Außer Bumsen kannst du nichts, sagte er. Konnte ja ein Kompliment sein. Aber der tendierte dann zum Rotlicht-Milieu. Kam nur noch mit Pistole. Als Edmund einmal sagte, ob sie nicht doch versuchen sollten, ohne die Kinder nach Westerland zu fahren, stimmte sie zu. Mit Salim war sie gerade so weit, daß sie lernte, wie ein Gefühl zur Schablone wurde. War der Geliebte abwesend und fehlte ihr nicht, wurde das Ende vorstellbar. War er da, und in ihr überwog nicht das Gefühl des Wohlseins, mußte sie den Schluß ermöglichen. Also, ab nach Westerland. Drei Tage sorgfältige Vorbereitung und Einstimmung, dann probieren sie's dort mit einander. Aus Liebe zu ihrem Mann stöhnt sie. Er: Was machst du denn für Geräusche? Ich möchte tot sein, habe sie gesagt. Auf der Stelle tot sein. Sie habe gewußt, daß sie die Töne, die er gewohnt sei, nicht bringen könne. Was aus ihr herausgekommen sei, sei nichts gewesen als ein lächerliches Stöhnen. Er habe mit Recht gesagt: Das kann keinesfalls mit dem, was hier gerade passiert, zu tun haben. Sie habe sich besudelt gefühlt. Sie habe ihm nicht sagen können, was sie, sobald er sie in den Arm genommen hatte, empfand. Nichts als Ekel. Eine Aufwallung von

Ekel. Dann habe er – und dafür bleibe sie ihm dankbar für alle Zeit – zart gesagt, er verspreche ihr, sie nie wieder anzurühren. Nie wieder. Sie habe gebeten, am nächsten Tag zurückfliegen zu dürfen. Daß ihr Mann sich rasch behelfen werde, wußte sie. Zurück zu Salim also. Aber nach einer Woche war die Täuschung verbraucht. Salim wohnte inzwischen in ihrem Kleinpenthaus in der Simrockstraße; sie verließ ihn jeden Morgen um sechs, fuhr vor in die Holbein, versorgte die Familie mit allem, was an Frühstück gewünscht wurde, und kehrte dann mit frischen Brötchen zurück zu Salim, der immer noch glaubte, daß bald geheiratet werde. Aber jeden Morgen beschwerte er sich, wenn sie ihm das Frühstück ans Bett servierte, über die Krümel, die dabei auch schon mal über den Tellerrand hinaus und so ins Bett gerieten, in dem er noch lag. Diese fast täglich vorgebrachte Beschwerde habe ihr geholfen, ihm eines Tages zu sagen: Paß mal auf, das war das letzte Frühstück in diesem Bett, ich krümel hier nie wieder rum, steh auf. Er habe sofort geweint und gesagt, dann müsse er sich erschießen, sie habe gesagt: Aber nicht hier, bitte. Jahre später sei sie ihm noch einmal auf der Straße begegnet, er habe gesagt, sie solle ihn noch einmal wie früher an sich drücken. Das habe sie getan. Den nächsten habe sie sich, als sie bis an den Rand ihrer Zurechnungsfähigkeit gewartet hatte, mit Hilfe des Jaguars ihres Mannes auf der Straße gefangen. Ein Inder. Aus Kenia. Dem habe sie leider geglaubt, daß seine Ehe schon längst kaputt sei. Das sagen sie ja alle. Sie habe diesem Shankar alles geglaubt. Zuerst. Denn eine Ehe zu zerstören wäre ihr nicht möglich gewesen. Sie habe dem, weil sie's ernst meinte, weil bei ihr eben nichts ging, wenn sie es nicht ernst, also für immer meinte, dem habe sie ein Lokal in Münster gekauft. Hat natürlich ihr Mann gekauft. Zuerst dem das Lokal in der Oststraße verkauft, dann das in Münster gekauft. Ihr Mann: Du machst in Düsseldorf keine Diskothek auf mit dem. Zwei Nächte und zwei Tage war sie dann immer bei Shankar in Münster, hat gearbeitet wie noch nie. Shankar zog einfach nicht. Alle nannten ihn beim Vornamen. Sie war entsetzt. Du bist der Herr. Du mußt denen Respekt beibringen. Andererseits beschwerten sich Gäste bei ihr, Shankar grüße überhaupt nicht, wenn man das Lokal betrete. Sie sagte, jeder, den der Chef nicht grüße, melde sich bei ihr, der kriege von ihr ein Küßchen. Am Tag war das ein Café, nachts eine Disko. Und sie hat dort nicht ein einziges Mal getanzt. Die würden sie als Chefin doch nicht mehr ernst nehmen, wenn sie mit denen tanzte. Das war vielleicht das schlimmste, dir gehört eine Disko, und du darfst nicht tanzen. Shankar hing herum, überklebte die Preise, wenn er glaubte, ein Getränk gehe nicht, weil es zu teuer sei, das machte er sogar bei Bier. Sie hatte am Eröffnungstag durchgesetzt: Ohne Krawatte kommt keiner rein. Nach vier Wochen saßen fast nur noch Pullovertypen herum. Sie hockte in der Küche und heulte. Dieses Volk. Sie hat ja nichts gegen das Volk. Überhaupt nicht. Aber ein Lokal aufmachen heißt: auf ein gewisses Niveau achten, Niveau in allem, von den Vorhängen bis zu den Stuhlfüßen und den weißen Blusen und rotweißkarierten Faltenröckchen der Bedienungen. Dann darf nicht jeder herein, bloß weil er sagt, er sei der Vorarbeiter Sowieso und habe überall, wo er hinkomme, Zutritt, ob mit oder ohne Krawatte. Praktisch war das Lokal nach einem Monat erledigt. Dann sind in Münster die Leute um so frommer, je besser sie situiert sind. Und je frommer, desto gnadenloser. Daß diese Frau Gern mit diesem Inder nicht verheiratet sei, daß sowohl sie wie er ihre Ehehälften in Düsseldorf hatten, das sprach sich schnell herum. Also ließen bessere Damen ihre besseren Männer da schon mal nicht mehr hin. Und als Shankar mit Gelbsucht im Krankenhaus lag, merkte sie, daß das Personal ihr überlegen war, sie fühlte sich betrogen, und weil sie nicht vom Fach war, wußte sie nicht, wie sie sich wehren sollte. Also, verkaufen. Shankar: Aber wir bleiben zusammen. Er zog ein in ihre Klinkerburg in der Simrockstraße. Seine Frau wurde massiv, drohte mit Scheidung, er schlug vor: Er kommt ein bis zwei Tage pro Woche zur Familie. Das, was sie nie, nie gewollt hat: einen Mann mit einer anderen Frau teilen. Schon zwei Tage bevor er ging, konnte sie ihn nicht mehr berühren und von ihm keine Berührung ertragen. Und wenn er zurückkam, auch wieder zwei Tage lang ohne Berührung. Also blieben für sie zwei Tage verlogener Eheführung. Als er mit der Familie in Urlaub fuhr, mußte sie zwanghaft einen Mann suchen. Es war auch ein eher Dunkler, Ceylonese. In Ceylon angeblich ein mächtiger Mann, wollte sofort seine Verlobung lösen, für immer zu ihr kommen. Sie war krank vor Sehnsucht nach Shankar, mußte aber, weil sie's in diesem an Shankar erinnernden Düsseldorf nicht aushielt, mit dem Ceylonesen flüchten. Nach Sardinien. Dort wollte sie den ganzen Tag in die Sonne, weil sie nichts so wenig ertrug, wie weiß zu sein. Sie wollte, wenn Shankar zurückkam, braungebrannt sein, weil seine Schwäbin ja vom Urlaub mit ihm auch braungebrannt zurückkommen würde. Der sowieso schon dunkle Ceylonese wollte überhaupt nicht an die Sonne, der wollte im Bett bleiben. Den ganzen Tag. Und mit ihr. Und immer nur das Eine. Er hatte es, sagte er, so noch nicht gehabt. Hörte sie gern, sagte ihr nichts, weil es nicht von Shankar kam. In einem von Edmunds Balkonbüchern hatte sie gelesen: Einem Ehemann kannst du davonlaufen, einem Freund nicht. Aber weil sie, ihn jetzt ganz brutal mit seiner Familie zu teilen, nicht ertrug, weil also das Wohlseinsgefühl nicht mehr überwog, mußte sie das Ende herbeizwingen. Trotz der immer unerläßlichen Beendigungsqualen –, die Münsterepisode möchte sie nicht missen. Wenn sie je in ihrem Leben ein freier Mensch gewesen war, dann auf den Fahrten von Düsseldorf nach Münster und von Münster nach Düsseldorf. Einhundertsechzig Kilometer lang Freiheitsgefühl, zweimal pro Woche. Im Auto: Kein Lokal und kein Kind und kein Mann. Sie sang. Ließ sich überholen wie sonst nie. Sie sang die Musik ihrer Kassette mit. Die Love-Story-Musik. Rannten ja alle rein damals, in diesen Film. Sie auch. Sie fand, diese Kinogeschichte könnte sie besser schreiben. Einmal, als plötzlich ein Nebel sie überfällt, alle Sicht und Aussicht mulmig verschluckt, da skizziert sich in ihr IHRE Version der Kinogeschichte. Auf der Gegenfahrbahn, ein Blonder, erfüllt von ganz genau der Lebens- und Freiheitsfreude, von der sie gerade erfüllt ist, der ist jünger als sie, deutlich jünger. Sie sieht ihn so deutlich vor sich, daß sie ihn aus tausend Schauspielern herausfände. Der kommt auf seiner Fahrbahn, weil er schneller fährt als sie und den Nebelüberfall durch krasseres Bremsen beantworten muß, der kommt ins Schleudern, schleudert durch den Nebel herüber – rasch dreht sie ihre Musik noch zur äußersten Lautstärke auf –, sie stoßen zusammen, er und sie, ihm passiert nichts, sie ist tödlich verletzt, wird gleich sterben, er beugt sich über sie, sieht diese Frau, eine solche Frau hat er noch nie gesehen, sie schlägt die Augen auf, nimmt seine Hand, zieht ihn zu sich herab, küßt ihn, sozusagen mit letzter Kraft, und hält ihn fest, ihn, auf den sie immer gewartet hat. Gewartet in ihrem Freiheitsdrittel, wo sie von Münster und Düsseldorf gleichermaßen frei ist, frei für ihn. Das letzte, was sie sieht: Sein erstauntes Gesicht. Er kann das nicht begreifen. Diese Frau, die er gerade getötet hat, lächelt ihn selig an. Er steht auf, ist eigentlich fassungslos. Nur der Zuschauer weiß: Ja, du hast keine Ahnung von dem, was diese Frau hinter sich hat. Daß sie von einem solchen Mann, wie du es bist, erlöst werden würde, hat sie sich immer gewünscht. Zu hoffen hat sie es nicht gewagt.

Susi war, als sich diese, wie sie fand, bessere Version der Sterbeszene der *Love Story* in ihr bildete, in Gefahr, die Gegenfahrbahn nach dem endgültigen Befreier mit dem Scheinwerfer abzusuchen. Sie mußte die Musik abstellen und sich wieder einmal der Familie und des Geliebten wegen zusammennehmen.

So, sagte Susi, jetzt wüßte Frau Oschatz, und Herr Oschatz natürlich auch, jetzt wüßten sie, wie das alles angefangen habe, und wie es dann weitergegangen sei, habe Frau Oschatz ja einigermaßen miterlebt.

Und Sie wissen jetzt auch mehr als vorher, sagte Frau Oschatz eher leise, eher zu sich als zu Susi.

Susi stand schon, nickte, zeigte durch Nicken, daß ihr, was sie von Frau Oschatz erfahren hatte, wichtig sei. Den Händedruck mit ihr ließ Susi ein wenig länger dauern als üblich. Susi hatte den Eindruck, Frau Oschatz sehe sie, ja, wie denn, die sah sie doch fast gütig an. Das wuchtig breite Gesicht mit den verschlafenen Lippen und den immer ein bißchen prüfend wirkenden Augen unter den immer skeptisch hochgezogenen Brauen –, jetzt wirkte es gütig. Dem wollte Susi entsprechen.

Ganz von selbst drückte sie auf den Kassettenknopf. Zur Zeit: Dionne Warwick, Without your love. Wie schon öfter mußte sie aufpassen, daß sie sich nicht durch die Musik zu einer Fahrweise hinreißen ließ, der sie als Fahrerin nicht gewachsen war. Es regnete heftig. Eigentlich wütete dieser Regen. Den mochte sie, wenn sie in ihrem Dachpalast zusehen konnte, wie die direkt vom Meer kommenden Wasserschwaden gegen ihre großen Scheiben schlugen. Aber jetzt in den frühen Abendstunden brandete der Stadtauswärtsverkehr ihr entgegen, die nasse Straße gleißte in den Lichtern, alle Lichter blendeten sie. Da sie den rechten Straßenrand nicht sah, wollte sie eigentlich immer nach links auf diese Lichter zufahren. Sie hatte wieder einmal den Eindruck, keines dieser Lichter sei abgeblendet. Daß die abgeblendet waren, stellte sich immer erst heraus, wenn Susi, um sich überhaupt zurechtzufinden, wieder einmal schnell aufblendete. Dann blendeten die Entgegenkommenden auch auf, dann sah sie gar nichts mehr und mußte bremsen. Jetzt blendeten auch die von hinten noch auf. Von vorne und von hinten geblendet. Abblenden! Du mußt abblenden! Und blendete ab! Aber schneller fahren konnte sie nicht mehr. Mochten die hinter ihr sie anhupen und blenden, wie sie wollten. Ihr war nach Weinen. Durchgeschwitzt kam sie heim. Zuerst in die Küche. Das Stilett. Sie zog es aus dem Messerblock. Steckte es zurück. Sie würde dieses Messer nicht verschwinden lassen. Mit diesem Messer hatte sie sich zum ersten Mal gerächt. Allerdings nur am Auto des Beleidigers, des Demütigers. Sie hatte dem die Reifen plattgemacht. Alle vier. Da das Auto vor dem Eisstadion geparkt war, kam der, Ferdi hieß er, nicht auf die Idee, daß sie das getan haben könnte. Sobald die eigene Mannschaft verlor, grölten die dort herum und reagierten sich ab.

Susi machte im Wohnzimmer Geräusche, daß Edmund, der heute in der Bibliothek telephonierte, ihre Rückkehr bemerke. Lauschen mußte sie nicht. Sie hörte schon am hochgezogenen Ton, daß es ein Auslandsgespräch war. Mindestens London, wenn nicht New York. Wenn er mit einer seiner Frauen telephonierte, hatte er eine andere Stimme. Susi horchte ja nicht beziehungsweise horchte so selten, daß sie von sich behaupten konnte, sie horche nie. Wenn sie einmal im Jahr horcht, ist das viel. Ach was, alle zwei bis drei Jahre horcht sie einmal. Und wenn sie dann wirklich einmal, weil Edmunds Stimme so klang, wie es Susi am wenigsten ertrug, wenn sie dann wirklich einmal, obwohl sie sich von diesem Ton nichts als abgestoßen fühlte, ihr Ohr an die günstigste Stelle brachte und nicht mehr atmete, dann hörte sie, was sie so verletzte, daß sie ganz sicher wußte, sie werde diesen Mann jetzt sofort und endgültig verlassen. Und war, wie zum Hohn, zugleich ihrem inneren Echoschwall ausgesetzt: Nie, nie wirst du ihn verlassen. Dann wäre ja dein ganzes jahrelanges Aushalten zunichte. Das muß doch für etwas gut gewesen sein. Telephonsex nennt er das. Diese grauenhafte Mischung aus Gewinsel und Gebrumm, besagend: Die Eier und die Stange holst du an der Seite raus und fängst an zu lecken. Susi ist so voller Sehnsucht nach Liebe, und dann muß sie sich diesen Dreck anhören. Das hätte sie Frau Oschatz erzählen müssen. Feigesuse!

Sie ließ sich in die Sitzlandschaft in der Fensterecke fallen. Feigesuse! Was sie alles weggelassen hatte. Das tat weh. Einerseits wollte sie, daß Frau Oschatz sie gelten ließ, so wie sie war, und was hatte sie geboten, die Schokoladenseitesuse. Sie biß sich in die Lippen, bis sie's nicht mehr aushielt. Sie wollte bluten. Was nützte das, wenn Frau Oschatz sie jetzt verständnisvoll anschaute? Was noch hätte sie ihr sagen sollen? Die Reifen eines gewissen Ferdi mit Ihrem Messer zerschnitten, Frau Oschatz. Eine Annoncen-Bekanntschaft. Susi sagte ihre Ferdi-Geschichte auf, als höre Frau Oschatz noch zu. An einem Dienstag hat man sich getroffen. Das von ihm gewählte Lokal, *BUMERANG*, sprach nicht direkt gegen ihn, wenn es auch keine Empfehlung war. Sein Hemd, offen bis fast zum Gürtel. Das fand sie nicht so gut. Er hatte ja nichts Nennenswertes sehen zu lassen. Kein bißchen Haare, und dann auch noch weiß. Aber durfte sie überhaupt noch Ansprüche stellen? Neun Jahre jünger war der und saß so aufrecht, so stürmisch aufrecht, er mußte sich offenbar beherrschen, oder tat so, als müsse er; den hielt es kaum auf seiner Tischseite, immer wieder schlingerte ein Arm auf sie zu, er mußte sie immer wieder kurz streicheln, auch einen Kosenamen gab's sofort und sofort per Du, Mausi, und per Du, sofort, er war ja aus Wien und ein Theatermann, Inspizient, was auch immer das war. Sie gestand sofort ihre Unvertrautheit mit dem Theater, gestand ihre Kinosucht, er gestand seine Rennfahrpassion, früher selber gefahren, in Österreich, jetzt kuckt er Rennen im Fernsehen, läßt kein Rennen aus, oft ganze Nächte, die Rennen aus Amerika, das mal mit ihr zusammen, das wär's. Also, sein Tempo beeindruckte sie schon. Er war ein Eroberer. Aber keiner, der auf sie zuging wie der Dompteur auf die Katze, sondern wie einer, dem seine Hingerissenheit keine andere Wahl läßt als seine Hingerissenheit zu gestehen. Er ihr Opfer, nicht sie seins. Sie seins auch. Wie sollte man so jemanden, wenn er doch ein netter Kerl war, abwehren? Sein Tempo erlaubt eine Art Bedenkenlosigkeit. Und ohne Bedenkenlosigkeit hält sie den doch gar nicht aus. Natürlich darf nichts zwischen ihnen passieren, bevor sie einander nicht den Aidstest vorweisen können. Am Freitag Test, in einer Woche sehen wir uns wieder. Sie übernimmt, falls er das will, gern die Kosten für ihn. Er sei doch Blutspender. Hat er eine Bescheinigung? Hat er nicht. Er würde gern noch das von ihr erwähnte Apartment in der Lindemannstraße sehen. Er wohnt ja keine zehn Minuten davon. Dann zeigt er ihr seins. Dann entscheiden sie, wo sie sich treffen. Das bringt doch nichts, jetzt die Wohnungen anzuschauen, sagt sie. Also wenn sie glaube, er werde so eine Wohnungsinspektion, er sei nun mal Inspizient, und lachte meckernd, so eine Okkasion exploitieren, dieses Wort schlug sie nach, dann täusche sie sich in ihm. Aber in der Lindemannstraße mußte er dann gestehen, daß er ihre Wirkung auf ihn unterschätzt habe. Als sie ihn an das erinnerte, was er gerade noch in dem Lokal gesagt hatte, sagte er: Vorhin ist nicht jetzt. Das Unsolide an ihm nahm sie ein für ihn. Der konnte Edmund nicht das Wasser reichen. Offenes Hemd bis zum Gürtel und ein goldenes Plättchen am Ohr und eine Sprache wie ein Anpreiser im Kaufhaus. Damit schaffte er es. Er wird schon nicht Aids haben. Als sie das hinter sich hatten, sagte er, sie wisse, daß er morgen diesen unanständig frühen Termin bei seinem Intendanten habe, deshalb müsse er sie bitten, ihm gnädigst jetzt schon Dispens zu geben, kurzum, Mausi, er muß raus hier. Aha, dachte sie, konnte aber doch noch fragen: Wann wieder, wie oft pro Woche? Er denkt an einmal, maximal zweimal im Monat. Zwei- bis dreimal die Woche, hat sie, sagt sie, gedacht. Oh je, Mausi, das ist bei ihm nicht drin. Er hat ihr ja gleich gesagt, daß er zwar in Scheidung lebe, aber noch wohnt er mit dieser Frau unterm Dach, inklusive Kinder, zwei, dann eben Theater, Jogging, bißchen Sauna und Autorennen.

Frau Oschatz hatte gesagt, als ihr der erste Richter das Scheidungsurteil vorgelesen habe, habe sie, als der zu der Erziehungsregelung gekommen sei, die Finger in die Ohren gesteckt. Das hätte Susi bei diesem Ferdi auch tun sollen. Unterm Dach ... inklusive Kinder ... Das reicht doch: inklusive Kinder. Mein Gott, eigentlich hätte sie schon im *BUMERANG* Schluß machen müssen, als er ihr nach einer halben Stunde erklärte, daß er sich ihr zwar als Ferdinand vorgestellt habe, daß er sich aber normalerweise als Ferdi vorstelle, Ferdi wie Verdi nur mit F wie Ficken, das sei normalerweise seine Art sich vorzustellen. Und wegen so einem hatte sie sich hinten das Schwänzchen blondieren lassen.

Als er merkte, daß sie vereiste, sagte er: Mausi, du wirst deinen Ferdi schon noch ästimieren lernen. Es war überdeutlich, daß das eine eingeführte, Versprecher ausschließende Redensart war. Mausi und Ferdi. Und, sagte er, wenn sie das nächste Mal nur mit dem Pelzmantel aufträte und darunter nichts hätte als Strapse, dann könnte ja doch noch etwas werden aus ihnen. Seiner Mieze, von der er sich gerade scheiden lasse, habe jede Phantasie diesbezüglich gefehlt. Susi sagte, sie wisse nicht, ob sie sich wohlfühle nur mit Strapsen. Er sagte, wenn er die richtige Beleuchtung einrichte, werde sich Mausi super fühlen, er ist Theatermann. Aber als er wieder sagte: Morgen, unanständig früh Termin beim Intendanten, also jetzt Servus, Mausi, da sagte sie so laut, wie sie bis jetzt noch nichts gesagt hatte: Du schläfst heute nacht hier. Er erschrak und blieb. Aber sie konnte nicht verbergen, wie ihr zumute war. Wie elend. Sie sagte: Mir kommen jetzt Tränen, das nehme ich mir übel, nicht dir. Alsdann, sagte er, jetzt müssen halt die Karten auf den Tisch, Mausi. Sie seien beide aus den Kinderschuhen heraus. Also, bitte, zwei Kumpel, alles Theaterleute, hätten bei einem Besäufnis beschlossen, einmal auf eine dieser komischen Annoncen in der *Rheinischen Post* zu antworten. Mausis Annonce sei die lustigste gewesen. Die Antwort an Mausi hätten sie gemeinsam entworfen, als dann Mausis Brief gekommen sei, hätten sie geknobelt, er habe gewonnen, also habe er Mausi kennenlernen dürfen. Und er sei nachgerade froh undsoweiter. Susi hatte sich für die Offenheit bedankt. Daß er diesen Streich nicht aufgedeckt hatte, als er den ganzen Abend mit ihr am Tisch saß, verzieh sie nicht. Sie fand, er hätte dieses Spiel mit ihr nicht treiben dürfen. Kein bißchen Achtung hatte der vor ihr. Dafür mußte er büßen. Nacht für Nacht lag sie dann wach. Was konnte sie dem tun? Endlich hatte sie's. Am meisten hing er an seinem Auto. Mobilität, sein Lieblingswort! Wenn es ihm danach sei, ins Gefährt und abbrausen und erst irgendwo zwischen Ostende und Le Havre Halt gemacht. Er fuhr ein Alfa Romeo Cabrio, von dem sprach er wie von einem Lebewesen. Nie Auto, immer Gefährt. Man hörte das e, das er noch dranhauchte. Das hatte ihr, da sie in ihrem Porsche begraben werden wollte, gefallen. Es war klar, das Cabrio mußte dran glauben. Zerkratzen oder die Reifen? Die Reifen. Zerkratzen könnte auch zu laut werden. Ja, Frau Oschatz, das ist Ihre Susi Gern, die Blödesuse. Mit dem Stilett hat sie's gemacht. Hildchen Tönnissen hatte Ullis Fäuste angeboten. Anwalt Hinker hatte gewarnt. Nur was Susi selbst tue, sei, wenn es schiefgehe, verteidigenswert. Dann hatte sie diesem Ferdi noch eine Strafe aufgebrummt. Hundert Mark für UNICEF. Die Hundertmarkstrafe hatte sie verfügt, um zu verhindern, daß der überhaupt in ihre Richtung dachte, wenn er um seine schönen Reifen trauerte. Der Herr Ferdi hatte dann prompt als Quittung einen Einzahlungsabschnitt geschickt, Summe DM 120.–. Dazu ein Brieflein, er habe die Summe UNICEF zuliebe auf einhundertzwanzig erhöht. Das paßte doch überhaupt nicht zu diesem Theaterganoven. Susi prüfte den Abschnitt mit der Lupe. Der Einser war nachträglich vor die Zwanzig gesetzt. Der Kerl hatte nur zwanzig eingezahlt. Also ihm geschrieben: Wenn nicht innerhalb einer Woche über weitere achtzig Mark die Quittung vorliege, gehe sie zu seinem Intendanten und erzähle dem, was drei seiner Angestellten aus lauter Langeweile für Einfälle hätten. Die Quittung kam.

Edmund trat ein und zeigte, daß er mehr schwebe als gehe. Ob ihr Mann, der gerade dabei sei, eine Million zu verdienen, mindestens eine Million, und das, ohne daß sich irgendwo in der Welt das Sozialprodukt auch nur um einen Pfennig vermehre, ob dieser Finanzschurke erster Klasse, der zum ersten Mal in seinem Leben mit Geld jongliere nur um des Geldes willen, und das nenne man, sage er seiner in dieser Hinsicht desinteressierten Frau, anderswo l'art pour l'art, Kunst also um der Kunst willen, ob dieser Geldkünstler jetzt als einen Vorschuß auf ihren und seinen Geburtstag für sie und ihn etwas Fabelhaftes kochen dürfe. Lieken, du darfst, sagte sie. Schnucke, sagte er, sei mein Gast.

Er legte sich die Schürze um, auf der groß EAG prangte. Von da an zelebrierte er wie immer, wenn er kochte, jede Bewegung und jede Geste. Sie war wie immer, wenn er kochte, seine Zuschauerin. Hähnchen indisch, flüsterte er. Sie wünsche ihm übrigens, sagte sie, bei seiner Geldkunst, daß er so gut abschneide wie sie. Wie du, sagte er und drehte sich voll hin zu ihr. Ob je ein Mensch, sagte sie, aus einer Kinokarte soviel herausgeholt habe wie sie. Sie habe sich schon als Fünfzehnjährige nach Pelzen, Porsche und Brillanten gesehnt. Als sie bemerkt habe, daß sie durch Pelze, Porsche und Brillanten nicht sofort glücklich wurde, habe sie immer noch mehr Pelze und Porsche und Brillanten gebraucht. Und sie müsse nicht einmal mit ihm schlafen dafür. Andere Frauen prostituierten sich Nacht für Nacht in ihren Eheschlafzimmern. Macht sie nicht. Und das alles hat sie aus einer Dreimarks-Kinokarte herausgeholt. Keine schlechte Verzinsung, sagte er, du hast recht. Vielleicht war es Edmunds EAG-Schürze, die ihr jetzt die Erinnerung an eine Szene aufzwang, an die sie sich lieber nie mehr erinnert hätte. Sie war mitten in der Nacht aus dem

Schlafzimmer auf die Terrasse hinausgerannt. Er war ihr nachgekommen. Ohne Schlafanzughose. Auf der Schlafanzugjacke prangte in schwerstem Rot sein EAG. Er verlangte eine Erklärung. Sie, die schon soundso lange mit keinem Mann mehr zu tun gehabt hatte, merkt mitten in der Nacht, daß ihr Mann, dessen Berührung sie nicht mehr ertragen hätte, sich selber befriedigt. Ihr wird, sie weiß nicht warum, einfach speiübel. Sie tut zuerst noch, als schlafe sie. Hält es dann doch nicht aus. Wäre am liebsten über die Brüstung in die Tiefe gesprungen. Ja, warum hast du denn das nicht früher gesagt, Schnucke! Das kommt nie wieder vor. Und es kam bis jetzt nie wieder vor. Wenn EAG etwas versprach, hielt er es. Meistens.

Beim Abendessen konnte sie ihm wieder sagen, daß er ein Meister des Hähnchen indisch sei. Und was bei Frau Oschatz hin und her gesprochen worden war, teilte sie auch mit. Aber auch, was alles sie Frau Oschatz nicht gesagt hatte, teilte sie selbstkritisch mit. Jetzt wisse er endlich, sagte Edmund, warum er diese Frau nie habe ansprechen können, ohne daß er sich vorher habe einen Ruck geben müssen. Nie von selber. Aber, sagte er, du hättest sie fragen sollen, warum sie nicht diesen Mann erstochen hat. Das wäre doch besser gewesen. Susi sagte: Ich werde das besser machen. Dann sprang Susi auf, rannte vor Connys Tür, klopfte trotz des NICHT-STÖREN-Schilds und meldete, falls Conny an einem Hähnchen indisch interessiert sei, wie es nicht einmal ihre Freundin Vilay servieren könne, solle sie ganz rasch kommen. Sie kam, hatte aber schon genug gegessen, geredet hatte sie noch nicht genug. Warum ihr mich rüberholt, wenn ihr dann weiterquatscht, wie wenn ich nicht da wäre, wundert mich. Edmund freute sich über das freche Ding. Und wollte damit gleich wieder beweisen, daß Conny nichts fehle als Motivation. Und die fehle ihr, solange ihr von der Mutter alles hinten und vorne reingestopft werde. Hinten würde ich mir verbieten, sagte Conny. Susi sagte: Jetzt arbeitet sie ja. Kann sein, ich kündige, sagte Conny. Die Kollegin, mit der sie dort zusammenarbeiten müsse, schikaniere sie und zeige auch noch ganz offen, daß es ihr Spaß mache, Conny zu schikanieren. Wenn Conny das Hundefutter nach vorne holt, geht die hin, schmuggelt ein paar neue Packungen dazwischen, ruft, Conny soll kommen, und sagt so laut, daß es die Chefin und alle gerade im Laden befindlichen Kunden hören: Wie oft muß man dir das noch sagen, daß du zuerst die alten Packungen holen sollst! Und da, was holst du? Die neuen! Also ein Datum lesen wirst du ja wohl noch können. Und das sagt sie zu Conny, die doch die Packungen gleich am ersten Tag nach Verfallsdaten sortiert hat. Eine widerliche Karrieristin, das. Wenn sie, Conny, etwas hasse, dann diesen Karrieretyp. Karriere, davor graue es ihr. Klar, sagte ihr Vater. Ja, rief Conny, ihr sei es wichtiger, zu beobachten, wie es den Fischen in den Aquarien gehe. Aber sobald sie sich mit dem Drehstuhl vor ein Aquarium setze, um rechtzeitig zu bemerken, wenn die Fische in Not seien, drehe diese Karrieristin Conny samt Stuhl herum und sage, das mache die Fische nervös, ewig angeglotzt zu werden.

Susi ahnte, daß der Anruf kommen werde, der immer kam: Nehmen Sie das Kind, bitte, zurück. Haben Sie das Kind weggegeben, hatte Aenne heute gefragt, weil Susi Conny seit Wochen nicht mehr erwähnt hat. Das Kind! Und: weggegeben! Susi mußte ihre Arme ganz schnell um Conny legen und ihr ins Ohr flüstern: Ich liebe dich so.

Und ich erst dich, sagte Conny.

Schluß jetzt mit Geplapper, sie habe zu tun. Mein Gott, wenn du morgens auf Arbeit mußt, bleibt hier eben alles liegen. 'nacht, ihr Alten.

Ist Dörte Pudlich noch in Rom, fragte Susi.

Edmund sagte, die Pudlich sei nicht mehr in Rom.

Ihr seid zusammen zurückgeflogen, sagte Susi.

Sind wir. Zusammen hin, zusammen zurück. Kannst du mir sagen, warum du so fragst?

Susi sagte: Nein.

6.

Der schönste Augenblick war immer der gewesen, wenn die Annonce aus dem Haus war. Diese spürbare Zunahme der Beweglichkeit. In den Schultern, in den Beinen, im Nacken. Dieses Gefühl, daß wieder etwas möglich sein könnte. Nichts mehr von Druck, Starre, Schwere. Die erlebbare Wiedereinsetzung des Sonntagskindes in seine angeborenen Rechte. Nach diesem Gefühl sehnte sie sich. Sie hatte früher auch Annoncen aus nichts als Angst hingeschrieben. Angst, daß sie gleich ganz und gar vereinsamen werde. Sie hatten nie Freunde. Nie einen sogenannten Bekanntenkreis. Susi glaubte nicht zuschauen zu können, wenn die Ehepaare ihre witzigen Kabbeleien vorführten und, je weiter der Abend fortschritt, um so deutlicher machten, daß sie nachher, wenn sie genug genörgelt und getrunken hatten, wieder auf einander liegen und alles wieder zurechtbumsen würden. Das hielt sie nicht aus. Noch weniger hielt sie die Kinderrühmsuada der Frauen aus. Die Abiturnotenarien. Die Kinderkarrierenballaden. Sie mußte sich Formulierungen ausdenken, die Frau Thomasius dazu bringen könnten, sich nicht so oft von ihrer Enkelin abholen zu lassen. Wenn Susi in der Stadt blühende junge Mädchen sah, tat es immer an derselben Stelle weh. Das wußte sie, das war sie gewohnt, das warf sie nicht um. Aber in ihren Räumen dieses übermütig schöne Mädchen! In jedem Augenblick konnte Conny auftauchen! Susi lief der Schweiß auf die Hüften, dann drängte sie Frau Thomasius samt Enkelin so rasch wie möglich hinaus.

Wenn sie den Gründen, die immer schon lange dafür sprachen, daß sie mit Salim Schluß mache, sich von Shankar löse, von Lotfi losreiße und Dirk Pfeil zum Teufel wünsche, wenn sie diesen nichts als zwingenden Gründen endlich nachgegeben hatte, war sie jedesmal in eine Einsamkeitspanik verfallen und hatte dann angefangen, Annoncen zu schreiben, wie andere vielleicht Tagebuch schreiben oder Gedichte. Hunderte und Aberhunderte von Annoncen hatte sie geschrieben. Zuerst gar nicht in der Absicht, die je an die *Rheinische Post* zu schicken. Und damals hatte sie noch keinen Leonardo. Sie hatte diese geschönten Stimmungsberichte und Selbstportraits einfach hinschreiben müssen. Ihr wurde wohler dabei. Erst nach Jahren der Annoncen-Schreiberei hatte sie einmal, sozusagen im Affekt, eine Annonce an die Zeitung durchgegeben. Von da an wurde die Annonce dann ihr Notsignal. Daß da nie drinstand, wie wüst und wirr ihr gerade zumute war, daß sie da eine heiter lebenslustige Maske präsentierte, das war ihre Sache. Die Sätze, die am meisten über sie aussagten, waren am wenigsten zu veröffentlichen. Als sie achtzehn war, stellte sie sich gern vor, daß sie eine ganze Nacht mit Männern verbringen würde, danach sollten die einen sagen: Sie ist eine Hure! die anderen: Sie ist ein Engel. So hätte sie sich am liebsten annonciert. Bekannt machen wollte sie, daß sie es sich noch immer übelnehme, nicht am ersten Liebeskummer gestorben zu sein. Mein Gott, wie gern würde sie jetzt hinschreiben: Ich habe die Fähigkeit, in jedem Menschen das Einmalige zu entdecken. Aber, würde sie hinschreiben, ich will keinen, der sofort sieht, wie er es bei der und der Frau anfangen muß. Keinen, der weiß, bei der direkt, bei der anderen erst mal Schmus. Auf jeden Fall: Wenn ihr einer so direkt kommt, vereist sie. So möchte sie annoncieren: Ich will keinen, der auf mich zugeht wie auf eine Tierart, bei der er bisher immer Erfolg gehabt hat. Dieser ruhig schwere, vielleicht sogar melancholisch schwingende und doch so zielsichere Cowboyschritt bewirkt bei mir gar nichts. Ich bin erreichbar nur auf Umwegen. Das konnte sie nicht hinschreiben. Nicht einmal sagen konnte sie es. Wenn's der Mann nicht von selber entdeckte, mußte sie gegen Frostwellen kämpfen. Edmund hatte sich ihr auf schönsten Umwegen genähert. Inzwischen wußte sie, daß sie die seiner damaligen Unerfahrenheit zu danken gehabt hatte. Sobald er die Lehrjahre hinter sich hatte, entpuppte er sich als einer, der nur eine Annäherungsart kannte: die Direttissima. So nannte er selber seine Strecke. Wenn sie mit ihm in Hamburg, München oder Zürich war, verschwand er immer mal für ein paar Stunden, kam zurück, sie wußte, es war wieder passiert. Er hatte in jeder Stadt Adressen. So gut es ging, hatte sie ihm abgewöhnt, nachher auch noch bei ihr mit seinen Sexualtaten anzugeben.

Susi schmiegte sich in Edmunds Sesselburg und las sich laut die Annonce vor, die sie gerade geschrieben hatte. Alle ihre früheren veröffentlichten Annoncen waren ihr jetzt lächerlich vorgekommen, sogar widerlich. Wenn sie am Sonnabend in der Zeitung sein wollte, mußte die Annonce heute noch aus dem Haus. Sie las sie sich noch einmal vor, natürlich laut:

Eine außergewöhnliche Frau sucht einen gut aussehenden, nicht alltäglichen Mann, etwa 45 Jahre alt. Mit Esprit. Wenn er viel Phantasie hat, ohne ein Spinner zu sein, ist es mir egal, ob er viel, wenig oder gar kein Geld hat. Zuschriften, bitte, mit Telephonangabe.

Einverstanden, sagte Susi, laut in den Raum. Und konnte doch nicht nach dem Hörer greifen und die Nummer der *Rheinischen Post* wählen.

Edmund! In ihr sperrte sich Edmund gegen die Annonce. Sie hatte einen Wunschedmund in sich, der sagte: Nicht annoncieren. Der wirkliche Edmund telephonierte zur Zeit die halbe Nacht mit Bruce Perelman oder hinter Bruce Perelman her. Statt Guten Morgen, Schnucke, sagte Edmund zur Zeit: How the fuck are you. Oder er sagte, in der vergangenen Nacht habe Bruce ihn in den Adelsstand der Broker aufgenommen. You are one Big Swinging Dick, habe Bruce gesagt: Das sei Wallstreet-Metaphorik, eine aus der Bildersprache fürs Mannszeug genährte Ausdrucksweise, die sage, daß man das Zeug zum ganz Großen habe, also zum Hai. So erregt hatte sie Edmund noch nicht erlebt. Beim Frühstück erlebte er, daß die Talfahrt der Kurse jetzt gleich den voraussichtlich tiefsten Punkt erreicht haben werde, dann werde er, genau, wenn die Kurse wieder zu steigen begännen, sofort kaufen. Seine Orders seien präpariert, die Banken bereit. Und verschwand Richtung Stadt, Verträge zu schmieden in der Kanzlei. Abends zu den Frauen. Aber nicht, wie bisher, zweimal die Woche, sondern dreimal hintereinander. Vielleicht hatte das mit dieser Finanzerregung zu tun. Ihre Hilferufe hatte er auf jeden Fall nicht gehört oder überhört. Was tut sie überhaupt noch hier in dieser Fremde! Bei einem Mann, der im Stand ist, einem zu sagen: Ach, Schnucke, mit der Frau Prellmann, das hättest du doch nur sagen müssen, daß dir das wehtut. Aber wenn sie aussprach, was sie empfand, kam es zum immer gleich verlaufenden Formelaustausch. Sie: Von jetzt an lieb mit einander umgehen bis zum Schluß. Er: Wenn du für dich beschließt, Keinen Mann mehr, dann hat das mit mir nichts zu tun. Dann der unentbehrliche Schlußsatz: Oder soll ich mir vielleicht dir zuliebe meinen Schwanz abschneiden. Drei Jahre geb ich ihm Zeit, hatte sie an Pfingsten vor zwei Jahren gedacht. Zweieinhalb sind um ohne ein Zeichen von Einsicht, Umkehr, Annäherung. Vergiftet vom Warten hockst du da. Jeden Tag unfähiger. Du mußt wieder ein Leben entwickeln, in dem du die Hauptrolle spielst. Also: die Annonce. Und plötzlich verfiel das Beweglichkeitsgefühl, die Möglichkeitsstimmung. Es meldeten sich die Erfahrungen. Drei Männer hatte sie ohne Annoncen gefunden. Salim, Shankar und Lotfi. Bei der ersten Aktion nach Lotfi hatte sie Glück gehabt, Dirk Pfeil. Mit Lotfi und Dirk Pfeil hatte sie Verlobungen gefeiert. Die Verlobungen hatte sie ernst gemeint, auch wenn sie gewußt hatte, daß mehr als Verlobung nicht möglich war. Aber eine Art schicksalhafter Innigkeit hatten Lotfi und sie und Dirk Pfeil und sie einander bei diesen Verlobungsfeiern doch bezeugt. Lotfi hatte in der Nacht danach gesagt: Jetzt ein Kind und einen Hund. Sie: Einen Hund, bitte. Sie hatte ihm einen Schäferhund gekauft, den er, als sie nach Tunesien geflogen waren, mitgenommen hatte. Dort war der Hund an Hitze, Zecken und Flöhen elend eingegangen.

Susi hatte Lust auf Bilanz. Bevor sie heute die neue Annonce aufgeben würde, wollte sie Zahlen vor sich haben, die ihr auf einen Blick ihr Lieben und Leben überschaubar machten. Und ließ die Dateien kommen: 1962 bis 1965: Salim. 1965 bis 1968: Shankar. 1968 bis 1972: Lotfi. 1974 bis 1977 Dirk Pfeil. Dann, bis 1985: Annoncenmänner. Das ist die Bilanz von ihrem einunddreißigsten bis zu ihrem vierundfünfzigsten Lebensjahr. Salim im Lokal kennengelernt. Shankar auf der Straße eingefangen. Lotfi war Kellner in Shankars Bar in der Oststraße. Die Annoncenmänner, außer Dirk Pfeil, Episoden, Grotesken, Lächerlichkeiten, Katastrophen. Aber auch lustig, unterhaltend, drollig und traurig. Immerhin sind da welche drunter, die auch nach Jahren ihren Geburtstag noch nicht vergessen haben. Fußmatte, hatte die Mutter gesagt. Susi sah sich als Sonntagskind, nicht als Fußmatte. Deshalb erträgt sie es nicht mehr, von Edmund auch nur berührt zu werden. Entweder gehört er ihr ganz oder gar nicht. Wenn sie sich dabei ertappte, wie sie sich vorstellte, was alles Edmund schon getan hatte, mußte sie dieser Vorstellung sofort alles Licht, alle Vorstellbarkeit entziehen, weil sie sonst nicht mehr mit ihm zusammenleben konnte. Und trotzdem rennt sie immer noch abends, wenn er auf seine Frauentour geht, ans Fenster und winkt ihm nach und er winkt, bevor er um die Ecke verschwindet, zurück. Dann ist er verschwunden. Auch aus ihrer Vorstellung. Es gibt ihn erst wieder, wenn er zur Tür hereinkommt. Ist doch nicht wahr. Sie rennt herum, murmelt, ruft und knirscht: Prellmannsau, elende. Und zwingt, zwingt, zwingt sich allmählich zu anderen Vorstellungen. Komm, jetzt analysier das mal. Frau Prellmann, eine liebe Frau mit einem Schuß Verruchtheit. Den pflegt sie, stellt ihn aus. Diesen Schuß Verruchtheit hast du nicht mal, wenn du verrucht bist. Du kannst verrucht sein, ohne verrucht zu wirken. Frau Prellmann sieht wahrscheinlich verruchter aus, als sie ist. Sie stellt es eben dar. Und das gefällt Edmund an ihr, das dargestellte Sündige. Das Schlimme: Du weißt, daß du genau wissen willst, was bei Prellmanns drüben in der Faunastraße passiert, und du weißt, daß du es überhaupt nicht wissen willst. Genauso, wie du es nicht wissen willst, willst du es wissen. Genau so. Das peinlichste Patt der Welt. Sicher sagt Edmund ihr ohnehin nicht alles. Und was er ihr nicht sagt, kann sie sich denken. Sie haben zwar diese Abmachung: Keine Geheimnisse, vollkommene Offenheit. Aber vielleicht dienen diese Wörter dazu, ihr Zusammenleben zu ermöglichen. In Wirklichkeit ist alles anders. Die Wörter lügen weg, was sie nicht brauchen können. Wie ein Notgebet sagte sie sich jetzt ihren Standardsatz auf: Das Schöne zwischen uns, daß er mich nie belügen würde. Und ihren zweiten Standardsatz: Ich würde ihm jede Lüge ansehen.

So, und jetzt gründest du sofort zu deiner innersten Befreiung eine Datei: Edmund-Lügen. Nur Lügen, die als entlarvte vorliegen und die du dir, um der Standardsätze willen, immerfort verheimlichst. Erstens: Heimchen Pudlich! Heimchen Pudlich kommt zum Kaffee, dann muß sie mal, du vor ihr her, willst ihr das Gäste-Klo an der großen Diele zeigen, sie biegt nach links ab ins Bad, will also dort aufs Klo, kannte das, und dies war angeblich ihr erster Besuch hier, und hat noch die Stirn zu demonstrieren, hier kenne sie sich, zumindest, was Bad und Klo betrifft, aus. Edmund nachher in Beweisnot: Ja, als Susi in ihrer Eifel-Schönheitsfarm war, sei die kurz dagewesen, wirklich nur, um endlich Edmunds Konstruktivisten anschauen zu dürfen. Daß er sagte kurz dagewesen, verriet ihn. Wäre nichts vorgefallen, hätte sie ja ruhig lange dagewesen sein können. Zweitens: Eine zwar eingestandene Lüge, aber erst, als die Sache längst vorbei war: die Lehrerin für Geschäftsenglisch. Drittens: Daß er der Edelnutte ein Autotelephon geschenkt hat und es erst gestanden hatte, als Susi die Rechnungen in die Hände gefallen waren. Das heißt: Er operiert bedachtsam an ihr vorbei, jede Art von Lügen inbegriffen. Das heißt: Nähe und Nichts-hinter-dem-Rücken-des-anderen ist nur die Superlüge, die Strategielüge schlechthin, auf daß die Legion der täglichen Lügen sich leichter behaupten kann. Und das heißt: Wenn Edmund bei seinen Frauen ist, ist er vollkommen weg von ihr. Da kann er noch so anlehnungsbedürftig zurückkommen und sagen: Schnucke, ich habe so an dich gedacht! in Wirklichkeit, war er so weg von ihr, als wäre sie schon tot. Und genauso sie. Bei ihren Männern. Sie hat sich richtig fortgerissen gefühlt von sich – und das hat sie genossen –, wenn sie in den Lokalen gesagt hat: Wir essen, was du essen möchtest. Hat er das Steak medium bestellt, war ihr Appetit sofort auch auf medium dressiert. Und zwar wirklich. Als spürbares, von allen ihren Strömen und Stömungen produziertes Bedürfnis. Ob Edmund, wenn er ihr etwas verheimlicht, sich das so übelnimmt, wie sie es sich übelnahm, daß sie Dirk Pfeil mehr als einmal heimlich ins häusliche Solarium geschleust hat, weil der ein Ekzem an den Innenseiten der Oberschenkel hatte? Das wurde, dank Solarium und Einreibungen durch sie, besser. Edmund hätte sich geekelt, also konnte sie es ihm nicht sagen. Sie ekelt sich auch vor Ekzemen. Aber nicht, solange sie liebt. Aber bitte: Edmund überschüttet seine Frauen sicher mit Kosenamen, die sie nie erfahren wird. Und wenn durch eine Nachlässigkeit des großen Lügners einmal ein Kosename herauskommt, siehe Muzi Puzi, dann bist du sofort schreckgelähmt, jäh geht dir auf, wie wenig du weißt und wie ganz und gar unzureichend alle deine Vorstellungen sind. Sag's dir vor: Muzi-Puzi-Muzi-Puzi-Muzi-Puzi. Das einzige, was dir bleibt: daß er mit keiner von denen leben möchte. Leben könnte. Dich würde er also, falls du vorschnell abgingst, anders vermissen als eine von denen. Aber was hilft so eine Einbildung, wenn er dann doch ans Meer fährt mit einer, die er keine acht Tage und Nächte erträgt. Und kommt dann und hudelt dich mit Lob voll. Vielleicht ist auch das unwahr. Wahrscheinlich ist alles unwahr. Sicher ist: alles ist unwahr. Und sicher ist auch: Wenn Rollmops so selten wäre wie Kaviar, wäre er genauso teuer. Klammere dich doch nicht an Werte, Blödesuse! Trotzdem. Trotz aller Erfahrung besteht sie darauf: Es gibt den Richtigen. Für dich. Dann bist du die Richtige für ihn. Also, los, raus mit der Annonce.

Sie marschierte im Kleinen Apartment auf und ab. Sie geriet wieder ins Inszenieren. Sie mußte sich immer wieder das Leben so inszenieren, wie es sein sollte. Du triffst ihn, er sagt: Hör mal, meine Frau sitzt im Rollstuhl, sie weiß, daß ich gelegentlich weggehe, wenn du's nicht bist, ist's eine andere. Weher kann ein Text nicht tun. Er: Daß er nur aus Anstand bei dieser Frau, die mit sechsundzwanzig verunglückt ist, bleibt. Arme, arme Frau, würde Susi sagen. Dann fänden sie zusammen. Aber Susi würde immer rechtzeitig sagen: Du mußt jetzt gehen. Und er: Ach komm, laß mich noch ein bißchen bleiben. Und sie: Nein, du gehst jetzt. Oder du rufst sie wenigstens an. Zuerst denkt Susi, sie nehme, wenn sie mit diesem Mann schlafe, der Frau im Rollstuhl nichts weg. Dann will sie aber doch, daß der sich auch nach Susi sehnt, wenn er gerade mit Susi geschlafen hat. Er muß leiden, wenn er nicht bei ihr ist. Je heftiger er leidet, je mehr sie leidet ... Susi merkte, daß sie Fernsehen inszenierte. Es schüttelte sie. Aber sie gestand sich ein: Ich will den, der mich wollen muß.

Raus jetzt mit der Annonce! Jemanden lieben und bei ihm sein, eine Droge, ausgeschaltet das harte 's iss, wie's iss. Nachher, die Rückkehr in die Schwerewelt ... Egal. Raus jetzt mit der Annonce!

Aber bist du wirklich gefaßt auf die grauenhaftesten Zuschriften! Und darauf, daß die einzig richtige fehlt. Eine Zeit lang hatte sie die handschriftlichen Briefe zu einem Graphologen getragen. Als sich in ihr wegen Lotfis oft überschwänglicher Ausdrucksart das Gefühl bildete, alles, was er sage, könne einfach auch Schmu sein, bat sie ihn, er möge ihr Briefe schreiben, um sein Deutsch zu verbessern. Diese Briefe trug sie zu Dr. Dunkel. Der fragte, ob das Gutachten zu beruflichen oder zu privaten Entscheidungen dienen solle. Sie sagte: Zu beruflichen. Ob nämlich ein technischer Beruf in Frage komme. Sie hatte ja Lotfi zum Automechaniker ausbilden lassen wollen, um ihm dann in Tunis eine Autowerkstatt einzurichten. Lotfi hatte gesagt, er sei nicht nach Deutschland gekommen, um sich die Hände schmutzig zu machen. Sie hatte ihm klarzumachen versucht, daß er später Leute beschäftige, die sich dann für ihn die Hände schmutzig machen würden. Der Graphologe hatte dem Schreiber der Briefe nachgesagt, er sei irgendwie genialisch, nicht ganz integriert, nüchterner Zweckmäßigkeit eher abgeneigt, Geduld für technisch komplizierte Entwicklungen fehlt, mehr intuitiv als systematisch, mehr anregend als selber durchführend, Bescheidenheit ist ihm so fremd wie Sachlichkeit, er könnte nicht still und unbemerkt seine Pflicht tun, das zeugt von schwachem Selbstbewußtsein, naive Ehrlichkeit käme ihm wie Dummheit vor, seine guten Anlagen kommen vorerst nicht zum Tragen, er ist fast zu vielseitig, kann überall klarkommen, das erspart ihm Entwicklung.

Es war, weil Dr. Dunkel seine Gutachten numerierte wie die Komponisten ihre Kompositionen, das Gutachten Nr. 03101. Sie hatte es vor fünfzehn Jahren auswendig gelernt, um Lotfis Ausflüchte in jedem Augenblick bremsen zu können. Aber seine stimmungsvollen Augen, dieses breit ausschwingende, fast brutale Kinn, seine Hände, die sie an die Hände ihres Vaters erinnern konnten –, dagegen hatten auch Dr. Dunkels Formulierungen nichts vermocht. In Hammamet, am Strand, kam Lotfi, bevor er mit seinen Freunden zum Fischen rausfuhr, zuerst her und sagte: Soll ich dir noch einmal den Rücken kremen. Und kremte ihr den Rücken. Wenn er dann bei seinen in Sichtweite auf ihn wartenden Freunden ankam, war sofort klar, daß er der war, der den Ton angab. Er war der Bestimmende. Man tat, was er sagte. Sie doch auch. Als sie ihn im Gefängnis besuchte, hatte sie ihm Dr. Dunkels Gutachten geschenkt. Er las es durch, schürzte den Mund, runzelte die Stirn, schüttelte den Kopf. Es hat ihm nicht gefallen. Mein Gott, Susi, ob du je wieder einen findest, der sagt: Manchmal weiß ich nicht mehr, ob ich meine Mutter mehr liebe oder dich. Und war einer der wenigen, die es mit Conny konnten. Und wenn Susi sah, daß einer eine unangestrengte Herzlichkeit entfaltete im Umgang mit Conny, dann schmolz sie dem förmlich hin.

Ob sie noch imstande war, einen Mann und sich selber so zu überschätzen, daß es zur Verliebtheit reichte? Verliebtheit. Denk an Dirk Pfeil. Du kanntest ihn seit drei Tagen, er rasierte sich und pfiff. Dann hast du gedacht: Der hat mich gern. Nein, hast du nicht. Ganze Sätze gab's gar nicht mehr. Ganze Sätze waren nicht mehr nötig. So ein heißes, dich ganz ausfüllendes und ganz und gar unmißverständliches Durcheinander. Alles hat zu allem gepaßt. Du mußtest um nichts mehr bitten. Das war's. Du hingst nicht mehr an der Klippe und mußtest betteln: Bitte, tritt mich jetzt nicht. Jede Annonce war eine Erniedrigung. Noch einmal einen Anfang wie mit Lotfi. Der stand bei Shankar in der Oststraße als Kellner herum. Shankar hatte sie sich abgewöhnen können, weil sie es nicht mehr ertrug, ihn mit seiner Frau, die ihm angeblich nicht einmal mehr leid tat, teilen zu müssen. Wenn Shankar zu ihr in die Simrockstraße kam, parkte er in der Geibelstraße. Verheimlicht zu werden war ihr widerlich. Aber sie vermutete, wenn sie Schluß machte mit ihm, hätte seine Schwäbin kein Interesse mehr an ihm. Beim Abschied machte es ihr geradezu Spaß, dem verlogenen Taktierer ihre Prophezeiung zu servieren: Die ist aus Böblingen, die will dich nur, solange sie dich nicht ganz kriegt. Als alles so gekommen war, rief Susi die Frau an, sagte ihr, daß sie Shankar, was jetzt geschehen sei, vorhergesagt habe. Aber, fragte sie dann doch noch, warum machen Sie jetzt Schluß mit ihm, jetzt haben Sie ihn doch ganz für sich alleine. Ach, Frau Gern, sagte die Frau, ist ja richtig nett, daß Sie mich anrufen, aber ich mach gerade das Abendessen, die Kinder sind so hungrig, das glaubt man nicht. Für Ihren Rat bedanke ich mich.

So reden Sieger. Und sie, die Doofesuse, gibt nicht zurück, daß sie es war, die diesen Geizkragen hat auffordern müssen, den lieben Kindern und der lieben Gattin Geschenke mitzubringen aus Mombasa, wo der geschätzte Gatte mit ihr, Susi Gern, Urlaub machte. Susi hing an Shankar, weil er leise, lässig und lieb war, wenn auch bei weitem nicht der Bettheld, für den er sich hielt. Aber diese geschlechtsbedingte Selbstüberschätzung war sie ja gewöhnt. Große Ausnahme: Dirk Pfeil. Und da war's ihr dann schon eher zuviel. Sie brauchte keine unablässige Zudringlichkeit, etwas wie Liebe war ihr wichtiger. Shankar zärtelte schon ganz schön herum an ihr. Spielte den Kuli. Machte aber deutlich, daß er ihn nur spiele. Aber obwohl er ihn nur spiele, könne sie alles verlangen von ihm. Sie hatte sich losreißen können, weil sie es nicht ertrug, verheimlicht zu werden. Daß er seine Frau liebte und Susi liebte, hatte sie inzwischen begriffen. Also war er auch dumm dran. Als sie ihm Jahre danach einmal auf der Straße begegnete, wollte er gleich wieder raspeln. Und angeben. Ich kann mir etwas einbilden, sagte er, ich habe zwei Frauen glücklich gemacht. Unglücklich gemacht, sagte Susi. In sein Lokal war sie noch gegangen, weil er ihr Geld schuldete. Und hatte ihn nie angetroffen. Lotfi, sein Kellner, mußte ihr immer die Abwesenheit des Chefs erklären. Er tat das höhnisch. Einmal sagte er: Gleich Feierabend, warten Sie auf mich? Susi sagte: Ja. Dann entdeckten sie, daß sie gleiche Wünsche hatten. Das entdeckten sie eher langsam. Eigentlich waren es gar nicht sie, die etwas entdeckten. Ihre Wünsche entdeckten einander. Dann erfüllten sie einander. Sie, Susi und Lotfi, waren sozusagen das Publikum, das sich diese Erfüllungen zugute kommen ließ. Dann kündigte dieser sieben Jahre jüngere Mann bei Shankar. Er habe, sagte er zu ihr, für nichts mehr Zeit als für sie. Es wäre schade um jede Minute, die sie versäumten. Und war eingezogen in ihre kleine Simrock-Burg mit dem Satz, er wolle sein Leben lang nichts anderes mehr tun als Susi Gerns Mann sein. Das fand sie so erfreulich wie erschreckend. So weckte er die Pädagogin in ihr, sie entwarf Zukunft, seine und ihre. Dann schlief er jede Nacht noch besser, griff schon bald nicht mehr nach ihr. Nur wenn ihm wieder ein Geschäft mit türkischem Schmuck mißraten war, lag er länger wach, weil ihn die Schulden plagten. Die bezahlte sie. Er unterschrieb einen Schuldschein nach dem anderen. Und gab im Urlaub an mit ihr in Tunis und in Hammamet. Sogar Fred Scherbe sprach Susi als Madame Lotfi an. In Düsseldorf hatte sie ihm die teuersten schwarzen Hosen und schwarze Bally-Schuhe gekauft, damit er wenigstens wieder kellnere. Er zog es vor, sich jeden Tag fünfzig Mark geben zu lassen, Billard zu spielen und von geldversprechenden Geschäften zu reden. Aber abends kochte er und sagte ihr, wenn er das Essen servierte, Sätze, denen sie erlag, ohne daß sie, was sie sagten, glauben mußte. Wie sehr sie mit Lotfi verwoben war, erfuhr sie erst, als sie ihn hinter sich zu haben glaubte und dann mit dem Annoncen-Mann Dirk Pfeil in der Simrock-Burg nichts anfangen konnte, weil Lotfi in dieser Wohnung noch allgegenwärtig war. Bett und Herd und Tisch und Stuhl, ja, die ganze Wohnung mußte verkauft werden, weil Susi es nicht ertrug, an ihn denken zu müssen, ohne Aussicht, ihn gleich wieder zu sehen, zu haben. Wie sie, als sie zum ersten Mal die Tür in der Simrockstraße hinter sich zugemacht hatten, wie sie da einander geküßt hatten. Vor einander stehend, einander umarmend, Nähe suchend, aber sich nicht mehr vom Fleck rührend, als seien sie gebannt, als könne alles zerstört werden, wenn sie sich noch einmal bewegten, noch einmal von einander ließen. Dieses Küssen kann eine Stunde gedauert haben oder zwei. Auf jeden Fall war noch nie jemand so mit ihrem Mund umgegangen. Nicht einfach Besitz ergreifend oder anmaßend und eroberungssüchtig. Sein Mund und ihr Mund lernten einander kennen. Und das dauerte. Und Susi hatte sich gewünscht, es möge ewig dauern. Dabei war Lotfi dann im Bett nie erwähnenswert macht- und prachtvoll. Aber ihr war, wie er es machte, wichtiger, als was er brachte. Basta. Konnte sie überhaupt noch eine Annonce aufgeben, wissend, was für Zuschriften zu gewärtigen waren! Und wissend, daß die richtige Zuschrift nicht dabei sein wird. Es gibt sie nicht. Hältst du das aus? Dann das erste Zusammentreffen. Nach einem vorsichtigen ersten Telephongespräch. Du schlägst vor: Im *BUMERANG*. Der lacht. Das nimmt dich gleich ein für ihn. Und wo ist das? An der Grafenberger Allee. Mit jedem Schritt auf das Lokal zu – und du kannst es ja leicht zu Fuß erreichen –, kriegst du klobigere, unbrauchbarere Füße. Bleiklumpen hast du, wenn du das Lokal betrittst. Ja, wo ist denn jetzt die Aufbruchstimmung, der Möglichkeitsschwung! Du näherst dich dem Tisch, siehst sofort, daß du diesen Mann nur einmal und dann nie wieder siehst. Nach drei Minuten spricht er nur noch über Computer. Du tust so, als hättest du genau darauf gewartet: Computerberatung. Dann hältst du aber die Glimpflichkeit doch nicht durch. Du sagst einfach ganz leise und elend, ob du jetzt wieder gehen dürfest, es sei dir einfach nicht gut. Und daß das stimmt, muß er ja sehen. Wenn er das nicht sieht, ist die ganze Menschheit eine taube Nuß. Und daheim, wenn sie in den Sessel fällt und nur noch stiert, sagt Edmund spitzfindig: Ich versteh nicht, daß du so lange geblieben bist, wenn es so grauenvoll war. Und Susi sagt auf: Ich saß da, als wenn ich neben mir säße. Ich dachte: Was machst du hier.

Blödesuse, dachte Susi. Jetzt häufst du Unrat. Raus mit der Annonce. Du bist ein Sonntagskind. Dir ist nichts so vertraut wie das Jetzt-packst-du's-vielleicht-doch-noch-einmal-Gefühl. Du weißt, einer, der für dich in Frage kommt, also einer, der eine Frau sucht, aber sie nicht heiraten will, einer, der deinen Mann erträgt und Conny auch – das ist dir ja immer das wichtigste, daß sie Conny nicht nur ertragen, sondern mögen –, so einer hat einen Defekt. Ein Normaler sagt: Ich möchte mit einer Frau eine Familie gründen. Du mußt diesen Defekt in Kauf nehmen, weil du selber defekt bist. Suchst einen Mann, willst aber, darfst aber, kannst aber nicht weg von deiner Familie. Aber es gibt Defekte, die auch du nicht verkraften kannst. Denk an den, der angebunden, geschlagen und bepinkelt werden wollte. Daß von ihr verlangt werden konnte, einen Mann zu schlagen, wollte sie nicht begreifen müssen. Und bei Annoncen-Männern mußte man leider zuerst einmal auf derart Schräges gefaßt sein, und mußte mit dem Gefühl prüfen, wieviel Schrägheit man in Kauf zu nehmen imstande war, hoffend, diesen Schrägen dann doch noch ins Normalgerade biegen zu können. Oh unvergeßlicher Justus, du edler, krummer Hund. Eigentlich Reiter. Aber da er Geld verdienen mußte, hatte er absteigen müssen und jedweden Handel treiben. Als Susi ihn traf, war er Vertreter für Lacke. Und krumm und schief ging er, weil alles an ihm, dem Reiter, schon einmal gebrochen war. Keiner ihrer Männer hat sich so selbstvergessen mit Conny abgegeben wie dieser damals dreiunddreißigjährige Justus. Eng neben der kauernden Conny kauern und mit ihr Kinderstunde kucken, das, sagte er immer, versöhne ihn mit dem Rest. Der Rest, das war die Welt, die, sagte er, von ihm viel zuwenig Notiz nehme. Mit ihr zu schlafen war ihm nur möglich, wenn es eigentlich nicht möglich war. Also auf den Rheinwiesen am hellen Juniabend. Auf dem Rücksitz am hellen Tag auf einem überfüllten Parkplatz. Im Stroh des Reitstalls, weil da Leute hereinkommen konnten, und links und rechts von ihnen schreckten auch noch Ratten und Mäuse hoch, daß Susi vor Angst völlig erstarb. Das machte ihn munter. Manchmal war das wichtigste ihre Nichtganzausgezogenheit. Es mußte dann so aussehen, als habe er sie überfallen, sie sich unterworfen, sie habe sich gewehrt, er habe ihr dabei einiges heruntergerissen, anderes nicht, es mußte wirken wie eine vor lauter Dringlichkeit hastig improvisierte Notzucht. Aber alles an dieser Vergewaltigungsnummer arrangierte der krumme Kerl höchst sorgfältig. Ein Schlüpfer mußte noch an einem ihrer Beine hängengeblieben sein, der BH schlampte noch um eine Schulter. Seine Lieblingsinszenierung war aber, ihr einen

Fuß an die Türklinke zu binden, den anderen an einen Couchfuß. Dann zelebrierte er als Präparator eine Sorgfältigkeitsnummer, die bei ihr voll aufging. Schwälbchen, sagte er dann, mein Schwälbchen, jetzt bist du ganz mein, jetzt liebe ich dich. Am peinlichsten war ihr seine Vorliebe für riskante Plätze. Plätze, wo man höchst wahrscheinlich, aber doch nicht ganz sicher entdeckt werden konnte. Vielleicht hatte dieser risikosüchtige Situationsehrgeiz damit zu tun, daß sein Vater drüben im neidischen Neuss ein tüchtiger Polizeibeamter gewesen ist, jetzt im Ruhestand. Als Susi einsah, daß Justus in Düsseldorf von der Risiko-Sexualität nicht lassen konnte, wahrscheinlich, weil er sich rächen wollte dafür, daß Neuss plus Düsseldorf so wenig Notiz von ihm nahmen, wenn er zu üblichen Geschäftszeiten als Lackverkäufer auftrat, machte sie einen letzten Versuch, den ja doch liebenswürdigen Justus ins Schönere zu lenken. Urlaub. Teneriffa. Justus: Im Urlaub kann ich nicht. Susi: Im Urlaub kann jeder. Justus aber eben nicht. Sie konnte das nicht einsehen. Wenn du wenigstens eine Peitsche hättest, sagte er dumpf. Obwohl Susi längst erfahren hatte, daß nichts so wenig zu ihr paßte wie einen Mann zu schlagen, wußte sie auch, daß man sich aus Liebe auch dehnen, erweitern, steigern oder hinunterhampeln kann, wenn auch nicht bis zum Selbstverlust. Zweimal hat sie Justus entsprechen wollen. Zuerst kaufte sie ganz viel Leder. Farbenfroh, wie sie als Sonntagskind immer war, kaufte sie sich Leder in allen Farben. Schnitt Streifen, flocht die zur Peitsche, ließ lose Enden, das Ganze am Stiel. Sah weder böse aus, noch tat es weh. Das sind keine Schläge, sondern Streicheleinheiten, murrte Justus. An solchen sei ihm ihrer prinzipiellen Verlogenheit wegen nicht gelegen. Sammle Zweige von der Birke, weiche sie ein. Habe seine Mutter immer gemacht. Nicht die leibliche. Die, die ihn aufgezogen habe, des Polizeibeamten Zweite. Susi ging landeinwärts bergauf und sammelte. Justus prüfte, nickte und ließ die Lippen zustimmend anschwellen. Jetzt noch ne Gummischürze um, sagte er erwartungsfroh. Dann mich verdreschen. Sie hatte getan, was sie konnte. Ohne die Gefahr, von Düsseldorfern entdeckt zu werden, war dem nicht zu helfen. Nicht einmal, daß sie sich selber befriedigte und ihn zuschauen ließ, bewegte ihn. Sie gab auf. Sie hat sich mit Valium helfen müssen. Auf dieser hoch in den Himmel ragenden, brandungsumschäumten Insel ein Valiumurlaub. Trotzdem, er war schon etwas Besonderes, der Justus. Intelligent wie Edmund. Nur verwildert oder verstört oder vernichtet. Irgendwie. Zurück in Düsseldorf, saßen sie einmal drunten am Rhein, im Café, er steht plötzlich auf, sie soll den Platz am Fenster nehmen, er setzt sich so, daß er von außen nicht gesehen werden kann. So, sagte er, jetzt schießen sie vorbei. Wer schießt vorbei? Er habe in Johannisburg einen Neger erschossen. Dann gesagt, der habe an seinem Auto herumgemacht. Er habe den aber ans Auto gelockt, um ihn zu erschießen. Jetzt seien die hinter ihm her. Dieses zerzauste Elend namens Justus wieder loszuwerden war eine Gefühlsarbeit, die nach Susis Einschätzung etwa der gleichkam, die nötig war zum Malen eines der vor krassen Fügungen strotzenden Konstruktivistenbilder, die Edmund so liebte. Und Justus loswerden, hieß, auch seine Eltern loswerden. Weil die Typen, die sich auf Annoncen melden, irgendeinen Schaden haben, sind dann deren Mütter froh, daß die eine Frau finden, an die sie ihre mehr oder weniger verpfuschten Sprößlinge loswerden. Justus zitierte regelmäßig den Jammersatz seiner Mutter: Jetzt hat der Justus so ne tolle Frau, und jetzt ist die verheiratet, ach nee, ach nee. Oft genug blieb sie mit den Müttern länger im Kontakt als mit den Männern. Mit denen hatte sie meistens nur noch zu tun, wenn sie Geliehenes zurückverlangte. Sie lieh nichts ohne Schuldschein. Und wo etwas zu holen war, holte sie es. Meistens war nichts mehr zu holen. Siehe Lotfi.

Nach der nächsten Annonce meldete sich einer, der war noch zehn Jahre jünger als Justus und mindestens so schräg wie der. Der wollte nicht nur geschlagen werden, sondern auf die ausgeklügeltste Art erniedrigt. Sie suchte einen Mann, um ihn zu verehren, anzubeten. Ihr machte es Spaß, einen Mann zu erhöhen, nicht ihn zu erniedrigen. Ihr machte es Spaß, Männer zu vergöttern. Damenunterwäsche, fand sie, vernichte jede Vergötterbarkeit.

Dieser blutjunge Anbieter legte gleich am Telephon los. Ich spritze dreimal hintereinander ab. Der sagte das so, wie wenn ein Geschäftsmann sagt: Ab heute haben wir die Preise erhöht. Sie wollte sagen, daß sie einen Mann vielleicht töten könnte, aber verhauen nicht. Sagte sie nicht. Sie stellte sich vor, wie oft der Arme auf Annoncen hin anrufen mußte, bis er auf eine Frau traf, der es etwas brachte, ihn zu beleidigen und zu bepinkeln. Sie bedauerte, ihm nicht behilflich sein zu können und legte auf. Sie hatte das Gefühl, mit einem kranken Kind gesprochen zu haben. Trotzdem würde sie den Passus *etwa 45 Jahre alt* nicht streichen. Das war für sie die Bedingung überhaupt: daß der Mann jünger war als sie. Einer über fünfzig, das hieße, ihre Schwere um dessen Schwere vermehren. Nochnichtgelebtesleben, danach sucht sie. Wenn in ihr noch nichtgelebtes Leben wartete, dann würde sie das nur durch einen Jüngeren erfahren. Sie änderte die Annonce. Statt *etwa 45 Jahre alt* mußte da stehen: *keinesfalls über 45!* Jawohl, mit Ausrufezeichen. Oder gar keine Annonce. Auf den Friedhof. Beerdigungen belauern. Wenn ein Mann seine Frau begräbt und wenn dir der in seiner Trauer dann einfach schön erscheint, wenn du dem folgst, ihn verfolgst, bis du weißt, wo der wohnt, daß du planen kannst, ihm aufzufallen … Oder einem geparkten Auto hinten auf die Stoßstange drauffahren, an den Schaden einen Zettel hängen mit deiner Adresse, so käme man ins Gespräch … Oder einfach zurück zu einem Früheren? Aber zu welchem? Zu Selim? Nein. Shankar? Shankar war schon sehr geschmeidig, sehr lässig. Der konnte sich mit dem Anzug ins Bett legen, wenn er aufstand, war er irgendwie eleganter als der von oben bis unten frisch gebügelte Edmund. Und immerzu leise. In drei Jahren kein lautes Wort. Aber geizig. Ihr Eindruck: Inder sind geizig. Zumindest die aus Ostafrika. Sein einziges Geschenk in drei Jahren: so ein afrikanisches Männchen, das nur aus Kopf und Füßen und ein bißchen Geschlechtsteil besteht. Und dann auch noch total dunkel, und schaute grausam düster drein. Edmund hat sofort verlangt, daß dieser Gnom im Keller verschwinde. Shankar importierte diese Figuren aus Kenia und wurde sie dann nicht los. Vielleicht ginge sie zu Dirk Pfeil zurück. Wenn er noch lebte. Wie Dirk Pfeil, wenn er sich rasierte, pfiff, das hob sie doch hoch, ließ sie schweben. Wer außer Dirk Pfeil hat zu ihr gesagt: Komm mal her, und hat ihr den Reißverschluß zugezogen. Daß du nicht frierst, hat er gesagt. Und Conny hat, als sie ihn zum ersten Mal gesehen hat, Wow gesagt. Aber daß er Burton gleichsehe, fand sie nicht. Überhaupt nicht. Und die vor Fülle fast geschwollen aussehenden Lippen, die Susi zuerst als allzu weibisch abgestoßen hatten, fand Conny gerade supergeil. Dirki Pfeil supergeil, tirilierte sie dann, bis Susi es nicht mehr hören konnte. Würde sie, wenn er noch lebte, jetzt zu Dirk Pfeil zurückgehen? Sie hatte ihm, gleich am Anfang, ein Handy geschenkt, das ihn nicht mehr an die Therapeutensekretärin, die ihn gerade verstoßen hatte, erinnern sollte, sondern an Susi. Und was tut dieser Melancholist? Der auch, wie sie später zu spüren bekam, ein Choleriker sein konnte. Auf dem Handy, das sie ihm schenkt, daß er nicht mehr an die Frühere denkt, tippt er als erste Nummer die der Früheren ein. Susis Nummer erst an dritter Stelle. Ihr sträubten sich die Nackenhaare. Aber sie arbeitete weiter an ihm. Sie hatte, wenn sie so an Männern arbeitete, das Gefühl, sie sei eine Künstlerin. Eine Erzieherin sowieso. Aber auch ihr gelang nicht alles. Sie würde, auch wenn er noch lebte, nicht zurückgehen zu Dirk Pfeil. Seine Eifersucht. Diese Bluse ist durchsichtig, für wen hast du diese Bluse angezogen, ist heute dein Friseurtag, hast du was mit André. Nichts hatte sie mit irgend jemandem. Angebrüllt hat sie ihn: Du beschuldigst mich noch so lange, bis ich's wirklich mache. Außerdem hatte die durchsichtige Bluse da, wo der Busen hätte sichtbar sein können, Taschen drauf. Andererseits hatte noch keiner zu ihr gesagt: Wenn du querschnittgelähmt bist, trage ich dich, wasche ich dich, fahre ich dich durch'n Zoo. Und hat gesagt: Wenn du dich streckst, will ich dich. Wenn du dich bückst, will ich dich. Wenn du böse kuckst, will ich dich. Wenn du überhaupt nicht geschminkt bist, bist du am schönsten. Ihr war er dann Tag und Nacht zuviel. Das Wohlseinsgefühl überwog nicht mehr. Sie inszenierte den Schluß. Sie fuhr mit dem Auto nach Bielefeld zur Paul-Wesenholl, zu ihm sagte sie, sie sei bei Aenne Klomfass in Oberkassel gewesen. Sie wußte, daß er immer ihren Tacho kontrollierte und die Kilometerzahlen mit ihren Auskünften verglich. Sie gab zu, ihn belogen zu haben. Sie habe Katzen besichtigt in Bielefeld und einen früheren Freund besucht. Aber er verzieh ihr. Sie mußte ihm stärkere Dosen verabreichen. Manchmal hatte sie das Gefühl, sie operiere einen Menschen ohne Narkose. Zum Glück vertat er sich wieder öfter mit die Kinder und die Koffer. Es stellte sich sogar heraus, daß er die Regel, die sie ihm eingebleut hatte, nie begriffen hatte. Da er aber doch gezeigt hatte, daß er auf sie hörte, sagte sie, es gebe jetzt keine andere Möglichkeit, von ihrer Liebe sei nichts übrig, sie müßten sich, so schmerzlich das sei, trennen. Ob sie ihn einfach so rauswerfen könne, fragte er. Sie schwieg. Gut, sagte er, meine paar Sachen sind schnell gepackt. Sie half nicht. Aber als er gepackt hatte, vermißte sie das Meißner Porzellanpferdchen. Das könne sie nicht entbehren, sagte sie. Das mußte er wieder auspacken; dafür durfte er die Chagalls von den Wänden nehmen und einpacken. Susi ahnte, daß Edmund damit nicht einverstanden sein würde. Aber die ganze Packerei erwies sich ohnehin als verfehlt, verfrüht, vergeblich. Dirk Pfeil konnte einfach nicht gehen. Nicht sofort. Susi sagte: Dann gehe ich. Laß dir Zeit, sagte sie, ich komme erst wieder, wenn du nicht mehr da bist. Streichelte ihn schnell und ging. Sagte noch, daß sie gelegentlich anrufen werde, um zu erfahren, ob er den Absprung geschafft habe. Als sie nach Tagen, ohne angerufen zu haben, hinkam, stand er am Fenster. Er habe kein Badewasser einlaufen lassen, um das Telephon zu hören, und wenn er die Klospülung betätigt habe, sei er sofort rausgelaufen aus dem Klo, um ihren Anruf, der nicht gekommen sei, nicht zu versäumen. Übrigens, sein Chef habe gesagt: wenn sie sich so aufregt über MIT DIE statt MIT DEN, dann liebt sie Sie nicht. Und jetzt gehe er wirklich. Mit den Koffern, Susisusisusi. Er sprach ihren Namen am liebsten dreifach aus, aber so, als wäre das ein Wort. Und das letzte -u- dehnte er. Susisusisuuusi.

Hast du gehört, ich gehe dann jetzt. Er habe nur darauf gewartet, sie noch einmal zu sehen. Ich gehe dann jetzt, sagte er noch einmal. Das klang drohend. Sein ganzes Gesicht war starr, hilflos, wehleidig, erfroren. Ob du's gehört hast, sagte er, ich gehe dann jetzt. Sie konnte nur nicken. Jeder Ton war zuviel. Wenn der in seiner ganzen Hilflosigkeit zugriff, sie erwürgte, zum Brehmplatz fuhr, fünfzig Rosen kaufte, die über ihre Leiche verteilte, dann die Polizei informierte ... Wenn er jetzt nach dir greift, kein bißchen Widerstand, nichts als nachgiebig, weich, folgsam, nur nicht glauben, du könntest die Tür erreichen. Aber er griff nicht nach ihr. Er schlug mit beiden Fäusten gegen die Wand, bis die Knöchel blutig waren und die Wand auch. Dann hat er den Tisch genommen, ihn hochgehoben und ihn auf den Boden geschlagen, bis er zertrümmert war. Dann sagte er: Das mach ich nur, damit ich dich nicht anrühre. Und ging an ihr vorbei und war draußen. Susi ihm nach. Unten auf der Straße, als sie sich sicherer fühlte, holte sie den vorbereiteten Scheck aus der Tasche, gab ihm den und sagte: Fahr in Urlaub. Flieg nach Griechenland. Sie war mit ihm in Griechenland gewesen, das war das krasse Gegenteil zum Justus-Programm. Sie hatte sozusagen keine freie Minute. Sie wußte, der hält es, wenn er nicht jeden Tag sechs Stunden Autobahn hinter sich hat, keine achtundvierzig Stunden ohne Frau aus. In Griechenland! Es funktionierte. Nach zwei Wochen kehrte er mit einer nur vier Jahre älteren Griechin zurück. Dann passierte etwas, was überhaupt nicht hätte passieren dürfen. Susi hatte ja das Ende inszeniert, ohne einen anderen Mann zu haben. Aenne Klomfass hörte erst auf mit einem, wenn sie schon einen anderen hatte. Susi nicht. Sie war allein geblieben. Dann sah sie einmal am frühen Abend Dirk Pfeil in der Schumannstraße. Ans Auto gelehnt, stand er da. In dem Ledermantel, den sie ihm gekauft hatte. Sein Chef wohnte in der Schumannstraße. Auf den wartete er. Susi sah ihn und sagte zu sich: Du mußt verrückt gewesen sein. Diesen tollen Kerl hast du weggeschickt. Wie der da lässig am Mercedes hing. Lässig wie Shankar. Aber auch ein Kerl à la Burton. Als sie an ihm vorbeiging, grüßte, aber doch vorbeiging, sagte er hinter ihr her: Na, du, bereust du's noch nicht. Und sie blieb stehen, drehte sich um und sagte: Ich glaub, ich bereu es. Er, achtunddreißig, sie fünfundvierzig, mein Gott. Dann rief er an, kam, erzählte von der Griechin. Die liebt mich so, sagte er. Er liebe sie sicher weniger als sie ihn. Das sei keine Basis, sagte Susi. Wenn er die Griechin tatsächlich verlassen wolle, sie, Susi, habe zu ihrer eigenen Überraschung bemerkt, daß sie ihn immer noch liebe. Aber solange er nicht frei sei, sei alles nichts. Er: Die Griechin muß das einsehen. Aber dann tat es ihm doch zu weh, ihr wehzutun. Ein ums andere Mal kam er und weinte fast, wenn er bei Susi übte, was er dort sagen wollte. Und doch nicht sagte. Aber eines Morgens rief er dann an: Es ist passiert, sie weiß Bescheid. Susi merkte, wie in diesem Augenblick in ihr etwas riß. Komm sofort in die Lindemannstraße. Sie war vor ihm dort. Susi erwartete ihn stehend und herumgehend in dem Apartment, das sie bezogen hatte, weil es frei von Erinnerungen war. Als er Susi sah, sagte er: Das ist ja schrecklich. Und wurde totenbleich. Trink erst mal einen Cognac, sagte Susi. Er trank, sie schenkte nach. Sie sagte, als sie ihn jeden Tag gefragt habe, ob er es der Griechin gesagt habe, habe sie wirklich gewartet auf ihn. Aber dieses tägliche Gefrage, hast du schon, hast du schon, hast du schon, und sein tägliches noch nicht, noch nicht, noch nicht, das habe ihr Gefühl für ihn ganz allmählich verbraucht, und als sie dann gehört habe, jetzt habe er, da habe sie bemerkt, sie wolle ja gar nicht mehr. Na ja, sagte er, schon gut. Und sie: Nein, das ist überhaupt nicht gut. Aber wenn die Griechin dich wirklich lieb hat, dann verzeiht sie dir. Und jetzt fahren wir ganz schnell zum Brehmplatz vor, komm. Sind sie mit zwei Autos hingefahren, sie hob tausend Mark ab. Er hatte ja nie Geld. Schmerzensgeld, sagte sie. Aber glaub mir, in der Schumannstraße, als ich dich am Auto lehnen sah, da war wieder alles da, das war echt.

Nie, niemals würde sie, wenn Dirk Pfeil noch lebte, zu dem zurückgehen. Nie, nie, niemals. Als dann das Hochzeitsphoto gekommen war, er noch attraktiver als die Griechin, hatte sie gedacht: Süßer Kerl. Mehr nicht. Nicht mehr.

Das Telephon half ihr heraus aus ihrem Vergangenheitsgefecht. Die konnte einen ganz schön hinunterziehen zu sich, so eine Vergangenheit.

Es war Andreas. Andreas leidend. Schon wenn er seinen Namen sagte, führte er seinen Zustand auf wie eine Oper. Auf wie viele Arten der Andreas sagen konnte! Wenn sie den Kurt genannt hätten oder Bert, wäre der praktisch mundtot. Aber mit Andreas wälzte der alle Laute des Leids ins Ohr seiner Mutter. Zugegeben, wenn er frech und fröhlich war, konnte er den Namen auch ganz schön flattern oder klotzen lassen. Es war ja ein Andreas-Anruf gewesen, als Susi, nur weil der seinen Namen so tief und fest und langsam hergeschoben hatte, gedacht hatte: Du wärst überhaupt mein Mann. Einen anderen möcht ich gar nicht. Aber jetzt: Annn-dree-asss. Was ist denn los, fragte Susi. Ksenija, sagte er. Das ist klar, sagte Susi, aber was ist mit Ksenija? Sie will keinen Honda, sondern einen Lancia, sagte Andreas. Und weil Susi schwieg, bestürzt schwieg, sagte er: Einen kleinen, weißen Lancia. Was denn sonst, sagte Susi. Das müsse er seinem Vater sagen, sagte sie, sie wolle davon nichts wissen. Oder doch. Susi hatte sich erholt von dieser Nachricht. Zuerst dreimal die Hondafarbe gewechselt, dann Ledersitze verlangt, jetzt ein Lancia, ein kleiner weißer Lancia. Ruf du den Vater an, der kämpft zwar momentan die schwerste Finanzschlacht seines Lebens, aber ruf ihn an, sag ihm alles und sage noch dazu, deine Mutter, seine Frau also, verlangt, wenn Ksenija den Lancia durchsetzt, einen roten Ferrari. Noch heute gehe, sag ihm, seine Frau zu Auto Becker, um sich anzusehen, was es da so gibt. Und legte auf. Keine fünf Minuten später, Andreas. Aber ein gehetzter, atemloser Andreas. Ksenija ist fort. Will die gar keinen Lancia? Hat ihn nur ans Telephon geschickt, um abhauen zu können? Sie ist in einem Zustand, er weiß sich nicht zu helfen, sie ist so durcheinander, er muß ihr nach, müßte ihr nach, aber selbst wenn er sie findet, zu fassen kriegt, die wehrt sich. Sag's dem Vater, sagte Susi. Sie könne sich an der Ksenija-Jagd nicht beteiligen. Und legte auf. Armer, armer Junge, dachte sie. Der nächste war Edmund. Er habe Wilhelm Granderath angerufen, daß der Ksenija einfange und sie sofort zu Dr. Hornfeck bringe oder Dr. Hornfeck zu ihr. Sobald er die Kanzlei verlassen könne, fahre er zuerst in die Geibelstraße, um, falls die noch nicht eingefangen worden sei, selber Hand anzulegen. Und der Lancia, fragte Susi. Sei jetzt nicht das Problem. Aber, sagte Susi, wenn Ksenija den Lancia kriege, verlange sie einen Ferrari. Sie wisse nicht, wie lange sie noch Spaß annem Auto habe. Edmund lachte. Der Ferrari hat keine Automatik, Schnucke. Keine Automatik, hauchte Susi. Zur Zeit gibt es überhaupt keinen Ferrari mit Automatik, sagte Edmund. Der 412er war der letzte mit Automatik. Wird nicht mehr gebaut. Sei froh an deiner Sportomatic, Halbautomatik, genau das, was du brauchst, verstehst du, die Kraftübertragung über den hydraulischen Drehmomentwandler, den Wandelfaktor hab ich nicht parat, und über eine durch Unterdruck mobilisierte Federscheiben-Kupplung, Schnucke, schalten ohne zu kuppeln, was willst du mehr. Er müsse an die Front.

Zuerst dachte sie: Was dieser Edmund alles weiß! Dann dachte sie: Blödesuse, der hat den Fachmann gespielt, um dich abzuwimmeln. Sie sollte Auto Becker anrufen. Aber sie wußte, daß sie das Kauderwelsch des wirklichen Fachmanns gar nicht verstehen würde. Ohne zu kuppeln schalten, weniger durfte es nicht sein. Hoffentlich ist Ksenija krank, nicht nur böse. Wilhelm Granderath, das ist die richtige Entscheidung. Wenn sie krank ist, dachte Susi, tu ich alles für sie.

Abends berichtete Edmund, Ksenija habe sich von Wilhelm Granderath heimbringen lassen. Sie sei an der Haltestelle Staufenplatz gestanden, also keine zehn Minuten von der Wohnung weg. Wilhelm Granderath sei im Auto sitzen geblieben, nur Xandra sei ausgestiegen und habe ihre Mutter geholt. Als Edmund in die Wohnung gekommen sei, habe Ksenija, die im Mantel am Küchentisch saß, gesagt: Wann werde ich abgeholt? Edmund zu ihr: Hör mal, du wirst überhaupt nicht abgeholt. Sie darauf: Sie habe immer gewußt, daß sie eines Tages abgeholt werde. Dr. Hornfeck sei schon wieder weggewesen. Er habe ihr eine Spritze gegeben zur Beruhigung. Morgen werde er, habe er gesagt, Ksenija einen Vorschlag machen. Erholung, habe er gesagt, Entspannung, Ruhe, das sei jetzt das wichtigste, dann sei diese Erregung verschwunden, wie sie gekommen sei. Und Andreas müsse dafür sorgen, daß Ksenija die Wohnung nicht mehr ohne ihn verlasse. Statt in Dubrovnik am Strand sitze Andreas jetzt also in der Küche in der Geibelstraße. Schon 'n armes Schwein, unser Andreas, sagte Edmund. Weißt du noch, Lieken, sagte Susi, als sie bei uns in der Küche saßen, Ksenija auf der kleinen Bank, damals waren die, glaube ich, noch nicht verheiratet oder gerade verheiratet. Da sagte sie auf einmal: Andreaslawe, du weißt, diese komische Endung, die sie immer dranhängt, wenn sie was will von ihm, Andreaslawe, sagte sie, laß uns gehen, hier sind alle verrückt. Hier sind ja alle verrückt. Und keiner von uns hat etwas gesagt. Ich habe darauf gewartet, daß Andreas sie zurechtweise. Nichts. Und so ging es weiter. All die Jahre. Wenn sie gesagt hat: Komm! hat er gehorchen müssen.

Edmund telephonierte mit Dr. Hornfeck. Entweder Grafenberg oder Ahrweiler, sagte der. Ahrweiler wäre besser. Grafenberg, das sei ein Riesenkomplex, wenn da eine Jugoslawin reinkomme, schlössen die die einfach weg. Ahrweiler, eine Art Hotel. Entsprechend teuer. Edmund hat Ahrweiler gewählt. Morgen, zehn Uhr, Geibelstraße, Sonnabend, also habe er seine Mitwirkung zugesagt. Dann könne er Xandra gleich mit hierher bringen. Falls Ksenija sich weigere, habe Dr. Hornfeck gesagt, könne er einen gerichtlichen Beschluß besorgen. Grund: Suizidgefahr. Und Xandra? fragte Susi. Bleibt bei dir, sagte Edmund. Weil Susi ihre Brauen zusammenzog, fügte er noch nach: Bei uns. Er bitte um Verständnis, tagsüber in der Kanzlei könne er sich dem Wichtigsten so gut wie nicht widmen, also bleibe nur der Abend, die Nacht. Seine zwei Werte, BP und AT & T benähmen sich einfach noch nicht gut genug. Er könne ja nicht verkaufen, wenn die mal zwei Punkte zulegten, dazu sei seine Kreditbeschaffung zu teuer gewesen. Auch Bruce Perelman rate zu Wait and see. Erholen müssen die sich ja. Bloß, wie lang brauchen sie dazu. Bruce meint, daß schon sehr bald ein, zwei arabische Anleger, die nicht so dumm seien, Salomon auf die Schwarze Liste zu setzen, einsteigen werden.

Das könne das ersehnte Signal werden für den kontinuierlichen Anstieg. Bis jetzt ist es ein zittriges Auf und Ab. Adieu, liebe Schnucke. Und drehte sich noch einmal um. Ihre Ferrari-Hoffnung müsse Susi endgültig begraben, sagte er. Als er dort in der Geibelstraße Ksenija zum Schluß habe die Hand geben wollen, habe die ihre beiden Hände in die Höhe gestreckt und gerufen: Glaub ja nicht, daß du mich mit einem Auto bestechen kannst. Ich laß mir von euch kein Auto nachschmeißen. Damit geht für heute yours truly Edmund, Gemahl und Geldschöpfer der frecheren Art. Und ging. Und ging, weil es Freitag war, zu seinem Mr. Yingling in die Hans-Sachs-Straße. Als das Telephon wieder läutete, hatte Susi das Gefühl, sie sei dazu berechtigt, den Hörer nicht abzunehmen. Sie wollte jetzt nicht Andreas jammern hören. Sie mußte verkraften, daß sie nicht mehr fähig war, heute noch eine Annonce aufzugeben. Für morgen war es ohnehin schon lange zu spät. Dann konnte sie dem Läuten nicht länger widerstehen. Die vom *TIERPARADIES*. Sehr höflich, eher bittend als fordernd. Ob Frau Gern sich bereitfinden könnte, das Töchterlein nächste Woche nicht mehr zu schicken. Noch besser wäre, sie schon morgen nicht mehr zu schicken. Morgen, Sonnabend, sei viel los. Und je mehr los sei, desto mehr störe das Töchterlein den Gang der Geschäfte. Als Susi aufgelegt hatte, sagte sie: Feigesuse. Vierhundert kriegten die für vier Wochen, eine Woche ertragen sie Conny, also sollten sie die dreihundert, die für die restlichen drei Wochen bezahlt sind, zurückgeben. Aber Susi hatte nicht mehr die Kraft zu fordern, was ihr zustand. Susi klopfte an Connys Tür, obwohl das BITTE-NICHT-STÖREN-Schild da hing. Aber da das Schild seit Tagen nicht mehr umgedreht worden war, trat sie nach ihrem Klopfen ein, bevor Conny rufen konnte: Ich arbeite. Susi erklärte, daß das Schild nur sinnvoll sei, wenn es manchmal gedreht werde. Sonst könnten sie ja gleich ausmachen, daß Susi nie mehr Connys Zimmer betreten dürfe. Sie müsse aber kommen, weil Jeannie und Domino jetzt wirklich lange genug bei Conny eingesperrt seien. Pfui, rief Conny, bitte, laß die Tür offen, du wirst sehen … Sie konnte nicht mehr sagen, daß die Katzen dann freiwillig bei ihr bleiben würden, da beide, sobald sie die offene Tür wahrnahmen, förmlich hinausstürmten.

Blöde Biester, sagte Conny. Polster Teufel, wenn das keine undankbaren und blöden Biester sind. Susi mußte mitteilen, was ihr aus dem *TIERPARADIES* mitgeteilt worden war. Und wie immer, wenn sie zwischen der Welt und Conny dolmetschen mußte, litt sie darunter, daß sie nicht die Wahrheit sagen durfte. Sie mußte sagen, daß die im *TIERPARADIES* Conny nur zu gern weiterhin beschäftigt hätte, aber die Nichte der Besitzerin stehe von heute auf morgen auf der Straße, weil das Labor, in dem sie bis jetzt gelernt habe, wegen krimineller Gutachtenerstellung von heute auf morgen zugemacht worden sei. Jetzt müsse sie, die Besitzerin, natürlich ihre Nichte zuerst mal unterbringen bei sich. Einerseits war Susi stolz auf sich, weil ihr das so glatt herauslief, andererseits fühlte sie sich elend, weil sie wußte, so frettete sie Connys Dasein seit Jahr und Tag weiter. Und gleich noch eins drauf. Sie, Susi, werde morgen Dr. Schemel anrufen, ob er Conny nicht eine Zeit lang als Volontärin haben wolle.

Volontärin, sagte Conny, was ist denn das wieder für ne Erfindung.

So ne Art Assistentin, sagte Susi.

Assistentin ist gut, sagte Conny. Für Assistentin hab ich was übrig. Assistentin, das wollte ich immer schon mal probieren. Muttertier, von deinen vielen schlechten Ideen ist das nicht die schlechteste. Eher die beste.

Und Dr. Schemel, sagte Susi, impft und kuriert seit Jahrzehnten unsere Katzen, der kennt dich, der mag dich, der nimmt dich.

Wüßte nicht, warum der mich nicht nehmen sollte, sagte Conny.

Und morgen kommt, sagte Susi, auch noch Xandra zu uns. Schluß mit dem Hin und Her. Sie bleibt bei uns. Vorerst, Mäusken. Vorerst!!

Iss ja schon gut, Alte, sagte Conny und winkte ab.

Summend kam Edmund zurück von Mr. Yingling. Remis. Und es war Mr. Yingling, der froh sein mußte, daß es ihm noch zu einem Remis gereicht hatte. Dann hatte er Edmund erklärt, warum Schach nur eine scheinbare Handlung ist, also am Sabbat erlaubt. Aus dem *Talmud* hat er doziert, daß eine Handlung, die zu ihrer Vollendung eines zweiten bedarf, für keinen der beiden an der Handlung Beteiligten eine Handlung sei, also ist Schachspielen am Sabbat erlaubt. Ach, Schnucke, sagte Edmund, wenn noch eine Religion, dann eine solche. Das ist eine Religion für Kreuzworträtsellöser. Am nächsten Tag brachte Edmund Xandra mit. Frau Oschatz war schon weg. Susi hatte das Stilett rechtzeitig und mit einer Art Schauder gewetzt. Aber Frau Oschatz hatte die Schärfe mit dem Daumen überprüft wie immer und für gut befunden und hatte dann das Rinderherz für die Katzen zerteilt, ohne zu Susi hinzuschauen. Susi ihrerseits hatte sich beherrscht, das heißt, sie hatte den ganzen Vormittag lang nicht hinter Frau Oschatz hergerufen. Susi hatte gefragt, wie es Theo Oschatz gehe. Wer lang hustet, der lebt lang, sagte Frau Oschatz und produzierte dabei eine fast nekkisch wirkende Kopfdrehung, das hieß, daß sie es ablehne, über Theo, wenn so routinehaft gefragt werde, Genaueres zu sagen.

Als Edmund mit Xandra erschien, wußte Susi, daß etwas Schlimmes passiert sein mußte. So hatte sie ihren stets adretten Mann noch nicht gesehen. Ksenija hatte sich offenbar gewehrt. Ausgebrochen, die Treppe hinuntergestürmt, davongerannt. Also zuerst am Küchentisch gesessen. Edmund tritt ein. Sie sieht ihn. Und rennt an ihm vorbei. Schlägt seine Hände, die sie halten wollen, weg. Zum Glück hatte er unten für alle Fälle Wilhelm Granderath postiert. Aber der konnte nur noch melden, in welche Richtung sie abgehauen sei. Richtung Staufenplatz. Zu dritt ihr nach. In einem Hauseingang sucht sie Schutz. Da kriegen sie sie. Und fassen sie und führen die laut Schreiende zurück in die Geibelstraße und zum Haus und ins Auto. Die wehrte sich ja nicht nur mit Händen und Füßen und schrie nicht nur, sondern beschimpfte ihren Mann und beschimpfte Edmund und Wilhelm Granderath als Nazis, als Faschisten-Pack, als SS-Lumpen. Natürlich bleiben die Leute stehen. Manchmal sah es aus, als wollten ein paar Jüngere der von drei Männern Gepackten zu Hilfe kommen. Gott sei Dank verstanden die noch Edmunds Auskunft: Psychose. So erledigt, sagte er, habe er sich in seinem ganzen Leben noch nicht gefühlt. Über eine Stunde haben sie gebraucht, bis sie Ksenija im Auto hatten. Ohne Ksenijas Schwester hätten sie's nicht geschafft. Andreas habe so gut wie nichts genützt. Er, Ljubinka und Wilhelm Granderath mußten sie ins Auto hieven, da sei sie plötzlich sitzen geblieben wie erstarrt. Andreas sitze weinend in seiner Küche. Und Edmund weinte auch. Und Susi auch. Nur Xandra und Conny weinten nicht. Und da hinein das Telephon. Susi weigerte sich. Edmund mußte abnehmen. Ljubinka. Aus Ahrweiler. Daß ihre Schwester dort nicht bleibe. Sie hat sich nicht einmal das Zimmer angesehen. Wie es dort sei, fragte Edmund. Wunderschön sei es da, wie in einem Luxushotel. Sie müsse sofort auflegen. Eine Stunde später waren die alle wieder in der Geibelstraße. Wilhelm Granderath rief an. Ratlos. Edmund rief Dr. Hornfeck an. Zum Glück hat der alles, was jetzt passierte, vorausgesehen. Er wird veranlassen sofortige zwangsweise Einlieferung, geschlossene Abteilung, Grafenberg. Ahrweiler wäre schöner gewesen. In Grafenberg müssen sie natürlich mit Medikamenten arbeiten. Leider. Die stellen sie ruhig.

Als Edmund den Hörer aufgelegt hatte, sagte Susi, gerade habe einer in Köln seine zwei Kinder aus dem Fenster eines Hochhauses geworfen, dann sei er selber nachgesprungen.

Danach wurde an diesem Tag nicht mehr über Ksenija gesprochen. Am späteren Nachmittag sagte Edmund, er habe heute abend frei und etwas vor. Die Börse schlafe ihren Rausch aus, er müsse endlich wieder zurück ins Leben. Und widmete sich seiner Ausstattung. Kam noch einmal vorbei bei ihr, weil er ihr seine neueste Krawatte vorführen wollte. Nicht schlecht, dieses edelste Rot, sagte er. Weil sie nichts sagte, sagte er: Oder? Susi nickte. Sie dachte an das Oschatz-Stilett. Und alle diese kleinen Goldartikel, die es in diesem Edelrot hagelt, stammen aus Etruskergräbern. Sagte er. Susi nickte. Ich dachte, so etwas könnte dir gefallen, sagte er und tänzelte summend in die Ankleide hinüber.

Als er mit seiner Erscheinung zufrieden war, näherte er sich noch einmal. In einer auch längst Routine gewordenen Demutshaltung. Ob Susi wieder einmal etwas aussortieren könnte. Susi hörte darin direkt Frau Prellmanns dringliche Anfrage: Hat deine Frau nicht wieder was zum Aussortieren. Also gut, sortierte sie eben etwas aus aus ihren Blusen, Jacken und Röcken. Edmund, gierig dabei. Und wie wär's mit dem Rock da? Weil er so gierig fragte, entschied sie: Edmund, der bleibt hier. Er, gleich einlenkend: Ist ja gut.

Auch heute sah sie Edmund nach, als er die drei Tüten davontrug. Die großen Tüten machten ihn noch kleiner, als er war. Winken entfiel. Wenn er Tüten davontrug, sah er nie zurück, winkte er nie. Susi nahm an, er geniere sich dann. Da er im Gegensatz zu Susi nie etwas trug, da er sich, als er noch bei Oxfort arbeitete, jeden Tag von Wilhelm Granderath abholen und sich von dem außer Schirm und Hut alles, aber auch gar alles tragen ließ, da ihn kein Mensch in der Holbeinstraße oder in einer der Straßen im Viertel je etwas hatte tragen sehen, es sei denn am Sonnabendabend, wenn er Tüten in die Faunastraße hinübertrug, ist er sich als Tütenträger sicher auch komisch vorgekommen. Vielleicht sogar lächerlich. Aber das war ihm offenbar egal. Und dafür hätte sie ihn auch umbringen können. Warum tat sie's denn nicht! Ottilie Oschatz, rief sie, als sei das eine Heilige, warum tu ich's denn nicht?! Dr. Hornfeck traute ihr das doch zu. Eines Tages werde sie ihren Mann umbringen, und er, Dr. Hornfeck müsse dann als Zeuge auftreten, etwas, was er gar nicht schätze.

Vor ein paar Wochen hatte Susi noch gesagt: Du hast ein paar tausend Mark in diesen Taschen, sag dort, zweihundert wenigstens könnte sie dafür geben, als Anerkennungsgebühr. Vierhundert mindestens, hatte Edmund gesagt. Das zahle die Prellmann ab. Dafür sorge er. Weil Susi wußte, daß diese vierhundert ohnehin von Edmund kämen, sagte sie nichts mehr von Geld. Sie war ja auch froh, wenn sie wieder Platz kriegte in ihren Schränken. Manchmal empfand sie die vollen Schränke ihrer Dreihundertundneunzigquadratmeterwohnung wie einen Fluch. Sie pflegte ihre getragenen Sachen, auch wenn sie wußte, daß sie sie nie mehr tragen würde. Etwas verkommen zu lassen lag ihr nicht. Weniger zu kaufen gelang ihr nicht. Du hast einen Schuhtic, sagte sie zu ihrem Spiegelbild. Einen Schaltic auch. Und einen Handtaschentic. Aber der Schuhtic ist der schlimmste. Schäm dich nicht. Erklär's dir lieber. Wenn du Schuhe anprobierst, wirst du nicht mit deiner Figur konfrontiert. Beim Schuhanprobieren kommt es auf ein paar Pfunde nicht an. Für Schuhgröße 38 mußt du dich nicht genieren. Susi war nicht sicher, ob sie sich so ihre Unersättlichkeit, was Schuhe angeht, wirklich erklärt hatte. Neulich, wie niedergeschlagen war sie, als es die schwarzen Lackschuhe mit den drei Riemchen überm Spann, die aussahen wie Kinderschuhe zu Großmutters Zeiten, in 38 nicht mehr gab. Auch in der Filiale in 38 nicht mehr da. Dabei wäre zu befürchten gewesen, daß bei 38 das oberste Riemchen zu stramm gewesen wäre, weil sie einen so hohen Spann hat. Als Susi ohne diese Lackschuhe zurückgekommen war, hatte sie sofort Hildchen Tönnissen in den Keller geschickt, um dort im achttürigen Schrank nach schwarzen Lackschuhen zu suchen. Hildchen kam zurück mit schwarzen Lackstiefeletten. Ach ja, sagte Susi, die hab ich ja auch noch. Die hatten einen Reißverschluß und einen flacheren Absatz. Susi hatte aber die Schnürschuhe gewollt, mit höherem Absatz. Die Reißverschlußstiefeletten durfte Hildchen oben lassen. Das waren Susis besondere Lieblinge. Und wenn sie Schuhe besonders liebte, kaufte sie sie gleich zweimal. Manchmal sogar dreimal. Susi bat Hildchen, auch das zweite Paar mit Reißverschluß, sollte sie es zufällig sehen, heraufzubringen. Susi wußte, obwohl sie sich dafür genierte, sie würde Frau Prellmann, die auch 38 hatte, keine Lieblingsschuhe aussortieren, und wenn sie die fünfmal hätte. So weit war sie noch nicht. Aber so weit würde sie gern kommen. Heuchelsuse. Doch wirklich, sie möchte weniger abhängig sein von dem schönen Zeug. Sie glaubte sich nicht, daß sie das möchte. Aber sie möchte es natürlich schon. Sie konnte sich schon trennen von Sachen. Bitte, gerade hatte sie den von Edmunds Mutter übriggebliebenen Rollstuhl nach Tunesien verfrachtet. Für Lotfis Mutter. Sollte Susi je in den Rollstuhl kommen, dann nicht in einen so langweilig grauen. An ihrem Rollstuhl mußte Rot vorkommen.

Edmund würde heute nacht zwischen eins und drei zurückkommen, morgen vormittag wird er stolz berichten, wie begeistert die Verruchtheitsdarstellerin Prellmann Susis Sachen vorgeführt hat. Ihrem Mann und Edmund. Wie sie Susis exzellenten Geschmack gelobt hat. Und wenn sie alles vorgeführt hat, wird sie, so Edmund, vernascht. In der Rethelstraße sieht Susi des öfteren schon von weitem eine ihrer Jacken, daran erkennt sie Frau Prellmann.

Als Susi vom Fenster zurückkehrte, setzte sie sich nicht, sondern fuhr ins Kleine Apartment hinunter, steckte ihre vorbereitete Annonce in das vorbereitete Kuvert, ging vor zum Briefkasten in der Grafenberger Allee und warf den Brief ein. In dem Augenblick, in dem sie ihn, nachdem sie ihn in den Schlitz hineingeschoben hatte, losließ, dachte sie, daß alles nur so gekommen sei, weil sie einen Mann allein haben wollte oder gar nicht. Bedauern konnte sie das nicht.

Conny und Xandra saßen, als sie zurückkam, im Wohnzimmer, jede hatte eine Katze im Arm. Xandra Domino und Conny Jeannie. Offenbar sollte, was jede sagte, Text der Katze sein, die sie hielt. Als Susi eintrat, sagte Conny in der Jeannie-Rolle gerade: Lieber Domino, du als Kastrat weißt nicht, was unsereins leidet. Den Katzen glückte, als sie Susi sahen, die Flucht. Sie wollten jetzt gefüttert werden. Susi konnte noch nicht fernsehen, zuerst mußte entschieden werden, ob sie heute schon mit Spucken beginnen sollte. Spucken! Heuchlerin! Als ob nicht schon alles entschieden wäre. Die Annonce ist aus dem Haus. Du kannst morgen anrufen, sagen, daß du sie zurückziehst. Blödesuse. Dieses Gefühl, daß du nicht Schritt halten kannst mit dir selbst. Wenn du hinter dir zurückbleibst, heißt das Erbrechen Spucken. Wenn du froh bist, daß du lebst, heißt es Kotzen. Kleines Kotzen nennt sie es, weil es ja nur einmal am Tag und zwar abends stattfindet. Andere tun's bis zu sechsmal am Tag. Sie würde es wieder tun. Sie konnte ein paar Kilogramm entbehren. Sie holte sich ihre Flasche Weißwein aus dem Keller. Martini rosso fehlte. Es würde auch mit Weißwein gelingen. Keine Angst. Was man fast zwanzig Jahre lang praktiziert hat, kann man, auch nach einer Pause von zweieinhalb Jahren. Sei keine Feigesuse. Du kannst dem Leben nicht entgehen. Aber bevor es soweit war, kam Xandra noch einmal herein. Sie könne nicht schlafen. Susi ging mit ihr hinüber, legte sich neben sie. Xandra zitterte. Susi nahm sie in den Arm. Xandra flüsterte ihr ins Ohr: Ich möchte zurück in die Pipimaus.

Als Xandra eingeschlafen war, ging Susi zurück und setzte ihre Sucht in Gang. Sobald sie nach der Flasche Weißwein griff, stellte sich wieder der Satz ein: Du kannst dem Leben nicht entgehen.

Als sie aus dem Getränkeschrank das Weißweinglas holte, sah sie die vielen Flaschen mit Schnäpsen und Likören in der unteren Schrankhälfte. Ein Martini war nicht dabei, das wußte sie. Wenn andauernd ein Martini greifbar gewesen wäre, hätte sie sich nicht zweieinhalb Jahre beherrschen können. Whisky und Gin konnten ihr nicht gefährlich werden. Aber der Cinzano. Und hatte die Flasche in der Hand und drückte sie an sich, nahm auch das schöne Zylinderglas mit, in dem sie immer ihren Martini getrunken hatte, ging in die Sitzlandschaft, ließ sich darin versinken und schenkte sich ein.

Du kannst dem Leben nicht entgehen, sagte sie laut ins Zimmer. Und korrigierte sich: Du willst dem Leben nicht entgehen. Und korrigierte sich noch einmal: Du sollst dem Leben nicht entgehen. Und noch einmal: Du darfst dem Leben nicht entgehen. Dann fing sie an zu trinken. Wie sie's gewohnt war, zählte sie die Schlucke. Sie hatte immer wie beim Rosenschenken sieben, elf, fünfzehn oder siebzehn Schlucke genommen. Dreizehn nie. Nach elf kam immer fünfzehn. Heute würde sie siebzehn Schlucke nehmen und das würden siebzehn Rosen sein, die sie sich schenkte, rote Rosen. Und nachher über die Schüssel.

7.

Mit mir ist bis heute noch gar nichts geschehen. Das sagte sich Susi, als sie ein paar Tage später den Briefkasten aufschloß und das große Kuvert von der *Rheinischen Post* herausnahm. Die Zuschriften auf die Annonce. Sie war bereit. Ja, verflucht noch mal, war sie doch! Bis jetzt war doch alles nichts. Dreißig Jahre verheiratet. Ein einziges Mal weggelaufen. Nachts um zwei wieder da. Liebe, bis jetzt hieß das immer, auf sich selber verzichten, um dem anderen nicht wehzutun. Sie hat schon aus Schrebergärten im Sommer die Leute lachen hören. Sie, im Auto mit Justus. Dort bunte Lampions und Gelächter. Justus hatte verlangt, noch stadtauswärts gefahren zu werden. Als er die Lampions gesehen hatte, mußte rechts rangefahren werden. Es war schon nach drei Uhr morgens. Sonnabend auf Sonntag. Als sie die Leute lachen hörten, sagte Justus: Lieber erstick ich, als dieses Gelächter noch länger anzuhören. Susi mußte zurückfahren, stadteinwärts. Unter anderen Umständen hätte dieses Lachen auf sie ansteckend gewirkt. Sie hätte mitlachen wollen. Überall, wo gelacht wurde, hätte sie gern mitgelacht.

Sie gestand sich, daß sie Angst hatte, unter den Zuschriften könnte eine von einem Früheren sein. Und dann natürlich gleich von dem armen Monster Justus. Oder wieder so ein vervielfältigtes Schriftstück, auf dem sich einer eiskalt einer herrischen Herrin als leibeigener Haus- und Sexualsklave anbot. Sie sagte sich, als sie mit ihrem Pack Zuschriften hinauffuhr, ihre unbestreitbaren, durch Erfahrung bestätigten Talente auf: Susi, erstens hast du das Glück, in jedem Menschen etwas Einmaliges zu sehen, also auch in jedem Mann. Jeder Mann, den du verloren hast, war ein Verlust. Auch der mieseste. Zweitens: Als Dirk Pfeil gestorben war, neun Jahre nach der Beendigung – aber in diesen neun Jahren hat er dich, so oft du es gewollt hast, zu jeder Tag- und Nachtzeit hingefahren, wo du hinwolltest –, da bist du nach der Beerdigung heimgekommen und hast zu dem dich teilnehmend begrüßenden Edmund gesagt: Er wird meinem Auto mehr fehlen als mir. Und du warst glücklich nach diesem Satz, weil du endlich diesem gefühllos operierenden Sexualtrapper Edmund hingerotzt hattest, daß auch du gefühllos sein kannst. Nimm dich in acht, Junge, das hattest du ihm sagen wollen. Mit mir ist bis heute noch gar nichts geschehen. Und mit mir wird auch heute gar nichts geschehen. Das allerdings konnte das Sonntagskind nicht hinnehmen. Immer ist alles möglich, sagte sie. Ihr zitterten die Hände, als sie einen Brief nach dem anderen öffnete. Sie hatte sich ins Kleine Apartment verzogen, schutzsuchend in Edmunds Sesselburg. Zuerst alle Briefe öffnen, dann einen Blick auf die Form, dann Handschrift trennen von Maschinenschrift. Nur zwei Zuschriften mit Bild. Keines der Bilder ging ihr nahe. Aber von einer Handschrift fühlte sie sich angezogen. Er sei Banker, Bankdirektor, vielleicht nicht ganz der Jahrgang, den sie suche, aber ein Telephongespräch könne weiter führen als bloße Zahlenbeschwörungen. Der Brief war mit einer Füllfeder geschrieben, schwarze Tinte, dicke Striche abwärts, feinere aufwärts, und ganz schöne Schwünge. Den rief sie an. Seinen Namen sagte der ausdruckslos, als sage er eine Zahl. Er erbat ihren Besuch. Bei sich. Seine Wohnung könne es mit jedem Lokal aufnehmen. Trotzdem, sagte Susi, sie gehe nicht in eine fremde Wohnung, ohne den, der da wohnt, vorher kennengelernt zu haben. Gut, soll sie vorfahren, er kommt runter. Wohnt am Schillerplatz. Da könnte ich ja zu Fuß hin, dachte sie, sagte es aber nicht. Gut, sie fahre vor. Und läutete. Gegensprechanlage. Er: Kommen Sie doch, bitte, herauf. Da wußte sie: Mit dem nie. Fuhr aber rauf. Der empfing sie, als verzeihe er ihr ihr Zögern. Gediegen, dachte sie. Er und alles um ihn herum. Auf jeden Fall älter als sie. Kann der nicht lesen. Und bewies gleich, daß er sogar in ihrem Gesicht lesen konnte: Und 'n Herzschrittmacher hat er auch. Sagte er. Immer noch mit diesem nachsichtigen, allwissenden Lächeln. Einen Cognac? Wasser, bitte. Aber auch da setzte er sich durch, stellte ihr einen Cognac hin. Sich auch. Ihr dann, nachträglich, wieder sehr nachsichtig, großzügig, ein Glas Mineralwasser. Er nahm einen Schluck. Sie rührte weder Cognac noch Wasser an. Er hob sein Glas, bevor er trank, ihr ein wenig entgegen. Eine Frau wie Sie, sagte er, sucht natürlich einen Mann fürs Bett. Susi konnte nichts sagen. Raus hier, dachte sie. Keine Ahnung hatte der. Von ihr. Sie würde noch einen Mann suchen, wenn sie vom Geschlechtsverkehr überhaupt nichts mehr wissen wollte. Einfach weil sie einen Mann, den sie lieben konnte, in ihrer Nähe brauchte. Körperlich, ja! Weil Edmund ihr wegen seiner Körperpraxis widerlich geworden war. Körperlich, Herr Bankdirektor. Aber nicht nur fürs Bett. Wir sind doch beide gleich, sagte er.

Denkste, dachte Susi. Daß sie überhaupt nichts sagte, verstimmte ihn. Ob sie ihm sagen könne, was sie überhaupt suche. Sie probierte es. So ganz genau könne sie's ihm nicht sagen. Sicher ist nur, daß ich nichts suche, was dem, was ich habe, ähnelt. Und Sie und alles hier um Sie herum ähnelt dem, was ich habe. Und was suchen Sie? Ach, sagte Susi, zum Beispiel so 'n Jungen mit 'm Clip im Ohr. Sie hatte einen Treffer gelandet, das sah sie.

Ja, dann wird es wohl besser sein, wenn Sie jetzt gehen, sagte er.

Ja, sagte sie, genau das denke ich auch.

Draußen, drunten schüttelte es sie. Warum hat der überhaupt auf ihre Annonce geschrieben? *Keinesfalls über 45.* Aber das wirklich Schlimme, dieses Gerede vom Bett. Sie will nicht, daß ein Mann ohne weiteres sofort vom Bett redet. Dazu kommt es oder kommt es nicht. Aber das schaltet man nicht ein wie den Fernseher. Sie mußte zurück, sofort in den Zuschriften kramen. Sie muß heute noch einen anrufen, treffen, um diesen viel zu direkten Direktor loszuwerden.

Sie blieb an einer Handschrift hängen. Schwer leserlich. Deutlich tempobestimmt. Hingehauen. Eilig oder stürmisch oder dringlich. Herzliche Grüße, Klaus. Dafür kann er nichts. Für die Handschrift kann er was. Dr. Dunkel würde sagen: Eher genialisch als ordentlich. Müßte sich um Fassung bemühen. Verschwenderisch, ohne reich zu sein. Sie kannte inzwischen genug Dunkel-Sprüche. Aber so lange konnte sie nicht warten. Sie wollte endlich wieder Menschen, die Hallo sagen, die schneller Du sagen, als sie es konnte, die trotzdem nicht gleich sagten: ab ins Bett. Sie rief einfach an. Duisburger Nummer. Der sagte: Hallo, schön daß Sie anrufen. Er fühle sich direkt ausgezeichnet, da sie sicher eine Menge Zuschriften eingeheimst habe mit ihrer zuckrigen Annonce. So wie der sprach, das mochte sie. Wenn der so aussah, wie er sprach, dann konnte etwas daraus werden. Und weil der so munter plätscherte, fiel es ihr leicht zu sagen: Und wann können Sie in Düsseldorf sein? Er: In ner halben Stunde. Länger dürfe ein Porsche von Duisburg nach Düsseldorf einfach nicht brauchen. Eher zwanzig Minuten als eine halbe Stunde. Das war ihr Ton. Nichts als frischflottfrei. Sie schlug vor: Parkplatz beim Eisstadion. Und ließ sich die Autonummer geben. War rechtzeitig dort. Der kam mit einem 911. Ihr Auto, bloß zehn Jahre jünger und nicht bordeauxrot, sondern massiv blau. Und ausstieg ein Blondling, lachend kam er auf sie, die an ihrem Auto stehen geblieben war, zu, fuhr die Rechte aus wie zum Handschlag, wie zur Besiegelung einer Verabredung für immer. Das klappt ja wunderbar, sagte er. Seine Schneidezähne standen ein wenig vor. Aber nur so weit, daß es schön war, daß der ganze Kerl dadurch noch kühner aussah. Ein Gesicht wie eine Gebirgslandschaft. Das Kinn ganz für sich kräftig, die Backenknochen ganz für sich kräftig, die Nase eine Wucht, die Brauen saßen auf Wülsten, die in die Stirn hinein abfielen. Weil sie sich nicht beherrschen konnte, sagte sie: Wenn Sie nicht Klaus hießen, wäre es vor schönen Aussichten gar nicht mehr auszuhalten. Was sie gegen *Klaus* habe? Erfahrungen, die nicht nach Wiederholung schrieen, sagte sie. Der wievielte Klaus er sei? Der dritte. Er werde alle früheren Kläuse vergessen machen. Und wo wird gegessen und getrunken? Sie schlug vor, in die *NEUE LIEBE* zu gehen. Ist nicht weit und seriöser, als der Name vermuten läßt. Er war einverstanden. Die Autos konnten sie stehen lassen. Als sie neben ihm herging, fühlte sie sich schon fast wohl. Der hatte die Größe, die sie, weil sie gern an Männern hinaufsah, brauchte. Und er war bullig, ohne dick zu sein. Sie wußte, welchem Text sie zu entsprechen hatte: Außergewöhnliche Frau. Er war sicher noch knapp unter fünfundvierzig, hatte den von ihr geforderten Esprit, aus seinen blauen, immerzu beweglichen Augen leuchtete Phantasie, keine Spur von Spinner, also war's ihr egal, ob er Geld hatte oder nicht. Der demonstrierte geradezu, daß er ihren Annoncenbedingungen entsprach. Irgendwann würde sie dem sagen, welche Begegnungspleite sie an diesem Tag schon hinter sich gebracht hatte. Daß sie ihn nach zwei reinen Plauderstunden bezahlen ließ, was sie gegessen und getrunken hatten, war ein Ausdruck ihrer Achtung. Der würde sich gedemütigt vorkommen, wenn sie darauf bestünde, für ihn zu bezahlen. Sie hatte schon erlebt, daß eher mittellose Männer sich förmlich entmannt vorkamen, wenn Susi, in nüchterner Einschätzung der beiderseitigen Besitzstände, die Zeche bezahlte. Aber als Klausdrei dann bezahlte, machte er doch ein Gesicht, das ihr nicht gefiel. War er irritiert? Porsche, Architekt, wenn auch nicht selbständig. Wenn sie den anschaute, kam sie sich verhärmt vor. Wenn sie zuhörte, wie der drauflosredete, nicht links und nicht rechts schaute, sich für keinen anderen Tisch interessierte! Es gab welche, die aßen mit den Augen an allen umgebenden Tischen mit. Klausdreis Redeschwall und Gestenvielfalt ausgesetzt, kam sie sich wie gestorben vor. Gleichzeitig tat es ihr wohl, das Ziel dieses Aufwands, dieser Lebendigkeit zu sein. Als sie ihm ihre Visitenkarte geben wollte, fiel die zu Boden. Der hechtete hinterher, daß es eine Pracht war. Sie würde ihn *der Schöne Klaus* nennen. Er gab ihr seine Karte nicht. Egal. Der konnte sie zurückrufen, ins Leben zurück. Er war gar nicht so schön, dazu war er zu wulstig, zu uneben, vielleicht sogar zu grobschlächtig, aber sie hatte Lust, ihn *der Schöne Klaus* zu nennen. Als sie bei den Autos angekommen waren, fragte er: Und wann sehen wir uns wieder?

War das nicht auch trostlos! Frauen hatten darauf zu warten, daß der Mann fragt: Wann sehen wir uns wieder? Sie konnte nur antworten: Müssen Sie wissen.

Er: Wie wär's morgen abend?

Sie spürte etwas, das sie das letzte Mal gespürt hatte, als sie achtzehn war. Eine ungestüme Freude, die sie überhaupt nicht verbergen konnte. Er zog sie sofort in seine Arme und küßte sie. Und sie ihn auch. Und hatte noch vor ein paar Tagen gedacht, sie könne überhaupt keinen Mann mehr küssen. Morgen, Sonnabend, hat der Zeit, das heißt doch: der ist wirklich frei. Für dich. Und wie er jetzt so dicht vor ihr stand, mußte sie fragen, wie groß er sei. Einsdreiundachtzig. Sie darauf: Stört dich das nicht, daß ich verheiratet bin und dieses Kind habe.

Und er, unvermindert frisch: Überhaupt nicht. Weil du es mir gesagt hast.

Diese irre Logik liebte sie. Wenn sie es ihm nicht gesagt hätte, hätte es ihn gestört! Dann fuhren sie noch zusammen, bis einer abbiegen mußte. Winken hin, Winken her. Diese Spiele liebte sie.

Am nächsten Tag rief er an: Ob es schlimm sei, wenn er eine Stunde später komme. Ach, überhaupt nicht. Sie hatte doch seit gestern in einer einzigen Gefühlswolke gelebt, hatte sozusagen keinen Fuß auf den Boden gebracht, hatte ihre Musik aufgedreht, bis alle protestiert hatten. Edmund sagte, solange die Kurse an einem Tag mehr fielen, als sie am Tag zuvor gestiegen waren, könne er überhaupt keine Musik ertragen. Höchstens Trauermärsche. Da er ja seine Käufe mit Krediten finanziert habe, könne er jetzt nicht schon beim ersten Anzeichen eines Anstiegs verkaufen.

Was du da sagst, höre ich wie durch eine meterdicke Watteschicht, sagte sie. Sie schwebe, rief sie. Auch Xandra und Conny rief sie zu, sie schwebe. Wie gefallen euch meine Fußsohlen, rief sie, ich schwebe, wahrscheinlich entschwebe ich euch. Für immer.

Conny rief: Ich bin dein Fallschirm.

Am nächsten Abend aß sie mit ihrem *Schönen Klaus* im *BAAN THAI*. Sie hatte den kleinen Thai-Tisch reservieren lassen, hinten, wo man über drei Stufen zu den Tischen kommt, an denen man ohne Schuhe sitzt. Die Füße in einer Art Höhle unter dem Tisch, da können sie einander wie zufällig berühren. Wenn man einander an diesem Tisch nicht näherkommt, kann man es aufgeben, das wußte sie. Aber ihre Füße berührten einander, zuerst wie zufällig, dann zielstrebig. So kamen sie in die Lindemannstraße. Sie versuchte, diesen *Schönen Klaus* ohne bestimmte Erwartungen zu empfangen. Bei Dirk Pfeil hatte sie wahrscheinlich das letzte Mal den Mädchenwunsch gehegt, glücklichste Frau der Welt zu sein. Ein Wunsch, den sie vielleicht nie zu haben gewagt hätte, wenn sie nicht gelesen hätte, daß Liz Taylor sich mehr als einmal als glücklichste Frau der Welt erlebt hatte. Und da Dirk Pfeil eine Burton-Ahnung vermittelte, war Susi ihm gelegentlich mit diesem Wunsch begegnet. Ohne das je auszusprechen. Inzwischen ahnte sie, daß jene Mrs. Taylor die Fähigkeit, sich als glücklichste Frau der Welt zu erleben, einfach hatte, egal, mit wem sie gerade zusammen war. Und vielleicht posaunte die solche Wünsche in die Welt hinaus, weil sie dadurch die Phantasie vieler Frauen beherrschte. Auch Susis. Eine Zeit lang. Nie mehr würde sie sich auf diese Art Kinogesums einlassen. Aber sie hatte sich darauf eingelassen. Und es hatte ihr Spaß gemacht, sich zu prüfen, ob es ihr gelang, sich in diesem oder jenem Augenblick als glücklichste Frau der Welt zu erleben. Es war wie Hochsprung. Die Latte immer noch höher. Bis man schmeißt. Sie hatte immer geschmissen, bevor jenes Weltmeisterglücksgefühl erreicht war. Nein, ganz, ganz anders. Den Glücklichste-Frau-der-Welt-Quatsch hat sie doch nie in den Nächten gedacht. Nur bei André, ihrem Friseur, in der Liz-Taylor-Kulisse, da hat sie sich solches Süßgift reingezogen. In den Nächten war sie immer damit beschäftigt, es den Männern recht zu machen. Und je mehr sie es denen recht machte, desto mehr kriegte sie zurück. Das heißt, du kriegst zurück, was du gibst. Aber eben von einem Mann.

Susi hatte in der Holbeinstraße alles fürs Frühstück vorbereitet, konnte also den *Schönen Klaus* in der Lindemannstraße aufwachen sehen. Vom ersten Augenaufschlag an die reine Na-wie-war-ich-Pose. Susi liebte diese Buben-Pose. Wenn der sich toll fühlte, wußte sie, daß sie es nicht schlecht gemacht hatte. Der *Schöne Klaus* wollte nicht nur ausstrahlen, wie zufrieden er mit sich war, er wollte auch noch einmal hören, wie gut er gewesen war, von Susi hören. Da Susi dachte, daß ihn das zu einer weiteren Runde bringen könnte, erzählte sie ihm den Nachtvorgang so, wie sie ihn inszeniert hatte. Obwohl sie ja, wenn sie einen Mann so lobte, etwas für sich tat, hatte sie manchmal ein schlechtes Gewissen, weil sie sich einreihte in diese Täuschungstradition. Und ihr war es doch immer um so wohler, je näher sie der Wahrheit kam. Wahrscheinlich sind die in Anfeuerungsabsicht lobspendenden Frauen schuld daran, daß Männer sich so bereitwillig überschätzen. Die Frauen sagen, die Männer seien so gut, damit die dann so gut werden, wie die Frauen sagen, daß sie schon sind. Aber meistens läßt sich das nicht herbeireden. Auch beim *Schönen Klaus* war sie nicht – was ja wirklich ihr geheimster Wunsch war – vor Lust gestorben. Aber loben konnte man ihn schon. Und daß er das so gern noch einmal hörte und ein Gesicht kriegte, das man mindestens ein Weihnachtsgesicht nennen mußte, ein Bescherungsstrahlen eben, das tat wiederum ihr gut. Sie wußte, mit dem konnte es weitergehen. Jetzt waren sie vierzehn Stunden zusammengewesen, und keine Peinlichkeit, keine Panne, dafür ein unabsehbares Näherkommen. Sie hatten ja noch den ganzen Sonntag für sich. Sie hatte sich frei genommen. Edmund kochte für Xandra und Conny. Er koche so gern, weil er dabei seiner Mutter nahe sei. Die habe ununterbrochen gekocht. Für einen Mann und sieben Kinder. Und Hilfe habe sie nur von ihrem Jüngsten, von Edmund, geduldet. Seine halbe Kindheit habe er neben ihr am Herd verbracht.

Susi rief schnell an drüben, wünschte einen schönen Sonntag und hörte, daß sie nicht gebraucht werde. Als sie auflegte, hatte Klaus seine Fernabfrage abgehört. Leider eine ganz, ganz blöde Panne. Sein Chef hat sich den Fuß gebrochen, hatte aber heute die für eine Ausschreibung vorbereiteten Papiere und Pläne versandfertig machen wollen. Jetzt rutscht er auf der zu steilen und im Herbst moosigfeuchten Garageneinfahrt aus und bricht sich, weil er ja ohnehin zu dick ist, den Fuß. Helfen kann jetzt von allen Mitarbeitern nur Klaus. Aber ja, sagte Susi, aber klar. Stolz sei sie auf ihren Klaus. Und gestand, daß sie ihn *Schöner Klaus* getauft habe und jetzt hinzufüge: Tüchtiger Klaus. Sie winkte ihm nach, hätte die

Hand am liebsten für immer in der Luft stehen lassen. Sie räumte auf, fuhr nach Hause und sagte denen, sie könne nur bleiben, wenn die einen glücklichen Menschen erträgen. Sollte ihnen ein glücklicher Mensch unerträglich sein, fahre sie sofort zurück in die Lindemannstraße und harre dort selig, bis ihr Liebster wiederkehre.

Xandra und Edmund freuten sich über ihr Glück. Conny sagte: No lot et jot sin on mak keen Jedöns. Daß Conny es nicht ertrug, ihre Mutter glücklich zu sehen, wußte Susi, konnte heute aber darauf nicht Rücksicht nehmen. Ihr Glück bestand ja vor allem darin, daß sie sich selbst überrascht hatte. Sie hatte es nicht für möglich gehalten, daß sie sich je wieder so fühlen könnte, wie sie sich jetzt fühlte. Endlich ein Mann ohne Defizite. Der hat es nicht nötig, gleich zu sagen: Keine Bange, ich betrüge meine Frau immer schon, ich habe sowieso vor, mich scheiden zu lassen.

Susi lag auf ihrem Bett. Edmund telephonierte drunten. Conny versuchte, Xandra einige ihrer Sprüche und Lieder beizubringen.

Susi merkte, wie in ihr die Besitzgier zunahm wie ein Fieber. Sie wollte den *Schönen Klaus* ganz haben. Ganz für sich. Sie würde nach Duisburg ziehen und von dort aus täglich einmal herüberkommen, um nach dem Rechten zu sehen. Wenn sie liebte, wollte sie besitzen. Und diesen Klaus konnte sie lieben. Liebte sie ihn schon? Das wollte sie sich nicht eingestehen, obwohl sie wußte, daß es so war. Dieser wuchtige, gleichzeitig ungeschlachte und doch wieder elegante Kerl, der so gern lachte wie sie! Diese ein bißchen zu frechen Schneidezähne. Und auf dem Kopf ein blondes Gekräusel. Im Grunde ein blonder Neger. Und behaart auch. Und einsdreiundachtzig. Manchmal dachte sie, wenn Edmund behaart wäre, hätte sie vielleicht doch länger gekämpft um ihn. Unsinn. Ihr hatte ja seine Haarfülle auf dem Kopf – und das war und ist geblieben eine Fülle – von Anfang an genügt. Irgendwann mußte sie Edmund fragen, ob bei seinen Einszweiundsiebzig die Haarfülle mitgemessen wurde. Wenn ja, dann war er mindestens zwei Zentimeter kleiner. Die Einsdreiundachtzig von

Klaus waren nicht anzuzweifeln. Sein ganzes Wesen war einsdreiundachtzig. Susi wußte, während sie lag und zur Decke hinaufphantasierte, daß Klaus sie abends noch anrufen würde. Sie hatten nichts ausgemacht. Sie hatte nicht gesagt: Ruf mich, wenn du dieses Zeug versandfertig gemacht hast, noch an. Das muß ihm schon selber einfallen. Und du weißt ja, es wird ihm selber einfallen. Wie er, als er Richtung Mettmann abgebraust war, noch gewinkt hatte, das drückte nichts aus als zärtliches Bedauern.

Am Abend kein Anruf. Susi blieb die ganze Nacht im Wohnzimmer neben dem Telephon. Wie Dirk Pfeil bewachte sie den Apparat so, daß ihr kein Anruf entgehen konnte. Am nächsten Morgen kein Anruf. Jetzt kam es nicht mehr darauf an, ob sie sich, wenn sie anrief, etwas vergab. Sie rief an. Kein Anschluß unter dieser Nummer. Noch einmal. Seine Zuschrift in der Hand. Und gewählt. Kein Anschluß ... Ihr würde es nicht schwindlig werden. Hinaus auf die Terrasse. Bück dich nach den Blättern. Zerreib eins. Riech. Tat ihr gut, dieser herbe Geruch. Daß man so unvollkommen ist allein. Und das alles nur, damit diese ganze Chose nicht ausstirbt. Dafür müssen alle leiden, leiden, leiden. Ob das nicht unverhältnismäßig ist?

Den ganzen Vormittag kein Anruf. Sie mußte sich ablenken, Dr. Schemel fragen, ob Conny einmal eine Zeit lang bei ihm volontieren dürfe. Zuschauen eben und ein bißchen tätig sein. Dr. Schemel sagte: Kein Problem. Conny reagierte mit Freudentänzen, drückte ihre Mutter so an sich, daß die rief: Du machst mir Brustkrebs, Häsken. Und besieg' ihn, rief Conny.

Susi marschierte durch die Wüste. Warten ist: ohne Wasser durch die Wüste. Aufgeben, weitermachen, dir etwas vormachen, dich anlügen, nicht glauben, was du doch weißt, aber nicht glauben kannst, weil es unglaublich ist, das kann doch gar nicht sein, daß der nicht mehr anruft. Nach allem, was war, gesagt wurde, getan wurde. Hildchen Tönnissen, die mitkriegte, wie Susi litt, bot ihr Ulli, den Prügler, an. Er sei zwar, seit er trinke, nicht mehr so wild, aber einen Duisburger schaffe er immer noch. Zum ersten Mal schrie Susi Hildchen an. Zum ersten Mal schrie sie überhaupt eine ihrer Frauen an. Hildchen entschuldigte sich. Susi stürmte hinunter ins Kleine Apartment. Phantasie. Mein Gott, hier war Phantasie gefordert. Das muß sie sich doch vorstellen können, was alles den hindern kann, anzurufen. Los, zähl die dafür bereitstehenden Wirklichkeiten auf. Aber am Dienstagnachmittag konnte sie nicht mehr. Nicht mehr atmen. Nicht mehr sitzen, nicht mehr liegen, nicht mehr gehen. Sie mußte tätig werden, sonst erstickte sie. Edmund, der seinerseits nichts anderes mehr tun konnte, als die immer wieder absackende Kurskurve zu verfolgen, übersah nicht, wie es ihr ging. Wenn ich mich jetzt nicht rühre, sagte Susi, zergeh ich. Sie müsse sich rächen, wie sie sich noch nie gerächt habe. Edmund wollte warnen. Sie brüllte ihn an, rannte hinaus, fuhr hinunter und hinüber in die Lindemannstraße und kniete aufs Sofa, ins Sofa. Sie konnte nicht mehr sitzen, nicht mehr liegen. Wenn sie doch eine Fledermaus wäre und schmerzlos irgendwo an einer dunklen balkenreichen Decke hängen würde und nie mehr hinunter müßte auf Menschenniveau ...

Verlier dich nicht, Suse. Sie konnte ja speichern. Was jemand zu ihr gesagt hat, kann sie abrufen. Das kann sie, auch wenn sie nicht besonders aufmerksam zugehört hat. Da geht es ihr fast wie Conny, die als Aufnahmegerät unübertrefflich war. Also, was hat der alles gesagt? Wohnt in Duisburg, einem Hotel gegenüber, direkt vor seiner Tür ist vor zwei Jahren eine Achtzehnjährige ermordet worden. Susi hatte ihm ihre, er hatte ihr keine Visitenkarte gegeben. Schon auf der Straße hatte sie noch lachend gesagt: Und ich weiß noch nicht mal deinen Namen. Ein sehr profaner Name, hatte er gesagt. Ich will ihn trotzdem wissen, hatte sie gesagt. Wenn du nicht da bist, möchte ich mit deinem Namen schlafen, hatte sie gesagt. Er: Schneider. Ist doch wunderbar, hatte sie gerufen. Also Klaus Schneider, Porsche 911 Targa, plus Nummer.

Der Beamte fand das nur noch lustig, daß eine Anruferin glaubte, im Zeitalter des voll entwickelten Datenschutzes über eine Autonummer an eine Adresse zu kommen. Weil sie merkte, daß der Beamte diese ganze Datenschutzhysterie für eine dekadente Maßnahme zum Schutz der Schwerverbrecher vor der Verfolgung durch das Gesetz hielt, stieg sie da ein und überbot ihn und seinen Zorn. Nach einer halben Stunde erfuhr sie, daß der Porsche auf den Namen einer Frau zugelassen sei. Aber noch mehr zu sagen war dem Beamten wirklich nicht möglich. Eins war jetzt klar. Auch wenn sie den 911 in Duisburg entdeckt, sie kann ihn nicht anzünden, wenn er gar nicht dem Klaus-Schwein gehört. Zur Polizei also. Vor welchem Haus in Duisburg wurde vor zwei Jahren eine Achtzehnjährige ermordet. Revier-Datenschutz. Als drüben in der Holbeinstraße alle ihrer Ratlosigkeit zuschauten, sagte Conny: Das Muttertier findet immer einen Weg. Und in dem Augenblick blitzte es in ihr. Frau Thomasius, Conny, Xandra, ich hab's, rief sie. Und rief Edmund an, daß er wisse, noch heute abend werde er eine Erlöste vorfinden. Ganz langsam fuhr sie zum Revier. Zu ihrem Revier in der Lindemannstraße. Ein Revier, so abgenutzt und öde wie alles in dieser Straße. Die Kirche nicht ausgenommen. Wenn sie den Kerl mit Hilfe der Polizei aufgetrieben hat, kann sie immer noch Hildchens Ulli einplanen. Gezielt einplanen. Die Schneidezähne als Ziel. Daß diesem viel zu leicht Lachenden das Lachen einmal verginge.

Der Beamte sagte: Nun erzählen Sie mal den Hergang. Sie sprang auf, zeigte auf die Bank neben der Tür, auf der gerade niemand saß. Hören Sie mal, rief sie, ich erzähl Ihnen das und bis ich durch bin, sitzt hier die ganze Bank voll Klientel. Ich bin ja nicht prüde, aber das vor Leuten, nein danke.

Um was geht es denn?

Diebstahl.

Wieviel?

Der spannte den Bogen ein, zog aber zuerst noch seine Jacke aus. Überheizt, sagte er. Ein zweiter kam herein, in Zivil, setzte sich an seinen Schreibtisch.

Gut dreitausend, sagte Susi, habe sie im Portemonnaie gehabt, gut zweitausend waren dann weg. Sie ist einmal ins Bad gegangen, zur Toilette und um sich zu waschen. Erst am Vormittag, als der Mann abgefahren war, habe sie entdeckt, daß sie bestohlen worden war.

Bevor Susi beginnen konnte, mußte sie noch einer Fliege zuschauen, die über die Schreibtischfläche lief, stehenblieb, offenbar auf dieser blanken Fläche noch etwas Genießbares fand, weiterlief. Den Beamten schien die Fliege spät im November nicht zu stören. Eine Fliege im November. Die krabbelt dem Beamten richtig vors Gesicht. Nicht zu Susi hin dreht sie sich, sondern zu dem Beamten. Und wetzt ihre Flügel. Oder waren's die Vorderbeine? Der Beamte hatte bemerkt, daß Susi die Fliege beobachtete. Jetzt beobachtete er sie auch. Und zwar so, daß Susi das Gefühl hatte, wenn sie den im Auf-die-Fliege-Starren nicht störe, starre der da hin bis zu seiner Pensionierung. Andererseits, das spürte sie auch, hatten sie jetzt etwas gemein: das Interesse am Leben dieser Novemberfliege. Daß auch der Beamte nicht daran dachte, die Fliege zu töten, war schon klar.

Also, sagte Susi.

Ja, sagte der Beamte und sah wieder Susi an. Wann etwa sie mit dem geschlafen habe.

Sie: Entschuldigen Sie, wenn man drei Jahre lang keinen Mann gehabt hat, wann schläft man dann mit ihm?

Der in Zivil sagte herüber: Du stellst aber auch Fragen.

Na ja, sagte Susi einlenkend, beantworten läßt es sich schon. Unmittelbar nachdem die Tür zugefallen war. Und sagte den beiden schnell ihr Erfahrungsgedicht auf, damit die erstens wüßten, mit wem sie's zu tun hatten, zweitens etwas dazulernten, was sie – beide nicht über fünfunddreißig – in ihrem späteren Leben beruflich und privat gebrauchen konnten. So sprach dann Susi, die Pädagogin: Das schönste ist ja die Übereinstimmung. Sie erlebe Übereinstimmung als Zustimmung. Einem anderen ganz und gar zustimmen können. Daß nur noch dessen Meinung und Person übrig bleibe. Aufgehen im anderen. Sich zu eigen machen, wie und was der denke und sei. Sie sei dann endlich nicht mehr sie selber, sie erlebe alles wie der. So erlöst zu sein von sich, das sei das, was

Liebe zum Einzigschönen überhaupt mache. Nachher sei es eine traurige Rückkehr in die eigene Person.

Pause. Tickte da eine Uhr? Nein, die Uhr an dieser seit hundert Jahren grünlichen Wand tickte überraschenderweise nicht.

Dem Beamten blieb nichts übrig als zu sagen: Name?

Susi: Da ihm, wie ich herausgekriegt habe, das Auto nicht gehörte, war Schneider sicher auch nicht sein richtiger Name. Daß er Klaus heißt, ist sicher. Der kann gar keinen anderen Vornamen haben als Klaus. Mit Klaus kenn ich mich aus. Sicher kein Architekt. Alles längst erfundene, oft verwendete Geschichten, der Chef bricht den Fuß und so weiter, um eine leichtgläubige, vertrauensselige, eher naive als raffinierte Frau fortgeschrittenen Alters nach Strich und Faden hereinzulegen und dann auch noch zu bestehlen. Sie merkte, daß beide Beamten ihr nicht ohne Teilnahme zuhörten. Plötzlich wurde ihr klar, und sie sagte es den Beamten, daß dieser Klaus so versessen darauf war, ihre Visitenkarte zu bekommen, zeigt, daß er ein Sammler ist, der hat daheim eine Pin-Wand, da pinnt er die Weibertrophäen drauf und beleuchtet sie schräg und schaut, einen Whisky in der Hand, stolz und selig auf seine Trophäensammlung.

Zuletzt senkte Susi ihren Blick wieder. Die Fliege saß immer noch da. Immer noch zum Beamten hin gewendet. Susi wurde es heiß. Die wußte Bescheid, diese Fliege. Die saß nur hier, um zu bezeugen, daß Susi Gern gelogen hatte. Susi mußte schnell wieder den Beamten anschauen, daß der nicht noch einmal auf die Fliege schaute und plötzlich die Fliegensprache verstand, wie Susi sie jetzt verstand.

Also, sagte Susi.

Ja, sagte der Beamte und schob Susi das Protokoll zum Unterschreiben hin. Da gab die Fliege auf. Susi wurde wieder ruhiger. Sie durfte unterschreiben, ohne daß ihr ihre Aussagen noch einmal vorgelesen wurden. Es war deutlich, daß es ihr erlassen wurde, diesem für sie so peinlichen Vorgang ein weiteres Mal ausgesetzt zu sein. Dann schüttelten beide Susi die Hand, sprachen ihr gut zu, den Burschen Klaus X schaffen sie her, darauf kann sie sich verlassen.

Bevor Susi ging, schaute sie noch einmal auf die Schreibtischplatte. Die Fliege war weg. Gott sei Dank.

Als Susi ins Freie kam, schien die Sonne hellgrell durch die so gut wie laublosen Bäume. Und das war zum Abheben schön, die endlose Doppelreihe der Bäume. Hell gefleckt, Stämme und Äste. Die Lindemannstraße, eine Licht- und Schattenallee. Ein Lichtspiel, dem Susi jetzt zuschauen mußte. Die Namen dieser gewaltigen Bäume wußte sie nicht. Daß die Kö von Kastanien bewacht wird, weiß sie natürlich. In der Tiergartenstraße die einzige Pappel grüßt sie jedesmal, wenn sie vorbeifährt. Birken kennt sie auch. Dann hat sich's. In der Holbeinstraße, die fast mehr blauen als grünen Nadelbäume mit ihren weit über die Gartenzäune herausschwingenden Ästen kennt sie dem Namen nach nicht, aber sie kennt jeden einzelnen Baum an seinen besonderen Ästen. Mit Namen hat sie's nun einmal nicht.

Bevor sie in ihr Auto stieg, begegnete ihr ein Mann, zu dem ihr nur das Wort Niveau einfiel. In den letzten Tagen hätte sie bei jedem Mann, dem sie begegnete, vor Ekel aufheulen können. Diesen Niveaudarsteller hätte sie jetzt am liebsten umarmt, geküßt, an sich gedrückt.

Im Auto, sofort Musik. Dionne Warwick. Und daheim denen zugerufen: Ich bin wieder lebendig, die werden den suchen und sie werden ihn finden. Es lebe die Polizei.

Der ächzenden Frau Thomasius, die ihr, als Susi aufgebrochen war, viel Glück gewünscht hatte, mußte Susi, weil Frau Thomasius das verdiente Geld erst am Monatsende wollte, ganz schnell fünfzig Mark extra in die Hand drücken. Gedacht hat sie dabei: Weil ich die zwei Beamten so angelogen habe.

Keine acht Tage später der Anruf. Nicht vom liebenalten-häßlichgemütlichen Revier im Viertel, sondern vom Jürgensplatz. Das heißt: aus dem Polizeipräsidium höchstselbst. Am Apparat Frau Kommissar Fietkau. Susi durfte sagen, wann es ihr am besten passe. Jürgensplatz 5, Zimmer 313, 10 Uhr 30 bis 12 Uhr 30.

Am nächsten Tag saß sie für zehnuhrdreißig parat auf der Bank im Gang, eine blonde Korpulente kam und fragte nach Susis Begehr.

Frau Kommissarin Fietkau.

Sie können gleich mal mitkommen, sagte sie.

Susi war extrem langsam gefahren von der Holbeinstraße zum Jürgensplatz. Eine Kommissarin! Das Gebäude dort kannte sie. Das blitzte nur so vor Frische, Härte und Kraft. Einerseits vertraueneinflößend, andererseits einschüchternd.

Im Zimmer noch eine zweite Beamtin. Wahrscheinlich auch Kommissarin. Jetzt merkte Susi erst, wie leicht es gewesen war, vor den zwei Männern die Rolle der Hereingelegten und Bestohlenen zu spielen. Das hatte richtig Spaß gemacht. Aber wie die Korpulente sich auf ihren Drehstuhl fallen ließ und dann auch noch nach hinten wippte! Zuerst wurde Susi aufgeklärt: Ab zweitausend müsse die Behörde tätig werden, darunter nicht. Es seien doch zweitausend in der Geldbörse gewesen.

Mehr als dreitausend, sagte Susi. Über zweitausend in Hundertern und noch ein Tausender, der steht ein bißchen drüber raus über den Portemonnaierand, den habe er dringelassen, wahrscheinlich weil er gedacht habe, daß sie, wenn der Tausender fehle, schon beim bloßen Hinschauen bemerkt hätte, daß sie bestohlen worden sei.

Frau Fietkau sagte zur Kollegin hinüber: Ham wir schon mal so viel Geld im Portemonnaie gehabt. Beide Kommissarinnen lachten. Susi hatte das Gefühl, sie hätte den Tausender besser weggelassen. Auch dieses Büro war überheizt. Susi machte den Mantel auf. Ziehen Sie doch Ihren Mantel aus, sagte die Kommissarin. Also, Gottschling heißt der Porsche-Fahrer. Gottschling Klaus, Dekorateur im Kaufhaus, Alter zweiundvierzig. Der Porsche war von einer Freundin. Über die haben sie den Herrn aufgespürt. Frau Fietkau hat ihn selber verhört und hat erfahren, daß es Herrn Gottschlings Hobby sei, Zeitungen zu durchsuchen nach Annoncen dieser Art. Und mehr als ein Hobby ist es, schon eher ein Prinzip, daß er mit jeder Frau nur ein einziges Mal schläft. Maximal zweimal, aber öfter wirklich nie. Auf dieses Prinzip sei er, das sei deutlich genug geworden, richtig stolz. Betont habe er, daß das kein Prinzip um des Prinzips willen sei, sondern eine

Konsequenz aus gemachter Erfahrung. Schon das zweite Mal sei meistens nur eine schwache Wiederholung des ersten Mals. Und Wiederholungen hasse er. Sein Feind heiße Langeweile. Wenn er, ein erfolgreicher Schaufensterdekorateur, anfange sich mit Wiederholungen abzufinden, könne er einpacken.

Allmählich bemerkte Susi, daß sie auch diese zwei Kommissarinnen auf ihrer Seite sehen konnte. Frau Fietkau nannte Klaus fast nie beim Namen, sie sagte offenbar lieber: Dieser Herr.

Ist Frau Gern schon im Lokal zur Toilette gegangen, kann dieser Herr sich da schon Einblick in ihre Handtasche verschafft haben und auch ins Portemonnaie?

Das war ein hervorragendes Stichwort für Susi. Was sie jetzt sagen müsse, könne sie nur vor Beamtinnen sagen. Sie sei jetzt richtig froh, daß sie bei zwei weiblichen Kommissaren aussagen könne.

Als Susi sich so lügen hörte, wunderte sie sich nicht. Sie kannte geborene Lügnerinnen. Heimchen Pudlich etwa. Die belog Edmund Tag und Nacht, nur um gemeiner Vorteile willen. Das würde Susi nie tun. Aber um sich an diesem Klaus Gottschling zu rächen, konnte sie, die Lügen verabscheute, lügen wie eine geborene Lügnerin. Also, ihre Gebärmutter, sagte sie mit einem fast scheuen Zögern, die müsse sich in letzter Zeit verlagert haben. Anders könne sie sich nicht erklären, warum sie neuerdings manchmal Schwierigkeiten beim Pipimachen habe. Nicht immer, aber gelegentlich doch. Dann helfe nur, Pipimachen im Stehen. Aber da auf der Toilette im *BAAN THAI* ging es auch im Stehen nicht. Also blieb nichts übrig, als sich zu sagen: Du schaffst es auch noch bis nach Hause. Zurück an den Tisch, die Tasche lag noch auf der Bank auf ihrer Seite des Tischs. Er hätte sich da also richtig rüberbeugen müssen. Hat er sicher nicht getan. Dann nach Hause, sie zuerst mal aufs Klöchen und richtig Pipi gemacht. Mit einem Mann ins Bett und die Blase voll, geht ja wohl nicht. Hat ja auch nicht gleich geklappt, das Pipimachen, aber dann doch. Also das hat sicher gedauert, bis sie da wieder zurückkam ins Zimmer.

Frau Fietkau, die gut zehn oder fünfzehn Jahre jünger war, sah Susi jetzt voller Empfindung an. Von diesen Klo-Details soll Susi, sagte sie, wenn sie vorgeladen werde, nichts sagen. Die bei Gericht, wahrscheinlich doch Männer, würden Susi, wenn sie so ins Detail gehe, auseinandernehmen, als wäre Susi die Beschuldigte. Susi könne so lange auf dem Klo sein und gewesen sein, wie sie wolle. Susi könne, wenn es ihr Spaß mache, stricken auf dem Klo!

Donnerwetter, wo sind wir denn. Dann lachten sie, die beiden Kommissarinnen und Susi.

Als Susi heimwärts fuhr, ließ sie My way laufen und sang inbrünstig mit. Sie hatte ein Recht auf ihren Weg. Allein dieser scheiß Datenschutz war schuld an dieser elenden Lügerei. Hätte der auf dem Amt für öffentliche Ordnung ihr ordentliche Auskunft gegeben, hätte sie ihre Rache zwar auch auf ihre Art, aber ohne Lug und Trug vollbracht. Sie konnte lügen. Aber sie log nicht gerne. Das merkte sie jetzt. Ganz elend war es ihr. Sie stoppte Sinatra. Fuhr noch langsamer. Ein Ärgernis für das ganze mobile Düsseldorf, dieser elend langsam quer durch die Stadt heimkriechende, bordeauxrote Porsche 911. Ja, Leute belügen ist keine Kunst. Aber doch nicht Leute, die so nett sind zu einem. Leute belügen, die einem alles glauben, das ist furchtbar. Da möchte man doch am liebsten sagen: Wissen Sie, das stimmt alles gar nicht. Aber das durfte sie nicht. Sie mußte lügen, auf daß Gerechtigkeit geschehe.

Auf dem Heimweg fiel ihr ein, wie dieser Kuß zu bewerten sei, den er ihr noch oben in der Wohnung gegeben hatte. Das war ein liebevoller Kuß gewesen. Ganz und gar liebevoll. Zärtlich. Ein Abschiedskuß. Er hatte gewußt, daß er nicht mehr kommen würde. Er hatte sie geliebt. Aber es hatte ein Abschied sein müssen. Der Abschied hatte ihm wehgetan.

Sie brauchte dringend einen Termin bei Dr. Hornfeck. Nachmittags bitte, als Letzte. Als sie Dr. Hornfeck gegenübersaß, merkte sie, daß der glaubte, sie komme wegen Ksenija. Er habe noch nichts gehört aus Grafenberg. Könne auch gar nicht anders sein. Die pumpen die zuerst mal mit Haldol voll. Viel mehr können sie bei so einer akuten Psychose gar nicht tun.

Susi merkte, daß sie sich sofort ausgesöhnt fühlte mit Ksenija. Nicht böse, krank! Das war's. Jetzt mußte sie Ksenija nachrennen, das spürte sie. Alles tun für Ksenija, was sie konnte! Aber zuerst Dr. Hornfeck gestehen, warum sie gekommen war. Sie war gekommen, um ihm alles zu sagen. Mehr als der Polizei, mehr als der Familie, mehr als sich selbst. Sie wußte, daß Dr. Hornfeck ihr gegenüber kein Blatt vor den Mund nehmen würde. Wenn er auf das, was sie gegen diesen Gottschling angeleiert hatte, reagierte, wußte sie, wie sie dran war mit sich. Dr. Hornfeck gratulierte ihr. Wenn ich Sie nicht schon vorher geliebt hätte, rief er, würde ich Sie jetzt lieben! Endlich eine Frau, die zurückschlägt! Sein letzter Satz: Halten Sie durch, Frau Gern. Und daß er jederzeit für sie anrufbar sei.

Die Hochstimmung, mit der sie Dr. Hornfeck verließ, hielt sich nicht. Sie wußte nicht, warum. Die beiden Scheiben, die Dr. Hornfeck gerade in wohligste Übereinstimmung gebracht hatte, drifteten auseinander. Eines hatte sie auch Dr. Hornfeck nicht gestanden: Sie wollte diesen Klaus wiedersehen, ihn wieder haben, sich an ihm rächen, aber ihn auch lieben, beides gleichermaßen. Wie das gehen sollte, wußte sie nicht. Sie war rachsüchtig. Aus Prinzip *einmal*! Maximal *zweimal*! Bei ihr hatte also einmal gereicht. Sie betrachtete einen Mann, den sie liebte, als Eigentum. Sogar danach noch. Wenn ihr auf der Straße jemand zurufen würde, ob sie wisse, daß Lotfi inzwischen verheiratet sei in Tunesien und zwei Kinder habe, dann wüßte sie, daß sie nie mehr nach Tunesien fliegen würde. Sie gönnte dem doch die Frau und die Kinder, aber weh tat es schon.

Aber Herr Gottschling war zum Glück ein anderer Fall. Der mußte, bevor an Liebe zu denken war, gestraft werden. Gestraft wie noch nie einer von ihr gestraft worden war.

Zu Hause verzog sie sich sofort ins Kleine Apartment und dort in Edmunds Sesselburg. Zog die Beine an, umfaßte ihre Knie und ließ ihre Vergangenheit zu. Bin ich eine rachsüchtige Frau? Oder will ich nur Gerechtigkeit? Es gibt kein Gesetz, das einer mißhandelten Frau Gerechtigkeit verschafft, also muß sie sich die selber verschaffen. Daß sie nicht krankhaft rachsüchtig war, konnte sie sich beweisen. Sie wollte alles sein, nur nicht krankhaft. Arme Ksenija, nicht so wie du. Dann abgeholt werden, weggeschlossen werden. Bitte, wie hieß er noch, mein Gott, natürlich, Klaus, es war überhaupt der erste Klaus, den hatte sie, als sie den Gottschling zum Klausdrei ernannte, vergessen gehabt. Gottschling war also Klausvier. Klauseins, ein nichts als schlanker Kellner in der Altstadt. Sie hatte ihm durch grotesk hohes Trinkgeld zu verstehen gegeben, daß sie ein Interesse haben könnte an so einem flinken, jede Bewegung übertreibenden und die Lippen lieber zum Pfeifen als zum Sprechen gebrauchenden Kellnerkerl. Er pfiff nicht wie dann Dirk Pfeil beim Rasieren. Er drückte nicht durch Pfeifen aus, daß er sich wohlfühle bei Susi und daß er Susi liebe. Er pfiff aus einer Art genereller Wurschtigkeit. Das gefiel ihr auch. Sie wollte nicht schon wieder allein im Urlaub herumhängen. Conny war für drei Monate in South Dakota bei den Sioux. Also ab mit diesem Klaus nach Spanien. Die erste Schwierigkeit: Er sei ein Nachtmensch. Kellner, also bitte. Sie, kein Nachtmensch. Oder höchstens einmal in der Woche. Also essen sie abends zusammen, sitzen ein bißchen, dann geht er noch aus. Zweite Schwierigkeit: Sein Ideal sei eine Frau wie Leslie Caron. Er pfeife ja ununterbrochen deren Lieder vor sich hin oder, wenn das gerade nicht am Platze sei, in sich hinein. Susi müsse wissen, tritt Leslie Caron in sein Leben oder eine Frau wie Leslie Caron, dann ist er weg, und zwar von jetzt auf gleich. Als er das bekannt gab, hat Susi geweint. Sofort geweint. Von heute aus gesehen glückliche Zeiten. Da konnte sie noch weinen. Als sie nicht mehr weinen konnte, mußte sie sich aufs Rächen verlegen. Der ging also schon nach zwei, drei Abenden allein aus. Und kam in der vierten Nacht nicht mehr ins Hotel. Leslie Caron war erschienen. Mit Susi wollte er nur noch abendessen. Sie sagte: Wir buchen um, du bist mit mir hergeflogen, du fliegst mit mir zurück, aus Prinzip. Du kannst in Düsseldorf mit der nächsten Maschine hierher zu deiner Leslie fliegen, aber zuerst mit mir nach Düsseldorf. Er behauptet: Umbuchen, unmöglich. Also besorgte sie sich ein neues Ticket, setzte sich, als er noch schlief, ins Taxi, und flog ab. Schon schön, wie man sich helfen kann mit nichts als Geld. Und dachte weiter. Als unten Düsseldorf auftauchte, wußte sie, wie sie mit diesem Klaus fertig werden mußte. Ihr war es wohl, als sie ihre Stadt sah. Düsseldorf, das Rheinknie im Bauch. Es war ihr, als spüre sie selber das Rheinknie im Bauch. So lebendig, wie sie sich jetzt, als das Flugzeug sank, fühlte, wollte sie immer bleiben. Sofort, vom Flughafen aus, rief sie den an.

Der: Ja, was, du bist in Düsseldorf!

Sie: Was glaubst du, wie viel Geld du noch brauchst für den Urlaubsrest? Das Zimmer war ja bezahlt. Was er sonst brauchte, hatte sie ihm täglich in die Hand gegeben, inklusive Finanzierung seines Nachtlebens. Also, wie viel braucht er für die verbleibenden Tage und Nächte. Sie überweist ihm das noch heute, telegraphisch. Er druckste herum, glaubte, sie mache sich lustig über ihn. Dann kriegte er doch noch eine Zahl heraus. Noch vom Flughafen aus ging das Geld an ihn ab. Den Grund für diese Großzügigkeit sagte sie ihm nicht. Er hatte einmal beim Frühstück zu ihr gesagt: Wenn wir ein paar Wochen auseinander sind, und mich fragt einer, wer ist Frau Gern? dann sag ich, Frau Gern, wer ist jetzt das wieder?

Wenn sie es jetzt überlegte, kam es ihr vor, als sei das auch damals schon eine Art Rache gewesen. Sie hatte es ihm erschweren wollen, ihm unmöglich machen wollen, sie zu vergessen. Nichts anderes wollte sie jetzt. Klausvier sollte sie nie mehr vergessen. Die Schneidezähne. Ja, die mußten dran glauben. Susi ahnte, daß der vom Gericht nicht groß gestraft werden würde. Sie mußte zumindest bereit sein, selber für Gerechtigkeit zu sorgen.

Als sie hinaufkam, hörte sie, wie Conny Xandra einen Vortrag über den Umgang mit kranken Tieren hielt. Sie glaube, Dr. Schemel, ihr Chef schätze sie inzwischen mehr als seine zwei langjährig ausgebildeten Assistentinnen. Sie habe einfach ein Händchen für kranke Tiere. Für Katzen sowieso, aber auch für Hunde. Wenn sie die Tierchen halte, brauche man keine Narkose. Was an Tieren in der tierärztlichen Praxis gefrevelt werde! Spritze, Vollnarkose, röntgen, also eine

Mißhandlung nach der anderen. Wenn sie so ein Hündchen in die Hände nehme, wird die Narkose überflüssig ... Susi hörte gerührt zu. Sie gratulierte ihr.

Xandra fragte: Und wann krieg ich 'n Hund.

Conny erklärte ihr, daß man für ein Tier erst reif sei, wenn man es nicht mehr als Spielzeug ansehe, sondern als ein Lebewesen, mit dem man zwar zusammenlebe, das man aber nicht als Besitz betrachten dürfe. Als sie das aufgesagt hatte, sah Conny ihre Mutter an, die bestätigte ihr, daß sie das richtig gesagt habe. Sie habe sich vorgenommen, in der Praxis von Dr. Schemel dafür zu sorgen, daß Tiere menschenwürdig behandelt werden.

Edmund kam. Grüßte und ging weiter in die Bibliothek. Dahin durfte ihm niemand folgen. Auch Susi mußte an der Tür, wenn sie eintreten wollte, eine Art Zustimmung erwirken. Das tat sie. Edmund hatte sich nicht an seinen zierlichen Schreibtisch gesetzt, sondern auf das ebenso zierliche Sofa. Er winkte ihr, sie solle sich setzen. Sprechen konnte er offenbar nicht. Nur immer wieder schnell den Kopf schütteln. So als sei es nicht er, der den Kopf schüttle, um das und das auszudrücken, sondern irgend etwas schüttle seinen Kopf, krampfartig. Er konnte offenbar nichts tun dagegen. Und sie hätte ihm so gern erzählt: Polizeipräsidium, Dr. Hornfeck ... Aber er war unansprechbar. Sein zu großer Mund war seiner Kontrolle offenbar entglitten. Die schwere Unterlippe hing weg wie sonst nur bei Andreas. Sein Knabengesicht, das Mr. Warhol auch auf massiv vorgetragenen Wunsch nicht hatte in ein Männergesicht ummalen können, war jetzt verwüstet, aber auch als verwüstetes immer noch ein Knabengesicht. Wegen dieser unausrottbaren Knabenhaftigkeit sah ja der zwei Jahre ältere Edmund in der Warhol-Version zehn Jahre jünger aus als ihr Warholportrait. Sie, eine augen- und lippen- und halsstarke Frau, er der ewig brave, dem Leben nur entgegensehende Knabe.

Was ist denn passiert, sagte Susi.

Keine Regung verriet, ob er sie überhaupt gehört habe. Lieken, sagte sie, sag doch.

Sie sah, die Zeit, da Edmund jeden Tag mit noch mehr Englisch hereingetanzt war und How the fuck are you, gerufen hatte, war vorbei. Ganz gemütlich hatte er dann immer beim Frühstück gegrinst, nachdem er gesagt hatte:

How come he makes a billion dollars and I don't.

Jetzt schien sein Kopf so schwer zu sein, daß er ihn nicht mehr heben konnte. Nur noch die Augen konnte er heraufdrehen, als er sagte:

Weißt du, was notleidende Kredite sind?

So, wie sich Susi jetzt fühlte, fühlt sich der Seiltänzer. Er muß daran glauben, daß er nicht stürzt. Sein ganzes Gewicht ist in den Fußsohlen. Und redete drauf los: Wenn ein Mann nicht mehr glaubt, was ich ihm sage oder gesagt habe, muß ich neue Beweise bringen, unwiderlegbare Beweise, daß er mir wieder glaubt, wieder an mich glaubt.

Nur daß du leichter Beweise herschaffst als ich Sicherheiten für meine Kredite, sagte Edmund.

Ich dachte, du hast den Bankern die Aktien verschrieben, sagte Susi. Eben, sagte Edmund, wenn die Aktien aber immer weniger wert sind, decken sie die Kredite bei weitem nicht mehr, dann leiden die. Susi sagte, sie habe das Gefühl, bis Weihnachten stiegen die Aktien ganz gewaltig. Ja, sagte Edmund, wenn der Sultan von Brunei seinen Frauen zu Weihnachten Aktienpakete schenken würde, tut er aber nicht, der verstockte Muselman, der er ist.

Susi wußte nichts Aufmunterndes mehr.

Ach, Schnucke, sagte er, wenn das gut ausgeht, darfst du dir etwas wünschen. Aber es muß schon etwas sehr Ausgefallenes sein. Irgend etwas, was uns in die Luft wirbelt und nicht mehr so schnell herunterkommen läßt.

Da komme er ihr gerade recht, sagte sie, in der Immermannstraße, sie müsse da immer wieder an einem Schaufenster vorbeigehen, da sei ein ...

Edmund rief, nichts sagen, nicht jetzt, nicht, solange seine Aktien noch Not litten. Das muß sie sich einmal durchs Gemüt ziehen lassen: sein Freund und Mentor, der Börsenguru Bruce Perelman, ist verschwunden. Aus London verschwunden und in der Wall Street nicht angekommen. Seit vier Tagen. Beim letzten Gespräch klang seine sonst frischlebendige Stimme wie etwas, das sich nur noch schleppt. Achtzig Leute habe Salomon-Brothers schon gefeuert. Und kein Ende. Anno Neunundzwanzig, hat Bruce gesagt, haben sich die Broker aus den Fenstern gestürzt. Im Herbst Siebenundachtzig stürzen sich die Computer aus den Fenstern. Das ist die Lage, Schnucke, unsere Lage.

Susi sagte: Verlaß dich auf mich, bis an Weihnachten sind die Kurse in himmlischen Höhen. Sie hätte ihm so gern erzählt, wie sie vor zwei Kommissarinnen bestanden und daß Dr. Hornfeck ihr gratuliert habe.

Edmund sagte, er genieße Susis Selbstbeherrschung. Sie glühe ja förmlich vor Lust, ihm mitzuteilen, was sie heute erlebt habe. Das sei eben das Niveau ihrer Ehe, sie pfeift ihre Erlebnisse zurück, weil sie sieht, ihr Mann könnte zum ersten Mal in seiner, in ihrer gemeinsamen Geschichte, Bodenhaftung einbüßen. Aber eben darum sei sie jetzt dran, er brauche jetzt ganz dringend Susis Bericht über den vergangenen Tag. Susi berichtete ausschmückend. Mündend in einer Vision: Herr Gottschling wird im Gerichtssaal zu Düsseldorf auf seine natürliche Größe zurückgeschraubt. Kann sein, daß er sich dann fremd vorkommt. Je nachdem, wie er dann dasteht, wird Susi entscheiden, ob ihr das Urteil des Gerichts genügt oder ob sie die Strafe noch ein bißchen salzen müsse. Sie ist ein Sonntagskind, ihr wachsen, wenn sie liebt, Flügel. Jedesmal ganz neue, ganz reine Flügel. Und der hat ihre Flügel beschmutzt. Die Flügel können verbraucht werden, alt werden, unscheinbar werden, aber sie dürfen nicht, kaum daß sie gewachsen sind, so frech beschmutzt werden. Das kann sie nicht hinnehmen. Dafür büßt der.

Oh, du Kriemhilde du, sagte Edmund. Er wisse, Rache sei immer schon ein weibliches Geschäft gewesen. Und Susi sei mindestens Medea und Kriemhild in einer Person. Er, als ihr Zuschauer, wisse, daß sie, wenn sie sich an einem Mann räche, dem durch Rache näherkomme als je vorher im Bett. Sie hat einfach mehr davon, Rache zu nehmen, als beizuschlafen.

Von den paar Männern, an denen sie sich aus Nachlässigkeit, Erschöpfung oder Vergeßlichkeit nicht gerächt habe – denn verdient hätten's ja alle gleichermaßen – sei sie ja dann auch nie ganz weggekommen. Ohne Rache finde sie einfach keinen Schluß. Und er habe ihr bis heute nie reingeredet in ihre Feldzüge, diesmal aber rede er rein. Das heißt, er muß ihr einfach sagen, was ihm zu ihrem neuesten Rachekrieg einfällt. Sie will ihren dritten oder vierten Klaus wiedersehen. Und es fällt ihr nichts anderes ein, als ihn durch die Polizei vorführen zu lassen. Ihr ist alles recht, wenn sie ihn nur wiedersieht. Sie hofft, dieser Herr Gottschling – schon der Name sei ja eine Falle – werde sie, wenn sie vor der Tür des Gerichtssaals warten, bis sie gerufen werden, so anschauen, daß sie dem Gerichtsdiener, der sie hineinruft, zurufen kann, sie verzichte auf jede weitere gerichtliche Verfolgung. Und ab mit dem Klaus in die Lindemannstraße. Sie führt sich auf wie Kriemhilde, aber innen drin weint und wartet Julia auf ihren Romeo. Du bist zu beidem bereit, ihm durch eine gerichtliche Bestrafung die Karriere zu verderben und ihn sofort zu umarmen und an dich zu pressen. Abgesehen davon, daß die dich bei Gericht ganz schön prüfen können, auf Herz und Nieren nämlich. Und ob sie das überhaupt aushalte, bezweifle er.

Susi sagte: Sei, bitte, nicht so klug. Ich muß das durchziehen. Der soll sich die Füße irgendwo anders abtreten, aber nicht an mir und meinesgleichen. Und ich ziehe das durch. Ich meistere das. Ich habe meine Sensoren. Die melden mir in jeder Sekunde, wie und was ich dort zu sagen habe. Ich bin ein Instinktmensch. Ich kann eigentlich gar nichts falsch machen. Schon meine Mutter hat immer gesagt, um mich müsse man sich nicht sorgen. Wenn's Brei regnet, hat Susi 'n Löffel. Hat sie gesagt. Und so ist es. Bleibt es. Basta.

Edmund sagte, je sicherer sie sich fühle, desto leichter sei sie erledigt. Gottschlings Verteidiger wird Susi durch jähe, scharfe Zwischenfragen aus dem Konzept bringen. Mit wie vielen Männern hat sie geschlafen pro Jahr, durchschnittlich! Und wenn Susi sich ein einziges Mal verheddert, faßt der nach und läßt nicht mehr locker, bis sie sich nur noch verheddert, und das Publikum lacht, Susi aber weint dann. Schnucke, sagte Edmund, er müsse verhindern, daß sie sich in eine Katastrophe hineinmanövriere. Das sei der ebenso wulstige wie windige Dekorateur nicht wert. Schlußbild: Der schwört, daß er das Geld nicht genommen hat, du ... willst du einen Meineid schwören?! Ist der das wert?!

Susi konnte in der Nacht nach diesem Gespräch nicht schlafen. Ihre Tabletten waren zu schwach. Sie hatte sich vorgenommen, alles, was sie im Gerichtssaal sagen wollte, mit Conny so oft zu wiederholen, bis sie es so intus hatte, daß sie nicht mehr rauszubringen war. Conny war im Wiederholen unerschöpflich. Und sie, Susi, würde es jetzt auch sein.

Sie lag, zwang sich, die Augen geschlossen zu halten, irgendwann kann sie weggedämmert sein. Als sie die Augen aufschlug, war sie froh, daß es schon einigermaßen hell war. Jetzt aufstehen, ohne Edmund zu wecken. Sie hob den Kopf, und sofort drehte sich alles um sie herum. Sie ließ den Kopf wieder sinken, hielt ihn mit beiden Händen fest, schlug die Augen auf, alles blieb an seinem Platz. Vorsichtig stand sie auf. Bilde dir nichts ein, dir fehlt nichts. Mach alles wie immer. Dann saß sie am großen runden weißen Tisch, die zwei Kerzen und die zwei Katzen vor ihr, sie teilte Quark aus und zählte die Portionen. Edmund, der die halbe Nacht telephoniert hatte, schlief noch. Um acht würde Hildchen Tönnissen kommen und alles in einen Glanz verwandeln. Vielleicht konnte Susi ihr ja mehr spaßeshalber sagen, sie möge ihrem Ulli melden, daß demnächst vielleicht doch mit einem Einsatz zu rechnen sei. Es handle sich um Schneidezähne. Schurkenschneidezähne, genauer gesagt. Susi wußte, daß Ulli auf so eine Meldung wartete. Da Susi ihre Erfahrungen immer mit ihren Frauen durcharbeitete, kriegte Hildchens Ulli mit, was sie von Männern zu erleiden hatte, und ließ ihr öfter durch Hildchen sagen, er sei jederzeit bereit, der Gerechtigkeit ein bißchen nachzuhelfen. Daß Ulli an ihren Gerechtigkeitsaktionen so lebhaft teilnahm, war ihr nicht immer gleich willkommen, aber doch sympathisch.

Als Susi ihre Quarkportionen verteilt und Domino und Jeannie davon überzeugt hatte, daß mit mehr nicht zu rechnen sei, schwankte auf einmal der Tisch vor ihr, immer mehr auf eine Seite hin schwankte er, gleich würden die Katzen in ihren Körbchen hinunterrutschen, samt Geschirr, Kerzen und Teelicht. Susi schloß die Augen. Jetzt kam sie sich vor wie auf einem Karussell. Sie würde gleich vom Stuhl fallen. Die Augen geschlossen halten, sich an der Tischplatte anklammern. Ins Bett. Aber wie? Sie würde, wenn sie aufspränge, sofort der Länge nach hinschlagen. Also sitzenbleiben, Edmund rufen. Der kam, erschrak, rief sofort den Hausarzt an, der erschrak auch, gab ihr eine Spritze, rief sofort einen Internisten an, dann fehlte Dirk Pfeil. Der hätte sie jetzt sofort zum Internisten gefahren. Also blieb nur ein Taxi. Hildchen, die inzwischen eingetroffen war, brachte Susi hinunter und fuhr mit.

Der Hausarzt hatte gesagt: Hörsturz. Der Internist schüttelte den Kopf. Sie mußte sofort ein paar Pillen einnehmen, fühlte sich auch gleich besser, wollte aber von dem Internisten mehr wissen über ihren Zustand. Der wollte zuerst von ihr mehr wissen. Solchen Einladungen, ihr Leben zu erzählen, folgte Susi nur zu gern. Sie redete gern drauflos. Heute tat es ihr spürbar gut, drauflosreden zu dürfen. Der Internist saß hinter seinen weit auseinandergestellten Knien. Susi war froh, daß der keine Stiefel anhatte. Wie der sie, als sie halbwegs durch war, anschaute, musterte. Plötzlich glaubte sie, sich vorstellen zu können, wie es Juden zumute gewesen war, die einem SS-Arzt konfrontiert waren. Sie konnte jederzeit aufstehen und gehen. Die Sprechstundenhilfe würde ihr, wenn sie zu stürzen drohte, hinaushelfen. Der Internist sagte, ihr fehle körperlich wenig bis nichts. Er werde sie an einen Kollegen überweisen, der für das Nervlich-Seelische zuständig sei. Sie dachte an Ksenija und protestierte. Der Internist sagte, sie könne sich natürlich auch selber helfen. Verlassen Sie Ihren Mann, geben Sie das Kind in ein Heim, dann wird sich einiges bessern. Schließlich sei sie eine Frau, die ihr Leben gelebt habe. Das möge sie, bitte, nicht vergessen.

Sie wußte, daß sie sich von dem nirgendwohin überweisen ließ. Sie, eine Frau, die ihr Leben gelebt hat! So eine Taktlosigkeit. Ihr so was ins Gesicht zu sagen. Sie hat alles andere als ihr Leben gelebt. Sie hat immer das Leben anderer gelebt, mitgelebt und so weiter. Sie bat Hildchen Tönnissen, dem Taxifahrer zu sagen, zuerst gehe es noch in die Immermannstraße. Der indianische Anzug, dreiteilig, Hose, Weste, Jacke, war noch im Fenster. Sie zeigte ihn Hildchen Tönnissen. Beide stiegen aus. Diesen Anzug wolle sie, egal, ob sie jetzt bald sterbe oder weiterlebe. In diesem Anzug mit all seinen bunten Fransen möchte sie beerdigt werden. In ihrem dunkelroten Porsche und in diesem Anzug. Falls der Anzug ihr zu klein sei, könnte Hildchen die Rückennaht auftrennen und so Susi den Anzug anziehen. Wenn Susi tot sei. Hildchen erschrak.

Susi fühlte sich schwach, elend schwach, zum Zittern schwach, aber es war ihr nicht mehr schwindlig. Sie legte sich hin, blieb liegen, ließ sich von Xandra und dann auch von Conny bedienen. Denen mußte sie zuerst mal beibringen, was für Susi Ordnung hieß. Keinesfalls durften Susis alte Espadrillchen einfach unters Bett geschubst werden, bloß weil das keine neuen Schühchen mehr waren. Dann erbat sie sich Ruhe. Weder Katzen noch Musik. Das hieß, sie fühlte sich mehr tot als lebendig.

An den Tod konnte Susi nicht denken, ohne sich in diesem indianischen Anzug in ihrem Porsche zu sehen.

Als Edmund heimkam, erstattete sie Bericht. Am ausführlichsten schilderte sie den bösen Internisten. Sie haben Ihr Leben gelebt, was wollen Sie. Wenn Sie noch etwas wollen, gehen Sie von Ihrem Mann weg, geben Sie das Kind in ein Heim. Und überhaupt fehlt Ihnen so gut wie nichts, alles psychisch.

Ob das nicht sein könnte, fragte Edmund. Sie regte sich auf. Und führte den Beweis so, wie sie ihn dort beim Internisten nicht geführt hatte, aber hätte führen müssen. Wenn er, Edmund, statt einmal oder zweimal, jetzt regelmäßig dreimal oder viermal pro Woche zu seinen Frauen ginge, dann wäre das, was Susi gerade mitmachte, psychisch verursacht. Aber es dreht sich, wenn Susi zum Friseur geht und den Kopf zum Waschen nach hinten legt. Ja, ist passiert, vorgestern, hat sie aber nicht ernst genommen. Jetzt, nachdem heute das große Karussell losging, weiß sie, das war eine Warnung. Dann hat unser braver Doktor recht, sagte Edmund, Hörsturz.

Und Edmund bat, Frau Fietkau im Polizeipräsidium anrufen und ihr mitteilen zu dürfen, daß seine Frau ernsthaft erkrankt sei, einem solchen Gerichtsverfahren in diesem Zustand nicht ausgesetzt werden dürfe, weshalb sie sich habe entschließen müssen, auf die gerichtliche Verfolgung dieses Herrn zu verzichten.

Susi konnte zustimmen. Sie konnte nur zustimmen. Susi dachte daran, wie elend sie sich fühlte, nachdem es ihr gelungen war, die beiden Kommissarinnen anzulügen. Sie war stolz gewesen auf ihr Bravourstück. Und sie war wie zerbrochen gewesen. Als könne sie sich nie mehr auf sich besinnen. Und das jetzt vor einem ganzen Gerichtssaal. Sie zitterte ja jetzt schon. Also, Edmund, sie gibt auf. Feigesuse. Sag's ab, Edmund. Bitte, sag's ab. Alles.

Schon bevor er in die Kanzlei ging, rief Edmund am nächsten Morgen die Kommissarin an, kam zurück an Susis Bett und meldete, Frau Fietkau habe eigentlich geflucht. Solche fiesen Typen schlüpften eben immer wieder durch. Aber sie verstehe schon, daß die zartbesaitete Frau Gemahlin und so weiter. Übrigens, und das ihm zu verraten, sei verboten, aber dieser Herr hat schon eine dicke Akte. Ganz schön, was der auf'm Kerbholz hat.

Zu Susi hatte sie nach der Vernehmung gesagt: Frauen wie Susi sollte es viel mehr geben auf der Welt.

Hätte Susi nicht an ihr Erdichtetes denken müssen, hätte sie sich freuen können über diese Einschätzung.

Susi lag mit geschlossenen Augen, weil sie Angst hatte, sobald sie die Augen öffne, drehe sich wieder alles. Als Edmund sich verabschiedete, sagte sie, wenn Edmund seine Schlacht gewonnen habe, könne er ihr für ihre Beerdigung einen indianischen Anzug kaufen. In dem wolle sie begraben werden. In ihrem Porsche natürlich. Man müßte den Anzug nur bald kaufen, sonst sei der sicher weg. Was er koste? Sechzehntausend. Oh, sagte Edmund, das ist ja nicht die Welt, und doch, wie die Dinge stehen, im Augenblick zu viel. Ihr andere Gedanken empfehlend, ging er.

Susi lag und hörte Frau Thomasius ächzen. Susi öffnete ihre Augen. Das Karussell ruhte.

Telephon, rief Frau Thomasius und trug schwer schnaufend den Apparat herein. Es war Dr. Schemel. Wissen Sie was, Frau Gern, schicken Sie sie nächste Woche nicht mehr. Sein Job sei es, mit Tieren klarzukommen. Aber wenn er einem begriffsstutzigen Boxer kurz eins auf die Nase gebe, daß der mal stillhalte, brülle die Tochter: Was machen Sie denn da! Ist ja wirklich 'n süßes Ding, paßt aber hier nicht her. Wir sind ja manchmal richtige Metzger. Dafür ist sie einfach zu sensibel.

Du wirst mir kein Kätzchen mehr impfen, dachte Susi, als sie aufgelegt hatte. Und wußte, daß sie doch wieder hingehen würde, weil es keinen besseren Tierarzt gab als Dr. Schemel. Ihre Wochenendaufgabe also: Conny beibringen, daß sie keine Assistentin mehr sei. Dann wird Conny sagen: Ich fliege sofort nach South Dakota. Die Sioux waren immer ihre Zuflucht. Aber vielleicht wollte Edmund auch dafür im Augenblick kein Geld ausgeben.

Sie hätte lieber nicht mehr an diesen Klausvier gedacht. Aber wie wegdenken von so einem Schmerz? Wie je wieder aufstehen nach dieser Jämmerlichkeitsnummer? Eine neue Annonce! Nein, nein, nein. Diese einhundertsechzig Mark sparen wir, lieber Edmund. Dr. Hornfeck wird sie verachten, wenn er hört, daß Susi aufgegeben hat. Frau Oschatz wird Susi verachten, wenn sie erfährt, was Susi sich wieder einmal bieten läßt, ohne zurückzuschlagen. Nur Herr Hinker wird es gut finden. Er war immer dafür, die Rache möglichst nicht zu delegieren. Vertretbar findet er nur die eigene Wut und die daraus ableitbare Unzurechnungsfähigkeit. Mildernde Umstände. Er warnt immer. Er wird Susi nicht vertreten, wenn sie irgend etwas Indirektes ausgeklügelt hat. Je direkter sie zurückschlägt, desto mehr kann er für sie tun. Hat ja recht, der

Anwalt Hinker. Aber ohne Polizei hätte sie diesen Klausvier nicht mehr gefunden. Also eine Lüge. Eine nach der anderen. Der einzige, dem sie etwas übel nehmen muß, ist Edmund. Der ist doch die Ursache. Theo Oschatz: Frauen bringen immer die Falschen um. Ja, Edmund! Susi sagte es leise vor sich hin, spürte dabei links und rechts die Wärme ihrer Kätzchen. Ich verrecke vor deinen Augen, sagte sie, und du behauptest, daß du mich liebst.

Und ihm kann sie das nicht sagen.

Was einer nicht merkt, kann man ihm auch nicht sagen.

Glücksrad

1.

Erst als Susi Domino, Jeannie und Timmi bedient hatte, reagierte sie auf Edmunds deutlich an sie adressiertes Stöhnen, Schnaufen und Fluchen. Er kriegte wieder einmal seine Kontaktlinsen nicht rein. Sie hatte ihm am Abend zuvor gesagt, seine Augen seien, weil er die Kontaktlinsen jetzt immer die ganze Woche drinlasse, jeden Morgen noch entzündeter. Schöner sehe er mit diesen roten Augen nicht aus. Vom Ekel, den sie empfand, sagte sie nichts. Aber vielleicht hatte dieser Ekel sie heftiger werden lassen, als sie wollte. Auf jeden Fall hatte Edmund die Linsen gestern abend herausgenommen, sie hatte ihm eine Salbe gegeben. Ob er heute morgen die Augen schon ausgespült habe? Nein. Daß die Linsen, wenn noch Salbe in den Augen ist, nicht halten können, begriff dieser Lebensdummkopf natürlich nicht. Wegen dieser blöden Linsen komme er jetzt, ohne die *FAZ* gelesen zu haben, in die Kanzlei.

Da, schau, die saugen sich überhaupt nicht mehr fest, sagte er. Spülen! Rief sie. Er spülte.

Susi fiel Tante Grete ein. Ihr hatte sie im Brief schildern wollen, was sie zuerst für schmerzhafte Erfahrungen mit Kontaktlinsen gemacht hatte. Und hatte, weil sie sich ja vor Tante Grete keine Intelligenzblöße geben durfte, Edmund fragen müssen, ob es hieß: sie saugten sich nicht fest, oder: sie sogen sich nicht fest. Es war ein wunderbarer Trost, daß Edmund einen Augenblick gezögert hatte, bis er sagte: Wahrscheinlich beides möglich. Angeblich spart er, wenn er die Linsen drinläßt, täglich eine halbe Stunde. Sie braucht inzwischen für ihre Kontaktdinger ganze drei Minuten.

Sie ließ sich von seinem Stöhnen und Schnaufen und Fluchen ins Bad ziehen. Du zitterst ganz schön, sagte sie. Ich bin in Eile, sagte er. Daß sie ihm auf die Finger schaue, sagte er, sei nicht hilfreich. Sie wolle aus ihm möglichst schnell einen Greis machen, das wisse er. Das nächste Mal werden wir sechsundsechzig, sagte Susi. Und er: Soll ich mir deshalb meinen Schwanz abschneiden. Vielleicht kann ich das übernehmen, sagte Susi, das Oschatz-Stilett ist ganz scharf drauf, dir zu helfen.

Ach Schnucke, sagte er und setzte sich auf den Hocker. Gestern, als er vom Arzt zurückgekommen sei, habe er ihr nicht alles gesagt, was er vom Arzt gehört habe.

Hauptsache, es ist kein Gehirnschlag, sagte Susi. Ein Gehirnschlag nicht, sagte Edmund. Er sei ja nur zum Arzt, weil Susi es befohlen habe. Lieken, sagte sie, wenn du so komisch gehst und die Fußspitze nicht mehr in die Sockenöffnung bringst und wenn du deine Straußenlederschuhe stehen läßt und dir jede Art Schlüpfschuhe kaufst, weil du die spaghettinidünnen und gewachsten Schnürsenkel deiner Testonis nicht mehr bedienen kannst, Addio Testoni, welcome Mokassins, und wenn du, bloß weil du dich umschauen willst, dich immer ganz umdrehen mußt, dann Lieken, werde ich dir doch sagen dürfen, daß du nicht mehr so häufig an Fred Astaire erinnerst wie früher.

Weißt du noch, sagte er, ich habe immer gesagt, in Deutschland kann ich nur in zwei Städten leben.

München und Düsseldorf, sagte Susi.

Weil, sagte Edmund und wartete auf Susis Antwort.

Weil es die spaghettinidünnen, gewachsten Schnürsenkel nur in München und in Düsseldorf gibt.

Ach, Schnucke, sagte er, es gibt keine Frau, die dir das Wasser reichen kann. Obwohl sie dieser Satz immer freute, antwortete sie diesmal, Conny imitierend: Dat kannste en et Piefke rohke.

Sei doch nicht so lieb zu mir, sagte er.

Hör auf, mich lieb zu nennen, sagte sie, das hat sich. Sie wolle jetzt endlich Auskunft. Wem sind wir wieviel schuldig? Wer ist uns wieviel schuldig? Was ist mit deinem Schneider? Wieviel kriegt der noch von uns?

Hör doch auf, mich mit Quisquilien zu plagen, sagte er.

Was sind Quisquilien, sagte sie.

Peanuts, sagte er. Daß er, zum Beispiel, letzte Woche seine Uhr zur Reparatur gab, und sie gestern nicht abholen konnte, weil er die 650 Mark, die das kostet, nicht dabei hatte. Der Schneider kriegt noch viereinhalb.

Susi: Tausend?

Edmund: Was denn sonst. Und meine letzten Mokassins sind auch noch offen.
Susi: Wieviel?
Edmund: Vierhundertfünfundachtzig.
Susi: Ganz schön.
Edmund: Tod's, Schnucke! Bevor ich auf Salamander umsteige, lass' ich mir die Füße amputieren.
Susi: Tod's paßt.
Edmund: Du sprichst das falsch, das ist Great Britain. Aber bitte, die deutsche Version passe auch. Zu allem. Seit er bemerkt habe, daß er die Beine nicht mehr auseinanderkriege, seit er freitags den Weg in die Hans-Sachs-Straße zu Mr. Yingling nicht mehr zu Fuß schaffe, habe er das Gefühl, über seinem Kopf hänge eine schwarze Wolke, der er, eben weil er die Beine nicht mehr auseinanderkriege, nicht entkomme. Mr. Yingling, der Unbestechliche, habe es lange vor Susi ausgesprochen, daß mit Edmunds Gang etwas nicht mehr stimme. Ausgesprochen allerdings auf die Yinglingsche Art. Er sieht seinem Schachpartner ja immer schon vom Balkon aus entgegen. So stellt er Erwartung dar. Einfach aus Freude an der Höflichkeit. Dann, eines Abends, sagt er: Er wüßte zu gern, warum Edmund jeden Freitag noch langsamer näherkomme. Und wenn Edmund nach dem Schach nicht genauso langsam wegginge, wie er sich genähert habe, käme er, Mr. Yingling, auf unwillkommene Gedanken. Im Talmud heiße es nämlich, wer zum Bethaus gehe, solle große Schritte machen, wer aber hinausgeht, kleine. Irgendeine sabbatische Bedeutung habe Edmunds neue Bewegungsart der kleinen Schritte sicher, schließlich spielten sie ja am Freitag. Vor vier Wochen war das, Schnucke.

Dann war's also, sagte Susi, Mr. Yingling, der dich zum Arzt gebracht hat, nicht ich. Schade. Edmund sagte, der Arzt meine aber, mit Persönlichkeitskraft und Medikamenten und Massage und Heilgymnastik könne man Herrn Parkinson bremsen. Zweimal die Woche werde er jetzt in der Mulvanystraße mit einer Isabell gegen Herrn Parkinson kämpfen.

Zwischen Nacktphotos, sagte Susi.

Isabell sei ein athletisches Mädchen, sagte er, wenn Susi die sehe, wisse sie, daß ihr Edmund diesem Mädchen nichts tun könne. Edmund stand auf, reckte sich ein bißchen, drehte den Kopf, so gut es ging, zu Susi hin, demonstrierend, wieviel noch möglich sei. Für heute abend, sagte er, habe er zum ersten Mal Geschäftsfreunde hierher eingeladen. Aber nicht die Kanadier, rief Susi.

Keine Angst, sagte er. Brave, gutwillige, hiesige Investoren, die so viel Geld haben, daß sie nicht wissen, wohin damit. Und ihn hielten sie für den einzigen, der ihnen habe zeigen können, wohin.

Heute werde er denen zum ersten Mal berichten, was ihr Geld inzwischen erlebt und was es schon geleistet habe. Für die Papiere bräuchten sie den runden Tisch im Eßzimmer. Vielleicht könne Susi ihren Nippesdschungel für einen Abend ein wenig zurückdrängen.

Susi versprach's, ging zurück zu ihrem Frühstücksaltar, blies das Teelicht aus. Aber bevor ihr Tag beginnen konnte, mußte sie noch ihren Kätzchen beistehen, weil die ungestüme, nicht gerade brutale, aber durchsetzungsfähige Timmi, die seit neun Wochen samt Xandra im Dachpalast aufgenommen war, Susis Kätzchen so gut wie alles, woran die gewöhnt waren, streitig machte. Xandra hatte es nicht mehr ertragen, Tag und Nacht mitzuerleben, wie ihr Vater von der Nachfolgerin ihrer Mutter unterworfen wurde. Christelle dressiert ihn, sagte Xandra.

Solange die Scheidung noch nicht durch, also über das Sorgerecht noch nicht entschieden war, sollte, mit Billigung des Jugendamtes, Xandra bei den Großeltern leben, an den Wochenenden eben. Unter der Woche war sie in Kaiserswerth im Internat.

Andreas hatte zugestimmt, daß Susi für Xandra ein Internat gleich um die Ecke gefunden hatte. Hauptsache, Xandra war nicht bei ihrer Mutter, die inzwischen in Oberkassel, fünf Minuten von ihrer Schwester Ljubinka wohnte. Natürlich hatte Xandra das Kätzchen, das sie vor drei Jahren zum Geburtstag geschenkt bekommen hatte, nicht bei der mit Weinkrämpfen und Schreiausbrüchen operierenden Christelle lassen können. Also hatte Susi jetzt drei Katzen, die bei ihr ein schönes Leben haben sollten. Um bei Timmis Um- und Eingewöhnung nichts falsch zu machen, war Susi nach Bielefeld gefahren und hatte Rat geholt bei Frau Paul-Mesenholl.

Susi war froh, als sie endlich vor ihrem Leonardo saß und dem unbezahlte Rechnungen eingab und die Datei unbeantwortete Briefe mit den neuesten Daten fütterte.

Edmund hatte einfach irgendwann aufgehört, Briefe zu öffnen. Jetzt konnte sich Susi nur noch darüber wundern, daß sie so lange gezögert hatte, einzugreifen. Aber in neununddreißig Ehejahren hatte sie nie eingreifen müssen, nie eingreifen dürfen. Auch die Einschreibebriefe hatte sie angenommen, ohne sie zu öffnen. Erst als die Boten von den Banken kamen und sie jeden Brief quittieren mußte, fing sie an, Briefe aufzureißen.

Vorerst mußte sie, weil die Banken keine Abbuchungsaufträge mehr erledigten, Post und Stadt mit Bareinzahlungen bedienen. Und allen, denen man etwas schuldete, schrieb sie Überweisungen aus; nur das Datum schrieb sie noch nicht hin, das würde sie einsetzen, wenn die von Edmund angekündigten Beträge eingegangen sein würden. Tag X nannte Edmund den Tag, an dem die von ihm inszenierten Geschäfte Geld bringen würden. Noch vor Ostern wird er anbrechen, der Tag X. Also, durchaus absehbar.

Am peinlichsten war es ihr, wenn sie ihre Handwerker um Geduld bitten mußte. Hildchen Tönnissen und Frau Thomasius durften noch je einen Tag kommen. Frau Oschatz kam immer noch jeden Sonnabend. Ihr hatte Susi am wenigsten über die Finanzprobleme erzählt. Frau Oschatz kriegte, auch wenn man ihr am wenigsten sagte, am meisten mit. Frau Thomasius, die sich immer für alles verantwortlich fühlte, hatte gleich mal geraten, den Bentley zu verkaufen, weil der doch ohnehin nur in der Garage stehe. Susi hatte ihr heftig klargemacht, daß sie niemals von ihrem Mann verlangen werde, sein Auto zu verkaufen. Aber wenn er's doch gar nicht benützt, sagte Frau Thomasius. Er fährt praktisch nur noch Taxi, sagte Susi, das stimmt schon, aber von ihm verlangen, deshalb das Auto zu verkaufen, das wäre unmenschlich. Frau Thomasius: Aber wenigstens abmelden könnten Sie's doch. Ach, liebe Frau Thomasius, da er das Auto nicht braucht, um zu fahren, sondern, um eventuell fahren zu können, kann ich es doch nicht abmelden. Das Auto abmelden zu müssen, würde ihn vernichten. Verstehen Sie. Highlandgreen steht der Bentley in der Garage und wartet auf seinen Herrn. Und hatte weitergedacht, ohne es Frau Thomasius zu sagen: Seine Bilder, die könnte er verkaufen. Die hängen bloß an den Wänden herum. Zu sagen wagte sie das nicht. Daß sie der Thomasius gegenüber so getan hatte, als dürfe Herrn Gern die Schmach, seinen Bentley, den hochlandgrünen, zu verkaufen, nicht angetan werden, war nichts als Affentheater. Susi hat mehr als einmal daran gedacht, Edmund an die Polizei zu verraten. Der fuhr doch jedesmal, wenn er wieder einmal fuhr, irgendwo dagegen. Mal versagten die Hände, mal die Füße. Und fährt diesen schwersten Wagen durch die Gegend. Der konnte doch jemanden totfahren. Schon rundum verschrammt, der Wagen. Der Rückspiegel auf der Beifahrerseite abgerissen. Sieht elend aus, eine so zugerichtete Luxuskarosse. Eigentlich ihre Pflicht, Edmund zu denunzieren. Zu reden war darüber nicht, das hatte sie schon herausgefunden.

Sie hatte ihm aber gesagt: Wenn ich jetzt die Buchführung übernehme, kriegst du sie nie wieder zurück. Edmund hatte Beifall geklatscht. Sie könnten, hatte sie gesagt, nicht beide den Kopf in den Sand stecken. Und er: Schnucke, ich habe einfach zuviel zu tun. Jetzt, gleich sechsundsechzig, jetzt erst komme ich dazu, so zu handeln, wie es meinen Fähigkeiten als Jurist und Kaufmann entspricht. Der Kaufmann kümmerte mein Leben lang im Schatten des Juristen dahin. Gott sei Dank habe ich ihn gerade noch wiederbeleben können. Schlüsselfertige Industrieanlagen aller Branchen in alle Kontinente der Welt zu liefern, war ein schöner Denksport, aber bin ich bloß eine Denkmaschine? Bin ich nicht. Jetzt wird gehandelt, Schnucke. Ich trete aus der Sozietät aus. Die wissen das schon. Ab 1. September 1995 unterzeichnet Edmund Gern nur noch als er selbst. Hauptinteresse: ein von ihm selbst entworfenes, die neuesten Gegebenheiten der internationalen Finanzentwicklung auf das klügste nutzendes Projekt. Heißt Roll-Trading-Programm.

Diesen Mann, wenn er nicht mehr in die Kanzlei ginge, den ganzen Tag um sich zu haben, sein Tappen, Schlurfen, Sabbern und Schlürfen Tag und Nacht aushalten zu müssen –, keine fröhlich stimmende Aussicht.

Daß sie inzwischen solche Schulden hatten, hatte sie durch nichts als Edmunds hochtönende Ankündigungen ganz gewaltiger Einkünfte erfahren. Sie müsse sich darauf gefaßt machen, so reich zu sein wie noch nie. Und weil er wußte, daß sie immer alles, was ihr gefiel, mindestens gleich zweimal gekauft hatte, sagte er, jetzt könne sie sich dann gleich den Wunsch erfüllen, den sie bisher nur scherzhaft zu äußern gewagt habe, er aber wisse, wie ernst es seiner Schnucke gerade bei diesem Wunsch sei: der zweite Porsche 911 sei überhaupt kein Problem mehr. Den alten weg und zwei neue gekauft und beide in Susis Traumfarbe. Pink. Edmund, ewig ein Junge, hatte sie gedacht. Aber gesagt: Wir haben doch Schulden! Peanuts! hatte er gerufen. Von den Banken im Handumdrehen zusammengeschustert, um ihm gegenüber groß aufzutreten. Die putzt er weg wie nichts. Peanuts sind das, nichts als Peanuts. Aber jetzt erinnerte sich Susi: Voriges Weihnachten, Xandra, seit zwei Wochen bei ihnen, Andreas mit Christelle in Spanien, Susi war mit Xandra einkaufen gegangen, wollte Xandra, wenn die schon einmal da war, verwöhnen, Edmund nachher: Muß das denn sein, neunzehnhundert, für eine Jacke, jetzt? Noch nie zuvor hatte Susi zuviel Geld ausgegeben. Und jetzt waren neunzehnhundert zuviel! Für Xandra! Die ein schweres Leben hatte. Die Mutter mehr im Spital als draußen. Deren Nachfolgerin eine tückische Zicke, die Andreas nach Belieben beherrschte. Sechs Tage kannten die einander, da hatte diese Christelle Andreas soweit, daß er ihr die Ehe versprach. Sobald die Scheidung von Ksenija durch sein würde. Und ein Kind wollte Christelle auch gleich. Sie leide an

Lymphkrebs, eine Schwangerschaft könne die Wende bringen. Die arme Xandra. Und dann sollte auf einmal an ihr gespart werden. Das war das Signal gewesen. Ach, und davor, schon im Oktober, Connys Telephonrechnung, 1023 Mark 74. Susi kannte den Grund: die japanische Freundin. Das war ihm zuviel. Susi schlug sofort vor, Conny so lange jeden Tag 20 Mark vom Taschengeld abzuziehen, bis 800 Mark zurückbezahlt seien. Sie war stolz auf ihren Einfall. Sechzig standen Conny zu pro Tag. Also jetzt soundso lange nur vierzig pro Tag. Sie bleute Conny ein, daß die nicht mehr hemmungslos um die Welt telephonierte. Andererseits war Susi froh, wenn Conny telephonierte. War doch besser, als nur auf dem Bett zu liegen, nur vor dem Fernsehapparat zu kauern, nur Fünfzigpfennigstücke von einem Karton in den anderen zu schütten.

Conny, als Susi ihr den Beschluß als einen Beschluß des Vaters mitteilte: So ne fiese Kähl. Susi hatte Conny gestreichelt. Conny tat ihr leid. Sie tat sich leid. Daß Conny so dick geworden war und eigentlich nicht mehr gehen, sondern nur noch watscheln konnte, war für Susi schlimmer, als daß sie nicht so war wie alle anderen. Inzwischen mußte Frau Novotny, die Schneiderin, einmal im Monat kommen und alles, was Conny anziehen wollte, weiter und immer noch weiter machen. Bis auf die Augenblicke, in denen Conny sie zur Verzweiflung brachte, war Conny für Susi das Liebste auf der Welt. Ich mag sogar deine Bollen, sagte Susi, obwohl die immer wüster werden. Und Conny: Wat hann isch dovon. Isch brauch eene Mann. Das war immer ihr Refrain.

Susi lernte das Bankendeutsch. Sie las: Der umfangreichste Schriftwechsel, begleitet von unzähligen Telephonaten mit von Herrn Gern nie eingehaltenen Zusagen, habe zu einer Trübung der Geschäftsverbindung geführt. Sie las: Sollte die Bank die Erfüllung vorstehender Punkte nicht bis zum 10. 03. 95 feststellen können, erscheine eine Kreditkündigung mit anschließender Sicherheitenverwertung unausweichlich. Sie las: Sofern Herr Gern dieser Aufforderung nicht nachkomme, wird die Bank den gesamten Vorgang an ihre Inkasso-Gesellschaft abgeben. Diese wird dann entsprechende Zwangsmaßnahmen gegen Herrn Gern einleiten. Was für Wörter! Kreditstreichung, Vollstreckungsklausel, Pfändungs- und Einziehungsverfügung, Zwangsversteigerung. Als sie zur Bestellung einer weiteren Grundschuld mit zum Notar mußte, paßte sie zum ersten Mal auf. Aber sie verstand genauso wenig wie früher, als sie, wenn der Notar seinen Text vorgelesen hatte, überhaupt nicht zuhören konnte. Allmählich kriegte sie mit, daß Edmunds Lebensversicherung, Wert zwei Millionen und noch was, schon einer Bank gehörte. Auf dem traulich schönen Reetdach des Landhauses Niel lastete auch schon eine Hypothek von mehr als zweihunderttausend. Und Susi wirtschaftete mit Leonardo in den Kleckerschulden beziehungsweise Peanuts herum, legte Dateien an nach Terminen, nach Summen und nach Gläubigerkategorien. Sie hatte ihre Freude an der Ordnung, die sie mit Leonardos Hilfe in dieses von Edmund angerichtete Durcheinander brachte. Ordnung, Überblick, Durchblick. Sie würde dieses Terrain nie mehr an Edmund zurückgeben. Sie freute sich schon auf den Tag, an dem sie ihr Home Banking System aus der Passivität der Schuldenorganisierung in die Epoche der Begleichungsaktivität führen konnte. Sobald die angesagten Riesengewinne eintrafen, würde sie ihre Zeit mit Tilgen verbringen. Und zwar mit gerechtem Tilgen, mit einer statistisch fundierten Termingerechtigkeit. Tilgen! Sie hätte nie gedacht, daß das einmal ihr Lieblingswort werden würde. Schulden tilgen. Gab es etwas Schöneres! Edmunds Hauptsatz seit dem 1. Januar hieß: Bis Ostern ist alles gelaufen. Susi war glücklich, als sie in einem Brief vom 5. Februar las: Ich danke Dir vielmals für deine großzügige Spende, mit der du dem *Corps Hansea* sehr geholfen hast. Vielleicht hast Du einmal Zeit, das Haus anzusehen. Es ist wieder sehr schön geworden. Zehntausend hatte Edmund offenbar gerade für eine Renovierung gespendet. Hätte er wohl kaum gemacht, wenn er nicht ganz sicher wüßte, mit wieviel er jetzt gleich rechnen konnte. So um vierundzwanzig Millionen herum mußten es sein. Und Schulden hatten sie zwischen fünf und sechs. Allerdings kamen für Zinsen monatlich fünfzigtausend dazu. Aber Edmund war ein nüchterner Rechner und im Verträgeverfassen ohnehin Weltmeister.

Als sie in der vergangenen Nacht beide gemerkt hatten, daß beide wach lagen, hatte sie von der Madame Genannten angefangen. Tags zuvor hatte sie in den Papieren entdeckt, daß er ihr noch vor sechs Jahren eine Wohnung geschenkt hatte. Sie war einmal für sein Geschäftsfranzösisch zuständig gewesen. Daß er auch mit dieser Frau im Bett gewesen war, wußte Susi. Aber dann gleich eine Wohnung! Nur einen Zuschuß habe er bezahlt. Nur siebzigtausend. Wenn die Madame Genannte die Wohnung verkaufe, bekomme er die siebzigtausend zurück. Susi hatte aufgeheult. Nichts hinter dem Rücken des anderen! Und dann das! Sie hatte das Gefühl, sie könne nie mehr einschlafen. Nicht neben diesem Mann. Warum, warum hat er ihr das nicht gesagt?! Ihr an irgendeinem Abend die Hand gereicht, die zwei Stunden zuvor beim Notar der Madame Genannten siebzigtausend Mark verschrieben hatte! Und ihr kein Wörtchen gesagt!

Weil sie dagegen gewesen wäre!

Stimmt! Scheusal!

Das war der Augenblick, ihn zu fragen, wie es überhaupt zu diesem Schuldengebirge gekommen sei. Zuerst, sagte er, sei er betrogen worden von einem, mit dem er in Krefeld eine Firma gegründet habe. Diese Firma habe bankrott gemacht. Anstatt zu liquidieren, habe er immer weiter Geld zugeschossen, weil er nicht wollte, daß sein guter Name im Zusammenhang mit einem Bankrott genannt werde. Der Teilhaber habe Edmunds Zuschüsse alle veruntreut und sei gestorben, bevor er belangt werden konnte. Dann habe Edmund den Achthunderttausendmarkverlust rasch wieder einspielen wollen. Das sei nicht gelungen. Im Gegenteil. So war er schnell mit über einer Million im Minus. Dann habe er nacheinander vier Firmen gegründet, Firmen für Leute, die investieren wollen. Muß ich dir zeigen, hatte er gesagt, war aufgestanden und war aus dem Schlafzimmer hinübergeschlurft in das Wohnzimmer und von da in die Bibliothek und hatte Papiere geholt. Vor zehn Jahren hätte er ihr jetzt sicher vorgetanzt, was er da als einen Strauß von Projekten in den Händen hielt. Jetzt kam er mit den kleinen Schlürfschritten zurück, die, seit er diesen Parkinson im Leib hatte, immer kleiner wurden.

Zwei Seiten brachte er zurück aus der Bibliothek. Darauf verzeichnet waren die Firmen, an denen er zur Zeit beteiligt war. Das ist die Basis, sagte er, da, schau. Erstens Merseburg, die DREIGE GmbH, so genannt nach den drei mit G beginnenden Gesellschaftern Gauss, Gerber und Gern. 30 000 qm Wohnungen im Wert von 60 Millionen: Verkauf nach Fertigstellung. Gewinn zirka 25 Millionen. Von dem Gewinn werden in der Innenstadt 15 000 qm Läden und Büros gebaut, die Grundstücke sind schon gekauft, Edmunds Anteil 10 Prozent ist gleich monatliche Mieteinnahme von vierzigtausend. Zweitens Maastricht, SIGMO-Bausysteme. Einkommen 100 Mark je Quadratmeter bebaute Fläche. Allein aus dem Merseburg-Projekt 4,5 Millionen Gewinn für die SIGMO. Edmunds Anteil ein Drittel. Drittens, Inter-Finanz, Zug, Schweiz, Edmunds Beteiligung ein Drittel, mehrere Projekte laufen schon, eines abgeschlossen, bringt im April zwischen zwei und drei Millionen. Viertens, Vertrieb von Generika-Arzneimitteln von BAYER im ehemaligen Ostblock und in Schwarzafrika, Edmund beteiligt zu einem Viertel. Erwartete Provisionen zwischen sieben und zehn Millionen. Mit sehr sehr leiser Stimme hatte Edmund ihr das vorgelesen. Keine Spur mehr von einer Fred Astaire-Nummer, aber ein zu Herzen gehender Vortrag. Fand Susi. Wie hatte sie nur diesem Mann wegen siebzigtausend für die Waterfield jetzt nach sechs Jahren Vorwürfe machen können!

Das ist die Basis, sagte er, daß du siehst, es wird nicht im luftleeren Raum operiert. Das eigentliche Ziel ist und bleibt das ROLL-TRADING-PROGRAMM. Der geringste Einsatz 10 Millionen. Dollar, bitte. Die zwei Gruppen, die er hat entstehen lassen, bringen zusammen mindestens 270 Millionen. Er tritt nicht nur als Trader auf, sondern auch als Investor. Das schafft Vertrauen. Das ist überhaupt seine Erfindung. Der Trader als Investor. Das macht die Anleger süchtig. Ganz erstaunlich, wie die ihm folgen. Den Vertrag für das ROLL-

TRADING-PROGRAMM, der größte, schönste, brillanteste und unangreifbarste Vertrag, den er je entworfen habe, lese er ihr in einer der nächsten Nächte, in denen sie nicht schlafen könnten, vor. Danach waren tatsächlich beide eingeschlafen. Susi hatte, wenn sie diese Nacht noch einmal ablaufen ließ, das Gefühl, sie habe ihrem Edmund Unrecht getan. Mein Gott, was für ein Mann, was für ein Kopf. Er ging immer noch zu seinen Frauen. Aber nur noch einmal in der Woche. Vielleicht jede Woche zu einer anderen. Die Zähne putzte er sich nur noch, wenn er zu Frauen ging. Der neue Partner der Frau Pudlich war sieben Jahre jünger als Frau Pudlich, also zwölf Jahre jünger als Edmund. Susi: Da hast du doch keine Chance mehr. Stimmt, hatte Edmund gesagt. Mehr nicht. Und Frau Prellmann hatte sich, als der Sohn das Abitur hatte, tatsächlich scheiden lassen und war, seit sie wieder liiert war, an Gruppenverrichtungen nicht mehr interessiert. Edmund erfuhr jetzt, daß sie diese Gruppensachen nur ihrem damaligen Mann zuliebe mitgemacht habe. Sie selber hatte es viel lieber heimelig intim. Am liebsten sprach er jetzt über die einunddreißig Jahre jüngere Proll, die er errungen hatte, weil Susi verlangt hatte: eine, die es für Geld macht.

Edmund jetzt: Das wichtigste mit der Edelnutte sei das Gespräch. Von dem er aufsteht und einen nassen Flecken hinterläßt oder wie! Susi faßt es nicht. Dieser quietschnasse Mann. Der riecht doch. Nein, der stinkt. Sie und ihre Frauen müssen herumputzen und -reiben und einander fragen: Riechen Sie noch was? Und das würde ihr alles fast gar nichts oder doch viel weniger ausmachen, wenn er nicht mehr aus dem Haus ginge. Daß er imstande war, mit dieser offenbar hochgewachsenen Vierunddreißigjährigen vor die Rezeption des Hotels zu treten und sich den Schlüssel für die bestellte Suite geben zu lassen, blieb für Susi unverständlich. Edmund war immer schon ein eher bedächtiger Fußgänger gewesen. Wenn sie zusammen mal zu Fuß stadteinwärts gegangen waren, hatte sie immer tänzeln und stampfen müssen wie ein Pferd, das nicht loslaufen darf. Sie war immer genauso schnell gewesen wie er langsam. Sie ein Stöckelsolo, rasant, er ein Schritt-für-Schritt-Bedächtiger der Zeitlupenart. Und jetzt Parkinsonist. Sie mußte andauernd jäh stoppen und ausbiegen, sonst würde sie ihn pro Tag zehnmal glatt umrennen. Und der wagt sich mit einer hochgewachsenen Vierunddreißigjährigen, die jeder Portier, wenn er gnädig ist, für seine Tochter halten muß, an die Rezeption, läßt sich den Schlüssel oder die Magnetkarte in die zittrige Hand geben und schlurft dann durch die Halle zur Aufzugstür, wo – mit welchem Gesicht! – die flotte Proll schon die Tür geöffnet hat und durch kenntnisreiche Manöver die Tür am zu frühen Wiederzugehen hindert. Daß der Kofferträger da nur noch grinsen kann, ist doch klar. Aber ihm egal. Daß der junge Kofferträger die Flotte anschaut, als stehe sie ihm zu, dem Herrn ist's egal. Wenn Susi es schon nicht fassen kann, daß er trotz seines Geschlurfs noch zu Frauen rennt, wie soll sie dann begreifen, daß er, die wandelnde Pipi-Katastrophe schlechthin, daß dieser von keiner Windel und keiner Windelhose mehr dichtzumachende Mann sein Geschlecht noch anbietet und, mit welchen Belohnungen auch immer, für dieses Geschlecht Dienste einfordert. Wo bleibt sein Stilgefühl! Sie mußte seine durch und durch nassen, immergelben Windelhosen, die er einfach abstreifte, daß sie sich in ihrer Nässe komplett einrollten, die mußte sie dann entrollen und das spritzte in alle Richtungen, ihr ins Gesicht, zum Beispiel. Seit das zu ihrer täglichen Pflicht geworden war, hatte sie in ihrer Sprache Pipi durch Urin zu ersetzen versucht. Und jeden Tag zu ihm: Edmund, könntest du nicht wenigstens die Windelhosen selbst entrollen und die nassen Windeln, statt sie einfach liegen zu lassen, in die dafür bereitliegenden Tütchen stopfen und die Tütchen in den Plastikeimer werfen. Zuerst hatte er die Windeln immer zerrissen, im Klo hinuntergespült, das Klo verstopft. Sie hatte ihn, ohne je laut zu werden, dazu erzogen, das nicht mehr zu tun. Jetzt läßt er sie einfach überall liegen. Sie hatte nie verstanden, daß es Leute gab, die gingen abends noch schnell zum Zigarettenautomaten und kamen dann nie mehr zurück. Jetzt verstand sie das. Einfach weg. Sie wußte, daß sie das nur denken konnte, mehr nicht. Vorerst.

Jetzt mußte sie zu ihm hinauf, sehen, ob er das Frühstück hinter sich habe. Frühstücken mit ihm, das war unmöglich geworden. Er sabbert. Er kaut nicht, sondern schlingt die Speisen wie ein Reptil, das seine Beute schnappend verschlingt. Wie ein junges Reptil, das das Schnappen und Hinunterschlingen noch nicht richtig beherrscht. Sie kann nichts mehr essen, was er kocht, weil er auch beim Kochen vor sich hinsabbert. Und nachts rutscht ihm der Kopf vom Kissen, zu ihr herüber, und plötzlich schreit er dann so laut und grell auf, daß sie das Gefühl hat, ihr gefriere das Blut in den Adern. Sie hat jetzt für ihn ein Kopfkissen bestellt, das über die ganze Bettbreite geht. Da kann er, hofft sie, nicht mehr herunterrutschen. Geh hinauf jetzt, kümmere dich darum, daß er aus dem Haus kommt.

Und fuhr hinauf. Edmund schlief. Am Tisch. Den Kopf auf der Zeitung. Edmund, rief sie. Er wachte auf und sagte: Ich habe nur geruht. Nein, sagte sie, du hast geschlafen. Nein, sagte er, geruht. Ich begreife nicht, sagte Susi, warum du nicht zugeben kannst, daß du geschlafen hast. Du warst heute nacht sehr lange wach. Länger als du, sagte er. Das bestritt sie. Er sei vor ihr eingeschlafen. Und er: Er sei vor lauter Rechnenmüssen erst gegen Morgen eingeschlafen. Eigentlich dürfte er überhaupt nicht mehr einschlafen. Ab September, wenn er seine Zeit nicht mehr in der Kanzlei vertun müsse, gehe es erst richtig los. Er begreife nicht mehr, daß er sein Leben verplempert habe mit Vertragswerken für andere Leute. Mit ganzen zehn Prozent habe ihn Herr Oxfort an der Firma beteiligt. Aber auch erst nach fünfzehn Jahren. Ein Konsortium nach dem anderen zusammengeleimt. Doch typisch, daß er erst abends zu seiner Sache komme. Er fiebere heute der Sitzung mit der Großen Gruppe entgegen wie einem Liebestermin. Heute Frau Köther, Herr Soostema, Herr Höflich und Herr Labs. Sag's bitte nach! Diese vier mußt du begrüßen, wie der Bergfreund Mönch, Eiger und Jungfrau begrüßt. Die stehen für 190 Millionen. Dollar, bitte. Könntest du dir, bitte, für einen voraussichtlichen Erstrundengewinn von acht Millionen – Dollar, bitte –, diese vier Namen einprägen. Köther, Soostema, Höflich und

Labs. Susi sagte nach: Köther, Soostema, Höflich und Labs. Nächste Woche die Kleine Gruppe: Rump, Büsken und Blei. Hör auf, rief Susi, mir wird schwindlig. Aber Edmund geriet fast in eine Stimmung wie früher. Er konnte zwar nicht mehr tanzen, aber sein Mundwerk war quicklebendig. In seiner Art Singsang sprudelte er heraus: Heute wird unterschrieben. Die zweite Staffel. Dann fängt das erst richtig an zu laufen. Köther, Soostema, Höflich und Labs. Nächste Woche Rump, Büsken und Blei. Und, fügte Susi rhythmisch richtig hinzu, zum Urologen. Gehe er wieder nicht hin, werde sie ausziehen. Definitiv. Seine Blasenkalamität sei behebbar, das wisse sie. Eine elendere Rücksichtslosigkeit, als ihr Tag und Nacht diese Pipischweinerei zuzumuten, könne sie sich nicht vorstellen. Edmund schaute ihr so mild in die Augen, wie nur er es konnte. Noch heute könne sie ihn anmelden, er gehe hin. Sonst bin ich fort, sagte Susi, hau ab jetzt, ich muß arbeiten. Und fuhr hinunter. Hildchen Tönnissen hatte sie schon einen Zettel hingelegt, daß sie das Rinderherz gleich vom Herd nimmt, die Kätzchen mögen es nicht, wenn es zu hart wird. Daß sie Edmunds Bett abziehen muß, weiß Hildchen. Gummihandschuhe dafür liegen bereit. Und, weil heute Freitag ist, Susis Brillen putzen, und bitte, überall säubern, wo Herr Gern mit seiner Nußbuttercremetorte, die immer noch die Basis seines Frühstücks ist, wieder rumgeschmiert hat: Tischdecke, Sets, Bademantel, Schlafanzug. Und so weiter.

Als sie wieder bei ihrem Leonardo saß, um Rechnungen, Mahnungen und Drohungen in den entsprechenden Dateien unterzubringen, wurde es plötzlich ganz dunkel im Zimmer. Es schneite. Am 3. März. Vielleicht hätte sie das vor zehn Jahren noch gemütlich gefunden, wenn es in Düsseldorf am 3. März heftig zu schneien angefangen hätte. Heute dachte sie: Das auch noch. Heute kam sie sich vor wie abgemeldet, zugedeckt, verschollen. Sie mußte hinaus. In die Stadt. Schaufenster anschauen. Nichts kaufen. Nur anschauen, was es alles gab. Das hemmungslose Einkaufen hatte sie hinter sich.

Aber zuerst mußte sie sich diesen Ausflug verdienen. In Delmenhorst anrufen. Die Stadtwerke. Und die beiden Herren, denen Edmund das Fabrikgelände verkauft hat und die der Stadt seitdem das Wassergeld schulden, inzwischen fünfzehntausend Mark. Edmund muß bezahlen bis zu dem Tag, von dem an er dort abgemeldet war. Achthundert schuldet er der Stadt, obwohl er nicht mehr der war, der das Wasser verbraucht hat. Susi bat den Beamten, ihr die achthundert zu stunden, bis sie mit den beiden Käufern gesprochen habe. Der Beamte: Daß die Stadt dieses Geld auf jeden Fall von Gerns bekomme, egal, ob Susi es von denen, die das Wasser verbraucht hätten, bekomme oder nicht. Klar, sieht sie ein, aber ihr Mann ist krank jetzt, sie bittet nur um Stundung, nicht um Erlaß. Und die beiden Käufer angerufen. Denen tat es hörbar leid, daß Herr Gern erkrankt sei, der Umgang mit ihm sei immer so angenehm gewesen, ja, das Wassergeld werden sie schon bezahlen, nicht sofort, aber bald ... Susi nur noch: Dann, bitte, auf ihr Konto. Und ganz kühl noch dazu: Wir arbeiten nicht mehr mit den alten Verbindungen. Klartext: Alles, was auf Edmunds Konten kam, gehörte schon, bevor es dort verbucht wurde, den Banken.

In den letzten vier Wochen hatte sie allein aus unbezahlten Rechnungen für Conny, Haut und Ohren, über siebenhundert aus der Krankenkasse herausgeholt. Für Sofortiges. Die Ärzte konnten warten. Dem von der Krankenkasse hatte sie nichts vorgemacht. Wir sind verarmt, hatte sie gesagt. Der hatte ihr geraten, immer nur zu sagen: Mein Mann ist erkrankt, dadurch ist alles liegengeblieben.

Susi, die von sich zeitlebens gedacht und gesagt hatte, sie könne kein Formular ausfüllen, staunte selber darüber, daß ihr vor keinem Formular mehr schwindlig wurde.

Es hatte bald wieder aufgehört zu schneien. Draußen war es jetzt fast grell hell. Susi mußte in die Stadt. Drei Bällchen Nußeis von *PALATINI*.

Je näher sie dem Schaufensterparadies kommt, desto banger wird ihr. Sie hat vor ein paar Tagen ein Paar eierschalenfarbene Stiefeletten gesehen. Seitdem hat sie Angst, sie könnte die kaufen. Ein Modell, das ihr neu war. So ähnliche hat sie einmal in der *Brigitte* gesehen. Aber die im Schaufenster sind noch schöner. Seit sie diese Schuhe gesehen hat, sind die, wann immer ihre Stimmung einen Tiefpunkt erreichte, aufgetaucht. Diese Stiefelchen haben, dann könntest du mehr aushalten! Das wußte sie. Sie kannte sich. Hoffentlich paßten ihr die im Schaufenster nicht. Hoffentlich hatten die die im Geschäft nicht in ihrer Größe. Dreihundertundzwanzig Mark. Hildchen Tönnissen hat vor einer Woche eine von Susis *Roberta-Brillen* zerbrochen. Wie die zugreift. Einmal mußte das passieren. Susi hatte Hildchen sofort unmäßig getröstet. Umarmt. Fast geküßt. Beide hatten geweint. Und jetzt Lackschuhe für dreihundertundzwanzig. Eigentlich unmöglich. Aber ihr war danach. Und sie mußte dazu stehen, daß ihr danach war. Nach Lackschuhen. Und zwar genau nach diesen. Und trat ein und wurde schon von weitem begrüßt. Mein Gott, wo außer in IHREN Geschäften war sie denn noch willkommen in dieser Welt! Herzlichkeit verspürte sie doch nur noch, wo sie alte Kundin war. Und zwar wirkliche Herzlichkeit. Wenn sie etwas unterscheiden konnte, dann Mache von Echt. Die Schuhe paßten. Die nahm sie und bezahlte sie bar. Bedankte sich, wollte gehen, da winkte ihr die Chefin zu, sie wolle ihr noch etwas zeigen, gerade hereingekommen, Stiefelchen, halbhoch, in Schwarz, aber die hintere Hälfte aus Seide, nur vorne Lack, die Zunge aus rotem Leder in Herzform, die Schnürsenkel, an einem Ende ein Herz, am anderen ein Stern. Wenn sie gar kein Geld mehr haben werden, Lebensmittel stehlen, die verkaufen, daß sie dann solche Schuhe kaufen kann. Solche Schuhe zu stehlen wird wohl unmöglich bleiben. Und Schuhe, Uhren und Tücher wird sie, weil sie da nicht mit ihrer Figur konfrontiert wird, weiterhin brauchen. Sie mußte beide Paare nehmen. Zahlte, dankte und fuhr langsam, aber mit voll aufgedrehter Musik heim. Edmund mußte sie von diesem Kauf nichts sagen. Er interessierte sich ja ohnehin nicht für das, was sie anhatte. Es sei denn, es war ihm zu grell, zu auffallend, zu frech, eben zu wenig edmundhaft beziehungsweise zu wenig britisch dezent. Dann allerdings konnte er fast beleidigend werden.

Kaum da, rief schon Frau Hoppe an und sagte, Herr Gern sei gerade auf einer Sitzung, sie, Frau Hoppe, könne nicht mehr länger zuschauen, wie Herr Gern mit sich umgehe. Heute sei er samt seinem Stuhl umgefallen, dabei unter den Schreibtisch zu liegen gekommen, wie lange er dort gelegen habe, wisse sie nicht. Als er das Telephon nicht mehr abnahm, sei sie endlich hinein zu ihm und habe ihn gefunden. Auf dem Bauch liegend, unfähig, sich wieder aufzurichten oder auch nur auf die Seite zu drehen. Die anderen Herren der Sozietät, das wisse sie von deren Sekretärinnen, sagten inzwischen: Ja, ist denn der schon am frühen Vormittag betrunken. Was er ja überhaupt nicht sei. Sie sei siebenundachtzig nur Herrn Gern zuliebe mit ihm von Oxfort weg und habe schon bald bemerkt, daß er nicht mehr gesund sei. Das hätte er, findet sie jetzt, ihr sagen müssen. Die anderen Herren ertrügen die Zustände ihres Kollegen Gern nur, weil sie wüßten, was für ein fabelhafter Anwalt er einmal gewesen sei. Sie glaube nicht, daß Herr Gern noch bis September durchhalten könne. Uringeruch in einer solchen Sozietät, eigentlich ist das doch unmöglich. Frau Gern möge ihr verzeihen, aber sie wisse einfach nicht weiter.

Susi bedankte sich. Als sie aufgelegt hatte, rieb sich Domino an ihren Beinen. Sie mußte mit. Er wollte ihr zeigen, daß Jeannie schon wieder ihr Häufchen in den Katzensand gemacht hatte, ohne Sand darüberzuscharren. Das besorgte jetzt Domino. Aber er wollte, daß Susi das sehe und ihn dafür lobe und belohne. Das tat sie. Sie hatte ein schlechtes Gewissen gegenüber ihren Katzen, weil sie soviel Zeit als Katastrophenbuchhalterin drunten bei Leonardo hockte. Dann rief Edmund an. Heut ist Freitag, Schachabend bei Mr. Yingling, in zwanzig Jahren hat er sich, wenn er nicht konnte, immer rechtzeitig entschuldigt, diesmal nicht. Susi soll ihn entschuldigen. Er geniert sich. Und was soll sie sagen? Ja, was soll sie sagen? So direkt, so offen, wie Mr. Yingling war, wenn er einmal absagen mußte, könne er doch nicht sein, sagte Edmund. Warum denn nicht, fragte Susi. Gott, schenk mir eine Ausred', pflege Mr. Yingling zu sagen, sagte Edmund. Sag das doch einfach auch, sagte Susi, dann ist das lustig. Nein, sagte Edmund, geht überhaupt nicht. Wenn Mr. Yingling

Sprichwortartiges einsetze, sage er das in Jiddisch, eine Sprache eben, in der auch noch die ödesten Formeln vor Innigkeit strahlten. Das könne er, Edmund, doch nicht imitieren. Aber wenn Susi sich das zutraue, bitte, rufe sie doch dort an und sage: Got, schejk mir an ojsrejd. Oh, nein, nein, rief Susi, da sag ich schon lieber: Heute kommen Köther, Soostema, Höflich und Labs. Und es geht um Millionen. Dafür hat der Antiquitätenhändler a. D. Verständnis. Hat er, sagte Edmund, aber du mußt – und das ist das Problem – verständlich machen, warum nicht ich anrufe und warum du erst heute anrufst. Seine Frau hat schon die Striezel gebacken, er hat den Musigny 1945 dekantiert. Da hilft nur gestehen, sagte Susi. Bloß das nicht, sagte Edmund und fragte: Was willst du denn gestehen? Susi sagte: Die Wahrheit eben. Die ist am wenigsten glaubhaft, sagte er. Mit einer Frau, der nichts einfalle als die Wahrheit, sei man geschlagen. Er werde selber anrufen. Susi schaute unwillkürlich zum Warhol-Bild hin. Edmunds Kopf ist ein wenig, fast unmerklich wenig, aber ein wenig doch gesenkt. Das sieht aus, als sei die Kraft bei ihm im Nacken konzentriert, wie zu einem Angriff. Total frontal ist Edmund gemalt. Sie schaut herüber. Muß dazu den Kopf drehen. Durchaus interessiert schaut sie herüber. Entgegennehmend. Hoffentlich hat Edmund noch diese im Nacken gesammelte Angriffskraft. Bei ihr sträubten sich im Nacken nur die Haare.

Sie zog die Gardinen zu. Und lachte sich aus dafür. Doofesuse. Nicht zu helfen ist dir. Gestern hatte Herr Gern gesagt, ihm wäre daran gelegen, daß abends, wenn er heimkomme, die Gardinen schon zugezogen seien. Sie, schwach dagegen: Die Pflanzen brauchen Licht. Und er: Ob ihr die Pflanzen wichtiger seien als ihr Mann.

Wegen der Großen Gruppe kam Edmund heute früher zurück. Aber heute wurde er nicht angekündigt durch das fast überirdisch klingende Sausen des Aufzugs, er stand nicht wie eine Erscheinung zwischen den sich feierlich öffnenden Aufzugstüren, nein, er meldete sich mit elend leiser Stimme per Gegensprechanlage. Ob Susi ihm schnell achthundert Mark herunterbringen könne? Sie solle jetzt bitte nicht fragen, sondern mit dem Geld kommen. Bitte.

Susi fuhr hinab, Edmund flüsterte ihr zu, der Taxifahrer verlange achthundert, weil Edmund auf dem Sitz einen Flecken hinterlassen habe. Susi sagte: Du fährst rauf, ich erledige das. Edmund zeigte, daß er dankbar sei, und verschwand mit dem Aufzug. Susi ging forsch auf den Fahrer zu, der an der offenen Tür auf der Beifahrerseite stand und auf den Sitz beziehungsweise auf den Flecken deutete. Rückwärts an die Garage, dachte Susi, Pril, dann den Föhn an die Garagensteckdose und alles trockengeföhnt. Aber sie hörte sich sagen: Sie spinnen wohl. Achthundert Mark. Sie kriegen jetzt dreihundert Mark von mir, der Wagen gehört Ihnen ja nicht, und der Fleck trocknet weg, dann sehen Sie nichts mehr, vielleicht noch 'nen kleinen Rand, aber den sehen Sie schon nicht mehr, wenn Sie nicht wissen, daß er da ist. Ihrem Chef sagen Sie nichts, hier sind dreihundert, guten Abend. Sie war zufrieden mit sich.

Edmund stand schon am großen runden, weißen Tisch im Eßzimmer und verteilte Papiere auf vier Plätze. Er wollte, das war überdeutlich, an keinen Taxifahrer mehr erinnert werden. Susi fragte: Soll ich für das Gespräch mit Köther, Soostema, Höflich und Labs … Edmund ließ sie noch die Namen aufsagen, als hörte er nichts in dieser Welt lieber als diese vier Namen, dann aber unterbrach er jäh: Gespräch! Schnucke, was soll denn das! Hier findet doch kein Gespräch statt! Hier findet statt die feierliche Unterzeichnung der zweiten Staffel des ersten Roll-Trading-Vertrags! Vier Investoren, genauer: drei Investoren und eine Investorin unterschreiben die zweite und letzte Stufe des Vertrags mit dem Rechtsanwalt Edmund Alexander Gern als General Investor. Der General Investor gewährt den Investoren damit Zugang zu dem Roll-Trading-Jahresprogramm der Firma Price Gutfreund, Toronto. Schnucke, schau, hier, welche Vorteile entstehen den Investoren, wenn sie sich dem General Investor anvertrauen: Aufhebung von Mindestsummen der Einzelinvestition, rationelle Ausübung der Einzelrechte durch Zusammenfassung, keine Berechnung von Verwaltungskosten, generelles Prüfungsrecht des General

Investors durch Einsichtnahme in alle Prüfungsunterlagen von Price Gutfreund, die eine durch den General Investor verwaltete Investition betreffen.

Er sei auf dieses Elf-Seitenwerk stolz, sagte Edmund. Susi sagte, sie sei stolz auf Edmund. Das dürfe sie ausnahmsweise einmal sein, sagte er. Susi rannte in die Ankleide, holte eine graue Jacke und bat ihn um die, die er anhatte. Er wollte wissen, warum. Dreimal in der Woche gehe er zum Friseur. Das müsse der falsche Friseur sein. Sein bester Kunde läuft mit immer noch mehr Schuppen herum. Entweder müsse Edmund auf seine Lieblingsfarbe Dunkelblau verzichten oder einen Friseur finden, der ihn von Schuppen befreie. Er ließ sich die graue Jacke anziehen. Brioni, sagte er. Dann zog er den Wäscheständer, der immer übervoll von Bettwäsche und Edmundwäsche war, höchstselbst aus der Großen in die Kleine Diele. Als er die Zwischentür schließen wollte, kam Conny aus ihrem Zimmer und protestierte, daß der Wäscheständer vor ihrer Tür plaziert werde. Das sei hygienisch nicht in Ordnung. Susi staunte. Aus Connys Mund das Wort Ordnung. Sie wurde belehrt. Wenn sie, Conny, heute abend von Vilai zurückkomme, stehe der Wäscheständer wieder in der Großen Diele. Dann sei sie einverstanden. Übrigens, sagte sie, als sie schon mit einem Fuß wieder in ihrem Zimmer war, sie brauche einen Mann. Wenn sie jetzt nicht bald einen Mann bekomme, könne sie für nichts mehr garantieren. Edmund sagte: Nimm zuerst zwanzig Pfund ab, dann reden wir weiter. Conny sagte zu ihrer Mutter: Der hat über mich überhaupt nichts zu bestimmen. Du machst doch hier alles. Ja, Mäusken, sagte Susi, fünf Pfund reichen. Du wirst sehen, wie gut es dir geht, wenn du erst mal runter bist auf neunundsechzig Kilo. Später dann vielleicht mal auf sechzig. Einsfünfzig groß, sechzig schwer, das wäre toll, Mäusken. Wenn sie einen Mann kriegt, nimmt sie ab, sagt sie. Umgekehrt, Mäusken, zuerst abnehmen, dann den Mann. Sag nicht immer Mäusken zu mir, sagte sie, Kätzken wär mir lieber. Ja, sagte Susi, wenn Jeannie und Domino einverstanden sind. Ab morgen lassen wir mal probeweise die drei Marsriegel weg. Conny stieß einen Klagelaut aus. Sie brauche doch dringend Energie. *Mars bringt verbrauchte Energie sofort zurück*, rief sie. Da Edmund sich schon verzogen hatte, konnte Susi sagen: Du siehst inzwischen aus wie Miss Piggy, Mäusken.

Kätzken, sagte Conny. Seit sie im Karneval als Raubkatze durch die Säle getigert war, wollte sie Kätzken genannt werden.

Kuck mal in 'n Spiegel, sagte Susi, dein Fleisch wird schon richtig breiig. Sieht eigentlich furchtbar aus.

Aber du liebst mich doch, sagte Conny.

Ich liebe dich, wie ich nichts sonst liebe in dieser Welt, sagte Susi.

Und ich erst dich, sagte Conny. Weißt du, was ich geträumt habe letzte Nacht?

Sag's mir, sagte Susi.

Sie hatte, sagte Conny, 'n richtigen Rennwagen, drehte 'n paar Runden zur Probe, dann der Start, sie hieß aber ganz anders.

Nicht Cornelia Gern?

Nee, sagte Conny. Und als es an den Start ging, sei sie aufgewacht. Kennst du den Film *Tage des Donners*? Mit Tom Cruise.

Kennt die Mutter nicht. Alle außer dir kennen den, sagte Conny. Da war der Tom Cruise Rennfahrer, dann verunglückt der, dann verliebt er sich in die Ärztin, dann haben die Liebe gemacht mit einander, verstehsse. Und produzierte mit beiden Händen die Gestik für Bumsen.

Ihre Conny!

Susi führte Conny, ohne daß die das merkte, in ihr Zimmer zurück, erreichte es sogar, daß Domino, Jeannie und Timmi das Zimmer verlassen durften. Als sie die Tür geschlossen hatte, hörte sie, daß Conny ihre Protestmusik laufen ließ. Eine wilde Trommelei. Wie aus dem Busch, dachte Susi.

Susi mußte noch loswerden, was sie in Connys Gegenwart nicht hatte sagen können. Edmund saß am Schreibtisch in der Bibliothek. Und rauchte. Sein Zigarillo. Susi liebte diesen Duft, sorgte aber dafür, daß er auf Edmunds eigensten Bereich, die

Bibliothek, beschränkt blieb. Diese gelöste, hingegebene Haltung hatte er nicht, wenn er rechnete, die signalisierte: Kreuzworträtsel. Seine Edelkreuzworträtsel natürlich. Da war er immer froh, wenn sie auftauchte, daß er in Begeisterung ausbrechen konnte über diese Rätselformulierungen. Jetzt hör dir das an: Dreizehn waagerecht: *Gerade weil sie das nicht sind, was sie zu sein scheinen, sind sie's.* Und Susi, wie meistens: Ich verstehe kein Wort. Und Edmund hell glücklich: ATTRAPPEN natürlich. Und das, vierundvierzig waagerecht: *Sein Auftrag führt zur Vereinigung, oft zur Wiedervereinigung.* Er gebe zu, daß er sich durch diese politisch klingende Wörterrichtung zuerst habe in die falsche Richtung schicken lassen. Die Lösung habe er erst geschafft, als er fünfundvierzig und sechsundvierzig senkrecht raushatte, was zum Glück viel einfacher war: Fünfundvierzig! *Ließ Römer rechts oben ohne gehen.* TOGA natürlich. Und sechsundvierzig senkrecht: *In der Straßenverkehrszulassungsordnung nicht vorgesehener Anhänger.* Drei Buchstaben, ist natürlich FAN. Dann war klar: *Sein Auftrag führt zur Vereinigung, oft zur Wiedervereinigung* meint KLEBSTOFF. Susi staunte das Genie Edmund an. Edmund genoß es. Er sagte, diese allerfeinsten Kreuzworträtselformulierungen machten ihn fast so glücklich, wie wenn er ein Spiel gegen Mr. Yingling gewinne.

Susi immer noch von der Tür aus: Ich will dich nur daran erinnern, du hast, was Conny angeht, nichts zu sagen.

Sie merkte, durch seine Kreuzworträtseligkeit hatte er ihre ganze Erbitterung unmöglich gemacht. Aber sie mußte die jetzt loswerden, wenn auch nicht mehr in der Schärfe, zu der sie vorher in ihr gediehen war. Und Conny beziehungsweise seine ebenso launenhafte wie grobe Einmischung war nur ein Vorwand, der ihr gelegen kam, daß sie die tiefer sitzende Erbitterung loswurde, die seit Tagen in ihr zugenommen hatte, eben seit er sie hatte wissen lassen, er werde am Sonnabend – und das war morgen – mit Ruth Proll nach Mailand fliegen und von dort aus einen Abstecher nach Ascona machen. Ins *CASTELLO DEL SOLE.* Schreien hilft nichts. Trotzdem schrie sie manchmal. Machte ihm weiter nichts aus. Hielt still wie beim Platzregen. Sie sagte scheinbar ruhig, aber

doch bebend vor Wut: Du kümmerst dich kein bißchen um
Conny. Was sie tut, ob sie was tut, dir egal. Aber dann rum-
schreien. Zwanzig Pfund.
Edmund: Ich kann es nicht mehr sehen …
Susi: Laß uns in Ruhe. Schau weg, Edmund, schau einfach
weg. Sprich mich nie mehr, nie-nie-nie mehr auf Connys Gewicht an, laß uns nie mehr zusammen frühstücken, komm
abends nach Hause, wenn ich noch nicht erschöpft bin. Das
klinge, sagte er, wie die Zehn Gebote.
So ist es auch gemeint, sagte sie.
Er, sagte Edmund, zuständig fürs Machbare, habe jetzt alles
für die Entmündigung vorbereitet. Schon erstaunlich, wieviel
komplizierter das inzwischen sei, jemanden entmündigen zu
lassen …
Und Susi, schnell dazwischen: Sie hat schon wieder die *Rheinische Post* abonniert. Zum dritten Mal, sagte Edmund. Und Susi: Wenn der Vater die *Frankfurter* liest, sagt sie, kann ich doch
die *Rheinische Post* lesen. Aber, sagte Edmund, sie liest doch nur
die Donnerstagausgabe, weil da die Kinoprogramme drin sind.
Sie ist nur zu faul, sich die Donnerstagsausgabe zu besorgen.
Mach das rückgängig und bewahre den Vorgang auf, sagte
Edmund, das hilft, in drei Wochen muß das durch sein, dann
können wir beruhigt aus der Welt gehen, Conny wird jeden
Monat ihr Geld kriegen, doppelt soviel wie ein pensionierter
Landgerichtsdirektor, das kann sie sich abschwätzen lassen,
am nächsten Ersten ist es wieder da. Und wohnt mietfrei.
Auch daß sie, so oft sie will, zu Dr. Hornfeck oder einem Nach-
folger gehen kann, ist geregelt.

Seit er die Entmündigung betreiben mußte, war er, zum ersten Mal, bereit, sich einzugestehen, daß sie ein behindertes
Kind hatten. Wenn er die Nachhilfehefte durchgesehen hatte,
war es immer zu Schreiszenen gekommen. Er hatte die Hefte
quer durchs Zimmer geschleudert und Susi angebrüllt, daß
sie zu nachsichtig sei mit Conny, daß Conny verwöhnt sei,
härter angefaßt werden müßte. Allmählich hatte er dann Susi für alles, was sie bei Conny erreichte, genauso laut gelobt,
wie er sie vorher beschimpft hatte.

Jetzt hatte er sie durch das Thema Entmündigung abgebracht vom Thema Morgen-mit-der-Nutte-nach-Mailand-Ascona. Sie hatte sich vorgenommen, ihn zu fragen, ob eine solche Reise noch seinem Zustand entspreche.

Edmund, sagte sie, ich habe ein Problem. Mit dir.

Und er, offenbar spürend, was kommen würde, sagte so hell wie schnell: Ich mit dir nicht.

Jetzt hätte sie sagen sollen, daß sie gelegentlich daran denke, ihn zu töten. Aber sie sagte nur:

Wenn er weiterhin zu den Frauen gehe, morgen, zum Beispiel, mit der Edelnutte nach Mailand und Ascona, schlafen im *CASTELLO DEL SOLE*, essen im *GIARDINO* in Brissago, dann werde sie ihn, falls er noch kränker werde, nicht pflegen können. Das werde, sagte er, von ihr überhaupt nicht erwartet. So wie er jetzt schon eine Masseurin und Heilgymnastikerin beschäftige, so werde er eine Pflegerin bestellen, die immer, wenn er sie brauche, da sei.

Schnucke, sagte er, mach dir doch, bitte, keine unnötigen Sorgen.

Wenn er in den letzten Jahren ihre Signale gehört und verstanden hätte, sagte sie, könnte sie ihn jetzt pflegen. Wenn er aber Wochenenden mit der Edelnutte in Mailand und Ascona verbringt, schafft sie das leider nicht.

Jetzt wies er darauf hin, daß Susi von ihm verlangt hatte, eine zu nehmen, die sich bezahlen läßt. Übrigens, wenn er Ruth Proll mit nach Mailand und Ascona nehme, bezahle er sie nicht noch extra für ihre Anwesenheit. Gut, ein paar hundert Mark, daß sie sich in Ascona, wo einem einfach die Boutiquen den Weg versperren, diese und jene hübsche Petitesse kaufen kann, aber das ist es auch schon. Sie kriegt ja von ihrem Anwalt dreitausend im Monat. Und soundsoviel von ihren Klienten, sagte Susi. Nein, er sei der einzige, dem sie sich widme. Und der Anwalt dürfe es nicht wissen.

Susi brachte es nicht über sich, jetzt von der Windelhose anzufangen, von der Spezialhülle für sein Glied. Gerade, daß sie noch sagen konnte, sie habe etwas aufgeschrieben, das möchte sie ihm, bevor er morgen abfährt, noch vorlesen. Ob er einverstanden sei. Oh ja, sagte er, bitte, lies. Oder, sagte sie, wäre es besser, wenn er die Investoren hinter sich haben werde. Wie sie wolle. Sie sei für nachher.

Sie ging noch einmal zu Conny, bat um eine Sekunde Gehör: Am Montagvormittag komme Frau Novotny vorbei, vielleicht solle Conny bis dahin einfach einmal fasten.

Conny machte eine Handbewegung, die Susi als Zustimmung verstehen konnte. Wenn Susi Conny zum Fasten verpflichtete, fiel ihr ein, was eine Freundin ihrer Mutter gesagt und was die Mutter ihr dann regelmäßig vorgesagt hatte: Wenn Susi so weiter ißt, wird es irgendwann einmal zu wenig zu essen geben in der Welt.

Dann noch einmal zu Edmund, um ihm mitzuteilen, daß sie, solange die Investoren da sind, drunten im Kleinen Apartment bleiben wird.

Fast beleidigend, wie sehr Edmund damit einverstanden war, daß sie den Investoren nicht begegnete. Aber ihr mußte das recht sein. Sie bat Conny noch, ihre Trommeln leiser zu stellen, der Vater erwarte Geschäftsfreunde.

Dä fiese Andriewer, rief Conny.

Ihre Trommeln stellte sie ab, aber dafür fing sie an, die Fünfzigpfennigstücke von einem Schuhkarton in den anderen zu schütten. Das war die Strafe für Susi, weil die es nicht geschafft hatte, Conny vor den nervösen Attacken des Vaters zu schützen. Conny wußte, daß Susi nichts so wenig ertrug wie dieses Geräusch, wenn die Fünfzigpfennigstücke von einem Karton in den anderen donnerten, klirrten und rauschten. Susi fuhr hinunter ins Kleine Apartment, weckte Leonardo und beriet mit ihm, wie sie Edmunds morgige Reise und überhaupt seine Reisen in Dateien erfassen könnte, zum jeweiligen Gebrauch, und sei es zur Rache.

Das Telephon läutete. Ein Erlösungssignal. Es war aber Ksenija. Susi sagte, weil Ksenija sonst immer nur mit Edmund sprechen wollte, der Vater sei in einer Besprechung. Ksenija wollte aber mit der Mutter sprechen. Hallo, Mutter, wie geht es dir, sagte sie. Es geht so, sagte Susi. Ihr gehe es nicht gut, sagte Ksenija. Du mußt mir helfen, sagte sie. Jetzt kannst nur noch du mir helfen, Mutter. Bitte, besuch mich noch heute. Heute geht es doch nicht mehr, sagte Susi. Aber Ksenija hörte nicht auf. Und sie hätte nicht mehr aufgehört, wenn Susi ihr nicht versprochen hätte, sie anzurufen, sobald sie wisse, wann sie hinüberkommen könne nach Neuss ins Josefs-Krankenhaus. Als Susi aufgelegt hatte, zitterte sie wieder. Andreas hatte geschworen, er werde jeden Kontakt mit seinen Eltern und mit seiner Tochter abbrechen, wenn die, solange die Scheidung noch nicht durch sei, im geringsten Umgang mit Ksenija hätten.

Als es endgültig klargeworden war, daß Ksenija nicht böse war, sondern krank, hatte Susi zu Ksenija gesagt, am liebsten würde sie sie jetzt nur noch umarmen. Das war fast ein Glücksgefühl: Ksenija krank, nicht böse! Aber sie jetzt dort besuchen?! Weil sie nichts mehr aß, aber täglich fünfzig Zigaretten rauchte, war sie eingeliefert worden. Aber sie besuchen hieße, Andreas verlieren. Das mußte Edmund für sie regeln.

Jetzt nur abwarten, bis die Geschäftstruppe oder -gruppe weg war, dann hinauf.

Als Edmund anrief, klang seine Stimme wie früher, als er seine Geschäftstaten noch als Vortragnummern präsentiert hatte. Alles löpt, rief er, die Investoren sind weg. Susi solle bitte, bitte, sofort heraufkommen. Droben kein strahlender Edmund mehr, sondern ein weinender. Vor Freude weinend. Kaum seien die Investoren weg gewesen, ein Anruf aus Kanada. Der, der dort das Sagen hat, hat ihn angerufen, der ist genauso alt wie Edmund. Ich kann es kaum fassen, rief Edmund. Er hatte um diesen Rückruf gebeten gehabt. Und jetzt habe es der ihm so leicht gemacht. Er, Edmund, habe um einen Vorschuß gebeten, eine Million, um hier die Banken zu beruhigen, jetzt hat der von sich aus zwei Millionen angeboten. Die überweisen mir einfach zwei Millionen. Aus Kanada.

Edmund legte seine Hände auf Susis Schultern. Seit Jahren zum ersten Mal. Sofort, Schnucke, sagte er, soll jetzt ein schöner Abend beginnen. Conny hat er schon verständigt. Susi soll die *Glücksrad*-Kassette vom letzten Montag einlegen, er werde die Hungrigen speisen.

Womit, fragte Susi. Er werde Kalbsbratwürste aus ihren Därmen befreien, sie zu Bällchen formen und dann braten. Dazu Reis und Auberginen. Susi sagte, zuerst müsse er ihr aber noch einen Gefallen tun. Und schilderte ihm Ksenijas Verzweiflung. Edmund müsse Ksenija klarmachen, daß Susis Besuch ihr doch auch nicht helfen könne. Edmund, sofort: Kommt nicht in Frage. Susi sagte, sie sei rund um die Uhr für ihn da, also könne er auch einmal etwas für sie tun. Er ließ sich die Telephonnummer geben. Aber heute werde nicht mehr angerufen. Heute werde gefeiert. Susi war froh, daß es nicht mehr an ihr lag, wann Ksenija angerufen werde.

Als sie hinaufkam, hatte er schon die EAG-Schürze um und führte sich auf als großer Koch. Susi sah, daß ihm, wenn er sich über den Herd beugte, Speichel aus dem Mund tropfte. Sie beherrschte sich. Deckte den Couchtisch vor dem Fernsehapparat. Conny sagte, sie werde heute nichts mehr essen. Dann, sagte Susi, fast' ich mit dir. Das fand Conny rischtisch leev. Susi war froh, ihren Ekel so gut verkauft zu haben. Susi stellte also die Schüssel mit der Ente auf den Tisch. Aus dieser Schüssel aß Edmund immer, wenn man zusammen Fernsehen kuckte. Das Band hatte Susi gefunden und eingelegt. Aber wie immer, wenn sie etwas von Edmund Aufgenommenes anschauen wollten, war das Band nicht zurückgespult. Und da Edmund fast nie den Anfang dessen, was er aufnehmen wollte, erwischte, war es dann gar nicht so leicht, die Stelle zu finden, mit der man das Anschauen beginnen lassen konnte. Susi schrie, das sei ihre endgültig letzte Verabredung zum Fernsehnkucken, wenn Edmund das Aufgenommene nicht wenigstens auf Anfang stellen könne. Jedesmal diese Hin- und Hersucherei. Das sei doch zum Wahnsinnigwerden. Ihr sei die Lust inzwischen vergangen. Aber Conny, die keine *Glücksrad-*Sendung versäumen wollte, weil ihr Vater sich da manchmal von ihr, ohne daß sie es merkte, im Rätsellösen übertreffen ließ, verbot ihrer Mutter solche Töne, nahm ihrer Mutter die Fernsehsteuerung aus der Hand, sie werde den Anfang des Aufgenommenen ganz schnell gefunden haben. Es war also wie immer. Wahrscheinlich war allen dreien bewußt, daß dieses gemeinsame Fernsehnkucken das einzige war, was noch war wie früher. Susi gab sich diesem Gefühl, sobald die Sendung endlich lief, richtig hin. Connys Part war es, zu höhnen, wenn die drei Ratenden Buchstaben nannten, die man nun wirklich nicht nennen konnte, bevor die häufigsten Buchstaben e und a und r und n nicht genannt waren. Die Lösungen kamen immer von Edmund oder, wenn er Conny den Vortritt ließ, von Conny. Susi lag das nicht, hinter dem Wort *Ereignis* das Wort *Wildwasserfahrt* zu entdecken. Edmund entdeckte, als ein paar Buchstaben zusammenhanglos in ihren Kästchen standen, daß mit der *Redewendung* gemeint war *Kinder, wie die Zeit vergeht*. Daß sich hinter *Eigenschaft köstlich* verbarg, ließ er Conny entdecken. Conny stolz zu Susi: Isch han dinne Mann jeschlaje. Susi prostete ihr zu. Als einer der drei Ratenden, die abwechselnd das Glücksrad drehen durften, das Rad so drehte, daß der Zeiger statt auf eine Zahl auf *Bankrott* zeigte, fiel Edmund die Entenschüssel aus der Hand.

Was noch drin gewesen war, lag auf dem Teppichboden. Halb so schlimm, sagte Susi, Frau Oschatz ist spezialisiert auf Teppichbodenreinigung. Klecker-Klecker, sagte Conny und grinste unverschämt. Das entblößte ihre Mäusezähnchen. Susi rannte hinaus. Vorwand: Das Gröbste gleich beseitigen. Dabei war ich, rief ihr Edmund nach, noch nie weiter vom Bankrott entfernt als heute abend. Dann nieste er. Und wie immer fing dann Conny auch an zu niesen. Edmund nieste, wenn er einmal angefangen hatte, fünfmal oder siebenmal. Und jedesmal so laut, so erschütternd, daß man unwillkürlich hinschaute zu ihm, um zu sehen, ob es ihn nicht doch zerrissen habe. Und Conny nicht viel schwächer. Es war ganz genau seine Art zu niesen. Was der Natur bloß einfällt, dachte Susi. Nach dem dritten Mal brüllte sie Gesundheit in die Doppelserie, dann wartete sie mit gespielter Geduld das Ende ab. Aber Halb-so-schlimm hätte sie da nicht mehr sagen können. Sie fand diesen Niesausbruch von Mal zu Mal unerträglicher. Nies du doch im *CASTELLO DEL SOLE*, dachte sie. Dann riß sie sich herum. Da, sagte sie, und zeigte auf den Bildschirm, zehntausenddreihundert hättest du verdienen können. Du solltest dich wirklich einmal bewerben. Nicht für zehntausenddreihundert, sagte er.

Als sie im Bett lagen, sagte er, jetzt, wenn sie jetzt etwas vorlesen würde, das fände er amüsant.

Amüsant, sagte sie, dann laß ich's lieber.

Er drängte, sie gab nach, bevor er sein Drängen einstellte, und griff nach ihren Papieren.

Ach schön, sagte er, du hast's in greifbarer Nähe.

Hör zu, sagte sie und las:

Mein Mann war der einzige Freund, den ich je hatte. Ich brauchte viele Jahre, bis ich merkte, daß er alles andere als ein Freund war. Er hat gesagt, er liebe mich. Aber er hat mich nicht wahrgenommen. Ich habe mich artikuliert, es geschah nichts. Ich habe Hilferufe ausgestoßen, es geschah nichts. Ich habe gezetert, es geschah nichts. Ich habe gedroht, es geschah nichts. Ich habe ihn bedroht, es geschah nichts. Ich habe ihm den Tod gewünscht, es half nichts. Ich habe nie geweint. Jetzt weine ich.

Als sie aufhörte, merkte sie, daß er schlief. Sie nahm eine Tablette. Und sie war herumgerannt, wo gibt's die schönsten Windeln und Extrawindeln, um schon mal das Glied zu bergen, ihm gebracht und gesagt: Da kannst du das reintun, was du dir nicht abschneiden kannst. Bevor sie einschlief, dachte sie: Leonardo tut's auf die Rechnung. Du mußt nur aufpassen, du Doofesuse, daß du ihm nicht, wenn es ihm irgendwann noch schlechter geht, alles in einem einzigen Mitleidaufwasch verzeihst. Er konnte noch bemitleidenswerter werden, sie mußte sich wappnen. Als er vor zwei Jahren zum ersten Mal nachts diese Wegwerfhöschen mit einer Windel trug, war er gleich wieder aufgestanden, sie ihm nach, er im Wohnzimmer, weinend, sie hatte ihn gestreichelt. Solange er tagsüber keine Windel brauche, sei doch alles nicht so schlimm. Nachts, das ist doch halb so schlimm. Bisher war immer alles bloß halb so schlimm. Bisher ...

Susi schlief ein. Dann dieses Geräusch, wie ein Schlag von etwas Hartem auf etwas Hartes. Sie sieht unter der Tür zur Ankleide einen Lichtspalt. Edmunds Bett ist leer. Sie ruft: Edmund. Hört seine Stimme, versteht aber nichts. Dann findet sie ihn. Gestürzt. Gegen die Tür geschlagen, die dann zuschlug. Unterarm und Stirn aufgeschürft. Kein Problem, sagt er, einen Augenblick aus dem Gleichgewicht geraten. Aber er konnte nicht aufstehen. Als er es mit ihrer Hilfe geschafft hatte, fehlte ihm einer seiner Pantoffeln. Den finden wir morgen, sagte sie. Aber Edmund wollte, bevor er ins Bett ging, diesen Pantoffel gefunden haben. Vielleicht im Hosenbein, sagte Susi. Da war er nicht. Susi suchte, Edmund stand an der Tür und schaute zu. Endlich sah sie, daß der kleine chinesische Teppich in der Ankleide einen Huckel hatte. Das war der Pantoffel. Edmund dankte und sagte, er habe vorher in der Küche eines der schönen Margeritengläser fallen lassen. Die Scherben habe er, so gut es ging, zusammengekehrt wegen der Kätzchen. Ins Bett wollte er jetzt nicht. Er sei doch aufgestanden, um zu packen. Hatte er doch glatt das Packen vergessen. Sie dürfe ihm gern behilflich sein. Wenn sie wolle. Natürlich nur, wenn sie wolle.

Dr. Hornfeck: Ich weiß, eines Tages werden Sie Ihren Mann umbringen, und ich werde als Zeuge antreten müssen, was ich gar nicht schätze.

Susi half packen. Sie half nur, weil sie wußte: dieses Packen vergißt du ihm nicht. Dagegen, alles zu vergessen und wieder lieb zu sein, hilft dieses Packen. Keine Angst, Susi, Leonardo und du, ihr vergeßt ihm das ganz sicher nicht!

Am Morgen mußte sie ihm den Koffer bis ans Taxi tragen. Er hatte sich die Zähne geputzt. Daß er sich, wenn er nicht zu einer Frau ging, die Zähne nicht mehr putzte, war ihr nur aufgefallen, weil es Monate dauerte, bis sie ihm wieder eine Zahnpasta hinlegen mußte. Zum Frühstück hatte er so gut wie nichts getrunken, weil er Angst hatte, daß gleich wieder eine Taxipeinlichkeit passiere. Wenn er das Haus verließ, trank er nur so viel, wie er brauchte, um die Medikamente nehmen zu können. Zum Glück war, als er ging, Frau Oschatz noch nicht da. Susi als Gepäckträgerin ihres Mannes, wie Frau Oschatz das kommentiert hätte! Frau Oschatz kam erst kurz vor zehn. Gestern um halb sieben ins Bett, und doch verschlafen. Sie ist nur noch müde, sagt sie. Der Zucker. In einem Monat zwölf

Kilo abgenommen, ohne etwas dafür zu tun! Seit sie so krank ist, muß sie an jedem Sonnabend zuerst berichten, was seit dem letzten Sonnabend passiert ist. Sie war mit Theo essen, Theo hatte Geburtstag, sie hat das Essen bestellt, hat gleich nach der Bestellung das Mittel gegen Überzuckerung genommen, das Essen kam und kam nicht, der Kellner hat die Bestellung vergessen, sie wurde ohnmächtig, fiel um, der Notarzt hat sie gerettet. Susi nahm sich wieder einmal vor, mit Frau Oschatz über eine Beendigung ihres Arbeitsverhältnisses zu verhandeln. Die Enkelin hat das Abitur, das Rosenthalservice ist komplett bezahlt, Sohn und Schwiegertochter verdienen anständig.

Frau Oschatz konnte es sich trotz ihrer unverbergbaren Schwäche nicht verkneifen, Herrn Gerns samstägliche Abwesenheit zu kommentieren. Ohne zu wissen, wo Herr Gern war, sagte sie vor sich hin: Man möchte es nicht für möglich halten. Sie prüfte das Messer, das Messer war geschliffen, Frau Oschatz nickte anerkennend. Das Rinderherz war, weil sie so spät gekommen war, schon zu hart. Jeannie und Timmi war's egal, Domino zierte sich. In der Küche stand noch das kaputte Margeritenglas. Die untere Hälfte noch ganz, ab der Mitte ein Rund spitzer Zacken. Die habe sie besonders gern gehabt, sagte Frau Oschatz und teilte dadurch mit, daß dies das letzte Margeritenglas gewesen sei.

Sobald Susi allein war, genoß sie die Ordnung, die Frau Oschatz und sie heute wieder geschaffen hatten. Alles an seinem Platz. Manches noch besser plaziert als bisher. Je mehr um sie herum die Unordnung zunahm, desto höher wurden ihre Ansprüche an die Ordnung in ihrer Wohnung. Wenn sie ihre Spülmaschine ausräumte, genoß sie die blitzblanke Ordnung, die ihr entgegenglänzte. Ihre Frauen wußten, daß nur Susi die Spülmaschine ein- und ausräumen durfte. Da konnte sie auf kleinstem Raum die größte Ordnungsvollkommenheit schaffen und genießen. Die Leute, die die Computer und die Spülmaschineneinteilungen entworfen hatten, waren Leute von ihrem Schlag, das spürte Susi. Als sie, nachdem Edmund weg war, ins Bad ging, fiel sofort sein Handtuch von der

Stange. Wenn sie ein Handtuch aufhängt, fühlt sie zuerst, welche Seite ist links, welche rechts, und hängt das Handtuch mit der rauhen Seite auf, und zwar so, daß es in hundert Jahren nicht von selbst zu Boden fiele. Aber er hängt es eben mal hin, daß es schon vom Türaufmachen herunterfällt. Wenn einen das nicht erbittern darf! Alles verläßt er immer so, daß nichts mehr in Ordnung ist. Je ordentlicher sie wird, desto unordentlicher wird er.

Schon am späten Nachmittag zog sie die Gardinen zu, obwohl Edmund nicht da war. Sie hatte es, weil er es so wollte, übernommen, die Gardinen jeden Abend zuzuziehen. Das gehörte jetzt zur Ordnung. Gerade als sie sie zugezogen hatte, läutete das Telephon. Edmund. Schon im *CASTELLO DEL SOLE*. Und schon mit Paris telephoniert. Morgen nachmittag treffen die Bevollmächtigten der Kanadier hier ein, dann wird mit denen unterzeichnet, der General Investor ist am Ziel. Der Tisch im *LA BREZZA* im *EDEN ROC* für morgen abend bestellt, Languste auf Avocado, cross gebratener Loup de mer, Sorbet oder Crêpes Suzette, zuerst Dom Perignon, dann einen weißen Burgunder, daß die Kanadier die Engel singen hören. Er hat die nicht ins *CASTELLO* eingeladen, weil er nicht weiß, ob die sich zwischen Tiepolo und Matisse wohlfühlen würden, auch will er jederzeit aufstehen und gehen können. Das heißt, er hat alles im Griff; und seine Schnucke kann sich, soll sich, muß sich, bitte, nichts als wohlfühlen. Ob sich das Wetter in Düsseldorf auch gemacht habe? Ja, sagt sie, es habe. Hier im Tessin kann der Frühling einfach nicht mehr warten, bis er dran ist. Sie wünschte ihm ganz schnell einen schönen Abend, aber er ließ sie noch nicht gehen. Heute abend, sagte er, fahren wir nach Brissago zu Angelo Conti Rossini, dem besten Koch auf dem Kontinent. Susi erinnere sich bitte an alles, was Edmund ihr von den *GIARDINO*-Feinheiten erzählt habe. Eigentlich habe er Angelo nur angerufen, um ihm zu melden, daß er erst wieder bei ihm tafeln werde, wenn die Geschäfte wieder gediehen. Und Angelo, was sagt das Kochgenie Angelo? Edmund, sagt der, Sie können bis an Ihr Lebensende im *GIARDINO* gratis speisen.

Sie wünschte ihm noch einmal einen schönen Abend, aber er redete weiter, bevor sie auflegen konnte. Heute abend komme *Hiob*, zweiter Teil, im Fernsehen, ob sie ihm den aufnehmen könnte. Kann sie. Dafür dankte er. Sie wünschte den schönen Abend noch einmal und legte den Hörer so schnell auf, daß er nicht weiterreden konnte. Es war das WIR, das sie nicht ertrug. Hatte er je, wenn er mit der Pudlich oder Prellmann fort gewesen war, WIR gesagt? Oder hatte ihr das früher nichts ausgemacht? Sie entschied sich dafür, daß er früher nicht WIR gesagt habe.

Am Sonnabend allein gelassen zu werden, daran kann sich kein Mensch gewöhnen. Das ist der Hauptposten auf der Rechnung, Herr Edmund Alexander Gern. Dafür muß sie eine extra Datei anlegen. Wiederholtes, regelmäßiges, notorisches Alleinlassen am Sonnabend. Wenn sie ihn je erschlagen wird und wenn sie diese Tat vor Gericht erklären muß, dann wird sie sagen und gibt das jetzt Leonardo zum Aufbewahren: Gewohnheitsmäßig am Sonnabend allein gelassen. Fressen, saufen, kotzen, das war das, was ihr blieb. Plus Fernsehnkucken.

Bis jetzt hatte sie ihn, um sich selber vor Unannehmlichkeiten zu schützen, nicht erstochen, nicht erschlagen. Vergiften würde sie ihn nicht. Sie mußte etwas haben von ihrer Tat. Was von einer Fünfzigjährigen in der Zeitung stand, würde ihr nicht passieren: will ihren Mann erschießen, der rennt aus dem Haus, kommt mit der Polizei zurück. Theo Oschatz hat doch gesagt, wen eine Frau umbringen muß. Nur ihren eigenen Mann. Dann ist die Welt wieder in Ordnung. Und ihr liegt an Ordnung. Mein Mann, wird sie dem Gericht sagen, ist mir immer häufiger vorgekommen wie ein ferngesteuertes, fehlgeleitetes Wesen. Ich habe das aus der Welt schaffen müssen. Um der Welt willen. Ich hatte das Gefühl, so einer versaut ja die ganze Welt. Ach, und wußte doch: Sollte der vor ihr sterben, dann wird sie leiden wie eine Frau, die glücklich war. Und daß er jetzt so ungeniert WIR sagen konnte, lag daran, daß er mit der Edelnutte in Ascona war. Die hatte ihm ja Susi sozusagen aufgeschwätzt. Nimm eine, die's für Geld macht.

Von keiner seiner Frauen redete er so hemmungslos wie von der Edelnutte. Daß die in Ascona von einer Boutique in die nächste knallt, war auch klar. Dafür hatte er sicher, wie er das nannte, Geld gehortet. Daß es in Ascona mehr Boutiquen als Haustüren gab, wußte sie aus der Zeit, als er noch mit der Pudlich dort flanierte. Er habe sich für Heimchen Pudlichs unerbittlichen Biedergeschmack geniert, hatte er damals berichtet. Die Edelnutte dagegen wußte sicher nichts so genau wie was zu ihr paßte und was nicht. Ach Lieken, Leonardo tut's auf die Rechnung. Wohin denn sonst! Und daß Edmund dann mehr hinter als neben der von Frischgekauftem gleißenden Edelnutte auf der Flanierpromenade herhatschte, sah sie vor sich. Aber es tröstete sie nicht.

Susi schaltete den Fernseher ein, prostete Marilyn Monroe zu, war zufrieden, daß die halbwegs freundlich zurückschaute, und überließ sich dem belebenden Bildschirm.

Sie durfte nicht an die zwei Scheiben denken. Sonnabend. WIR haben hier das Tessiner Paradewetter. Das kommt auf die Rechnung, mein Herr. Und immer, wenn sie etwas auf die Rechnung setzte, die Angst, daß sie weich, nachgiebig, versöhnlich, ja, vergeßlich werden könnte. Vor Vergeßlichkeit schützt Leonardo, vor Versöhnlichkeit nicht. So lange du Fernsehn kuckst, sollen die Scheiben driften, wohin sie wollen. Das wußte sie. Das war fast fabelhaft, wie wenig sie sich, solange sie Fernsehn kuckte, um die zwei Scheiben kümmern mußte. Dann rutschte sie mit dem Blick wieder schnell zu Marilyn Monroe hin, nahm das Bild, ging in ihr Zimmer, aber so leise, daß Conny es nicht hören konnte, zog ihren Schlüpfer aus, setzte sich aufs Bett, ließ sich umfallen, drehte sich zur Seite, sah sich im Spiegel, sah, wie sie Hand anlegte. Sie kam sich wie eine Gitarre vor. Sie griff den ersten Ton und gleich den zweiten, den dritten. Rasche Steigerung. Tempo, Susi, Tempo. Die Männerriege ist doch schon ganz scharf, dir Gutes zu tun. Los, du. Sie hätte im Spiegel nur auf ihre spielende Hand schauen dürfen, nicht auf ihr Gesicht. Ach, Suse. Wie sollte dieser Suse so etwas gelingen! Ausgerechnet heute, jetzt! Das letzte Mal gelungen war es ihr am 1. Januar, und das vorletzte Mal im Oktober, an ihrem Geburtstag. Auch da hatte schon das Mißlingen gedroht. Aber sie hatte es noch abwenden können. Sie hatte sich noch durchs Ziel gerissen, im Oktober und im Januar. Jetzt fehlte ihr der Glaube. Aber aufgeben lag ihr nun einmal nicht. Sie schaute sich an, schaute da hin, schaute auf Marilyn. Wenn Marilyn gelächelt hätte wie damals in der Eifel. Aber Marilyn lächelte nicht. Sie sah sogar höhnisch herüber. Irgendwie abfällig. Susi nahm ihre Hand von unten weg, ihr gingen tatsächlich die Schamhaare aus. Heute morgen, als sie mit der Hand da unten aufgewacht war, hatte sie geglaubt, eine kahle Stelle zu spüren, hatte das dann aber, ohne es zu überprüfen, für Einbildung gehalten. Jetzt setzte sie sich direkt vor den Spiegel. Kein Zweifel, eine kahle Stelle. Eine entsetzlich blanke Lichtung. Sie mußte den Schaden ausmessen. Oben noch ein Streifen Haare. Links und rechts eine Haarborte, aber in der Mitte, drei Zentimeter weit nach unten, kahl. Meister des deutschen Schamhaars, hatte Edmund einen Maler aus der NS-Zeit genannt. Es gebe Kollegen, die solche Bilder immer noch im Büro hängen hätten. Edmund hatte ja seinen Abschied aus der Kanzlei vorverlegt. Er brauche jetzt sofort die ganze Zeit für sich. Seine Mies-van-der-Rohe-Möbel könne er Kollegen, die noch den Meister des deutschen Schamhaars hängen hätten, nicht anbieten. Susi hätte nichts dagegen gehabt, wenn Mr. Warhol ihre Schamhaare ins Bild aufgenommen hätte. Sie war nun einmal für Haare. Aber den Männern, die genug Haare auf dem Kopf hatten, fehlten sie leider überall sonst. Und die, die überall schön haarig waren, waren auf dem Kopf eher blank. Andauernd wird man gezwungen, sich mit Mängeln abzufinden. Nu sabber nich schon wieder, hatte sie gestern zu ihm gesagt. Sagen müssen. Und als er so elend hergeschaut hatte, hatte sie gesagt: Solange sie das noch zu ihm sage, sei es besser, als wenn sie es nur noch denke. Mein Gott, mein Gott, dachte sie jetzt, wie der aussieht. Können alte Frauen so schrecklich aussehen wie alte Männer? Nein, sagte Susi laut ins Zimmer. Ich mag alte Männer überhaupt nicht, sagte Susi. Alte Frauen sehen höchstens alt aus, nie unappetitlich; alte Männer sehen kaputt aus, verwüstet. Alte Frauen können sogar schön sein. Alte Männer nie. Ihr Ruiniertsein ist häßlich. Susi konnte alte Männer gar nicht anschauen, weil sie Angst hatte, die sähen ihr an, wie peinlich ihr dieser Anblick war. Sie erwartete von Männern einfach etwas anderes als diese Ruiniertheit und Aufgedunsenheit und Zittrigkeit und Zerfallenheit. Geht mir aus dem Blickfeld, ihr Krücken. Her mit euch, ihr Würde und Gefaßtheit ausstrahlenden Frauen. Ich kann doch keinen Mann ertragen, der sich die Zähne nicht putzt. Auch wenn ich ihn nicht küssen will. Ich will keinen Mann, der nirgends Haare hat als auf'm Kopf. Auch wenn ich selber kein Härchen mehr hätte da drunten. An Selbstbefriedigung war nicht mehr zu denken. Mißervolk, dachte sie, als sie zurückging. Als es ihr vor Jahren zum ersten Mal nicht gelang, sich durchs Ziel zu bringen, hatte sie in ihren Kalender, in dem sie, was wichtig war, ohne Umschweife festhielt, notiert: Zum ersten Mal Mißervolk bei Selbstbefriedigung. Dann hatte sie das Wort nach einem Wahltag als Schlagzeile in der Zeitung gesehen, da hieß es Mißerfolg. Das kam ihr schwächer vor als ihr Wort.

Als sie das Marilyn-Bild neben den Apparat stellte, fühlte sie sich so unglücklich, wie sie nicht sein durfte. Nicht sein wollte. Nicht sein mußte. Gegensteuerung, Suse! Der Fernseher lief noch. Dem überließ sie sich erst einmal. Plötzlich sprang sie auf, fuhr ins Kleine Apartment hinunter, weckte Leonardo und fing an Annoncen zu schreiben. Sie wurde beherrscht von der grellen Zeile JETZT ODER NIE. Aufgesprungen war sie, als auf dem Bildschirm ein kleines Mädchen mit einem Teddybär im Arm erschien und sagte, ihr Vater habe für ihre Brille keinen Pfennig dazuzahlen müssen. Es war das Wort NULLTARIF, das sie mobilisiert hatte. Nachher stand auf dem Schirm: JETZT ODER NIE! Welcher jung gebliebene, ziemlich gut aussehende Mann um die fünfzig macht mit mir einen vierzehntägigen Traumurlaub? Wenn es sein muß zum Nulltarif. Anders wäre es schöner. Sehen Sie mal, wer sich das wünscht.

Das druckte sie aus. Dreimal. Am Montagmorgen schickte sie den Text an die Zeitung.

Am Dienstagabend sauste und sang der Aufzug herauf und präsentierte einen Edmund, der aussah wie ausgespuckt. Obwohl sich in ihr seit seiner Abreise nichts angestaut hatte als Wut, mußte sie, als sie sah, wie er sich hereintastete, sagen: Edmund, was ist? Der Koffer, sagte er, der Taxifahrer hat ihn in den Aufzug gestellt. Sie rannte, holte den Koffer, bis sie zurückkam, lag Edmund auf seinem Bett. Sie zog ihm die Schuhe aus. Er flüsterte: Du bist ja so lieb, Schnucke.

Sie: Das war ich mal.

Doch, sagte er, du bist lieb.

Nein, sagte sie und bereute das sofort. Ich habe eine Annonce aufgegeben, sagte sie.

Er sagte: Gut. Da wußte sie, daß sie ihn jetzt töten mußte. Aber ihr fehlte einfach etwas. Wahrscheinlich die Tatkraft. Was denn sonst. Sie ließ ihn liegen, ging hinüber und schenkte sich viel Martini ein und wenig Wasser.

Drei Tage nachdem die Annonce erschienen war, immer noch keine Reaktion. Gut, dachte Susi, du kommst nicht mal mehr mit deinem Text an. Du versagst komplett. Sei froh, das wäre doch Wahnsinn, du, gleich vierundsechzig und so weiter. Ist doch gut so. Du müßtest dich doch bei jedem, der sich gemeldet hätte, entschuldigen für diesen Unfug. Aber am vierten Tag hatte sie vierundzwanzig Zuschriften in den Händen. Die zeigte sie Hildchen Tönnissen. Jetzt aber, sagte Hildchen.

Ab ins Kleine Apartment und telephoniert. Traumurlaub, was verstehen Sie unter Traumurlaub, fragt da einer mit einer Stimme, die nicht in Frage kommt. Sie: Mit dem Richtigen ist jeder Urlaub ein Traumurlaub. Er: Also nicht Südsee und so. Sie: Nee. Da legte der auf. Sogar Andreas rief an: Mama, du hast ne Annonce geschaltet. Woher er das wisse. Das sei doch ihr Stil: *jung geblieben* und *ziemlich gut aussehend* auseinandergeschrieben. Ob das falsch sei? Nein, aber das sei eben Susi-Gern-Stil. Als sie, für die erste Verabredung, einen BH heraussuchte, dachte sie an früher: sie hatte immer nackt sein wollen unter ihren Kleidern. Hemd und BH kamen nicht in Frage für sie. Sie sah sich jetzt im Spiegel an, musterte sich und sagte zu ihrem Spiegelbild: Du bist jetzt älter, Susi, und nicht mehr so gut dabei.

Vierundzwanzig Telephongespräche hatten drei Verabredungen erbracht. Drei Männerstimmen, drei Arten zu reden, drei Lokale. Zuerst, das war ihr Vorschlag, in die *NEUE LIEBE*. Die zweite Verabredung, nicht ihr Vorschlag, in einem Nichtraucherlokal. Ihr war's recht. Sie fühlte sich gern auch mal auf der vegetarischen Seite. Die dritte Verabredung in einem Steak-House. Der erste hatte gesagt, er sei so aufgeregt. Das hatte ihr ermöglicht zu sagen, sie überhaupt nicht. Aber als sie dann hinüberging über die Grafenberger Allee und auf die *NEUE LIEBE* zu, war sie aufgeregt. Nein, nicht aufgeregt. Entschlossen. Wild entschlossen. Gierig. Lebensgierig. Du hast telephoniert. Mit zwei Dutzend Männern. Du schreist nicht mehr in diesem elenden Dachpalast herum und vernichtest Uringestank und Flecken. Du bist verschütt' gegangen. Du hast um Hilfe geschrieen. Ungehört. Fort jetzt. Mit einem Jüngeren. Der nach etwas anderem stinkt. Du bist ... Bist du überhaupt noch möglich? Hauptsache raus aus der Holbeinstraße. Weg vom Scheusal Edmund.

Als Susi schon fast an der Tür der *NEUEN LIEBE* angekommen war, dachte sie: Ich möchte an einem Tisch sitzen und essen mit jemandem, der mich ablenkt von mir.

Das Lokal kannte sie. Fast riesig. Auf jeden Fall nicht auf einen Blick überschaubar. Sie hatte sich so beschrieben, daß der sie erkennen und begrüßen mußte. Er hatte vor ihr am Tisch zu sitzen. Einen Tisch an der Fensterseite hatte sie bestellt. Aber um diese Zeit war das Lokal wenigstens noch fast leer. Der stand auch auf, hob beide Hände, aber nur ein bißchen, sie ging sozusagen energisch auf ihn zu. Der sah eingewachsen aus. Wie noch nie beim Friseur gewesen. Er drückte, um ihr die Hand zu geben, die Zigarette aus. Umständlich. Als glaube er nicht, daß sie aus sei. Gab ihr die Hand, nickte ein paar Mal hastig, unbeholfen, ehrerbietig. Mit dem Kopf! Was für ein Haarmeer. Kraus oder wellig, auf jeden Fall wirr. Sobald sie saßen, zündete er sich wieder eine Zigarette an.

Susi merkte, daß sie, wenn etwas geschehen sollte, dafür zuständig war. Der stotterte zwar nicht, aber er sagte jeden Satzanfang mindestens dreimal, dann erst war er drin im Satz. Da er schnell sprach, brauchte er für seine Sätze nicht länger als jemand, der nicht dreimal anfängt. Nicht nur schnell sprach er, sondern auch leise. Und lieber als zu ihr hin oder gar ihr ins Gesicht sprach er vor sich hin.

Er schilderte vor allem seine Aufgeregtheit. Das hatte er schon am Telephon getan. Susi mußte eingreifen. Sie heiße Susi. Und er? Mit dreimaligem Anlauf sagte er, er heiße Klaus. Susi lachte laut auf. Das erschreckte ihn. Susi sagte: Man möchte es einfach nicht für möglich halten, wie verschieden von einander Männer sein könnten, die dann doch alle Klaus hießen. Aber vielleicht seien ihre Klauskenntnisse einfach noch immer zu gering, vielleicht werde sie eines Tages in der Klausforschung so weit sein, daß sie entdecke, was allen Kläusen im Innersten gemeinsam sei und warum sie mit Recht alle Klaus hießen. Prost. Sie trank Martini rosso, er ein Gläschen Weißwein. Ob sie, ob sie, ob sie einmal, einmal einen Lancia gefahren habe? Ja, hat sie. Vor zwanzig Jahren. Einen weißen. Ihn habe, ihn habe, vor zwanzig Jahren habe ihn eine Frau direkt nach Hause mitgenommen. Ihr Bett, ihr Bett, ihr Bett stand links. Die hatte einen kurzen Namen. Er war einunddreißig. Jetzt einundfünfzig. Das war gewaltig, Lancia, verheiratet, der Mann weiß Bescheid, ins Bett, links an der Wand, diese Nacht hat er nie vergessen, er, direkt vom Land, so ist er auch danach nie mehr vereinnahmt worden. Nie mehr. So schön, also wirklich, wie das war.

Dann hatte sie also einen Klaus mehr gehabt, als sie wußte. Vor zwanzig Jahren gab's noch keinen Leonardo. Weißer Lancia, das Bett gleich links. Simrockstraße. Als Lotfi sich als entwicklungsunfähig herausgestellt hatte und Dirk Pfeil noch nicht erschienen war. Aber die Nacht, an die dieser Klaus sich erinnerte, hat in ihr nicht überlebt. Weißer Lancia, das Bett gleich links. Irrtum ausgeschlossen. Liebe auch. Adieu Klaus.

Sie entschuldigte sich. Wollte bezahlen. Das ließ er nicht zu. Gehen mußte sie trotzdem. Daß der immer noch auf Annoncen antworten mußte, tat ihr leid. Aber sie bräuchte selber Rettung. Machen Sie's gut, Klaus.

Auf dem Rückweg war sie drauf und dran, umzukehren, um dem zu sagen, daß es nicht an ihm liege. Sie könne sich nicht mehr anbieten. Alte Schuhe bietet man nicht an. Ausgelatscht, Schluß. Sie weiß, wie Schuhe sein müssen, daß man sie anbieten kann. Wer mich kricht, kann sich Von schreiben! So hat sie gedacht. Früher. Nicht immer. Aber eine Zeit lang schon. Sie will doch nicht weg von Edmund. Sie will überhaupt nirgendwohin als heim. In den Dachpalast. Zu Uringestank, Flecken, ungeputzten Zähnen, zum Sabberer und Zitterer. Die ungeputzten Zähne fand sie schlimmer als alles andere. Nein. Urin ist Spitze. Über Urin geht nichts. Sag doch wieder Pipi zum Urin. Hat einfach mehr Seele.

Daheim gleich zur Martiniflasche gegriffen. Kotzen unterbleibt, aber Martini darf sein. Conny kam herein. Find ich gut, daß du dich wieder betrinkst, sagte sie. War wohl nich so doll? Susi sagte, daß sie die anderen Verabredungen noch heute absagen werde. Conny sagte, für sie sei es ein Glücksfall, daß ihre Mutter so bald zurückgekommen sei. Armes Muttertier, sagte Conny und streichelte ihre Mutter fast feierlich. Ewig diese Enttäuschungen mit den Männern, sagte sie. Weißt du noch, wie ich an dem Schönheitswettbewerb teilgenommen habe? Im *SEMIRAMIS*, sagte Susi. Und dann bin ich bloß Siebte geworden, sagte Conny, weil das eine beschissene Jury war. Und bist, sagte Susi, noch einmal hinaufgerast auf die Bühne, damals konntest du ja noch rasen, und hast in den Saal geschrieen: Alles Schiebung. Dann kam dieser feine Engländer an unseren Tisch, sagte Conny, küßte mir die Hand und sagte: Für mich sind Sie die Siegerin.

Das sind eben die Engländer, sagte Susi, das kultivierteste Volk der Erde. Kannsse wohl sagen, sagte Conny. Die Mutter habe zu ihr, als sie von der Tanzfläche zurückgekommen sei, gesagt: Du hast deinen Popo geschmissen, als wolltest du ihn loswerden.

So wild, sagte Susi, hast du eben getanzt.

Der Satz beweise aber auch, sagte Conny, daß die Mutter schon immer etwas gegen ihren, Connys, Popo gehabt habe.

Susi sagte, solange Conny noch keine sechzig Kilo gewogen habe, sei ihr Connys Popo nicht auf die Nerven gegangen. Erst danach. Und seit die Fünfundsechzig passiert seien, das gebe sie zu, leide sie unter nichts so sehr wie unter Connys Popo.

Mehr als unter Papas Frauenquatsch, fragte Conny. Viel viel mehr, sagte Susi. Ich liebe dich so.

Und ich erst dich, sagte Conny. Sie habe jetzt übrigens ein Projekt, mit dem sie sich endlich unabhängig machen könne von ihren Eltern. In erster Linie natürlich vom Boß. Dessen Redereien ... geschenkt, sagte sie. Also, ihr Projekt: ein Hunde- und Katzenrestaurant. Sie habe auch schon einen Namen: *KANAAN*. In der Altstadt. Am besten, in der Nähe des *BAAN THAI*. Die Leute gehen einkaufen, ihre Haustiere lassen sie solange im *KANAAN*. Da werden die gefüttert. Mit dem Feinsten vom Feinen. Susi sagte, so etwas könne sie sich nur draußen auf dem Land vorstellen, aber nicht in der engen Altstadt.

Conny sagte, sie werde sich in der nächsten Woche nach einem geeigneten Platz umsehen. Und ging. Und drehte sich noch einmal um und rief: Ich werde dich nie enttäuschen, Muttertier. Und kam noch einmal her und sagte: Wenn's dir eingefallen wäre oder gar dem Boß, dann wäre die Hunde- und Katzenrestaurantidee die beste Idee seit der Erfindung der Fernsteuerung, aber weil's nur die Idee von der doofen Conny ist, wird sie zuerst mal richtig runtergemobbt.

Susi sagte, sie brauche jetzt ein paar Minuten Ruhe. Kannsse haben, sagte Conny, setzte sich direkt vor Susi und konzentrierte sich auf ihre Armbanduhr wie ein Zeitnehmer.

Edmund trat leise ein, sagte, als Susi einen weiteren Schluck Martini nahm: Wohl bekomm's, und wartete, weil's Freitag war, auf Susis Frage. Immer wenn er von Mr. Yingling kam, mußte Susi doch fragen, wer gewonnen hatte. Meistens gewann ja Mr. Yingling, aber manchmal gewann eben auch Edmund. Wer hat gewonnen, fragte Susi. Edmund Alexander

Gern, sagte Edmund. Und weil er sogar ziemlich schnell gewonnen habe, sensationell schnell sogar, in einer Stunde und siebzehn Minuten, deshalb hätten sie noch ein bißchen geplaudert, und er habe Mr. Yingling zum ersten Mal gesagt, daß er vorübergehend mit Geldknappheit zu tun habe. Und Mr. Yingling, der für alles einen Spruch hat, hatte auch dafür einen wahrhaft weisen Spruch: Es is nit asoj gut mit Geld wie es is schlecht ohne.

Also besser könne man das, sagte Edmund, wirklich nicht formulieren. Und um ihr tägliches Dasein ein wenig aufzuheitern, habe er auf dem Rückweg von Mr. Yingling beschlossen, morgen zu Auto-Becker zu fahren und denen den Bentley anzubieten. Und wenn er nur zweihunderttausend bringt, damit kommen wir leicht hin bis zum Tag X, der ja noch vor Ostern anbrechen wird. Und dann wird sofort ein neuer Bentley geordert.

Edmund verkauft seinen Bentley! Susi erschrak zuerst, dann sagte sie: Lieken, du bist ein Held. Ich bin stolz auf dich.

Und ich? sagte Conny.

Susi küßte sie auf die Stirn und sagte: Du bist überhaupt die Heldin der Welt. Auf dich bin ich am allerstolzesten.

Weiß er das auch, fragte Conny.

Susi zu Edmund: Ob du das weißt?

Edmund zu Susi: Sag ihr, er weiß es.

Susi zu Conny: Er weiß es.

Und Conny: Dat kütt mech zepaß.

2.

Susi blies das Teelicht aus, ihr Tag konnte beginnen. Er begann mit Edmunds Klage. Edmund hat im Bad eine Kontaktlinse verloren und findet sie nicht mehr. Susi tastet zuerst ihn ab, ob die Linse an ihm kleben geblieben sei. Dann scheucht sie ihn aus dem Bad. Er hätte, als er die Linse vermißte, sofort rufen müssen. Jetzt hilft nur systematisches Suchen. Das liegt ihr eigentlich. Nichts auslassen. Von den Bademanteltaschen bis zu den Windelhosen der letzten Nacht. Solange sie etwas sucht, denkt sie immer daran, wie gut sie sich fühlen wird, wenn sie das Verlorene findet. Von diesem Wohlgefühl spürt sie schon einen Hauch während des Suchens. Bleibt sie erfolglos, ist sie um so niedergeschlagener, sozusagen am Boden, hat das Gefühl, sie sei überhaupt erledigt. Vielleicht spült der ja seine Kontaktlinsen im Waschbecken hinunter. Die dritte Kontaktlinse in vier Wochen. Wenn er jetzt noch eine Linse verliert, ist für sie das nächste Paar Lackschuhe fällig. Das mußte sie ihm vorrechnen. Sie brachte es nicht über sich, ins Wohnzimmer zu gehen. Sie war froh, daß er, seit er nicht mehr in die Kanzlei ging, nur noch im Wohnzimmer frühstückte. Sie war froh, sein Schlürfen und Sabbern nicht mehr miterleben zu müssen. Wenn er trank, schlürfte er die Flüssigkeit so laut und gierig ein, als sei er am Verdursten. Noch unangenehmer, als ihn als ungeschicktes Reptil nach Bissen schnappen und sie verschlingen zu sehen. Und er, der es früher nicht überlebt hätte, zwei Tage nacheinander vor dem gleichen Frühstück zu sitzen, vertilgte jetzt täglich ein Frühstück, das aus nichts bestand als aus einem Nußbuttercremetortenstück. Natürlich fiel ihm immer wieder einmal ein Nußbuttercremetortenbissen von der Gabel und wurde dann zertreten und verschmiert.

Als sie ins Wohnzimmer kam, erschrak sie. Sein Kopf hing überm Tisch, die Nase einen Zentimeter über der Torte. Die Kuchengabel auf dem Boden. Sie nahm sich zusammen und sagte: Edmund, du schläfst schon wieder. Ein wenig hob er den Kopf. Er sei plötzlich so müde. Und schon während er das sagte, sank sein Kopf wieder auf den Teller zu. Einen Zentimeter über der Torte blieb er diesmal hängen. Neben dem Teller lagen Papiere mit Zahlen. Er las, seit er nicht mehr in die Kanzlei ging, keine Zeitung mehr beim Frühstück, sondern rechnete. Edmund, sagte sie, was ist denn? Nichts, sagte er, nur müde. Dann leg dich doch wieder hin, sagte Susi.

Laß mich bei meinen Telephonen sein, und ich bin wach, sagte er.

Du telephonierst wirklich Tag UND Nacht, sagte Susi.

Trading ist Telephonieren, sagte er. Wir telephonieren uns an den Tag X heran. Noch vor Weihnachten ist es soweit.

Vor Ostern sollte der Tag X noch vor Ostern stattfinden, jetzt also noch vor Weihnachten. Offenbar sah er ihr an, daß ihr die Vertröstungen auf den Tag X zu schaffen machten. Schnucke, sagte er und hielt seinen Kopf ein bißchen schräg wie früher, wenn er ihr etwas Liebes hatte eröffnen wollen, innerhalb der nächsten fünf Tage klopfen drei Herren hier an, um drei Schecks zu überbringen, zusammen belaufen die sich auf sechskommaneun Millionen. Allerdings nur Mark, aber trotzdem, unsere Schulden sind wir damit erst mal los.

Sicher? War das einzige, was sie herausbrachte.

So gut wie, sagte er.

Dacht' ich mir doch, sagte sie.

Nörgelsuse müßtest du heißen, sagte er.

Ob er wissen wolle, wie sie sich fühle.

Wolle er.

Also, im Fernsehen hat sie gesehen, wie die eine Kühlschranktür getestet haben. Da war ein Mechanismus eingebaut, die Tür ging pausenlos auf und zu. Die wollten wissen, wie oft die Tür zuverlässig schließt. Genau so fühlt sie sich. Sie fürchtet inzwischen, daß sie bald aus den Angeln springen werde.

Schnucke, sagte er, in fünf Tagen sechskommaneun Millionen.

Sicher? Sagte sie.

So gut wie, sagte er.

Eben, sagte sie.

Nächste Woche, sagte er, du wirst schon sehen.

Sag, schrie sie, nie mehr: nächste Woche, nie mehr: du wirst schon sehen.

Dann spürte sie zum ersten Mal, daß sie jetzt für Bodenhaftung zu sorgen hatte. Ganz ruhig fragte sie: Was sind die vierunddreißig Apartments in der Lindemannstraße wert?

Das ist unsere Rente, sagte er. Sobald die Mieten aus Merseburg anlaufen, brauchen wir die Lindemannstraße nicht mehr, sagte Susi.

Du hast schon wieder recht, sagte er. Andererseits, warum sollen wir jetzt, kurz vor dem Tag X, noch etwas verkaufen.

Sollte sie ihm sagen, daß sie gestern den Friseur abgesagt hatte, weil sie einem gelben Pferdchen-T-Shirt nicht hatte widerstehen können? Verglichen mit Edmunds Dimensionen ging es bei ihr um nichts. Sie war schon glücklich, wenn Domino in ihrem Zimmer nicht auf den Teppich, sondern neben den Teppich auf den Steinboden kotzte. Aber nach dem, was sie jetzt von Edmund gehört hat, wird sie morgen zum Friseur gehen, obwohl sie sich gestern das T-Shirt geleistet hat. Als sie heimgekommen war, hatte sie zwei Bankbriefe in Empfang nehmen und den Empfang bescheinigen müssen, und beide Briefe drehten sich um ein einziges Wort: Zwangsvollstreckung. BfG und Commerzbank schickten je eine Ausfertigung zum Zwecke der Zwangsvollstreckung. Susi blieb eine Ewigkeit hängen an den paar Wörtern.

Diese Ausfertigung, die mit der Urschrift übereinstimmt, wird erteilt ...

Und das Amtsgericht teilte weniger feierlich, aber unter demselben Datum mit, die Zwangsversteigerung des Wohnungseigentums sei angeordnet. Und sie hatte sich noch ein T-Shirt gekauft. Nachts war sie heimgesucht worden von diesen Wörtern: Ausfertigung, Zwangsvollstreckung, Zwangsversteigerung. Wahrscheinlich war das so gekommen, weil sie sich alles, was ihr gefiel, gleich zwei- oder dreimal gekauft hatte, weil sie den Gedanken nicht ertragen hatte, diese Pelzjacke oder diesen Mantel nach einer voraussehbaren Zeit nicht mehr anziehen zu können. Wenn sie alles, was sie liebte, zwei- oder dreimal hatte, war diese Frist fast ins Unabsehbare verlängert. Was man liebt, sollte bleiben.

Susi wußte, sie konnte jetzt nicht hinunter zu Leonardo und ihm Rechnungen eingeben und ihn fragen, welche Einzugsermächtigungen noch nicht widerrufen waren.

Edmund würde sofort wieder einschlafen. Dann käme Hildchen Tönnissen und sähe ihn so. Obwohl sie vor ihren Frauen nichts verbarg und auch gar nichts verbergen konnte, weil sie ohne die ja den Urinschäden und -gerüchen überhaupt nicht gewachsen gewesen wäre –, aber wie er da saß, die Nase einen Zentimeter über den Tortenresten, das sollte außer ihr niemand sehen. Sie fragte ihn, ob er schon einen Krankenhaustermin habe.

Er sah sie an, als hätte sie ihn gerade gequält. Schüttelte den Kopf.

Sie sagte, sie frage das doch seinetwegen. Er ist doch ganz anders handlungsfähig, wenn er diese Urinschwemme hinter sich hat.

Stimmt, sagte Edmund.

Und der Professor hat gesagt, die Operation ist Routine. Ne halbe Stunde, vorbei. Stell dir das doch vor, Lieken.

Stimmt, sagte Edmund.

Also, warum dann dieses Hinausschieben? Warum diese Urinplage Tag und Nacht und für alle, die mit dir zu tun haben?! Warum?

Weil er Angst habe, sagte Edmund.

Angst, wovor denn?

Er lasse sich nicht gern an seinem Schwanz herumschneiden, sagte Edmund.

Bodenhaftung, bitte. Sie mußte ihn jetzt mit den neuesten Wörtern konfrontieren: Zwangsvollstreckung, Zwangsversteigerung.

Er summte schon wieder. Als sie ihm die Wörter servierte, hob er ihr sein Kinn entgegen und spitzte seinen immer noch beträchtlichen Mund wie zum Kuß. Ach, Schnucke, sagte er, in deinem Mund hören sich diese Papierwörter furchtbar an. Da, schau. Und blätterte in den Papieren neben seinem Tortenteller und hielt ihr zwei Seiten hin.

Sanierungskonzept. Es war leicht überschaubar, dieses Konzept. Summe der Bankschulden, stand da. 6 150 000. Dazu BfG, Commerzbank, Westminster Bank undsoweiter. Davon durch Grundschulden gesichert: 5 550 000. Dann der Beweis: die Lindemannstraße, Mieteinnahmen 300 000, in dieser Lage ergibt der achtzehnfache Mietwert den Kaufwert ist gleich 5 400 000. Wert Landhaus Niel 1 200 000, erzielbar sofort 800 000. Dann noch Kleinigkeiten, die führten zu dem Wort Reserven und zu der Zahl 1 350 000.

Als sie aufschaute, fragte er: Zufrieden?

Ja, Lieken, sehr, sagte sie.

Eigentlich wollte sie noch sagen: Entschuldige bitte, daß ich Kleingläubige an dir gezweifelt habe.

Und, sagte er noch leichthin, Anfang sechsundneunzig, also in zwei Monaten, treffen die ersten Mieten aus Merseburg ein, dreiunddreißigvier pro Monat. Und, sagte er noch leichter, wenn von den vier Geschäften, die er angezettelt habe, auch nur ein einziges durchkomme, seien sie so wohlhabend, daß er seine Scheu überwinden und sie, Susanne und Edmund Alexander Gern, reich nennen müsse.

Susi roch wieder einmal das von Edmund angekündigte Geld. Dann leise hinaus. Als sie an Connys Tür vorbeikam, hörte sie Gelächter. Sie erschrak immer, wenn sie dieses rauhe oder heisere oder kehlige, auf jeden Fall kein bißchen weiblich klingende Gelächter hörte. Conny kuckte also wieder Fernsehspäße an. Susi fuhr hinunter, aber nicht ins Kleine Apartment – sie hatte jetzt keine Lust auf unbezahlte Rechnungen –, sondern ins Solarium, also ins erste Kellergeschoß. Obwohl kein Mann sie noch sah, weißhäutig wollte sie nicht sein. Sie arrangierte ja auch immer noch bulimische Perioden. Wenn sie von zwölf Pfund zuviel herunter wollte auf sechs Pfund zuviel, ging sie allabendlich zur Schüssel, um zu opfern. Sie hatte es nicht verlernt. Sie wußte immer noch, was sich leichter kotzt und was schwerer. Schon zwischen Nudeln und Spinat, ein Unterschied wie zwischen Tag und Nacht. Manchmal nahm sie sich vor, Kurse zu geben, Ratgeberin für Bulimikerinnen zu werden.

Sobald sie unter der künstlichen Sonne lag, hätte sie gern noch einmal die Zahlen aufmarschieren lassen, die Edmund gerade vorgeführt hatte. Aber die fabelhaften Zahlen verschwanden jetzt hinter dem wirklichen Edmund. Neuerdings trug er nachts, weil er unter kalten Füßen litt, Bettschuhe. Also schlief er besser. Also war sein Bett trotz aller Windeln morgens noch nässer als bisher. Das Erbitternde: ihm schien es nichts auszumachen. Er summt jetzt einfach vor sich hin. Wenn er gerade einmal nicht einnickt und nicht telephoniert, dann summt er. Einerseits erbitterte sie das, weil es wirkte, als gebe es Probleme nur für andere, für ihn aber nicht; andererseits mußte sie sich eingestehen, daß ihr von allen Edmunds der summende am sympathischsten sei. Das Summen enthielt am meisten den Edmund, der früher alles richtig gemacht hatte. Als Edmund noch Referendar war, sagte er immer: Ein Referendar kommt gleich nach einem kaputten Fahrrad. Da standen sie in Essen vor Menkes Schaufenstern. Darin war für sie alles, was gut und teuer war. Sie hatte geseufzt, Edmund hatte gesummt. Und hatte gesagt: Wart's ab, bald kaufen wir das alles. Als Edmund so geredet hatte, hatte sie zum ersten Mal das Gefühl gehabt, sie rieche das zukünftige Geld jetzt schon. Und alles war so gekommen, wie er es vorausgesagt hatte. Edmund war alles andere als ein Spinner.

Als Susi wieder hinaufkam, war Edmund schon weg. Die drei Friseurtermine pro Woche versäumte er nie. Den Transport übernahm jetzt immer Wilhelm Granderath, dem hatte Susi für hinten rechts eine dichte Unterlage gegeben, die so beschaffen war, daß ihr Zweck nicht sofort sichtbar wurde. Und nach dem Friseur in die Mulvanystraße, Isabell, Massage und Gymnastik. Zwischen Nacktphotos. Der Kampf gegen seine Hinfälligkeit fand jetzt schon zweimal pro Woche statt. Edmund sagte, ohne Isabell wäre er schon im Rollstuhl.

Susi war in der Ankleide, als es klingelte, Hildchen Tönnissen meldete: Ein Herr, der, wenn Herr Gern nicht da sei, Frau Gern sprechen wolle. Herr Felgenhauer, Gerichtsvollzieher. Hildchens Gesicht verzog sich bei diesem Wort, als habe sie Schmerzen. Ins Eßzimmer, sagte Susi und zog sich noch vollends an. Der Herr saß auf Edmunds Stuhl, saß auf dem blauen Frotteehandtuch, das, wenn Edmund aufsteht, sofort durch ein frisches ersetzt wird. Blau, weil die Sitzpolster der Stühle auch blau sind. Das lichte und doch massive Blau, das

Mr. Warhol Susi als Hintergrund gegeben hat. Herr Felgenhauer hatte schon einen geöffneten Aktenkoffer auf den Knien und kramte darin herum. Herr Felgenhauer war schon zweimal da gewesen, um für die Deutsche Bank und für die BfG zu pfänden. Diesmal war es die Commerzbank, die ihn schickte. Herr Gern habe in einer Schätzung Bilder mit fünfhunderttausend eingesetzt. Um die gehe es jetzt. Susi gestand nahezu fröhlich, daß diese Bilder schon an Soostema übereignet seien, weil ihr Mann dem fünfhunderttausend schulde. Mhm, sagte Herr Felgenhauer, er habe eine Bankforderung von einhunderttausend vorliegen, die Wohnung kenne er inzwischen, da gibt es nichts, was dafür in Frage käme. Er brauchte eine Unterschrift unter ein Papier mit einem schönen Wappen drauf. Was das denn für ein Wappen sei, sagte Susi, einfach, um irgend etwas zu sagen. Daß Frau Gern das Landeswappen von Nordrhein-Westfalen nicht kannte, wollte Herr Felgenhauer nicht glauben. Um ihn von ihrem Unwissen abzulenken, sagte sie, sie müsse ihn jetzt doch einmal fragen, was passiere, wenn es eines Tages gar nichts mehr zu pfänden gäbe und sie überhaupt kein Geld mehr hätten, ob sie dann aus der Wohnung raus müßten und wie so etwas vor sich gehe. Herr Felgenhauer sagte, mit Immobilien habe er nichts zu tun. Aber er glaube nicht, daß die jetzt gleich zuschlügen. Die wollen schon mal den Fuß in der Tür haben, mehr wollen die vorerst gar nicht. Und euch drei kann ich auch nicht pfänden, sagte er zu Jeannie und Domino und Timmi, die vor ihm saßen und offenbar von ihm gestreichelt werden wollten. Die mögen Sie, sagte Susi. Und das wolle etwas heißen. Susi mußte ihm gestehen, daß sie sich dadurch, daß er ihr Gerichtsvollzieher sei, als Sonntagskind bestätigt finde. Netter als er könne ein Gerichtsvollzieher doch nicht sein. Um Gottes Willen, Frau Gern, sagte er, das dürfen Sie nicht laut sagen, sonst verlier ich meinen Posten. Und tun Sie doch, bitte, das Laptop da weg. Dieses kleine Ding, sagte Susi, wenn ihr Mann das nicht mehr hat, kann er keine Mark mehr verdienen. Herr Felgenhauer aber: Tun Sie's lieber weg.

Sobald der draußen war, ärgerte sich Susi, weil sie wieder vergessen hatte, den zu fragen, ob er mit dem Studienrat Felgenhauer, bei dem ihr Sohn Nachhilfeunterricht gehabt hatte, verwandt sei. Das nächste Mal. Solche Fragen schaffen das richtige Klima.

Gut, daß du die Bilderfrage so behandelt hast, sagte Edmund nachher. Die Bilder kriegen die nicht. Alles andere, im Handumdrehen kauf ich das zurück. Die Bilder, wenn da Sammler zugreifen, siehst du nie mehr. Dann hätte ich umsonst gelebt. Oh, sagte er, sich selbst unterbrechend, Schnucke, es ist Ende November, und ich habe vor lauter Geschäftgeschäftgeschäft doch glatt vergessen, in Antwerpen anzurufen und meine Weihnachtsschuhe von Testoni zu bestellen.

Susi war froh, ihren Edmund so schnell, wie er sonst gar nicht mehr vorankam, in die Bibliothek trippeln zu sehen. Wenn er seine Testonischuhe aus Straußenleder bei Ralph in Antwerpen abrief, das Paar zu tausend Mark, dann war er sicher, daß die Geschäfte gediehen. Daß er, bei dem das Gehen inzwischen aussah wie das reine Risiko, immer noch neue Schuhe aus Straußenleder bestellte, fand Susi ebenso bewundernswert wie beruhigend. Das Zittern seiner Hände fiel weniger auf als die Mühe des Gehens.

Die in Antwerpen seine Bestellung annahmen, konnten sich nicht vorstellen, in welcher Verfassung dieser Straußenlederschuhe bestellende Kunde war. Edmunds Tonart war die von früher. Fast. Übermütig, launisch, glücklich darüber, daß er so etwas Schönes bestellen konnte. Dann legte er auf, wählte und hatte sofort einen ganz anderen Ton. Den des Privatgesprächs. An seinem Ton kannte Susi, das war weder die Pudlich noch die Prellmann, das war eindeutig die Edelnutte Proll. Und er sprach mit ihr, wie er vor vielen Jahren mit Susi gesprochen hatte. Susi lief eine Gänsehaut den Rücken hinunter. War der wahnsinnig? Oder war der so erledigt, daß ihm nichts Neues mehr einfiel, weder Text noch Ton? Landete der bei den ganz alten Texten und Tönen, ohne es selber zu merken? Ich muß ihn erschlagen, dachte Susi. Wenn er herauskommt aus der Bibliothek, kriegt er einen Stoß, dann stürzt er mit dem Kopf voraus an einen der kantigen Metallfüße des Fernsehtischs oder gegen die Glasplattenecke. Todesfall gibt drei Millionen von der Versicherung. Hör hin, Jammersuse, es ist seine Sprache für dich. Von ganz früher. Es ist die Einschmeichel-Nummer, die er abzieht. Er verspricht hoch und heilig, heute keine Zigärrchen zu rauchen. Er bettelt richtig darum, heute abend kommen zu dürfen zu seiner Muschelkönigin, zu seinem Moospölsterchen, zu seinem Schnuckimucki.

Ihr sträubten sich die Nackenhaare. Der hatte sie wohl nicht mehr alle. Daß das noch wehtat! Susi begriff eigentlich nicht, warum das überhaupt noch wehtat. Hört das denn nie auf? Sie rannte raus, vor, in ihr Zimmer, saß auf ihrem Bett, er kam herein und fragte, ob sie etwas Süßes habe für die Kinder. Vielleicht Duplo? Klar, die Proll. Die hatte inzwischen zwei Kinder. Angeblich von ihrem Anwalt. Er mache einen kurzen Besuch in Hilden. Höchstens ein Stündchen. Nach Hilden, ein Stündchen!

Es gab eine Zeit, da hätte sie ihm die Verlogenheit dieser Ansage ins Gesicht geschrieen. Jetzt sagte sie, sie habe kein Duplo. Vielleicht Mon Chérie, sagte er. Nein, auch nicht, sagte sie. Im Eßzimmerschrank behauptete er, seien noch Mon Chérie. Gibt es nicht, sagte sie. Komm, sagte er, ging voraus, zog die Schranktür auf, da lag eine unangebrochene Packung. Die hatte sie vergessen gehabt. Ob sie eine kleine Tüte habe. Eine Tüte schon, aber keine kleine, sagte sie. Und alles, was sie sagte, sollte erstorben, uninteressiert, kalt klingen. Sie gab ihm die mittelgroße Tüte. Die gefiel ihm nicht. Er habe ja richtig betteln müssen, daß er kommen dürfe, sagte sie. Donnerstag, da bist du sonst nicht dran, nicht wahr. Stimmt, sagte er.

Sie ließ ihn stehen. Ihn umzustoßen wäre keine Kunst. Er tat ihr leid. Leider. Wo hast du bloß meine Filme hingeräumt, sagte er hinter ihr her. Wenn er *seine* Filme sagte, meinte er nicht den dreiteiligen Fernsehfilm *Hiob*, den sie hatte aufnehmen müssen für ihn, sondern seine Pornos, die mit kleinen roten Kreuzchen markierten Kassetten. Er ließ jetzt manchmal wissen, daß dort nur noch Kassettenkucken stattfinde. Seine

Pornos rühre sie nicht an, sagte sie. Sag doch nicht immer Pornos zu meinen Erotikfilmen, sagte er. Und dann noch ganz böse: Keine Ahnung!

Das Telephon zerschnitt die Szene. Für Susi eine Erlösung. Es war wieder Ksenija. Und wenn es Ksenija war, dachte Susi immer an den letzten Muttertag. Susi mit Xandra hinüber nach Oberkassel, Ksenija nicht da, Susi und Xandra legen die Rosen vor die Tür, schreiben extra noch ein herzliches Briefchen dazu. Und sie meldet's sofort weiter an Andreas. Was für schöne Rosen. Und was für ein liebes Briefchen. Von Mutter und Xandra. So schlau war die immer noch, um berechnen zu können, daß Andreas jeden, der Kontakt zu ihr hatte, mit monatelangem Kontaktentzug bestrafte. Xandra und Susi hatten betteln müssen, bis Andreas sich wieder erreichen ließ.

Zum Glück sagte Ksenija sofort, sie wolle ihren Schwiegervater sprechen. Susi sagte: Mal sehen, ob er schon da ist. Edmund schüttelte den Kopf. Nein, noch nicht da. Ksenija: Ich will aber meinen Schwiegervater sprechen. Ksenija schrie nicht, sondern sprach ganz leise. Das sind die Medikamente, dachte Susi. Nachdem Susi einige Male wiederholt hatte, daß Edmund noch nicht zurück sei, sagte Ksenija, sie müsse mit Xandras Großvater sprechen. Susi wiederholte nur noch knapp: Ist nicht da. Und als Ksenija immer gleich leise wiederholte, daß sie Xandras Großvater sprechen müsse, legte Susi auf. Bevor sie oder Edmund etwas sagen konnte, läutete das Telephon. Edmund nahm jetzt ab. Susi hörte mit. Sie will, sagte Ksenija, morgen zum Jugendamt gehen und sich beschweren, weil Xandra bei ihren Großeltern lebe. Du weißt, sagte Edmund, Xandra lebt in dem Internat in Kaiserswerth. Aber jedes Wochenende ist sie bei euch und ihr setzt den Andreasplan fort: das Kind solange gegen mich aufzuhetzen, daß dann, wenn Andreas die Scheidung doch noch durchsetzt, das Sorgerecht an ihn geht. Dagegen wird sie Einspruch erheben. Beim Jugendamt. Morgen. Eine halbe Stunde lang sagte Edmund, Ksenija möge Rücksicht nehmen auf das Kind. Aber Ksenija wiederholte fort und fort und ohne jede Veränderung in Ton, Tempo oder Lautstärke den Satz, mit dem sie das Gespräch eröffnet hatte. Als werde dieser Satz von einem Tonband abgespielt. Dann sagte Edmund: ich habe keine Lust und keine Zeit, mit dir dieses Gespräch fortzusetzen, auf Wiedersehen. Und legte auf. Noch einmal klingelte es. Susi nahm ab. Noch einmal Ksenija. Sie müsse ihren Schwiegervater sprechen. Susi legte auf. Und fuhr, ohne Edmund noch einmal anzuschauen, nach Oberkassel hinüber. Donnerstag, Nagelstudiotag. Susi erzählte das alles gleich Aenne Klomfass. Auch das neue Wort. Beide neuen Wörter. Sie gab richtig an mit Zwangsversteigerung. Verband das gleich mit Praxis: Bis Weihnachten entscheide es sich, ob sie ihren einzigen Leidenschaften: Schuhkauf und Nagelstudio treu bleiben könne. Heute schon mal reduziertes Programm: Nur Augenbrauenfärben und Maniküre. Aennes Mitgefühl war nicht gespielt. Als Susi zurückfuhr, merkte sie, daß sie drauf und dran war, die Abbiegung ins Viertel zu ignorieren. Edmund würde, wenn sie jetzt heimkäme, mit den Vorbereitungen zum Aufbruch beschäftigt sein. Alles, was sonst nicht mehr stattfand: Zähneputzen, Duschen. Beim Friseur war er ja schon gewesen. Sie entschied sich dafür, ihm noch ein bißchen Verachtung mitzugeben auf seine Erotiktour. Zuerst fiel ihr auf dem Eßtisch der Einschreibebrief in die Hände, den sie am Morgen geöffnet, aber nicht gelesen hatte. Jetzt las sie. Ein Architekt und Sachverständiger zur Bewertung bebauter und unbebauter Grundstücke bat um einen Termin. Zwangsvollstreckung, Zwangsversteigerung. Da waren sie wieder, die neuen Wörter. Der Architekt soll, was unter den Hammer kommt, schätzen. Edmund hatte diesen Brief natürlich nicht angerührt. Sie fand Edmund auf seinem Bett. Reglos. Auf dem Rücken liegend, die Augen offen. So lag er, wenn er, wie er sagte, den toten Punkt hatte. Da sie wußte, er werde, noch bevor es richtig dunkel war, zur Edelnutte pilgern, tat es ihr geradezu wohl, ihm diesen Brief vorzulesen. Er sagte, ohne herzuschauen: Das ist Schnee von gestern. Du wirst schon sehen, nächste Woche. Endlich ist das Projekt spruchreif. Alles läuft.

Sie sagte, daß sie ihn heute schon fast umgebracht hätte.

Hilf mir, sagte er.

Er wollte sich aufrichten. Sie sah, daß er es ohne Hilfe nicht schaffte und half.

Ob sie ihm zweihundert leihen könne, heute sei er dran. Er tat immer so, als gebe es Kosten nur für das Essen, und die übernehme mal sie, mal er. Du hamsterst zwar Geld, sagte Susi, aber offenbar immer noch zu wenig. Schnucke, sagte er, wenn es sich bei der Vorratsbeschaffung um Geld handelt, nennt man's horten.

Sie gab ihm die Zweihundert, brachte ihn zum Aufzug, gab ihm dort sein Köfferchen, das inzwischen wahrscheinlich alle Pornos und die Tüte barg. Das Taxi war bestellt. Sie mußte ihm, bevor sich die Aufzugtür schloß, noch sagen: Ich habe immer gedacht, du würdest mir den schäbigen Rest deines Lebens schenken. Antworten konnte Edmund nicht mehr.

Als er draußen war, dachte sie: Wenn er schon geht, dann lieber am Donnerstag als am Sonnabend. Am Sonnabend allein gelassen zu werden ist unendlich viel schlimmer als am Donnerstag. An diese Verlassenheit hatte sie sich kein bißchen gewöhnen können. Also sei doch froh, daß er am Donnerstag geht. Sie saß und suchte erträgliche Gedanken. Wenn er tot wäre, dachte sie, und du säßest allein hier, am Donnerstag, dann würdest du denken: Wenn Edmund noch leben würde, wäre er jetzt hier, bei dir. Er lebt noch und ich sitze allein da. Ist das ein erträglicher Gedanke?

Vitaminbonbons für alle drei Katzen, ein Küßchen für die schon wieder hustende Conny, dann endlich Fernsehnkucken Sie brauchte jetzt einen alten Western. Zum Glück gibt's den immer. Zum Glück konnte sie sich diese Filme nicht merken. Während des Anschauens entstehen irgendwelche Ahnungen, die ihr soufflieren wollen, sie habe diesen Film schon einmal oder vielleicht auch zweimal gesehen. Meistens waren es Kußszenen, die Susi ahnen ließen, sie sehe diesen Film nicht zum ersten Mal. Kein unangenehmes Gefühl, dieses streichelnde Erinnern. Fast wie bei Musik. Eigentlich das Schönste: diese Erinnerung, die sofort eine Erwartung wird. Diese Sekunde des Vorherwissens. Und dann die andauernde Erfüllung einer fort und fort geweckten, alles schon empfindenden Erwartung.

Daß es einen Mann gibt, der mit einer Frau nur einmal schlafen will, ist ihr das Unverständlichste überhaupt. Wahrscheinlich ist der ganz und gar unmusikalisch.

Als die Bilder und die Musik erloschen, rief Susi sofort ihren Sohn an. Der Western hatte in ihr eine Stimmung produziert, die es nicht zuließ, daß im Western alles schön und gut sei, in der Wirklichkeit aber alles grausam und krumm. Sie würde gerne dem Schönenguten Platz in der Wirklichkeit verschaffen. Also, Andreas anrufen. Seine Stimme hören. Mehr brauchte sie nicht. Sie wußte, er würde höflich, freundlich, nett sein. Mehr nicht. Aber vielleicht doch. Ich wollte nur mal deine Stimme hören. Wenn ich jetzt gleich losheule, liegt das nur daran, daß ich deine Stimme so lange entbehrte. Ja, sagte er, die Bank, und daß Ksenija bis jetzt die Scheidung verhindert hat, aber jetzt ändert sich einiges. Übermorgen komme er ja. Und er komme ohne Christelle. Susi hätte am liebsten einen Jubelschrei ausgestoßen. Sie beherrschte sich und sagte ganz ruhig, sie werde nach diesem Gespräch ein anderer Mensch sein. Er gab einen Laut von sich, mehr nicht. Sie wartete noch eine Sekunde, dann sagte sie: Xandra freut sich sicher am meisten auf deinen Besuch. Aber wer weiß, vielleicht freue ich mich am allermeisten. Weil Andreas nichts mehr sagte, sagte sie: Gute Nacht, Schneefuchsschnäuzchen, und legte so schnell auf, daß er merken mußte, sie habe vor ihm aufgelegt.

Vielleicht sollte man Western verbieten, dachte Susi. Überhaupt Kino. Warum ist in einem Western nie die Toilette verstopft, überschwemmt, verschmiert? Weil du dann keinen Western mehr anschauen würdest, Blödesuse.

Sie fing an zu putzen. Sie mußte. Sie konnte diese Schweinerei nicht eine Nacht lang unberührt lassen. Und morgen Hildchen Tönnissen! Das durfte sie Hildchen Tönnissen nicht zumuten. Er hat wieder zuviel Toilettenpapier gebraucht, Stuhlgang offenbar erst kurz vor dem Aufbruch zur Nutte, dann wollte er spülen, der Abfluß war verstopft, das Wasser floß über, er will die Überschwemmung mit Toilettenpapier auftrocknen, wirft dieses Papier dann auch noch in die Schüssel, und haut ab. Ihr war kotzelend. Ihr war, als hätte man ihr die

Seele rausoperiert. Auf dem Weg ins Schlafzimmer kam sie in der Ankleide am großen Spiegel vorbei. Sie sah, wie es um ihren Mund zuckte. Wollte sie wirklich weinen? Nicht doch. Ihre Tränen hießen Bulimie. Sie wird doch nicht jetzt noch das Weinen anfangen. Wer keine Stimme mehr hat, kann auch nicht weinen. Und du hast keine Stimme mehr. Wenn du jetzt sprechen müßtest, du brächtest keinen Ton heraus. Also vor Weinen bist du sicherer denn je. Niemals und zu niemanden je wieder ein Wort. Verriegelt fühlte sie sich. Versteinert. Aber das Telephon. Abnehmen mußte sie. Und wenn auch keinen Namen, einen Laut brachte sie heraus. Der quicke Herr Büsken. Susi wußte gleich: Kleine Gruppe. Herr Gern muß ihn noch anrufen. Egal, wann. Herr Büsken ist ein Tag- und Nachtmensch. Es geht um die Kanadier, also große Summen. Es brennt. Daß sie's ihrem Mann genau so vermitteln werde, brachte sie heraus. Leg dich nur jetzt nicht hin und schau nach den Scheiben. Am Sonnabend, ab zwei Uhr, kannst du die Scheiben kommen lassen. Um drei kommt Andreas. Die Zeit bis dahin mußt du totschlagen. Etwas anderes als totschlagen kannst du mit der Zeit bis dahin gar nicht machen.

Sie rannte zu den Kätzchen. Mit Jeannie, Domino und Timmi schmusen, sprechen, zanken und zärteln. Tatsächlich gewann sie ihre Stimme zurück. Der Schrecken verebbte.

Dann kam Herr Gern zurück. Das Köfferchen im Aufzug. Und ging wie ein Seiltänzer, der gleich abstürzen wird. Sein Gesicht war grau, nichts als grau.

Der Mund wußte nichts mehr von sich. Sie rief: Edmund. Er tastete und schwankte an ihr vorbei, ließ sich auf sein Bett fallen, kam auf die Seite zu liegen, rührte sich überhaupt nicht mehr.

Edmund, rief sie, was hat die mit dir gemacht? Er bat mit wenig Stimme, sie möge ihn so drehen, daß er auf dem Rücken liege. Das tat sie. Dann fing sie an ihn zu entkleiden. Er wirkte kein bißchen mit. Sie konnte sich nicht mehr ganz beherrschen. Sie schrie nicht, aber sie fragte noch einmal, was die Edelnutte mit ihm gemacht habe. Er sehe zehn Jahre älter aus als heute nachmittag. Eigentlich sehe er vernichtet aus.

Einfach kaputt. Er reagierte kein bißchen. Vielleicht hörte er nichts mehr. Als sie ihn bis auf die Unterwäsche ausgezogen und ihn in die Windelhose hineinbugsiert hatte, zog sie ihm noch die Bettschuhe an. Seine Füße waren eiskalt. Sie deckte ihn zu. Nahm noch seinen Wecker von seinem Nachttisch und stellte ihn zu sich hinüber. Jeden Morgen hatte sie darunter zu leiden, daß der Wecker schrillte und Edmund nicht mehr im Stand war, ihn abzustellen. Als sie dann im Dunkel neben ihm lag, hörte sie seinem Röcheln zu. Das hieß nicht, daß er schon schlief. Sobald er lag, röchelte er. Um zu prüfen, ob er wach sei, sagte sie nicht besonders laut: Für mich wäre es besser, wenn du tot wärst. Erst ein paar Minuten später sagte er: Du wirst schon sehen, nächste Woche. Alles läuft.

Sie biß ihre Zähne in die Unterlippe, daß sie das Gefühl hatte, sie blute. Wie einschlafen neben einem solchen Mann! Dann hörte das Röcheln auf. Er weinte. Edmund weinte selten. Er hörte gar nicht mehr auf zu weinen, immer lauter weinte er, das grenzte schon an Aufschreien. Er konnte sich offenbar nicht mehr fassen. Susi wurde es übel vor Angst und Schrecken. Was jetzt noch?! Was denn jetzt noch, bitte! Edmund, was ist denn? Jetzt sag doch! Bitte. Und er: Der Bentley. Den kriegst du doch wieder, sagte Susi. Stimmt sagte er. Und weinte weiter.

Susi konnte wieder durchatmen. Es rührte sie, daß Edmund jetzt, noch nach Monaten, seinem Auto nachtrauerte. Endlich erlebte sie wieder ein Gefühl für Edmund. Du kriegst ihn wieder, sagte sie, und einen Chauffeur dazu. Deine letzte Fahrt vor Ostern, weinend bist du zurückgekommen, weil du um ein Haar diese Frau überfahren hättest, in der Graf-Recke-Straße. Das würde man doch gar nicht aushalten, wenn einem so etwas passiert wäre. Darum hast du den Bentley verkauft! Zu ihrer eigenen Überraschung streichelte sie ihn. Vor wie vielen Jahren hatte sie ihn zum letzten Mal gestreichelt? Sie konnte sich jetzt nicht beherrschen, stand auf, ging um das Bett herum, kniete auf die Stufe, die das Bett umrandet, und streichelte ihn. Er weinte wieder. Sie hörte erst auf, ihn zu streicheln, als er nicht mehr weinte.

Du bist so lieb, sagte er. Ich bin kein bißchen lieb, sagte sie, du bist viel lieber als ich.

Nein, sagte er, du bist lieber.

Ich hasse dich, sagte sie.

Aber, sagte er, du bist lieb. Ich schäme mich so.

Der erste Einschreibebrief des nächsten Tages teilte mit, daß die Zwangsversteigerung ihres Dachpalastes, der da schlicht Wohnung hieß, festgesetzt sei auf den 14. Dezember 1995. Susi schaute nach, das war ein Donnerstag. Gut, da war sie im Nagelstudio. Hin zu Edmund und ihm das Todesurteil vorgelesen. Er hing zwar nicht mit dem Kopf überm Kuchen, er saß aufrecht auf dem Stuhl, aber er schlief. Aus seinem Mund hing ein Speichelfaden. Sie weckte ihn, las ihm den Brief vor. Er winkte ab. Der liebe Büsken habe ihm heute schon vor acht eine Million versprochen. Du weißt, Büsken ... Ja, ja, sagte sie, Kleine Gruppe. Genau! Und der habe heute schon vor acht angerufen und gesagt, er helfe, wenn Edmund mal schnell in Schwierigkeiten gerate, gern mit einer Million aus, kurzfristig, und zu einem für kurzfristiges Geld lächerlichen Zinssatz. Das sei eben Büsken. Der ungestüme Büsken. Er lasse doch seinen General Investor nicht verkommen, habe er gesagt. Und für die Lindemannstraße hat Büsken schon einen Interessenten. Ob aus dem Interessenten ein Käufer werde, stelle sich ganz schnell heraus. Nächste Woche, Schnucke, du wirst schon sehen.

Susi sagte: Sag doch nicht mehr *nächste Woche*, Edmund. Sag das einfach nicht mehr, ich bitte dich.

Aber beruhigt war sie. Es war die Commerzbank, die die Versteigerung durchgesetzt hatte. Der Commerzbank war man nicht ganz eine Million schuldig. Wenn Büsken die Million vorschießt, war das Schlimmste vermieden. Das Schlimmste wäre, hier ausziehen zu müssen. Hinüber in ihr Apartment in die Lindemannstraße. Zwei Zimmer, Küche, Bad, Flur, ein Balkon hinten hinaus. Sechzig Quadratmeter. Vorstellbar war das nicht.

Sie mußte Conny bitten oder, wenn Bitten nichts half, sie zwingen, sich heute Dauerwellen machen zu lassen. Sie hatte sie schon bei André angemeldet. Connys ohnehin kleines Köpfchen sah, seit sie so dick geworden war, geradezu grotesk aus. Susi wußte, daß Andreas darunter leiden würde, seine Schwester so zu sehen. Er hatte sie seit Monaten nicht mehr gesehen. Das Wiedersehen durfte kein Schock werden. Susi mußte laut klopfen, um gegen die Fernsehlautstärke gehört zu werden. Bevor Conny ihre übliche Klage anstimmen konnte, daß sie trotz des Schildes andauernd gestört werde, sagte Susi, daß das Schild, wenn es ununterbrochen hänge, seinen Sinn verliere.

Conny: Ich auch. Und als sie sah, daß ihre Mutter sie nicht verstand, sagte sie, sie verliere ihren Sinn auch, wenn sie nicht mehr reisen dürfe. Nie mehr Japan, nie mehr Tahiti, nie mehr South Dakota, nie mehr Thailand. Aber Hamburg, sagte Susi, zu deiner Freundin ...

Sag den Namen nicht, rief Conny. Ich will sie vergessen.

Mäusken, sagte Susi ...

Kätzken, sagte Conny.

Also sagte Susi: Kätzken ...

Aber Conny unterbrach sie gleich noch einmal: Heiliger Strohsack, sagte sie, ich muß etwas gestehen. Aber gleich, sagte Susi. Mit Japan telephoniert, heute nacht. Sie habe plötzlich eine solche Sehnsucht nach ihrer japanischen Freundin verspürt.

Ach, Mäusken, sagte Susi.

Kätzken, sagte Conny.

Jetzt aber vorwärts, sagte Susi und erklärte ihr, daß André versprochen habe, aus Connys Köpfchen den hübschesten Kopf von ganz Düsseldorf zu machen. Und dann noch Frau Novotny, daß Conny morgen, wenn Andreas komme, ihre Jeans wieder zukriege.

So überfuhr sie Conny.

Die sagte: Ach, du heiliger Strohsack, wat'n Streß. Ob das meiner Zyste guttut!

Das Versteigerungsdatum meldete sich zurück. Edmunds Erklärungen und Versprechungen wirkten wie ein Schmerzmittel. Ein paar Stunden kein Schmerz, dann kehrt er allmählich zurück. Ein Kratzbaum war in der winzigen Diele der Lindemannstraße überhaupt nicht unterzubringen. Hier hatten die Katzen vier Kratzbäume, und selbst da gab es immer wieder Kämpfe.

Edmund war informiert. Er sollte, wenn er von Mr. Yingling zurückkam und Conny sah, ihre neue Frisur bemerken, die Dauerwelle loben.

Edmund kam von Mr. Yingling zurück, mußte zuerst eine Flasche Wasser in sich hineinschütten, weil er, um bei Yinglings vor Wasseraustritt sicher zu sein, schon seit mittags nichts mehr getrunken hatte.

Susi paradierte mit Conny vor ihm herum, er sagte: Kann ich etwas für euch tun? Susi sagte, sie hätten immer noch nicht das letzte *Glücksrad*-Video angeschaut. Sie habe alles vorbereitet. Auch etwas zum essen. Allerdings kalt. Ihm war's recht. Ob ihm seine zwei Frauen gefielen, fragte Susi.

Du warst beim Friseur, Schnucke, das seh ich, sagte er.

Conny: Sag ihm, ich auch.

Susi: Unser Mäusken auch!

Edmund: Sag ihr, ihre Dauerwelle sei ein Kunstwerk. Ein konstruktivistisches.

Conny: Sag ihm, man sei erfreut. Und wandte sich ihrem Vater zum ersten Mal seit langem direkt zu: Heut schlag ich dich, paß opp, Olly. Dann ernenne er sie zur *Glücksrad*-Königin, sagte Edmund, und sie kriege die Summen, die dort auf dem Bildschirm erworben werden, von ihm bar ausbezahlt. Und damit fliege sie morgen nach Japan, rief Conny. Susi servierte die Häppchen, startete das Band. Nach einer *Redewendung* wird gefragt. Edmund läßt Conny den Vortritt. Ich weiß schon, sagt die, ich soll nach deinen langweiligen E's fragen.

Edmund: Wie du willst.

Sie sage ä, sagte sie. Und war damit zweimal richtig. Machte sofort mit den e's weiter. Dann mit n. Sie überholte die, die auf dem Schirm nicht recht vorankam, und triumphierte dann mit *Aus dem Nähkästchen plaudern*. Zweihundertvierzig erwarb die auf dem Schirm. Edmund notierte es für Conny. Auf alle folgenden Fragen konnte sich Conny nicht mehr einlassen, weil sie ihre triumphale Erledigung der ersten Aufgabe noch einmal und noch einmal rekapitulieren mußte. Edmund löste alle restlichen Aufgaben immer vor den Bildschirmpersonen. Besonders beeindruckend fand Susi, daß er *2 in 1* im Handumdrehen als *mineralwasserscheu* enträtselte. Keiner verschüttete etwas, keiner brüllte, es war fast wie früher.

Edmund sagte zu Conny: Vergiß nicht, dir von deiner Mutter die zweihundertundvierzig geben zu lassen.

Als Susi das Licht schon gelöscht hatte, wollte sie eigentlich fragen, warum Edmund so sicher sei, daß Büsken ihm diese Million zuschanze, aber dann fiel ihr ein, daß sie die Freitagsfrage noch gar nicht gestellt hatte. Da ist sie wütend, daß er vergißt, Connys Frisur zu bewundern, und sie vergißt, die seit Jahrzehnten eingeführte Freitagsfrage zu stellen. Also fragte sie: Wer hat heute gewonnen? Das interessierte sie zutiefst nicht, aber Edmund konnte den Sieg erst genießen, die Niederlage erst verschmerzen, wenn Susi seine Zeugin geworden war. Daß sie ihm dafür wichtig war, tat ihr gut. Also, wer war's heute?

Gewonnen hat heute EAG. Allerdings erst nach zweieinhalb Stunden. Er habe zu spät bemerkt, daß Mr. Yingling auf Remis gespielt und es auch beinahe noch geschafft habe. Zweiundneunzig, und ein Durchhaltevermögen, eine Energiekonzentration, also er, Edmund, habe sich immer wieder ein Beispiel nehmen müssen an dem Zweiundneunzigjährigen, sonst wäre er erschlafft. Und was es heute für einen Spruch gegeben habe? Heute habe Mr. Yingling wieder ein Buch zum Betasten bereitgelegt. Da, fühlen Sie, habe er gesagt. Die erhabenen Bünde, fühlen Sie sie? Und sehen Sie, olivgrünes Maroquin. Meistereinband von Jebsen. Und jetzt hören Sie. Schlug das Goldschnittbuch auf, sagte: Natürlich Goethe, gelobt sei er. Nur hineingeschaut habe er heute in diese Erstausgabe von 1811, *Dichtung und Wahrheit*, nur hineingeschaut und nichts zu suchen sei sein Sinn gewesen, und worauf fällt sein Auge beim allerersten Hinschauen? Die Frankfurter Judengasse, in der es lebhaft zugeht, schildert da Goethe, gelobt sei er, und teilt mit: »Außerdem waren sie ja auch Menschen ...« Und da soll ihm jemand sagen, es gebe Zufälle! »Außerdem waren sie ja auch Menschen ...« Schade, daß Lisbeth Weißkopf ihm immer dreinreden will. Nicht nur ihm. Sie redet überhaupt drein. Sie redet prinzipiell drein. Und

Mr. Yingling läßt sie gewähren, darum erfährt man nie soviel von ihm, wie man erfahren könnte, wenn Lisbeth Weißkopf nicht dreinreden würde. Aber ihre Striezel sind überirdisch gut. Edmund redete, bis er mitten im Satz einschlief. Susi würde ihre Frage nach dem Büsken-Geld nicht vergessen.

Ab viertelvorzwei beobachtete Susi die Anfahrt. Auf Andreas war Verlaß. Dann war sie drunten, um ihn, als er aus dem Auto stieg, gleich umarmen und abküssen zu können. Sie spürte ihre Sehnsucht nach diesem Sohn wie eine Muskulatur. Mit dieser Sehnsucht hätte sie Bäume ausreißen oder Berge versetzen können. Ein Kraftwerk hätte man anschließen können an ihre Sehnsucht. Tatsächlich ließ er sich den Kopf herunterziehen, daß sie von der Stirn an über Schläfe und Wange bis dicht neben den Mund küssen konnte. Sie wußte, daß ihn am meisten freuen würde, wenn sie seinem Auto beziehungsweise ihm wegen des Autos ein Kompliment machen würde. Tolles Ding, sagte sie. Jaguar, gebraucht, sagte er. Das klang, als werfe er es sich vor, daß es noch kein neuer sei. Es war eindeutig, daß er das sich vorwarf und nicht etwa den Eltern, weil die, seit Ksenija ausgezogen war, die monatlichen Zahlungen auf zweitausend herabgesetzt hatten.

Als erstes: Xandra ist direkt vom Internat nach Oberkassel zu ihrer Mutter. Richterliche Anordnung. Andreas sagt, das sei ihm mitgeteilt worden. Von der Behörde. Bitte, das nahm er hin. Anschließend ein Treffen bei Ljubinka: Danach kommt sie sofort und wird das Wochenende wie meistens bei ihren Großeltern verbringen. Bis das mit dem Sorgerecht geklärt ist.

Ist geklärt, sagte Andreas. Die Scheidung sei durch, das Sorgerecht hat er.

Susi fragte nicht, ob er dann Xandra nachher gleich mitnehmen wolle. Bevor sie droben den Aufzug verließen, flüsterte Susi ihm noch zu, daß er, bitte, nachher das Wort Prostata vermeide. Der Vater verlasse, wenn dieses Wort fiele, sofort den Raum. Hätte er auch nicht vorgehabt, sagte Andreas. Oh, rief er, als Conny auf ihn zukam. Hat sie selbst gewollt, sagte Susi. Sie sehe aus wie eine Figur im Fernsehen, sagte Andreas. Miss Piggy, sagte Conny und lachte unheimlich laut, tief und kehlig.

So, jetzt, Einzug der Gladiatoren in die Gernsche Arena, rief Susi und führte beide ins Wohnzimmer an den gedeckten Tisch, in dessen Mitte eine Schwarzwälder Kirschtorte thronte. Die hatte Frau Oschatz heute mitgebracht, weil Susi ihr noch gestern vom Familientreffen erzählt hatte.

Susi wollte Edmund mit Conny und Andreas in der Bibliothek abholen. Dies denkend, fiel ihr zum ersten Mal auf, daß Cornelia von Anfang an Conny, Andreas aber nie Andi geheißen hatte.

Edmund saß an seinem Schreibtisch, telephonierte nicht, rechnete nicht, sondern löste Kreuzworträtsel. Diese hingegebene Gelöstheit war Susi die liebste Edmundhaltung. Wahrscheinlich hatte er, bis sie eingetreten waren, gesummt. Bevor er von Herrn Parkinson beherrscht wurde, hatte er seine Kreuzworträtsel öfter auf seinem Hochsitz gelöst. Oben auf der Lederbank seiner fahrbaren Bibliotheksleiter. Wenn er da heruntergegrüßt hatte, hatte Susi immer daran gedacht, daß Edmund immer schon ein Schiff hatte kaufen wollen. Jetzt hatte er den dürren Kahn auf dem Teich in Niel und die fahrbare Bibliotheksleiter, die mit ihrem Mahagoni und all ihren blinkenden Messingbeschlägen an die Kommandobrücke eines Schiffs erinnerte. Und Edmund, der Kapitän, droben an der umlaufenden Reling.

Ihr kommt genau im richtigen Augenblick, rief er, Andreas, sieben senkrecht: *Instrument für gezielten Aufschwung.* Andreas sagte: Zinssenkung. Weit gefehlt, sagte Edmund, vier Buchstaben. Boom, sagte Andreas. Ach, Junge, sagte Edmund, ganz einfach: RECK. Und neunundvierzig waagrecht: *Kaufkraftschöpfung an der Moskva.* Er gab zu, daß die Lösung, nämlich GUM, Intelligenz eher ausschließe als fordere. Aber da, zehn senkrecht: *Zaungast im Ehebett.* Schnucke, jetzt bist du dran.

Susi sagte, in der Familie sei zum Glück bekannt, daß sie immer nur das wisse, was gerade nicht gefragt sei. AMOR, sagte Andreas. Da spricht Erfahrung, sagte Edmund. Und er probiere es noch ein letztes Mal bei Susi, und sie werde gleich hören, warum: *Sie trinkt nie Wein und fürchtet sich vor Martini.*

Conny rief: Ga-ans! Jaa, rief Edmund, bravo! Es reicht,

sagte Susi und ging hinüber zum gedeckten Tisch. *Für Börsianer unbezahlbar*, rief er hinter ihnen her. RIECHER, rief Andreas zurück. Bravo, sagte Edmund und setzte sich zu ihnen. Ihr wärt ein gutes Team, sagte Susi. Sie will dich mir andienen, sagte Edmund zu Andreas. Ich meine, ihr könntet einander brauchen, sagte Susi. Edmund sagte, wenn das Thema seine Hilfsbedürftigkeit sei, dann ziehe er sich zum Kreuzworträtsel zurück. Da ist es nämlich immer ganz allein er, der die Lösungen bringt, sagte Susi.

Gut, Junge, sagte Edmund. Sollte ich je in Not sein, wirst du gerufen.

Abgemacht, sagte Andreas. Abgemacht, sagte Edmund. Er sei jetzt siebzehn Jahre Bankier gewesen, sagte Andreas, wie man es vermeidet, monatlich vierzig- oder fünfzigtausend Mark Zins zu zahlen, wisse er.

Edmund sagte, er sehe schon, daß seine Frau glaube, er sei in Not. Es gab mal einen, hieß Willi Korf, raketensteile Karriere, Stahlgewinnung, auch als Konzernherr grinste er immer noch so unverschämt wie einer im sechsten Semester, trat jeden fast mutwillig vors Schienbein, als er dann anfing zu rutschen und Hilfe brauchte, hat ihn jeder noch gestoßen. Was dagegen ihn, Edmund Gern angehe, er gelte und habe immer gegolten als Freundlichkeitsbegabung, so komme es eben, daß Geschäftsfreund Büsken ihm ganz schnell mal mit einer Million aus der vorübereilenden Klemme helfen wolle. Zum Beispiel. Er sei von Oxfort an nie gelinkt, immer nur gefördert worden. Die Delmenhorster Ausnahme bestätige die Regel. Wenn es Andreas beruhige, er werde an die BfG wie an einen Fallschirm denken. Nicht an die BfG, an mich, sagte Andreas. Ab 1. 3. 96 sei er selbständig.

Wie bitte, rief Susi.

Und Edmund etwas leiser: Als was?

Anlagenberater, sagte Andreas.

Susi und Edmund sahen einander an.

Ich hoffe, das ist bis jetzt nur, was wir im Offertengewerbe Letter of Intent nennen, sagte Edmund. Also, erzähl doch mal.

Andreas sagte, die Scheidung sei durch.

Wir gratulieren, sagte Edmund.

Als Selbständiger, sagte Andreas, sei sein Einkommen nicht so kontrollierbar, wie wenn er angestellt bliebe. Er habe keine Lust, bis an sein Lebensende immer die Hälfte seines Einkommens Ksenija in den Rachen zu werfen. Wahrscheinlich sei es den Eltern inzwischen entschwunden, was das für eine Person sei. Die Eltern mögen sich, bitte, erinnern, an die letzte Ksenija-Szene in diesem Zimmer. Zirka vier Jahre her. Zuerst flatterte sie herum wie ein Huhn, dem der Kopf abgeschlagen ist, dann die Mutter, grundgütig, jetzt setz dich doch, Ksenija, durch Hin- und Herrennen erreichst du gar nichts. Gießt sich dann selber vier Cognacs ein und kippt die in sich hinein. Die Mutter hat jedesmal die Flasche auf den Flaschentisch zurückgestellt und Ksenija ist jedesmal wieder aufgestanden, Flasche geholt, eingeschenkt und gekippt. Das war der Nachmittag, an dem er ihr dreimal gesagt hat: Es ist aus zwischen uns. Es gibt Völker, da genügt es, das dreimal zu sagen. Ksenija wollte es nicht wahrhaben. Als er dann gegangen sei, habe sie gerufen: Die Hand! Er soll ihr die Hand geben.

Er: Das war nie Brauch zwischen uns. Aber diesmal, sagte sie. Ich hatte Angst, sagte Andreas. Ich mußte Nein sagen. Ich habe gehen müssen, weil ich wußte, gäbe ich ihr die Hand, begänne alles wieder von vorn.

Stimmt, sagte Susi, kaum warst du draußen, versackte sie wieder. Der Vater hat dann versucht, sie zu erreichen. Mit einer Geduld, die er sonst nicht hat. Ob sie etwas hörte oder nicht hörte –, nicht festzustellen. Der Vater sagte schließlich: Weißt du was, Ksenija, es reicht, ich bestell dir jetzt ein Taxi. Und tat's und verschwand. Jetzt war Susi dran. Und Xandra. Zweimal mußte Susi hinunter, dem Fahrer sagen: Bitte, warten Sie noch. Zum Glück ein Ausländer. Und wieder hinauf und Ksenija weiter gestreichelt, getätschelt, geredet. Seit die krank war, nicht böse, konnte Susi sich ihr zuwenden, als wäre sie ein Kind von ihr oder eine Schwester. Aber so redete und streichelte sie, daß Ksenija nicht merkte, wie sie hinuntergebracht wurde. Xandra redete und streichelte mit. Der Taxifahrer stieß die hintere Tür auf. Ksenija wurde hineinbugsiert, aber ihre langen Beine hingen noch ins Freie. Der Fahrer, ein Ausländer eben, hatte Tränen in den Augen. Susi sagte: Es lohnt sich, für Xandra zu leben. Ksenija sagte: Mutter, laß mich hier bleiben. Laß mich hier schlafen. Im Kleinen Apartment. Susi fühlte sich elend und gemein. Sie sagte zum Fahrer: Sie können jetzt fahren. Wotanstraße hatte sie ihm schon vorher gesagt. Beide, Xandra und Susi, winkten ihr nach. Susi hatte die Haustür offen fixiert, wie immer stieß sie mit dem Po gegen die Tür, die Fixierung löste sich, die Tür fiel zu. Xandra mußte lachen. Susi erklärte ihr, sie sei meistens so bepackt mit Eingekauftem, und wenn sie dann zum letzten Mal so bepackt durch die Tür gehe, stoße sie mit dem Po dagegen, daß sie zufalle. Sie habe das jetzt, obwohl sie beide Hände frei habe, nur wegen Xandra, nur zum Spaß gemacht.

Und jetzt joggt sie täglich durch Oberkassel, sagte Andreas. Von Ljubinka erfährt er dann, daß sie sich Xandra auf dem Schulhof zu nähern versuche, obwohl sie Kontakt zu Xandra, bis zur Klärung des Sorgerechts, nur nach richterlicher Anweisung haben dürfte. Und daß sie kaum noch ißt, dafür fünfzig Zigaretten raucht, ist ja bekannt. Jetzt ist das grausame Spiel beendet. Xandra kommt nach Salem. Da ist sie vor Ksenijas Angriffen sicher. Und in den Ferien kommt sie zu euch oder uns, ganz, wie sie will. Christelle ist Xandra gegenüber nichts als großzügig. Grausamkeit! Xandra tratscht herum: Fernsehverbot auf unbestimmte Zeit. Die Mutter als Fürsprecherin. Aber es hieß gar nicht: unbestimmte Zeit, sondern: solange du versuchst, deinen Vater und deine zukünftige Stiefmutter mit heimtückischen Mätzchen gegen einander aufzuhetzen. Was ihr natürlich nicht gelingen kann. Kein Fernsehverbot mehr, sobald sie aufhört, ihren Vater zu beklauen und Christelle zu hassen. Ja, hassen. Und alles nur, weil sie sich einbildet, ihr Vater sei in den Händen einer Hexe namens Christelle. Deren Befehle zu befolgen sei jetzt sein einziger Lebensinhalt. Wo dieser Schwachsinn ursprünglich herkommt, möchte er ganz gern wissen. Entweder kündigt sich da der Verfolgungswahn ihrer Mutter an, oder die Oma hat ein bißchen Drachenzähne gesät. Und daß sie ihrem Deutschlehrer das Auto zerkratzt hat, kommt ja auch nicht von ungefähr. Aber die liebe Oma kauft eine beige Jeanshose nach der anderen für sie und blaue Schuhe und schillernde Hemden, egal wie sich der Teeny gerade aufführt. Also, Schluß damit. Es ist höchste Zeit für Salem. Er braucht Christelle, wie er noch nie einen Menschen in seinem Leben gebraucht hat. Wer mit Christelle nicht kann, mit dem kann er nicht. Soviel zum Familiären.

Susi hörte noch Xandras Stimme im Telephon: Oma, das kannst du nicht machen, mich hier rausholen und mich nachher wieder hierher zurückbringen.

So war es zugegangen, bevor Xandra ins Internat gekommen war.

Ab 1. März, sagte Andreas, wohnen wir in der Bismarckstraße. Am fünften wird eröffnet die Anlagenberatung Andreas Gern.

Andreas sagte das in einem anderen Ton. Ein Ton, der sich durch Festigkeit und Bestimmtheit und auch durch Ruhe von den Tönen unterschied, die man bei Andreas gewohnt war. Zur Eröffnung am 5. März werden alle potentiellen Kunden, also auch du, Papa, auf das formvollendetste eingeladen.

Edmund dankte. Dann sagte er: Gekündigt hast du schon?

Ja, hat er.

Susi dachte, daß Ksenija das verhindert hätte. Die erzdumme Christelle, die er im Nachtlokal aufgegabelt hatte, hat ihm das eingeredet. Ganz sicher. Selbständig! Da kann man doch liegenbleiben morgens. Und abends Partys mit schwerreichen Geschäftsfreunden. Anders konnte die doch gar nicht denken. Mein Gott, was war dagegen Ksenija für eine kluge, nichts überstürzende Frau. Aber diese Christelle, sonnabends kennengelernt, sonntags mit einander geschlafen, am Mittwoch die Ehe versprochen. Das war, so oft Christelle erwähnt wurde, Susis Formel für Christelles Dasein. Und Lymphkrebs, schnellstens eine Schwangerschaft, das Kind besiegt den Krebs. Nachher stellte sich heraus, daß sie nichts dergleichen hatte, wohl aber ihre Mutter. Deren Krankheitsgeschichte hatte Christelle kühl für ihre Zwecke einzusetzen versucht. Andreas hatte offenbar erfolgreich darum gebeten, die Schwangerschaft erst nach der Scheidung von Ksenija beginnen zu lassen.

Und deine Zukünftige, sagte Edmund, hatte gegen die Kündigung nichts einzuwenden?

Nichts, sagte Andreas.

Sie war sogar sehr dafür, sagte Edmund.

Wir müssen an unsere Zukunft denken, sagte Andreas.

Als ich das letzte Mal kündigte, sagte Edmund, und das, schon nicht mehr ganz im Ernst, Mr. Yingling gegenüber mit dem Wort Zukunft begründete, erzählte er mir einen Witz. Zum Rabbi von Shitomir kommt ein reicher Christ, will eine Grabstelle erwerben auf dem jüdischen Friedhof, einhunderttausend Słoty, sagt der Rabbi, dem reichen Christen ist das viel zu teuer, denken Sie an die Zukunft, sagt der Rabbi, der Jüngste Tag, alle toten Juden erheben sich aus ihren Gräbern, dann gehört der ganze Friedhof Ihnen allein. Susi merkte, daß Edmund jetzt eine jener Reden halten würde, die er früher nur im Stehen und Gehen gehalten hätte, auftretend immer zuerst mit der vorderen Hälfte seiner Straußenlederschuhe. Die Fingerspitzen beider Hände trafen sich dann immer wieder einmal kurz, aber eindrucksvoll. Es waren eigentlich keine richtigen Reden, sie waren mindestens ebenso an Edmund selbst wie an die Zuhörer adressiert. Deshalb hörte man interessierter zu, als wenn man das Gefühl gehabt hätte, Objekt eines Überredungsversuchs zu sein. Edmund lud ein, einem Gedankengang zu folgen, dem er auch gerade zu folgen versuchte. Schade, daß er jetzt sitzen bleiben mußte. Ein im Sitzen redender Edmund –, jammerschade. Er finde es schön, sagte er, wenn eine Handlung auch zeige, warum sie stattfinde. Er hat sein Leben lang in Szenen gearbeitet, wo die Handelnden ihre Motive maskierten. Der Erfolg seiner Arbeit war oft abhängig davon, daß er die Motive der Mithandelnden unter allen erdenklichen Arten der Verbergung erkannte. Er seinerseits habe seine Motive nie verborgen. Das habe die anderen immer überrascht. Ihm habe es, glaubt er, immer eine Art Überlegenheit verschafft. Er habe allerdings lange genug trainiert, seine eigenen Motive zu erkennen. Man täusche ja niemanden so leicht wie sich selbst. Vielleicht hat ihm die solide Schachausbildung, die sein Vater ihm verpaßt hat, geholfen, das eigene Motiv wirklich zu erkennen. Beim Schach kann ja nur im Hinblick auf die Zukunft gehandelt werden. Alles Reagieren auf das bloße Jetzt zeigt nur, wie schwach du bist. Dein überüberübernächster Zug motiviert deinen nächsten Zug. Vier Brüder und er haben mit seinem Vater Schach spielen dürfen. Keiner hat je ein Spiel gewinnen können. Wie lange brauchte der Vater, den und den Sohn zu besiegen? Keiner hielt dem Vater so lange stand wie Edmund. Partien bis zu vier Stunden. Er, Edmund, hat versucht, Andreas ins Schach zu verlocken. Leider hat Andreas das Zocken in der Altstadt vorgezogen. Hätte Andreas beim Schach geübt, jeden seiner Züge vorausschauend zu bedenken, wüßte er jetzt genauer, WARUM er gekündigt hat. Auch wenn Andreas jetzt zu seiner zukünftigen Frau und zu seinen Eltern sagt, er habe gekündigt, weil er dann die Forderung der geschiedenen Frau leichter im Zaum halten könne, ist es nicht sicher, daß das wirklich das WARUM seiner Kündigung enthält. Du hast gekündigt, hast aber das Scheidungsurteil noch gar nicht in der Hand. Vielleicht könntest du auch als Angestellter glimpflich davonkommen. Egal, unser Andreas hat gekündigt. Er könnte seiner zukünftigen Frau sagen, er habe ihr zuliebe gekündigt. Wenn er wirklich wissen will, ob es richtig war zu kündigen, muß er herausfinden, warum er ihr zuliebe kündigen mußte. Ob eine Handlung richtig ist oder falsch, also richtig oder falsch für den Handelnden, das ist nur herauszufinden, wenn er das allerletzte WARUM seiner Handlung entblößt. Dieses WARUM erscheint unter allen möglichen Masken und nicht als es selbst. Das ist, könnte man geschwollen sagen, die menschliche Bedingung schlechthin. Nur deshalb werden wir uns selber gefährlich. Meine von mir selbst nicht durchschauten Handlungen werden mir gefährlicher als alles, was andere gegen mich anstellen können. Man ist für andere viel zu unwichtig, als daß sie gegen einen gründlich genug planten. Auf jeden Fall kann mir keiner so schaden wie ich mir selber. Wenn ich einen Feind habe, bin ich es. Trifft das nur auf mich zu oder auch auf dich, Andreas Gern? Wenn du dir die Gründe für das, was du tust, nicht durch Wunschdenken und Nachlässigkeit verbirgst, wenn du nicht nachgibst, bis du dir sozusagen auf die Schliche kommst, dann bist du schon mal vor dem Schlimmsten, nämlich vor dir selber, sicher. Warum liebe ich den Konstruktivismus? Weil diese Bilder ihre Motive nicht in Gegenstände verkleiden, sondern sie als solche entblößen.

Zweimal, sagt Edmund, hat er in seinem Leben gekündigt. Bei Oxfort, nach neunundzwanzig Jahren. Zuerst vier Jahre Assistent der Geschäftsleitung, kleines Büro auf der Geschäftsführeretage. Bis einer nützlich ist für eine solche Firma, das dauert fünf Jahre. Unterstellt war er dem zweiten Geschäftsführer, der war fünfundzwanzig Jahre älter, sagte immer: Nicht nervös werden, Herr Gern, Sie werden mein Nachfolger, ging einmal am Montagmittag aus dem Büro, am Mittwoch tot, Embolie, hieß Schönbaum. Herr Oxfort schätzte ihn, ohne ihn zu mögen. Wenn er ihn wieder Herr Schönbauch statt Schönbaum nannte, wußte man, daß er ihn wieder ein bißchen mißhandeln wollte. Tatsächlich zeigte Herrn Schönbaums gequältes Gesicht, daß die Mißhandlung wieder gelungen war. Diese Art Machtausübung ist Alltag überall. Vielleicht ärgerte Herrn Oxfort, der sonst vor untrübbarem Selbstbewußtsein glänzte, daß Herr Schönbaum soviel Redens machte von seiner großartigen Bibliothek, sich also als Büchermensch aufspielte, was Herr Oxfort kein bißchen war. Die Witwe Schönbaum fragte Edmund, der Schönbaums Bibliothek mehr als einmal besucht und bewundert hatte, ob er die Bücher übernehmen wolle.

Edmund: Lassen Sie die Bibliothek schätzen von Düsseldorfs seriösesten Antiquaren, dann bezahle ich das Doppelte des höchsten Angebots. So lernt er Mr. Yingling kennen, weil der wissen wollte, wer ihm diese Prachtbibliothek weggekauft hatte. Edmund hat es Herrn Oxfort nicht wissen lassen, daß die Bücher jetzt sein waren. Edmund hat Herrn Oxfort übrigens nie um Gehaltserhöhung gebeten. Neunundzwanzig Jahre dort, kein einziges Verlustjahr. Herr Oxfort macht Edmund zum zweiten Geschäftsführer und verkauft ihm einen Anteil von zehn Prozent an der Firma; die eineinhalb Millionen, die das kostete, wurden alljährlich aus fünfzig Prozent des Gewinns bezahlt, den sein Anteil brachte. Der jeweils noch offene Betrag wurde mit sechs Prozent verzinst. Kaum war Herr Oxfort tot, hat der schwächere Sohn seine Anteile an *Ferrostaal* verkauft. *Ferrostaal* seinerseits hundert Prozent MAN. Herr Oxfort hatte vergeblich versucht zu verhindern, daß sein Sohn bei *Ferrostaal* als Assistent eintrat. Er befürchtete, die sähen dann, daß der Junior nicht gut ist. Trat aber ein und verkaufte denen dann auch noch seine Anteile. Solange der Konzern, die Großmutter, Geld verdient, dürfen die Töchter und Enkeltöchter keine Gewinne machen. Da wird thesauriert. Erst wenn's oben mies wird, darf man die Töchter melken. Sieht EAG ja ein, aber über seinen Anteil will er selbst verfügen. Also kündigt er. In einer hundertprozentigen Konzerntochter will er nicht Geschäftsführer sein. Das war also die erste Kündigung. Die war nie zu bereuen. Die zweite, gerade erst praktiziert, war schwieriger. Schwieriger zu durchschauen. Auch für ihn selbst. Gesundheit oder Raffsucht, was gab den Ausschlag? Er hatte sich im Herbst siebenundachtzig vom Spekulationsbazillus infizieren lassen. Als sein Freund Bruce Perelman ihm in einem phantastischen Börsenaugenblick die BP-Aktien empfahl, hat er, buchstabenabergläubig wie er als Rätselrater ist, schon wegen der Initialen seines Freundes BP, mit dem er viele Abende im *CRILLON*, im *BRISTOL* und im *CONNAUGHT* verbracht hat, einfach zugeschlagen. Was er dem Freund nicht gestanden hat: daß er die Aktien auf Kredite kaufte und die Kredite dann nicht so lange bedienen konnte, bis die Aktien sich wieder erholt hatten. Die Verluste versucht er seitdem wieder reinzuholen. Es ist ihm aber klar, daß er damit das tut, was er bisher verachtet hat. Sich das einzugestehen gelingt eigentlich nie ganz. Er sieht immer noch Unterschiede zwischen sich und George Soros. Nicht nur in den Beträgen. Natürlich ist es leichter zu rechtfertigen, einen Fischereihafen nach Mahdi am Cape Afrique zu liefern, das heißt Planung, Einkauf, Versand, Versicherung, Bau plus technische Personalleistung zu organisieren, als auf Baisse zu spekulieren. Eineinhalb Millionen pro Kopf, das war der Umsatz bei Oxfort. Und jeder hat gut verdient. Als er einmal vor Gericht, weil er einen Unfall verschuldet hatte, zur Festsetzung der Strafe sein Monatsgehalt angeben mußte, hat der Richter gesagt: Ich habe nicht nach Ihrem Jahres- sondern nach dem Monatsgehalt gefragt. Aber für dieses Geld wurde von Indonesien bis Tunesien gebaut, gewirtschaftet, Wert produziert. Und sein Rat galt doch. Die Internationale Handelskammer in Paris hat sich seiner bei krausen Streitfällen bedient. Und sein Rat war so, daß der Vorsitzende, ein älterer Maître Avocat, der lieber in der Provence Aquarelle malte, als in Paris Sitzungen zu leiten, der also immer während der Sitzungen einschlief, daß der, wenn Maître EAG seine Lösung präsentiert hatte, nur noch aufwachen und zustimmend nicken mußte. Und dieser EAG wird Spekulant und damit ein kleiner Soros, der immerhin mit seinem Elfmilliardeneinsatz die Bank von England bezwungen und eine Milliarde dabei verdient hat. Was ist das für eine Tätigkeit! Inzwischen Volkssport global. Der hat's vorgemacht: Terminpfunde, die erst in drei Monaten fällig sind, verkauft er jetzt, deutlich unter dem gerade üblichen Kurs, dadurch verstärkt er den Pfundverfall noch gehörig und kann dann die Pfunde, die er in drei Monaten zu liefern hat, deutlich billiger zurückkaufen als er sie verkauft hat. Die Differenz ist Profit. Und jetzt Herrn Soros' weltweite Krokodilstränen über den Marktfundamentalismus, dem er doch alles verdankt, und sein eifrig propagiertes Spendertum im armen Osten. Und um so einer im kleinen Ausmaß zu werden, hat EAG letzten Endes gekündigt. Ist das schon sein ganzes WARUM? George Soros, das ist auf jeden Fall Edmund Alexander Gerns Vorbild. Dem eifert er nach. Sobald er seine hundert Millionen ergattert hat, eine Milliarde will er einfach nicht, aber wenn er die hundert Millionen hat, wird er im armen Osten freundliche Sachen gründen, sich à la Soros zum Philanthropen küren lassen, vor allem aber wird er wie Soros den Marktfundamentalismus, dem er seine hundert Mios zu verdanken hat, kräftig beklagen und bitter kritisch fordern, mehr an die Gesellschaft und weniger an sich und den Profit zu denken, das wird er in alle Mikrophone, die ihm hingehalten werden, rufen, und wenn ihm nur ein Bruchteil des Menschenfreundrenommees seines Vorbilds zuteil wird, kann er auf irgendeiner Ökoyacht selig entschlafen. Ja, um so einer zu werden, hat EAG letzten Endes gekündigt. Glaubt er. Ist das aber sein ganzes WARUM? Was glaubt, bitte, Sohn Andreas?

Edmund nahm einen Schluck Portwein und sah seinen Sohn an, als erwarte er von dem eine Auskunft, die er sich selber nicht geben konnte.

Andreas trank inzwischen Rotwein. Er trank immer schneller, als es Susi recht war. Er hatte schon fast eine Flasche leergetrunken, hatte sich immer wieder feierlich nachgeschenkt. Das halbvolle Rotweinglas hielt er jetzt schon so schief, daß Susi Angst hatte, er werde gleich Rotwein auf ihren hell leuchtenden Seidenperser schütten. Es war Conny, durch die sie darauf hingewiesen wurde, daß Andreas sein Glas in eine gefährliche Neigung geraten ließ. Conny macht ja unwillkürlich mit, was in ihrer Gegenwart geschieht. Für Susi war es immer schmerzlich gewesen, daß kein Mensch merkte, wie feinfühlig Conny war. Sogar Susis Vater hatte, wenn Susi dort zu Besuch war, seine Enkelin nur mit einer Art Entsetzen angeschaut. Wie kann man nur so ein Kind zur Welt bringen. Das hatte sein Gesicht ausgedrückt. Die Mutter hatte zu ihm gesagt: Du willst religiös sein, aber wie du dieses Kind ansiehst! Das ist trotzdem Susannes Kind! Zuerst hatte Susi versucht, Connys einmalige Hörfähigkeiten zu rühmen. Pfeift und singt die kompliziertesten Melodien fehlerfrei nach. Lernt jede Sprache durch bloßes Zuhören. Aber dann hatte sie es vorgezogen, Conny nicht mehr mitzunehmen, wenn sie nach Essen fuhr. Susis Mutter hatte auch Connys unwillkürliches Abbilden von allem, was in ihrer Gegenwart geschah, entdeckt. Besonders die Handbewegungen anderer. Aber auch Kopfhaltungen, Gesichtsausdrücke. Alles bildete sich unwillkürlich in ihr ab. Und sie selber merkte das überhaupt nicht. Sie war das leibhaftige Echo auf alles, was um sie herum passierte. So hatte sie auch jetzt die Reste der Redegesten, die ihrem Vater noch verblieben waren, mit dem Kopf, mit Händen und Schultern unwillkürlich begleitet. Und genau so Andreas' schräge Kopfhaltungen und sein immer schrägeres Weinglas. Dann sah Conny, daß der Vater entweder eine größere Pause machen wollte oder überhaupt fertig war; sie stand auf, tippte dem Vater anerkennend auf die Schulter und sagte: Boß blieft Boß. Und ging. Sie habe noch so viel zu tun heute.

Weißte Papa, wir in der Bank belichten das WARUM bei jedem Kunden immer mit derselben Methode: Hose runter. Schluß mit Flunkern, egal ob vor sich selbst oder vor anderen, Hose runter bis zum Gehtnichtmehr.

Ja, sagte Edmund, ich sehe schon, ich kann froh sein, daß ich bei dir nicht anklopfen muß. Ich kriege ja nächste Woche die Büskenmillion, eine Million der reinen Menschlichkeit, damit haben wir die Commerzbank vom Hals beziehungsweise ein unstörbares Weihnachtsfest.

Darauf trinke ich, sagte Andreas und tat's.

Sein Ton, seine saloppen Gesten erinnerten Susi daran, daß er seinem Vater, als der ins Wohnzimmer gekommen war, nicht die Hand gegeben hatte.

Noch ein Satz zum WARUM der Handlungen, sagte Edmund. Schlieker, vielleicht hast du den Namen schon mal gehört, als ganz junger Mann bei Speer, danach zuerst ein Kompagnon von Oxfort. Vielleicht haben sie sich im Lager bei den Engländern kennengelernt. Als Schlieker dann groß ins Schiffbaugeschäft einstieg, trennte sich Oxfort von Schlieker. Oxfort sah, daß Schlieker sich nicht eingestehen konnte, WARUM er, der rein binnenländische Kaufmann, die größte deutsche Werft in Hamburg im Handstreich erobern und zur schlechterdings unbesiegbar modernsten Werft der Welt ausbauen mußte, Schnittstellen laserstrahlenmarkiert. Der hatte ja mit dem Paul-Reusch-Ziehkind Oxfort zusammen eine Stahlgroßhandlung, der Mantel stammt aus Breslau, gekauft, ganz schnell auf 800 Millionen Umsatz gebracht. Die beiden hätten als Ex- und Import glücklich sein und bleiben können. Da mußte aber dieser Schlieker die größte deutsche Werft kaufen, um aus ihr eben die modernste zu machen. Otto Oxfort prüfte das WARUM und sagte: In fünf Jahren pleite. Hat sich verschätzt. Sieben Jahre hat's gebraucht. Und WARUM das? WARUM hat er sich vom erfahrenen Oxfort nicht bremsen lassen? WARUM muß er schnell in Harvestehude eine Protzvilla kaufen? Sein Vater war einmal Werkmeister gewesen in dieser Werft. Denen hat er's zeigen wollen. Da war Koreakrieg, die Reeder boten 50 bis 100 Prozent Anzahlung. Koreakrieg vorbei, die Reeder bieten noch 10 bis 20 Prozent. Also muß er selber ran. Die Banken blocken. Das modernste Werk wird von einer Konkursverwaltung, die nichts versteht, verschrottet, Schlieker ab nach Ramsau, baut denen dort einen Skilift, läßt sich am Kassenhäuschen mit Lodenmantel und Jägerhut photographieren. Kommentar Oxfort: Jetzt weiß er zum ersten Mal in seinem Leben, was er abends in der Kasse hat. Verstehst du, wenn einer die Bühler Höhe kauft, 150 Millionen hineinsteckt, weil sein Großvater als badischer Oberst dort einen Tripper kuriert hat, dann wird er das dir und sich selber nie eingestehen. Und geht pleite. Undurchschaute Gefühle bestraft die Wirtschaft. Und zuletzt noch: Du hast gekündigt. Du könntest die Kündigung, wenn du wirklich willst, widerrufen. Herr Oxfort hat das geradezu vorexerziert, daß er fähig war, seine Meinung zu ändern. Wenn man nicht das Oxfortsche Selbstbewußtsein hat, das es leicht macht, sich selber zu widersprechen, sollte man sich korrigieren, nur um dadurch anderen ein Selbstbewußtsein zu demonstrieren, das man gar nicht hat. So kriegt man es dann. Vielleicht.

Laß man gut sein, lieber Papa. Ich werde dir berichten, wenn meine WARUM-Forschung Ergebnisse bringt.

Würde mich freuen, sagte Edmund fast unhörbar leise. Übrigens, sagte er dann ein wenig kräftiger, wenn du als Anlagenberater je mit Arabern zu tun hast, und daß Araber die ergiebigsten Anleger sind, weißt du, dann denk dran: einem Araber nie so gegenübersitzen wie du jetzt mir, mit überschlagenen Beinen, der Araber empfände es als eine Beleidigung, wenn er deine Schuhsohlen anschauen müßte.

Andreas sagte: Vielen Dank.

Jetzt kam Xandra. Susi hörte den immer noch schönen, immer noch gleich schön steigenden Aufzugston. Dieses reine Anschwellen und dann das ganz schnelle Aufhören auf dem höchsten erreichten Ton.

Als Xandra eintrat, sah sie aus wie verregnetes Elfenbein. Susi sprang sofort auf, wollte sie in den Arm nehmen und sie an sich pressen. Das war schwierig, weil Xandra draußen Timmi vom Kratzbaum genommen und sich umgelegt hatte wie einen Pelzkragen. Das machte sie immer. Timmi fauchte gegen jeden, der sich dann Xandra nähern wollte. Auch Susi war jetzt nicht zugelassen. Aber eine Hand eroberte sich Susi, einen Arm, und ihr über ihre prachtvoll dunkle Haarflut zu streichen gelang auch noch. Die angriffslustige Timmi und die vor Traurigsein geradezu verformte Xandra –, das sah grotesk aus. Xandra hatte geweint. Würde gleich wieder weinen. Ihre nahezu schwarzen Augen glommen in dem Elfenbeingesicht. Schwere, fast hängende Backen. Eine schmale Stirn.

Xandra streckte Andreas die Hand hin. Andreas stand auf und sagte: Wenn meine Mutter zuschaut, kann ich dich nicht, wie ich möchte, begrüßen.

Tach, Opi, sagte Xandra und beugte sich samt Timmi über Edmund und drückte ihren Mund auf seine Haare.

Ksenija ist im Krankenhaus, sagte sie.

Andreas, ärgerlich: Schon wieder.

Xandra: Selbstmordversuch. Als Ksenija nicht aufgemacht habe, sei Xandra zu Ljubinka gerannt, die hat ja auch einen Schlüssel, dann haben sie sie gefunden. Bewußtlos. Auf der Couch. Der Arzt habe gesagt, sie habe die Beruhigungstabletten, die er ihr im Lauf der Zeit verschrieben habe, gehamstert und sie dann auf einmal genommen. Zusammen mit Cognac. Im Krankenhaus wurde ihr der Magen ausgepumpt. Sie kommt davon, hat man gesagt.

Andreas: Klar.

Susi sagte: Andreas, bitte.

Andreas: Weißt du, was ich mitgemacht habe in fünfzehn Jahren?

Jetzt heulte Xandra.

Sobald du dich in Salem eingelebt hast, kommt dir ...
Salem, sagte Xandra.

Er habe sie schon angemeldet, nach Neujahr fahre er mit ihr zum Vorstellungsgespräch ...

Xandra sprang auf und schrie: Niemals. Flachwichser!

Und ging, Timmi im Arm, hinaus. Susi klopfte an ihre Tür, keine Antwort. Andreas stand schon in der Kleinen Diele, zog den Mantel an und rief in Xandras Richtung: Heute in einer Woche bei uns, um drei, Christelle und ich erwarten dich.

Dann ging er rascher, als es Susi recht war. Als sie ihn, ohne das begründen zu können, noch ein bißchen festhielt, sagte er: Christelle wartet. Susi sagte: Ja. Grüß sie. Mach ich, sagte er und ging. Der hohe Aufzugston senkte sich rasch und verschwand.

Susi klopfte bei Xandra, wurde eingelassen, Xandra legte sich gleich wieder auf ihr Bett. Timmi neben ihr. Sie hatte schon ihre Musik angemacht. Soviel Musik wie die hörte, hätte Susi nicht ertragen. Susi setzte sich auf den Bettrand. Xandra sagte: Weißt du eigentlich, daß ich keine Eltern habe? Susi wußte nicht, was sie sagen sollte. Dieses Miststück namens Christelle. Die verlangt, daß Xandra möglichst weit fortkommt. Miststück. Anders konnte Susi die gar nicht nennen. Zuerst die Lymphdrüsenkrebs-Nummer, um eine Schwangerschaft zu ertrotzen. Dann die Nummer: Mein Vater hat mich mißbraucht und meine Mutter hat mir nicht geholfen. Launisch, böse, unaufrichtig. Ksenija war immer ganz offen. Verstellung war ihr fremd. Susi ließ sich nie anmerken, wie sie über Christelle dachte. Als sie Andreas einmal gefragt hatte, ob man Christelle alles, was sie sage, glauben könne, hatte Andreas gesagt: Liebe und unkomplizierte Frauen langweilen mich.

Xandra sagte: Weißt du noch, wenn ich dich abends anrief, wie schlecht es mir da immer ging. Ohne dich hätte ich nicht durchgehalten.

Susi sagte: Dieses Miststück.

Und Xandra: Omi, du wirst für mich nie nur Omi sein. Susi küßte sie auf ihre Haare. Man sank ein in diesen Haaren, ohne auf den Kopf zu kommen. Dann sagte Xandra plötzlich ganz heftig: Ich hasse Papa, so wie du Opa haßt. Susi erschrak.

Xandra sagte, weniger heftig: Ksenija hat bei ihrem Selbstmordversuch die Sonnenbrille aufgehabt. Das verstehe ich, sagte Susi. Dann sagte sie vorsichtig, ob sie morgen abend essen gehen könnten, Xandra, Conny und sie. Xandra zog den Kopf ein und sagte, am Wochenende, wenn sie da die Schadowstraße entlanggingen, würden sie ihrer halben Klasse begegnen. Susi verstand. Am Montagmorgen möchte sie Timmi mitnehmen, Timmi bei Ljubinka unterbringen, dann könnte sie sie auch unter der Woche ein-, zweimal sehen. Susi berichtete, daß die Katzen einander kaum mehr anfauchten, seit Susi, wie Frau Paul-Mesenholl geraten hatte, sich ihre Hand mit ihrem Parfüm eingerieben und damit alle drei Kätzchen gestreichelt hatte. Timmi werde natürlich nie ein wirklich feines Kätzchen, dazu habe es zu lange in einer Wohnung mit Christelle gelebt. Das prägt. Timmi habe inzwischen den großen Kratzbaum erobert, von Domino und Jeannie werde das jetzt hingenommen. Trotzdem, Xandra möchte ihre Katze näher bei sich haben. Susi streichelte Xandra und sagte: Sobald das Geld kommt, kriegst du ein Fahrrad. Ihr fiel ihr Geburtstag ein, ihr vierundsechzigster, Xandra hatte geschrieben:

Meine liebste Oma, ich wünsche Dir alles Gute. Ich hoffe, daß Du noch lange so gut aussiehst wie heute. Dies ist ein Gutschein für einen Tag, den ich mit Dir verbringe. Ich liebe Dich und danke Dir für alles, was Du für mich getan hast. Deine Xandra.

Xandra und Susi plazierten sich vor dem Fernseher und spielten das Spiel: Ich will nur kucken, was du kucken willst, also sag, was willst du kucken? Sag du zuerst. Nein, du. Nein, du. Nein, du … Susi fragte sich: Ist das wirklich die Xandra, die seit einem Jahr hascht, trinkt, mit wilden Kerlen nächtelang die Rheinwiesen durchstreift …

Dann schob sich Edmund herein und sagte: Heute gehe ich früh schlafen. Das sagte er, wenn er da war, seit Jahrzehnten. Das hatte er in den ersten Ehejahren gesagt, wenn er Susi wissen lassen wollte, daß er es schön fände, wenn sie auch früh schlafen ginge, aber dann doch nicht gleich einschliefe, sondern ihn erwartete. Der Satz war seit Jahrzehnten eine Formel.

Edmund sagte den Satz, auch wenn er noch ins Kleine Apartment oder in die Bibliothek ging, um stundenlang zu telephonieren. Susi konnte nicht mehr. Sie sprang auf und brüllte, daß sie sich kein bißchen dafür interessiere, wann er schlafen gehe. Sie wolle diesen Satz nie, nie, nie mehr hören. Sie werde, wenn er diesen Satz noch ein einziges Mal sage, auf und davon rennen und nicht mehr zurückkommen. Als sie aufhörte, sagte Edmund leise: Schnucke, verzeih mir. Es tut mir leid. Ich verstehe dich. Der Satz wird gestrichen. Und ging in seinem Gleichgewicht suchenden Seiltänzergang hinaus. Wahrscheinlich brauchte er gar nicht soviel Gleichgewicht, wie er suchte, aber dieser kleine körperliche Überausdruck war das einzige, was übrig geblieben war von dem Tänzer, der er einmal gewesen war. Susi blieb noch bei Xandra, bis die von dem Fernsehsonnabendquatsch so müde war, daß sie sich von Susi ins Bett bringen ließ. Conny war noch bei Vilai.

Wo würden sie, wenn sie tatsächlich ausziehen müßten, ihre Sachen lassen? Sie hatten nicht das Geld, bei einer Umzugsfirma Lagerplatz zu mieten, bis sie ihre Wohnung zurückkaufen konnten.

Nimm jetzt kein Valium. Sie spürte eine Art Stolz. Schon seit Monaten kein Valium mehr. Auch kein Dolomo mehr. Seit Monaten nichts mehr. Je schlimmer es kommen würde, desto gesünder müßte sie werden. Und wurde sie auch. Mit diesem Gefühl hat sie einschlafen können. Geweckt wurde sie durch Edmund. Er sprach. Zu ihr sprach er. Sehr leise. Aber daß er zu ihr sprach, war deutlich. Was redest du denn da, sagte sie, mußt du mich wirklich wecken.

Und er: Ich wollte dir nur sagen, nächste Woche, Mittwoch, kommt mein Bruder aus Nürnberg und bringt mir dreißigtausend. Tante Grete hätte geholfen, wenn sie gekonnt hätte. Der Bruder kann. Glaub mir, die Durststrecke ist vorbei. Am siebten, Büsken mit einer Million. Vielleicht, hat er gesagt, mit einskommadrei. Schön, sagte sie, keine Diskussion jetzt, sonst liege ich die ganze Nacht wach.

Er: Ich wollte es dir nur sagen, daß du ruhig schlafen kannst. Du bist, sagte sie, die Krankenschwester, die den Patienten weckt, um ihm das Schlafmittel zu geben. Weil sie wußte, daß Edmund jemanden brauchte, dem er Hoffnungen aufsagen konnte, und daß sie der einzige Mensch war, der dafür in Frage kam, fühlte sie sich jetzt nahezu wohl. Und schlief wieder ein. Und wurde wieder geweckt durch den redenden Edmund. Es war halb vier. Sie verstand nicht, was er sagte. Du sprichst nicht, sagte sie, du nuschelst. Dann verstand sie, daß sie ihm ein Unterhemd holen solle, er habe Schüttelfrost. Das Heizkissen habe er sich gerade noch selbst unterschieben können, jetzt sei er zu schwach. Sie holte in der Ankleide ein Unterhemd, er versuchte, sich ein paar Zentimeter hochzustemmen, sie stülpte ihm das Hemd über den Kopf, es blieb an den Ohren hängen, sie sagte, er solle es noch vollends runterziehen, aber das schaffte er nicht mehr. Er müsse sich schon ein bißchen weiter aufrichten, sagte sie. Ob sie ihm noch das Heizkissen ein bißchen heraufziehen könne. Sie schlug seine Decke auf, zog das Kissen hoch, klappte die Decke wieder runter, fragte: Gut so? Sehr gut, sagte er. Als sie wieder lag, sagte er: Liegt hier noch irgendwo eine Banane herum? In der Schale auf der Kommode lagen immer Äpfel, Birnen, Bananen. Dafür sorgte Susi, daß sie, wenn einer Lust auf Obst hatte, nicht hinaus mußten und dann die Kätzchen störten, weil die dann noch um Trockenfutter bettelten. Tut mir leid, sagte Susi, ausgerechnet heute hatte Frau Oschatz plötzlich das Gefühl, daß mit ihrem Zuckerhaushalt etwas nicht stimmte. Sie hatte zuviel Mittel eingenommen, brauchte ganz schnell eine Banane. Und aß beide. Und sagte, die müßten sowieso weg, weil sie schon ganz musig seien. Also ausnahmsweise heute keine Banane. Aber Äpfel und Birnen. Wollte er nicht. Vielleicht ein Brötchen. Trocken. Ohne was drauf. Das gab's noch. Sie hörte ihn mampfen. Als sie gerade wieder am Einschlafen war, sagte er ziemlich deutlich, daß Conny jetzt eine Zeit lang auf das Taxifahren verzichten müsse. Eben, bis die Millionen einträfen. Jetzt regte sich Susi aber auf. Ausgerechnet an Conny soll gespart werden. Die dicke Conny soll sich in Straßenbahnen und Busse hineinquetschen und sich dumm anquatschen lassen. Lieber verzichte sie, Susi, auf Friseur und Nagelstudio,

bevor Conny in öffentliche Verkehrsmittel umsteigen müsse. Ohnehin wird sie jetzt schon, wenn es um Fahrten tagsüber geht, öfter von Wilhelm Granderath gefahren, weil der sie liebt und gern mit ihr Platt redet, und fürs Fahren nimmt der nicht die Hälfte von 'nem Taxi. Dann hörte sie ihn röcheln, wie er rö-
• chelte, wenn er schlief. Sie wußte aber nicht, wie sie jetzt noch einmal einschlafen sollte. Sie mußte an eine Fernsehszene denken, die sie gerade mit Xandra zusammen gesehen hatte. Eine Schar junger Menschen, kaum bekleidet, am Strand und unter Palmen. Karibik. Die jungen Menschen waren nichts als gierig auf einander. Menschentierpflanzen waren das, auf nichts aus als auf Nehmen und Genommenwerden. Und eine schwindelerregende Musik. Xandra hatte sich ganz eng an Susi gelehnt, hatte Susis Hand ergriffen und sie heftig geknetet. Susi spürte, daß sie diesen Lebensausbruch auf dem Fernsehschirm nicht aushielt. Ihr elendes Leben hielt sie nicht aus. Was auch immer sie sah und erlebte, es wies sie hin auf ihr elendes Leben. Sie mußte raus hier. Sie konnte sich nicht opfern. Sie hatte lange genug gesagt: Vergiß es nicht! Setz es auf die Rechnung! Und jetzt! Bei der ersten lächerlichen Gelegenheit streichelte sie diesen Menschen wieder, der in jeder Stadt, zu jeder Tages- und Nachtzeit wußte, wo er hinmußte, um schnell sein Zeug zu verspritzen. Und jetzt soll sie den Rest pflegen. Aber seine Frauen kriegen immer noch etwas von ihm, was sie nicht kriegt. Susi war dabei, sich selbst zu befriedigen. Sie brauchte das jetzt. Neben Edmund. Von ihr aus konnte der zur Kenntnis nehmen, was sie tat. Sie genoß es, von ihm ertappt werden zu können. Sie drängte es ihm nicht auf, aber sie verheimlichte es auch nicht. Edmund merkte nichts. Susi war danach fast glücklich. Sie war überrascht. Von sich überrascht. Daß das so leicht gegangen war. Fließend, zunehmend, sie ganz durchdringend, eine Tiefenwirkung ohne Mühen und Nöte, eine vollkommene Ergriffenheit mit einer noch vollkommeneren Verströmung in nichts als warme Weite. Basta.

Weil am Sonntag keine der Frauen kam, dachte Susi am Sonntag meistens darüber nach, wie man ihre Ordnung noch vervollkommnen könnte. Wenn dann die Frauen kamen, machte sie denen Vorschläge und freute sich, wenn die angenommen wurden. Sie wollte sich nicht durchsetzen gegen ihre Frauen, sondern von denen verstanden werden. Aber an diesem Sonntag konnte sie überhaupt nicht bei dem Thema Ordnung bleiben. 14. Dezember. Zwangsversteigerung. Acht Tage lange würde die Wohnung niemandem gehören. Ihnen nicht mehr. Dem Käufer, der den Zuschlag erhalten haben würde, noch nicht. Und wohin dann mit dem, was sie in fünfunddreißig Jahren zusammengetragen hat? Aber Herr Büsken wird doch am Siebten 1,3 Millionen bringen. Und Edmunds Bruder schon einen Tag davor dreißigtausend. Und doch konnte sie nicht mehr an die Vervollkommnung der von ihr und ihren Frauen geschaffenen Ordnung denken. Daß sie ihre Frauen nicht mehr bezahlen könnte, durfte sie sich nicht vorstellen. Der achttürige Kleiderschrank im unteren Keller, der viertürige im oberen, voll, dicht voll. Der Weinkeller, voll. Die Doppelgarage, voll. Dreihundertundneunzig Quadratmeter, voll. Und Susi besitzt nichts, was sie nicht auch liebt. Und Edmunds Absteigen in der Mulvanystraße und im Stern-Hochhaus. Und das Reetdachhaus in Niel. Das alles in zwei Apartments à 60 Quadratmeter in der Lindemannstraße stopfen. Wenn die ihnen überhaupt bleiben. Vielleicht bleibt überhaupt nichts. Herr Gern hat der ganzen Welt die gewinnbringenden Verträge gemacht, sich selber aber nicht. Edmund hat Susi am letzten Karfreitag gebeten, mit ihm zusammen die Matthäus-Passion anzuhören. An einer Stelle hatte sie ihn in den Arm gekniffen, daß er aufgeschrieen hatte: *Andern hat er geholfen, und kann sich selber nicht helfen*, hatte der Chor gesungen. Das ist das einzige, was du mit Christus gemein hast, hatte Susi gesagt. Aber wenn das Geld tatsächlich kommen wird, wird sie ihm alles verzeihen, das weiß sie. Dann wäre er wieder der Größte, der er immer war. Ein Scheusal zwar, aber groß. Wenn ...

Am unangenehmsten war das Erwachen. Susi wollte erwachen und sozusagen schon vor dem Erwachen wissen, wie sie dran war. Aber jeden Tag erwachte sie, wußte nicht sofort, wie elend alles stand, sich halbwegs wohl fühlend erwachte sie, dann auf einmal der Schlag: wir sind ja erledigt. Das war jeden Tag der Hauptschmerz. Schon in der Misere erwachen, das wäre erträglicher. Jeden Tag von neuem den Sturz aus der rundesten Wohlhabenheit ins reine Habenichts durchmachen zu müssen, tat weh. Das war jeden Tag ein Schlag, der eigentlich den Tag, der jetzt beginnen sollte, schon zertrümmerte. Edmund jonglierte. Sobald er angekleidet war, jonglierte er. Zahlen, Banken, Termine, Konzepte, Rettungsmomente. Wie ein Jongleur mit zehn Tellern jonglierte er mit Problemen. Pünktlich brachte am Mittwoch der Bruder die Dreißigtausend. Damit konnte man Post, Telephon, Ärzte und Stadtwerke zufriedenstellen. Und morgen also Büsken, die Einkommadrei. Edmund wußte, daß Büsken ein Tradinggeschäft laufen hatte; nicht das, bei dem Edmund General Investor war, aber auch ein sehr aussichtsreiches; vom Gewinn aus diesem Geschäft wird er einskommadrei abzweigen für Edmund, daß der, samt Familie, sorglos in seiner Wohnung Weihnachten feiern kann. Und Edmund hat mit den Banken gesprochen, den Richter verständigt, wenn er am Freitag, dem achten, oder spätestens am Montag, dem elften Dezember, auch nur fünfhunderttausend auf den Tisch legt, wird der Versteigerungszirkus abgeblasen. Trotzdem empfing Susi am Mittwoch, sobald Edmunds Bruder weg war, Herrn Hellpapp, der die Wohnung in der nächsten Woche gern ersteigern würde. Vom Gericht auf 1,4 Millionen angesetzt. Herr Hellpapp hatte angerufen, Susi hatte ihn für den Nachmittag bestellt, Edmund ließ sich von Wilhelm Granderath in die Mulvanystraße fahren, die stand ja auch zum Verkauf. Edmund wollte, sagte er, Persönliches holen. Susi wußte: Edmunds schweinisches Arsenal. Nacktphotos und so Zeug. In Zukunft würde Isabell also Gymnastik und Massage hier in der Wohnung praktizieren. Oder wo sonst? Edmund hatte geschworen, Isabell habe ihn noch nie anders berührt, als es ihr Beruf vorschreibt. Die Gymnastik sei inzwischen hauptsächlich eine Anleitung, beim Stürzen glimpflich zu landen und, noch wichtiger, sich nach dem Sturz wieder aufzurichten. Nach dem, was Susi schon hatte leisten müssen beim Aufrichten des gestürzten Edmund, war Edmund ein eher hoffnungsloser Fall.

Herr Hellpapp führte sich sofort als ein Verständnisgenie ein. Daß Herr Gern nicht da sei, nicht den sehen wolle, dem er diese edle Wohnung überlassen müsse, das mache ihm Herrn Gern zutiefst liebenswürdig. Genauso würde er, Helmut Hellpapp, es auch machen. Das delegiert man an die Frau. Die kann ja am wenigsten dafür, daß alles so ungut verlaufen ist, während der Mann damit rechnen muß, daß der, der ihm diese Gemächer der Feinheit und des Geschmacks abnimmt, auftritt wie ein Sieger. Als habe er, der Käufer, den, der verkaufen muß, besiegt. Herr Gern habe ja nicht wissen können, daß Helmut Hellpapp lieber ein Mensch als ein Sieger sein möchte. Dann der Rundgang. Mit großen Schritten durch Susis Dachpalast. Plötzliche Stopps. Überraschende Wendungen. Noch einmal zwei Schritte zurück. Weiter. Trotz Zügigkeit, gründlich. Dann gratulierte er zu diesem Wohnungsjuwel, drückte, wieder glaubhaft, sein Mitgefühl aus, reihte sich ein bei denen, die von solchen Schicksalsschlägen getroffen werden können, und erzählte jetzt, ohne aufzutrumpfen, über sich, seine Frau, einen behinderten Sohn und die japanische Freundin, mit der zusammen er, wenn ihm der Erwerb dieses Juwels gelinge, hier einziehen werde. Und als Susi ihr Familienportrait in wenigen Strichen skizzierte, sagte Herr Hellpapp, er werde für Conny, die er ja bei seinem flotten Rundgang auf ihrem Bett kniend, die Katzen bürstend, kennengelernt hatte, monatlich fünfhundert Mark überweisen. Besonders schien sein Mitgefühl mit der Familie Gern geweckt worden zu sein, als er hörte, daß Herr Gern die Rettung aus der derzeitigen Enge von Tradinggeschäften erwarte. Klipp und klar sagte Herr Hellpapp, von allen an Tradinggeschäften Beteiligten seien neunzig Prozent Betrüger. Und verbesserte sich: Ach, was sage ich, neunundneunzig Prozent. Ob Herr Gern denn schon ein einziges Tradinggeschäft durchgebracht habe. Susi sagte zu ihrem eigenen Erstaunen: Doch, schon, gelegentlich. Die größten Geschäfte seien aber noch am Laufen. Herr Hellpapp wünschte ihr viel Glück. Dann stand er auf, der große, fast dickliche Mann, der seine Fülle kühn zu kleiden wußte. Zweireihig. Bei dem Umfang! Auf seiner schwarzen Krawatte glänzte etwas in Gold, was nur japanisch sein konnte. Ganz zum Schluß sagte er noch, wohl um die Ernsthaftigkeit seines Kaufbegehrens zu demonstrieren, seine Scheidung sei durch, er müsse am 1. Februar nächsten Jahres aus seinem Haus in Erkrath verschwunden sein. Und schöne Grüße an Herrn Gern. War draußen. Susi blieb zurück ... sie wußte selbst nicht, wie. Sie hatte doch gar kein Gefühl mehr. Weder so noch so. Edmund endlich umbringen. Was denn sonst. Hellpapp. So muß man heißen. Womit der sein Geld verdient hatte? Susi konnte sich nichts vorstellen, was zu dieser Fülle und Freundlichkeit und Schnelligkeit und Durchsetzungskraft gepaßt hätte. Ein scharf kalkulierender Raser, gewohnt, immer mehr zu regeln, als man von ihm erwarten konnte. Ein haarloser, mächtiger Kopf auf einem festen athletischen Hals. Randlose Brille. Darüber feinste Augenbrauen. Buddha. Jetzt hatte sie's. Der an ihm entlang fließende Anzug überraschte durch eine nicht oft vorkommende Farbe: Olivgrün. Buddha. Hat eine japanische Freundin. Zu zweit wollen die dann hier herumturnen. Viel Vergnügen. Und mußte sich jetzt den mächtigen, ganz und gar haarlosen, aber rötlichbraun glänzenden Kopf auf dem Halsstamm mit einer eindeutigen Empfindung vorstellen. Sie, für die sonst Haare die Voraussetzung schlechthin waren, konnte sich plötzlich mit einem gänzlich Haarlosen etwas vorstellen. Aber ohne Herrn Hellpapps an Fürsorge grenzendes Verständnis, ohne sein Angebot, Conny mit monatlich fünfhundert zu helfen, wäre sie für diesen Nacktkopf auf olivenem Anzug nicht erschließbar gewesen. Und – jetzt war sie wieder ganz bei sich – aus den eierschalenfarbenen Hemdsärmeln kamen Handgelenke und Hände heraus, die bis zu den Fingerspitzen affenartig behaart waren. Aber ohne seine Fähigkeit, die Katastrophe dieser Familie mitzuempfinden, wäre sie ihm gegenüber blind und taub geblieben. Wahrscheinlich hatte am meisten zum gegenseitigen Verständnis beigetragen, daß er einen Sohn hatte, den er, ohne besondere Betonung, gefährdet genannt hatte. Ihr drängte sich die Vorstellung auf, dieser einigermaßen mächtige, ihrer Schätzung nach Achtundfünfzigjährige, trage seine sicher vor allem zierliche Japanerin abends als Schal. In Düsseldorf keine Seltenheit. Suse, bist du neidisch? Aber ja. Als es wieder läutete, meldete sich eine Frauenstimme von unten. Susi verstand den Namen nicht, aber das Wort Behörde. Eine Beamtin also, eine junge Frau war es dann, noch keine vierzig, groß, schlank, nein, mager, sie wollte Herrn Gern sprechen, möglichst sofort, es handle sich um drei längst überfällige Zahlungen, Steuern und Gebühren, die Wohnung betreffend und *Interhandel*. Susi sagte sofort, aber ganz ruhig, zahlen könnten sie nichts, schon gar nicht für *Interhandel*. Susi bat sie hinein, führte sie, um sie zu beeindrucken, in die Bibliothek, bot ihr den schwarzen Ledersessel an, den einzigen im Raum, und setzte sich selber auf die schwarze Lederbank. Dann müsse sie vollstrecken, sagte die Beamtin. Das kannte Susi. Kuckuck auf Gegenstände kleben. Susi hörte sich reden, als gehe es gar nicht um ihre eigene Sache, als vertrete sie hier nur jemanden. Sie werde hier leider nichts finden, sagte Susi, der Gerichtsvollzieher, ein durch und durch liebenswürdiger Mensch, gehe hier seit langem ein und aus und finde nichts Pfändbares mehr. Alles, was von Wert sei, gehöre ihnen längst nicht mehr. Die Möbel auch nicht, fragte die große Dünne. Doch, da können Sie drüber verfügen. Der Gerichtsvollzieher sagt immer, die Forderungen seien so hoch, da kämen die Möbel nicht in Betracht. Susi gab eine Kürzestfassung ihres derzeitigen Lebens und merkte, daß die Besucherin mit Teilnahme zuhörte. Ich bewundere Sie, sagte sie dann. Was sind Sie für ein Sternzeichen? Waage, sagte Susi. Sie werden es schaffen, sagte die hagere Beamtin, ich weiß das. Sie haben mit falschen Erwartungen Schluß gemacht, eine echte Waage-Tugend, Angebot und Nachfrage voll harmonisch. Ihnen könnte ich noch stundenlang zuhören, sagte sie und vermerkte im Pfändungsantrag, daß nichts Pfändbares anzutreffen gewesen sei. Und wünschte alles, alles Gute. Auf dem Papier, das die Besucherin zurückgelassen hatte, stand unter dem unlesbaren Namen: Städt. Vollzugsbeamter. Susi las jetzt erst, wofür die gekommen war: Grundsteuer, Straßenreinigung und eine Gebühr für *Interhandel*, zusammen nicht ganz siebentausend.

Edmund wollte weder von einer Vollzugsbeamtin noch von Herrn Hellpapp etwas hören. Morgen Herr Büsken, einskommadrei, für Herrn Hellpapp das absolute Aus!

Am 7. Dezember konnte Susi, obwohl es ein Donnerstag war, nicht nach Oberkassel. Sie hatte das Gefühl, ihre Hände zitterten so, daß sie durch keine Zutraulichkeit und Wärme von Aenne Klomfass zu beruhigen gewesen wäre. Aber Edmund summte. Susi rannte herum. Gegen Mittag verlangte sie, daß Edmund Herrn Büsken anrufe, um zu erfahren, wann mit seinem Eintreffen zu rechnen sei. Herr Büsken war nicht zu erreichen. Edmund sprach ganz fröhlich auf den Anrufbeantworter. Susi bewunderte ihn. Der konnte jetzt noch federleichte Formulierungen ablassen. Wäre ja wirklich schade, wenn Herrn Büsken heute etwas dazwischen gekommen sein sollte. Die Zufälle, das kenne ja jeder, der vom Kalkulieren des Wahrscheinlichen lebe, die Zufälle warteten sozusagen gierig darauf, im ungünstigsten Augenblick zu demonstrieren, daß jenseits aller Berechenbarkeit doch sie die wahren Herren des Verfahrens seien. Wenn Herr Büsken ihm noch heute den Zufall entlarve, der Herrn Büsken ausgerechnet heute am ebenso herzlich versprochenen wie erwarteten Erscheinen in der Holbeinstraße hindere, könne sich Herr Büsken um seine, Edmund Gerns, Welteinschätzung verdient machen. Also, bis gleich oder nicht sehr viel später.

Nichts. Und dieses Nichts dehnte sich durch die kurzen Dezembertage und langen Dezembernächte bis zum Versteigerungstag. Susi plante den Auszug. Ihre Frauen mußten genau erkunden, wieviel Platz in ihren Kellern und Dachböden für Susi-Kartons freizuräumen sei.

Susi gab Leonardo ein neues Oberverzeichnis ein: AUSLAGERUNG. Dann für jeden Namen, bei dem wenigstens drei Kartons unterzubringen wären, eine Extradatei. Ihre Frauen würde sie, wenn sie Kartons aufnähmen, bezahlen. Mit Sachwerten: Kleider, Uhren, Schmuck, Schuhe … Was die Frauen meldeten, war angesichts dessen, was Susi unterzubringen hatte, eher eine treuherzige Geste als eine Aussicht auf Hilfe. Susi spürte, daß eine Panik drohte. Edmund weigerte sich, an Auszug zu denken. Nicht einmal über das Schicksal seiner Bücher und Bilder wollte er nachdenken. Alles was er Susi tun und denken sah, nannte er Susis Nerventheater, das sei ihre Leidenswonne, eine gedachte Misere zu erleben, die niemals wirklich werde. Er verspreche ihr so hoch wie auch heilig, daß er nicht daran denke, aus diesem von ihm konzipierten Haus auszuziehen.

Auch am Vorabend des Schicksalstages noch kein Lebenszeichen von Herrn Büsken. Edmund nickte, als wisse er Bescheid. Büsken habe sein Geschäft nicht durchgebracht. Hätte Büsken sein Geschäft durchgebracht, hätte er die Einskommadrei abgezweigt. Büsken sei, bei aller Hinreißbarkeit und Temperamentsbestimmtheit, ein Ehrenmann. Er, Edmund, zweifle keine Sekunde an Herrn Büsken. Also morgen, 9 Uhr 30, las Susi ihm vor, *Zwangsversteigerung im Wege der Zwangsvollstreckung, Düsseldorf, Mühlenstraße 34, 1. Obergeschoß, Saal A 101.*

Edmund sagte: Willst du hin?

Der Verkehrswert wurde, las Susi weiter vor, gemäß § 74 a Abs. 5 ZVG festgesetzt auf DM 1 300 000.

Edmund sagte, er verspreche Susi, daß sie und er und Conny und Xandra und die Kätzchen hier ein friedliches Weihnachten feiern werden. Daß erst zwei Wochen nach der Versteigerung der Zuschlag erteilt werde, wisse Susi. Und in dieser Frist werde er zum ersten Mal anwaltlich für sich selbst tätig werden. Vertrauen, Schnucke, bitte.

Schluß, schrie sie, rannte ins Schlafzimmer, nahm die doppelte Dosis Valium und zog die Decke über den Kopf. Sie schlief ein, schreckte aber wieder hoch, weil Edmund im Schlaf aufschrie. So laut hatte er bis jetzt überhaupt noch nie geschrieen, weder bei Tag noch nachts. Susi hatte das Gefühl, das ganze Viertel müsse den Schrei gehört haben. Ein Uhr vorbei. Sie konnte nicht liegen bleiben, sprang auf und lief laut heulend durch die Wohnung. Edmund stellte sich ihr im Wohnzimmer in den Weg. Wehe dir, du berührst mich, rief sie, dann bringe ich dich um. Schnucke, sagte er, du wirst sehen ... Sag jetzt nicht Nächste Woche, sonst ..., sagte sie so ruhig, daß er erschrak. Das sah sie. Er traute sich nicht mehr, weiterzusprechen. Aber dann sagte er doch noch schnell: An Weihnachten ist alles gut. Sie rannte weiter. Rannte herum. Wenn es nicht Dezember wäre, könnte sie auf die Terrasse rennen. Geh weg, rief sie, sobald sie ihn wieder sah, das leuchtende Monogramm auf seiner Schlafanzugjacke, die Windelhose, aus der die große Nachtwindel eckig herausstand. Ihre Zunge brannte. Am Spiegel vorbeikommend sah sie, daß ihre Mundwinkel grell rot waren. Sie mußte sofort etwas trinken. Als sie wieder durch die Dielen rannte, roch sie es. Und sah es. Domino. Ein Häufchen. Auf den Teppich geschissen. Wahrscheinlich, weil Edmund so entsetzlich geschrieen hatte. Oder weil sie sich nicht mehr genug um ihn kümmerte. Daß die Kätzchen litten, merkte sie und konnte es nicht ändern. Fernsehen, Fressen und Kotzen: das war mein Leben. Dachte sie, als sie Dominos Dreck aufputzte, bis nichts mehr zu sehen und nichts mehr zu riechen war. Edmund schaute zu. Wenn er jetzt bloß nicht irgend etwas sagt. Bloß jetzt keine Nummer aus seinem Vertröstungsprogramm. Der Satz ihres Vaters: Bitte, tu nichts, daß ich mich von dir abwende. Unter dieser Drohung hatte sie gelebt, bis Edmund sie herausgeholt hatte. Richtig gefleht hatte ihr Vater. Tu nichts, daß ich mich von dir abwende. Als Edmund sie dann auch noch von Essen nach Düsseldorf gebracht hatte, hat sie gewußt, sich geschworen, ihm beteuert, daß sie ihm dafür immer und ewig dankbar sein und bleiben werde. Und jetzt? Der da neben ihr stand mit gleißender Schlafanzugjacke und bauchiger Windelhose, der hatte das Dankbarkeitskapital verbraucht, verzehrt, vernichtet. Ist das Widerwille, was sie spürt, wenn sie ihn da stehen sieht? Was Domino ihr beschert hat, macht ihr den Unterschied spürbar. Dominos Dreck aufzuputzen, kein Problem. Aber Edmunds Schuppen, Edmunds Pipi, Edmunds dicke Haufen, die sie zerkleinern muß, bevor sie runterzuspülen sind, oder sie muß sie in eine Tüte schaufeln und unten in die Mülltonne werfen! Oh, Xandra. Sie hasse ihren Vater wie die Omi ihren Mann. Haßt sie Edmund? Als Dr. Hornfeck sagte, sie werde einmal ihren Mann umbringen, dann werde er, was er gar nicht schätze, als Zeuge aufmarschieren müssen, da hatte es sie geschaudert.

Sie, Edmund umbringen, unvorstellbar. Jetzt aber: Dr. Hornfeck hat etwas vorausgesehen, eine Entwicklung, eine krankhafte. Sie wird sich nie vornehmen können, Edmund zu töten, aber sie merkt, daß sie sich jetzt öfter beherrschen muß, ihn nicht umzuwerfen. Das wäre so einfach. Ein kleiner Schubs und er flöge irgendwohin, irgendwo dagegen. Wenn sie überlegte, ob sie es wohl fertigbrächte, ihn zu verlassen, tauchte die Vorstellung auf, sie müsse ihn verlassen, weil sie immer öfter in Versuchung war, ihn umzuschubsen und dann noch auf ihm herumzutrampeln. Ich lasse den Eingriff nicht machen. Jedesmal wenn er das sagt, möchte sie ihn schubsen, daß er hinschlüge. Ich lasse mir nicht an meinem Schwanz herumschnippeln. Das müßte dann sein letzter Satz sein.

Als sie sich im Bad die Hände wusch, kam Edmund ihr nach, blieb hinter ihr stehen. Ich bin dir so dankbar, sagte er. Jeden Tag bin ich dir noch dankbarer. Was du jetzt tust, für mich tust, für uns tust, ich werde es wieder gutmachen, das verspreche ich, Schnucke.

Susi sagte: Laß mal, kommt alles auf die Rechnung.

Sobald es richtig Tag war, rief Susi 930 10 10 an, *Antenne Düsseldorf*, und fragte, ob die einen kurzen Text als *Hilferuf* senden würden. Die gaben sich interessiert. Eine Stunde später diktierte Susi: Wer kauft uns schnell und unbürokratisch unsere Penthouse-Wohnung ab. Beste Lage Zoo, Wert: 1,7 Millionen. Abzugeben für einskommadrei. Bedingung: Käufer läßt uns noch ein Jahr hier wohnen. Kaum war der Hilferuf draußen, rief Herr Hellpapp an und teilte mit, er sei der einzige Interessent gewesen in der Mühlenstraße und habe das Objekt für 970 000 erworben. Ob er den Zuschlag noch vor Weihnachten bekomme, sei unsicher. Dann eben gleich nach Neujahr. Aber ausziehen müßte Frau Gern mit ihrer Familie wirklich nicht vor dem 15. Januar. Ja, sogar am zwanzigsten sei es noch zeitig genug. Acht Tage reichten ihm für seinen Umzug. Mehr ein Einzug als ein Umzug. Er werde sich ganz neu einrichten. Sein Bisheriges bleibt bei der Frau in Erkrath. Susi sagte nur immer: Ja. Ja. Und Ja. Conny stand jetzt immer neben Susi, wenn die telephonierte.

Susi sagte: Wenn ich mir das Leben nehmen muß, kommst du in ein Heim. Und die Kätzchen ins Tierheim, sagte Conny und grinste.

Susi sagte: Also muß ich weiterleben.

Conny sagte: Müssen wir doch alle, mehr oder weniger.

Susi sagte, sie werde für Conny an irgendeiner günstigen Stelle ein Büdchen aufstellen mit Süßigkeiten und all solchem Kleckerkram, vielleicht sogar inklusive Wiener Würstchen. Dann ernähre ich euch alle, sagte Conny. Susi dachte an diese Frau, die als Unikum durch die Straßen schlurft, Riesenbrüste wölben sich herab bis zum Bauch, man schaut ihr nach, auch wenn man sie schon hundertmal gesehen hat. Und man weicht ihr aus. Sie ist im Sommer und im Winter gleich dick angezogen. Ihr Gesicht ist so grau wie ihre Haare. Sie muß einmal wohlhabend gewesen sein. Man weiß nicht, woraus man das schließen kann, aber wenn man sie sieht, weiß man es. Mäusken, sagte Susi, du kommst nicht ins Heim, das versprech ich dir. Jetzt gab sie auch schon Versprechen ab, ohne die geringste Ahnung, wie sie die halten sollte.

Drei Tage vor Weihnachten lag ein Brief vom Amtsgericht auf dem großen runden, weißen Tisch. Susi hatte ihn gelesen und für Edmund hingelegt. Sie würde diesen Brief nicht mehr anrühren. Aber Edmund las keine Briefe mehr. Also mußte sie es ihm sagen. Die Entscheidung über den Zuschlag soll am Dienstag, dem 2. Januar, verkündet werden. Ob er gehört habe, die Entscheidung *soll verkündet werden*, steht da. Weihnachtsbotschaft, sagte Susi. Fürchtet euch nicht, sagte Edmund, denn spätestens morgen wird ein Bote von der Behörde eintreffen und diesen Brief erledigen. Und der große Anwalt Edmund Alexander Gern hatte recht. Er hatte Einspruch gegen die Rechtmäßigkeit der Zwangsversteigerung erhoben, weil der Termin nicht gebührend veröffentlicht worden war. Deshalb sei auch nur ein einziger Interessent erschienen. Neuer Versteigerungstermin: 1. Februar 1996.

Der Hinrichtungstermin wird verschoben, sagte Susi.

Schnucke, sagte Edmund, und genau der 1. Februar ist der Tag X. Vierundzwanzig Millionen sicher, vielleicht aber auch mehr. Am besten, du bestellst den Pink-Porsche jetzt schon, daß er dann auch zur Stelle ist. Verstehst du, Versteigerung am Ersten, Zuschlag am Achten, und dazwischen wird den Banken das Maul mit Millionen gestopft, daß sie keinen Piepser mehr machen können. Er selber werde, so sei es abgemacht, einen Teil des Geldes am 7. Februar in Genf abholen, werde aber diesmal nicht in seiner Suite im *Beau Rivage* absteigen, sondern im *Crowne Plaza*. Nicht gerade sein Hotelstil, aber es sei eben nur einen Steinwurf vom Flughafen weg. Die Kanadier haben's vorgeschlagen. Kanada, sagte er noch ganz leise, mehr zu sich als zu Susi, Kanada enttäuscht uns nicht. Oh, Kanada. Maple Country.

Wieder einmal konnte Susi das angekündigte Geld förmlich riechen. Sie sah Edmund an, daß er merkte, sie waren einander nah wie in besseren Tagen. Das regte Edmund zu einem Satz an, der Edmunds kämpferische Laune demonstrierte. Er werde den Banken mit den Millionen nicht das Maul stopfen, er werde ihnen das Geld hinwerfen wie eine tote Ratte. Jawohl, wie eine tote Ratte. Jetzt verzichtete Susi darauf, das kommende Geld förmlich zu riechen. Wenn Edmund, ohne laut zu werden, seine alte Kampfkraft spüren ließ, hätte sie ihn beinahe wieder streicheln können.

Und kehrte abends summend von Mr. Yingling zurück und meldete Sieg. Mr. Yingling habe heute, wenn er nach einer Figur gegriffen habe, die Figur in der zitternden Hand gehalten, als wisse er nicht, wo er sie auf dem Feld hinhaben wolle. Edmund habe gefragt, ob sie das Spiel nächsten Freitag zu Ende spielen sollten. Darauf Mr. Yingling: Es heiße zwar, je länger ein Blinder lebe, desto mehr sehe er, aber er wolle jetzt nichts mehr verschieben. Und habe weitergespielt. Und verloren. Edmund habe ihm mitgeteilt, daß die Finanzmisere jetzt gleich überstanden sei. Mr. Yingling habe mit dem Satz gratuliert: Gott liebt die Armen, aber er hilft den Reichen. Die Gläser mit dem historischen Burgunder haben sie, als das Spiel schon zu Ende war, beide ausgetrunken. Mr. Yingling habe gesagt, er sehe nicht mehr ein, warum er weniger trinken solle, als er wolle. Heute komme ihm, hatte Edmund gesagt, das Etikett auf der Flasche des Neunzehnhundertfünfundvierzigers wie ein burgundisches Altarbild vor. Fromm, habe Mr. Yingling gesagt, dürfe man werden, wenn man davon trinke.

Plötzlich griff Edmund so schnell nach Susis Hand, daß sie die nicht mehr entziehen konnte. Gleich würde er schluchzen. Das Telephon befreite sie. Es war Herr Rump. Sie wußte Bescheid: Kleine Gruppe. Ob sie's schon gehört hätten, gestern abend, Herr Büsken, auf der Autobahn Lüttich-Aachen gegen einen Brückenpfeiler, hat sich praktisch um den Pfeiler herumgewickelt, war ja vom Rasen nicht abzubringen. Und das jetzt, wo gleich das große Geld kommt, schöne Weihnachten, auch dem Gatten. Edmund sagte: Je länger ein Blinder lebt, desto mehr sieht er. Aber, dachte Susi, uns hat der Herr Büsken sitzen lassen, bevor er sich um den Pfeiler gewickelt hat. Aber sie sind darauf angewiesen, immer wieder einen Illusionsballon aufblasen zu können, und müssen jedem, der ihnen dabei hilft, dankbar sein. Also auch Herrn Büsken, der Susi für immer in Erinnerung bleiben wird als Herr Einskommadrei.

Edmund verbrachte den Vormittag am Telephon im Wohnzimmer. Er frühstückte jetzt nur noch im Wohnzimmer. Susi hätte dieses andauernde Telephonieren während des Frühstücks gar nicht mehr ausgehalten. Wie schön war die Zeit, als er noch hinter der Zeitung frühstückte und ihr manchmal etwas vorlas oder fröhlichen Blödsinn zurief.

Susi hätte Frau Oschatz diesen Blick nicht mehr gegönnt, den sie, wenn sie merkte, ER war nicht da, umherschweifen ließ. Dieser Blick hieß: Ach, ja, Sonnabend, Herr Gern ist wieder mal ausgeflogen.

Ja, zum Vögeln, hätte Susi dann am liebsten gerufen.

Also schon wegen Frau Oschatz war Susi froh, daß Edmunds Gegenwart unübersehbar war. Susi verlangte von ihren Frauen die ungeminderte Teilnahme am Pipivernichtungstrip. Und Susi plante schon, denen Sachwerte anzubieten für ihre Arbeit. Uhren, Ketten, Tücher, Schuhe, Pullover, Röcke, Jacken, vielleicht sogar Mäntel. Aber Frau Oschatz suchte heute, sobald sie in der Wohnung war, eine Sitzgelegenheit. Der Weg von der Haltestelle bis in die Holbeinstraße war ihr fast zuviel geworden. Sie dürfe nichts Schweres mehr heben, sagte sie. Susi sagte: Für Schweres waren Sie mir immer zu gut. Frau Oschatz ließ eine Art Lächeln durch ihren breiten Mund gleiten. Sobald sie etwas hebe, schwelle ihr linker Arm an. Die Lymphflüssigkeit. Zweimal war sie im Krankenhaus diese Woche. Kopfwehanfälle. Einmal zweiunddreißig Stunden schauriges Kopfweh. Sie hat jetzt immer eine Ampulle dabei. Sie kramte die Ampulle heraus. Susi las darauf das Wort Lungenembolie. Im Notfall muß ihr das sofort gespritzt werden. Morgens muß sie 'ne ganze, mittags 'ne halbe und abends wieder 'ne ganze Tablette nehmen. Aber sie kann doch jetzt nicht aufhören zu arbeiten. Sie haben doch ihre Eigentumswohnung noch nicht abbezahlt. Monatlich sechsfünfzig. Und Theo glaubt immer noch nicht, daß es auch ohne Auto ginge. Als sie dann einmal angefangen hatte, sich zu bewegen, ging es ganz gut. Aber Susi atmete doch auf, als Frau Oschatz wieder draußen war und Susi durch das Treppenhausfenster sah, daß Theo Oschatz seine Ottilie davonkutschierte.

Edmund hatte sich, als Frau Oschatz aufgetaucht war, in die Bibliothek zurückgezogen. Da hinein durfte, wenn er drin war, keine Putzfrau folgen. Als er sich nachmittags verabschiedete, blieb er so stehen, als werde er, wenn Susi ihm ihren Segen nicht gebe, überhaupt nicht gehen. Als sie sich weigerte, sagte er: Filme, Schnucke. Porno, sagte sie. Soft, sagte er und zeigte, daß er, weil sie immer noch keine Ahnung hatte, gleich ärgerlich reagieren werde. Die Mulvanystraße wird gleich nach Neujahr verkauft, sagte er. Es ist das letzte Mal.

Mit der Edelnutte, sagte Susi. Ruth Proll, sagte er, dein Vorschlag. Ob sie ihm noch hundert Mark geben könne. Sie gingen doch dann noch eine Kleinigkeit essen. Sie gab ihm einhundertfünfzig. Er sah sie innig an und sagte, er werde alles, was er ihr jetzt antue, wieder gutmachen. Und zwar bald, Schnucke. Es sei nämlich gleich aus bei ihm, mit ihm. Dann werde er nur noch leben, um Susi zu heilen. Hau ab, sagte sie. Und heute abend *Glücksrad*, sagte er. Sie drehte sich um. Er ging. Nicht mit mir, dachte sie. Sie hatte sich lange genug verstellt. Ihr machte diese Raterei überhaupt keinen Spaß. Nur zum Zusammenpappen dieser auseinanderfallenden Familie hatte sie diese Sendungen aufgenommen und abgespielt. Sie fand dieses Buchstabengestöpsel nur langweilig. *Glücksrad* ist vorbei, Herr Gern. Ich bin es leid, Herr Gern. Nicht einmal Conny zuliebe konnte sie noch *Glücksrad* kucken. Soll er doch mit der Edelnutte *Glücksrad* kucken. Der Herr muß endlich merken, daß sie nicht endlos biegbar ist. Du hättest mir den schäbigen Rest deines Lebens schenken können, Edmund. Das sagte sie ins Zimmer, in Richtung Warhol-Doppelportrait. Vielleicht wäre ich dir dankbar gewesen. Du hast noch nicht eine einzige Windel kaufen müssen, Herr Gern. Könnte sein, ich gehe jetzt weg und komme nicht zurück, nur, daß du dir deine Windeln selber kaufen mußt, mein Herr. Und die Windelhosen liegen ja nach wie vor dicht gerollt und klatschnaß herum und spritzen einem, wenn man sie entrollt, ins Gesicht. Und wir haben längst nicht mehr das Geld, daß ich jede gerollte Naßhose einfach in den Müll schmeißen könnte. Dein Pipi brennt, mein Herr. Überall wo es mich trifft, brennt es. Du hast mich allein gelassen. Sonnabend. Am 23. Dezember! Ich möchte nie mehr etwas für dich tun!

Dann saß sie vor dem Fernseher und rührte sich nicht mehr. Als Edmund wieder eintrat, erschrak sie und rief: Was hat die Frau gemacht mit dir. Wir waren essen, sagte er und fiel. Susi nahm es sich übel, daß sie überhaupt hinging zu ihm.

Ihr habt Sex gemacht, sagte sie.

Nein, wir waren nur essen, sagte er. Und davor, fragte Susi. Film angeschaut, sagte er.

Susi ging in ihr Zimmer und schloß ab.

Der Vierundzwanzigste, ein Sonntag, das hätte Susi früher gestört. Der Vierundzwanzigste hatte ein Werktag zu sein, den man, zügig arbeitend, von Stunde zu Stunde zu einem Feiertag machte, aber erst am Abend, wenn die Kerzen brannten, war der Werktag ganz überwunden.

Susi hörte, daß im Wohnzimmer Weihnachtsmusik lief. Edmund gab also nicht auf. Vielleicht konnte sie sich anstecken lassen von seiner weihnachtlichen Tatkraft. Also hinein ins

Wohnzimmer. Edmund auf dem kleinen Sofa in der Fernsehecke; offenbar war er eingeschlafen, dann gekippt, und lag jetzt, das Gesicht fast voll auf der schrägen Seitenlehne, eigentlich konnte er so ersticken. Auf dem Schirm lief, ohne Ton, ein Porno. Wahrscheinlich würde Edmund das einen Softporno nennen. Junge, schöne, kerngesunde Menschen, ganz konzentriert auf Geschlechtsverkehr. Sie wollen einander offenbar Gutes tun. Sie verzehren sich geradezu danach, einander innigst wohlzutun. Susi fand, das geschehe dieser Weihnachtsmusik recht, daß zu ihr gebumst wird.

Daß Edmund die Zeit, in der Xandra bei ihrem Vater und bei ihrer zukünftigen Stiefmutter und Conny bei ihrer Freundin war, so ausnützte, ertrug Susi nicht. Sollte sie schreien? Oder ihm das Gesicht noch vollends in die gepolsterte Sofalehne drücken? Oder abhauen? Irgendwohin, wo sie sicher wäre vor diesem Menschen. Susi schlich sich ins Bett. Unter der Bettdecke konnte sie wieder ruhig atmen. Sie würde ihre Augen nie mehr aufmachen. Schon der Gedanke daran, irgend etwas zu sehen, tat weh. Alles Sichtbare war nichts als Verletzung. Körperlich weh tat es ihr, wenn sie nur daran dachte, daß sie je wieder die Augen öffnen müßte. Weihnachten war immer schon eine Katastrophe gewesen. Dieses Scheißweihnachtsfest, dieses öde, blöde! Die feindseligste Szene ihrer ganzen Kindheit, am Weihnachtsabend. Der Vater hatte ihrer Mutter eine gewaltige Schachtel Pralinen geschenkt, hatte ein goldenes Band kreuzweise um die Schachtel gebunden, die Schachtel hatte er mit Aquarellen, die er gemalt hatte, beklebt. Vier kleine Aquarelle auf jeder Seite. Aber die Mutter hatte sofort das Goldband heruntergerissen, hatte der Schachtel mit einem Ruck den Deckel weggeschlagen und dann die Pralinen ausgeschüttet, mit großen Bewegungen im Zimmer herumgeschüttet. Dazu hatte sie gebrüllt, daß ihr Mann ihr noch nie so wehgetan habe wie heute, mit diesem Pralinensarg. Er wisse, daß sie Pralinen hasse, ja, hasse, nicht nur nicht essen könne sie Pralinen, das wisse er von Anfang an, ihr sei nichts so zuwider wie Pralinen. Der pure Ekel durchströme sie, wenn sie diese widerwärtigen Süßigkeitspatzen auch nur sehe. Und er,

Anatol Fahrenhold, wisse das von Anfang an und habe offenbar Zeit verstreichen lassen, bis sie ganz sorglos geworden war und nicht mehr damit rechnete, je wieder mit diesen Schokoladegeschossen attackiert zu werden, dann schlägt er los, am heiligen Abend natürlich. Voll getroffen, der Herr ... Der Vater hatte sich, solange die Mutter brüllte, nicht mehr gerührt. Als sie verstummte, hatte er mit beiden Händen beide Schläfen berührt, hatte ein bißchen an beiden Schläfen gerieben, dann war er gegangen. Und fortgeblieben bis nach der Mitternachtsmette. Susi und ihre Mutter hatten, sobald er fort war, geweint, dann alle Pralinen aufgelesen und die samt Schachtel dem Mülleimer übergeben. Susi war weinend ins Bett gegangen, hatte sich in den Schlaf geweint.

Auch als Susi noch genug Kraft zu haben glaubte, ihre gegeneinander streitenden Empfindungen zu einem Anschein von innerem Frieden zu zwingen, hatte kein Tag des Jahres sich so gegen sie ausgewirkt wie der Vierundzwanzigste. Wenn sie Frau Thomasius raus ins Treppenhaus gebracht hatte und ihr, die am Vierundzwanzigsten immer von ihrem Mann abgeholt wurde, noch durch das Treppenhausfenster nachgewinkt hatte, war sie zurückgerast, war in den Mantel geschlüpft, hatte die in ihrem Schrank versteckt gehaltenen Tüten und Taschen geholt und hatte Edmund und Conny zugerufen, sie sei mal 'n Stündchen weg. Aber Conny hatte sich ihr mit Fragen in den Weg gestellt. Mutter, was bekomm ich zu Weihnachten? Jetzt wart's doch ab, rief Susi und wollte an Conny vorbei. Aber Conny: Kann man es essen, anziehen oder damit spielen? Susi: Du wirst es schon sehen, Mäusken! Conny: Wie groß ist es? Geht es durch meine Tür? Welche Farbe? Leicht oder schwer? Ich verrate nichts, rief Susi, jetzt schon an der Tür. Dann nichts wie los, vor in die Simrockstraße, hinauf in ihre Klinkerburg, in der sie vor Shankar ankommen mußte. Wenn sie hört, daß Shankar den Schlüssel ins Schloß steckt, muß die Kerze im sternförmigen Halter brennen, die Geschenke müssen halb unter Tannenzweigen auf dem Tisch liegen, und Susi, im mild geblümten Seidenen und geschmückt mit ihren gleißendsten Steinen, muß posieren zu Shankars Empfang, muß in neunzig

Minuten eine Weihnachtsdichte hinkriegen, gegen die seine Böblingerin nicht ankommt. Der Schmelz dieser neunzig Minuten kommt aus dem Schmerz, daß jetzt drei Abende bevorstehen, an denen sie einander nicht sehen werden. Höchstens mal ein jäher, kurzer Anruf, mehr ein Schrei als ein Anruf. Drei Tage leben, als gebe es ihr Leben mit Shankar gar nicht. Drei Tage, drei Nächte, in denen sie durch die erzwungene Trennung an nichts als an Shankar denken konnte. Es war nicht einzusehen, daß die, die einander liebten, durch Festtage von einander abgeschnitten wurden. Sie hatte Weihnachten immer gehaßt. Weihnachten hatte ihr immer demonstriert, daß sie kein Recht auf ein eigenes Leben hatte. Was ihr Shankar geschenkt hatte, blieb dann in ihrer Burg zurück. Was sie ihm geschenkt hatte, konnte er mitnehmen zu seiner Frau und den Töchtern. Sie suchte das Geschenk danach aus. Krawatten, Hemden, Uhren, Dinge eben, die er sich auch selber gekauft haben konnte. Dann immer die Rückkehr zum Zwangsverband Familie. Der Schmerz entstand durch nichts als den Zwang. Sie wollte sich, konnte sich nicht trennen von der Familie, aber sie wollte selber darüber entscheiden, wann sie kam und wann sie ging. Und das war nie so gründlich durchkreuzt worden wie an Weihnachten. Sie konnte sich, wenn sie so zwangsweise zurückkam, auf nichts mehr konzentrieren. Sie konnte nicht etwa dort weitermachen, wo sie vorher aufgehört hatte. Das hier im Dachpalast Holbeinstraße ging sie doch gar nichts mehr an. Sie wollte hier nicht mehr sein. Sie wollte aber, das spürte sie, auch da nicht sein, wo sie gerade gewesen war. Die Klinkerburg in der Simrockstraße war ja auch schon dadurch vernichtet, daß es den Dachpalast in der Holbeinstraße gab. Daß es die Ansprüche gab an sie. Gott sei Dank gab es den riesigen Postamtsriegel, der sich, solange sie in der Simrockstraße war, zwischen sie und die Holbeinstraße schob. Am liebsten wollte sie nirgendwo sein. Nirgendwo auf dieser Welt. Sollten die doch alle ihren Heiligabend haben, aber sie sollten sie da nicht hineinzwingen. Also hatte sie, wenn sie zurückgekommen war, schnell zu Edmund, der in der Bibliothek hoch droben auf der Plattform auf der fahrbaren Mahagonileiter saß und las und seinen Händel laufen hatte, hineingeschaut und hatte gesagt, sie müsse sich noch schnell hinlegen. Sie legte sich ja nie hin nachmittags. Aber am Vierundzwanzigsten mußte sie sich nachmittags immer hinlegen. Edmund schaute dann herunter, traurig, hilflos, sie sagte: Nicht lange, nur einen Augenblick ausruhen. Dann ins Schlafzimmer, Vorhänge vor, hinein ins geliebte Bett, ganz unter die Decke. Dann die Versuchung: ein Valium? Nein, das war verboten. Dann war sie nicht mehr brauchbar. Und sie mußte brauchbar sein.

Susi stand auf, nahm statt Valium Dolomo, diese Tablette half ihr immer, wenn sie glaubte, sie könne nicht mehr.

Die Weihnachtsmusik lief noch, der Porno war offenbar zu Ende. Weihnachtsmusik tat ihr weh. Sie stellte sie wenigstens leiser. Je lauter die Musik war, desto mehr tat sie weh.

Edmund zündete gerade das Kaminfeuer an. Wilhelm Granderath hatte wie jedes Jahr die Holzstücke heraufgetransportiert. Edmund mußte nur noch anzünden. Daß er das nicht vergaß, stimmte Susi freundlich. Sie schmückte den Baum. Der Baum mußte nachher aussehen, als sei er von einem glücklichen Menschen geschmückt worden. Dann legte Susi die Geschenke unter den Baum. Sie hatte sich auch dieses Jahr vierzig Mark von Connys Taschengeld erbeten, um damit ein Geschenk für sie selber und Edmund zu kaufen. Conny wäre es nie eingefallen, ihren Eltern etwas zu schenken, aber Susi hatte Conny jedes Jahr darauf hingewiesen, daß dieses und dieses Geschenk von Conny sei, von Connys Geld gekauft für die Eltern. Schenken kam bei Conny nicht vor. Sie kannte nur Beschenktwerden.

Sobald Xandra und Conny zurück waren, wurde wie jedes Jahr in der Küche beraten, ob man vor der Bescherung essen solle oder nachher. Zuerst Bescherung, nachher essen, sagte Conny. Und da sie eine tiefe Stimme hatte, die, sobald Conny lauter sprach, kehlig heiser und gleichzeitig hoch klang, war dem, was sie so sagte, nicht zu widersprechen. Dazu trug sie heute ein Kleid. Das Jahr über nur Hosen. Um die dicken Beine zu verbergen. Aber Susi wußte, daß Edmund an Weihnachten Conny im Kleid sehen wollte. Und Susi wollte Connys

Füßchen sehen. Trotz der immer dicker werdenden Beine hatte Conny immer noch Schuhgröße 34. Das Köpfchen und die Füßchen, das war die Conny, die Susi liebte. Susi wählte das dunkelblaue Hängerchen mit dem großen weißen Kragen. Und Edmund würde kochen. Wiener Schnitzel mit warmem Kartoffelsalat, in den kurz vor dem Auftragen noch Endiviensalat gemengt wird. Zur Bescherung ließ Edmund wieder die Weihnachtsmusik laufen. Susi dachte: Wenn nur dieses verdammte Weihnachten abgeschafft würde. Oder wenigstens diese Musik. Auch wenn es sie jetzt von keinem Mann mehr trennte, die Erinnerung an die weihnachtlichen Zerreißungen von früher wirkten nach. Edmund eröffnete die Bescherung mit der Mitteilung, daß dies heute nur eine Ersatzbescherung sei. Die Umstände seien so, daß diesmal Weihnachten erst im Januar stattfinden werde, sogar erst Ende Januar. Um die Monatswende Januar-Februar sei man wieder so ausgestattet, wie man immer gewesen sei. Spätestens am 7. Februar. Und wünschte fröhliche Weihnachten. Susi merkte, daß Edmund sich für diese kleine Ansprache sehr anstrengen mußte. Seine Stimme bebte. Xandra freute sich über ihren Seidenschal, Edmund machte Susi sofort ein Kompliment zu diesem Schal. Das rostrote Muster auf beigem Grund könnte aus einem konstruktivistischen Bild stammen, sagte er. Man sehe, daß Susis Geschmack sich ganz von selbst zu ihm, Edmund, hin entwickelt habe. Er hatte Tränen in den Augen, als er das sagte. Xandra sah verwunschen schön aus mit diesem Schal. Einfach orientalisch. Ihre Mutter sieht überhaupt nicht orientalisch aus. In Xandra kommt offenbar ein orientalisches Erbe heraus. Elfenbeinhaut, Mandelkernaugen und schwere Haare. Sie küßte ihre Oma innig. Oma, sagte sie, den tausch ich nicht um. So erinnerte sie daran, daß das, was die Oma für sie kaufte, öfter mal umgetauscht werden mußte. Conny machte Freudensprünge, als sie das Kuvert geöffnet und den von Edmund bemalten und geschriebenen Gutschein für eine Frühjahrsreise herauszog. So lange und so weit und wohin sie wolle, stand da, könne sie im Frühjahr reisen. Oh, Boß, rief sie, am 21. März bin ich weg. Und zwar Richtung Japan.

Beim Essen und danach am Kamin unterhielt man sich über frühere Weihnachtsabende. Susi mußte gestehen, daß die Bescherungen mit Andreas und Ksenija fast immer ungut geendet hatten, weil es von Jahr zu Jahr unmöglicher geworden war, deren Wünsche zu erraten und zu erfüllen. Weißt du noch, Lieken, dieser Satz verschieden großer Koffer für Andreas! Koffer fürs Leben. Irrsinnig teuer. Und Andreas?! Er wolle überhaupt keine Koffer und solche schon gar nicht. Er wollte, was die Koffer gekostet hatten, in bar. Das Geschäft gab kein Geld zurück, sondern Gutschriften für anderes. Jahrelang mußte Susi dort Lederzeug jeder Art holen, um allmählich von dieser Summe runterzukommen. Und als Ksenija in einem ihrer Päckchen eine Schürze entdeckte, packte sie die gar nicht erst aus. Und es war eine teure, selten schöne Schürze. Eine Schürze brauche ich nun wirklich nicht, sagte sie und öffnete das nächste Päckchen. Ein Buch, nach dem sie Susi vier Wochen vorher gefragt hatte. Kaum sah sie jetzt das Buch, sagte sie: Oh nein, tut mir leid, darüber wurde gerade im Fernsehen gesprochen, seitdem interessiert mich dieses Buch wirklich nicht mehr.

Sobald man vor dem Kaminfeuer saß, drehte Edmund die Weihnachtsmusik ab und ließ eine seiner Kassetten laufen. Händel natürlich. Edmund sagte, auf Susis Uhr zeigend: Die habe ich dir auch einmal zu Weihnachten geschenkt. Ich weiß, sagte Susi, neunzehnhunderteinundachtzig. Du hast nichts gesagt, als du sie aus dem Etui nahmst, sagte Edmund. Dann hast du gefragt, sagte Susi: Gefällt dir die Uhr? Ich habe genickt. Ich hatte das Gefühl, heftig genickt. Aber du: Gefällt sie dir wirklich? Und ich: Ja, wirklich, sie ist schön. Ich habe so viele Uhren, alle sind schön, aber die ist die schönste.

Ja, sagte Edmund, das hast du gesagt. Damals.

Dann imitierte Edmund in der Küche den kochenden Edmund von früher.

Xandra und Conny warteten auf Susi. Beide wollten nur Karten spielen, wenn Susi mitspiele. Susi rief, sie sei heute noch nicht dazu gekommen, ihre Kontaktlinsen einzusetzen.

Sie stand noch nicht vor dem Spiegel, da klingelte das Telephon. Ljubinka. Ob sie's schon wüßten, Ksenija habe sich gestern abend von der Oberkasseler Brücke gestürzt, aber nicht in den Rhein. Sie müsse sofort tot gewesen sein. Susi konnte nichts sagen. Als Ljubinka auch nichts mehr sagte, sagte Susi: Bis später, Ljubinka, bis später. Dann zurück ins Bad. Die Kontaktlinsen. Noch nie hatte sie mit tränenden Augen die Kontaktlinsen eingesetzt. Ging das überhaupt? Entweder, dachte Susi, geht es mit Tränen leichter oder es geht schwerer oder es geht gar nicht. Die Tränen zurückzuhalten ging offenbar nicht. Und tatsächlich, das Einsetzen ging besser als ohne Tränen. Vielleicht hatten ihre Augen normalerweise zu wenig Tränenflüssigkeit. Die arme Babavida. Ljubinka hatte gesagt, daß man es der Mutter gar nicht mitteilen könne.

Susi ging in die Küche und sagte Edmund leise, was sie gehört hatte. Edmund weinte laut auf. Susi machte Pschscht. Dann ging sie zu Xandra und Conny und sagte, Ljubinka habe mitgeteilt, daß Ksenija nicht mehr lebe. Du meinst, sie ist tot, sagte Xandra. Susi nickte. Xandra stand auf und ging in ihr Zimmer. Susi wollte mit ihr gehen, das ließ Xandra nicht zu. Laß nur, sagte sie.

Als Susi zurückkam, sagte Conny: Jetzt haben wir den Salat.

Susi nahm Conny in den Arm und sagte: Du mein liebes, liebes Mäusken.

Kätzken, sagte Conny und fügte noch dazu: Polster Teufel.

Susi mußte mit Ljubinka sprechen. Sofort. In ihr lief der Ksenijafilm. Sie hatte Ksenija richtig liebgehabt. Das überraschte nicht nur Ljubinka, sondern auch sie selbst. Es gab, so stellte es sich ihr jetzt dar, zwei Ksenijas. Und sie hat sich oft so aufgeführt, daß man die Ksenija, die man lieben konnte, gar nicht mehr wahrnahm. Nicht einmal, daß sie krank war, konnte man dann noch gelten lassen. Die eine Ksenija haben wir im Stich gelassen, der anderen haben wir nicht helfen können und, um uns vor ihr zu schützen, nicht helfen wollen. Arme, liebe Ksenija, wie die wohl hat leiden müssen unter der anderen Ksenija. Also wirst du, Susi, ein Leben lang an zwei

Personen denken, Ksenija wird dich weiterhin peinigen, weil du die eine im Stich gelassen und die andere nicht ertragen hast. Mach dir klar: um die liebe Ksenija trauerst du, um die andere war es nicht schade. Und die liebe Person hatte gegen die andere keine Chance.

Susi kam nicht mehr los von Ksenija. Sie hatte noch nie so viele Tabletten gebraucht, um ein wenig Schlaf zu finden. Noch nie so viele Tabletten, um am Morgen überhaupt aufstehen zu können. Am schlimmsten war das Erwachen. Wenn sie noch nicht gewappnet war. Erwachend erlebte sie nur, daß sie schuldig war. Dann weinte sie. Wo warst du denn, als sie dich brauchte? Andreas zuliebe hast du Ksenija verstoßen. Du hättest Andreas begreiflich machen müssen, daß es nicht gegen ihn gerichtet gewesen wäre, wenn ihr, Xandra und du, euch um Ksenija gekümmert hättet. Aber Andreas hatte verfügt: Wer auch nur den geringsten Kontakt zu Ksenija sucht, bricht dadurch den Kontakt zu ihm ab. Daß sie die Scheidung durch immer neue Kniffe Jahr für Jahr verhinderte, beantwortete er mit nichts als Haß. Andreas war ihr näher, basta. Es war allerdings auch schwer, Ksenija nur noch als Kranke zu empfinden. Sie war ja immer die Hochgescheite, die einen spüren ließ, daß man dümmer sei als sie. Und das erträgt man, dachte Susi, auch dann nicht, wenn man dümmer ist als die, die einen das merken lassen.

Susi trug jetzt immer die Zeitungsnotiz mit sich und las sie sich mehrmals am Tag laut vor: *Selbstmord von der Brücke. Durch einen Sprung von der Oberkasseler Brücke hat sich eine unbekannte 35 bis 45 Jahre alte Frau das Leben genommen.*

Weiter kam sie nie. Sie suchte dann immer gleich die letzte Zeile: *trug einen Jeansanzug.*

Weil die Wintersonne am Beerdigungstag grell schien, dachte Susi: Bei diesem Wetter kommt mir ein solcher Tod erst recht unnötig vor. Andreas kam nicht zur Beerdigung.

Warum hatten die Richter und die Anwälte mehr als fünf Jahre gebraucht, um diese Ehe zu scheiden? Susi fand, dieses juristische Personal sei auch ein wenig schuldig an Ksenijas Sprung von der Brücke. Ohne Brief. Und auf eine harte Stelle. Zur Beerdigung kam auch Branca, die ältere Schwester, aus Belgrad. Ljubinka hatte dafür gesorgt. Xandra ging mit ihren Tanten Ljubinka und Branca am Beerdigungstag abends in den Zirkus. Conny sagte: Polster Teufel. Susi war nichts eingefallen, was sie Ksenija in den Sarg legen konnte. Sie hatte Xandra gefragt, hatte ihr erzählt, daß sie ihrer Mutter einen Lavendelbund mit in den Sarg gegeben habe und jedem Kätzchen etwas anderes und auch ihrem Dirk Pfeil eine letzte Gabe, aber weder Xandra noch Susi war etwas eingefallen, was als letzter Gruß gepaßt hätte. Eine Woche nach der Beerdigung stellte Susi Alpenveilchen auf Ksenijas Grab. Die Kränze sahen noch ziemlich frisch aus. Xandra hatte gesagt: Ich werde auf keinen Friedhof mehr gehen. Grüß sie von mir. Vom Heerdter Friedhof dann zur Brücke und dort zur Stelle, von der aus Ksenija gesprungen war. Sie wollte von oben hinunterschauen, auf die Aufschlagstelle. Die war bezeichnet durch drei Lilien, hingelegt von Branca und Ljubinka. Ihr wurde, als sie sich über das Geländer beugte, sofort schwindlig. Sie ging hinunter und legte drei rote Rosen zu den Lilien. Liebe, arme Ksenija, sagte Susi, verzeih mir. Du warst krank, wir wollten es nicht glauben. Es war immer so schön, wenn du Vater und Mutter sagtest.

Edmund ließ eine vierseitige Todesanzeige drucken. Als Susi gelesen hatte, was er *Zum Gedenken* an Ksenija Gern, geborene Simic geschrieben hatte, streichelte sie ihn. *Sie war stark, aber die Krankheit war stärker,* stand da. Dann schilderte er ihre Wünsche, ihre Intelligenz, ihre Willenskraft, ihr Leiden, ihren Kampf. *Wir haben ihr Unrecht getan,* stand da. *Wir wünschen uns,* stand da, *daß in unserer Erinnerung die immer aufrichtige, die fröhliche Ksenija der frühen Jahre, die wir liebgewonnen haben, bleiben wird.* Als Xandra den Nachruf laut vorgelesen hatte, sagte Conny: Sach ech et nich, hä is de jröttste.

3.

Edmund sagte: Schnucke, ich will mich drehen. Susi stand auf, sah, daß es erst halb fünf war, ging auf seine Seite, griff nach ihm und fing an zu ziehen. Der ist dreimal so schwer wie was er wiegt, dachte Susi.

Daß er kein bißchen mitmachen konnte bei dem erwünschten Umdrehen, erbitterte sie jedesmal wieder, obwohl sie einsah, daß er das nicht mehr konnte. Nur die Hand hinhalten konnte er, und sie riß ihm fast den Arm aus. Je heftiger sie zog, desto schärfer spürte sie den Stich in ihrem Unterleib. Jetzt haben wir den Salat, dachte sie. Und gab vorerst einmal auf. Und schimpfte. Auf ihn hinab. Was lerne er denn bei Isabell?! Das Umdrehen, das Aufstehen, beides aus eigener Kraft. Und was könne er? Nichts. Sie dürfte ihm eigentlich gar nicht helfen. Sonst lernt er es nie. Er sagte: Du bist so lieb, Schnucke. Sie bestritt das. Er behauptete es trotzdem. Nicht umdrehen von einer Seite auf die andere, hat Isabell gesagt, sondern ... Susi schrie es fast. Zuerst vollends auf den Bauch drehen, sagte er, dann erst auf die andere, die gewünschte Seite. Also, sagte Susi und half ihm, sich auf den Bauch und dann auf die andere Seite zu drehen. Bitte, die Leselampe, sagte er. Und den Prospekt. Auf der Kommode. Er hatte sich gestern von Wilhelm Granderath zu Auto Becker fahren lassen. Der neue Bentley hat vier Monate Lieferzeit. Soll er ihn zweitürig oder viertürig nehmen? Das Hochlandgrün gibt es nicht mehr. Wie wäre dieses Silbergrau? Der Preis liege bei fünfhunderttausend. Und Susi soll sich den pinkfarbenen Porsche auch schon jetzt bestellen. Sie sei dann die einzige Frau in Düsseldorf, die zwei Porsches fahre. Susi hatte ihm zwar schon mehr als einmal erklärt, daß sie sich noch nie einen pinkfarbenen Porsche gewünscht habe, daß das immer nur seine Vorstellung von ihren Wünschen gewesen sei, daß sie auch begreife, was er damit meine; daß er da ja auch nicht ganz und gar an ihr vorbeidenke, und trotzdem sage seine Vision, ihren Herzenswunsch in einem Pinkporsche auszudrücken, mehr über ihn, Edmund, aus als über sie. Aber er ließ sich nicht davon abbringen, den Tag X mit einem pinkfarbenen Porsche zu illustrieren. Sie sagte, daß sie gestern Conny erwischt habe, wie sie Geld habe aus Susis Tasche nehmen wollen. Zum zweiten Mal. Susi habe mit einem Schreianfall reagiert. Dann seien beide ins Heulen verfallen. Conny habe versprochen: Nie wieder. Sie habe gedacht, sie müsse Vilai ein Abschiedsgeschenk kaufen, da Vilai doch nach Thailand fliege, für immer. Wieviel war's, sagte Edmund. Zweihundertundzwanzig, sagte Susi. Ach, Schnucke, sagte Edmund, am nächsten Mittwoch hole ich in Genf die ersten Millionen. Fällig sind ab nächsten Mittwoch 55 Millionen. Dollar, bitte. Das sind 90 Millionen Mark. Er rechnete. Dann: Streng genommen, nur 88 Millionen.

Susi: Wenn du bei 88 Millionen noch einmal NUR sagst, schlag ich dir irgend etwas, was gerade greifbar ist, auf den Kopf, daß du nie mehr NUR sagen wirst. Schnucke, sagte er, nur daß du's weißt: das Geschäft wird abgewickelt über 40 Wochen, uns erreichen pro Woche achthundertdreiunddreißigtausend Dollar, das sind nach vierzig Wochen 88 Millionen Mark. Und wenn alles gelaufen ist, steht mir am Ende ein Bonus zu von 10 Millionen Dollar. Ist es dir recht so?

Susi dachte daran, daß Edmund immer ein Meister im Verträgeschließen war, daß er für die Internationale Handelskammer in Paris einen Prozeß gewonnen hat gegen eine New Yorker Anwaltsfirma, die achthundert Anwälte beschäftigt. Trotzdem sagte sie: Eins ist sicher, nur daß du das weißt, am Mittwoch, dem 14. Februar, stellt Herr Hellpapp das Kleine Apartment mit Möbeln voll. Da er wieder der einzige Bieter war, hat er den Zuschlag erhalten. Und Edmund: Wenn ich ihm zwei- bis dreihunderttausend mehr biete, als er bezahlt hat, kassiert er und verzieht sich. Die Durststrecke ist vorbei, die Gelder fließen, die Monatswende hat's gebracht. Le jour X est arrivé. In einer Woche ist das über die Bühne. Eine Million bringe ich mit, das Gros geht auf das Konto von *Interhandel* in Zug, dort steht ein Verlustvortrag zu Buche, der uns fast steuerfrei hält. Und es werden noch viele viele Tradingwochen folgen, Schnucke. Da Susi diese Reden, so gern sie sie hörte, nicht mehr ertrug, mußte sie gegensteuern. Als sie Conny vorgehalten habe, daß zweihundertzwanzig zuviel sei für ein Abschiedsgeschenk, habe Conny zugegeben, daß sie sich auch mal wieder ein Karnevalskostüm kaufen, nicht ewig als Katze herumtigern wolle. Schlange sein oder Pierrot.

Susi konnte nicht einschlafen. Durfte sie sich heroisch vorkommen? Sie hatte das Gefühl, sie dürfe sich heroisch vorkommen. Aber da sie solchen Wörtern gegenüber immer unsicher blieb, wußte sie nicht sicher, ob sie sich wirklich heroisch vorkommen durfte. Heroisch ist, dachte sie, wer keine Aussicht hat und doch nicht aufgibt. Aber er ist nicht heroisch, weil er nicht aufgibt, sondern gibt nicht auf, weil er heroisch ist. Sie aber gab nicht auf, weil ihr nichts anderes übrig blieb. Sie hätte, wenn sie irgendeine noch so geringe Fluchtmöglichkeit gesehen hätte, sofort aufgegeben. Sie hatte keine andere Möglichkeit als aussichtslos weiterzumachen. Und wenn sie das Wort recht verstand, war ein zwanghaftes aussichtsloses Weitermachen alles andere als heroisch. Sie würde Dr. Hornfeck fragen. Er würde ihr vielleicht andere Wörter anbieten. Sie brauchte Wörter für ihr Schicksal, sonst hielt sie's nicht aus. Andererseits, Edmund würde keinen Bentley bestellen, wenn er das Geschäft nicht schon so gut wie in der Tasche hätte. Wenn er Ende der Woche den Bentley bestellen will, hat er das Geschäft in der Tasche. Also einen Teil holt er bar ab, das Gros geht auf das *Interhandel*-Konto. Verlustvortrag. Das neueste Wort: Monatswende hat's gebracht. Sie wird diesem Wort für immer dankbar sein. Und wenn sie sich nicht ganz falsch einschätzte, wäre ihr ein pinkfarbener Porsche schon erträglich. Aber als Cabrio. Cabrio Pink sieht besser aus als ein geschlossener Wagen. Wenn nur im Cabrio die Sicht besser wäre. Diese kleinen Fenster. Und kein richtiges Glas. Wenn's dann regnet, alles schlierig. Sie braucht vor allem Sicht. Sicht ist ihr wichtiger als alles andere. Sie würde eine Probefahrt machen. Vielleicht schon bald. Wenn das Geld dann käme, wüßte sie ruckzuck, was sie will. Autoprobefahrt ist sowieso das Schönste. Nirgends und nie wird man so gut behandelt wie bei einer Autoprobefahrt.

Den ganzen Sonntag über gelang es Susi, von Edmundsätzen zu leben. Die Durststrecke ist vorbei. Die Monatswende hat's gebracht. In einer Woche ist alles über die Bühne. Gegen

Abend fing sie an, Edmunds kleinstes Köfferchen zu packen. Wer weiß, was alles am Montag und Dienstag auf sie einstürmen würde. Acht Windeln. Das Medikamententäschchen. Ein Anzug reicht nicht. Im Fall eine Windel etwas durchläßt. Oder wenn er schlabbert. Eine Krawatte extra. Die Windeln verteilt. Sechs ins Köfferchen. Zwei in die kleine Aktentasche. Ach, eine noch in die Jackentasche. Und auch noch eine in die Außentasche des Koffers. Da steckt er die *Frankfurter Allgemeine* hinein. Ihm sagen, daß er im Flugzeug beim Herausziehen der *Frankfurter* nicht die Windel mit herauszieht. Das Telephon. Susi hatte das Gefühl: besonders schrill. Aber sie hoffte, es sei Andreas, der mitteilen wollte, wie gut sich Xandra in dem neuen Internat, wenn es auch nicht Salem war, sondern das Sauerland, eingelebt habe. Aber es war Genf. Es waren die französisch sprechenden Kanadier. Edmund teilte nachher leise, aber ohne Panik mit, er habe zur Bedingung gemacht gehabt, daß das Geschäft über eine Triple-A-Bank abgewickelt werde, jetzt stelle sich heraus, daß die Kanadier eine finstere C-Bank gewählt hatten, die aber sei nicht imstande, bis morgen die fälligen Beträge bereitzustellen. Aber am Freitag schon. Also statt am fünften, am neunten. Schnucke, das verkraften wir. Das weißt du schon, sagte er, wenn die Flächen in Merseburg zügiger hätten vermietet werden können, wären wir jetzt schon aus dem Schneider. So fehlen uns aber nicht nur die Mieten für 15 000 Quadratmeter Läden, sondern wir müssen auch noch die Mietgarantien für die 30 000 verkauften Quadratmeter bedienen. Daß die neuen Länder uns so enttäuschen! Die hätten doch ein Wirtschaftswunder Nummer zwei werden können. Er schüttelte den Kopf. Die machen uns fertig. Planmäßig. Haben die gelernt. Ruin nach Plan. Aber mich kriegen sie nicht. Dann ganz leise: Den letzten Porsche hätte ich dir nicht kaufen dürfen.

Susi legte das Hemd, das sie immer noch in der Hand hatte, sorgfältig ins Köfferchen, dann rannte sie durchs Wohnzimmer in die Küche, holte sich Martini rosso und schenkte sich ein und trank und schenkte sich wieder ein und trank. Edmund kam ihr nach und sagte: Schnucke, ich habe ja noch'n kleineres Geschäft laufen, das bringt zwar nur zweieinhalb Millionen ... Susi schrie. Kein Wort, keinen Satz, aber was sie schrie, konnte am ehesten Nein heißen. Edmund wartete, bis sie verstummte, dann sagte er: Ich versteh dich nicht, Schnucke. Zweieinhalb Millionen, in der ersten Wochenhälfte, das sind zwar peanuts, aber ... Susi nahm die Martiniflasche und ging damit auf ihn zu. Er sprach nicht weiter, drehte sich sofort um und ging Richtung Wohnzimmer. Ihn von hinten schlagen, das ging nicht. Sie stellte die Flasche weg, mußte ihm aber nachgehen. Er ging doch rascher als er konnte und fiel auch gleich hin. Schon im Wohnzimmer. Er lag halb unter dem schweren Glastisch vor dem Fernsehapparat. Er sagte: Schnucke.

Ich schaff das nicht, sagte sie, ich krieg sofort diesen Stich im Unterleib, wenn ich dich da hervorziehen soll. Was hat Isabell gesagt, wenn du irgendwo drunterfällst. Auf den Bauch drehen, sagte er, dann robben.

Also los, robbe jetzt, sagte sie.

Ich kann nicht, sagte er.

Dann bleibst du eben so liegen, sagte sie.

Hol Conny, sagte er.

Du läßt das Kind in Ruhe, sagte Susi. Conny darf sich überhaupt nicht anstrengen, wegen ihrer Zyste.

Hilf mir, sagte er. Susi sagte: Ich möchte dir überhaupt nicht mehr helfen. Und muß dir jeden Tag mehr helfen. Er sagte: Ich habe acht Millionen Mark Schulden. Acht, sagte Susi. Diese Schuldensumme hatte er ihr also bis jetzt verschwiegen. Er fürchtete wahrscheinlich, sie müsse unter dieser Zahl zusammenbrechen. Ihr zuliebe hatte er also geschwiegen. Hatte die Last allein getragen. Sie war jetzt ganz sicher, daß er aus Liebe zu ihr, aus Angst um sie, diese Zahl allein getragen hatte. Nur jetzt nicht die Nerven verlieren. Statt am fünften, eben am neunten. Das Geld lag ja schon in Zürich. Nein, in Genf. Sie mußte aufpassen, sonst verwechselte sie immer Zürich und Genf. In Genf diesmal. Schenk dir noch einen Martini ein, iß, friß, und kotz wie gehabt. Dann vor den Fernsehapparat. Aber zuerst ihm aufhelfen. Und half ihm auf. Spürte den Stich im Unterleib. Und er schrie. Sie durfte ihn nirgends mehr berühren. Als sie ihn oben herum betastete, konnte sie aus seinen

Reaktionen schließen: Das Schlüsselbein ist gebrochen. Da hilft nichts als Schonung und noch mal Schonung.
Er: Schnucke, das werde ich dir nicht vergessen.
Wenn du wüßtest, was ich denke, sagte sie, würdest du vor mir fliehen.
Zu dir, sagte er, du bist nämlich lieb. Sie erinnerte ihn an die *Polo*-Werbung: So groß kann klein sein. Bei ihr heiße das längst: So böse kann lieb sein.
Das Flugticket liegt in der Diele, dachte Susi. Aber für ihn, nicht für dich.

In der Nacht stand sie einmal auf, machte alle Lichter an, ging durch die Wohnung, besah sich alles, als hätte sie es noch nie gesehen. Dann setzte sie sich im Wohnzimmer in einen Sessel und dachte an den Keller. Sie war sicher, daß niemand in Düsseldorf einen solchen Keller hatte. Einen Keller auf drei Ebenen. Die Firma Kenning hat die Kellerwände gespachtelt, dann mit Gitterflies beklebt und teilweise gelb und teilweise weiß gestrichen. Die Rohre, die da durchlaufen, mal braun, mal rot gestrichen. Und erst die Terrasse rund um ihren Palast! In ihren schönen Blumenbecken blühten bis zum ersten Frost einundneunzig Impatien. Von Frau Weller in der Rethelstraße. Und in den anderen Becken die weißblühende Felsenbirne. Von November an mit Lichterketten behängt. Sie stand auf, weil Jeannie ein ums andere Mal nieste. Katzenschnupfen. Beide. Obwohl sie beide Kätzchen dagegen impfen ließ. Wie immer. Beide zweimal am Tag die Tabletten. Die sie nicht nehmen wollen. Wahrscheinlich merken die Kätzchen, daß sie Susi jetzt manchmal zuviel sind. Aber Susi ist sich doch selber manchmal zuviel. Sie sah in den Spiegel und dachte: Kein Mensch würde mir glauben, wenn ich ihm sagte, daß es mich nicht mehr gibt. Am liebsten wäre sie jetzt hinuntergerannt, ins Auto, die Musik aufgedreht bis zur Schmerzgrenze und losgefahren und nicht mehr gestoppt bis zum Tag X. Sie nahm zwei Valium und legte sich hin und wartete darauf, daß sie einschlafe. Zuletzt stellte sie sich vor, wenn sie jetzt losgefahren wäre, und an irgendeiner Kreuzung hätte ihr einer die Vorfahrt gelassen, obwohl er Vorfahrt gehabt hätte, das hätte ihr genügt, vorerst, für diese Nacht. Dann wäre sie glücklich nach Hause gefahren, hätte sich sogar ohne Valium hingelegt. Sie wollte sich beweisen, daß es nicht viel brauche, sie glücklich zu machen. Bevor sie einschlief, hörte sie Conny. Conny weinte. Seit Wochen lag sie fast nur noch auf dem Bett und weinte, weil Vilai am 10. Februar nach Thailand fliegen würde. Für immer. Vilai, der einzige Mensch, von dem sie genauso stark geliebt werde, wie sie den liebe. Sie seien das ideale Paar, Vilai und sie. Sie merke, was sie für Vilai tun könne, bevor die den Mund aufmache. Und umgekehrt genauso.

Daß Conny Vilai nur sehen konnte, wenn die bediente, daß Vilai jede Nacht von ihrem Freund abgeholt wurde, daß Vilai jeden freien Tag mit ihrem Freund und nicht mit Conny verbrachte, konnte Conny offenbar übersehen. Vilai war sicher die beste Freundin, die Conny je hatte, und Conny war stolz darauf, daß ein Jungkellner einmal Vilai ins Ohr geflüstert hatte, Vilai und Conny seien echte Lesben. Jetzt flog Vilai mit ihrem Freund für immer davon. Conny wußte, daß es vorerst kein Geld gab für Thailandflüge.

Susi verschloß sich die Ohren mit Ohropax. Hielt das aber nicht aus. Stand auf, ging hinüber zu Conny, legte sich neben sie und flüsterte ihr ins Ohr: Weißt du eigentlich, wie sehr ich dich liebe?

Und ich erst dich, sagte Conny.

Und sobald der Tag X kommt, fliegst du natürlich sofort nach Thailand.

Tag X, Tag X, sagte Conny. Wat sin mer op de jroße Momang jespannt.

Heiliger Strohsack, Mäusken, flüsterte Susi, Freitag dieser Woche, das ist der Tag X.

Du bes e leef Dierke, sagte Conny. Dann stieß sie einen zarten Jubellaut aus. Sie werde schon morgen den Flug buchen. Billigtarif, vastehsse! Auch wenn sie gleich wieder Geld hätten, sie bleibe beim Sparen. Alles löpt, rief sie, drehte sich noch einmal um, gab ihrer Mutter ein Küßchen und sagte in ihrer kehligen Tonart: Du bes min Mehlsößke. Susi ging zurück in ihr Bett, hoffend, die Valiumwirkung sei noch nicht verpufft. Solange sie nicht einschlafen konnte, dachte sie an die Kartons. Ihre ganze Habe in Kartons, und die Kartons verteilt auf alle Leute, die sie kennt. Wilhelm Granderath hat einen Dachboden, in dem, sagte er, zwanzig bis dreißig Kartons Platz haben. Sie braucht aber Platz für hundert oder zweihundert oder dreihundert Kartons. Sie hat den Balkon des Apartments in der Lindemannstraße ausgemessen. Der ist für alles zu klein. Bis jetzt hat ihnen die Immobilienfirma, die das Haus gekauft hat, nur das Apartment vermietet, das immer schon ihr Apartment war.

Edmund: Er werde in der Holbeinstraße nicht ausziehen, wenn man zu dritt in das Sechzigquadratmeterapartment ziehen müsse. Er brauche für seine Arbeit ein eigenes Apartment. Abgesehen davon, das wolle er doch sehen, wie Herr Hellpapp das anzustellen gedenke, ihn, Edmund Alexander Gern, aus seinem ureigensten Gehäuse zu verjagen. Abgesehen davon, in einer Woche stopft er dem den vorlauten Mund mit Dreihunderttausend plus, und der frißt ihm aus der Hand.

Herr Hellpapp und Edmund hatten noch nicht ein einziges Mal mit einander gesprochen. Beide mieden es sorgfältig, einander zu begegnen.

Am nächsten Morgen fand Susi Edmund in der Ankleide. Windelhöschen und Windel in der Hand. Daß es aus ihm heraus auf den gelben Teppich in der Ankleide tropfte, merkte er nicht, oder es war ihm egal. Dann ging er über den roten Teppich der Diele ins Schlafzimmer zur Waage. Windel und Windelhöschen legte er auf die Kommode, stellte sich auf die Waage, holte die Windel und Windelhöschen von der Kommode, tappte zurück zur Ankleide, setzte sich auf den Stuhl und brachte sich in die Windel und in die Windelhose. Susi rechnete ihm vor, auf welche Bodenbeläge er jetzt seinen Urin hatte fallen lassen. Soll sie immer mit dem Aufnehmer hinter ihm herrennen? Warum tappt er ohne Windel und ohne Windelhose durch die Wohnung? Er, ohne das geringste Verständnis für ihre Erregung: Er möchte eben ganz genau wissen, wieviel er wiegt. Susi holte sofort ein frisches Netzhöschen und eine Windel, legte sie auf die Briefwaage. Dreißig Gramm, sagte sie. Und dafür machst du mir diese Schweinerei quer durch die Wohnung. Nie wieder, sagte er. Aber sie wußte, das war vorbei, daß er, was er versprach, halbwegs hielt. Inzwischen vergaß er so gut wie alles, was er versprach.

Ihre Frauen waren jetzt nur noch dazu da, nach ihren Anweisungen Kartons zu füllen. Leonardo verwaltete alles, konnte im Handumdrehen sagen, wo was hinkommen würde. Aber so viele Kartons, wie sie brauchte, gab es gar nicht. Der achttürige Kleiderschrank im unteren Keller. Der viertürige Schrank im oberen Keller. Und es gibt nichts in ihren Schränken, was sie nicht liebt. Sie haben doch nicht auf einen Umzug hin gelebt. Dieses Verschwindenlassen ihrer Habe in den Kartons kam ihr vor wie die Vernichtung ihres Lebens. Was sie in die Lindemannstraße mitnehmen kann, ist nicht mehr, als sie in einen Vierwochenurlaub mitnehmen würde. Mißgeschick. Bei diesem Wort blieb sie. Es gibt unendlich viele Möglichkeiten für Mißgeschick. Dabei blieb sie. Sich das so gesagt zu haben, tat ihr gut. Es wurde ihr nicht einfach eins übergebraten. Sie sagte, was da lief. Sie war die, die das Sagen hatte. Aber die sechzig Quadratmeter, dieser winzige Balkon nach hinten hinaus. Ein paar Bäume, ein Schulhof. Ist ihr schon einmal etwas passiert, was sie sich vorher überhaupt nicht vorstellen konnte? Lieber Gott, dachte sie, laß es nicht zu, daß ich zum Sozialamt muß. Der große runde, weiße Tisch geht überhaupt nicht hinein in die Sechzigquadratmeterwohnung. Wie also frühstücken? Die Kätzchen ... Lieber Gott, laß Edmund nicht zum Pflegefall werden. Aber zu wem sage ich das? Du wirst nichts verhindern, lieber Gott, weil es dich gar nicht gibt. Und dazu kannst du nichts. Und das nehm ich dir nicht übel. Wenn es dich gäbe, wäre es dir ein Bedürfnis, mir zu helfen. Ich nehm den Willen für die Tat. Daß andere ganz anders zu dir beten, ist mir klar. Dank dir, daß du mir überhaupt zugehört hast. Amen.

Die Kätzchen niesten und maunzten, als sie zurückkam. Susi bediente sie heute mit je zwölf Quarkfingern statt mit sechs. Wer weiß, wie lange ihr noch auf diesem Tisch sitzen dürft, sagte sie. Edmund machte schon im Bad herum. Sie ließ sich nicht mehr stören. Erst als sie hörte, daß er das Bad verlassen hatte, ging sie hinein. Als hätte sie's geahnt. Der Badezimmerteppich war zusammengeschoben, der Boden naß und überall noch Reste von Kot. Sie ließ das Wort Scheiße zu. Am Toilettendeckel auch. Und nicht zu knapp. Sogar in der Dusche, Scheiße. Jetzt ging sie den Spuren nach. Bis zur Ankleide führten die. In der Ankleide, markstückgroß, braune Masse. Zum Glück auf dem Steinboden und nicht auf dem gelben Teppich. Das war Edmund. Tagelang kümmerte er sich nicht um seine Verdauung, plötzlich nahm er dann Abführmittel in zu großer Menge, das endete so. Auch die Windel, voll. Die trug sie hinunter in den Mülleimer. Aber, weil sie entsetzlich stank, dick verpackt in Zeitungspapier und Tüten. Wenn sie Edmunds Haufen sah, fielen ihr immer die Brauereipferde ihrer Jugend ein. Ich bin es so leid, dachte sie, wieso laufe ich nicht einfach davon, und putzte, ihren Widerwillen wegatmend, weiter, bis von Scheiße nicht mehr die Rede sein konnte.

Conny kam, sah, was die Mutter zu tun hatte, und sagte: Bloß gut, daß wir drei Toiletten haben. Susi wußte, warum sie nicht weglief. Weglaufen, das hieß: Conny ins Heim. Die Kätzchen ins Heim. Und Edmund? Unvorstellbar, wo der hinkäme. Also putzte sie, bis nichts mehr zu putzen war. Und warum war ihr das nicht längst egal, wo der dann hinkäme? Weil ihr nichts egal war. Das war ihre Schwäche überhaupt. Gewehrt hatte sie sich. Erreicht hatte sie nichts. Als er anfing, alles naßzumachen, hatte sie sein Pipi in Urin umgetauft, hatte Badetücher auf alle Plätze gelegt, auf die er sich setzen konnte, hatte Hinsetzverbot erlassen für jeden Platz ohne Frottee. Effekt: die ganze Wohnung stank inzwischen nach Urin. Wie ihre Frauen, wenn sie hereinkamen, jedesmal aufschnauften, zeigte ihr, daß sie selber schon gar nicht mehr merkte, wie es stank in diesen ehedem nichts als makellosen Räumen, ihrem geliebten Dachpalast.

Heute kam Hildchen Tönnissen. Der wollte sie so etwas nicht zumuten. Die war einfach zu jung. Frau Thomasius schon eher. Frau Oschatz am ehesten. Der Signora hatte sie gekündigt. Susi hatte es fast genossen, der Signora zu sagen, sie seien plötzlich in eine Not geraten, finanziell, jetzt müßten sie leider auf die Hilfe der Signora ab sofort verzichten. Sie hatte das zwar mit Wörtern des Bedauerns, aber im Ton völlig ungerührt gesagt.

Als erster rief Herr Hellpapp an. Nur daß die Verabredung für Freitag nicht in Vergessenheit gerate: Das Kleine Apartment muß leer sein für eine erste Fuhre. Zuerst sind's Akten, Büromöbel und dergleichen. Als Susi nichts sagte, sagte er, wie leid es ihm tue, so als Dränger auftreten zu müssen. Er habe ja mit dem 15. Januar gerechnet, dann mit dem zwanzigsten, dann mit dem 1. Februar, und jetzt ...! Er rutsche durch diese andauernde Verschieberei selber von einer Peinlichkeit in die nächste. Susi dachte daran, daß ja am Freitag alles über die Bühne sei, deshalb konnte sie fast wohlgemut sagen: Am Freitag ist das Kleine Apartment leer. Er bewundere Susi von Tag zu Tag mehr, sagte Herr Hellpapp. Ach, du nackter Riese in deinem dschungelgrünen Zweireiher, dachte Susi. In der Bibliothek, sagte er, könne er doch auch schon was lagern. Was da an Gernschen Möbeln stehe, sei sicher schnell irgendwo anders untergebracht. Die Bücher störten ihn nicht. Das meldete sie weiter. Davon wollte Edmund nichts wissen. Wenn der hier Stauraum kriege, dann im Zimmer hinten links. Susi kannte kein Zimmer hinten links. Sie mußte zuerst in Gedanken von der Großen Diele in die Kleine gehen, dann den Flur weiter, hinten nach links abbiegen, und landete in ihrem Zimmer. Dieses Zimmer hatte Edmund bis jetzt immer Schnucke-Zimmer genannt. Noch nie: das Zimmer hinten links. Ihr Zimmer sei kein Lagerraum für Hellpapps Möbel. Seine Bibliothek auch nicht, sagte Edmund. Und die Bücher, fragte Susi. Da er nicht ausziehe, blieben auch die Bücher hier. Meine Bücher sind mein Leben, sagte er, und Susi hatte das Gefühl, daß er sie noch nie so angesehen hatte wie in diesem Augenblick, so feindselig. Er war feuerrot im Gesicht. Anfallhaft. Sie durfte nicht nachgeben. Mr. Yingling, sagte sie, könne er doch fragen, vielleicht wisse der, wohin mit so vielen und so wertvollen Büchern. Er werde Mr. Yingling nicht fragen, sagte er, aber anrufen müsse er, um sich für Freitag zu entschuldigen. Am Sonnabendnachmittag, wenn alles über die Bühne gegangen sei, komme er ...

Still, sagte Susi, bitte, sprich jetzt nicht weiter.

Edmund rief Mr. Yingling an und meldete dann, daß Lisbeth am Apparat gewesen sei. Ludwig sei ein bißchen zusammengebrochen. Er klopfe zwar schon wieder Sprüche, wenn man sitzt in der Stube, zerraißt man nit kojn Schtiwl, aber sie glaube nicht, daß aus dem Schach in dieser Woche oder in der nächsten Woche noch etwas werden könne.

Jetzt gehst du schon zwanzig Jahre zu Mr. Yingling, und ich weiß immer noch nicht, wie der aussieht. Lisbeth seh ich manchmal in der Rethelstraße. Ich kenne sie. Sie mich nicht. Sie fällt auf, weil sie kein Kleidungsstück trägt, das auch eine andere Frau tragen könnte. Uralt, aber total in Schuß. Wie eine Modenschau von 1935. Edmund sagte: Zweiunddreißig. Susi hatte sich bei *KAISER'S* mal an der Kasse nach ihr erkundigt, die kennen sie. Edmund sagte, Mr. Yingling habe ihm gelegentlich erklärt, er und seine Frau ließen sich alles, was sie trügen, anfertigen nach Modeheften der späten Zwanzigerjahre. Sie seien dreiunddreißig unterbrochen worden, stehengeblieben, ihr Geschmack habe sich fixiert, dem gäben sie nach. Lisbeth sieht aus wie eine Puppe, sagte Susi. Er, sagte Edmund, sieht aus wie ein Raubvogel, ein eher zarter, alter Raubvogel, der traurig ist und lacht. Daß die sich so auf die späten Zwanziger kaprizieren, habe ihn, sagte Edmund, gleich angeheimelt. Seine Mies-van-der-Rohe-Möbel, seine Konstruktivismusbilder, ihn ziehe diese Zeit nicht weniger an als Mr. Yingling, auch wenn er sich keine Knickerbocker à la Zwanziger und Jacketts mit Stoffgürtel machen lasse.

Läßt er sich die Krawatten auch machen, fragte Susi. Er trägt immer Fliege, sagte Edmund, wie alle Männer, die zeigen wollen, daß ihr Sexualleben sich von dem der anderen unterscheidet. Hm, sagte Susi. So ist es, sagte Edmund.

Tut es noch weh, fragte sie und zeigte auf das Schlüsselbein. Nein. Er habe den Arm so gut wie nicht bewegt. Und weil er so elend dastand, konnte sie nicht von dem verdreckten Bad anfangen.

Um elf zum Notar, Verkauf der Mulvanystraße. Susi unterschrieb wieder, ohne zugehört zu haben. Auch wenn sie zugehört hätte, sie verstand diese Sprache ja doch nicht.

Am Nachmittag holte Wilhelm Granderath mit seinem VW-Bus, was dort zu holen war. Edmund trug ihm auf, die Photographien – es seien nämlich Kunstwerke – vorsichtig von den Wänden zu lösen, sie einzurollen und in die dafür bereitliegenden Pappröhren zu schieben. Als Wilhelm Granderath zurückkam, hatte er den Schild seiner NY-Mütze nach hinten gedreht. Das gab dem alten Mann ein verwegenes Aussehen. Susi brachte das mit den riesigen Nacktphotos zusammen. Praktisch waren die Wände dort mit nackter Frauenhaut tapeziert. Susi schickte ihn mit dem ganzen Krempel in die Lindemannstraße. Zu Edmund sagte sie: Die Wände in der Lindemannstraße werden nicht mit nackten Frauen tapeziert. Er werde, sagte er, ein Apartment für sich bekommen, oder er bleibe hier. Und wenn er ein Apartment bekommt, tapeziert er es dann mit nackten Frauen, fragte Susi. Er wisse, sagte er, was sie sagen wolle. Helfen könne er ihr nicht. Ein Leben ohne Frauen sei für ihn kein Leben. Wenn sie das von ihm verlange, dann solle sie ihn lieber gleich umbringen. Wie sie's ja schon öfter vorgehabt habe. Wenn sie beschlossen habe, ohne Männer zu leben, sei das ganz allein ihre Sache, er könne sich deshalb nicht den Schwanz abschneiden.

Er sah sie an mit offenem Mund, als wolle er sie darauf hinweisen, daß ihm drei Zähne fehlten, unten, links und rechts von der Mitte, daß er aber trotz solchen und anderen Ruins weiter zur Edelnutte oder sonstwem gehe. Sie hatte ja schon heute morgen an seinem mit Zahnpasta verschmierten Waschbecken gesehen, daß er sich heute die Zähne geputzt hatte, und das hieß immer, er würde zu einer Frau gehen. Sie hatte sich inzwischen so weit gebracht, daß sie nie mehr fragte, zu welcher er gehe. Daß ihn diese Zahnlücken selber nicht störten, war ihr unverständlich. Aber ihn störte auch nicht der Pipigestank und nicht der Scheißegestank. Und hatte früher die heikelste Nase überhaupt. Da hatte ihn alles gestört. Jetzt störte ihn nichts mehr. Junge, Junge, dachte Susi. Wie seine Hosen riechen, die noch naß sind, wenn Susi sie zur Reinigung trägt, weiß er nicht.

Allmählich, sagte Susi, begreife sie, warum Mr. Warhol das Ehepaar Gern vor zwei Hintergründen gemalt habe, ihn vor Eisgrün und sie vor massivem Blau. Und die Hintergründe fließen nicht ineinander, gehen nicht ineinander über, sondern stoßen hart gegeneinander, jeder bleibt für sich.

Du übertreibst wieder, Schnucke, sagte Edmund.

Ich muß weitermachen, sagte sie, mein Leben in Kartons abfüllen. Daran beteiligte sich Edmund nicht. Er telephonierte. Zwei- bis dreitausend vertelephonierte er jeden Monat. Susi hatte sich vorgenommen, täglich zwanzig Kartons aus dem Haus zu bringen. Wenn Wilhelm Granderath für sie fuhr, zeigte das Mützenschild nach vorn. Heute zehn Kartons zu ihrer Autowerkstatt, zehn zu Wilhelm Granderath. Morgen zwanzig Kartons in verschiedene Keller. Vierhundert Kartons werden nicht reichen, das ahnte sie jetzt schon. Am neunundzwanzigsten wird *MÖBELREICH* die Möbel abholen. Dort hat man sie gekauft, die wollen die ein Jahr kostenlos lagern. Ihre ganze Nippesvegetation räumte sie in Kartons für Hildchen Tönnissen. Deren Schwager hat immer einen Stand auf dem Trödelmarkt und wird Susis Sachen dort anbieten. Wenn Edmund vorbeikam, zeigte er, daß er traurig war, weil sie durch ihre Kartonaktion demonstriere, wie wenig sie an ihn glaube. Er sage jetzt nichts mehr, sagte er. Vor allem sage er nicht mehr, am Freitagabend sei alles über die Bühne, sage nicht mehr, daß ja drei Geschäfte liefen und wenn auch nur eins von den dreien klappe, seien sie so reich, daß sie das Geld auf anständige Weise gar nicht ausgeben könnten, also nichts mehr dergleichen sage er, aber er freue sich auf Sonnabend, wenn er zurückkomme aus Genf und …

Bist du jetzt wohl still, sagte Susi.

Am Abend vor dem Flug nach Genf setzte er sich neben Susi auf das Fernsehsofa und sagte: Heute ist Niel versteigert worden. Für vierhundertachtzig. Susi schaltete den Fernseher aus. Wieso versteigert? Das Finanzamt hat sich, hast du gesagt, zurückgehalten, mit der BfG hast du, hast du gesagt, gesprochen, die wollten eine Versteigerung verhindern, weil sie wissen, daß das nicht genug bringt. Wieso dann jetzt versteigert? Susi dachte an die Gräber von Schuri, Mauserle und Minus unter der Trauerweide am runden Teich.

Also, er wußte wieder einmal nicht, wie das, was geschehen ist, geschehen konnte. Etwas, was mindestens achthundert wert ist, geht weg für die Hälfte. Niel, ein Kleinod. Reetdach,

Teich plus Boot, Wiese, Bäume, Hecken. Die Bachstelze aus Bronze! Und die Möbel? Die gehen extra. Ach ja.

Sie konnte nicht mehr schreien. Der Dachpalast weg für neunsiebzig, statt einsfünf. Niel für vierachtzig statt für achtvierzig. Und als jemand achthunderttausend geboten hatte, hatte Edmund eine Million gefordert. Wahrscheinlich hat er sich nicht trennen können von seinem Kleinod.

Susi fragte, ob sie morgen mitfliegen solle nach Genf. Seit er das Schlüsselbein gebrochen hat, tut er fast nichts mehr ohne ihre Hilfe. Aber er will allein fliegen. Und wenn er im Anzug schlafen müsse, was soll's.

Wenn sie Edmund zu Bett brachte und ihm morgens aufhalf, sagte sie sich, daß sie überleben werde. Sie spürte das jeden Tag deutlicher: Sie hatte sich entschieden zu überleben. In ihr hatte sich etwas für das Überleben entschieden. Wahrscheinlich das Leben.

Am Freitagmorgen rührte Edmund beim Frühstück die Zeitung nicht an. Susi sagte vom Eßzimmer her, wenn du sie jetzt nicht liest, steck ich sie in die Seitentasche des Köfferchens. Aber paß auf, beim Herausziehen. Er sagte, er sei gerade dabei, noch etwas zu berechnen. Susi rief: Sag mir, bitte, nichts, ich glaube dir nämlich nichts mehr, nichts mehr, nichts mehr.

Du gestattest, sagte er, daß ich mir das, was ich weiß, auch glaube.

Die Herren Labs und Blei holten ihn pünktlich ab. Beide in dunklen Mänteln, mit dunklen Hüten am schwarzen Mercedes, dessen Kofferraum schon geöffnet war. Die sind von einem Bestattungsinstitut, dachte Susi. Köfferchen und Aktentasche stellte sie in den Kofferraum, klappte den Deckel zu, wünschte alles Gute, vermied das Küßchen, winkte aber nach. Droben kam ihr schon Conny entgegen. Warum sie denn schon auf sei. Sie müsse doch zum Arzt, die Zyste untersuchen lassen. Aber doch nicht so früh, sagte Susi. Der habe ab acht auf, flüsterte Conny. Warum flüsterst du, sagte Susi. Wegen unseres Kindchens, flüsterte Conny. Die ist doch nicht mehr da, sagte Susi. Aber es macht Spaß, so zu tun, als ob, flüsterte Conny.

Zieh dich fein an, sagte Susi. Wie sich dat jehööt, sagte Conny und wiegte ihr breitestes Grinsen.

Susi mußte zuerst Andreas anrufen, ihn bitten, geradezu anflehen, heute noch mit der neuen Besitzerin des Landhauses oder deren Anwalt Kontakt aufzunehmen wegen der Einrichtung. Zwanzigtausend seien zugesagt. Andreas soll das Geld eintreiben. Schließlich habe man nicht bei IKEA gekauft.

Als Susi mit Conny vors Haus kam, war Herr Hellpapp schon dabei, sein Zeug mit einer nigelnagelneuen Sackkarre ins Kleine Apartment zu schaffen. Herr Hellpapp zeigte wieder, wie sehr er bedaure, daß er jetzt doch allmählich tätig werden müsse. Und als er hörte, daß Conny zum Arzt müsse, blieb er wirklich stehen, bewegte sich – und das wirkte bei diesem andauernd Regsamen fast erschütternd – überhaupt nicht mehr und sagte, Conny voll in die Augen sehend: Hoffentlich nichts Schlimmes. Conny sagte rauh und locker: Routine. Nur ne Zyste.

Zuerst Halt bei *PALATINI*. Nußeis. Zwei Bällchen für jede. Das war doch schon ein Frühlingstag. Solche unversehens hellen Tage lösten in Susi Lebensfreude aus, egal wie es ihr gerade ging. Weißt du Mäusken, diese direkt vom Meer kommende Düsseldorfer Helligkeit steckt an, sagte sie, als sie gemächlich stadteinwärts fuhren.

Beim Doktor wollte Conny allein sein. Nimm's mir nicht übel, sagte sie, aber wenn du immer mit dabei bist, sieht das doch aus, wie wenn ich noch 'n Kind wär. Susi sagte, sie freue sich.

Als sie zurückkamen und Herr Hellpapp auch gerade wieder anfuhr, fragte er wirklich besorgt: Und?

Conny: Sie bleibt brav. Gott sei Dank, sagte Herr Hellpapp mehr zu Susi als zu Conny.

Edmund kam noch am selben Tag zurück. Spät abends. Ohne Labs und Blei. Susi hörte den Aufzug, hörte ihn heraufsausen und singen und landen und war sofort alarmiert. Um diese Zeit, das konnte nur Andreas oder Edmund sein. Als sie Edmund sah, fror sie. Sie rannte zum Flaschentisch, schenkte sich das Glas voll Martini ein. Edmund ließ sich in einen Sessel sinken. Köfferchen und Aktentasche hatte er in der Diele praktisch fallen lassen. Den Mantel hatte er noch an. Er sagte nichts. Also sagte Susi: Die Zyste ist nicht gewachsen. Eine gute Nachricht, sagte er. Und bei dir, sagte Susi. Es sind noch Fragen aufgetaucht, sagte er. Susi sagte nichts. Edmund: Ich muß morgen sprechen mit Genf. Nachbohren. Wie viele Fragen, sagte Susi, sind aufgetaucht. Das letzte Wort servierte sie ihm mit einem weit nach vorne geschobenen Mund. Vier, sagte er. Und, fragte Susi. Alle vier Fragen sehr spitzfindig. Müsse man verstehen, bei solchen Beträgen. Und du glaubst immer noch, daß das Geschäft gelingt, sagte Susi. Edmund: Warum denn nicht? Die Verträge sind katastrophendicht, fälschungsdicht, sogar trickdicht. Die sind einfach gut. Willst du sie sehen? Susi sagte: Danke, nein. Morgen, beim Frühstück, werde er nachbohren, sagte er. Die wissen, mit wem sie 's zu tun haben, sagte er. Mit einem Juristen, sagte Susi, der eine New Yorker Anwaltsfirma, die achthundert Anwälte beschäftigt, besiegt hat. Das ist vorgekommen, sagte Edmund. Auch auf schlüpfrigerem Terrain ist dein Edmund nicht zu Fall gebracht worden. Wenn der Wirtschaftsminister ein Playboy und der Finanzminister ein dreiundneunzigjähriger Arzt war oder der Generalunternehmer der Leibarzt des Königs, in Ländern, in denen du bei bedecktem Himmel nach zwei Tagen Sonnenbrand hattest, aber trotz Ölkrise keine Inflationsklausel, oder der Staatschef Ceausescu, der, um seinen Haushalt zu retten, keine Birne mehr über 40 Watt erlaubte, zehnpfennigweise sparte und dafür zig Millionen Schrott produzieren ließ oder ... der amerikanische Anwalt in Zürich, im Nebenberuf Mormonenbischof, beim Abendessen keinen Tropfen Alkohol, ich sage abandonment, der wird immer nervöser, schreit rum, dein Edmund, das weißt du besser als jeder andere, wird um so ruhiger, um so freundlicher, je mehr der andere ausflippt, geradezu höhnisch freundlich, und abandonment ist eines der Lieblingswörter deines Edmund, und je öfter dein Edmund abandonment sagt, desto fuchtliger wird der Mormonenbischof, der war eben nur Jurist, kein Kaufmann, der Nur-Jurist sieht einen Vertrag in seinen Kraftlinien völlig falsch, der sieht die Einschränkungen deutlicher als die Möglichkeiten, der sieht vor lauter Schiedsgerichts- und Vollständigkeitsklauseln die Ware nicht mehr und ihren Wert, noch während der Verhandlung reichte der Anwalt und Mormonenbischof Klage ein in Paris, dein Edmund am Mittwoch nach New York, am Donnerstag verhandelt, aber mit Kaufleuten, am Freitag zurück, verdient Dollar zweikommaneun Millionen oder … ach Schnucke … die Lieblingsreisen waren die nach Merseburg, Düsseldorf ab 6 Uhr 35, an Leipzig 7 Uhr 40, per Taxi Ankunft Rathaus Merseburg 8 Uhr 20, zweieinhalb Stunden von Haus zu Haus, und in Leipzig noch die Mig 29 auf dem Feld, 24 Stück, das geheimste Flugzeug der Russen, ach Schnucke, wo war mein Freund und Handelsbankchef in Ostberlin abgeblieben, was haben wir uns lustig gemacht über unseren verehrten Lehrer Jahreis, der am liebsten mit Gerhart Hauptmann verwechselt worden wäre, der am liebsten ausgesehen hätte wie Goethe, hat aber in Nürnberg Göring verteidigt, ach Schnucke, gelernt hat man etwas bei Jahreis, sechzehn in einander verschränkte, tückisch auf Undurchschaubarkeit hin konstruierte Verträge in vierzehn Tagen umgeschmiedet zu einem einzigen, funktionierenden, vom Internationalen Schiedsgericht anerkannten Vertrag … oder … ach Schnucke … Und holte ein edles Etui aus seiner Aktentasche. Susi fühlt sich sofort so lebendig wie schon seit längerem nicht mehr. Er klappte es auf. Susi sah es: eine schreckliche Kette. Grobe, große Ringe. Sie konnte am Hals nur das Zarteste tragen. Mit dieser Kette sähe sie aus wie eine nachgemachte Zirkuszigeunerin. Er sagte, das habe er befürchtet, daß ihr diese Kette, die er im Flugzeug für sie gekauft habe, nicht gefalle. Beim letzten Flug hatte er zwei Uhren gekauft, die sie dann weit unter Preis an Hildchen Tönnissen und an die Signora weiterverkauft hatte. Am liebsten hätte sie ihm gesagt, daß diese Kette sie an die Pralinen erinnere, die ihr Vater ihrer Mutter zu Weihnachten geschenkt hatte, obwohl er längst wissen mußte, daß sie Pralinen verabscheute. Ich verkaufe sie weiter, sagte Susi. Was hat sie gekostet? Einhundertachtzig, sagte er. Das ist nicht viel, aber ohne die 88 Millionen dann doch wieder zu viel.

Susi wollte hinaus, in die Küche. Edmund ließ das nicht zu. Weißt du, sagte er in einer Tonart, die eine gute, eine hoffnungsnährende Mitteilung versprach, weißt du, im Flugzeug habe ich mir überlegt, der Bentley hat vier bis sechs Monate Lieferfrist, das kann ich nur dadurch überbrücken, daß ich mir bis dahin von Auto Becker einen Bentley als Leihwagen geben lasse. Findest du doch auch, Schnucke, oder?

Susi mußte essen. Egal, was. Nur essen jetzt. Eigentlich hatte sie heute nichts mehr essen wollen, jetzt mußte sie. Sie hatte noch Shrimps im Kühlschrank, 150 Gramm, das war eigentlich für Sonnabend und Sonntag vorgesehen. Die aß sie auf, samt Remouladensauce, dazu zwei Brötchen, die auch für morgen gedacht waren. Und Martini, drei Gläser, mit weniger Vitell als Martini. Und zwei Päckchen gesalzene Erdnüsse. Peanuts, dachte sie. Alles peanuts. Dazu Fernsehen. Dann kotzte sie. Das alles fand statt ohne Edmund. Der telephonierte. Susi rief ihm nach, sie werde heute mit ihrem Rückzug beginnen und in ihrem Zimmer schlafen, er wisse ja, in dem Zimmer hinten links. Sie holte ihr Bettzeug, legte sich hin und war sich unsympathisch. Daß sie einfach nachgegeben hatte. Rückfällig heißt das, dachte sie. Du bist eine Rückfalltäterin. Schuld ist er. Aber das nützte auch nichts. Sie sollte ihn doch ertragen ohne Fressen, Saufen, Kotzen. Mein Gott. Aber wenigstens umgezogen war sie. Fünf Jahre zu spät. Zehn Jahre zu spät. Und trotzdem, sie fühlte sich elend. So ganz ohne das Scheusal. Es gelang ihr aber, einzuschlafen. Irgendwann ging die Tür auf, Edmund. Er sagte: Komm doch bitte ins Schlafzimmer und schlaf in deinem Bett. Sie bemühte sich, ihn spüren zu lassen, wie gemein sie das fand, geweckt zu werden. Ein zweites Mal einzuschlafen würde ihr nicht gelingen. Sie drehte sich zur Wand, zog die Decke über den Kopf. Ohne noch etwas zu sagen, ging er. Sie lag wach. Dann hörte sie etwas. Das war Jammer. Weinte Edmund? Nein, Domino. Sie stand auf, brachte beide Kätzchen samt Katzentoilette ins Wohnzimmer und schloß die Tür. Es gelang ihr, noch einmal einzuschlafen. Sie träumte, sie werde vergewaltigt von einem übermütigen Mann. Der erdrückte sie fast, so groß und schwer war er. Sie konnte sich nicht wehren. Und war dann Mutter eines sechs Monate alten Babys. Ein Junge. Sie schob den Kinderwagen durch das Kaufhaus. Sie war auf der Suche nach etwas. Aber sie wußte nicht mehr, was sie suchte. Aber weitersuchen mußte sie. Suchen müssen, und nicht wissen, was. Quälender kann nichts sein. Heulend irrte sie in großer Eile im Kaufhaus herum, wurde gefragt, was sie habe, sie antwortete, daß sie nicht wisse, was sie suche. Die Leute deuteten auf ihr Kind. Aber plötzlich brach alles mit schrecklichem Getöse zusammen. Sie erwachte. Das Getöse war wirklich. Es kam aus dem Schlafzimmer. Sie rannte hinüber. Edmund lag auf dem Boden. Er hielt sich den Kopf und sagte, er habe so gut aufstehen können wie schon lange nicht mehr. Er habe noch etwas berechnen wollen. Aber plötzlich habe er das Gleichgewicht verloren. Also so jäh sei er noch nie gestürzt. Er komme sich vor wie betäubt. Er spüre nicht, daß er einen Kopf habe oder Hände oder Füße. Er wisse überhaupt nicht, wo er, um aufzustehen, ansetzen könne. Susi sah, daß es schon gleich sieben war. Sie half ihm auf, spürte den Stich im Unterleib, legte ihn in sein Bett. Ich schäme mich so, sagte er. Sei still, sagte sie. Er werde alles, was er an ihr gesündigt habe, wieder gutmachen. Schluß jetzt, sagte sie. Dann weinte er, und in sein Weinen hinein sagte er, als er gestern nach dem ganzen Pfusch im Flugzeug gesessen habe, habe er erst bemerkt, daß Susi ihm eine Tüte mit Haferflocken in die Tasche gepackt hatte, gezuckerte Haferflocken, ganz weiche, daß er sie schlucken konnte. Schnucke, sagte er, das wird dir vergolten werden.

Susi sagte nichts mehr und ging hinaus und wischte den Katzen die Äugelchen sauber, dann ließ sie das Frühstücksritual ablaufen, merkte aber, daß es ihr schwerfiel, zweimal auf sechs zu zählen. Da rief er auch schon. Er lag wieder auf dem Boden. Er verstehe das nicht, er fühle sich heute so gut auf den Beinen, und dann wieder diese Aussetzer. Sie brachte ihn ins Bett, ging zurück ins Eßzimmer. Jetzt war sie wirklich froh, daß Frau Oschatz abgesagt und daß sie keinen Ersatz für sie bestellt hatte.

Edmund weinte. Sie durfte sich nicht fangen lassen. Er tat, als sei es ihm selber peinlich. Dann sagte er: Diesmal waren wir so nah dran wie noch nie. Und als er Susi stöhnen hörte, sagte er: So nah, wie wir bald wieder dran sein werden.

Als Andreas anrief und meldete, er habe für die Einrichtung in Niel statt zwanzigtausend nur elftausend bekommen, sagte sie nur: Bring das Geld sofort, aber gib es mir. Andreas brachte das Geld, sagte, er könne nicht bleiben, weil Christelle, seit sie verheiratet seien, nicht mehr gestatte, daß er überhaupt noch in die Holbeinstraße gehe. Das ändere sich sicher bald, aber vorerst sei es eben so. Xandra wolle übrigens sofort zurück nach Düsseldorf. Das Sauerland sei nichts für sie. Susi rief das Internat an, Xandra wurde geholt, sagte sofort, sie habe keine Lust, mit der Oma zu sprechen, wenn man ihr eine Aufpasserin vor die Nase setze, die jedes Wort mitschreibe, um es dann gegen sie zu verwenden. Dann war sie offenbar allein. Aber von Susi wollte sie auch nichts hören. Jede Sorte Vorwurf könne sich die Oma an die Glatze nageln. Sie habe echt keinen Bock, sich von jemandem, der null Ahnung habe, Ratschläge anzuhören. Entweder sie haue ab hier oder sie bringe sich um. Hier bleiben komme nicht in die Tüte. Sie wolle zurück zu Sylvia und Olaf und den anderen Freunden in Düsseldorf.

Susi legte sich hin. Wenn sie sich jetzt selber befriedigen könnte, wäre ihr wohler. Weil sie Angst hat, es könnte ihr nicht gelingen, läßt sie es lieber. Sie kann jetzt keinen Mißerfolg brauchen. Sie betastete die kahle Fläche. Ganz glatt, als wären da nie Haare gewesen. Möchte sie keinem Mann zeigen. Sie wird aufstehen und die Ordnung vervollkommnen. Zum Glück ist Ordnung immer noch zu steigern. Es kann alles immer noch ordentlicher sein, als es ist.

Am Montagmorgen wurde telephonisch mitgeteilt, daß das Apartment für Herrn Gern frühestens am Montag, dem 4. März, beziehbar sei. Susi teilte es Edmund mit, Edmund sagte, das müsse sie nicht ihm, sondern Herrn Hellpapp sagen. Er, Edmund Gern, werde hier erst ausziehen, wenn in der Lindemannstraße ein Apartment für ihn bereitstehe. Susi teilte das Herrn Hellpapp fast übermütig mit. Sie ging das nichts an. Sollte Herr Hellpapp kommen und Herrn Gern an den Haaren hinausschleifen. Haare hatte Herr Gern mehr als genug. Auf dem Kopf. Daß er sonst so nackt war wie der Riese Hellpapp auf dem Kopf, ging Herrn Hellpapp nichts an. Geschah dem doch recht! Reißt sich für neunsiebzig diese Prachtwohnung unter den Nagel, die eigentlich eine Million und fünfhunderttausend kosten sollte! Susi fand das gut: Herr Hellpapp sollte erleben, daß Geld nicht alles kann! Vielleicht läuft ihm jetzt Yumiko, seine japanische Freundin, die er ja noch nie mitgebracht hat, weg. Er hat doch schon Handwerker bestellt, will zwischen Küche und Eßzimmer einiges ändern, so geht es doch nicht. Ja, sagte Susi, wem sagen Sie das. Dann bestellte Susi einen Golf. Für ihren Porsche bot ihre Werkstatt sechsundvierzigtausend. Mit dem, was ihr da blieb, hoffte sie, den Golf für mindestens ein Jahr versichern zu können. Mit dem Taxi von Porsche zu VW. Sie stellte sich bewußtlos. In den Golf waren – das hatte sie verlangt – sechs Lautsprecher eingebaut worden. Dem Porsche hatte sie ihre Kassetten entnommen, als wären die das Herz. Im Golf legte sie sofort Frank Sinatra ein: My way. So laut wie noch nie ließ sie sich umdröhnen von: And now the end is near and so I face the final curtain ...

Ihren Traum, mit dem Porsche ins Grab, hatte sie gestrichen. Sie war auch nicht mehr sicher, ob Edmund das juristisch hingekriegt hätte. Sobald es um Eigenes ging, war er nicht der Weltmeister im Verträgeschmieden, als der er bekannt und reich geworden war. Siehe Matthäus-Passion.

Edmund kam so wichtigtuerisch ins Eßzimmer, als habe er gerade eine größere Summe herbeitelephoniert. Er hatte einen Zettel in der Hand, darauf hat er notiert, was im Fernsehen gekommen war: eine Kiste mit Handwerkszeug für alle überhaupt anfallen könnenden Reparaturen. Und das für DM 150, Schnucke. Er werde das sofort bestellen. Susi konnte nicht antworten. Was ihr jetzt den Atem nahm, spürte sie zum ersten Mal. Gleich kriegst du überhaupt keine Luft mehr. Angst. Zum ersten Mal Angst. Lebensangst. Sie rang um Luft. Ging auf die Terrasse. Die Sonne holte aus dem Februartag jede mögliche Farbe heraus. Wo etwas naß war, glänzte es. Edmund kam nach.

Gut, lieber Gott, daß es dich nicht gibt, sonst würde ich dich in meinen Haß einschließen.

Hildchen Tönnissen meldete, daß der Herr von *MÖBELREICH* da sei. Den hatte sie, Edmunds Abwesenheit kalkulierend, herbestellt. Das Gespräch eröffnete sie mit einem Satz, der dann für Monate zum Hauptsatz ihrer Sprache wurde: Könnten Sie sich vorstellen, daß Sie meine Möbel, die zum größeren Teil bei Ihnen gekauften Möbel, kostenlos abholen, kostenlos lagern und vielleicht nicht mehr ganz kostenlos wieder anfahren. Und er: Frau Gern, überhaupt keine Frage. Als er in die Bibliothek hineinschaute, sagte er ein bißchen besorgt: Aber die Bücher nicht. Susi lachte und sagte: Die kriegen Sie auch gar nicht.

Susi startete eine richtige Kampagne mit: Könnten Sie sich vorstellen, daß ... Dazu gehörte auch der Satz: Frau X oder Herr Y, Sie kennen so viele Leute, erzählen Sie doch mal dem einen oder anderen, was mir zur Zeit passiert und daß ich fürs nächste Jahr nicht weiß, wohin mit den Kartons voll von schönen Sachen. Vielleicht ergibt sich etwas.

Als Edmund vom Friseur kam, sagte er, ein holländischer Freund werde die Bilder in Verwahrung nehmen, bis alles vorbei sei, ausgenommen Mondrian und Warhol, die werde er, wenn Gefahr drohe, aber auch wirklich nur dann, bei Wilhelm Granderath unterbringen, vorübergehend. Susi sagte, wenn er nicht irgendeine Unterbringung für seine zehntausend Bücher organisiere, landeten die im Container. Solange er noch drei Geschäfte am Laufen habe, denke er nicht ans Ausziehen, sagte Edmund. Susi mußte ihn aufklären. Ab 4. März sind für die beiden Apartments in der Lindemannstraße DM 1680 fällig, pro Monat. Die neuen Hausherrn nähmen sicher an, daß Herr Gern noch Einkünfte habe. Was die für Gesichter machen, wenn die Miete vom Sozialamt überwiesen wird, möchte Susi gern sehen. Aber vielleicht weigere sich das Sozialamt ja, für zwei nicht gerade billige Wohnungen zu blechen. Sie sei gespannt. Schwärmerin, sagte Edmund. Susi verstand nicht, was er damit sagen wollte. Wir ziehen nicht aus, sagte er.

Ich schon, sagte sie.

Warum verkaufst du bloß deinen Porsche, sagte er.

Sie: Weil ich mich geniere, irgendwo mit dem Porsche anzukommen und dann um Hilfe zu betteln. Und da du keine Briefe mehr liest, lese ich dir vor, was uns Herr Felgenhauer, der liebenswürdigste Gerichtsvollzieher der Welt, mitteilt. Mitteilen muß. Ich weiß, daß er uns das lieber erspart hätte. Hör zu. Und las. Las aber nur die wuchtigsten Wörter: In der Zwangsvollstreckungssache des Herrn Helmut Hellpapp gegen Eheleute Edmund A. Gern ... bin ... mit der zwangsweisen Räumung Ihrer Wohnung beauftragt. Die Räumung werde ich am Montag, den 4. 3. 96 um 8 Uhr vornehmen ... bin ... befugt, verschlossene Türen und Behältnisse gewaltsam zu öffnen, sowie einen etwaigen Widerstand mit Hilfe der Polizei zu brechen ... Ihre anderweitige Unterbringung ist nicht Sache des Gerichtsvollziehers ... darauf hingewiesen, daß das Räumungsgut zur Deckung der Lagerkosten nach Ablauf eines Monats ab Einlagerung versteigert werden kann ... Einlagerung ... bei ... Spedition König, Bilker Allee ... Hier noch ein freundlicher Schrieb zur Verhinderung der Obdachlosigkeit mit Hilfe des Sozialamtes. Du siehst, Lieken, es kann uns überhaupt nichts passieren. Der für uns zuständige Sozialarbeiter, hast du so was schon mal gehört: Sozialarbeiter, der oder die wohnt gleich drüben in der Cranachstraße. Lieken, hallo, hörst du ... Edmund sagte: Oh, entschuldige, ich habe gerade im Kopf überschlagen, wieviel Merseburg ab Mai bringt.

Am nächsten Morgen bot Susi Herrn Granderath schon mal das kleine Sofa aus der Bibliothek an. Granderath lehnte ab. Die Frotteehandtücher hatten nichts genützt. Herr Granderath schnaufte auf, drehte sein Schild nach hinten und sagte: Sperrmüll. Er schaffte das Sofa abends mit seinem Sohn hinunter. Susi war froh, daß es schon dunkel war. Am anderen Morgen kam zum Glück rechtzeitig das Sperrmüllauto. Susi sah vom Treppenhausfenster aus zu, wie die Müllmänner das Sofa hoben und hineinschoben ins Müllmaul, wie es quietschte und krachte. Auch als der Müllwagen weiterfuhr, ragte ein Stück Sofa noch ins Freie. Als Susi zurück in die Wohnung kam, sagte Frau Thomasius: Sie machen was mit.

Susi hatte ihr Frühstück noch nicht beendet und konnte es auch nicht mehr beenden. Edmund war immer noch nicht erschienen. Na und!? Was ging er sie noch an? Und öffnete doch so vorsichtig wie möglich die Schlafzimmertür. Und erschrak. Er lag auf dem Rücken, der Mund weiter offen als je, und er zitterte. Mehr als das. Es roch nach Erbrochenem. Wenn sie nicht gesehen hätte, was er hatte, hätte sie ihn nicht verstanden. Er keuchte. Er kriegte zu wenig Luft. Sie sagte, sie rufe sofort den Notarzt an. Sie verstand, daß er sagte: Nicht ins Krankenhaus. Der Notarzt und seine Helfer stülpten ihm eine Maske übers Gesicht, trugen ihn hinunter, Susi setzte sich im Krankenwagen neben ihn, nahm seine Hand, er hatte Fieber. Sie schämte sich, weil sie, als sie ihn im Bett vorgefunden hatte, als erstes dachte: Jetzt haut er ab in die Krankheit. Als sie seine Hand in der Hand hatte und mit Blaulicht und Sirene durch die karnevalsbunte Stadt gefahren wurde, wehrte sie sich nicht mehr. Sie trottete hinter den Krankenträgern her, hörte, daß Edmund jetzt auf der Intensivstation in einen Tiefschlaf versetzt und künstlich beatmet werde, vier, fünf Tage lang, natürlich könne sie ihn besuchen. Als Susi in der Holbeinstraße aus dem Taxi stieg, sagte sie zu dem Fahrer, er möge, bitte, warten. Droben zu Conny, sie müsse sofort zurück ins Vinzenzkrankenhaus, sie müsse dem Vater sagen, daß sie ihm alles verzeihe, daß es ihr leid tue, daß sie ihn lieber nicht so schlecht behandelt hätte im letzten Jahr, und Conny sagte, ihr tue es auch leid, den Vater schlecht behandelt zu haben. Es kann doch sein, er hört mich, rief Susi und rannte hinunter und verschaffte sich im Krankenhaus Einlaß. Edmund hat ein starkes Herz, dachte sie. Aber wenn es doch zu Ende geht, muß er wissen, daß sie ihm verzeiht. Und bitten muß sie ihn, daß er ihr auch verzeihe. Die Schwester sagte, es sei möglich, daß er, was gesagt wird, höre, auch wenn er nicht reagieren könne. Edmund lag jetzt zwar ganz ruhig, die Maschine atmete für ihn, aber die vielen Leitungen, an die er angeschlossen war, vor allem das Mundstück für das Atmen, ließen das ruhige Daliegen gespenstisch erscheinen. Susi mußte sprechen, zu ihm. Sie habe oft genug gesagt, sie könne ihm, was er ihr antue, in hundert Jahren nicht verzeihen. Die hundert Jahre seien um. Nichts als Reue empfinde sie, wenn sie daran denke, wie sie ihn in der letzten Zeit behandelt habe. Und flehte wieder einmal zu dem Gott, an den sie nicht glaubte, bat ihn, Edmund nicht sterben zu lassen, bevor sie weiß, daß er weiß, daß sie ihm alles verzeiht. Sie kam sich, so sprechend, fremd vor. Unaufrichtig. Sie wollte doch immer der Wahrheit möglichst nahekommen. Und in diesem Augenblick ganz besonders. Gestern noch auf ihn eingebrüllt, und heute sollte alles sein wie nicht gewesen. Ging das denn? Sie bezweifelte es. Aber kaum spürte sie diesen Zweifel, wünschte sie mit aller Wunsch- und Seelenkraft, daß Edmund und sie jetzt zusammenfänden in nichts als Eintracht und Frieden. So etwas hat es doch früher trotz aller Widerwärtigkeiten gegeben.

Als sie in der Holbeinstraße ausstieg, sah sie Edmunds Haus, wie sie es noch nie gesehen hatte. Er wird es, auch wenn er wieder gesundet, nicht mehr sehen. Das Apartment für ihn in der Lindemannstraße ist zugesagt. Auf den 4. März.

Am nächsten Tag meldete sich über die Gegensprechanlage eine unendlich tiefe Männerstimme mit holländischem Akzent und sagte nur einen Namen. Susi sagte fragend Ja, die Stimme wiederholte den holländischen Namen und fügte hinzu, es gehe um die Bilder. Zwei feine, vor lauter Feinheit offenbar taubstumme Herrn traten feierlich ein und trugen die Konstruktivisten, die Edmund in der Diele bereitgestellt hatte, feierlich hinaus und legten sie unten in eine Art Bestattungsauto und fuhren dann trauermarschmäßig langsam davon. Da Mondrian und Warhol in der Bibliothek hingen, waren sie vor diesem feierlichen Zugriff sicher. Das würde sie Edmund hoffentlich bald mitteilen können. Der behandelnde Arzt sagte, daß der Patient für etwa fünf Tage an der Maschine bleibe, dann wird allmählich abgeschaltet, er muß wieder selber atmen, allmählich. Sie hofften, daß sie das Fieber bis dahin auf achtunddreißig herunterbrächten. Er hat ein starkes Herz, sagte Susi. Das wird er brauchen, sagte der Arzt, der jünger war als jeder Arzt, den Susi bis jetzt erlebt hatte. Susi widmete sich der Ordnung. Daß ihre Frauen erst wieder nach dem Aschermittwoch erscheinen würden, war ihr gerade recht. Sie konnte sich immer erst setzen, wenn die Ordnung ihren Ansprüchen genügte. Und da diese Ordnung jetzt durch keine Unvorhersehbarkeiten mehr zerstört werden konnte, konnte sie morgens durch eine Wohnung gehen, mit der sie sich vollkommen im Einklang fühlte. Die Abende verbrachte sie vor dem Fernseher mit verdoppelten Eisportionen. Nuß und Schokolade, je drei Bällchen. Conny streunte in der Stadt herum. Weder als Tigerkatze noch als Schlange noch als Pierrot, sondern als Sioux Squaw. Das hatte am wenigsten gekostet. Und Susi hatte ihr eingeredet, es könne doch sein, daß sie dem echten Sioux begegne, dem sie eine Zeit lang nachgetrauert hatte.

Wenn Susi ihre Ordnung genoß, schämte sie sich, weil sie wußte, diesen Genuß verdankte sie nur Edmunds Krankheit. Es tat ihr leid, daß die Wohnung ihre Wiederherstellung einem solchen Unglück verdankte, aber sie selber kam sich vor wie gerade noch gerettet. Viel länger hätte sie es so, wie es zuletzt zugegangen war, nicht ausgehalten. Und länger als knapp zwei Wochen würde sie diese Wohnung nicht genießen dürfen. Der Februar hatte – welch eine Gunst – diesmal neunundzwanzig Tage, aber dann war es aus. Kein Edmund mehr, der sagen konnte: Die Durststrecke ist vorbei. Aus. Unwiderruflich.

Edmund fing tatsächlich an, selber zu atmen. Das wüste Mundstück blieb zur Sicherheit in seinem Mund. Die Zunge war ihm immer noch zurückgebunden. Aber da er jetzt, wenn Susi mit ihm sprach, manchmal ein Augenlid um eine Winzigkeit hob, wenn auch nur für höchstens eine halbe Sekunde, glaubte sie, daß Andreas jetzt kommen könne. Er kam pünktlich um drei. Was für ein Gefühl, den eigenen Sohn zu küssen. Auch auf den Stufen eines Krankenhauses. Er paßt überhaupt nicht in ein Krankenhaus. Sie wußte wieder, warum sie ihn einmal geliebt hatte, wie eine Mutter einen Sohn offenbar nicht lieben soll. Der volle Mund seines Vaters fiel bei ihm energischer aus. Der Blick verriet Großmut, Geduld, Zärtlichkeit und ein bißchen Witz. Wenn der die richtige Frau gefunden hätte, dachte Susi und strich ihm über seine edmundähnliche Haarfülle. Nur ein bißchen zu dick ist er. Seit langem. Susi mußte umschalten, ihn vorbereiten. Aber Andreas erschrak dann doch, als er seinen Vater sah, an all diesen Leitungen, mit diesem Mundstück, die Zunge gebunden. Der Bildschirm zeigte, daß das Fieber im Augenblick bei achtunddreißigacht stand. Susi streichelte Edmund und sagte: Sieh mal, wen ich dir mitgebracht habe. Andreas ist da. Edmund hob das rechte Augenlid an, ließ es wieder sinken, dann rollte aus diesem Auge eine Träne, rann ihm übers Gesicht und hinunter bis unters Krankenhaushemd. Er war wieder eingeschlafen. Susi flüsterte: Noch einmal wecke ich ihn nicht. Er möchte uns sicher vieles sagen. Mit diesem Ding für die Beatmung kann er nicht sprechen. Atmen tut er selber, siehst du, wie schwer das geht, furchtbar. Andras nickte. Und sagte der Mutter ins Ohr, daß er das – deutete auf den Kranken – nicht sehen könne. Gab ihr schnell die Hand, sah noch einmal schnell zum Kranken hin, dann ging er. Susi konnte ihm nicht nachrennen. Vielleicht wachte Edmund noch einmal so kurz auf wie vorher. Und sähe, daß er schon wieder allein gelassen worden war. Sie setzte sich und sah zu, wie Edmund atmete. Kurze, schnelle Atemstöße, Röcheln, Geräusche wie beim Verschlucken, ein paar ganz normale Atemzüge, dann wieder röchelndes Lufteinziehen. Atmen als Schwerstarbeit. Susi spürte, daß sie selber schwer atmete. Sie versprach ihm, daß sie, wenn er wieder gesund sei, nur noch ganz lieb sein werde zu ihm. Sie sagte ihm das dreimal halblaut ins Ohr. Nach dem dritten Mal rollte wieder eine Träne aus seinem rechten Auge. Eine Schwester kam herein, nickte und sagte, man könne nur hoffen, daß Herrn Gern von dieser langen Einschläferung kein Schaden zurückbleiben werde. Susi deutete auf die Träne. Sehen Sie doch, kein Schaden.

Als Susi ging, war das Fieber auf neununddreißigeins. Zu Hause mußte sie vor das Warhol-Bild hin. Und weinte noch einmal. Dieses Paar mit zwei scharf aufeinanderstoßenden Hintergründen, Eisgrün gegen massiv Blau. Edmund fest und frontal, aber doch eher fragend als aggressiv. Sie herüberschauend, irgendwie stolz auf sich selbst

Die Firmen, die in der Lindemannstraße die Wände streichen und die Böden frisch verlegen sollten, meldeten, daß wegen karnevalsbedingten Ausfällen auch Susis Apartment erst am 4. März beziehbar sei. Sie meldete es Herrn Hellpapp weiter, der sagte: Uns bleibt nichts erspart. Susi sagte: Das weiß man noch nicht. Eigentlich hätte sie ihm den Satz sagen sollen, mit dem sie jetzt lebte. Es ist nichts so schlimm, daß es nicht noch schlimmer kommen könnte. Sie brauchte ja immer irgendwelche Sätze, mit denen sie das, was ihr gerade passierte, erträglich oder wenigstens erträglicher machen konnte.

Als Conny hereinkam, saß Susi immer noch vor dem Warhol-Bild. Susi berichtete, daß der Vater schon wieder selber atme. Conny sagte: Heiliger Strohsack. Susi sagte: Aber es ist Schwerstarbeit, dieses Atmen. Und Conny: Ech däht em so jähn helfe. Susi sagte: Erinnerst du dich noch an Dirk Pfeil supergeil. Als sie mit dem Vater von Dirks Beerdigung zurückgekommen sei, habe sie, als der Vater sie trösten wollte, gesagt: Der fehlt meinem Auto mehr als mir. Sie hatte mit Dirk ja schon seit neun Jahren nichts mehr, aber der tat immer noch alles für sie. Ruf mich an, tags oder nachts, ich fahre dich überall hin. Und wenn sie im Rollstuhl sei, schiebe er sie durch den Zoopark. Wenn sie sich nicht mehr waschen könne, komme er jeden Tag, um sie zu waschen. Das lehnte sie ein für alle Male ab. Aber wenn sie ein Nußeis wollte, mußte sie nur Dirk anrufen. Typisch Dirk sei gewesen, ihr zu sagen: Ungeschminkt gefällst du mir am besten. Aber er hatte zwei Fehler, die ungelenke Sprache und die Eifersucht. Sie wolle Conny ja nur erzählen, wie der gestorben sei. Der Freund rief an, sie ins Krankenhaus, da liegt der Bär am Tropf. Jetzt mußte Susi auslassen, daß das zu der Zeit gewesen war, als Conny noch Groschen stapelte, in Schachteln und Schachteldeckeln. Und Susi hatte ihr nicht sagen können: Den ganzen Tag Groschenstapeln ist krankhaft. Sie hatte ihr nicht sagen können, daß dieses unentwegte Groschenstapeln in Susis Innerem Verheerungen anrichtete. Sie hatte, weil sie es selber nicht mehr aushielt, Taktiken ausdenken müssen, mit denen Conny herausgerissen werden konnte aus diesem schrecklichen Groschenstapeln. Noch schlimmer, weil aufs unangenehmste laut, wenn sie mit der Suppenkelle Münzen von der einen Schachtel in die andere schöpfte. Dirk-Pfeil-Nachrichten hatten immer den erwünschten Effekt. Einfach hinein zu ihr und ihr gesagt, Dirk Pfeil habe gerade angerufen und gefragt, wann er wieder einmal Herrn Gerns Bentley so richtig polieren dürfe, er wisse doch, was alles er Herrn Gern zu verdanken habe. Oder er hatte angerufen, weil er gerade seinen Chef zur Industrie- und Handelskammertagung gefahren hatte, und wer wird da auch gerade herchauffiert, Herr Gern, und was tut der, er schüttelt Dirk Pfeil die Hand, die anderen Fahrer und Bosse staunen. Und dieser gute, gerechte, sozial empfindende Mensch liegt jetzt und kämpft um jeden Atemzug. Als sie Dirk Pfeil im Krankenhaus besucht hat, Mäusken, da hat dieser Bär von einem Mann kaum noch einen Ton herausgebracht. Gerade daß er Susi hat noch fragen können, warum er denn nicht mehr sprechen könne. Und Susi sofort tröstend: Mit so vielen Medikamenten, da kann kein Mensch mehr sprechen. Aber wenn sie ihm ein Küßchen gab, ging durch sein Gesicht ein schönes Beben. Der lag ja mit drei anderen. Nach dem Küßchen hielt er richtig die Backe hin, wollte noch eins. Wenn seine Frau da war, die Griechin, dieser furchtbare Dragoner, gab Susi natürlich kein Küßchen. Als sein Freund, der Tankwart, kam und Dirk den nicht gleich erkannte, sagte der: He, du, wo bist'n du, sag nur, die Autobahn ist verstopft. Wieder so eine Bewegung im Gesicht. Als die Frau gerade mal draußen war, sagte Susi zu dem Freund ganz leise, daß Dirk ihr gesagt habe, wenn sterben, dann in seinen Armen. Und von sich aus fügte Susi dazu: Und nicht in den Armen seiner Frau. Als der Freund ging, sagte er: Mach mir keine Dummheiten. Morgen gegen neun bin ich wieder da. Am nächsten Morgen war Susi auch schon vor neun da. Der Freund kam, Dirk zog den runter, küßte ihn und starb. Die Frau, die die ganze Nacht dagewesen war, hat er nicht mehr bemerkt. Susi hat dieser Frau überhaupt kein Beileid ausdrücken wollen, aber dann heulte die so los, da hat sie ihr die Hand geben müssen. Am Mittwoch war der gestorben, am Donnerstag hat die ihn beerdigen wollen. In Griechenland ist das so. Wir sind hier, hat Susi gesagt, nicht in Griechenland. So sang- und klanglos hat sie Dirk Pfeil nicht verschwinden lassen wollen. Sie hat den Vater gebeten, etwas Schönes zu schreiben und es schön drucken zu lassen. Hat der gemacht. Und zur Beerdigung kamen ganz schön Leute, und jede Menge Kränze lagen da auch. Dirk war ein feiner Kerl. Den mochte doch jeder. Susi ist es nur darauf angekommen, ihm noch etwas mitzugeben. Sie also zu Juwelier Katzler und etwas gesucht mit einem blauen Stein. So blitzblau wie Dirks Augen. Aber wie das in den

Sarg bringen? Als sie hinkam, drängten sich in dem winzigen Raum die Leute schon um den Sarg herum. Der Sarg, noch offen. Die Griechin ging nicht weg vom Sarg. Dirks Freund hatte an diesem Tag etwas am Fuß, konnte nur humpeln. Susi noch an der Tür. Der Freund sieht sie, gibt ein Zeichen, Susi kämpft sich durch die Leute, der Freund schafft sich humpelnd auf ihre Seite herüber, humpelt dann vor ihr her, bis zur Griechin hin, macht sich etwa in Brusthöhe Dirks so breit, daß Susi ihr Schmuckstück in den Sarg gleiten lassen kann, ohne daß es bemerkt wird. Sie dreht sich zum Freund hin und nickt. Das heißt: Geschafft. Dann noch in die Kneipe. Die Zeche hat Susi bezahlt. Aber so, daß die Griechin sich gedemütigt fühlen sollte. Susi hat diese Frau gehaßt. Dirk hat ja nie verstanden, warum er nicht länger hat Susis Freund sein können. Sein ewiges Wo warst du? Mit wem? Was wolltest du bezwecken mit dieser durchsichtigen Bluse? Daß einem das auf die Nerven gehen mußte, daß sie, wenn sie einen Mann hatte, nichts als treu sein wollte, ja, Treusein hat ihr Spaß gemacht, das ging dem nicht in seinen Mordsschädel. Und daß man sich geradezu wundgescheuert vorkommt, wenn einer immer und immer die gleichen Fehler macht beim Sprechen, das war ihm auch nicht zu vermitteln. Dä aame Kähl, sagte Conny. Verschwiegen hat Susi, was Dirk, als er schon ein Jahr mit der Griechin verheiratet war, am Telephon gesagt hatte. Er dürfe sein Glied – das war immer das überkorrekt ausgesprochene Wort für sein Geschlechtsteil – bei seiner Frau nur ein wenig hineinschieben, müsse dann stillhalten, nur sie dürfe sich bewegen, nur sie habe bestimmen dürfen, was für Bewegungen überhaupt in Frage kamen. Du kennst mich, hatte Dirk gesagt, das halte ich doch gar nicht aus.

Armer Dirk, sagte Susi.

An was ist er denn gestorben, fragte Conny. Leberkrebs, sagte Susi. Von der Malaria, die er sich in der Fremdenlegion eingefangen hatte. Ein halbes Jahr nach ihm war der Freund dran. Genau so. War ja auch Legionär gewesen.

Aame Kähls, sagte Conny.

Susi sagte: Ich hätte doch nie gedacht, daß ich länger leben würde als so ein bärenstarker Mann. Und dachte: Bei Edmund ist das anders. Und gleich: Er hat ein starkes Herz. Dann mußte sie Conny noch mitteilen, daß sie nie einen Geliebten gewollt hätte, der dem Vater hätte das Wasser reichen können. Conny wollte wissen, was das bedeute, das Wasser reichen. Das seien Männer gewesen unter dem Niveau des Vaters. Sie habe auch Männer kennengelernt, die Niveau hatten. Hat sie abgelehnt. Akzeptiert nur solche, denen gegenüber sie die Stärkere war. Sie hat eigentlich gar nicht nachgedacht darüber, ganz instinktiv blieb sie nur bei Männern, die keine Konkurrenz waren für den Vater. Und die haben ja alle den Vater bewundert oder gehaßt, aber aufgeschaut zu ihm, alle. Da thronte jemand hoch über ihnen, an den sie nicht heranreichen konnten. Das hat sie immer als erstes aufgebaut: den Altar für den Vater. Wenn ihr einer so von einer Frau geschwärmt hätte wie sie vom Vater, da wäre sie doch abgehauen. Und dich, Mäusken, haben sie auch bewundert. Und geliebt. Du erinnerst dich an Justus, Lotfi und den einen Klaus. Wenn einer dich nicht bewunderte, war er für mich schon erledigt.

Bis mien leews Mehlsößke, sagte Conny.

Am Tag nach Aschermittwoch fuhr *MÖBELREICH* vor und holte die Möbel ab. Susi ging durch die fast leere Wohnung. Die Schränke fast leer. Im Treppenhaus türmten sich die Kartons. Nirgends auch nur eine Spur von Unordnung. Noch lebt die Wohnung. Die Vorhänge, die Spiegel, die Kratzbäume, die Pflanzen sind noch an ihren Plätzen. Susi genoß es herumzugehen. Sie wußte, es würde ein Wunder geschehen. Schon die Verschiebung auf den 4. März deutete an, daß der Auszug gar nicht stattfinden konnte. So muß es sein, wenn dir der Arzt sagt: Sie haben noch drei Wochen zu leben. Das weiß man dann, aber man glaubt es nicht. Wie soll sie denn dort, eingepfercht auf sechzig Quadratmetern, frühstücken? Wohin mit den Kratzbäumen? Susi hatte wieder das Gefühl, sie müsse schreien. Laut schreien. So wie vielleicht Soldaten im Krieg schreien, wenn sie angreifen müssen, obwohl sie Angst haben. Ihr Kriegsgeschrei muß so laut sein, daß es ihre Angst übertönt. Herr Hellpapp hat sich seit ein paar Tagen nicht mehr gemeldet. Susi nahm an, aus Rücksicht, aus Feingefühl. Beim letzten

Gespräch deutete er an, für ihn wäre es das Schlimmste, wenn sich Frau Gern etwas antäte. In dieser Wohnung. Dann könnte er nämlich hier nicht wohnen. Daß Andreas nicht anrief, tat weh. Daß er ihr nicht sagen wollte, wie er den Besuch im Krankenhaus erlebt hat! Daß er nicht fragen wollte, wie es dem Vater jetzt gehe, ob das Fieber gesunken sei. Christelle. Die ließ das nicht zu. Daß diese Frau nicht richtig tickt, sieht jeder. Außer Andreas. Aber Xandra rief an. Sie klang jetzt wirklich wie eine andere Person. Dem Opa dürfe doch bitte, bitte, nichts passieren. Susi sagte ihr, daß der Opa schon wieder selber atme, wenn auch mühsam. Jetzt müßte nur noch das Fieber herunter, dann werde er sicher bald zu Kräften kommen. Ganz zum Ende fragte Xandra, was jetzt, wenn der Opa immer häufiger bettlägerig sei, mit seiner Stereoanlage geschehe. Susi sagte, das werde man sehen. Sie sei, sagte Xandra, nach Ostern ja wieder im alten Internat. Gratuliere, sagte Susi.

Dann meldete sich Herr Hellpapp. Beide Apartments in der Lindemannstraße sind schon am 29. Februar beziehbar. Er hat die Handwerker so weit gebracht. Mit viel Geld zwar, aber das ist es ihm wert. Und Frau Gern muß doch auch endlich einmal zur Ruhe kommen. Susi konnte nur sagen: Ja. Herr Hellpapp bot an, beim Umzug zu helfen. Susi stellte sich vor, so wie sie jetzt alles höre, müßte es sich unter Wasser anhören. Und was ihr selber aus dem Mund kam, war auch nichts als mulmig. Herr Hellpapp rief ein paarmal, als müsse er sie wecken: Frau Gern, Frau Gern! Susi sagte: Ja, ja, schon gut. Wird gemacht. Herr Hellpapp sagte noch einmal, daß er gern behilflich wäre. Als Susi sich so mulmig sprechen hörte, steigerte sie diese Mulmigkeit noch absichtlich. Der sollte ruhig denken, sie sei betrunken. Daß er dann auflegte, ohne von ihr eine vernünftige Antwort bekommen zu haben, empfand sie als Erfolg. Sie wollte nicht mehr in Frage kommen. Dann rief sie aber doch so lange Antiquare an, bis sie einen hatte, der bereit war, Edmunds Bücher schon am nächsten Tag zu besichtigen. Susi wußte, daß sie Edmunds Bücher nicht verkaufen durfte, aber sie mußte wissen, ob sie überhaupt verkäuflich wären und für wieviel. Wahrscheinlich würde Herr Hellpapp, wenn sonst alles draußen wäre, die Bücher noch ein paar Tage dulden. Herr Hellpapp legte Wert darauf, kein Barbar zu sein. Es handelt sich eben um zahlreiche Erstausgaben, hatte Susi gesagt, sowohl zu Herrn Hellpapp wie auch zu den Antiquaren. Und was waren die Regale, die Edmund aus einem Schloß in Northumberland holen ließ, ohne die Bücher wert? Allein die fahrbare Mahagonileiter auf Messingrollen, mit Messingbeschlägen plus Plattform plus lederbezogener Bank hatte schon vor fünfundzwanzig Jahren sechzehntausend Mark gekostet. Das war von allem, was bei ihnen Gewohnheit geworden war, das Friedlichste, Edmund am Freitag, zurück von Mr. Yingling, Meldung von Sieg oder Niederlage, Mr. Yinglings neuester Spruch und, immer zuletzt, weil es das wichtigste war: die neueste Erstausgabe, unbeschnitten, Velinpapier, geborgen in Einbänden der Meister des Buchbindens im frühesten 20. Jahrhundert.

Sobald sich die Krankheit gemeldet hatte, konnte er den Leiterturm nicht mehr besteigen. Edmund, da droben, Erstausgaben streichelnd, da hatte Susi ihn schon mal für einen Engel gehalten. Daß er nichts weniger als ein Engel war, wußte niemand besser als sie. Aber diese tiefroten und tiefgrünen Bücherwesen mit ihren goldenen Bordüren, oder gar die mit den verwitterten, mürben Originaleinbänden, die aussahen, als hätten sie alles, was seit ihrem Erscheinen passiert war, miterlebt, die verwandelten Edmund auf jeden Fall in etwas, was er nicht war. Oder, bitte, am wenigsten war.

Als sie an Edmunds Bett saß, wußte sie, daß sie ihm nicht mitteilen konnte, daß in wenigen Tagen ausgezogen werden mußte. Sie konnte ihm nicht sagen, daß sie seine Bibliothek, die Bücher und die Regale, schätzen lassen mußte. Er hatte dem Auszug keine Sekunde lang zugestimmt.

Sie merkte, daß er, was sie sagte, jetzt hören konnte. Sprechen konnte er offensichtlich noch nicht. Sie sagte, daß sie ihn etwas fragen werde. Antworte er mit Nein, solle er die Augen zweimal öffnen. Bei Ja einmal. Ob sein Bruder ihn besuchen solle. Er öffnete und schloß die Augen zweimal, also Nein. Die Augen offenzuhalten gelang ihm noch nicht. Dann wusch sie ihn ab, weil er schwitzte, und fragte, ob er das gut finde. Zweimal. Also hörte sie auf. Dann erzählte sie ihm, wie sie ihm, als er vielleicht noch gar nichts mitbekommen hatte, gesagt habe, daß sie ihm alles verziehen habe. Aber selbst da, vor vierzehn Tagen, habe sie das mehr mit dem Mund als mit dem Herzen gesagt. Jetzt wolle sie es ihm von ganzem Herzen sagen. Und ihn bitten, ihr zu verzeihen, daß sie ihn in den letzten zwei Jahren schlecht behandelt habe. Er macht die Augen einmal auf und zu. Es war eine Erlösung. Lieken, sagte sie, du weißt, ich habe dir manchmal, wenn es ganz schlimm war, den Tod gewünscht. Ich habe aber immer gewußt, daß dein Tod mir nicht helfen würde. Ich habe gewußt, daß ich einem anderen immer von dir erzählen müßte, und daß das keiner aushielte. Also meinetwegen mußt du nicht sterben, Lieken. Du darfst nicht sterben, Lieken. Edmund reagierte nicht mehr. Sobald sie zu Hause war, rief sie Frau Prellmann, Frau Pudlich und Frau Proll an und teilte mit, was mit Edmund geschehen sei. Das tat sie, obwohl sie Edmund irgendwann in den vergangenen Wochen gesagt hatte: Wenn du mal hier oder sonst wo im Bett liegst, geh ich nicht mehr von deiner Seite. Deine Frauen haben an deinem Krankenbett nichts zu suchen. Einmal hatte sie sogar gebrüllt: Sag deinen Frauen, daß ich keine auf dem Friedhof sehen will. Sag ihnen das. Ich verjag jede, die sich da zeigt. Edmund hatte sein Kußmündchen gemacht und genickt.

Aber jetzt rief Susi die Frauen doch an. Die Frivolitätsdarstellerin, das Heimchen und die Edelnutte. Frau Prellmann sagte: Übermorgen verreisen wir, also geht es nur morgen. Heimchen Pudlich: Ja, ich komme gerade selber aus dem Krankenhaus, vor übermorgen geht es nicht. Bei der Edelnutte meldete sich nur der Anrufbeantworter. Dann eben nicht, dachte Susi.

Als sie mit Frau Prellmann, die zum Glück nichts aus Susis Schränken trug, ins Zimmer trat, sagte sie: Edmund, du ahnst nicht, wen ich dir mitgebracht habe. Bei diesem Satz stand sie in Edmunds Blickfeld. Er hatte die Augen offen, aber er konnte weder den Kopf noch die Augen bewegen. Also zog sich Susi langsam heraus aus seinem Blickfeld und schob Frau Prellmann rein. Die plaudert sofort drauflos: Edmund, was machst denn du für Sachen, du bist aber dünn geworden ...

Und Edmund schaut, ja, das ist gar nicht falsch zu verstehen, er schaut entsetzt. Dann versucht er die Augen zu bewegen. Sein Blick schiebt sich in die Richtung, in die Susi sich zurückgezogen hat. Sein Blick sucht Susi. Und Susi tritt wieder, schon bevor Edmunds Augen sie erreichen, in sein Blickfeld, drängt Frau Prellmann sanft, aber unwiderstehlich hinaus aus diesem Feld und sagt: Edmund, du suchst mich. Das halte ich für das liebste Kompliment, das du mir je gemacht hast.

Ganz sicher war sie nicht, ob Edmund wirklich bemerkt hatte, daß die Prellmann im Raum war. Er konnte sie ja auch für eine Fieberphantasie halten. Aber auch dann hatte er sich wegbewegen wollen von der Prellmann-Erscheinung, und hin zu ihr, seiner Susi. Susi sah es doch: nichts Sexuelles war übrig geblieben. Ihr kam er einfach jungfräulich vor. Genau danach hatte sie sich doch gesehnt. Fast zwölf Jahre lang. Das hatte sie ihm immer zugespielt, daß sie einander annähmen auf eine ganz andere Art. Nur noch sein, was der andere billigen kann. Sie konnte sich nicht beherrschen. Sie mußte sagen: Edmund, jetzt kannst du nicht mehr vor und zurück, jetzt sind wir ganz eins.

Sie merkte, daß sie jetzt demonstrierte. Vor der Prellmann. Aber sie konnte nicht anders. Sie schob die sogar ganz hinaus aus dem Zimmer. Noch schöner als Frau Prellmann zu besiegen war es, mit Edmund allein zu sein. Nichts mehr sagen zu müssen. Ohne Musik fuhr sie nach Hause. Kam gerade recht, den Anruf der Edelnutte anzunehmen. Susi berichtete. Aber ganz sachlich. Sie wollte keine Stimmung mit der teilen. Die schwieg zuerst. Dann fragte sie, wie es mit dem Umzug stehe. Susi berichtete. Wieder nichts als sachlich. Dann die: Sie habe hinter ihrem Häuschen in Hilden eine alte Remise, die wahrscheinlich aus der Zeit stamme, in der Edmunds Erstausgaben erschienen seien. Die Remise sei eigentlich selber eine Erstausgabe. Und gerade erst vollkommen restauriert. Gedeckt mit grünen Glanzziegeln. Ihr Lebensgefährte, übrigens derselbe Jahrgang wie Herr Gern, ein Hobbyrestaurator. Leer und trocken stehe die Remise jetzt da. Falls Frau Gern bis auf weiteres die Kostbarkeiten unter Edmunds Büchern darin lagern wolle, herzlich willkommen. Susi wußte nicht, ob sie schroff Nein oder gerührt Ja sagen sollte. Und weil sie nicht gleich antworten konnte, sagte Frau Proll, es sei doch schade, solche Schätze in die Hände von Winkelantiquaren geraten zu lassen. Jetzt sagte Susi gerührt: Ja.

Aufgelegt, und schon rief Herr Soostema an. Ach ja, das ist doch der, aus der Großen Gruppe. Herr Gern, sagte er, habe ihm für ein 500 000-Mark-Darlehen seine Bilder übereignet. Inzwischen seien das durch Zinsen sechshunderttausend. Darum muß er jetzt die Bilder sicherstellen. Er wird sie vorerst nicht weiterverkaufen. Aber als Sicherheit braucht er sie jetzt. Er muß auch sehen, wo er bleibt. In einer halben Stunde ist er in der Holbeinstraße. Susi rief sofort Wilhelm Granderath an. Die Frau: Erst abends wieder im Haus. Susi saß auf einem der beiden Stühle, die es noch gab. Mondrian und Warhol. Diese Bilder durfte dieser Herr Soostema nicht kriegen. Reicher als reich, so hatte Edmund den charakterisiert, das halbe Jahr in seiner Villa auf Ibiza. Da, dachte Susi, braucht er die Bilder nicht. Seine Villa, hatte Edmund gesagt, läßt er vor Eindringlingen schützen nicht nur durch Licht- und Sirenengewitter, sondern durch eingebaute Schießanlagen. Jeder, der sich der Villa nähert, wird, wenn die Anlagen eingeschaltet sind, von Schußapparaten beschossen. In drei Sprachen wird an hohen Zäunen vor diesen Apparaten gewarnt. Analphabeten sind dran, hatte Edmund lachend erzählt.

Susi nahm die Mondrian und Warhol von der Wand und legte sie in Edmunds Bett, unter seine Decke. Dann läutete es. Herr Soostema. In den Mantel, die Tasche mit, und hinunter und dem, bevor er überhaupt grüßen konnte, ins Gesicht gesagt, mehr geschrieen als gesagt: Mein Mann, es steht ganz schlecht, ich muß ins Krankenhaus. Morgen, bitte. Und den stehengelassen und ab mit ihrem im Freien geparkten Golf, Fluchtgolf, dachte sie, als sie Gas gab und froh war, in die Karl-Müller-Straße einbiegen zu können und damit Herrn Soostemas Blicken entzogen zu sein. Aber so routiniert, jetzt irgendwo im Viertel zu parken, sich anzuschleichen und zu warten, bis der Gläubiger verschwunden war, war sie nicht. Wenn der Herr solcher Schußanlagen sie seinerseits überlisten wollte, seinerseits eine Straße weiterfuhr, parkte, ausstieg, die Holbeinstraße überwachte ...

Sie wollte diesen Herrn nicht mehr sehen. Also blieb nichts anderes übrig, als noch einmal ins Krankenhaus zu fahren. Und da konnte sie doch nicht unten im Auto sitzenbleiben. Ihre Musik war jetzt unbrauchbar. Also hinauf. Schon im Gang kam ihr der kleine Pfleger entgegen. Ach, Sie sind schon da, sagte er und nahm ihre Hand und drückte sie. Für ihn ist es besser so, sagte er. Susi an ihm vorbei ins Zimmer. Edmund, so ruhig, friedlich, gelöst wie noch nie. Susi dachte: Entkommen.

Nachher saß sie im Auto, bis es vollkommen dunkel war. Dann fuhr sie so langsam, wie sie noch nie gefahren war, Richtung Holbeinstraße. Sollte Herr Soostema dort auf sie warten, ihr egal. Zum ersten Mal, daß ihr alles, was noch passieren konnte, egal war. Sie hatte Herrn Soostema also nicht belogen. Schrecklich.

Droben, Conny vor dem Fernseher. Ein Zeichentrickfilm. Susi sagte in das Gelächter und Gequietsche hinein, daß der Vater gestorben sei.

Conny schaltete den Apparat aus, dann sagte sie: Dä leewe Schlabberschnut. Dann umarmte sie Susi. Susi spürte die Riesenbrüste. 's iss wie 's iss, sagte Susi und erinnerte sich, daß sie das schon seit vielen Jahren nicht mehr gesagt hatte.

Heiliger Strohsack, sagte Conny. Dann sagte sie: Dat schläht mi op'm Mare.

Susi drückte Conny noch einmal an sich. Und dachte: Was für ein tolles Kind. Und dachte: Nur, daß sie sich seit dreißig Jahren nicht mehr verändert hat, dieses Immergleiche, das ist lähmend. Aber dafür ist sie auch gleichbleibend lieb. Erst als die Entmündigung durch war, hat Edmund zugegeben, daß Conny ein behindertes Kind ist. Vorher hat er immer nur herumgemeckert, daß Susi Conny zu sehr bemuttere. Wenn Susi einen Fortschritt gemeldet hatte, hatte er gesagt: Siehst du, die richtige Pädagogik, und schon läuft es.

Jetzt, auf Connys Bett neben Conny sitzend, spürte Susi, daß Conny und sie einander noch nie so nahe waren wie in diesem Augenblick. Kein Geld zu haben, dachte sie, ist auch eine Behinderung.

Am nächsten Morgen war draußen alles weiß. Wie gepudert. Äste und Dächer hatten weiße Borten. Es hatte noch einmal geschneit. Die Sonne schien grell. Ein strahlender Tag, dachte Susi. Wenn sie traurig war, ertrug sie keine Sonne.

Zuerst mußte Andreas angerufen werden. Nein, noch davor mußte Isabell angerufen werden. Gymnastik, Massage absagen für immer. Dann Andreas. Der sagte, das überrasche ihn nicht. Zwei Tage bevor wir ausziehen müssen, sagte Susi. Und weil Andreas nichts sagte, sagte sie, daß der Vater nie ausgezogen wäre aus seiner Wohnung. Nur mit Gewalt hätten sie den hinausgebracht. Sie erwartete, daß Andreas jetzt sage, er komme heute noch zu ihr. Aber er ließ wissen, daß Christelle und er zu einer Billardpartie eingeladen seien. Mit geschäftlichem Hintergrund. Das hieß: nicht abzusagen.

Am nächsten Morgen rief sie die *Frankfurter* an, schilderte, in welcher Lage sie sei, jetzt ist der Leser und Abonnent gestorben, der habe aber zu Lebzeiten immer gesagt, wichtiger als die Beerdigung sei ihm die Todesanzeige in der *Frankfurter Allgemeinen*. Und genau die sei jetzt für sie unbezahlbar geworden. Die am Apparat bedauerte. Wir müssen auch unsere Leute bezahlen, sagte sie. Susi legte auf. Susi saß und dachte an die Zeit, als sie sich noch nicht daran gewöhnt hatte, daß Edmund beim Frühstück hinter der *Frankfurter* verschwand. Sie hatte Edmunds Mutter angerufen. Sprich doch du mit ihm, hatte sie gesagt. Eine Zeit lang hatte er sie dann im Büro gelesen. Aber er hatte sich, während er die Zeitung las, immer wieder mit ihr unterhalten. Als nichts mehr gekommen war von ihm, war sie selbständig geworden. Sie frühstückte mit ihren Katzen.

Sie schrieb an die *Frankfurter*, schilderte noch einmal, wie alles gekommen war. Antwort: Sobald wir Platz haben. Und ein paar Tage später war die Anzeige drin. Die kleinste, die sie haben. Aber Susi: Siehste, Edmund, wie du es gewünscht hast, du stehst in der *Frankfurter*. Sie hätte sich überhaupt nicht abwimmeln lassen. Sie hätte noch hundert Briefe geschrieben. Sie hätte geschildert, was sie in den zweiundvierzig Ehejahren mitgemacht hatte, weil der immer oder fast immer beim Frühstück hinter dieser Zeitung verschwand. Der hat die Zeitung schon gelesen, als er noch bei seinen Eltern wohnte. Also ein so treuer Leser muß der Zeitung doch eine kostenlose Todesanzeige wert sein. Susi erlebte die Todesanzeige in der *Frankfurter* als persönlichen Erfolg und zugleich als innigste Einigkeit mit Edmund.

Zum Glück gab es Wilhelm Granderath. Und ab fünf Uhr nachmittags auch noch seinen Sohn. Als erstes mußte Granderath Mondrian und Warhol holen. Sobald es dunkel war. Er sagte, die Bilder hätten in seinem Dachboden Platz und seien dort, eingehüllt in wollene Decken, ganz sicher. Andreas hatte gesagt, er werde einen Galeristen besorgen, der die zwei Bilder für die Mutter verkaufe. Als Herr Soostema sich am Morgen des Beerdigungstages meldete und nach den Bildern fragte, sagte Susi, die Bilder seien doch schon vor Tagen abgeholt worden. Das müsse ihr Mann, der heute beerdigt werde, noch veranlaßt haben. Herr Soostema fluchte nicht, aber er fluchte fast. Susi sagte, ihr tue es leid, aber sie müsse heute ihren Mann beerdigen. Sie wußte, daß sie noch hören würde von Herrn Soostema.

Der Beerdigungstag war zum Glück ein bis zur Lichtlosigkeit trüber Tag. Die Bäume wurden zu Gespenstern. Ihr kam Düsseldorf an solchen Tagen immer vor wie ein unterirdisches Labyrinth. Ein halblautes Durcheinander. Alle durch das Wetter mit einander verbunden. Jedes Gesicht zeigte zuerst einmal das Wetter und erst dann sich selbst. Jetzt heul bloß nicht. Heulen schwächt. Du hast dich entschieden zu überleben. Also bitte.

Xandra und Conny saßen hinten, Susi vorne. Andreas hatte soviel Feingefühl gehabt, Christelle zu Hause zu lassen. Susi hätte ihn dafür streicheln können. Susi hatte das Gefühl, neben sich zu sitzen. Sie kriegte mit, wie die, neben der sie saß, alles erlebte, aber sie war die nicht. Wenn sie diese Rollenaufteilung durchhielt, war die Beerdigung kein Problem. Die andere, neben der sie saß, erlebte, funktionierte, Susi beobachtete. Du hast ihm nichts in den Sarg gelegt, sagte sie zu der anderen. Die sagte: Was denn? Schon Ksenija hast du nichts mitgegeben, sagte sie. Aber Ksenija war kaputt, sagte die andere. Die hat man gar nicht mehr anschauen können. Stimmt. Susi war noch extra zu dem Arzt gefahren, der Ksenija obduziert hatte. Der hatte Susi davon abgeraten, Ksenija noch einmal anzuschauen. Sie springen alle mit den Beinen voraus, hatte er gesagt, rammen sich die Beine in den Leib.

Heerdter Friedhof. Sie ging neben Andreas auf dem knirschenden Kies. Sie ging auch neben sich. Ich bin gespannt, wie du diese Beerdigung überstehst, dachte sie. Sie hatte keinen schwarzen Schleier über ihren Hut geworfen. Aber ihr Mantel war schwarz. Sie hatte Leonardo ein paar Mal fragen müssen, in welchem Karton der schwarze Mantel, den sie tragen wollte, ausgelagert war. Sie merkte, das System hatte Mängel, aber schließlich kam die Antwort: Ottilie Oschatz, Karton 2. Also hinaus nach Ratingen und den Mantel geholt. Die vor dem Obdachlosenheim in Ratingen Herumstehenden bemerkte sie heute mit einem ganz anderen Interesse als sonst. Die da herumlungerten, hatten das alles hinter sich. Am liebsten hätte sie sich unter denen nach einem Gesprächspartner umgesehen. Im Sommer waren die immer zu dick angezogen, im Winter zu dünn. Heute stimmte die Kleidung.

Ottilie und Theo Oschatz standen um Susi herum wie um einen Verkehrsunfall. Susi hatte beide beruhigen müssen. Das konnte sie inzwischen.

Auf dem Weg vom Kühlhaus zum Reihengrab 57 büßte sie ihre Beobachterposition ein. Und zwar durch so etwas Lächerliches wie das Quietschen der Räder des Karrens, auf dem der Sarg transportiert wurde. Der Friedhofswärter an der Deichsel dieses Karrens hörte offenbar nicht, daß diese Karrenräder furchtbar quietschten. Wenn er es hörte, war es ihm egal. Susi aber konnte nichts anderes mehr denken als: Warum muß dieser Karren jetzt auch noch quietschen! Das ist doch nicht in Ordnung! Die Räder zu ölen müßte doch möglich sein, mein Gott. Sie hatte das Gefühl, sie müsse sich bei Edmund dafür entschuldigen, daß der Karren, mit dem sein Sarg von der Kühlhalle zum offenen Grab gefahren wurde, so entsetzlich quietschte.

Ein Blumengesteck von Herrn Hellpapp. Und jede der drei Edmund-Frauen war auch durch ein Gesteck vertreten. Daß die mächtigen weißen Blüten des Hellpapp-Gestecks Calla hießen, wußte Susi, die Namen von Blumen konnte sie besser behalten als die von Bäumen. Die Gestecke der Frauen waren allerdings undefinierbar. Gott sei Dank war keine da. Als sie zu der Pudlich gesagt hatte, wenn sie nicht am selben oder am nächsten

Tag komme, wäre es besser, Edmund gar nicht zu besuchen, hatte die komisch reagiert. Eben echt Heimchen Pudlich. Gerade, als wolle sie sagen: Erst soll man'n besuchen, dann soll man'n nich besuchen. Die Pudlich war ihr jetzt böse, das wußte Susi, die würde ihr jetzt böse sein für immer. Als sie pflichtbewußt die Prellmann von Edmunds Tod verständigen wollte, hatte sich ein Ausländer gemeldet. Araber, schätzte Susi. Frau Prellmann wohne während der Messe bei ihrem Sohn in Leverkusen. Das hatte Susi schon von Edmund erfahren, daß die Prellmann ihre Wohnung in den Messetagen vermiete.

Dann sah sie weit weg zwischen öden Grabreihen die Edelnutte. Unverkennbar, einfach eine stolze Figur. Sie war, als Susi sie anrief, schon über alles informiert. Von wem, sagte sie nicht. Sie habe ihn öfter mal besucht, sagte sie. Durch Entfernung und Haltung drückte sie jetzt aus, daß sie teilnehmen wolle, ohne einen Anspruch zu erheben. Susi spürte etwas wie Dankbarkeit für jeden Meter, den Frau Proll zwischen sich und dem Grab gelassen hatte. Und daß sie nicht herkam und kondolierte, aber durch Haltung und Schauen deutlich Teilnahme ausdrückte, tat Susi auch gut. Sie würde Frau Proll nie mehr Edelnutte nennen. Die hatte ja schon ein paar Tage zuvor, bei dem Gespräch über die Bücher, einen Rang bewiesen, den Susi ihr nie zugetraut hätte. Die Edelnutte! Hetäre, hatte Edmund anfangs gesagt. Susi hatte einen Anflug von Eifersucht niederkämpfen müssen. Edmunds Feindseligkeitsausbruch, als Susi vorgeschlagen hatte, die Bücher zu verkaufen. Und dann die Edelnutte als Retterin.

Nachher saßen sie noch in Andreas' Geschäftslokal in der nicht ganz unattraktiven Bismarckstraße. Parterre. Gleich nach dem Windfang stand man vor einer riesigen gleißenden Granitplatte, die sich zum Besucher hin halbrund herbog. Andreas' gewaltiger Stuhl hinter dieser Platte. Da war die Platte ohne jede Biegung. Das wirkte fast, als sollten die Kunden merken, daß sie durch die sich herausbiegende Platte von Herrn Gern junior abgehalten werden. Diese Platte könnte einen begraben, sagte Susi. Bei einem Erdbeben zum Beispiel. Andreas erklärte, daß auf den vier dicken, runden Aluminiumsäulen eine Stahlplatte befestigt sei und auf dieser Platte, unablösbar festgeklebt, die Steinplatte. Dann ging man weiter nach hinten ins Besprechungszimmer. Ein langer, edel schimmernder Kirschbaumtisch. Kirschbaumstühle mit Stofflehnen. Großgeblümt. Es gab viel zu zeigen, viel zu erklären. Andreas servierte Kaffee und Kekse. Es lag ihm offenbar auch daran, jetzt den Unterschied zwischen den, wie er das nannte, rein kommerziellen Geschäften seines Vaters und seinen Geschäften zu erklären. Der Vater hat ja doch die längste Zeit Geld-Ware-Geschäfte gemacht und war dann nichts als überfordert, als er's mit Trading probierte. Er, Andreas, verkauft von Anfang an Geld, das er nicht hat. Einer will 10 Millionen Dollar anlegen, Andreas legt's an und gibt ihm als Sicherheit eine Bankgarantie für diese Anlage. Muß nicht immer Triple-A sein, Curaçao tut's auch. Er läßt sich aber jedesmal bestätigen, daß das Geld weder vom Waffenhandel – das hat Christelle verlangt von ihm – noch vom Drogenhandel kommt. Schwarzgeld ist alles, das ist klar. Ehrlich verdientes Geld, das der deutsche Fiskus, der raffgierigste der Welt, in die Kriminalität zwingt. Man sollte es also nicht Schwarzgeld, sondern Fluchtgeld nennen. Die Wirtschaft wird praktisch zur Emigration gezwungen. Tatsächlich hätte die Wirtschaft diesen Staat schon längst mit sich allein lassen sollen. Der Staat als Selbstzweck, eine deutsche Erfindung. Er läßt sich durch diesen fanatisch bürokratischen Fiskus kein schlechtes Gewissen einbleuen. Gestern hat er eine Anfrage, ob er zwanzig Kilo Plutonium besorgen könne, rundweg abgelehnt. Zum Glück tauchte Christelle auch jetzt nicht auf. Andreas, der Braungebrannte, war mit Christelle gerade erst von La Gomera zurückgekommen. Gerade recht, um den Vater noch einmal zu sehen. Weil sie Andreas von diesen Geschäftsgeschichten abbringen wollte, sagte Susi, das Wetter sei ja nicht so toll gewesen auf La Gomera. Und Andreas: Für das, was wir getan haben, spielte das Wetter keine Rolle. Wieso denn das, fragte Conny. Ja, wenn man das wüßte, sagte Andreas. Xandra grinste. Susi dachte: So hätte er früher nicht gesprochen mit mir. Christelle, vom Vater mißbraucht, die Mutter hat's zugelassen, ja, ja jaa, armer Andreas.

Susi und Conny fuhren mit der Straßenbahn zurück. Zweimal Lindemannstraße. Susi mußte Conny umschulen. Aber leicht war das nicht für die ebenso dicke wie kleine Conny, die Straßenbahnstufen hinaufzukommen. Susi war vorausgegangen, hatte ihr die Hand gereicht und sie noch ganz heraufgezogen. Dann gratulierte sie Conny. Aber Conny paßte nicht auf einen Sitz. Sie brauchte zwei. Das gelang. Susi saß auf der anderen Seite des Gangs und sagte, hinauszeigend: Ist doch viel schöner als mit dem Auto. Conny sah ihre Mutter an, als habe die eine ihr unbekannte Fremdsprache gesprochen. Gott sei Dank hatte es Andreas übernommen, Xandra ins Internat zurückzubringen.

Zu Hause erinnerte Conny daran, daß das letzte *Glücksrad*-Video noch nicht angeschaut worden sei. Aber nicht heute, sagte Susi. Polster Teufel, hasse ja recht, sagte Conny. Susi hoffte, es werde ihr gelingen, Conny ganz vom *Glücksrad* zu entwöhnen. *Ehen vor Gericht*, dazu mußte sie Conny kriegen, daß die sah, was ihr erspart blieb.

An die Sechzigquadratmeterenge gewöhnte sich Conny leichter als Susi. Ein Schritt schräg links über den Gang, und sie war bei Conny, ein Schritt geradeaus, die winzige Küche, ein halber Schritt schräg rechts, Klo und Bad. Connys Zimmer zur Lindemannstraße hinaus, Susis Zimmer mit Balkon nach hinten hinaus, auf einen baumbestandenen Schulhof. Das Apartment war, als sich herausgestellt hatte, daß Lotfi aus der Klinkerburg in der Simrockstraße nicht wegzudenken war, ihre Zuflucht geworden. Hier hatte sich Dirk Pfeil die Knöchel an der Wand blutig geschlagen, hier hatte der letzte Klaus sie hereingelegt. Und keine Oberpostdirektion mehr zwischen hier und der Holbeinstraße. Sie hatte sich eingebildet, sie hätte in der Simrockstraße mit Lotfi nicht Verlobung feiern können, wenn der Riegel der Oberpostdirektion sie nicht von der Holbeinstraße getrennt hätte. Aber dann hatte sie in der Lindemannstraße Verlobung mit Dirk Pfeil gefeiert, ohne durch einen Oberpostdirektionsriegel vor zu Hause geschützt zu sein. Die Verlobung mit Dirk Pfeil war allerdings nicht so innig verlaufen wie die mit Lotfi.

40237 Düsseldorf wohnst du immer noch. Sie mußte also mit Conny nichts Neues einüben.

Könnten Sie sich vorstellen, daß Sie mir ein Teil pro Monat kostenlos reinigen, fragte Susi Herrn Wassenaar, bei dem sie jahrelang Tausende von Mark gelassen hatte für die Reinigung ihrer Pelze und Seiden, Leder und Leinen. Ja, kann er sich vorstellen. Nur mal für ein Jahr, sagte Susi, um ihn nicht zu schrecken. Kein Problem, sagte Herr Wassenaar, der immer aufgemacht war, als sei er gerade auf dem Weg zu immer derselben Party. Feinfühlig fügte er hinzu: Es kann jeden von uns treffen, Frau Gern. Susi wurde in *ihren* Geschäften heftig und laut begrüßt, als komme sie von einer abenteuerlichen Expedition zurück. Sie war nirgends in Vergessenheit geraten. Dann sagte sie in das große Hallo hinein: Mir gehört die Kö nicht mehr. Die wollten's nicht glauben. Wie eine frischgebackene Witwe war sie nicht gekleidet. Ihr wäre es peinlich gewesen, durch Kleidung Kondolationen zu provozieren. Also. Könnten Sie sich vorstellen, drei Pelzsachen in Kommission zu nehmen? Gekauft, hier, für einunddreißigtausend. Luxkatzen. Gleich drei, wie bei ihr üblich. So etwas wollte sie ohnehin nicht mehr. Inzwischen war sie auf der Seite der Tiere. Wenn Edmund phantasiert hatte: Demnächst der Tag X, soviel Geld, daß sie es auf anständige Weise nicht ausgeben könnten, hatte Susi immer sofort gedacht: Tierschutz. Sie wollte gewaltige Summen ausgeben für Tierschutz.

Die Ärmel so eng, das verkauft sich schlecht. Sagte die Chefin. Sie nähmen's in Kommission für eintausend. Zwölfhundert, sagte Susi. Dann müsse Susi die Ware wieder mitnehmen. Das tat Susi. Als sie dann die Kö entlangging, fiel ihr der Satz ihrer Mutter ein: Warst du schon mal auf der Kö? Nein. Die Mutter: Ihr wohnt doch so nah an der Kö, oder? Darauf Susi: Wir haben kein Geld. Das ist nicht unsere Welt. Und als das Geld da war, war das ganz und gar Susis Welt geworden. Und jetzt wieder nicht. Davor aber schon. Dieser ganze Fummel. Je teurer etwas war, was sie haben wollte, um so glücklicher war sie. Wenn sie dachte, etwas, was sie haben wollte, koste elfhundert, und dann kostete das vierzehnhundert, dann erlebte sie das als eine Bestätigung. Dann wußte sie erst recht, warum sie das haben wollte.

Ihr Friseur konnte sich nicht vorstellen, daß er mehr als zehn Prozent nachlassen könnte. Dazu noch die Parkuhr. Also machte sie Schluß mit dem. Jetzt wird nur noch gefärbt. Vielleicht mal noch eine Dauerwelle. Färben vielleicht auch nicht mehr. Aber Moni sagte: Nein, Frau Gern, ich sag es Ihnen, Sie werden so unglücklich sein. Susi: Wird Zeit, daß ich aussehe, wie ich mich fühle. Aber nicht mit weißen Haaren, sagte Moni und flüsterte ihr ins Ohr, sie komme auch zu Susi in die Wohnung, um ihr die Haare zu färben. Das koste viel weniger. Dann kam Hildchen Tönnissen mit Ulli. In Engelskirchen hat eine Nachbarin ihrer Mutter einen ganzen Keller frei. Und der ist vollkommen trocken. Und Ulli fährt die Kartons hinaus. Dreißig oder fünfzig, ganz egal. Dafür dürfen sie auch das Kaminholz in der Holbeinstraße abholen. Im Treppenhaus in der Holbeinstraße türmten sich ja immer noch von Herrn Hellpapp großmütig geduldete Kartons. Wenn Susi an einer an der Hauswand kauernden Bettlerin vorbeikam, grüßte sie die freundlich! Früher hatte sie denen immer etwas gegeben. Wenn etwas gerade mal zwei Tage übers Verfallsdatum hinaus war, zum Beispiel. Abends sah sie im Fernsehen, daß Düsseldorf und Hongkong einiges gemeinsam hatten. Schwerreiche Leute dicht neben stinkarmen. Aenne Klomfass sagte: Dann gehen wir eben zurück auf schlicht. Und das einmal in sechs Wochen.

Dann fehlten Susi siebzehn Mark in ihrer Börse. Sie quetschte Conny an die Wand im dunklen Gang und drückte sie und brüllte sie an: Du bist mir ans Geld gegangen, Göre. Da schlug ihr Conny ins Gesicht. Susi konnte es ihr nicht übelnehmen. Sie wußte nicht, warum, aber um ein Haar hätte sie gelacht. Conny ihrerseits gab zu, daß sie noch ein einziges Mal habe Taxi fahren wollen. Nie mehr, sagte Susi. Heiliger Strohsack, sagte Conny und hob die Rechte zum Schwur: Nimmermehr, Muttertier.

Susi dachte daran, daß der Professor und sie, Susi, hellauf hatten lachen müssen, als Conny, nachdem der Professor ihr die Entmündigung mitgeteilt hatte, gesagt hatte: Professor, da haben wir den Salat.

Ich liebe dich, sagte Susi.

Und Conny: Und ich erst dich.

Da Andreas sie so gut wie nicht mehr anrief – Christelle! –, mußte sie ihn anrufen und bitten, ihr bei der Abfassung eines

Nachrufs auf Edmund zu helfen. Der Vater habe doch mindestens das verdient, was er bei Dirk Pfeil und bei Ksenija geleistet hat. Andreas ließ sich zu einem Besuch überreden. Und kam, zeigte aber wie immer, daß er sich nicht setzen könne, alles müsse schnellschnell gehen, die Geschäfte. Der Text stammte dann hauptsächlich von Andreas; aber als Andreas fort war, machte sie einen neuen Schluß. Sie schrieb hin: Wenn es etwas zu verzeihen gab, wir haben ihm verziehen. In unserer Erinnerung lebt er als der Mensch weiter, den wir alle geliebt haben. Und vorne auf die erste Seite setzte sie in die rechte obere Ecke als ein Motto:

>Gekämpft,
>gehofft,
>und doch verloren.

Und auf der Vorderseite unten vermerkte sie, daß die Beisetzung im engsten Familienkreis stattgefunden habe.

Wenn Susi jetzt am Sonnabend allein war, merkte sie, daß es einfacher gewesen war, als das Alleingelassensein noch Edmund vorzuwerfen war. Sie hatte noch nie sonnabends allein sein können. Jetzt merkte sie, daß sie nicht wußte, wie sie es je lernen sollte. Die Sonnabendvormittage waren früher wenigstens von Ottilie Oschatz belebt worden. Ottilie Oschatz saß jetzt in ihrer dunklen Krimskramswohnung und rührte sich, weil sie Angst vor der Embolie hatte, so gut wie nicht mehr. Früher hatte Susi zu ihren Frauen öfters gesagt: Meine Frauen bleiben, bis sie im Lotto gewinnen. Jetzt würde Hildchen Tönnissen noch einmal in der Woche kommen. Solange Susi sie noch aus ihren Kartons bezahlen konnte. Sollte Susi sich eingestehen, daß sie ihre Frauen mehr vermißte als Edmund? Oder war das nur so eine Empfindung, daß sie wieder etwas hatte, was sie sich vorwerfen mußte? Sie rief Frau Oschatz an, weil die Susis Anruf am meisten zu schätzen wußte. Frau Oschatz anrufen, hieß, daß eine Stunde verstrich, ohne daß man ein einziges Mal auf die Uhr schaute. Ihren Kampf gegen den Zucker konnte sie so erzählen, daß Susi sich vorstellte, der Zucker sei ein Stier und Frau Oschatz ein Torero.

Daß Herr Hellpapp an einem Sonnabend läutete und einen Tulpenstrauß brachte und einen Fünfhundertmarkscheck für Conny, das machte ihr den nackt aus seinem Anzug ragenden Riesen zum Freund. Er gestand, daß er Susi, wenn nicht für immer, so doch für länger dankbar sei, weil sie ihm das Gefühl ermöglicht hatte, irgendwann könne er doch einziehen in das prächtige Penthouse. Herr Gern habe ihm ja von Anfang an signalisiert: Du hast das zwar ersteigert, aber rein kommst du nie.

Dann also Dr. Schemel. Telephonisch. Ob er schon gehört habe. Ja, gelesen. Ist erschüttert. Weshalb sie jetzt anrufe, sie habe, wie er verstehen möge, schon zu lange gezögert, aber die Katzen seien vier Wochen über die Zeit hinaus, könnte er sich vorstellen, ihre Katzen zu impfen wie bisher, auch wenn ihr das nötige Geld fehle. Aber Frau Gern, überhaupt kein Problem, Sie haben immer alles für Ihre Tiere getan und jedesmal haben Sie unserem Team was Hübsches mitgebracht. Und schlug vor, daß sie nur das erstatte, was es ihn selbst koste, das sind von 160 Mark achtzig. Sie begriff nicht, warum er dann zuerst gesagt hatte, überhaupt kein Problem. Sie hatte die 80 Mark nicht. Sie tat, als sei das ein Vorschlag, den sie annehmen könne. Ob sie noch eine Frage stellen dürfe. Aber ja, Frau Gern, ich bitte Sie! Die Kätzchen, sagte Susi, hätten den Umzug in die winzige Wohnung weniger verkraftet als Conny und sie. Jeannie noch weniger als Domino. Die Kratzbäume fehlen, die durch Netze gesicherten Terrassenbereiche. Folge: Jeannie mache ihre Häufchen jetzt mitten in die Wohnung. Zum Glück habe sie einen festen Stuhlgang. Aber neuerdings lasse sie auch noch ihren Urin auf den neuen Teppichboden. Und das seien leider regelrechte Bäche. Der neue Teppichboden sei, wenn das so weitergehe, in ein paar Wochen ruiniert. Sie sagte nicht, daß sie eine Pipi-Epoche hinter sich habe, die sich keinesfalls wiederholen dürfe. Dr. Schemel sagte, wenn Frau Gern der Katze das nicht abgewöhnen könne, gebe es nur eine Lösung: Einschläfern. Susi bedankte sich. Sie legte dann ihre große, dunkelrote Kaschmirdecke auf ihr Bett und legte sich darauf. Sie würde liegen bleiben, bis Jeannie käme. Und die kam und machte es sich zwischen Susis Beinen bequem. Susi blieb den ganzen Nachmittag und Abend so liegen, Conny mußte sie bedienen. Sie merkte, wie

Jeannie ruhiger wurde. Es kam darauf an, daß Jeannie liegen blieb, auch wenn Susi einmal aufstand und sich dann wieder hinlegte. Nach einer Woche ging Jeannie wieder aufs Katzenklo, machte dort Häufchen und Pipi wie früher. Und sie hielt sich, was sie in der Holbeinstraße abgelehnt hatte, immer länger bei Conny auf. Offenbar strahlte Conny inzwischen mehr Ruhe aus als Susi. Susi mußte jetzt so viel rechnen wie früher Edmund. Nur mit kleineren Zahlen. Sie hatte Edmund verziehen, aber wenn sie ihre Armut zählte, riß es sie wieder zu Ausbrüchen hin. Hätte er Alzheimer gehabt, dann hätte sie ihn entmündigen lassen können! Gehörte das etwa zum Verzeihbaren, daß er Niel und Holbeinstraße und Lindemannstraße nicht rechtzeitig verkauft hatte! Dreimal Zwangsversteigerung. Dreimal verschleudert. Oh Edmund. Was allein die Windeln gekostet haben. Die Krankenkasse hörte bei sechzig Mark auf. Hätte sie Edmund auf der Kloschüssel festbinden sollen? Susi hat nie geheult. Aber jetzt ... heult sie auch nicht. Sie wird sich doch nicht durch Heulen schwächen. Lieber ein Gesicht aus Stein.

Eines Morgens läutete es an der Wohnungstür. Ein junger Mann, blaß, schwarz gekleidet. Wie war denn der unten zur Haustür hereingekommen? Der sah so streng oder ernst oder schauspielerhaft aus, daß sie ihn so etwas nicht fragen konnte. Und überreichte ein Paket. Aber von der Post war der nicht. Susi sagte: Moment. Holte ihre Geldbörse, kramte nach einem Fünfmarkstück. Dieses Paket sei für Herrn Gern. Der lebt nicht mehr, sagte Susi. Ach, sagte der junge Mann, das tut mir sehr leid. Dann müsse er das Paket Frau Gern aushändigen, habe Frau Weißkopf gesagt. Susi nahm das Paket entgegen, der junge Mann verneigte sich leicht und ging. Er benützte nicht den Aufzug. Das Fünfmarkstück hatte er auch nicht angenommen. Abgelehnt mit einer Handbewegung, die heißen konnte: Wir wollen beide nicht mehr daran denken, daß Sie mir ein Trinkgeld angeboten haben. Das war offenbar ein Bote, dem Trinkgeldannehmen fremd ist.

Susi trug das Paket zu Conny ins Zimmer, löste die Schnur so, daß sie sie wieder verwenden konnte, entfernte das dunkelrote Papier, ebenfalls zur Wiederverwendung, und heraus kam eine grobe alte Blechschachtel, zweigeteilt, für schwarze und weiße Schachfiguren, ein Schachbrett und eine Flasche Wein. Musigny 1945, las Susi und erklärte Conny, daß ein so alter Rotwein Hunderte von Mark wert sei. Verkaufen wir'n, sagte Conny. Aber an wen, sagte Susi. Hellpapp, sagte Conny. Gute Idee, Mäusken, sagte Susi. Hier, sagte Conny, 'n Brief. Susi öffnete ihn. Leg du dich hin, sagte Conny, ich les ihn dir vor. Und Conny las vor. Sie las, als stünde sie auf einem Podest. Sie hatte die wunderbarste Stimme der Welt. Es waren eben zwei Stimmen, eine tiefe, fast schon sehr tiefe, und eine ziemlich hohe, fast quieksige. Zusammen ergaben die eine gezwirnte Stimme. Die tiefe dominierte, aber die hohe war immer hörbar, glitzerte förmlich durch die tiefe durch. Wenn Conny schimpfte, kam es vor, daß eine der beiden Stimmen völlig dominierte, dann war die tiefe Stimme ein borstig kratzender Bass, oder die hohe war eine schrille Quiekse. Jetzt aber ertönte die volle, einmalig schöne, aus hoch und tief gleichermaßen gezwirnte Connystimme. Susi lief ein Schauer nach dem anderen über den Rücken. Das kann auch an dem Inhalt des Briefes gelegen haben.

Düsseldorf, am 29. Februar 1996.
Lieber Schachfreund,
wenn Sie das lesen, bin ich emigriert. Mit Sinnen. Lisbeth Weißkopf kann Ihnen, wenn Sie wollen, meine Adresse sagen. Ein Friedhof zwischen Warwick und Stratford. In einem der lichten Wälder Shakespeares, wo die Blue Bells ein Teppich sind, der beim geringsten Windhauch bebt. Das brauch ich. Sollen dreimal so hoch sein wie hiesige Veilchen. War ja noch nie dort. Und die Passage im Sarg und dunklem Auto kostet nicht mehr als ein Lufthansaticket.

Fünfundzwanzig Jahre lang habe ich mich geweidet an Ihrem Interesse für mich, habe Ihnen vorenthalten, daß der Mister nichts ist als eine Marotte, eine Sehnsucht, eine Anglophilie, die außer Shakespeare keinen Paten braucht. Darum dorthin. Dann. Wenn es soweit gewesen sein wird. Hat noch den nicht zu unterschätzenden Nebeneffekt, daß dort die Toten in Ruhe gelassen werden. Ich bin schreckhaft erst geworden. Und daß mir der eigene Grabstein auf den mürben Kopf fällt, leide ich nicht.

Daß man Lebende nicht mag, bitte. Aber ein Land, in dem Tote nicht sicher sind, ist meines nicht. Adieu. Oh je, jetzt hätte ich doch ums Haar vergessen, Ihnen zu melden, wie die Figuren, die Sie hier erben, in die Welt gekommen sind.

Lodz 1943. Häftlinge, wir, (da habe ich mir geschworen, nie mehr Herr Yingling zu heißen) mußten Granatenhülsen fabrizieren. Aus dem Abfall haben wir die Schachfiguren geschmiedet und schwarz und weiß angemalt. Und ein Brett aus Stahlblech auch. Sie werden es in Ehren halten, das wissen wir, Lisbeth Weißkopf und ich. Ach ja. Warum sie so heißt? Als Altanarchisten haben wir keinem Staat gegönnt, uns trauen zu dürfen. Wir haben uns selbst ermächtigt, zu einander Ja zu sagen. Das war's, mein Guter. Ich verabschiede mich. Wenn ein Düsseldorfer oder sonst einer fragt, wie denn Mr. Yingling gegangen sei, dann sagen Sie, er habe zum Schluß gesagt: Ich habe nur so viel wie ein Eidechsenschwänzchen bekommen. Nur zu Ihnen gesagt: Das hat immer, wenn er von seiner Arbeit heimkam, mein Vater gesagt, der zuerst Orchester-Geiger im Kino-Orchester des Residenz-Theaters in der Graf-Adolf-Straße war, dann Professor am Buths-Neitzelschen Konservatorium. Inzwischen habe ich gemerkt, daß er's aus dem Talmud hatte, das hat er sich aber nicht zuzugeben getraut. Was er damit hat sagen wollen und was ich damit sagen will, das sei auch zu Ihnen: nicht gesagt.

Bis wir uns wiedersehen im Sternenzelt (das Schillersche überm ist mir zu hoch),

grüßt Sie von Herzen

Ihr Mr. Yingling.

PS 1) Ach ja. Bitte, spielen Sie nicht gegen sich selbst. Was für den Sabbat gilt, gilt auch sonst, s. Talmud: Wenn es ein Einzelner tut, dann ist er schuldig, wenn es aber zwei getan haben, dann sind sie unschuldig.

PS 2) Ach ja. Sie haben immer ein bißchen gestaunt, wenn ich Sie am Freitagabend mit Guten Morgen begrüßte. Ich habe Ihre Höflichkeit, es bei leisestem Staunen zu lassen und nicht weiter nachzufragen, angenehm empfunden. Nichts ist unterhaltender als etwas Unausgesprochenes. So etwas bindet aufs schönste. Zum Schluß darf ich's lösen: Bei den Juden beginnt der Tag mit dem Abend. Und damit auch das noch ausgesprochen sei – es muß jetzt ja nichts mehr unterhaltend sein: Ich bin so ausführ-

lich geworden, weil wir so lange stumm gespielt haben. Und ich habe Ihnen nie gesagt, daß Springer nach c4 nicht mein Einfall war, sondern der von Bobby Fischer, der sich übrigens, wenn es ihm paßte, weigerte, am Sabbat zu spielen, der hat den Zug, wenn ich mich nicht sehr irre, gegen Reshevsky gespielt. Aber das haben Sie alles selber bemerkt und gewußt, und, höflich, wie nur Sie sein können, verschwiegen.

PS 3) Ach ja. Den historischen Musigny allein zu trinken macht nicht schuldig.

PS 4) Ach ja. Sie erhalten die Nachricht erst dreißig Tage post factum, denn dann genügt es, laut Talmud, die Schuhe beim Empfang der Nachricht auszuziehen, womit die Trauerzeremonie erledigt ist.

Heiliger Strohsack, sagte Conny in einem Ton, als stünde das auch noch da.

Susi sagte: Polster Teufel.

Sie habe beim Vorlesen so aufpassen müssen, sagte Conny, und deshalb nicht alles mitgekriegt.

Ich werd's dir erklären, sagte Susi.

Nein, laß es mich noch einmal vorlesen, sagte Conny.

Susi sagte: Conny, die Wiederholerin.

Wenn de nich willst, laß ech et bliewe, sagte Conny beleidigt.

Aber nein, Mäusken, ich habe das Gefühl, daß ich diesen Brief auch ein zweites Mal brauche.

Und Conny las.

Susi sagte dann: Noch besser als beim ersten Mal.

Viel, viel besser, sagte Conny, du wirst dich wundern, beim dritten Mal wird es überhaupt erst gut.

Aber erst morgen, Mäusken, sagte Susi.

Und Conny, den Kopf in eine sanfte Aufwärtskurve schikkend: Morje es et ooch noch schön, gell.

Strangers in the night

1.

Echt Conny, geht hinter der alten kleinen Dame her und schiebt das Laub, das die Dame mit dem Stock Blatt für Blatt auf die Straßenbahnschiene schiebt, mit ihren Füßchen wieder von der Schiene herunter. Zuerst mußte Susi lachen, dann wurde sie traurig. Ihr Kind ist vierzig und schiebt die Blätter, die die sicher Neunzigjährige auf die Schiene schiebt, wieder von der Schiene herunter. Beide taten etwas, was eigentlich nur Zehnjährige tun. Die alte Dame hatte Conny bemerkt. Sie schob das Laub jetzt noch sorgfältiger auf die Schiene. Sie hatte ihren Stock umgedreht, weil sie mit dem Handgriff mehr Laub befördern konnte. Was sie mit dem Stock tat, war so sinnlos wie das, was Conny mit ihren Füßchen tat. Vorerst entschied der Wind, was in der Lindemannstraße mit dem Laub geschah.

In der Holbeinstraße holte der Herbst Blätter von sehr verschiedenen Bäumen, hier in der Lindemannstraße gab es nur einen Baum, den aber hundertfach und in zwei Reihen. Wenn Susi in dieser Jahreszeit durchs Viertel gegangen war, hatte der Wind die Blätter vor ihr hergetrieben und sie hatte einfach mitgehen müssen, folgen müssen, bis sie dann merkte, daß sie gar nicht dahin wollte, wo der Wind und die Blätter sie hinhaben wollten.

Susi ging zurück in ihr Zimmer. Ihr Zimmer lag nach hinten hinaus. Über den winzigen Balkon hinweg sah sie auf einen Schulhof. Vor allem im Winter, wenn die Bäume laublos waren. Die Sonnabendöde war also noch zu steigern. Nämlich durch einen schülerlosen, erschütternd leeren Schulhof. Und dazu die Tonleitern der übenden Musiker. Noch sind nicht alle Wohnungen vermietet, sagt der Hausmeister, und schon drei Musiker. Zwei oben, einer unten. Wenn sich das herumspricht, daß man hier ungestört üben kann, werden immer mehr Musiker einziehen. Als sie einzog, übte nur ein Hornist. Jetzt üben schon zwei Hornisten und ein Cellist. Und sie üben natürlich nicht nach vorne hinaus, wo ohnehin die Straßenbahnen entlangdröhnen, sondern nach hinten hinaus, wo es ohne ihr Üben ruhig wäre. Das Üben des Cellisten klang manchmal, als rebelliere das Instrument gegen den Musiker. Richtig aggressiv wurde das Cello, es tobte sogar, und der Musiker wurde seiner nicht Herr. Susi hätte hinunterrennen sollen, ihm beistehen. Aber das wagte sie dann doch nicht. Am Anfang war sie einmal hinuntergegangen zu dem und hatte gefragt, wie viele Stunden er täglich übe. Das hatte der nicht beantworten können. Er hatte ihr eine Freikarte fürs nächste Konzert angeboten. Susi lehnte dankend ab, sagte aber: Wir können alle ohne Musik nicht leben. Als Susi ging, sagte sie noch: Einfach die Lautstärke 'n bißchen drosseln. Der hob die Schultern. Er müsse doch im Konzert auch laut spielen, also müsse er das Lautspielen auch üben. Susi sah, daß gegen das Cello nichts zu machen war. Die Hornisten klangen sanfter. Aber am Sonnabend malten die alle nur Susis Verlassenheit aus.

Natürlich mußte sie sich jetzt sagen, auch wenn Edmund noch lebte, er wäre nicht da. Was war besser: Er lebte noch und wäre nicht da, oder er ist nicht da, weil er tot ist? Sie konnte sich nicht entscheiden, das heißt, sie hätte am liebsten gedacht: Besser, er ist nicht da, weil er tot ist. Aber das wagte sie nicht. Das durfte sie sich nicht durchgehen lassen.

Sonnabend. Das Rinderherz in Würfel schneiden. Wenn Susi mit dem Stilett das Rinderherz zerschnitt, fuhr ihr immer noch eine Gänsehaut den Rücken hinab. Theo Oschatz hatte recht. Frauen bringen die Falschen um. Ottilie Oschatz war jetzt Theos Pflegefall. Ottilies Detlef kann einen an Edmund erinnern. Diese schmucklos direkte Art, auf Frauen zuzugehen. Das müssen doch Frauen mögen. Den Tierbändigerblick, den Cowboyschritt, statt Werbung die nackte Unwiderstehlichkeitstour. Ihre Frequenz war 's nicht. Blanck alias Hellhorn. Horoskop geht ja noch, aber Gotenbund! Sie würde gelegentlich Herrn Hellpapp von Herrn Hellhorn erzählen. An Herrn Hellpapp hatte sie immer weniger auszusetzen. Den durfte sie für einen feinen Mann halten. Ob er morgen anrief? Daß der 18. Oktober ihr Geburtstag ist, kann er mitgekriegt haben. Susi hat schon geträumt von ihm. Sie waren mit einander im Bett gelegen, dann kam Frau Oschatz herein mit dem Stilett. Aus der Traum. Auf der Straße blinkt er sie an, wenn sie einander begegnen, sie erschrickt, hat sie etwas falsch gemacht, dann erkennt sie ihn, und ist vorbei. Daß er sie morgen anruft, hält sie lieber nicht für möglich. Sie will lieber überrascht sein, wenn er anruft, als enttäuscht, wenn er nicht anruft. Dieser Geburtstag morgen konnte nicht so schlimm sein, wie es war, auf ihn zuzuleben. Und wieder ein Sonntag. Wie es sich gehört für ein Sonntagskind. Sich als solches zu fühlen, gelang ihr im Augenblick nicht. Hinter ihr lag die widerwärtigste Woche ihres Lebens. Wen sollte sie beschuldigen? Sich, sich, sich. Andreas hatte vor vier Wochen einen Bettelbrief geschrieben, den fand sie bewundernswert, verschickte ihn dreiundvierzigmal. Andreas hatte sie, als er mit der Neuen nach Spanien flog, nicht ganz hoffnungslos zurücklassen wollen. Im letzten Dezember hatte sie selber einen Brief verschickt, viel kürzer, hilfloser als der von Andreas verfaßte, eben ein zaghafter Notruf in der Vorweihnachtszeit. Seit Wochen nehme ich mir vor, Ihnen zu schreiben oder Sie gar anzurufen, um Sie um Hilfe zu bitten. Da mir das schwerfällt, geschieht es in letzter Minute. Könnten Sie sich vorstellen, mir zu Weihnachten 500 DM zu schenken. Wie auch immer Sie sich entscheiden, ich wünsche Ihnen frohe Weihnachten. Und unten hin hatte sie jedesmal geschrieben: Für den Fall des Falles, meine Konto-Nummer. So hatte sie 7500 Mark eingenommen. Allerdings kamen fünftausend von einem Notar und eintausend von der Anwaltskammer. Die Kammer sagte sogar zu, ein Jahr lang monatlich fünfhundert zu überweisen. Der Notar hatte sie auch noch besucht, hatte ihr herbe Ratschläge erteilt. Kein Auto. Susi wollte sagen: Ein Golf! Der Notar ließ keine Widerrede zu. Er fahre nur mit öffentlichen Verkehrsmitteln. Und so ganz ohne Kenntnis und Ahnung, wie Susi jetzt sage, könne sie nicht gewesen sein, habe sie doch in seinem Amt in den Jahren 1993 und 94 selbst an der Bestellung von Grundschulden im Betrag von insgesamt 2,2 Millionen D-Mark mitgewirkt. Susi hatte sich nicht getraut zu sagen, daß sie das, was er und andere Notare da jeweils vorgelesen hatten, nicht nur nicht verstehen, sondern gar nicht anhören konnte. Besonders eindringlich hatte der Notar ausgeführt, daß seine Spende einmalig sei, also, bitte, keine weiteren Briefe. Für

5000 Mark, dachte Susi, lasse ich mich gern in diesem Ton belehren. Andreas hatte die Lage ausführlicher dargestellt. Auf 7,5 Millionen belief sich das Vermögen der Familie, daraus seien 2,5 Millionen Schulden geworden, ohne ihr Wissen, geschweige denn durch ihr Zutun. Den Mann, den sie, trotz aller Unbill, bis zum Schluß geliebt habe, auch noch verloren. Von 390 Quadratmetern zurück auf sechsundsechzig. Zwei Personen. Witwenrente DM eintausendeinhundertundzehn. Leider ist auch ihr Sohn Andreas nach hoffnungsvollem Anfang neuerdings von wirtschaftlicher Ungunst getroffen worden, kann sie also nicht nennenswert unterstützen. Es mag dreist, vielleicht sogar unverschämt erscheinen, so zu bitten, aber es muß sein. Wenn gespendet wird, dann auf das Konto des Sohns. Über dem Text, noch vor der Anrede, stand fettgedruckt: Persönlich/streng vertraulich. Das hatte Susi imponiert. Du wirst sehen, hatte Andreas gesagt, die Spenden kommen gerade recht zu deinem Geburtstag. Sie hatte gewartet. Von Tag zu Tag nichts.

Den Nachmittag verbrachte Susi mit Leonardo. Sie weckte die Kartonlisten. Wo waren wie viele und womit gefüllte Kartons. Der göttliche Leonardo schuf nicht die Welt, aber die Ordnung. Dringend geboten jetzt, eine Datei mit allen Aktionen, die in den nächsten Wochen fällig waren. Für jeden Tag die und die Aktion. Aktionen aber erst ab Mittwoch. Dienstag, Edmunds Geburtstag. Also ans Grab. Am Mittwoch vielleicht nach Lüdinghausen zu den von *MÖBELREICH* kostenlos gelagerten Möbeln. Hin, und Preisschildchen an jedes Stück geklebt, damit sofort verkauft werden konnte. Vor allem das Herzstück, ihr Herzstück, der große runde, weiße Tisch von Thonet, an dem sie ein Leben lang gefrühstückt hatte, mußte etwas bringen. Aber wie viel? Sicher zu wenig. Das hatte sie inzwischen gelernt: Die Leute merken, daß man schlecht dran ist, dann nützen sie's aus. Ein Naturgesetz.

Sie würde nicht schreiend auf die Straße rennen. Sie würde niemanden anrufen. Wen denn! Jetzt nahm sie Zuflucht zum Martini und aß so gut wie alles, was noch im Kühlschrank zu finden war. Dann war sie reif fürs Fernsehen. Aber vorher mußte sie noch einen Sinatraversuch machen.

Sie legte auf: Saturday night is the loneliest night in the week. Und hatte nichts davon. An früheren trostlosen Wochenenden hatte sie sich von dieser Verharmlosungsmusik bewegen lassen, mitnehmen lassen können. Das funktionierte nicht mehr. Sie erschrak. Wenn Sinatra sie nicht mehr erreichte! Wenn eine Musik sie nicht mehr erreichte, dachte sie jedesmal an den Tag, von dem an das Wolgalied nicht mehr gewirkt hatte: als sie gesehen hat, wie Edmund auf der Französin lag. Hoffentlich funktioniert das Fernsehen noch.

Am Sonntag zuerst Kätzchen bürsten. Hildchen Tönnissen kam nur noch einmal in der Woche, und Conny war lediglich das Schmusen, nicht aber das Bürsten zu übertragen, also mußte es Susi selber tun. Knien konnte sie nicht mehr, das tat weh. Schließlich wurde sie heute siebenundsechzig. Wenn es sich nicht um einen Geburtstag handelte, eine schöne Zahl.

Weil es vor lauter Wolken und Regen nicht hell wurde, konnte sich Susi sagen, nur das Wetter sei schuld an ihrer Unfähigkeit, sich noch eine Zukunft vorzustellen.

Wenn ihr noch einmal einer helfen würde, keine Vergangenheit zu haben! Einmal noch verliebt sein, wenn er es auch nicht wert ist! Und gleich ließ sie alle erscheinen, die mit ihr am Tisch gesessen und gegessen und dabei zu Nachbartischen geschaut hatten. Da hätte sie immer aufspringen und abhauen sollen. Und was hat sie gemacht? Sitzen geblieben ist sie, ihren Satz angehalten hat sie, bis der Herr wieder hergeschaut hat. Vernichtender kann doch nichts sein als diese Wegwendung, während du mit ihm sprichst, auf ihn einredest, Blüten produzierst für eine Frühlingsinszenierung, die er nicht wert ist, mein Gott. Du gibst dir Mühe. Aber es macht dir Spaß, dir seinetwegen Mühe zu geben, du lebst auf, du reißt dich mit, und der schaut hierhin und dorthin, und du wagst nicht einmal, seinem Blick zu folgen, weil du Angst hast, dort sitzt eine grandiose Konkurrentin, gegen die du abstinkst, du kannst nur sitzen, warten, dich konzentrieren, daß du, sobald der wieder herschaut, den angefangenen Satz beenden kannst. Solche Satzbeendigungen hörten sich dann nur noch an, wie wenn eine leere Blechbüchse eine Treppe hinunterklappert. Warum denn jetzt noch verklären! Sogar der einfache, starke, immer scharfe, immer eifersüchtige, nichts als von ihr abhängige Dirk Pfeil lag, als sie einmal einen Tag zu früh aus der Eifel zurückkam, in ihrem Bett auf einer anderen. Er später: Dieses Gesicht vergesse ich nicht. Susi muß wohl der Mund aufgegangen sein, ohne daß sie einen Ton hervorbrachte. Dann umgedreht, ab ins Wohnzimmer. Das war ja hier in der Lindemannstraße. Der kam ihr nach und sagte: Jetzt hör mal. Sie bat ihn ganz ruhig, daß er der Schwarzhaarigen ihre Kleider gebe. Ja, ja, das tu ich jetzt, sofort, sagte er. Ging rüber. Tuscheln. Als sie herüberkamen, Susi zu dem Mädchen, älter als zweiundzwanzig war die nicht: Kann ich Ihnen 'n Kaffee machen? Und die lacht und sagt: Ach, wenn Sie das gerne möchten. Susi sagte: Ja, mach ich Ihnen 'n Kaffee. Das Mädchen: Ich möchte mich entschuldigen. Und Susi: Für was denn? Sie haben mir doch gar nichts getan. Schaut die Susi groß an. Und Susi: Er hat mir etwas getan. Sie doch nicht. War eine Pädagogikstudentin. Dann fuhren sie noch zu dritt runter, entluden Susis Wagen, sie hatte ja für Dirk und sich Lebensmittel mitgebracht aus der Eifel. Susi dann: Wenn sie ihn wollen, rufen Sie mich einfach an, ich schenk ihn Ihnen. Nein, sie will ihn überhaupt nicht haben. Eine Frau kann ja, wenn sie mitgenommen wird, nicht wissen, ist die andere Frau verreist, ist sie gestorben, im Bad zwei Zahnbürsten, Lockenwickler, wo Lockenwickler sind, ist 'ne Frau, aber dann ist es schon zu spät. Und fiel Susi um den Hals, ihr Gesicht an Susis Gesicht und flüsterte: Auf Wiedersehen. Und ging, ohne Dirk Pfeil noch einmal angesehen zu haben. Und sie mit Dirk ganz schnell ins Bett. Ohne ein Wort. Wie nach einem Unfall, dachte sie, so schnell wie möglich wieder ans Steuer. Nachts hat sie dann leise geweint, Dirk Pfeil war aufgestanden und hat sich auf den Boden gekniet. Er würde so lange knien, bis sie ihn bitten würde, ins Bett zu kommen. Vier, sechs, sieben Stunden würde er knien. Das machte er immer, wenn er etwas bereute. In der Fremdenlegion hatten sie zur Strafe auf scharfkantigen Hölzern knien müssen, und wenn sie's nicht mehr ausgehalten hatten, waren sie geschlagen worden. Das war noch drin in dem.

Als sie gesehen hatte, wie Edmund auf der Französin lag und sie hinausgerannt war auf den kleinen Balkon in der Heinrichstraße, hatte sich in ihr der über ihr Leben entscheidende Satz gebildet: Ich will einen Mann für mich oder keinen. Aber die Schere hatte sie nicht in den Sessel gerammt, als sie aus dem Schlafzimmer auf den Balkon gerannt war. Dazu hätte sie in all ihrem Schmerzschock doch gar nicht die Zeit gehabt, nicht die Nerven. Das mit der Schere hat sie erst gemacht, als herausgekommen war, daß er der Englischlehrerin siebzigtausend für eine Wohnung gegeben hatte. Da hatte sie auch etwas ruinieren wollen. Und ihr war nichts Besseres eingefallen, als die Schere in die Sessellehne zu rammen. Da wohnten sie ja schon in der Holbeinstraße. Oder ...

Sie weckte Leonardo. Sie mußte ihre Daten noch genauer eingeben. Also, zum Stichwort Französin gehörte, daß dann das Wolgalied nicht mehr gewirkt hatte. Zu dem Theaterganoven mußte sie noch UNICEF eingeben. Sie hatte den doch gezwungen, DM 100 an die UNICEF zu überweisen. Immer wenn im Fernsehen UNICEF vorkam, dachte sie: Du hast schon gebumst für UNICEF. Aber eingetragen hat sie die UNICEF bei Ferdi-ist-gleich-Verdi-mit-F-wie-Ficken noch nicht. Auch noch eintragen mußte sie, daß sie dem Theaterganoven, bevor sie auf die Idee gekommen war, dem die Reifen zu zersäbeln, eine Tonsur hatte scheren wollen. Eine gewaltige Glatzenrundung in sein blondes Gelocke, auf das er so stolz war. Hildchen Tönnissen hatte schon ihren Ulli, den Boxer, fragen müssen. Der war bereit. Und ein kräftiger Kollege von dem auch. Die würden den Ferdi-ist-gleich-Verdi-mit-F-wie-Ficken festhalten, und sie würde scheren. Die Maschine hatte sie schon gekauft. Aber Anwalt Hinker hatte es ihr verboten. Alles was sie planmäßig und mit Hilfe von anderen tue, sei strafrechtlich ... dieses Evangelium kannte sie. Wahrscheinlich würde sie den Rest ihres Lebens mit Leonardo verbringen, Daten ordnen.

Pflegen Se'n alten Mann, hatte Herr Hellpapp neulich gesagt, kassieren tausend im Monat und erben nachher alles. Nee, Herr Hellpapp. Susi wischt jetzt nicht'm alten Mann den Po ab bloß für Geld. Rette mich wer kann. Dachte Susi. Sie hatte, als Edmund die Augen nicht mehr öffnen, aber vielleicht doch noch hören konnte, zu ihm gesagt: Ich entscheide mich jetzt fürs Überleben.

Daß Andreas an ihrem Geburtstag nicht anrufen würde, wußte sie. Wenn er da wäre, würde er wahrscheinlich auch nicht anrufen, also konnte sie sich sagen: Er hat nicht angerufen, weil er in Spanien ist mit seiner Neuen. Daß er Christelle los ist, ohne daß die einen ihrer angekündigten Selbstmorde vollzogen hat, darf einen heiter stimmen. Sei froh, daß er in Spanien ist samt seiner Neuen. Rocí. Farbig, irgendwo aus Südamerika. Aber eingeführt hatte sich die Neue wie noch nie eine vor ihr. Im geliehenen VW-Bus fährt sie, hochschwanger, samt Andreas am Sperrmüll entlang, sucht Sachen aus, die sie dann auf dem Trödelmarkt verkauft. Wie fühlt sich da Herr Andreas Gern, der gerade noch zehntausend im Monat bezog und gleich Bankdirektor geworden wäre! Und aus Susis Kartons hat sie auch verkauft. Über dem dicken Bauch schwenkte sie Susis Tücher durch die Luft. Und am Abend DM 179,96 auf den Tisch gezählt. Susi umarmte sie und merkte, daß sie die umarmen konnte wie noch keine ihrer Vorgängerinnen. Wenn man dieses sanftfarbige Geschöpf ansah, konnte man nicht auf die Idee kommen, ihr übelzunehmen, daß sie drei Kinder von drei verschiedenen Männern hatte, das vierte von Andreas. Den ernährt sie, seit seine Geschäfte nicht mehr blühen wollen, auch noch durch gewerbsmäßigen Geschlechtsverkehr.

Alessandro hieß der Kleine, den Susi sich, wenn sie in die Bismarckstraße kam, regelrecht von Andreas erbetteln mußte, weil der sein Söhnchen, aus Angst, daß man's fallen lasse, keinem anvertrauen konnte. Und solange Rocí stillte, empfing sie keine Männer in dem Bordell, das Andreas für sie und noch zwei, die 's auch machten, in der Graf-Recke-Straße eingerichtet hatte. *DER KLEINE CLUB* hatte Andreas das Etablissement getauft. Es sei, hatte er gesagt, ein Edelpuff. Sein erster Anlagenkunde, der mit ihm einen gewaltig honorierten Beratervertrag abgeschlossen hatte, war gleich nach der Unterzeichnung gestorben. Durch einen Freund, der fünf Mädchen laufen hatte und angeblich gut verdiente, war Andreas auf diesen Erwerbszweig gekommen. Aber jetzt hatte Rocí Mutterschaftsurlaub! Gegen Rocí konnte man so wenig haben wie gegen ein Blütenblatt. Ihr Name heiße Tau, hatte Andreas gesagt. Andreas hatte den Namen für seine Mutter aufgeschrieben. Rocí. Wird aber Rossí gesprochen. Und sie war nach Ksenija und Christelle wirklich eine tropische Idylle. Seit Andreas einen Bauch hat, findet Rocí Bäuche hübsch. Hat sie gesagt.

Auch von Conny durfte Susi nichts Geburtstägliches erwarten. Conny, zahlenfremd und -abweisend wie eh und je. Neuerdings schrieb sie zwar jeden Tag ein paar Stunden lang Zahlen auf karierte Seiten, aber sie rechnete nicht mit diesen Zahlen, sie schrieb sie nur hin. Mit blauer, roter und grüner Tinte. Immer zehn Zahlen nach rechts, dann zehn Zahlen senkrecht und wieder zehn nach links und dann wieder Zahlen nach oben, bis sie wieder beim Anfang war. So entstehen Quadrate mit Seiten aus Zahlen. Alle Blätter füllt sie mit solchen dreifarbigen Zahlenquadraten. Es werden nur Zahlen von eins bis neun geschrieben. Schon zehn kommt nicht vor. Wenn Conny nach zwei Stunden Zahlenschreiben zu Susi herüberkommt, ist sie stolz. Sie zählt die Seiten, sagt, daß sie heute soundso viele Seiten mehr zustande gebracht hat als gestern. Ganz schön was geschafft, heute. Und das mit Zahlen! Die Mutter will doch immer, daß sie sich mit Zahlen anfreundet. Da, bitte! Und sie war daran interessiert, ihre Leistung zu steigern. Susi mußte die Seiten nachzählen und ihr Noten geben. Und Susi mußte die Seiten kaufen. Fünf Pfennige wollte Conny pro Seite. Hundert Seiten Tagesproduktion, das war Connys Ziel. Obwohl die Mutter die Produktion benoten und bezahlen mußte, durfte sie die Seiten nicht behalten. In Connys Zimmer, auf der Fensterseite, wurden die Papierstöße in Schachteln gelagert. Die Schachteln türmten sich in der Ecke. Susi fand diese Zahlenquadratproduktion erträglicher als das Abschreiben von Telephonbuchseiten. Sie hatte Conny umarmt, als die Ende August gesagt hatte: Schluß mit Telephonbüchern. Sie fand das nachträglich sogar echt doof, daß sie mehrere Monate täglich zwei bis vier Stunden Telephonbuchseiten abgeschrieben hatte. Ich bin doch nicht bescheuert, oder? Hatte sie gefragt. Und Susi: Überhaupt nicht. Conny war ehrgeizig geworden. Benotung und Bezahlung wirkten. Susi sagte: Man nennt das das Leistungsprinzip. Conny sagte: Leistungsprinzip klingt nicht schlecht. Wenn das kein Fortschritt war! Fortschritt? Das Kind ist ein Kind, und wenn sie nicht so bestürzend dick geworden wäre, könntest du dich an der immer wieder aufleuchtenden Kindhaftigkeit doch freuen, oder?

Ganz unbemerkt blieb Susis Siebenundsechzigster nicht. Mittags lag im Briefkasten ein Brieflein von ihren Frauen. Eingeworfen sicher von Hildchen Tönnissen: Wir denken immer an Sie, und heute besonders. Dazu ein Fünfzigmarkschein. Susi konnte endlich weinen. Glückstränen durften sein. Sie würde vorne in der Rethelstraße für 32 Mark Davidoff-Streichhölzer kaufen, mit dem Rest Blumen. Auch wenn das Frühstück jetzt auf dem winzigen runden Tischchen neben der Kommode stattfand und keine Kerzen und keine Katzen erlaubte, das Teelicht wollte sie weiterhin mit den langen Davidoff-Streichhölzern entzünden. Die Kätzchen saßen auf dem Boden und erwarteten Susis Quarkfinger.

Sie würde überleben. Die Oktoberwoche, in der die Welt Tag für Tag bewiesen hatte, daß ihr an Susi Gern nichts lag, würde von jetzt an, so oft sie es wollte, in ihr ablaufen. Kein einziger hatte auf diesen ergreifenden Bettelbrief reagiert. Gut so, Susi. Jetzt benimm dich auch, wie man sich benimmt, wenn man allein ist. Sie merkte, daß sie nicht glaubte, sie sei so allein, wie sie sich in der von Tag zu Tag aussichtsloser werdenden Oktoberwoche gefühlt hatte.

Sie wollte es sich nicht eingestehen, konnte sich dann aber doch nicht wehren gegen die Vorstellung, Xandra komme, seit bei der Oma nichts mehr zu holen war, so gut wie nicht mehr. Und erinnerte sich an Xandras Satz: Wenn der Opa nich mehr so gut dabei is, wer kriegt'n da seine Stereoanlage. Und mußte sich noch am hellen Nachmittag vorwerfen, zu schlecht gedacht zu haben von Xandra. Es läutete. Xandra. Im Gegensatz zum schwingend heraufsingenden und mit hochvibrierendem Ton landenden Aufzug in der Holbeinstraße, rumpelte der Aufzug in der Lindemannstraße wie eine näherkommende Drohung.

Xandra, die, solange sie bei Susi gewohnt hatte, für einmal Zähneputzen 50 Pfennig, einmal Haarewaschen 5 Mark und für einen Monat beibehaltenes Gewicht 50 Mark kassiert hatte, stand jetzt da, fast schlank, und in Jeans, flecken- und flikkenlos, und hatte die gelbschwarz karierte Jacke an, die zu ihrer Elfenbeinhaut und den Augen, die so dunkel waren wie ihre Haare, so genau paßte. Das war die Jacke, über deren Preis sich Edmund aufgeregt hatte. Sein letztes Weihnachten. Muß das denn sein, neunzehnhundert für eine Jacke, jetzt! Da erst hatte Susi begriffen, wohin sie gerutscht waren. Oder gestürzt. Das waren die Sätze, die Edmund überlebt hatten. Muß das denn sein, neunzehnhundert für eine Jacke, jetzt. Und: Den letzten Porsche hätt' ich dir nicht kaufen dürfen.

Xandra gratulierte und lieferte den Geburtstagsbrief ab, den sie jedes Jahr freimütig schrieb, als eine Art Bilanz der Beziehung. Und, wie jedes Jahr, wollte Susi den Brief vorgelesen bekommen. In diesem Jahr setzte sie sich dazu so umständlich wie möglich hin, das heißt, sie krabbelte in die Mitte des zimmerfüllenden Betts, lehnte sich an die dicke Polsterrolle und gab Xandra das Zeichen. Xandra stand im engen Gang zwischen Kommode und Bett und las. Aber bevor sie las, zündete sie sich noch eine Zigarette an. Und an der nachher gleich die nächste. Es passierten in ihren Geburtstagsbriefen manchmal Formulierungen, die Susi schmerzten, aber sie hatte es bis jetzt immer geschafft, sich das nicht anmerken zu lassen. Auch im heutigen Brief machte sich Xandra lustig über Oma als Moralpolizistin. Xandra hatte ihrer Oma von Monat zu Monat genau geschildert, wie sie lebte, was sie rauchte, trank, wen sie wie liebte. Der heutige Brief schloß: Du wirst für mich niemals nur Oma sein. Der Satz rettete den Tag. Dann berichtete Xandra das Neueste: Wie es Ljubinka geht, wie oft sie Timmi besucht und wie es Babavida, der anderen Großmutter, im krieggeplagten Jugoslawien geht. Ljubinka hat im Sommer die Babavida aus Doljani nach Belgrad geholt und dort in einem entsetzlichen Heim untergebracht. Xandra sagte, sie habe keine Mutter, so gut wie keinen Vater, keinen Großvater, aber zwei Großmütter habe sie. Zum Glück. Susi war einmal in dem Dorf gewesen, wo Ksenija und Ljubinka in einem ärmlichen Gehöft aufgewachsen waren. Sie hatte der anderen Großmutter mehrere Koffer voller Geschenke mitgebracht, sorgfältig nach Ksenijas Angaben ausgesuchte Geschenke, und eine Aufnahme des Wolgalieds. Das hatten Babavida und Susi dann zusammen gehört. Beide hatten, da sie sich nur mit Ksenijas Hilfe verständigen konnten, einander angelächelt. Susi war nicht sicher, ob das Wolgalied auf Babavida so wirkte, wie Susi gedacht hatte. Wolga, Balkan, Lehár, das müßte doch gehen, hatte sie gedacht.

Xandra wird auf jeden Fall, sobald die Westmenschen aufhören, dort Krieg zu führen, mit Ljubinka hinfahren. Und aus dem Internat in Kaiserswerth zieht sie auch aus. Ab 1. Januar wohnt sie bei Olaf, Freund und Mitschüler, mit dem sie nicht schläft, sie kann Timmi mitbringen. Ihr Vater kann das Internat nicht mehr bezahlen. Ihr ist das gerade recht. Sie hat schon einen Job in Aussicht. Abends von sieben bis neun Regale auffüllen.

Xandra mußte weiter. Wie ihr Vater, hatte sie keine Zeit, keine Ruhe gefunden, sich zu setzen. Susi gelang es nicht, den Satz zu unterdrücken, den sie unterdrücken wollte. Schade, daß du keine Vorbilder hast, nach denen du dich richten könntest. Und Xandra: Du reichst mir, Oma. Du bist mein Vorbild. Das wollte Susi nicht glauben. Bis jetzt, sagte Xandra und grinste. Als sie mit der Oma beim Sommerschlußverkauf gewesen sei, seien sie doch Mitschülern begegnet, ja? Susi nickte. Und die, sagte Xandra, haben noch nach den Ferien zu ihr gesagt: Das war deine Oma, die war echt geil!

Als Xandra draußen war, zählte Susi die Kippen im Aschenbecher. Sieben Zigaretten in nicht ganz neunzig Minuten. Susi hätte Xandra eigentlich noch sagen wollen: Du könntest dich ein bißchen aufrechter halten. Aber diesen Satz hatte sie nur denken können. Xandra hatte im Lauf der Zeit klargemacht, daß sie Kritik nicht ertrage. Bei jeder Anspielung, in der ein Hauch von Kritik mitschwang, ging sie sofort zum Angriff über. Das ganze Mädchen blitzte dann vor Aggression. Und statt nach drei Wochen kam sie frühestens nach drei Monaten wieder.

Verglichen mit den Wochenendtagen war der Montag immer eine Erlösung. Susi verbrachte so gut wie den ganzen Tag mit Leonardo. Leonardos Tischchen stand jetzt neben der Balkontür.

Um zu sehen, was die Kartons enthielten, mußte Susi die einzelnen Stapelplätze abfragen. Jetzt legte sie zusätzlich Dateien nur nach Inhalten an. Rief sie Wintermäntel auf, meldete Leonardo sofort, wo Wintermäntel ausgelagert waren. Sie genoß es, daß Leonardo ihr noch viel mehr Ordnung und Überblick verschaffen konnte, als sie bis jetzt von ihm zu verlangen imstande gewesen war. Gläubigernamen löschen, das war doch auch längst fällig. Köther, Soostema, Höflich und Labs: löschen! Auch die Datei ENTTÄUSCHUNGEN mußte sie überwachen. Da sie so gut wie nichts mehr dem Papier überließ, hatte sie auch die wenigen Antworten auf den von Andreas entworfenen Brief in Stichworten festgehalten. Einer vom Corps Hansea war tief bewegt vom Bettelbrief, aber er brauchte jede Mark gerade jetzt für ein ökologisch-politisches Erziehungsprogramm, mit dem die Probleme der Menschheit lösbar seien. Löschen! Das tat richtig gut. Und noch eine Datei anlegen, aus der ersichtlich wird, für wie lange der jeweilige Kartonlagerplatz zugesagt worden ist. Ihr war es peinlich, wenn die Leute anriefen und sagten: Das Jahr ist um, ich weiß selber nicht mehr, wohin mit den leeren Flaschen ...

Dienstag, Edmunds Geburtstag, da hatte Leonardo frei. Es war jetzt schon eine Gewohnheit, wenn sie das Pausenzeichen hörte, ging sie ans Fenster oder auf ihren winzigen Balkon und schaute den Schülern zu. Sicher keines der Kinder älter als zwölf. Wahrscheinlich sind sie alle unter zehn. Sie rennen herum ohne Zweck und Ziel. Es findet kein Spiel statt, das man gewinnen muß. Es genügt, daß einer losrennt. Fast im selben Augenblick rennen andere auch los. Ein paar bleiben gleich wieder stehen, da stehen andere auch schon. Es gibt auch Gehende. Aber keine Geschichte. Ja, einmal haben fünf Mädchen ein Mädchen zwischen sich, das kleiner ist als die fünf. Sie ziehen an ihr. Drei wollen sie dahin, zwei dorthin ziehen. Dadurch kommt eine dritte Richtung zustande. Aber dieses Ziehen und Zerren ist nicht ernst gemeint. Keinesfalls wird der Kleineren, an der sie zerren, wehgetan. Eher wollen alle die Kleinere für sich haben. Auf einmal rennt die los, aus den Fünfen heraus, die hinter ihr her, aber wiederum nicht als Verfolgerinnen, sondern eher als Anhängerinnen. Irgendwann bleibt die Kleinere stehen, von den Fünfen kommen nur zwei bei ihr an, die drei anderen gehen in irgendeiner Gruppe auf. Jähe Starts da und dort. Ein paar lassen sich von einem so Startenden mitreißen, aber der, der so heftig losgerannt ist, vertrödelt seine Schritte schon nach ein paar Metern, als gäbe es überhaupt keine Richtung. Und alle zusammen produzieren andauernd die allerhöchsten Töne. Susi hat nie höhere Töne gehört als diese nadelscharfen und doch überhaupt nicht stechenden Höchsttöne auf diesem Schulhof. Ohne diese andauernd hochsteigenden und sich wieder ein wenig senkenden Schrilltöne wären alle jähen und alle langsamen Bewegungen auf diesem Schulhof überhaupt nicht verständlich. Endlich mal keine story, denkt Susi. Dafür aber Sinn. Sinn pur. Edmunds Geburtstag. Der neunundsechzigste. Weil es gerade noch geregnet hat, ist alles spürbarer, als wenn die Sonne nur durch trockene Herbstbäume schiene. Der Regen hat Farben geweckt. Der Schulhof gleißt. Wie gut versteht sie jetzt dieses plötzliche, nichtssagende Losrennen der Kinder im gleißenden Licht, dann dieses plötzliche und nichtssagende Stehenbleiben, dann dieses unvermutbare und nichtssagende Hinzutreten eines anderen Kindes, die Fortsetzung des Gesprächs, das nie begonnen hat. Jetzt hätte es ihr nichts ausgemacht, wenn einer der Hornisten geübt hätte, oder der Cellist. Aber jetzt übte gerade keiner.

Während sie sonst die sechs Lautsprecher in ihrem Golf voll aufdrehte, fuhr sie zum Friedhof ohne Musik.

Da sich der Todestag, der 29. Februar, nur alle vier Jahre jährte, beging sie Edmunds Geburtstag als Todestag. Das fand sie sinnvoll.

Jedesmal wenn sie an Edmunds Grab stand, hörte sie wieder das Tatü-Tataa, mit dem sie ins Krankenhaus gerast waren. Sie hatten sich auch noch verfahren, auf der falschen Seite der Heinrichstraße ging's dann stadteinwärts. Und jetzt:

Belgisch Granit, Blockschrift. Keilvertieft. Das hatte der Steinmetz vorgeschlagen. Susi hatte genickt. Von heute aus gesehen hatte sie nichts mitgekriegt, nichts empfunden. Das Grab bei der Stadt in Pflege gegeben. Keine Blumen, hatte Susi gesagt. Nur Gras. Rollrasen. Und Edmunds Frauen hatte sie geschrieben, sie möchten keine Blumentöpfe auf das Grab stellen, weil da, wo dergleichen stehe, der Rasen leide. Jetzt sah sie wieder: der Rasen makellos. Rollrasen, dachte sie noch einmal, Rollrasen, toll. Sie hatte, als sie den Rollrasen zum ersten Mal gesehen hatte, sofort die Friedhofsverwaltung, Frau Wegling, angerufen und sich bei ihr bedankt für diesen Rollrasen.

Oh Edmund, dachte sie, jetzt bist du ganz mein. Belgisch Granit, Name, Daten, Blockschrift, keilvertieft, das würde Edmund gefallen. Sie hörte ihn summen. Sie hörte ihn sogar sprechen. Anfang der Siebzigerjahre, Conny war schon dreizehn oder vierzehn und immer noch Bettnässerin, hatte er sich angeboten, Conny zu helfen. Er habe Erfahrung mit Bettnässern. Im Krieg, er fünfzehn und Lagermannschaftsführer von Acht- bis Zwölfjährigen im Allgäu. Kinderlandverschickung hieß das. Einhundert Essener Kinder hatte er zu betreuen. Zwei Stuben hatte er eingerichtet für Bettnässer. Nur mit Stroh, das jeden Tag verbrannt wurde. Also keine Sorge, keine Angst, schlaft, wie ihr wollt. Edmund hatte das Schulungszeug, das aus Augsburg geschickt worden war, gar nicht ausgepackt. Als ein höherer HJ-Führer sich zu dem Hof, in dessen umgebauter Scheune sie untergebracht waren, herauffahren ließ, hielt der sich, als er durch die zwei Extrastuben kam, die Nase zu und brüllte, ein Ziegenstall sei dagegen eine Parfümerie. Ließ die Bettnässer antreten, nannte sie Kackstelzen, ihre Hände Wixgriffel, und daß sie sich schämen sollten, ein deutscher Junge pißt nicht ins Bett. Als der braun Uniformierte fort war und Edmund mit dem Lagerleiter, einem Leutnant, dem in Rußland ein Bein abgeschossen worden war, diese Szene besprach, sagte der: Nach dem Krieg stellen wir das braune Gesindel an die Wand. Edmund fuhr fort, wie er angefangen hatte. Er las den hundert Buben jeden Abend Karl May vor. Nach der Lesung blieb er noch bei den Bettnässern, bis die alle schliefen. Die hätten, sagte er dann, ihm zuliebe nicht mehr ins Bett beziehungsweise Stroh gemacht. Er war dann eine Zeit lang jeden Abend bei Conny gesessen, bis sie eingeschlafen war. Eine Zeit lang hatte er sogar Erfolg, aber dann, auf einmal, der Rückfall, Edmund gab auf. Susi machte weiter, bis sie fast zehn Jahre später Conny so weit hatte. Und kein Rückfall mehr seitdem. Und in der ganzen Pipi-Epoche hatte Susi kein einziges Mal an Edmunds Erfolg als Bettnässertherapeut gedacht. Ach, Edmund.

Und fuhr wieder zurück in die Lindemannstraße. Ohne Musik. Komisch, dachte sie, daß die Scheiben seit Edmunds Tod nicht mehr auseinanderdrifteten. Sie spürte überhaupt nicht mehr diese Notwendigkeit, die Augen zu schließen und den Zustand der Scheiben zu kontrollieren. Nicht ein einziges Mal hatte sie das, seit Edmund tot war, getan. Sie wußte einfach, die Scheiben sind in Ordnung, die sind praktisch eine einzige Scheibe. Ohne es zu wollen, fuhr sie in die Flingerstraße, zum Pfandhaus. Sie muß wissen, wieviel die für ihre Piaget-Uhr bieten. Vor vier Wochen hat sie hier einen dreiteiligen Schmuck abgeliefert. Der Juwelier hatte fünfzehnhundert geboten. Aber erst, wenn er den Schmuck verkauft haben würde. Sie hatte sofort Geld gebraucht. Zwölfhundert hatte sie mitgenommen aus dem Pfandhaus und hatte sich gefürchtet, bis sie wieder im Auto saß.

Auch jetzt fürchtete sie sich, als sie oben vor der dicken Scheibe stand. Kein Mensch weit und breit. Wenn sie für ihre Uhr Geld kriegt und da lauert einer im Treppenhaus, der nimmt ihr alles weg. Sie rannte runter und hinaus. Sie wird hierher nur noch mit Herrn Hellpapp kommen. Herr Hellpapp hatte zur Zeit keinen Führerschein und hatte Susi gefragt, ob sie ihn, wenn nötig, in der Stadt herumfahren könne. Taxi sei momentan nicht angesagt bei ihm, da er sich gründlich verspekuliert habe und, als er den Verlust wieder hereinholen wollte, noch gründlicher. Die fünfhundert für Conny fehlten seitdem. Sogar zum Einkaufen ließ er sich von Susi fahren. Zu *ALDI*. Susi staunte. Aber Herr Hellpapp: Er kaufe bei *ALDI*, auch wenn es bei ihm gerade floriere. Der Veuve Cliquot von *ALDI* sei kein bißchen schlechter als der von *OTTO MESS*. Hören Sie mal, sagte er, daß Sie auch jetzt noch bei *OTTO MESS* einkaufen, ist der pure Dünkel. Wenn das das Sozialamt erfährt, sagte er und sagte dazu, daß das witzig gemeint sei. Susi dachte, als sie heimwärts fuhr, an das Formular, das sie fürs Finanzamt unterschrieben hatte. Da war ihr Noch-Besitz aufgelistet. Zum Beispiel: Eine Uhr, Wert DM 100.– Wenn die ihr nachspionierten, sie anklagten wegen Urkundenfälschung. Dann werden die sie schwören lassen. Und sie wird schwören. Das wird an ihr nagen. Wie dann noch einschlafen? Als Angeklagte, wie soll eine da noch einschlafen? Den Mondrian hat der Galerist Kreidemeister bei Granderath abgeholt. Andreas hat das organisiert. Der Mondrian ist nur im Ausland anzubieten. Herr Kreidemeister, dem die Haare nach allen Seiten vom Kopf hängen wie dem Bobtail, ist öfter in New York als sonstwo. Immer ganz eng und mattschwarz angezogen, und dann die bei jeder Kopfbewegung wehenden Haare. Und freundlich ist er auch. Aber das Warhol-Doppel gibt sie nicht her. Das bleibt in Benrath bei Granderath. Und sie pilgert hin und schaut sich an und Edmund an. Edmund, der entschlossene Junge. Und eine Susi, die einen anschaut, daß man sich angeschaut fühlt.

Fünfhundert von der Anwaltskammer und, wenn es bei Hellpapp wieder fruchtet, fünfhundert von dem, dann kommt sie mit den eintausendeinhundertzehn Witwenrente und dem Sozialamtsgeld für Conny auf knapp dreitausend. Solange die Anwaltskammer nicht abspringt und wenn Herr Hellpapp wieder zahlt. Sie muß eben Herrn Hellpapp immer wieder fragen, ob es bei ihm fruchte. So nennt er es, wenn seine Geschäfte glükken. Der immerbraune haarlose Riese ist ihr richtig angenehm geworden. Er hat es doch für nötig gehalten, ihr sein Dasein ein wenig verständlicher zu machen. Die Frau hat vor fast zwanzig Jahren mit einem Piloten geschlafen. Und das öfter. Regelmäßig. Über Monate hin. Er hatte es bald bemerkt, aber er hatte ihr nichts beweisen können. Aber dann, fast zwanzig Jahre später, hat sie gestanden. Aber wie! Überhaupt nichts Konkretes. Er hatte alles ganz genau wissen wollen. Sie hatte angeblich nichts Genaues mehr gewußt. So oft er sich vorgestellt habe, wie es damals zwischen denen zugegangen sei, sei es ihm schlecht geworden. Also Schluß. Dann hätte er eine Bielefelder Millionärin haben können, aber die Japanerin, die allerdings jetzt noch nicht zu ihm ziehen wolle, vielleicht weil sie siebzehn Jahre jünger ist, sei ihm wichtiger. Wenn sich das zerschlage, sei er zerschlagen, ohne Yumiko könne er sich nichts mehr vorstellen.

Als Susi mit dem Aufzug in ihr Stockwerk fuhr, hörte sie einen der Hornisten seine Schleifen blasen. Von Halbton zu Halbton steigend. Das war der Ersatz für Edmunds singenden Aufzug. Sie zog die Übungen der Hornisten denen des Cellisten vor. Zu den Mietern hier hatte sie mehr Kontakt als zu den Eigentümern in der Holbeinstraße. Unter ihr und über ihr die Musiker. Oben Herr Herzig, der bei Selbach verkauft hatte. Und der Vorruheständler, auch oben, der war schon Edmunds Mieter gewesen. Edmund hatte den für eine ermäßigte Miete aufgenommen, weil der in seiner Behörde immer dafür gesorgt hatte, daß Edmund, wenn er die Autos wechselte, mit seinem alten EG-Nummernschild weiterfahren durfte. Zu wenig Kontakt hatte sie bis jetzt zu den zwei Prostituierten im Parterre. Auf ihrem Namensschild stand K. & K. CZLONIECZEK. Als wär's eine Firma. Die beiden waren Zwillinge und hießen oder nannten sich Kirke und Kalypso, beide gleich groß, gleich stramm, gleich blond. Vom Vorruheständler hatte Susi erfahren, daß die beiden immer zusammen nur einen Herrn beglückten. Darüber dachte Susi des öfteren nach.

Als sie in der winzigen Küche stand, wollte sie sofort etwas Nützliches tun. Aber was? Butter verlängern! Wie sie es in dem Jahr bei den Nonnen gelernt hatte. Wasser in die Butter hineinkneten. Oder war es Milch? Auf jeden Fall etwas Salz dazu. Das Telephon erlöste sie aus ihrer Ratlosigkeit.

Herr Herzig. Er bat, sie möge heute nicht mehr hinaufkommen zu ihm. Seine Stimme, ein leises Krächzen. Er habe sich so über seine Mutter geärgert. Aufpäppeln wolle die ihn. Kann selber nicht mehr gehen und stehen. Und dann ihn aufpäppeln. Porco Dio. Er lebe nur noch, bis seine Mutter gestorben sei. Dann Schluß. Herr Herzig, der Verkäufer bei Selbach. Seit über einem Jahr im Haus. Als Susi ihn zum letzten Mal im Geschäft gesehen hatte, war er in einen Gärtner verliebt gewesen.

Aber er hatte da schon die Hände nicht mehr aus den Taschen genommen. Aus den Jackentaschen. Umarmte Susi nicht mehr wie früher. Er gestand ihr, wie sehr er in diesen Gärtner verliebt sei, einundzwanzig Jahre jünger als er. Plötzlich war Herr Herzig verschwunden. Im Geschäft hieß es: Blutkrebs. Dann tauchte er hier auf. Samt Mutter. Susi hat ihm manchmal etwas Süßes vor die Tür gelegt, oder Obst, oder ein Blumengesteck. Als Susi die roten Stellen in seinen Mundwinkeln gesehen hatte, feuerrot und fast erbsengroß, und dieses durchgeistigte Gesicht, hatte sie gewußt, woran er litt. Der Mund voller Ekzeme. Und er hat es ihr auch gleich gesagt.

Susi sagte, er müsse doch wenigstens etwas trinken. Soll sie ihm Apfelsaft bringen? Herr Herzig jaulte leise auf. Er kann doch gar nicht mehr schlucken. Die Mutter kann noch. Aber sonst kann sie nichts mehr. Nur noch schlucken. Susi sagte, ihr Kater habe auch einmal nicht mehr schlucken können. Sie habe ihm Flüssigkeit mit dem Löffel eingegeben, daß die Flüssigkeit dann tropfenweise hinuntergeronnen sei. Das mache sie gern bei ihm auch. Sonst trockne er doch einfach aus. Ach, Frau Gern, wir müssen alle mal sterben. Jetzt sei er nur noch müde, müsse auflegen. Liebe Frau Gern, adieu, Sie waren immer eine Wonne für einen Verkäufer. Sie kennengelernt zu haben genügt. Und legte auf. Susi wußte, daß sie das nicht schaffen würde, so über das Finale zu sprechen. Der war noch keine fünfzig. Bei ihr meldete sich wieder ihr Dirk-Pfeil-Satz: Der fehlt meinem Auto mehr als mir. Auch jetzt spürte sie, daß sie sich am liebsten gedehnt und gestreckt hätte vor Lebensfreude. Einfach weil sie nicht todkrank war. Einfach weil sie lebte. Einfach weil zu leben etwas Unübertreffliches ist, egal wie. Wenn sie doch Herrn Herzig teilnehmen lassen könnte an ihrem Trotzallemjubel.

Als sie zu Conny hinüberkam, lief der Fernseher. Trotzdem mußte sich Susi Gehör verschaffen. Morgen um 10 Uhr 30 in der Vohwinkelallee beim psychiatrischen Gutachter! Wie auf dem Formular, das Conny zur Begutachtung einlädt, der Weg in die Vohwinkelallee beschrieben wird, läßt allerdings vermuten, daß sie Conny, nach Susis Ankündigungen, für behinderter halten, als sie ist. Conny lachte hellauf, als sie der Mutter vorlas: »... dann 150 m in Fahrtrichtung der Bahn bis kurz hinter *OTTO MESS* gehen (liegt rechts), schräg gegenüber in den Fußweg (linke Straßenseite), der zur Vohwinkelallee führt.« Die halten mich wohl für bekloppt, sagte Conny. Susi dachte an das Gutachten zur Entmündigung: Erheblich kritikgemindert, hatte es da geheißen. Susi hat Conny auf die morgige Sitzung vorbereitet. Den Behindertenausweis bräuchten sie nur, daß Conny nichts mehr zahlen müsse, wenn sie zu Phimphone nach Oberkassel und zu Linh in die Bolkerstraße fahre und zum Essen in die Altstadt.

Der Arzt begrüßte Conny und Susi mit einem für beide ausreichenden Halloo, dann gleich nur noch zu Conny: Und, wie geht's uns denn so? Conny: Im Augenblick macht mir nur der Liebeskummer zu schaffen. Conny sagte das, wie sie es gewohnt war, zu Susi hin, darauf der Arzt: Da ich Sie gefragt habe, fände ich es besser, wenn Sie mir antworten würden.

Conny sah ihre Mutter an, als wolle sie sagen: Was redet denn der für Blech. Das hatte schon Edmund aufgeregt, daß Conny, wenn er mit ihr sprach, immer Susi angeschaut hatte. Susi hatte dann immer gestikuliert, daß Conny das doch zu ihrem Vater sagen solle. Das war ihr nicht beizubringen. Auch wenn der andere sprach, schaute sie nicht den an, sondern ihre Mutter. Was das, was ihr gesagt wurde, für sie hieß, las sie förmlich ab vom Gesicht der Mutter. Und wenn sie jemandem etwas sagte, sagte sie's der Mutter ins Gesicht, als sei die Mutter das Mikrophon zur Welt. Edmund war manchmal schreiend aus dem Zimmer gerannt. Aber später kam er zurück, streichelte Conny an der Schulter und murmelte etwas.

Der Arzt bat Susi, im Wartezimmer Platz zu nehmen. Kaum saß Susi dort, setzte sich eine alte Frau auf den Stuhl ihr gegenüber und schloß, sobald sie saß, die Augen und atmete durch den weit offenen Mund. Dann hörte Susi Connys Stimme. Polster Teufel. Heiliger Bimbam. Da haben wir den Salat. Mit dem Salatsatz erschien Conny in der Wartezimmertür. Susi ging ihr entgegen. Conny war wütend. Der kloppt mit seim Hämmerchen auf mir rum und macht dabei so'n komisches

Gesicht, rief sie. Sie sei ja nicht zum ersten Mal beim Doktor. Genau genommen sei sie nirgendwo so oft gewesen wie bei den Döktern, HNO, Haut, Zahn, Augen, Inneres, sogar beim Proctologen sei sie gewesen, als ihr die Hämorrhoiden geplatzt seien. Stimmt's.

Sie sagte das wieder alles zu ihrer Mutter. Der Arzt stand unter der Tür zum Sprechzimmer. Susi sagte: Komm, Conny. Als dann die Tür zu war, sagte der Arzt, es gehe ja darum, daß Conny den Behindertenausweis bekomme, um Kosten zu sparen. Mutter, sagte Conny, woran sieht man, daß ich behindert bin? Kätzken, sagte Susi, wenn wir im *BAAN THAI* essen und fünf Tische weit weg niest einer, dann rufst du: Gesundheit. Daran sieht jeder, daß du behindert bist. Dann lass' ich das, sagte Conny. Das hast du schon so oft versprochen, aber immer wieder rufst du, sobald einer niest, Gesundheit. Und Conny: In Japan, Thailand, Tunesien und South Dakota ruft man jedem, der niest, Gesundheit zu, aber im sturen Düsseldorf giltste, wenn de höflich bist, als behindert.

Der Arzt stimmte ihr zu. Offenbar sah er jetzt eine Möglichkeit, mit Conny ins Gespräch zu kommen. Kein Hämmerchen mehr, sagte er, einverstanden? Ohne Hämmerchen immer, sagte Conny und grinste.

Susi setzte sich im Wartezimmer weit weg von der gelbblassen Frau. Die Frau riß, als Susi sich setzte, die Augen auf und setzte sich ihr wieder direkt gegenüber. Diese Frau war ihr überlegen, das spürte Susi. Weil es ihr schlechter geht als dir, dachte Susi. Das wollte Susi lernen, die beherrschen, denen es besser geht als ihr.

Der Arzt kam mit Conny, es folgte ein fast herzlicher Abschied. Conny wollte die Hand des Arztes gar nicht mehr loslassen. Aber sie sah dabei nur ihre Mutter an. So, als präsentiere sie den Arzt und sich ihrer Mutter als Paar. Der hatte sie rumgekriegt. Für den Zweck der Begutachtung. Von dem Gutachten für die Behörde schicke er ihr eine Kopie zu, sagte er. Zu Susi. Da haben wir den Salat, sagte Conny, er hat also nicht kapiert, daß ich keinen Behindertenausweis brauche. Susi wußte, diese Szene war nur zu beenden durch schroffen Abgang, aber mit freundlichem Ruf. Drehte sich um und ging hinaus und rief im Hinausgehen Tschö. Muttertier, rief Conny, wie willst du mich denn küssen, wenn du wegläufst. Und küssen willst du mich doch, weil du stolz bist auf mich. Ich war einfach gut, stimmt's. Also ich muß es selber sagen, heute war ich einfach supergut. Susi dachte, daß sie schon neulich gedacht hatte: Rette mich wer kann. Und jetzt, dachte sie, denke ich das noch viel dringlicher als neulich. Rette mich wer kann. Aber allzu oft, dachte sie, darf ich den Satz nicht zulassen.

So, jetzt noch zum Notar, Mäusken.

Kätzken, sagte Conny und fuchtelte drohend mit dem Zeigefinger.

Als sie vom Notar heimwärts fuhren, wollte Conny wissen, was das jetzt wieder für ein Gedöns gewesen sei bei diesem Rübezahl. Der Assessor war bärtig. Susi hatte Conny mit hineingebeten, um in ihr Interesse zu wecken. Susi ließ Conny zu Hause vorlesen, was sie unterschrieben hatte. Conny las: Ich schlage hiermit die Erbschaft aus allen in Betracht kommenden Berufungsgründen aus. Der Nachlaß ist überschuldet.

Conny sagte: Überschuldet, was ist denn das wieder für'n Trick.

Susi sagte: Ein toller Trick. Wir müssen überhaupt nichts mehr bezahlen.

Und warum, sagte Conny.

Susi sagte: Weil wir kein Geld mehr haben.

Moment, sagte Conny, sagst du: Wir haben kein Geld mehr, also müssen wir nichts mehr bezahlen. Oder: Wir müssen nichts mehr bezahlen, weil wir kein Geld mehr haben?

Und Susi: Du bringst mich noch ganz durcheinander.

Und Conny: Jetzt reicht's aber, Muttertier. Morgen ab in die Vohwinkelallee, höchste Zeit, daß du 'n Behindertenausweis kriegst.

Susi sagte: Ich liebe dich.

Und ich erst dich, sagte Conny.

2.

Das hatte Conny von Susi gelernt, daß Sinatra leise überhaupt nicht wirkt. Susi schreckte hoch, als drüben bei Conny plötzlich Strangers in the night losdröhnte. Und noch nicht acht Uhr. Sonnabendmorgen. Aber bevor Susi aufstehen, hinübergehen und um Leiserstellen bitten konnte, wälzte sie sich noch einen langen Augenblick lang unter Sinatras Strangers in the night. Als Edmund ihr Sinatra madig machen wollte – gelernter Kellner, der sich in der Unterwelt wohlgefühlt hat –, hat sie geantwortet: Die grellste Angst deiner Mutter war immer, daß sie, wenn sie beerdigt werde, nicht tot, sondern nur scheintot sei. Bei mir ist das ganz einfach. Todsicherer Test, Sinatra, eine Nummer voll aufgedreht, am liebsten The girl from Ipanema; wenn ich darauf nicht reagiere, könnt ihr mich begraben, dann bin ich tot. Frank Sinatra war der einzige aus dieser Welt, dem sie gern einmal die Hand geschüttelt hätte. Ach ja, Marilyn Monroe auch.

Dann aber hinüber, das Hotelschild BITTE-NICHT-STÖREN nicht beachtet und auf leise gedreht. Denk doch an den armen Herrn Herzig, der nach einer durchquälten Nacht vielleicht gerade erst eingeschlafen ist. Und die Musiker, die gestern spät vom Konzert heimgekommen sind. Conny hielt die Aktion ihrer Mutter für Eifersucht. Aber heute sei sowieso angesagt der ultimative Mutter-Tochter- Showdown. Heute müsse das Muttertier ihr Zuckerbätzchen Cornelia endlich aus ihren Samtpfötchen lassen, heute beginne eine neue Zeitrechnung. Was haben wir denn heute, fragte sie, ihren Ton ermäßigend, schnell dazwischen. Sonnabend 7. November 1998. Gut, den solle sich die Mutter merken als den wirklichen Geburtstag ihrer Tochter. Khalil heißt die neue Zeit. Die marokkanische Freundin, die im *MC DONALD'S* bedient, wird heute, wenn Khalil in der Küche Feierabend hat, Khalil, den Marokkaner, dem sie alles über Cornelia erzählt hat, mit Cornelia zusammenführen, der sie alles über Khalil erzählt hat. Beide sind Suchende. Und nach dem, was sie über einander erfahren haben, passen sie zusammen wie Milch und Kaffee.

Klar, der Kaffee ist er. Der will dich heiraten, hat die Freundin gesagt.

Susi mußte, wie immer, den bis zur Zerstörung reichenden Abbau dieser Hoffnungen in der Form der Zustimmung vollziehen. Zustimmen und noch einmal zustimmen, aber jedesmal ein bißchen weniger, bis man bei fast Null angekommen war. Und nahm sich vor: wieder jede Woche *Ehen vor Gericht*. Das hatte sie schleifen lassen. Jedesmal wenn sie diese Sendung angeschaut hatten, hatte Conny gesagt: Bloß nie heiraten.

Aus Erfahrung wußte Susi, daß Conny ablenkbar war. Rasch holte Susi den Traum der letzten Nacht hervor. Träume zogen fast immer bei Conny. Horch. Wir hatten Besuch, ein Mann, eine Frau, wie die aussahen, wußte Susi nicht mehr, schade, sagte Conny, hör doch zu, sagte Susi, beide hatten Rosen im Mund, er zwei rote Rosen, sie zwei schwarze Rosen, bei beiden saßen die Rosen dicht in den Mundwinkeln, ohne daß man Stiele sah, und mitten im Wohnzimmer, in dem gewaltig großen Wohnzimmer in unserem Dachpalast in der Holbeinstraße, stand Susis Porsche, stand da, als gehörte er nirgendwohin als in dieses Wohnzimmer, und im Porsche saß Susi, stieg gerade aus, drehte aber, bevor sie ausstieg die Musik noch voll auf, dann verschloß sie das Auto, der Mann und die Frau sagten: Wieso denn das? Hier drin stiehlt doch kein Mensch so'n Auto. In diesem Augenblick dröhnte aus dem verschlossenen Auto die Musik so laut heraus, daß die Rosen in den Mündern des Paars vibrierten. Die beiden seien Susi plötzlich vorgekommen wie gefoltert.

Was das für eine Musik gewesen sei, fragte Conny.

Susi lachte, das wisse sie nicht mehr, aber vielleicht doch Sinatra, Strangers in the night. Jetzt schummelst du, sagte Conny. Susi sagte, ohne zu schummeln könne man einen Traum gar nicht erzählen.

Ob sie, fragte Susi, noch ein paar fröhliche Fragen, die fröhliche Zukunft betreffend, stellen dürfe. Heiliger Bimbam, sagte Conny, das wäre noch schöner, wenn Susi nicht jede Frage, nach der ihr zumute sei, stellen dürfte. Also, sagte Susi, ihr Mäusken wisse doch sicher schon dies und das über diesen marokkanischen Khalil, sonst wäre ihr Mäusken doch nicht so fröhlich erregt. Oh ja, eine Menge weiß sie. In der Küche arbeitet Khalil während des Semesters zehn Stunden pro Woche, in den Ferien aber dreißig. Khalil studiert nämlich an der Fachhochschule, wie man aus Sonne, Wasser und Wind Strom macht, weil es in Marokko an Strom fehlt. Khalil kommt aus Casablanca, hat das deutsche Abitur nachmachen müssen und hat das geschafft, demnächst macht er zur Finanzierung seines Studiums ein Computergeschäft auf, sagt das der neugierigen Mutter was oder nicht? Wie alt, wüßte die noch gern. Neunundzwanzig. Und aus Casablanca? Aus Casablanca, also Moslem, macht doch nichts, oder? Natürlich nicht.

Susi blieb positiv. Als Conny wieder vom Heiraten anfing, bremste Susi vorsichtig. Daß einer Conny wegen des Geldes heirate und sie dann von den Klippen stoße, sei jetzt nicht mehr zu befürchten, aber manche Ausländer heirateten Deutsche, um hier leichter eine Firma gründen zu können. Der nicht, rief Conny. Von ihrer Freundin wisse sie, daß Khalil der ruhigste Mensch sei, der je aus Casablanca nach Düsseldorf gekommen sei. Ruhig ist schon mal gut, sagte Susi. Fand Conny auch. Erinnerte aber daran, daß die Mutter vor Jahren einmal gesagt habe, ihr sei die Totaltreue eines Allzuruhigen nicht soviel wert wie die Halbtreue eines Temperaments. Würde ich heute nicht mehr sagen, sagte Susi. Ihr nämlich, sagte Conny, sei ein Ganzruhiger willkommen, lebhaft sei sie doch selber.

Weisse was, sagte sie dann, ich geh inne Badewanne.

Susi gratulierte. Aber sie wußte, die Badewanne diente Conny nicht zur Reinigung, sondern zu Abreaktion.

Wenn sie erregt war, ob fröhlich oder finster, mußte sie in die Wanne. Susi mußte jetzt immer dabei sein, daß Conny nicht heißes Wasser einlaufen ließ, bevor sie den Abfluß geschlossen hatte. Dazu erzählte Susi dann, daß ihre Mutter einmal pro Woche heißes Wasser, zehn bis fünfzehn Zentimeter hoch, erlaubt habe. Dann aufgefüllt mit kaltem. Und Conny fragte immer wieder: Warum dat denn? Daß Geld gespart werden mußte, war Conny, da es sich um Zahlen handelte, immer noch fremd. Aber gar so viel Wasser konnte Conny, wenn sie in der Wanne saß, gar nicht einlaufen lassen. Ihr Hintern füllte die Wanne ganz aus, links und rechts an ihr konnte kein Wasser vorbei. Und das Wasser lief hinter ihr ein. Wenn das Wasser ihr bis zur Taille reichte, war die Wanne vor ihr immer noch leer. Heute war das für Susi ein Anlaß, wieder einmal das Abnehmen zu diskutieren. Susi schlug vor, wieder ein Blatt an die Wand zu kleben, jeden Tag das Gewicht draufzuschreiben, Minus in Blau, Plus in Rot. Conny sagte: Ich bin es leid, ewig über das Gewicht zu palavern. Die Mutter wisse genau, daß es Conny nicht mit den Zahlen habe, also was soll der Quatsch.

Als sich Conny abends für den Ausflug in die Stadt anzog, machte Susi noch einen Versuch. Paß mal auf, Mäusken, sagte sie, ich sage jetzt nicht mehr: Du bist einsfünfzig hoch und einsfünfzig breit, weil du mit Zahlen nichts im Sinn hast, aber ich darf dir doch sagen, daß du jetzt bald so breit bist wie hoch.

Das sagst du schon seit eh und je, sagte Conny. Aber jetzt ist es gleich soweit, sagte Susi. Deine Hosen, Hochwasserhosen, und die obersten Knöpfe gehen nicht mehr zu, du mußt immer noch weitere Sachen drübertragen.

Conny: Bis jetzt habe ich immer noch alles untergekriegt.

Fünf Kilo weg, sagte Susi, und du wärst nicht mehr andauernd wund zwischen den Beinen.

Sie habe nun mal ne dünne Haut, sagte Conny.

Dir würden alle deine aparten Sachen wieder passen, sagte Susi. Du hast so süße kleine Füßchen und so zarte Händchen, die würden dann wieder viel besser passen zu dir. Und dein feines Köpfchen erst recht.

Conny aber: Frau Susi Gern, hu-hu-huhuuu! Dann flieg ich eben in den mittleren Westen, da gibt es meinesgleichen en masse. Gut, Miss Piggy, dann fliegen Sie eben in den mittleren Westen. Susi drehte sich um. Conny rief: Und die Moslems, sagt meine Freundin, lieben Frauen, die was auf die Waage bringen. Du bist nichts als ein Schaufenstergespenst. Wilhelm Granderath, und das ist noch ein Mann, egal, wie herum er die Baseballmütze gerade trägt, der hat gesagt, wenn er diese

Frauen hier anschaue, mieh Beihäu als Fleesch, mech schuddert, das hat Wilhelm Granderath gesagt, der noch ein Mann ist, egal, wie herum er die Baseballmütze trägt.

Mäusken, sagte Susi, seit Wilhelm Granderath seine dritten Zähne hat und die zu groß geraten sind, trägt er die Baseballmütze nur noch mit dem Schild nach vorne. Und wie findest du meine Zähnchen, sagte Conny und zeigte die.

Das sind überhaupt die süßesten Zähnchen der Welt, sagte Susi.

Find ich eben auch, sagte Conny.

Und das mit Rot und Blau und Plus und Minus läßt du dir noch einmal durch dein süßes Köpfchen gehen.

Und Conny: Eß jot, eß jot, ech mak et schon.

Als Susi schon draußen war, rief Conny ihr nach, sie fände es gut, wenn die Mutter wieder mehr trinken würde, dann sei sie viel weniger ärjerlich.

Als Conny mit spitz geschminktem Mündchen verschwunden war, drängte sich Susi in Connys Zimmer ans Fenster, um ihr nachzuschauen. Und sagte, weil Conny wieder im Herbstlaub stapfte, auf, was Conny ihr einmal vorgesungen hatte:
    Von allen Bäumen fallen
    auf einmal
    alle Blätter
    alle Blätter fallen
    auf einmal
    von allen Bäumen
    runter.
Und mußte sich wehren gegen die Schleifen des Hornisten und gegen die Schürfungen des Cellisten. Mit Sinatra. Aber sie stellte ihn so, daß er halbwegs im Bereich blieb. Wie dünn hier Wände und Böden waren, hatte sie früher, als das noch ihr Nest für Liebe war, nicht bemerkt. Also Andreas dürfte hier keinen Geschlechtsverkehr veranstalten. Ksenija und Christelle hatten sein diesbezügliches Benehmen für erwähnenswert gehalten. Und Xandra hatte, als sie bei der Großmutter eingezogen war, gesagt, daß sie das Geschrei ihres Vaters,

wenn der mit Christelle zu Gange gewesen sei – so hatte sie sich ausgedrückt – nicht mehr länger ertragen habe. Susi hatte es noch genauer wissen wollen. Ja, hatte Xandra gesagt, es klinge, als müsse er sich selber anschreien oder ermuntern. Die gehören doch beide inne Klapse, hatte sie gesagt, der Vater und Christelle. Klapse war ein Lieblingswort Xandras. Wenn Susi ihr Conny erklären wollte, sagte sie: Die ist klapsig auf die Welt gekommen.

Als Susi aufs Klo mußte, merkte sie wieder, daß sie, sobald sie in dieser Wohnung allein war, Angst hatte, aufs Klo zu gehen. Dirk Pfeil hatte, als er zum ersten Mal hier aufs Klo ging, gerufen, Susi solle sofort kommen, auf dem Klodeckel sitze eine süßesüße kleine Ratte. So was Putziges, hatte er gerufen, kuck mal. Susi war sofort erstarrt, gelähmt, zu keiner Bewegung mehr imstande. Oh, jetzt ist sie weg, rief Dirk bedauernd. Susis Schock begriff er nicht. Was könne ihr denn schon passieren! Ihm dagegen könne ganz schön was weggebissen werden, wenn er sich auf dieses Klo setze. Susi hatte sich wochenlang nicht mehr auf dieses Klo setzen können. Sie hatte für ihre Bedürfnisse die Rührschüssel von Krups benutzt. Der Installateur hatte gesagt, die Ratten kommen durch jede Röhre hoch. Die können sich, hatte er gesagt, unglaublich lang und dünn machen. Heute mußte sie, um sich auf dieses Klo zu setzen, zuerst Rohrfrei hineinschütten. So. Basta. Dann sah sie vom Klo aus, daß Jeannie wieder auf den Flurteppich pißte. Nein, schrie sie. Zu spät. Sie schrie auf Jeannie ein. Domino gefiel das. Jeannie produzierte Gemaunze. Das ging Susi jetzt immer öfter auf die Nerven. Susi erschrak manchmal selber, wenn sie sich erlebte, wie sie auf Jeannie einschrie. Sie rannte vor den Spiegel und fragte: Bist du das noch? Du bist eine fremde Frau, die mir leid tut. Nicht nur alt geworden, sondern auch verhärmt. Und zu dick. Dreh dich weg, von so etwas dreht man sich am besten weg. Aber sie konnte sich nicht wegdrehen. Besser als alte Männer sah sie immer noch aus. Alte Männer sehen immer aus, als würden sie gleich weinen oder gleich fluchen. Auf jeden Fall sehen sie beleidigt aus oder kaputt. Im besten Fall sieht durch die kaputte Fassade noch der

Junge heraus, der dieser Mann einmal war. Aber eben immer mit dem Ausruf: Seht nur, was das Leben aus mir gemacht hat, ist das nicht schrecklich! Diese Erpresservisage alter Männer geht Susi auf die Nerven. Alte Frauen sehen, auch in der Großstadt, noch aus wie Bäuerinnen, die durch ein langes Leben zu Damen geworden sind. Oder zu Komikerinnen. Sie sehen aus, als würden sie gleich lachen. Du, dachte Susi, tendierst zur Komikerin. Du bist momentan verhärmt, aber nicht dauerverhärmt. Du wirst wieder lachen. Demnächst. Ja? Auf jeden Fall denkt sich das angenehm. Warum sollte sie es dann nicht denken. Dachte sie. Sie sollte an Conny denken, die jetzt vielleicht schon diesem Khalil gegenüber saß. Aber sie mußte vor dem Spiegel stehenbleiben. Du warst nie so hübsch wie, sagen wir, Ruth Proll. Du bist nie auf solchen Beinen stolziert. Ihr wurde, wenn sie jetzt auf der Straße eine schöne junge Frau sah, manchmal fast schwindlig, sie konnte es nicht fassen, daß jemand so schön sein konnte. Jemand, und nicht sie. Wenn sie einen Mann in ihrem Alter sah, der noch erträglich wirkte, dachte sie: Jetzt siehst du den zum ersten Mal, und jetzt ist der schon so alt, vor dreißig Jahren hättest du dem begegnen müssen. Daß es so viele Menschen gibt, denen man nie begegnet! Soviel Schönes, das du nie siehst ... Susi merkte, daß sie sich jetzt vom Spiegel lösen und sich ganz ruhig hinsetzen mußte, sonst ...

Pfeifend kam Conny zurück. Pfeifen war ihre höchste Äußerung. Sie pfiff Strangers in the night. Wenn man sie nicht sah, und hörte, wie sie pfiff, hätte man gedacht, das ist die schmelzend frechste Weibsperson überhaupt. Ihr erster Satz: Der will dich kennenlernen, das heißt, mal hierherkommen, geht das denn?

Am nächsten Tag saß sie wieder im *MC DONALD'S*, bis Khalil in der Küche fertig war, und kam, wieder Strangers in the night pfeifend, zurück. Die Töne fuhren Schlittschuh, die tanzten richtig. Connys erster Satz: Ab morgen wird abgenommen. Jeden Tag hungere sie ein Pfund weg. Aufs Blatt im Bad kommt nur noch Blau. Und: Morgen kommt Khalil. Und: Ab morgen lass' ich die Brille mal weg. Khalil habe gesagt: So schöne Augen sperrt man nicht hinter so dicke Gläser. Conny nahm ihre Brille ab und schleuderte sie quer durchs Zimmer, daß sie irgendwo auf dem zimmerfüllenden Bett landete. Mäusken, rief Susi. Nix mehr Mäusken, sagte sie. Sie habe Khalil erzählt, daß die Mutter sie Mäusken nenne, das habe ihm nicht gefallen. Morgen kommt er, Muttertier. Bitte, nichts von meinem Alter. Er glaubt, ich sei wie er neunundzwanzig. Ob sie vielleicht älter aussehe? Das konnte Susi verneinen. Wahrscheinlich gehörte das zu ihrer Entwicklungslosigkeit, daß sie, obwohl sie vierzig war, aussah wie ... na ja, wie dreißig vielleicht. Wenn da nicht durch Mund und Augen etwas verraten worden wäre, was man mit dreißig nicht hat. Noch nicht Verdrossenheit, aber ein bißchen angebittert sah sie schon aus, ihre süße Conny.

Und Khalil kam. Hatte ein Biedermeiersträußchen in der Hand. Susi nahm's ihm ab, sonst hätte er's wahrscheinlich den ganzen Abend lang in der Hand behalten. Er hatte auch eine Brille, aber eine mit Gläsern, die nichts trübten, aber ein Gestell, das auffiel. Dieses deutlich hohe und überhaupt nicht breite Gesicht wirkte durch die massive Brille noch feiner. Die Haare eng am Kopf gewellt, aber kein bißchen kräuselig. Lotfi hatte so einen Hauch von kräuseliger Wolle. Lotfi, das war der Tunesierprinz als seelenvoller Sportler, immer Pullover und immer offene Hemden, die sich von den Pullovern nicht abheben wollten. Khalil dagegen: Helles Sakko, in dem doch ein Blauton vorkommt, deutlich blaues Hemd, eine Krawatte, deren Farbe sich genau zwischen Jacke und Hemd aufhält und, was sie als Muster hat, eher verbirgt. Das ist ein feiner Student. Susi hatte sich ja die Männer immer am liebsten aus dem Verhältnis der Augen zum Mund zusammengereimt. Lotfis linker Mundwinkel war immer spöttisch hochgezogen gewesen, dadurch waren seine sanften braunen Augen überhaupt nicht mehr sanft. Khalil präsentierte volle feste Lippen, auf die von innen Kraft ausgeübt wurde, und die Augen entsprachen dem mit unirritierbar ruhigem Blick. Das war der junge Mann als Planer seines Lebens. Komisch, daß sie ihn überhaupt mit Lotfi verglich. Er war doch Connys Freund!

Und trotzdem fiel ihr ein Lotfisatz ein, einer ihrer Lieblingssätze: Du bist eine Frau, auch wenn man dich mit einem Blumenstrauß schlüge, würde man's bereuen. So ein Satz fiele diesem Khalil in hundert Jahren nicht ein. Glaubte sie. Hoffte sie. Da es nur die zwei Stühle am weißen runden Tischchen gab, setzte sich Conny im Buddhasitz auf Susis Bett. So konnte sie stundenlang sitzen. Susi servierte Kaffee für zwei. Conny schaute zu. Khalil entdeckte den Computer neben der Balkontür. War überrascht. Conny sagte, weil sie Leonardo verachte, so heiße der nämlich bei seiner Sklavin Susi, habe sie den nicht erwähnt. Khalil schüttelte den Kopf. Dann setzte er sich wie jemand, der etwas vormachen will, an den Computer, schaltete den an und spielte mit seinen schönen kräftigen Händen auf der Tastatur wie ein Pianist auf seinen Tasten. Er raste so schnell durch die Verzeichnisse durch, daß Susi nicht mitkam. Dann schaltete er den Computer aus, setzte sich wieder ans Kaffeetischchen und sagte, er werde gern, falls das erwünscht sei, ein bißchen Ordnung in die Maschine bringen. Der staunenden Susi erklärte er, daß sie ja identische Dateien in verschiedenen Verzeichnissen führe, wahrscheinlich, weil sie sich nicht habe entscheiden können, wo die letztlich hingehörten. Er sei dafür, diese Dateien umzubenennen und neu zu verteilen ... Susi schwirrte der Kopf. Sie merkte, daß sie tatsächlich nicht Leonardos Herrin war. Daß der Computer immer wieder Befehle ausführte, die nicht sie ihm, sondern die er sich selber gegeben hatte, stimmte. Und es war dann immer schwierig und langwierig, ihn halbwegs das tun zu lassen, was sie wollte. Oft genug löste sich das Problem, ohne daß sie wußte, wie das gegangen war. Susi war beeindruckt von diesem souveränen Umgang mit Leonardo. Ihr Leonardo war von Khalils Fingerbewegungen offenbar vollkommen hingerissen gewesen. Kaum saß Khalil wieder bei Susi am Tischchen, sagte Conny, Khalil habe gefragt, ob er Fußball kucken könne, das frage sie jetzt ihre Mutter. Susi war selber überrascht davon, daß sie einfach zustimmte. Khalil fragte, ob Susi im Sommer das Spiel Brasilien-Marokko gesehen habe. Leider nein, sagte Susi und wußte nicht, warum sie *leider* gesagt hatte. Er habe das Spiel auf Kassette und werde die einmal mitbringen, sagte Khalil. Und Susi hörte sich sagen, daß sie sich darauf freue. Conny sagte, sie habe noch zu arbeiten. Die Mutter wisse ja, Fußball sei für Conny wie das Wort zum Sonntag, bloß länger. Und war weg.

Susi stellte Khalil den Stuhl neben das zimmerfüllende Bett. Das nahm er dankbar an. Sie selbst setzte sich vor die Polsterrolle, von der aus sie immer Fernsehen kuckte. Da sie merkte, wie wichtig für Khalil dieses Fußballspiel war, war es für sie sofort auch interessant. So war sie eben. Wenn ein Mann etwas wichtig fand, konnte sie's nicht ganz unwichtig finden. Khalil kommentierte und merkte, daß Susi diese Kommentare brauchen konnte; schon bald reagierte Susi auf die Spielereignisse wie Khalil selbst. Erst als das Spiel zu Ende war, kam Susi dazu, sich mit Connys Benehmen zu beschäftigen. Lädt einen Mann ein, dann haut sie ab. Nicht einmal die Kätzchen, die ja inzwischen schon mehr ihre als Susis Katzen waren, hatte sie mitgenommen. Susi und Khalil setzten sich wieder an das runde Tischchen. Jetzt war Susi froh, daß die Katzen noch da waren. Sie wollte, während sie mit Khalil sprach, die Katzen auf dem Schoß haben, sie streicheln. Als Susi saß, beide Katzen auf dem Schoß, merkte sie, daß Khalil nicht über die Katzen hinweg mit ihr sprechen wollte. Er hätte doch einen Streichelversuch machen können. Über Katzen kann man doch ins Gespräch kommen. Es gibt kein Thema der Welt, zu dem man nicht, von Katzen ausgehend, kommen könnte. Was studieren Sie, fragte Susi, als wüßte sie das noch nicht. Energietechnik, sagte er. Und wo? Niederrheinische Fachhochschule. Wie lange er Conny schon kenne? Oh, so drei Wochen werden es schon bald sein. Ob sie als Mutter fragen dürfe, wozu diese Freundschaft führen soll. Sie frage das, weil sie glaube, er sei kein Abenteurer, sondern ein eher ruhiger, alles gründlich überlegender Mensch. Er sagte, Conny sei ihm lieb, was daraus werde, müsse man sehen. Heirat nicht ausgeschlossen, sagte Susi so sarkastisch wie möglich. Warum nicht, sagte Khalil und produzierte ein schwebendes Lächeln, das man in nichts übersetzen konnte. Ob Conny ihm gesagt habe, was sie tagaus tagein tue? Ja, hat sie. Zur Zeit arbeite sie doch bei einer vietnamesischen Familie, als Babysitterin und Deutschlehrerin, sie sei ein wunderbarer Mensch, und eine richtige Sprachbegabung, er habe nie eine Deutsche getroffen, die mehrere arabische Sätze fast akzentfrei sprechen könne. Ja, sagte Susi, Sprachen mag sie. Sie lernt am liebsten durch Hören. Aber sie kann keinen Haushalt führen. Sie kann kein bißchen kochen, aber sie kann Dosen öffnen. Das genügt, sagte Khalil und lächelte ein bißchen deutlicher. Aber waschen, sagte Susi, bügeln, einkaufen, saubermachen ist ihr fremd. Man hat von ihr nichts als Unterhaltung. Da allerdings ist sie gut. Er sei, sagte er, weil ihm selbst wenig Unterhaltendes einfalle, auf so jemanden angewiesen. In diesem Augenblick dröhnte von Conny Strangers in the night herüber. Khalil kannte es nicht. Sinatra, den Namen hat er schon gehört. Wo er geboren sei? Casablanca. Hat sie das nicht schon gerade gefragt? Aber er freute sich, noch einmal von Casablanca sprechen zu können. Die aufregendste Stadt der Welt. Was sind dagegen Tunis, New York, Berlin! Seine Eltern sind einerseits froh, daß er in Europa studiert, jeden Monat kommen vom Vater tausend Mark, andererseits begreifen sie nicht, daß er es überhaupt aushält, so weit weg von ihnen und Casablanca. Susi hörte zwar zu, aber in ihr lief dabei noch ein anderer Text ab. Lotfi war, auch wenn er in Düsseldorf kellnerte, ein Sohn der Wüste gewesen. Er hatte einen Gang, wie man ihn hat, wenn die Vorfahren tausend Jahre lang im Sand gegangen sind. Einen wiegenden, weich auftretenden Schritt. Khalil trat ganz anders auf. Ungelenker, härter. Er war auch nicht so getönt wie der fast bronzefarbene Lotfi, der deshalb so gern Hellbeige trug. Brauner als die Mitteleuropäer war Khalil schon. Da Susi sich selber, wenn sie weiß war, verabscheute, sich also immer noch einmal pro Woche ins Solarium legte, fragte sie sich, wie ein so deutlich getönter Mann überhaupt eine Weiße ertrug. Und Conny war weißer als weiß. Immer. Sie war von Tunesien immer so weiß weg- wie hingeflogen. Die Leute im Flugzeug, auf dem Rückflug alle braun, hatten sich jedesmal gewundert. Aber Conny haßte den Strand, den Sand, das Meer. Tagsüber im Zimmer, abends in der Bar, das war ihr Programm. Konnte dieser nichts als gefestigt wirkende Neunundzwanzigjährige diese vierzigjährige Conny, inzwischen so breit wie hoch, lieben?

Weil Khalil in seiner Haltung immer noch ausdrückte, daß er leider mit Susi über zwei Katzen hinweg nicht sprechen könne, entschied sich Susi, den Katzen freien Lauf zu lassen. Die wollten tatsächlich hinüber zu Conny. Susi war's recht. Khalil wirkte erleichtert. In Susis Hinterkopf lichterte eine Information über die geringere Tierliebe der Moslems. Aber komisch, das deutliche Aufatmen des Besuchers blieb dann eher folgenlos. Als er noch über die Katzen hinweg sprechen mußte, hatte er energischer, lebhafter, fast werbender gesprochen als jetzt, wo er ungehinderten Zugang hatte zu Susis Ohr.

Conny kam zurück, setzte sich in Buddhahaltung aufs Bett, die Katzen auf ihren Schenkeln. Aber die Unterhaltung stockte. Khalil fiel nichts mehr ein. Conny fragte, wie Khalil Sinatra finde. Khalil sagte, er werde ihr ein Band aus seinen Lieblingstiteln zusammenstellen. Ob sie das kenne: No te puedo querer. Nein, kennt sie nicht. Dann wird es Zeit, sagte Khalil. Danach brach wieder Schweigen aus. Khalil präsentierte sein offenbar anstrengungsloses Lächeln, das sich nicht mehr veränderte. Auf einmal sagte Conny: Eine lykolanische Energie wird mir helfen, dem inferioriastischen Druck zu begegnen, dann werde ich der neue Mensch sein, der hat das Bereuen verlernt. Susi staunte. Schaute Khalil an. Der wirkte verwirrt. Mein Deutsch, sagte er. Dein Deutsch ist superb, sagte Conny, besonders die galaktische Mundstellung, mit der du's von dir gibst.

Khalil schaute Susi an, als wolle er sagen: Ich hoffe, Sie verstehen sie besser. Susi bemühte sich, auch einmal nicht festlegbar zu lächeln. Bevor die nächste Schweigezeit hereinbrach, tat Susi, als habe sie bemerkt, daß Khalil aufbrechen wolle. Der war zumindest nicht dagegen. Conny aber sagte empört: Heiliger Bimbam. Da haben wir den Salat. Und als sich Khalil tatsächlich langsam von seinem Stuhl erhob und Susi auch aufstand und beide zu Conny und den Katzen hinschauten, arbeitete sich Conny vom Bett herunter und sagte, als sie stand: Muttertier, nächste Woche zum Doktor, ich habe das Gefühl, die Zyste muß wieder einmal beobachtet werden.

Susi fragte Khalil, ob sie ihn nach Hause fahren solle. Khalil verabschiedete sich von Conny mit Küßchen links, Küßchen rechts. Im Aufzug sagte Susi: Dieser Aufzug ist ein Foltergerät. Khalil schaute, als habe sie ihn gebeten, das nachzuprüfen.

Am Haferkamp wohnte er. Hatte Susi noch nie gehört. Aber Khalil sagte ruhig und immer rechtzeitig die Straßen an, die sie nehmen mußte. Zuerst die Kölner, dann noch eine, dann die Kölner Landstraße, und als sie schon bald in Benrath waren, rechts weg und noch ein paar Mal rechts weg, dann waren sie da. Ein Haus, dem man auch in der Dunkelheit ansah, daß es demnächst von der Schmetterbirne besucht werden wird. Susi war ausgestiegen, gab Khalil die Hand, drückte seine Hand, freute sich, als sie seinen Händedruck spürte, er drehte sich um, bevor sie sich umdrehte, sie fuhr los, als ginge es jetzt um Sekunden. Und alle sechs Lautsprecher aufgedreht.

Connys größte Sorge: Wer sagt ihm, daß Conny nicht fünfundzwanzig und nicht achtundzwanzig, sondern vierzig ist. Das muß heraus. Susi schlug vor, möglichst bald mit einander im *BAAN THAI* zu essen; dort sage sich so etwas leichter als hier in diesen überfüllten kleinen Zimmern. Auf jeden Fall, sagte Conny, müsse die Mutter diese Zahlen zur Sprache bringen. Sie könne ja sagen, daß Conny es nicht mit Zahlen habe. Daß er nicht meine, man habe ihn anschwindeln wollen. Sie habe sich doch überhaupt nichts dabei gedacht, als sie gesagt habe, sie sei fünfundzwanzig. Er sagte, er sei neunundzwanzig, da habe sie gesagt, und sie fünfundzwanzig. Einfach weil das am besten dazu paßte. Erst nachträglich sei ihr das eingefallen, daß der jetzt glaube oder glaube, er müsse glauben, daß sie fünfundzwanzig sei. Also sie habe ja immer gesagt, daß es besser wäre, es gäbe gar keine Zahlen, außer bei Maschinen, aber doch nicht im Leben, wozu denn da Zahlen!

Man sieht doch, was man ist und was man hat, was sollen denn da noch Zahlen.

Als sie im *BAAN THAI* die Maissuppe hinter sich hatten, hob Susi ihr Glas, die beiden taten es ihr nach, sie bot Khalil das Du an. Conny sagte: Dass'ne gute Idee. Khalil lächelte freundlicher als je zuvor. Khalil und Conny tranken Saft, Susi Wein. Nach dem zweiten Glas schilderte Susi das Problem. Khalil lief rot an. Das überraschte Susi. Daß Conny nicht fünfundzwanzig war, hat er doch gesehen. Er war enttäuscht, nicht weil Conny jetzt vierzig war, sondern weil sie gelogen hatte. Man muß doch nicht lügen, sagte er. Susi spürte eine andere Kultur. Ihr liefen Gänsehäute den Rücken hinab. Als Conny sah, wie Khalil jetzt litt und daß er keine seiner Lächelvariationen mehr zustande brachte, fing sie an zu weinen. Richtig laut. Ich habe es gleich gewußt, sagte sie weinend, daß er mir das nicht verzeiht. Susi sagte: Setz dich jetzt an die Bar, wenn du wiederkommst, ist das geregelt. Sie wollte sagen: So oder so. Das vermied sie. Als Conny weg war, lächelte Susi. Lächelte Khalil an. Und der lächelte jetzt zurück. Aber anders, als er bis jetzt gelächelt hatte. Susi spürte einen Hitzeschwall. Sie sahen einander immer noch an. Khalil sagte: Ich könnte dich ewig so anschauen. Susi sagte: Wie denn das? Er: Als ich bei euch das erste Mal zur Tür reinkam, habe ich alles gewußt. Susi: Aber ich habe gar nichts gewußt. Ich bin doch nicht verrückt. Du, neunundzwanzig, ich siebenundsechzig, das sind Zahlen! Achtunddreißig Jahre Unterschied, weißt du, was in achtunddreißig Jahren alles geschieht? Und bat ihn, jetzt Fassung zu bewahren, morgen bei Tageslicht alles zu überdenken, vielleicht seien ja er und sie von irgendeinem Täuschungsblitz geblendet worden.

Zwei Wochen lang nichts von Khalil. Susi merkte, daß sie mehr litt als Conny. Die sagte nur: Er hat die Zahlen nicht ausgehalten. Und sie habe es immer gewußt, warum sie Zahlen nicht möge. Und schrieb jetzt überhaupt keine mehrfarbigen Zahlenfenster mehr auf kariertes Papier. Susi legte sich jeden Abend zu ihr ins Bett, berührte auch ihre Brüste, sozusagen Maß nehmend, und nannte diese Brüste wieder Bollen, weil Conny das gern hörte. Die waren immer so heiß. Bist wieder lecker heiß, sagte Susi dann. Dann redete sie ihr ins Ohr. Daß sie begreife. Dieser Khalil, dieser vorsichtig lebende, dieser andauernd sein Lächeln bewachende junge Mann, zwölf Jahre jünger als Conny, achtunddreißig Jahre jünger als Susi, der sucht eine Frau. Klar? Conny sagte: Und ich 'n Mann. Und du 'n Mann, sagte Susi. Der will heiraten, will hier was werden, also sucht er eine Deutsche. Aber dich kann er nicht heiraten, du weißt das. Du wirst nie etwas kochen, immer nur Dosen öffnen. Und er müßte deine Wäsche mitwaschen. Nee, das geht nicht, sagte Conny. Also, sagte Susi, befreundet sein könnte er mit dir, aber er muß doch, wenn er hier was werden will, heiraten, eine Deutsche. Jetzt überlegt er das. Tag und Nacht denkt er jetzt: Wie mach ich das der lieben Conny klar?! Der denkt alles durch, das ist ein Mann, der alles durchdenkt, dem passiert nur, was er zuläßt, der wird von sich hören lassen, der weiß, daß wir wissen, daß er alles durchdenkt, der ist ganz glücklich, wenn er daran denkt, daß wir ihm Zeit lassen, alles zu durchdenken, das heißt, er hat wahrscheinlich auch noch eine Marokkanerin, die in Frage käme, aber wir kämen auch noch in Frage. Wir, Mäusken. Du und ich. Du als Freundin. Und ich als auch so was. Wir haben uns schnell an den gewöhnt. Wir müssen ihm eine Chance geben, sonst heiratet er eine andere, dann müssen wir uns mit der anfreunden. Ich glaube, das will ich nicht, sagte Susi. Glaubste, ich will das, sagte Conny. Und wenn er sich nicht mehr meldet, dann ... Wenn Susi so weit war, zögerte sie jedesmal. Was ist denn dann, fragte Conny ungeduldig. Susi sagte dann immer ihren Ich-liebe-dich-so-Satz und Conny sagte ihren Und-ich-erst-dich-Satz, dann sagte Susi jeden Abend: Dann sind wir eben wieder eine Zeit lang die ärmsten Schweine der Welt. Wie sich dat jehöört, sagte Conny. Und Susi dachte: Kann man etwas, das man gar nicht hat, verlieren? Und dachte: Ja, man kann.

Dann rief Khalil aber an. Am Sonnabend käme er, wenn Susi nichts dagegen habe, zum Fußballkucken. Susi konnte nicht gleich mit einem ganzen Satz antworten. Himmel-Himmel, dachte sie. Ihr schlug das Herz im Hals. Ja, sagte sie, ja-

jaa, natürlich, komm nur, wir sind ... wir freuen uns. Und schob noch nach: Klar. Und er kam wieder zum Kaffee. Und ließ die beiden wissen, eine Cousine hat geheiratet, letztes Wochenende, das Wochenende davor haben sie, seine marokkanischen Freunde und er, noch einmal Fußball gespielt, bei den Philippshallen, das Wetter hat gerade noch mitgemacht, und einen Job auf der Messe hatte er auch noch. Susi hätte am liebsten geheult. Vor Glück. Daß der das nötig fand zu erklären, warum er nichts hatte hören lassen.

Conny also wieder auf Susis Bett, Khalil und Susi wieder am Tischchen. Khalil sagte: Wie geht es Leonardo. Susi lachte, Conny sagte: Der Blödmann. Sie meinte Leonardo. Conny benahm sich, als sei Khalil gestern das letzte Mal da gewesen. Susi merkte, sie war viel befangener als Conny.

Susi und Khalil tranken schwarzen Kaffee, Conny ein farbiges Getränk –, das machte Susi und Khalil zum Paar, Conny zur Zuschauerin. Susi versuchte Conny ins Gespräch zu ziehen. Da Conny in der Nacht davor fünfmal erzählt hatte, wie Phimphone und Linh um sie kämpften, gab sie das Stichwort. Und Conny erzählte nichts lieber, als daß um sie gekämpft werde. Susi nahm noch einmal die ganze Geschichte in Kauf. Conny begann wieder damit, daß sie seit zwei Wochen *MC DONALD'S* gemieden habe. Familienbeschluß. Dafür ins *SHOP-SHOP*. Phimphone umarmt ihre verloren geglaubte Conny, verloren an Linh, die Vietnamesin. Eingeführt hatte sich Conny vor Jahr und Tag im *SHOP-SHOP* dadurch, daß sie auf Thai fragte, wo es zur Toilette gehe. Dann hatte sie sich eine Tüte Krabbenchips geholt und war, Savardeeka, Savardee Lagon rufend, gegangen. Waren die nicht gewohnt. Phimphone wurde Connys beste Freundin, die Nachfolgerin von Vilai. Dann kam eben Linh dazu, die Vietnamesin, und Phimphone wurde eifersüchtig. Warum gehst du immer zu dieser Vietnamesin mit ihrem Baby?! Conny sagte, Phimphone verreise jedes Jahr wochenlang nach Thailand, das sei für Conny ganz schwer erträglich. Und Phimphone: Ich hasse Vietnam. Die Vietnamesen seien geldgierig, Freundschaft bedeute ihnen nichts. Conny sagte, Linh und das Baby seien ihr ans Herz gewachsen. Dann sei es mit ihr zu Ende, sagte Phimphone. Conny sagte, daß Linh und ihr Baby bald für zwei Monate nach Vietnam fliegen würden. Phimphones Gesicht erstrahlte in reiner Freude. Ihr Mund formulierte genußvoll, als handle es sich um eine Feinschmeckerei: Das ist gut, das ist sehr gut, das reicht. Und Conny habe sie in dem Glauben gelassen, daß ihr nach zwei Monaten wahrscheinlich nichts mehr an Linh liege. Conny sagte, sie habe das in vielen Ländern erlebt, daß zwei Frauen sie haben wollten. Ob sich Mutter erinnere, in Tunesien waren's Zeedia und Sihem. In South Dakota zwei Siouxmädchen, Connys Brieffreundin Winona sagte zu ihrer Freundin Paula: Das finde ich nicht gut, daß du mit meinem Bleichgesicht zur Kirche gehst. In Tokio, das eine Coffee-Shop-Mädchen zum anderen ganz ganz böse: Das ist mein Gast, nicht dein Gast. Aber so radikal wie Phimphone war noch keine, droht mit dem Ende der Freundschaft.

Und kletterte vom Bett und rief Tschö. Offenbar hatte es ihr gutgetan, sich als Umworbene darzustellen. Die Katzen waren heute schon drüben. Khalil sagte: Nicht auf die Uhr geschaut und geht eine Minute vor dem Anpfiff. Susi sagte: Sie merkt alles. Und dachte: Hoffentlich nicht alles. Und rühmte schnell noch Connys unheimlichen Zeitsinn. Zahlen sind ihr fremd, hat noch nie eine Uhr gehabt und ist noch nie zu spät gekommen. Wenn du sie fragst, sagte Susi, sagt sie dir, sie höre die Zeit vergehen. Am Vormittag klinge die Zeit anders als am Abend.

Sie zogen diesmal beide ihre Schuhe aus und plazierten sich vor der Polsterrolle. Als Susi merkte, daß sie sich für Fußball interessieren konnte, merkte sie, wie sehr sie sich für Khalil interessierte. Sie war in Gefahr. Wie bei einer rasant zunehmenden Infektion. Aber was da zunahm, war ebenso Leiden wie Kraft. Sie ist nicht nur bereit, sondern fähig, alles zu tun, was der andere will. Wozu der Lust hat, hat sie auch Lust. Was er will, macht ihr Freude. Du hast Feuer gefangen. Das war immer Susis Lieblingsbezeichnung für diesen Zustand gewesen. Sie mußte sich beherrschen. Sie hatte sich immer beherrschen müssen. Eigentlich wollte sie grenzenlos sein.

Grenzen tun bloß weh. Ihre Kraft hätte immer gereicht für Grenzenlosigkeit. Jemanden glücklich machen, wie der noch nie war. Je mehr Kraft sie dafür einsetzte, um so stärker wurde sie. Sie wollte nie weniger als unendlich viel. Und das, jedesmal, für immer. Langsam, langsam. Hier wird Fußball gespielt. Jetzt genüge zuerst einmal den Anforderungen an eine, die einem zuliebe Fußball kuckt. Und wie leicht ihr das fiel. Wie sie wieder jubelte und stöhnte, je nachdem, was auf dem Feld passierte.

Conny kam pünktlich zurück, fragte: Wer hat gewonnen. Und Khalil, der nicht merkte, daß das eher eine Hohnfrage war, antwortete: Der erste FC Köln. Schweinerei, sagte Conny genauso flapsig. Khalil erklärte ernsthaft, warum Köln diesmal mit Recht gewonnen habe.

Khalil und Susi waren, sobald Conny erschienen war, vom Bett gekrabbelt, hatten ihre Schuhe angezogen, Khalil wollte gleich gehen. Susi bot an, ihn zum Haferkamp zu fahren. Er lächelte, hob die Hände und die Augenbrauen und sagte, seine Mutter habe, als sie ihn in Casablanca verabschiedete, gesagt: Wenn die Menschen freundlich sein wollen zu dir, laß es dir gefallen. Conny sagte viel lauter als nötig: Dann laß dich mal wieder sehen, Junge. Und schlug ihm dabei gegen den Oberarm.

Im Auto kein Wort. Vor dem mürben Haus, das im Lampenlicht fast unheimlich alt aussah, stieg Khalil sofort aus, Susi stieg genauso rasch aus, Khalil sagte: Willst du einmal sehen, wie ich wohne? Susi sagte: Ja. Sie hatte sich während der ganzen Fahrt um nichts als Bedenkenlosigkeit bemüht. Was in zehn Minuten passiert, geht dich jetzt noch nichts an. Du sitzt neben einem besonders netten Ruhigen im Golf. Das ist sicher der netteste Ruhige überhaupt. Weil er so fein ist, ist sein Ruhigsein überhaupt nicht langweilig. Du wirst nur Bewegungen machen, die auf Bewegungen von ihm antworten. Und du weißt oder tust so, als wüßtest du, oder du redest dir ein, daß alle Bewegungen nirgends hinführen.

Als sie dann heimfuhr, wußte sie nicht mehr, in der wievielten Etage Khalils Zimmer lag. Sie war einfach gefolgt. Das

Aufschließgeräusch klang romantisch. Ihr jagten Schauer den Rücken hinab. Und das Zimmer war, als Khalil das Licht angemacht hatte, nicht wirklich hell. Ihr fiel der rumänische Diktator ein, von dem Edmund erzählt hatte, daß er, um Strom zu sparen, in allen Fabriken nur noch 40-Wattbirnen zugelassen habe, es sei dann nur noch Schrott produziert worden. Ihr war nichts willkommener als dieses Schrottproduktionsdämmer. Sie fühlte sich unvorzeigbar. Sie wollte sagen: Gehen wir noch in ein Lokal. Aber es war um den Ersten herum, alle haben Geld, die Lokale sind überfüllt. Khalil war offenbar ein Sammler. Tat ihr sofort gut. Überall künstliche Blumen. Warum nicht. Auch um den Computer herum künstliche Blumen. Mehr sah sie eigentlich nicht. Schnell tauchte das Wort Sperrmüll auf, als sie dem Gartentisch vor der Uraltcouch näherkam. Sie war noch nie in einem so wunderbaren Zimmer gewesen. Vom Lampenschirm hingen im Kreis um die matte Birne ausgeschnittene Kamele. Hoffentlich aus unbrennbarem Material, dachte Susi. Der Schrank war tapeziert mit einer riesigen Photographie. Casablanca, sagte Khalil, als er sah, daß Susi hinschaute. Beide in ihren Mänteln. Khalil stellte sich vor sie. Susi sagte, sie finde es richtig schön, daß in Khalils Zimmer alles seinen Platz habe und an dem sei. Sie sei nämlich eine Ordnungsfanatikerin. Ich auch, sagte Khalil und zog sie an sich und küßte sie. Nicht schnell und doch flüchtig. Das war kein Kuß, sondern ein zartes Anklopfen. Zu zart, als daß Susi hätte Herein sagen können. Zum Glück bemerkte Khalil das auch. Und nahm seine Brille ab. Ganz ruhig. Mit beiden Händen. Und legte sie auf den Tisch. Susi spürte einen Schub. Oh Gott, hielt sie dergleichen gar nicht mehr aus. Ihr liefen die Schauer den Rücken hinab. Diese Vorbereitungsfeierlichkeit des Brille-Abnehmens. Das war ja wie das Klingeln der Eltern am Weihnachtsabend, das zur Bescherung rief. Susi konnte an dieses Brille-Abnehmen nie mehr denken, ohne an das Klingeln an Heiligabend zu denken. Die Vorfreude, die reinste Freude. Deshalb war es so seligmachend, daß Khalil die Vorfreude pflegte. Aber nicht wie ein Fachmann, sondern wie ein Ergriffener. Fühl dich zu Hause, sagte er. Susi traute sich nicht zu sagen, daß sie noch nie ein schäbigeres und schöneres Zimmer gesehen habe. Nur Sperrmüll. Und war der Himmel. Als Khalil ihr aus dem Mantel helfen wollte, schrillte das Telephon. Conny. Mutter, sagte sie, du wolltest schon längst zu Hause sein. Stimmt, sagte Susi. Wir stehen hier in den Mänteln herum und freuen uns an Khalils Halbdunkelromantik. Und versprach, sofort zu kommen. Und war froh, als sie im Golf saß und alle sechs Lautsprecher dröhnen ließ. Und verfluchte sich. Blödesuse, schrie sie. Fast nichts als das: Blödesuseblödesuseblödesuse.

Am Montag darauf war Conny bei Linhs Baby, Susi fuhr zum Haferkamp. Wieder nahm Khalil mit beiden Händen seine Brille ab. Wenn der Kontaktlinsen hätte und Susi gleich an sich zöge, liefen ihr jetzt keine Vorfreudeschauer den Rücken hinab. Er sagte, er habe, als er Susi zum ersten Mal die Hand gegeben habe, in ihren Augen gesehen, daß er ohne Angst auf sie zugehen könne. Dann habe er mehr gesehen, als sie gewußt habe. Ihren Mantel hängte er über einen Bügel in den Schrank. Dann saßen sie neben einander auf der Couch. Susi dachte: Nur nicht denken. Einfach jede seiner Berührungen empfinden, keine Berührung unerwidert lassen Wo das hinführt, geht dich nichts an. Er küßte sie erkundend. Sie gab sich zu erkennen. Das führte dazu, daß sie beide auf der Uraltcouch zur Seite sanken. Aber die Couch war so schmal, daß sie auf ihr nicht neben einander liegen konnten. Und jetzt einfach auf einander zu liegen, war schlechterdings unvorstellbar. Khalil entschuldigte sich für die Couch. Es sei eigentlich eine Bett-Couch. Sie standen vor dem dunklen Ding, Khalil zog die Sitzfläche heraus, die Polsterlehne rutschte nach, Sitzfläche plus Polsterlehne waren immer noch eine schmale Liegefläche, dazu blieb, wo sie aneinanderstießen, ein Spalt. Aber peinlicher als die Enge auf dieser Bett-Couch war dann eine der Sprungfedern, auf die Susi zu liegen kam. Zuerst lagen sie ja eng aneinander, dann zeigten Khalils Zärtlichkeiten eine Tendenz, die durch Susis Antworten an Deutlichkeit zunahm. Daß sie sich ganz ausziehen oder ausziehen lassen würde, konnte sie sich nicht vorstellen.

Keinesfalls durfte er sie so langsam entkleiden, wie er ihr aus dem Mantel geholfen hatte. Sie mußte sich ihrer Oberkleider im Handumdrehen entledigen und unter der Decke verschwinden. Was da alles zum Vorschein käme! Sie war doch selig. Und wollte es bleiben. Sich jetzt ausziehen können wie am Strand! Du bist dick geworden. Haben Araber nicht dicke Mütter? Lotfis Mutter war dick. Seine Schwestern waren dabei, dick zu werden. Susi dachte an Dr. de Sanctis. Mindestens fünfzehn Jahre her. Kurz vor einer Annoncen-Aktion. Sie deutlich über fünfzig, hatte sich in der gerade aufgegebenen Annonce als unter fünfzig ausgegeben, dann plötzlich die Panik: Wenn das die Männer, die sich melden, merken! Also hin zum großen Dr. de Sanctis, dem sizilianischen Wunderchirurgen, der seit Jahr und Tag Damen UND Herren, die sich die Gemeinheiten des Alterns nicht einfach gefallen lassen wollten, durch kluge Schnitte und Nähte vor dem Schlimmsten zu bewahren suchte. Von weit her reisten die Gezeichneten herbei. Und Susi hatte mit Giorgio de Sanctis schon in der Straßenbahn geliebäugelt, als der noch Student gewesen war. Nie mit ihm gesprochen. Auch als er dann mit immer eleganteren Autos an ihr vorbeiglitt, nie mit ihm gesprochen. Zugenickt hatten sie einander, gelächelt, wir beide brauchen keine Wörter, wir gehören der gleichen Fraktion an, der Fraktion derer, die alles dafür tun, gut auszusehen, besser auf jeden Fall, als Natur und Schicksal es ihnen zumuten. Also hin zu ihm, den Namen gesagt, dazu den Lebenslauf einer Frau, die, weil sie einen Mann, den sie liebt, nicht mit anderen teilen kann, ihren Mann verloren hat und seitdem auf der Reise von Mann zu Mann unterwegs ist zu einem, den sie für sich hat, und was für Probleme das produziert, wenn diese Männer immer jünger und noch jünger sein müssen. Dr. de Sanctis hatte sie, obwohl sie sich als Susanne Gern vorgestellt hatte, sofort Susi genannt. Er hatte sie genau angeschaut und nicht ganz so genau abgetastet. Sie war, während sie dieser Erkundung ausgesetzt gewesen war, wieder zu sich gekommen. Der Sizilianer hatte ihr das Gefühl gegeben, daß noch viel mehr möglich sei, als sie jetzt glaube. Sie hatte zu Dr. de Sanctis gesagt, sie werde wiederkommen, sobald sie merke, daß es ihr peinlich sei, sich vor einem Mann auszuziehen. Dr. de Sanctis hatte ihr die Hand geküßt. Jetzt, dachte Susi, ist es soweit. Ohne dieses gnädige Schwachlicht im Zimmer hätte sie nicht einmal ihren Pullover runtergekriegt.

Khalil hatte durch einen Griff in den Untergrund der Bett-Couch noch rasch Bettzeug hervorgezaubert. Dieses Untereinerdeckeliegen empfand Susi jetzt so gewaltig, daß es ihretwegen vorerst nicht weitergehen mußte. Aber Khalils Mund und Hände konnten vom Erkunden nicht mehr lassen. Susi reagierte förderlich. Daß Khalil in ihren Augen sofort eine Empfindung entdeckt hatte, die ihr selber noch gar nicht bewußt gewesen war, konnte nur heißen, daß er auch etwas empfand. Ohne selbst etwas zu empfinden, ist man nicht empfindlich für die Empfindung eines anderen. Einander so anschauen, heißt nicht, daß einer der Doktor ist, der beim anderen Fieber mißt und dann sagt: Achtunddreißigeins, also erhöhte Temperatur.

Die Bett-Couch war eine Bedingung, die ungünstiger nicht denkbar war. Aber Khalil konnte sich zum Glück nicht mehr von so einem elenden Möbelstück vorschreiben lassen, was jetzt möglich und was nicht möglich war. Susi mußte noch hinaus. Ihre Blase. Wenn sie alles vorausgesehen hätte, was vorauszusehen sie sich geweigert hatte, hätte sie seit Tagen nichts mehr getrunken. Dann war die Klotür abgeschlossen. Also zurück. Der Vermieter, sagte Khalil. Was mach ich jetzt, sagte Susi. Warten, sagte Khalil und lächelte sein vollkommenstes Lächeln. Dann lag er schließlich auf Susi, der sogenannte Geschlechtsverkehr fand statt, aber Susi spürte weniger Khalil als diese eine aufständische Sprungfeder der Bett-Couch. Alles, was von oben auf sie herunterkam, preßte sie auf diese durch den Stoff so gut wie nicht mehr gedämpfte, offenbar messerscharfe Stahlfeder. Zum Glück war Khalil kein Hammer. Aber weh genug tat 's auch so. Innen genauso wie außen. Daß er sich überhaupt in sie hineinbrachte! Dagegen war ihre Entjungferung damals eine tolle Rutschpartie gewesen. Sie wollte nicht wissen, wo es mehr wehtat, da, wo die Sprungfeder in den Rücken stieß und schnitt, oder innen, wo Khalil versuchte, ihren und seinen Körper in einen Verkehr zu bringen, den sie gemeinsam erlebten. Wahrscheinlich ging das überhaupt nicht mehr. Mit ihr. Zu alt. Zwölf Jahre lang war da nichts und niemand mehr drin gewesen. Nein, elf. Ja, eine Nacht noch vor elf Jahren, der Schöne Klaus. Wenn Khalil mit seinem Unterleib so auf sie eindreschen würde wie dieser Lump und Protz Klausvier, dann könnte sie gleich von hier ins Krankenhaus fahren zur Wundbehandlung. Was sie da taten, führte vorerst zu nichts. Aber Susi blieb selig. Und auch Khalil wollte überhaupt nicht zugeben, daß irgendein Mangel herrschte. Susi fühlte sich verantwortlich für diesen Mangel. Natürlich. Die Schwierigkeiten, die Khalil hatte, sich in sie hineinzubringen, hatte sie zu verantworten. Der war neunundzwanzig. Wenn der Schwierigkeiten hatte, dann durch sie, die Siebenundsechzigjährige. Klar! Und dann noch mit Kondom. Kondome hatte sie, als sie sich das noch hatte leisten können, immer abgelehnt. Das war doch, als müsse sie ihre Nußeisbällchen von *PALATINI* mit kondomisierter Zunge essen. Daß sich dann doch noch etwas tat, nicht bei ihr, aber doch bei ihm, war für Susi ein Geschenk, und sofort mußte sie Gott wachrufen, um jemanden zu haben, der ihren Dank entgegennähme. Als Khalil sich aus Susi zurückzog, streichelte er und küßte er sie heftiger als je zuvor und flüsterte ihr ins Ohr: Inscha-Allah!

Khalil ist also ein gläubiger Moslem. Und Inscha-Allah heißt, sagt er, soviel wie So Gott will. Das heißt: Bis bald. Oder: Du wirst schon sehen. Oder: Mach dir keine Sorgen. Oder: Ich bin überhaupt nicht entmutigt.

Dann sagte er, er müsse gestehen, als er Susis Computer durchstreift habe, sei er auch unter *Bekanntschaften* in die Datei *Chronologie* eingedrungen und habe sofort gesehen, daß Susi seit 1987 keinen Mann mehr gehabt habe, und den nur für eine Nacht, einen gewissen Klausvier, und seit 1985 keine richtige Beziehung mehr. Dadurch sei Susi für ihn zur Jungfrau geworden. Susi steuerte bei ihre Erfahrung mit ihrer sich immer wiederherstellenden Jungfräulichkeit. Das paßte jetzt, paßte zu der Körperkalamität, die beide gerade mehr erlitten als überstanden hatten, wie es noch nie gepaßt hatte. Sie geriet groß ins Reden. Sie gab nicht an, schwadronierte nicht, übertrieb nicht einmal, aber sie mußte groß reden jetzt, weil sie sonst die Schmerzen nicht ertrug, die innen und die außen. Das Liegen auf diesen Sprungfedern tat auch noch beim Stilliegen weh. Khalil blieb auf ihr liegen. Sie redete von der Unverbrauchtheit ihrer Seele. So lange ohne Mann, sie kommt sich jetzt plötzlich ganz jung vor. Und eben auch jungfräulich. Was sie alles hinter sich hat, hat sie plötzlich überhaupt nicht mehr hinter sich. Das kommt von Khalil. Sie ist nichts als der Wunsch, ewig seine Frau zu sein. Sie kann nicht mehr zählen und rechnen. Sie ist vergangenheitslos. Sie hatte noch nie mit irgend jemandem zu tun. Khalil ist ihr erster Mann. Und ihr letzter. Ihr Immer-und-Ewig-Gefühl sagt ihr das. Genau von dieser Zartheit und Bestimmtheit, von dieser Feinheit und Unbeirrbarkeit hat sie geträumt ... Sie merkte, daß Khalil eingeschlafen war. Das war ihr doch recht. Wie schön sein Kopf jetzt auf ihrer Schulter lag. Aber er wurde allmählich immer schwerer. Die Sprungfedern im Kreuz. Die Enge. Sie rechnete damit, daß sie gleich einen Wadenkrampf ins linke Bein kriegen werde. Aber diesen lieben Kerl wecken? Selber einschlafen konnte sie, weil alles so wehtat, wohl nicht. Sie mußte durchhalten. Möglich, es war die letzte Nacht mit ihm. Aber dann mußte sie doch versuchen, sich ihres linken Beins zu versichern. Wenn sie Khalil langsam nach innen schieben könnte, würde er mehr auf ihrem rechten als auf ihrem linken Bein liegen, dann könnte sie versuchen, das linke Bein ein wenig zu bewegen. Es fühlte sich jetzt an wie betäubt. Aber weh tat es trotzdem.

Khalil schlief zum Glück so tief, daß sie sich unter ihm hervorarbeiten, ihn nach innen wälzen und die Martercouch, die wunderbare, verlassen konnte, ohne daß er aufwachte. Die Jugend, dachte sie. Sie war froh, daß sie sich anziehen konnte, ohne seinen Blicken ausgesetzt zu sein. Vielleicht spielte er auch nur den Schlafenden. Auch damit war sie einverstanden. Irgendwann, als sie beide noch schmerzhaft selig wach gewesen waren, hatte er, wenn sie sich nicht verhört hatte, angedeutet, daß er, wenn sie über Nacht bliebe, vorher seinen Vermieter fragen müsse, da abgemacht sei: Keine Logiergäste. Wenn das nicht romantisch war. Jetzt aber hinaus, hinunter und heim.

Schon bevor sie die Wohnungstür öffnete, hörte sie Strangers in the night. An Connys Tür das Schild BITTE NICHT STÖREN. Auf dem kleinen weißen Tischchen ein Blatt, darauf in mehreren Farben: Jetzt sind wir Rivalen, Mutter. Sie klopfte laut, ging hinein, ohne eine Antwort abzuwarten. Zuerst stellte sie Sinatra ab. Mäusken, sagte sie, mir tut alles weh, innen und außen. Und erzählte ihr, was passiert war. Besonders ausführlich wurde sie, als sie schilderte, wie sie unter dem schlafenden Khalil gelegen hatte, eingezwängt und rundum geschunden. Und Khalil wird, wenn er aufwacht, aufstehen, ohne irgendeine Unpäßlichkeit. Das heißt, Mäusken, wenn die Mutter versucht, Khalil für uns zu retten, an uns zu binden, dann wird das eine unabsehbare Folge von Überanstrengungen und Peinlichkeiten werden. Möglich, die Mutter leiert da etwas an, was sie nicht durchstehen kann, was also ziemlich schnell zu einem Zusammenbruch führen wird, zu einem endgültigen. Aber sie liebt Khalil. Mehr als das Mäusken ihn lieben kann. Und die Mutter weiß, daß sie nicht die erste und nicht die letzte Frau ist, die sich nicht wehren kann, die sich auf jeden Fall nicht wehren will gegen einen Anfang, dem kein gutes Ende vorausgesagt werden kann. Wenn die Mutter sich zurückhalten könnte, wäre Khalil weg. Mäusken, hast du je einen Freund länger als drei, höchstens vier Wochen gehabt? Und noch etwas, Mäusken, das muß dir deine Mutter doch sagen: Du weichst deine Hosen ein mit den Häufchen drin, Mäusken, das macht kein Mann mit, das kannst du nur ner Mutter bringen.

Conny sagte: Heiliger Bimbam. Polster Teufel.

Susi sagte: Genau. Wenn die Mutter diesen Kerl gewinnt, haben beide ihre Freude. Aber sie gibt zu: was sie jetzt bei sich, in sich zuläßt, ist mehr als alles, was sie bis jetzt je versucht hat, ist vielleicht nicht zu entschuldigen, aber zu erklären ist es, die Mutter hat nämlich keine andere Wahl. Mag, was ihr da bevorsteht, unvorstellbar schlimm ausgehen, sie wird sich später nicht damit herausreden, daß sie, was da bevorstand, nicht habe voraussehen können. Mag es so böse ausgehen, wie es will, sie wird es nie bereuen. Sie rennt bei Rot über die Straße. Sie will nichts hören von Leuten, die keine Ahnung davon haben, warum jemand bei Rot über die Straße rennt, wissend, daß man dabei überfahren werden kann. Sie liebt diesen Khalil, diesen leisen Khalil, diesen lieben Kerl. Aus Casablanca. Und jetzt, Mäusken, gib zu, wir sind keine Rivalen. Die Mutter sorgt erst mal dafür, daß Khalil überhaupt in der Nähe bleibt. Ob das gelingen kann, ist doch alles andere als sicher. Mäusken, ich liebe dich so.

Und ich erst dich, sagte Conny. Und heulte.

Als Susi in ihrem Bett lag, hatte sie solche Schmerzen, daß sie am liebsten sofort wieder zu Conny hinübergegangen wäre und gesagt hätte: Mäusken, Khalil können wir vergessen. Sie blutete. Und die Schmerzen wurden während der Nacht noch greller. Im Unterleib. Sie war einfach zu alt. Basta. Schluß.

Aber schon im Erwachen wußte sie, daß sie sich Basta und Schluß nachts nur vorgemacht hatte. Basta und Schluß mit Khalil –, unvorstellbar. Ihr Puls tobte im Hals, wenn sie seinen Namen dachte. Ihn aufgeben, dann wird sie von innen aufgefressen von einer Wut gegen sich selbst. Das würde sie sich nie verzeihen können, Khalil aufgeben, bevor nicht alles, alles versucht ist, ihn zu gewinnen für immer. Zwölf Jahre gewartet, zwölf Jahre lang nicht mehr geglaubt, daß noch irgend etwas Bewegendes geschehen könnte. Und dann kommt der und sagt, beim ersten Händedruck habe er in ihren Augen gesehen, daß er ohne Angst auf sie zugehen könne. Das heißt doch, der hat sonst auch Angst, der ist schon verletzt worden, der will nicht mehr verletzt werden, der will mit jemandem leben ohne Angst, genau das will sie doch auch, wollte sie immer schon, eine ruhige, unerschütterliche Verläßlichkeit, du bist mein, ich bin dein, basta. Und daß er ihr nach zwölf männerlosen Jahren Unberührtheit attestiert, ist doch ein tolles Signal. Die wollen doch Unberührte, die Muslime. Und genauso fühlt sie sich. Unberührt. Die Schmerzen in ihrem Unterleib bewiesen es grell genug.

Sie mußte zum Arzt, zum Frauenarzt, dem alles erzählen. Alles, bis auf den Zahlenunterschied. Der untersuchte, fand, alles sei in Ordnung, sie müsse, sagte er, das nur ein bißchen langsamer angehen. Und gab ihr eine Gleitcreme mit. Susi brachte die Creme mit, legte sie so auf den abblätternden Gartentisch zwischen die künstlichen Blumen, daß Khalil die Creme sehen mußte. Sie ging, als er danach griff, hinaus aufs Klo. Sie wollte es ihm überlassen. Bereit sein zu allem, aber nichts verlangen. In den ersten Ehejahren, wenn Edmund in die Küche kam und sie am Brotschneiden war, hat sie, wenn sie merkte, daß er etwas von ihr wollte, das Messer im Brot steckenlassen, hat sich rumgedreht und hat mitgemacht. Wahrscheinlich hätte sie, wenn ein Mann nichts von ihr gewollt hätte, von dem auch nichts gewollt. Ihr Glück war immer, entsprechen zu können. Vielleicht erwartete Khalil, daß sie mehr Initiative entwickle. Vielleicht wollte er geführt, verführt werden. Nichts weiß man. Als sie vor dreißig Jahren in Discos gegangen war und Männer zum Tanz aufgefordert hatte, hatten die komisch reagiert. Sie mußte Khalil aushorchen, ohne daß er das merkte. Dr. Dunkel mußte seine Handschrift analysieren. Immer wieder ließ sie den Satz aufleuchten: Zum ersten Mal die Hand gegeben, in ihren Augen gesehen, er kann ohne Angst auf sie zugehen. Und sie darauf: Daß er mehr gesehen habe, als sie gewußt habe. Das war doch schon das höchste, das vollkommenste, das reinste, das verläßlichste Hin und Her. Inzwischen sagte er öfter einmal, er liebe sie. Ungefragt sagte er das. Und sie hätte jedesmal gern zurückgefragt: Warum? Und wagte es nicht. Aber mußte sie, die Siebenundsechzigjährige, nicht herausfinden, warum der Neunundzwanzigjährige behauptete, er liebe sie? Moment, er behauptet das nicht, er sagt es einfach. Sie dachte an Edmunds WARUM-Vortrag. Sich selber auf die Schliche kommen. Sie mußte Khalil so weit bringen, herauszufinden, warum er sie liebe. Wenn er ihr dann sagte, daß er nur verwelkte Frauen lieben könne … Dann mußte sie abbrechen.

Auf einen perversen Schlingel konnte sie verzichten. Sein WARUM mußte IHR verständlich sein. Oder kein WARUM? Einfach drauflosleben? Ja. Bitte. Jetzt kein WARUM. Lieber Edmund, kann doch sein, daß man etwas tut, was man nicht verstehen will. Das wäre ihr am liebsten. Sie tun beide etwas, was sie nicht begreifen. Sie wollen beide jetzt nicht wissen, warum sie das tun. Lieber gestehen sie einander, daß, was sie tun, irre ist. Auf jeden Fall unverständlich. Und das soll es bleiben. Vorerst. Darf es bleiben. Vorerst. Oder immer.

So war's ihr am liebsten.

In einer Schublade geriet ihr Reizwäsche in die Hände. Warum hatte sie die denn nicht weggeworfen, in Kartons versenkt?! Schwarze Groteskwäsche, schon ganz mürbe.

Aber noch am selben Tag bestellte sie beim Otto-Versand diese Art Unterwäsche, neu, schwarz, raffiniert, grotesk. Als sie die Wäsche dann auspackte, wußte sie, daß sie Khalil diesen Kauf verschweigen mußte. Wegwerfen konnte sie das Zeug nicht, aber sofort in der untersten Schublade verstecken. Diese Wäsche würde auf nichts als auf ihr Alter hinweisen. So elend wie in dieser Wäsche konnte sie nackt gar nicht aussehen. Sie dachte jetzt oft an Dr. de Sanctis. Aber den Mut, hinzugehen, hatte sie noch nicht. Und das Geld erst recht nicht. Nicht verschweigen konnte sie Khalil, daß sie sich bei ihm jünger fühlte, als sie war. Ihre Seele sei ganz unverbraucht. Und alles, was er ihr sage, würde sie einem Sechzigjährigen nicht glauben. Da kann doch nur noch Routine rauskommen. Aber sie – und das habe Khalil ja selber bemerkt – komme sich ihm gegenüber jungfräulich vor. Und ihre Jungfräulichkeit sei eine Wirkung Khalils. Plötzlich seien ihre zehn, zwölf männerlosen Jahre ein gewaltiges Reservoir an Unverbrauchtheit, Sehnsucht und Liebe. Seine wichtigste Wirkung auf sie: Sie hat keine Vergangenheit mehr. Mit ihm fängt ihr Leben an. Sie hat sich gehäutet. Sie kommt sich vor wie neu. Innerlich, bitte. So konnte sie jetzt reden. Aber nur, weil sie erlebte, daß er sich freute, wenn sie schilderte, was er in ihr, bei ihr bewirke. Die vollkommene Gegenwärtigkeit von allem, was sie ist. Zukunft, nein danke. Vergangenheit, unauffindbar.

Natürlich fiel ihr auch auf, daß sie zehnmal sagte, sie liebe ihn, und er sagte es einmal. Sie war eben lebhafter als dieser stille Nordafrikaner. Es klang doch glaubhaft, wenn er sagte, daß er sie liebe. Fand sie. Oder war sie schon unzurechnungsfähig, verblendet, irre? Sie geht bei Rot über die Straße. Wenn sie bei Rot über die Straße geht, wird sie wahrscheinlich überfahren. Aber was ist denn alles geschehen, bis sie endlich bei Rot über die Straße geht! Oder: Wenn du am Verhungern bist und es wirft dir einer ein Stück Brot zu, fragst du nicht, ob es vergiftet sei. Sie entschloß sich, dem Bild Bei-Rot-über-die-Straße den Vorzug zu geben. Darin fand sie sich genauer ausgedrückt.

Am zweiten Dezembersonntag kam er vom sonntäglichen Fußballspielen direkt in die Lindemannstraße und fragte: Heiratest du mich jetzt oder nicht? Überleg es dir. Dann rufst du mich an. Aber nicht vorher. Und stand vor ihr in blaugleißendem bauschigen Kunststoff mit breiten roten Streifen. Schon die mächtigen Turnschuhe wirkten, als könne man dem, der in ihnen erschien, nur zustimmen. Und die gewaltige Sportzeugtasche über der Schulter machte aus ihm einen Abenteurer im Aufbruch. Daß sie es ohne diesen Kerl keinen Tag aushielt, wußte sie inzwischen. Wenigstens einmal täglich telephonieren. Sein langsames Sprechen hatte nichts damit zu tun, daß Deutsch für ihn Fremdsprache war. Sie hatte sich angewöhnen müssen, seine Pausen zu durchwarten. Am Telephon schwieriger, als wenn man einander in die Augen schaute. Seine dunkelbraunen Augen füllten jede Pause, die sein Mund machte. Jetzt war sie es, die die Pausen machte. Jahrgang 69 heiratet Jahrgang 31.

Ich springe nicht, sagte sie zu ihrem Spiegelbild. Immer wenn sich die Aussichten so verengten, daß nur noch ein schwarzer Punkt übrigblieb, tauchte in ihr die Frage auf: Springst du jetzt? Die Stelle auf der Oberkasseler Brücke wartete nicht gerade auf Susi, aber sie war in Susis Vorstellung jederzeit herrufbar. Susi hatte sich entschlossen zu überleben. Khalils Frage war ein Lichtüberfall, ein Betörungsschwall, eine Zärtlichkeitsbrandung. Aber eine Frage auf Leben und Tod war es auch. Ihn heiraten, das hieß nun wirklich, bei Rot über die Straße rennen. Am liebsten hätte sie Ja gebrüllt. Sie hatte ihm zugewinkt. Er solle, bitte, gehen. Es war klar, daß das kein Hinauswurf war, sondern ein Geständnis, daß sie fassungslos sei. Vor Liebe. Oder Glück. Das war doch Glück, was ihr jetzt im Hals hochschlug! Sie machte Tanzschritte. Sie hatte das Gefühl, daß ihr, was sie jetzt betreiben mußte, keiner abschlagen oder vereiteln konnte.

Beim nächsten Besuch zeigte Khalil ungefragt sein Visum. Das würde ihm, solange er studierte, verlängert werden. Also deswegen müßte er nicht heiraten. In Neuss wartete eine Dreiundzwanzigjährige auf ihn. Marokkanerin. Dann muß ich eben die heiraten, sagte er. Susi sagte, wenn sie ihn heirate, dann aus Liebe. Warum er sie heirate, sei seine Sache. Aus Liebe, sagte er. Sie hätte es am liebsten gleich geglaubt. Sie fragte nicht nur Edmund, sondern auch Aenne Klomfass, Herrn Herzig und Herrn Hellpapp. Andreas fragte sie nicht. Aber ihre Frauen fragte sie. Herr Herzig, der jetzt aussah wie ein restlos vergilbtes Stück Papier, sagte: Bloß nicht! Gehen Sie mir weg mit Afrikanern, die wissen nicht, was Treue ist. Er spreche aus Erfahrung. Den Vorruheständler von der Zulassungsstelle fragte sie auch. Der war noch mehr als Herr Herzig ihr Pflegefall geworden, weil ihn, nach seiner Darstellung, einer aus dem Amt vor die Straßenbahn geschubst hatte; neun Stunden operiert, aus der Hüfte wurde ein Knochen ins Bein eingesetzt; Susi versorgte ihn mit allem, was sie übrig hatte. Es gelang ihr nicht, ihm seinen Unfall als mißglückten Rettungsversuch des früheren Kollegen verständlich zu machen. Er hatte 'n Bierchen getrunken, ging so komisch, die Straßenbahn kam, das sieht der frühere Kollege, schubst ihn weg –, und es reicht nicht ganz. Der Vorruheständler konnte das nicht so sehen. Er kennt doch seine Kollegen. Warum wäre er sonst in den Vorruhestand gegangen. Er hat seine Arbeit geliebt. Und ist heute noch stolz darauf, daß er Herrn Gern sein Kennzeichen, das vor der nächsten Zuteilung zwei bis drei Jahre hätte liegen müssen, jedesmal gleich wieder zugeteilt hat. Das hat er, wenn ihm einer sympathisch war, einfach gefingert. Daß Edmund freudig noch fünfhundert dreingab für das Fingern, hat der Vorruheständler nicht vergessen. Und einen Marokkaner darf Frau Gern, bitte, nicht heiraten. Er hat nichts gegen Marokkaner, aber in der Autozulassung lernen Sie die Menschen kennen. Keinen Marokkaner, bitte.

Aenne Klomfass sagte: Susi, ich beneide Sie.

Hildchen Tönnissen sagte: Super.

Frau Thomasius sagte, sie könne dazu nichts sagen. Ihr gefalle der Marokkaner auch, aber zuraten könne sie genauso wenig wie abraten.

Herr Hellpapp: Jetzt sind Sie vollends übergeschnappt. War ja auch zuviel, was Ihnen zugemutet worden ist. Den ultimativen Schlag geben Sie sich nun selbst.

In weniger als einer Woche hatte sie auf ihrer Etage eine Einzimmerwohnung für Khalil gefunden. Noch nie renoviert, aber nur sechshundertundzehn Mark. Zuerst mußte der heraus aus seiner 40-Watt-Sperrmülll-Romantik, in der ohne Vermietererlaubnis nicht übernachtet werden durfte. Zuerst mußte Khalil in Rufweite wohnen. Spätere Heirat nicht ausgeschlossen. Sie war Witwe. Das Wort hatte sie noch nie auf sich angewendet. Obwohl sie Witwe war, fragte sie Edmund, ob er etwas dagegen hätte, wenn sie Khalil heirate. Edmund schüttelte den Kopf so heftig, daß sein lebenslänglich bewegungslos gebliebener, dreimal pro Woche vom Friseur befestigter Haarwulst auseinanderfiel. Es gab keinen Tag, an dem Susi nicht irgendeine Frage an Edmund zu richten hatte. Und sie war noch nie ohne Antwort geblieben. Edmund war immer noch ihr wichtigster Gesprächspartner. Und da er jetzt jederzeit anrufbar war, war er ihr fast näher als zu seinen Lebzeiten. Er wirkte, wenn sie ihn anrief, immer, als habe er auf ihre Anrufung, auf ihre Frage, auf ihr Problem gewartet, als sei es ihm, wo er sei, eher langweilig und ihr zu antworten und zu raten sei der süßeste Zeitvertreib, den er sich denken könne.

Dann tauchte dieses Photo auf: Khalil mit seiner Mutter in der Küche in Casablanca. Hinter ihnen eine Wand mit Fliesen, schöner als alle Fliesen, die Susi bis jetzt gesehen hatte.

Muster, wie sie in persischen Seidenteppichen vorkommen. Und Khalil hat seinen rechten Arm um die kleine Mutter gelegt. Die Mutter im lichtgrünen Kleid, unter dem am Kragen und an den Ärmeln noch etwas Gelbes hervorkommt. Die Mutter lächelt, Khalil ernst. Entschlossen. Er präsentiert die Mutter der Kamera. Seht her, das ist meine Mutter, die ich liebe, wie ich niemanden sonst liebe. Als Susi dieses Photo eine Zeit lang angeschaut hatte, wußte sie zum ersten Mal, daß sie Khalil heiraten konnte. Es war nicht nur Wahnsinn. Dieser Kerl war lieb. Herr Herzig hatte keine Ahnung. Herr Hellpapp, der reine Ignorant. Allerdings, sie wußte jetzt zwar, daß sie diesen ebenso zart wie kräftig wirkenden Kerl heiraten wollte, aber daß sie älter war als seine Mutter, wußte sie auch. Wieviel älter, das wagte sie nicht zu fragen. Wenn er antworten mußte Meine Mutter ist elf Jahre jünger als du, was dann?! *Harold und Maud!* Bei denen war der Altersunterschied noch größer. Aber das war eben Kino!

Außer dem Computer und seinem kleinen Gebetsteppich brachte Khalil zum Glück nichts mit vom Haferkamp. Die künstlichen Blümchen hatte er dem Vermieter geschenkt. Susi fuhr zum ersten Mal zu IKEA. Mit Khalil. Als der Verkäufer von einer Kommode sagte, er wisse nicht, ob die ihrem Sohn gefalle, er würde eher ... Da ließ ihn Susi stehen und floh, hoffend, Khalil folge ihr, ohne daß sie sich noch einmal umdrehen mußte. Er tat's.

Susi bat Khalil, ihr das Einrichten allein zu überlassen, das sei sozusagen ihr Beruf.

Als er ins eingerichtete Zimmer kam, lächelte er nicht nur, sondern lachte. Und drückte Susi an sich, einmal, zweimal, dreimal, dann länger, so lange wie noch nie.

Im Dezember waren zwei Umstände zu verkraften, die Susi erleben ließen, wie abhängig sie sich schon fühlte: Khalils neue Arbeitsstelle in Mülheim und Ramadhan. Am Donnerstag, am Freitag und am Sonnabend fuhr er jetzt morgens um sechs nach Mülheim in eine Fabrik, in der Lampen und Strahler produziert wurden. Und Ramadhan verlangte, daß er nach Sonnenaufgang und vor Sonnenuntergang weder etwas esse noch trinke. Ob er rauchen dürfe, wußte er selber nicht so genau. Beim Beten darf man zwar nicht rauchen, sagte er, aber beim Rauchen beten. Aber, sagte er, so sprechen die Lauen. Er, der sonst dreißig am Tag rauchte, rauchte in der Ramadhan-Zeit keine einzige. Täglich fünfmal beten mußte er auch ohne Ramadhan. Und immer zuerst die Waschungen, dreimal die Hände, dreimal den Mund, und zwar ausspülen mit Hilfe der Finger, dreimal die Nase, das Gesicht, die Unterarme, zuerst rechts, dann links, mit nassen Händen über die Haare, und wenn sie mit einander geschlafen haben, mußte er, um beten zu dürfen, jedesmal die ganze Waschprozedur vollziehen. Daran konnte sie sich gewöhnen. Daß sich sein Waschen, als Ramadhan angesagt war, fast zur Raserei, zu einem Gegen-sein-Geschlechtsteil-Wüten steigerte, bemerkte sie mit Schaudern. Wichtig war, daß er auch in den vier Ramadhan-Wochen keine einzige Nacht in seinem Zimmer verbrachte. Sein Zimmer blieb Studierzimmer, Arbeitszimmer.

Wenn sie an dem kleinen runden Tischchen frühstückten, küßte Khalil immer wieder einmal plötzlich durch die Luft herüber und fragte: Wann heiratest du mich? Und Susi küßte dann so zurück, daß das mehr war als eine Terminangabe. Susi stand jeden Morgen vor Khalil auf, um ihn vor dem zu bewahren, was die Katzen in dem schmalen Flur wieder angerichtet hatten. Erbrochenes von Domino, in das Jeannie, wahrscheinlich um zu protestieren, ihre Häufchen setzte. Wenn sie sah, daß Khalil unter den Katzen litt und nichts sagte, sagte sie: Sag doch was. Dann, er: Ist nicht so meine Art. Wie er sich beherrschen konnte, machte ihn ihr manchmal unheimlich. Daß er sich nicht ein einziges Mal zu einem Tropfen Alkohol überreden ließ, machte ihn ihr auch unheimlich. Ein Jahrtausend-Silvester stand bevor, und kein Tropfen Alkohol! Unheimlich! Wenn er in der Enge zwischen Bett und Wand kniete und seine Gebete verrichtete, kriegte sie immer noch eine Gänsehaut. Daß er, um sein Studium zu finanzieren, einen Computerladen aufmachen wollte, hatte er ganz am Anfang gesagt, dann nicht mehr. Sie wußte selber nicht, warum sie ihn nicht danach fragte. Hatte sie Angst zu hören, daß er deshalb regelmäßig fragte: Wann heiratest du mich? An nichts dachte sie so häufig wie an Edmunds WARUM-Rede. Aber sie hatte nicht den Mut, Khalils WARUM mit ihm zu erörtern. Das diskutierende Hin und Her war nicht seine Sache. Daß er sie liebte, glaubte sie ihm. Aber vielleicht liebte er sie, weil er hoffte, in ihr eine Art Mutter zu haben, also Halt, Zuflucht, Wärme und Regelmäßigkeit, und daß er sein Ziel, den Studienabschluß, sicherer erreiche. Und wenn er mit einer Deutschen verheiratet wäre, durfte er, statt zwanzig Stunden, dreißig Stunden arbeiten. Die in Mülheim hätten ihn am liebsten ganz gehabt. Anderseits, wenn sein Vater erführe, Khalil heirate eine Deutsche, dann würde er die monatlichen tausend Mark sofort streichen. Susi erschrak, als sei es schon soweit. Khalil: Das würde der doch nie erfahren, nicht, solange Khalil noch studiere, und danach kann der Vater die Tausend den Armen im Bachkou stiften.

Immer wenn Khalil fragte: Wann heiratest du mich, wollte Susi sagen: Sofort. Sie wollte nichts anderes mehr. Aber sagen konnte sie es nicht. Sie wollte bei Rot über die Straße. Und konnte nicht. Feigesuse! Blödesuse! Herr Hellpapp kam kurz vor Weihnachten und brachte die fünfhundert für Conny. Monatlich fünfhundert, das ging momentan nicht. Er wird Conny immer fünfhundert zu Weihnachten und fünfhundert zu ihrem Geburtstag, den sie sich, weil das Zahlen waren, nicht merken konnte, schenken. Und er wird die fünfhundert jedesmal selber bringen. Er kommt immer wieder nach Deutschland und besonders nach Düsseldorf, weil sein schwieriger Sohn niemanden hat, dem er alles, was ihm passiert, erzählen kann. Der Mutter schon mal nicht. Aber ihm, dem Vater, alles. Die Stelle bei der Post hat der Sohn jetzt verloren. Die haben ihn wirklich gehalten, solange es ging. Aber als er am Computer immer noch größere Verheerungen angerichtet hat, konnten sie nicht mehr anders. Und Yumiko ist auch weg. Nicht von ihm, aber von Düsseldorf. Frau Gern kann sich darauf verlassen, zwei- bis dreimal im Jahr kreuzt er hier auf. Die übrige Zeit ist er, weil Yumiko Stewardeß ist, immer auf Flügen rund um die Welt, und er fliegt, so gut es geht, mit, oder fliegt ihr nach, weil er, gesteht er, sie so liebt, daß er es nicht ertrüge, wenn sie einen anderen Mann hätte. Immer wieder taucht er überraschend in San Francisco oder in Tokio auf. Bis jetzt hat er sie noch nie mit einem jungen Kapitän ertappt. Ein schweres Leben. Ohne Handy hätte er keine Chance. Er hängt am Handy wie am Tropf. Wie lange er das durchhält, weiß er nicht. Und er wünscht sich mehr als einmal pro Nacht, daß er Yumiko doch endlich ertappe, damit die Reise ein Ende hätte. Was der nackt aus seinen musterlosen Zweireihern ragende Riese ihr zum Schluß gesagt hatte, fiel ihr ein, wenn sie wieder einmal bis zur Erschöpfung ihr Heirats-Für-und-Wider durchgehechelt hatte. Ich werde verlieren, hatte Herr Hellpapp gesagt. Ich werde hinter ihr herfliegen, bis ich sie im Bett eines jungen Kapitäns oder Kameramanns entdecke. Dann werde ich, fürchte ich, auch nicht aufhören, sie zu lieben, aber ich werde ihr dann nicht mehr nachreisen.

Feigesuse, nimm dir ein Beispiel an Herrn Hellpapp, dachte sie. Blöde Bedenklichkeit! Gibt es etwas Lächerlicheres als Vernunft? Du lebst nur, wenn du an Khalil denkst. Die Welt ist alles, was Khalil ist. Was nicht mit Khalil zu tun hat, existiert nicht. Wenn du dich überreden mußt, empfehl ich dir, daran zu denken, wie Khalil über seine Mutter spricht. Einen, der so über seine Mutter spricht, kann man heiraten. Das Photo, auf dem er den Arm um sie legt und so ernst schaut, wie man nur schauen kann, und die Mutter lächelt, aber nicht bloß mit dem Mund, das ganze Gesicht der Mutter lächelt, lächelt sozusagen für immer. Warum war der so sicher, daß sein Vater nichts erfahren würde? Alle seine Marokkaner waren nabelschnurhaft verbunden mit Casablanca! Und ihre Witwenrente verlöre sie auch. Dann zum Sozialamt, das heißt, andauernd vom schärfsten Mißtrauen durchleuchtet werden, ob man irgendwoher einen Pfennig bekommen habe. Eidesstattlich versichern, daß man nichts hat. Schon von Herrn Kreidemeister dürfte sie nichts mehr erhoffen.

Da Herr Kreidemeister mindestens so oft in Berlin und New York war wie in Düsseldorf, mußte man sich bei seiner

Sekretärin um einen Termin bewerben. Und jetzt ging's auf einmal schneller als je. Noch am gleichen Tag konnte Susi kommen. Der zarte Mann mit den nach allen Seiten gleichmäßig herunterhängenden Haaren kam ihr bis zur Tür entgegen. Toll, wie der ging und stand, der schwarze Seidenanzug verstärkte jede Bewegung. Der Mondrian ist so gut wie verkauft, an einen Schweizer. Nächste Woche sei das über die Bühne. Nein, bitte nicht, rief Susi. Herr Kreidemeister wunderte sich über Susis Reaktion. Nur ein Trauma, sagte Susi. Herr Kreidemeister sagte: Wir haben alle unsere Narben. Aber hier und jetzt sei ausnahmsweise nichts zu fürchten. Denken Sie nur, gnädige Frau, nichts zu fürchten! Jetzt brachte er auch noch die Fingerspitzen beider Hände zusammen. Susi hätte am liebsten gefragt: Tragen Sie Straußenlederschuhe mit Spaghettini-Schnürsenkeln. Kommen Sie doch, sagte er und ging ihr voraus zur Sitzecke. Sie wußte, ohne hinzuschauen, daß er mit den vorderen Fußhälften zuerst auftrat. Vierhundertundzwanzigtausend hat er verlangt, der Käufer hat so schnell Ja gesagt, daß er, Herr Kreidemeister, schon fürchtet, er habe zu wenig verlangt. Ob sie wohl bis zur Zahlung mit tausend pro Monat rechnen könnte, à conto. Aber ja. Auch mit zweitausend. Und die ersten zweitausend nimmt sie jetzt sofort mit. Susi bat noch, Andreas von diesem Verkauf nichts zu erzählen, der würde nämlich, weil ihm geschäftlich gerade einiges mißglückt sei, Ansprüche an sie stellen, die sie nicht zu erfüllen gedenke.

Auf der Heimfahrt durfte Susi nicht auch noch ihre Musik einschalten, sonst wäre sie gefährlich gefahren. In ihr sang und pfiff und orgelte es. Ein brausendes Durcheinander. Das Warhol-Doppel würde sie nicht verkaufen, niemals. Die Anwälte des Ibiza-Residenten suchten vor allem nach dem Mondrian. Daß die Konstruktivisten von zwei Holländern abgeholt worden sind, wird ihr nicht geglaubt. Was für Wörter hatte sie da lesen müssen, was für Sätze. Als sie heimkam, holte sie sich diese Schriftsachen heraus, lehnte sich gegen die Polsterrolle und las sich die schlimmsten Passagen noch einmal laut vor. Sie mußte testen, ob sie dieser

Drohsprache jetzt, ausgerüstet mit der Hoffnung namens Kreidemeister, besser standhalten könne. Und sie konnte. Die vermutbare Bösartigkeit dieser Sprache ließ sie sich jetzt auf der Zunge zergehen: Rückgewährung sicherungsübereigneter Gegenstände ... Gegebenenfalls gerichtliche Hilfe zur Durchsetzung der Auskunftsverpflichtung ... letztmalig außergerichtlich, über den Verbleib der sicherungsübereigneten Gegenstände Auskunft zu erteilen. Ach ja, dem Bentley hatten sie auch noch nachgeschnüffelt. Am liebsten las sich Susi vor, was sie denen geantwortet hatte. Mein Mann verkaufte den Wagen an Auto Becker. Es war, wenn ich mich recht erinnere, an einem Montag. Zumindest habe ich an einem Montag davon erfahren. Ich machte am Nachmittag Besorgungen, als ich nach Hause kam, konnte ich meinen Mann nicht finden. Erst als ich ins Schlafzimmer kam, sah ich ihn. Auf dem Bett. Sobald er mich sah, fing er an zu weinen. Das war ganz ungewöhnlich. Erstens, daß er am Nachmittag auf dem Bett lag, zweitens, daß er weinte. Er schluchzte. Endlich konnte er sprechen. Er habe sein Auto an Auto Becker verkauft. Am Sonnabend habe er in der Innenstadt bald eine Frau überfahren, weil ihm seine Arme und Beine plötzlich nicht mehr gehorcht hätten. Ich habe ihm gesagt, ich sei jetzt richtig stolz auf ihn. Ich gestand, daß ich schon seit einiger Zeit befürchtete, ich sei gezwungen, ihn heimlich anzuzeigen, um einem Unglück zuvorzukommen. Der Wagen brachte 100 000 DM. Das war ein Tropfen auf den heißen Stein. 8 Mio. Miese! Mein armer Mann. Die Konstruktivisten hat er von einem anderen Gläubiger abholen lassen. Es ging ja bei uns zu wie bei einem Schiffsuntergang. Mein Mann, der Kapitän, der er immer sein wollte und war, ist dann ja auch regelrecht mit dem Schiff untergegangen, er ist gestorben an dem Tag, an dem er hätte ausziehen sollen. Ich kann ihm nichts Böses nachsagen, obwohl ich jetzt in Armut lebe. Herrn Soostema auf Ibiza geht es, darf ich hoffen, trotz dieses Verlustes recht gut. Was will man mehr! Aber begreifen tut man das erst, wenn man, wie ich, ganz unten angekommen ist.

Abends sagte sie zu Khalil: Ich heirate dich. Khalil sagte: Inscha-Allah. Conny, die immer dabeistehen wollte, wenn Khalil heimkam, machte ihre Orientfilmverbeugung und sagte: Mein Herr und Gebieter. Und heute essen wir, sagte Susi, das Bo-Frost-Hirschgulasch, das Herr Hellpapp neulich gebracht hat. Khalil sagte, er müsse aber die Dose prüfen, ob da nicht doch Schweinefleisch beigemischt sei. Hirschgulasch, rief Susi und holte ihm die Dose. Khalil durchforschte das Kleingedruckte, dann sagte er: Da, schau, Schweineschmalz ist drin. Gut, sagte Susi, Herr Herzig wird sich freuen. Auf ins *KYTHARO*, sagte Conny.

Im *KYTHARO* sagte Susi, ihr könnt bestellen, was ihr wollt, heute ist ein bißchen Geld eingegangen.

Dann wurde nur noch über die Hochzeit geredet. Wie, wann, wo, wer ist dabei und wer ist nicht dabei. Susi hätte singen können. Ein Schmerz blieb: Khalil trank auch jetzt keinen Tropfen Alkohol. Conny sowieso nicht. Susi betrank sich. Es war doch schön zu hören, wie Khalil sagte: Gleich nach Ramadhan wird geheiratet. Wie lange ist denn noch Ramadhan, fragte Conny. Bis 17. Januar, sagte Susi. Hat doch schon vor Weihnachten angefangen, sagte Conny. Mäusken, Ramadhan geht von Neumond zu Neumond. Aber im Karneval heiratet ihr nicht, sagte Conny. Aber in der Fastenzeit auch nicht, sagte Susi. Also sofort nach Ostern, sagte Conny. Aber, sagte Susi, ein Datum, das durch sechs teilbar ist. Warum denn das, fragte Conny. Weiß ich nicht, sagte Susi. Ich muß jetzt eine Rede halten, sagte Susi. Und redete. Nicht laut, aber heftig. Es war nicht nur der Wein. Sie wollte Khalil anstecken mit ihrer Begeisterung. Eigentlich wollte sie wirken auf ihn, wie Alkohol, den er nicht trinken durfte, auf sie wirkte. Mitreißen wollte sie ihn. Lieber Khalil, liebe Conny, sagte sie, ich habe nie so geliebt, wie ich jetzt liebe, wie ich dich liebe, Khalil. Und weil ich mir das selber nicht glauben kann, suche ich immer wieder im Gedächtnis nach Vergleichen und finde keine. Was ich finde, sagt mir: Ich habe überhaupt noch nie geliebt. Das war doch alles nichts, sagt mein Gedächtnis. War überhaupt etwas, frage ich mein Gedächtnis. Es war nichts, antwortet mein Gedächtnis. Alles, was war, war nichts. Ja, Conny habe ich immer geliebt, werde ich immer lieben, und die Kätzchen auch. Und auf eben diese Art auch Edmund. Der über alle Maßen liebe Edmund war der liebste, der beste Freund, den ein Mensch haben kann. Wenn ich ins Zimmer kam, hat er sofort den Fernseher leiser gestellt, einundvierzig Jahre lang. Er war immer gut zu mir. Für dieses durch nichts zu erschütternde Gutsein werde ich ihm immer dankbar sein. Aber seit ich Khalil liebe, weiß ich, daß ich vorher noch nie geliebt habe. Aber seit Khalil mich liebt, weiß ich, daß ich vorher noch nie geliebt worden bin. Versteht ihr mich?

Beide sahen einander an.

Edmund hat mich abgerichtet, vorsichtig zu sein. Ich durfte, was ich wollte, wenn es ohne Skandal blieb. Jetzt auf einmal, jetzt überhaupt zum ersten Mal, möchte ich nur noch tun, was ich tun will, was mir guttut. Nach einem Leben, das von Vorsicht, Rücksicht und Nachsicht gelähmt, verdorben, erstickt wurde, will ich ganz schnell noch die Draufgängerin sein, die ich werden wollte, als ich fünfzehn, sechzehn, siebzehn war. Dann kam auch schon Edmund, mit Homburg und Schirm und einer Sexualpraxis, die mich hinausgejagt hat in die Ersatzbeschaffung. Vorbei. Vorbei. Vorbei. Was heißt: Ich liebe dich auf arabisch. Und Khalil in vorsichtigster Aussprache, um ja keinen Laut zu verletzen: Ana kanhabek. Und Susi, glücklich, weil sie endlich etwas Arabisches ganz verstanden hatte, wiederholte: Ana kanhabek. Sie sagte es mehrere Male. Sie sagte, sie verstehe das ganz und gar. Ana kanhabek. Ist ja auch kein klassisches Arabisch, sagte Khalil, sondern marokkanisches.

Im Hinausgehen, sagte Susi zu Khalil: Das *KYTHARO* hat früher *NEUE LIEBE* geheißen.

Daheim wollte sie Ramazotti auflegen, Solo con te, aber bevor sie auf PLAY drücken konnte, hörte sie, daß Conny drüben ihre Trommeln laufen ließ. Die dumpfsten, die sie hatte. Plötzlich empfand Susi, was Conny empfunden haben mochte, als sie Susis Rede hatte anhören müssen. Susi rannte hinüber, warf sich zu Conny aufs Bett, zog sie mit aller Kraft an sich und rief ihr ins Ohr: Ich liebe dich so. Conny suchte das Ohr ihrer Mutter und rief weniger laut: Und ich erst dich. Sie lagen dann, bis die Trommeln aufhörten. Dann ging Susi zurück zu Khalil, startete ganz leise die Ramazotti-Nummer Solo con te und lud Khalil ein, mit ihr zu tanzen. Dadurch, daß sie so gut wie keinen Platz hatten, genügte ein bewegtes Aneinanderschmiegen. Khalil, das hatte sie schon bemerkt, war kein Tänzer. Und da noch Ramadhan war, durfte er ohnehin nicht mehr bieten als eine Schaufensterpuppe geboten hätte.

Am nächsten Morgen klingelte der Wecker um fünf. Susi war schon vorher aufgestanden, hatte Plätzchen und Milch geholt für Khalil, der ja, was er aß, neunzig Minuten vor Sonnenaufgang gegessen haben mußte. Danach konnten sie sich, wenn er nicht nach Mülheim, sondern in die Uni mußte, noch einmal bis sieben hinlegen. Sobald sie lagen, nahm Khalil Susis Hand und hielt sie fest. Das hatte er, seit Ramadhan war, noch nie gemacht. Gesprochen wurde nichts. Er gab ihre Hand erst frei, als er aufstehen mußte. Susi spürte, daß dieses Handhalten eine Folge des Abends im *KYTHARO* war. Auf seine Weise hatte Khalil ausgedrückt, wie froh er sei, daß jetzt auf die Hochzeit zugelebt werde. Sie mußte Khalil noch sagen, daß seine penible Religionsausübung sie überhaupt nicht störe, aber daß sie sich ihm anschließen werde, sei nicht zu erhoffen. Khalil lächelte sein ausgeruhtestes Lächeln. Sie, eine Muslima, damit habe er keine Sekunde lang gerechnet. Und Susi sagte schnell noch ihr Glaubensbekenntnis auf: Wenn es Gott gibt, dann liebt er mich, egal, ob ich an ihn glaube oder nicht. Er weiß, was ich tu und denke, und hat Freude an mir. Ich bin nun einmal ich. Bin eingesperrt in mich. Ich bin ein glücklicher Insasse des Gefängnisses, das ich bin. Und wenn ich mir das nicht mehr einreden kann, dann spring ich.

Sie erklärte das Khalil: Oberkasseler Brücke, die Ksenijastelle. Sie sah ihm an, daß ihn das mit dem Springen entsetzte. Sie mußte ihn beruhigen: Nach einem Leben, das nicht zu ihr paßte, will sie nicht auch noch einen Tod, der nicht zu ihr paßt. Also der Tag X wird und wird und wird hinausgeschoben. Versprochen.

Xandra durfte, wenn sie jetzt vorbeikam, nicht mehr Oma sagen. Auch wenn Khalil gerade nicht da war, wurde sie auf *Susi* gedrillt, daß sie sich nicht mehr verspreche. Als Xandra Khalil zum ersten Mal die Hand gab, sah sie sofort von Khalil wieder zu Susi hin. Irgendwann einmal, als Ksenija noch lebte, hatte sie zu Susi gesagt: Meine Mutter hat se nich mehr alle. Mein Vater hat se nich mehr alle. Und manchmal, glaube ich, meine Oma hat se auch nich mehr alle. Dieses Gesicht machte sie jetzt auch wieder. Dann fuhr eine Art Ruck durch sie durch, sie umarmte Susi stürmisch und drückte sie heftig an sich und flüsterte ihr ins Ohr: Ganz toll, Susi!

Susi bereitete die Hochzeit vor. Zuerst zum Notar: Gütertrennung. Gefragt, was das kostet. Zweihundertundfünfzig. Und Susi: Könnten Sie sich vorstellen, daß das auch für weniger ginge? Ach, Frau Gern, sagen wir doch gleich, zwanzig in die Kaffekasse und Schluß. Susi hatte inzwischen gelernt, sich so zu bedanken, daß der, dem gedankt wurde, erlebte, wie ernst es ihr beim Danken war. Nicht aufdringlich werden beim Danken, nur glaubhaft.

Khalil hielt die Gütertrennung nicht für eine Distanzierung. Auch seinetwegen, sagte Susi. Und solange sie zusammen seien, gebe es nirgends eine Trennung oder etwas Trennendes. Sozusagen zur Bekräftigung dessen gab Susi Leonardo den Erinnerungsbefehl: Sobald Geld eingeht, Fußballschuhe für Khalil. Nächste Woche würden die Marokkaner zum ersten Mal wieder bei den Philippshallen spielen. Daß Khalil in diesen Latschen, gekauft aus dritter Hand, in der neuen Saison nicht mehr auf dem Platz erscheinen würde, hatte Susi sich geschworen. Als er dann die neuen Schuhe auf dem Bett liegen sah, schrie er auf vor Freude. Einen solchen Jubellaut hatte er noch nie von sich gegeben. Und sie paßten. Und wie sie paßten. Susi hatte die Fußballschuhe gekauft, obwohl Herr Kreidemeister ihr die zweitausend, die er ihr monatlich geben wollte, nur ein einziges Mal gegeben hatte. Herr Kreidemeister war ihr also Anfang April schon sechstausend Mark schuldig. Sie hatte im Februar und im März angerufen und erfahren, daß der Schweizer von dem Kauf nicht zurückgetreten sei, ihn aber aufgeschoben habe. Anfang April erinnerte sie so dringlich an ihre Abmachung, daß sie kommen durfte. Sie mußte im eigentlichen Galerieraum warten, Herr Kreidemeister sei noch besetzt. So drückte sich die Sekretärin aus. Es wartete offenbar auch ein jüngerer Mann. Der stand wie eine Statue und blickte durch die Schaufenster der Galerie auf die Straße hinaus. Er konnte sich gar nicht rühren, da er ein großes Bild an sich hingelehnt hatte. Susi sah, daß auf der Bildfläche leere Einwegspritzen in einer auf- und abführenden Linie geklebt waren, und zwischen den Einwegspritzen klebten Haarbüschel. Es könnte aber auch gefärbte Schafwolle gewesen sein. Gefärbt auf jeden Fall in den Farben des Regenbogens. Susi glaubte zu begreifen: der Bogen aus Einwegspritzen wurde durch die gefärbten Haarbüschel zu einem Regenbogen, der an Krankheit und Tod erinnern sollte. Tatsächlich durfte dieser Künstler samt Bild zu Herrn Kreidemeister. Und kam ohne das Bild heraus. Sein Gesichtsausdruck war aber kein bißchen freundlicher geworden. Susi hatte das Gefühl, dieser höchstens Vierzigjährige kenne nur Feinde. Susi verließ die Galerie mit zweitausend und mit der Aussicht, daß die ersten fünfzigtausend von dem Schweizer nun doch ganz sicher noch vor Pfingsten einträfen. Susi lächelte, als glaube sie dem Galeristen. Aber zweitausend würden für die Hochzeit reichen.

Als sie heimkam, saß Khalil schon und lernte. Und zwar drüben, bei sich.

Sie mußte ohnehin noch nach ihren Pfleglingen schauen. Herrn Herzig brachte sie Fruchtsaft, dem Vorruheständler eine Butterbrezel. Herr Herzig hatte, als sie ihm das Hirschgulasch gebracht hatte, gekrächzt: Sie wollen mich umbringen. Also hatte sie's dem Vorruheständler gebracht. Der hatte gesagt: Sie verwöhnen mich. Beide wollten von ihr immer das Neueste über Khalil hören. Gibt's ihn noch, fragte Herr Herzig, und der Vorruheständler: Glauben Sie immer noch ans marokkanische Märchen? Susi hatte nicht gewagt, denen die baldige Hochzeit zu gestehen.

Khalil sagte, er wolle sie seiner Familie vorstellen. Susi erschrak. Eine Familie in Düsseldorf nannte er so, weil seine

Mutter einmal ein Mädchen dieser Familie gestillt hatte. Die und deren Brüder und Schwestern waren jetzt Khalils hiesige Familie. Und dieses Mädchen heiratete. Er fuhr schon, weil er dort gebraucht wurde, vor Susi hin. Als sie im *ALHAMBRA* ankam, war kein Khalil da. Sie wurde von Marokkanern aufgefordert, bei den Frauen Platz zu nehmen. Khalil sei noch unterwegs, Bräutigam und Braut zu holen. Der kam und kam nicht. Die Frauen, bei denen sie saß, flüsterten einander Sätze zu, die sicher von Susi handelten. Als Khalil endlich kam, wurde es nicht besser. Und als alles zu Ende war, wurde es schlimmer. Sie sollte allein heimfahren, weil er der Kapelle noch beim Abbauen und Einpacken helfen wollte. Sie sagte, sie werde draußen warten, bis er komme. Das tat sie. Auf dem Heimweg kein Wort. Susi spürte förmlich, daß Khalil glaubte, er habe Grund, verstimmt zu sein. Susi dachte über Respektlosigkeit und Mißachtung nach und kam zu dem Schluß, daß sie von Khalil nicht den Respekt erwarten durfte, den sie früher von ihren Männern erwartet hatte. Wenn sie Khalil auf die Idee brächte, er müsse sie wegen ihres Alters respektieren, war alles aus. Je ruppiger er sie behandelte, desto eher konnte sie hoffen, er behandle sie wie eine Gleichaltrige.

Herr Hellpapp meldete, jetzt habe er Susis Dachpalast verkauft. Zur Feier dieses Tages wolle er erstens mit Frau Gern in die Pfandleihe, um dort, was noch von Frau Gerns Schmuck da sei, zurückzukaufen. Danach werde gegessen, wo sie wolle. Sie kam, als sie in der Flingerstraße auf *Grüne's Leihhäuser* zugingen, kaum mit. Das Gegenteil von Edmund, dieser rasante Riese. Immer mit offenem, also wehendem Mantel. Er kaufte mit Susis Schein drei Creolen zurück für zwölfhundert Mark, alles andere war weg. Susi gab er tausend. Daß Yumiko mit diesen Clips etwas anzufangen wisse, bezweifelte er. Seine Frau schon. Der will er aber nichts mehr schenken. Die hätte ihn einfach nicht mit einem Piloten betrügen dürfen. Vor der Hochzeit! Und ist zwanzig Jahre her, sagte Susi. Keinen Tag, rief Herr Hellpapp, und sein blanker brauner Kopf färbte sich rötlich.

Daß seine Freundin mit Susis Schmuck nichts anzufangen wisse, hatte sie gekränkt.

Während des Essens redete Herr Hellpapp nur noch von seinem Sohn Arthur. Und Arthur sprach er inzwischen englisch aus. Das hatte er sich wahrscheinlich, weil er mit der Stewardeß nur Englisch sprach, angewöhnt. Für Arthur eine Freundin zu finden –, das sei ihm wichtiger als alles andere, wichtiger vielleicht sogar als Yumiko. Susi sagte, sie sei ganz sicher, daß es eine Frau gebe, die zu Arthur passe, und diese Frau werde sie finden. Es dürfe, sagte Herr Hellpapp, eine Schwierige sein. Nur nicht auf die gleiche Weise schwierig. Wenn Susi eine Frau für Arthur fand, wird Herr Hellpapp ihr aus jeder Not der Zukunft heraushelfen. Das spürte sie. Übrigens, ihr schulde einer in Tunis noch fünfzigtausend Mark, sie würde Herrn Hellpapp gern die Schuldscheine mitgeben, falls er auf seinem Yumiko-Trip einmal dort lande. Her damit, sagte der Riese, der auch im Sitzen einer war, Geld eintreiben macht Spaß. Als Susi sich in der Lindemannstraße verabschiedete, sagte Herr Hellpapp, daß er diese Creolen zurückgekauft habe, sei einfach falsch. Und Susi: Dann bringen wir sie wieder hin. Das wollte er auch nicht. Susi sagte, daß sie, da sie in dieser Woche schon dreitausend Mark eingenommen habe, noch im April heiraten werde. Er hielt's für idiotisch. Und Susi: Ach ja, da ich jetzt arm bin, soll ich mir wohl alles einfach gefallen lassen, ja?! Sofort widerrief er's und wünschte ihr Glück. Wirklich, sagte er, ich weiß, wie nötig man das braucht, Glück. Ihr Hirschgulasch von Bo-Frost, sagte Susi zum Schluß, habe ich weitergeschenkt, wegen Schweineschmalz. Herr Hellpapp schüttelte den Kopf so, daß Susi das Gefühl hatte, im Augenblick bewundere er sie. Sie mußte noch etwas Freundliches sagen. Sie sei seine Schülerin, sagte sie, Katzenfutter und Waschpulver kaufe sie nur noch bei *ALDI*. Alles andere, sagte er ... Bei *OTTO MESS*, sagte sie und war weg.

Dann kam der 16. April, ein Freitag. An dem durch sechs teilbaren 12. April hatte Khalil eine Klausur schreiben müssen, die er nicht hatte versäumen dürfen. Der nächste durch sechs teilbare Werktag wäre der 30. April gewesen. Khalil hatte, ohne es direkt zu sagen, zum Ausdruck gebracht, daß er so lange nicht mehr warten könne. Susi hatte nicht gewagt zu fragen, warum. Vielleicht fürchtete er, Susis Verstand würde wieder erwachen, und dann hätte sie wohl nicht mehr den Mut, einen achtunddreißig Jahre jüngeren Mann zu heiraten. Also ein Tag, den sie sich nicht ausgesucht hätte, und zu einer Uhrzeit, die ihr nicht lag: Zehn Uhr vormittags.

Die Baumparade der Lindemannstraße flaggte in diesem Jahr schon einen Hauch von Grün. Und nach hinten hinaus, statt eines Schulhofs, die grünste Undurchschaubarkeit. Die Sonne schien es abgesehen zu haben auf nichts als Düsseldorf. Düsseldorf funkelte. Susi sah's, aber erlebte es nicht. Sie war wie nicht bei sich. Sie sah sich wieder einmal zu wie einer zweiten Person. Sie selber war unerreichbar. Sie hoffte, die andere Susi, der sie zuschaute, sei erreichbar von Sonne, Aprilgrün und funkelndem Düsseldorf. Sie war erschöpft. Der Tag vor der Hochzeit war eine Katastrophe gewesen, Khalil hatte sie warten lassen. Sie konnte nichts mehr absagen, aber daß alles nichts als ein Fehler war, daß ihr nichts als Grauen bevorstand, hielt sie, solange sie auf ihn wartete, für möglich, sogar für wahrscheinlich.

Khalil befestigte das weiße Satinband an der Antenne. Zuerst also zum Notar, zum Unterschreiben der Gütertrennung. Susi war froh, daß der Notar ihre Abmachung nicht kommentierte, fragte die Sekretärin nach der Kaffeekasse und legte einen Zwanzigmarkschein hinein.

Als sie in der Inselstraße beim Standesamt ankamen, waren Khadija und Mohammed, die Trauzeugen, schon da. Susi gab es gleich wieder einen Stich, weil Brahim, Khalils bester Freund, sich gedrückt hatte. Aber Mohammed war dafür schöner. Viel brauner als Khalil. Susi fand, noch nie habe ein dichtes schwarzes Bärtchen besser in ein Männergesicht gepaßt als in das von Mohammed. Und daß Khadija nach ihrer geschiedenen Ehe immer noch Frau Maier hieß, konnte man angesichts ihrer marokkanischen Schokoladenschönheit vergessen. Und Aenne Klomfass war da. Mit gelben Rosen. Und Hildchen Tönnissen war da und hatte wie zum Trost ihr ein wenig krummes Töchterchen mitgebracht. Und die *BAAN-THAI-*Chefin war da, sie übernahm das Photographieren. Ach Susi, sei doch froh, daß Brahim sich drückt. Seit der ersten Begegnung hatte zwischen ihnen eine gegenseitige Ablehnung zugenommen. Gretel, Brahims Frau, war da und umarmte Susi herzlicher, als alle anderen sie umarmt hatten. Gretel war mindestens so dick wie Conny, aber unentwegt lustig. Gretel war so lieb und warm, wie Brahim kalkulierend und kalt war. Angefangen hatte Susis und Brahims Unversöhnlichkeit mit einem Telephongespräch. Brahim hatte einen kleinen Laden mit Artikeln und Lebensmitteln, hauptsächlich für Nordafrikaner. Sie hatte Khalil dort einmal angerufen, hatte aufgelegt, dann bemerkt, daß sie etwas vergessen hatte, also noch einmal angerufen, Brahim war am Apparat und hatte gesagt, Khalil sei schon weg. Sie aber: Hören Sie, ich glaube Ihnen das nicht, Khalil war doch gerade noch da, also bitte, geben Sie ihn mir. Das hätte sie nicht tun dürfen. Khalil erklärte es ihr nachher. Wenn ein Mann sagte, der und der sei nicht da, dann könne eine Frau nicht sagen: Hören Sie, ich glaube Ihnen das nicht. Khalil hat allerdings nichts dazu getan, zwischen Brahim und ihr zu vermitteln. Als sie einmal in zwei Autos aufs Land gefahren waren, hatte sich Khalil zu Brahim ins Auto gesetzt. Nein, hatte sie gerufen, du fährst jetzt mit mir. Auch das hätte sie offenbar nicht sagen dürfen. Seine Frau Gretel hatte nichts dabei gefunden, mit Susi zu fahren und die beiden Männer mit einander fahren zu lassen. Das war in der Zeit, als Khalil noch nicht auf der gleichen Etage wohnte, da war Susi froh um jede Minute, die sie mit ihm zusammen sein konnte. Gretel konnte darüber nur lachen. Gretel war ein Fröhlichkeitsvulkan und stammte aus Rosenheim. Sie war Anwaltsgehilfin und schmiß, so sagte sie selber, in einer Kö-Kanzlei den ganzen Laden.

Von Khalil hatte Susi erfahren, daß Brahim zuerst immer gefragt hatte: Wie läuft deine Beziehung. Khalil habe ihm und auch anderen, die so fragten, gesagt: Wie ihr über diese Beziehung redet und denkt, ist eure Sache. Mit mir müßt ihr darüber nicht reden. Ich bin glücklich.

Von allen anderen Freunden Khalils fühlte Susi sich geduldet, wenn nicht sogar angenommen, nur eben nicht von Brahim.

Dann also wurde Susi von Herrn Bodenbein mit Stempel und Unterschrift zu Susanne Gern-Algat gemacht. Herr Bodenbein sagte sorgfältig: Mabrouk wa messoûd. Susi war gleich ganz stolz auf Düsseldorf. Da wird einem auf arabisch gratuliert! Dann ins *BAAN THAI*, geöffnet nur für Susis Hochzeitsgesellschaft. Susi hatte mit der Chefin das Essen verabredet: Wachteleier-Suppe, gedämpftes Lachs-Steak in Cashew-Mandel-Sauce, rotem Curry und Cabbage-Reis, zum Nachtisch Choco-Coco-Nut-Eis mit Lycheefrüchten. Die Tafel war geschmückt mit roten Rosen. Susi hatte Tischkarten geschrieben und bemalt. Khalil und sie, gerahmt von Conny und Xandra. Andreas und Rocí waren wie üblich in Spanien. Neben Xandra Mohammed, neben Conny Khadija. Überhaupt immer durchmischt. Wilhelm Granderath, heute ohne Mütze, also kaum erkennbar, neben Fatima. Und Frau Thomasius neben Said. Frau Oschatz, bettlägerig, zeitweise im Koma, Theo Oschatz an ihrem Bett unabkömmlich. Hildchen Tönnissen hatte Susi sich gegenüber plaziert. Das Töchterchen zwischen Fatimas Zwillingen. Hildchen Tönnissen schaute hauptsächlich zu Susi herüber, und wenn Susi ihren Blick erwiderte, schüttelte Hildchen ihren Kopf so langsam, wie man einen Kopf überhaupt nur schütteln kann. Susi spürte: Sie wurde von Hildchen nach wie vor bewundert. Das tat ihr gut.

Als der Lachs in der Cashew-Mandel-Sauce samt Cabbage-Reis gegessen und gelobt war, klopfte Gretel an ihr Bierglas – Gretel trank immer Bier –, als alle zu ihr hinschauten, sagte sie: In unserer Hochzeitsnacht bin ich, wie der Brahim zum Zimmer hereingekommen ist, schon auf dem Bett gelegen, habe schon eher wenig als viel angehabt, und er, bevor er sich überhaupt hertraut zu mir, läuft herum um das Bett, das hat man da können, ums Bett herumlaufen, zwei-, dreimal läuft er herum ums Bett und um mich und ruft: Das alles gehört jetzt mir. Zweimal hat er das gerufen. Und ich habe gesagt: Aber verdienen mußt du's dir schon, gell. Denen von euch, die meinen Brahim nicht kennen, muß ich dazusagen, daß er einen schönen Kopf kleiner ist als ich. Aber stören tut das uns überhaupt nicht. Und euch, Braut und Bräutigam, wünsch ich, auch in meines lieben Brahim Namen, soviel Glück, wie wir bis jetzt immer noch haben.

Alle lachten und klatschten, Susi nahm sich vor, Brahim anders zu begegnen. Dann meldete sich Conny. Gretel war sitzen geblieben, Conny stand auf. Sie habe, sagte sie, ihrer Mutter und ihrem Gebieter für diesen Tag ein Lied gemacht, das wolle sie jetzt vortragen. Und trug es vor mit der hohen Stimme ihres gezwirnten Doppelorgans. So hoch, fein, leise hatte Susi sie noch nie gehört.

Das ist, was sie sang:
>   Auf einmal haben alle Bäume
>   alle Blätter wieder
>   wieder gekriegt
>   auf einmal kommt es grün
>   auf einmal blüht es
>   auf einmal blüht meine Mutter
>   auf einmal blüh ich
>   blüh ich auch
>   vielleicht.

Alle klatschten. Conny sagte: Wenn ihr es noch mal hören wollt, bitte.

Und sang's, ohne eine Antwort abzuwarten, gleich noch einmal.

Als sie's ein drittes Mal singen wollte, flüsterte ihr Susi ins Ohr: Erst nach dem Nachtisch, Mäusken.

Iss ja deine Hochzeit, sagte Conny und setzte sich und machte ihr grimmigstes Gesicht. Und plötzlich stand sie wieder, klopfte mit einem Löffelchen an ihr Glas und sagte, ihre Mutter wolle also nicht, daß sie, Cornelia, genannt Conny, singe, nun habe sie sich aber zum heutigen Fest eine kleine Rede ausgedacht, die könne sie jetzt, vorausgesetzt, es sei allen recht, noch schnell zum besten geben. Alle riefen: Bitte, bitte, Conny, sprich. Conny sprach dann wirklich zu jedem am Tisch, beugte sich hierhin und dahin, als habe jeder Satz einen bestimmten Adressaten, aber sie vergaß nie, daß sie zu allen sprach. Und das sprach sie:

Japanese Chalonelle, misgrangen ulf artola Moslar. Nol zargeten, hapti omti selbteten, nezze grawurk. Elte Holk, elte Meps, elte artole Chalonelle. Ming sor fert abasol nitruser etze ming noldi, elte Haugler ammar surtetze. Hafke schlob zult ai mar, omti mar ai sorze ke Muschen nammdi elef, ke elef, ke elef. Harlo. Aprelve. Morsamer. Norlitur. Akrasse mibul. Nof. Hefze. Lot. Omti. Lot nof, Chalonelle.

Conny setzte sich, erschöpft, das sah man. Alle waren ganz still. Dann wurde heftig geklatscht. Lange und heftig. Marokkaner und Deutsche klatschten gleichermaßen. Daß Khalil am längsten klatschte, erfüllte Susi mit einer süßen Ahnung. Als es wieder still war, flüsterte Khalil Susi ins Ohr, aber weil es so still war, hörten es alle: Was war das für eine Sprache: Und Susi, in Zimmerlautstärke: Ihre eigene.

Und Conny: Et kütt so sinn.

3.

Eigentlich hatte Susi bei *KAISER'S* diese Creme für die ältere Haut gesucht, von L'OREAL, hatte diese Creme, wo sie sonst zu finden war, nicht gefunden, da war ihr die Augenfältchencreme, auch von L'OREAL, aufgefallen, die hatte sie in ihre schwarze steife Tüte, die sie mitgebracht hatte, fallen lassen, DM 19,90, hatte sie noch gelesen, danach wußte sie nicht mehr, was sie tat beziehungsweise wollte es nicht mehr wissen. Sie war zu *KAISER'S* wirklich wegen der Creme für die ältere Haut gegangen. Als sie die Augenfältchencreme gesehen hatte, war ihr eingefallen, daß sie ihre Augenfältchencremetube vor drei Tagen mit der Schere aufgeschnitten hatte und sich seitdem jeden Tag darüber gewundert hatte, daß da immer noch einmal ein Cremerest herauszuquetschen war. Aber morgen oder übermorgen konnte da einfach nichts mehr kommen. Und Herr Kreidemeister, der ihr seit sieben Monaten die für jeden Monat zugesagten zweitausend nicht mehr bezahlt hatte, ihr also vierzehntausend schuldig war, mußte seit Wochen in Berlin sein, weil er dort auch eine Galerie eröffnen wollte und deshalb im Augenblick, und der dauerte eben schon sieben Monate, nicht so liquid war, daß er Vorschüsse bezahlen konnte auf einen Verkauf, der zweifellos gelingen würde, aber bis jetzt eben noch nicht gelungen war. Aber der Galerist wird am Ball bleiben, er wird den Käufer nicht in Ruhe lassen, er weiß aus Erfahrung, der Käufer will dieses Bild, der wird nicht abspringen, also: Seien Sie guten Mutes! Ja, das war sie doch, aber sie hatte gerade ihrem Zahnarzt eine Erklärung unterschrieben, besagend, daß sie, was die Kasse für den Zahnersatz nicht übernehmen werde, und das seien, Honorar plus Labor, DM 5281,83, selber übernehmen werde. Das würde sie auch, mein Gott. Auftreiben würde sie dieses Geld, wie sie bis jetzt noch jedes Geld aufgetrieben hatte. Khalils Vater hat brieflich mitgeteilt, er habe durch Nachbarn, deren Nichte in Düsseldorf lebe, erfahren, daß Khalil eine deutsche Frau geheiratet habe, also streiche er ab sofort die tausend pro Monat. Das Sozialamt hat die monatlichen Zahlungen eingestellt, weil von ihr, Susi Gern-Algat, immer noch der Nachweis fehlt, daß die Bundesversicherungsanstalt für Angestellte die Zahlung der Witwenrente nach Susis Eheschließung sofort eingestellt hat. DM tausendeinundzwanzig fallen monatlich weg, und das Sozialamt zahlt erst, wenn die BfA Berlin mitteilt, daß Susi kein Witwengeld mehr kassiert. Und Regelaltersrente kriegt sie auch nicht. Und hat mit drei BfA-Damen in Berlin telephoniert. Jetzt erst, gerade jetzt hatte eine ein Einsehen, sie will dem Sozialamt alles melden, dann zahlen die wieder. Ein Erfolgserlebnis. Aber auch wenn das Sozialamt das *pauschalierte Wohngeld* (DM 345,00) und *die Hilfe zum Lebensunterhalt* (DM 1 184,00) weiterbezahlen würde, den Zahnersatz konnte sie damit nicht bezahlen, und mit einem Sozialhilfeempfängerzahnteil würde sie Khalil sofort verlieren. Also rabiat sparen. Die Augenfältchencreme war aber lebenswichtig. Daß sie sich etwas, was lebenswichtig war, wenn sie's nicht bezahlen konnte, nehmen mußte, war ihr so deutlich, daß sie einfach zugegriffen und den Artikel in der an feinere Geschäfte erinnernden Edeltüte hatte verschwinden lassen. Zur Ablenkung hatte sie noch Katzenfutter, zwölf Dosen, ins Drahtkörbchen gelegt und hatte an der Kasse die Diensttuende, falls die den Aufenthalt bei den Kosmetika bemerkt hatte, gefragt, ab wann die Creme für die ältere Haut wieder da sei. Die sei doch nicht aus, hatte die gesagt. Jetzt erschrak Susi. Das Mädchen sagte, sie hole sie gern für Susi. Und rannte schon. Und Susi entschuldigte sich bei denen, die sich jetzt hinter ihr stauten. Das Mädchen kam, händigte aus, Susi zahlte Futter und Creme und stolzierte noch erhobeneren Hauptes als sonst davon. Und durch die Tür. Und es klingelt. Und wie das klingelt. So laut, so grell. Alarmalarm. Susi, jetzt fällst du um, jetzt haut es dich hin, und du bist tot, zum Glück. Aber Susi haut es nicht hin. Susi dreht sich halb um, sieht die an der Kasse, schaut aber nicht so hin, daß die nachher sagen könnte: Die Frau hat doch gesehen, wie ich ihr gewinkt habe, daß sie wieder hereinkommen soll ... Susi rannte kein bißchen, aber sie ging schnell noch vollends hinaus.

Susis Rethelstraße! Ihre tägliche Einkaufskurve seit fünfunddreißig Jahren. Die Leute gehen ... Gehen die auf Susi zu ... Nein, die gehen an ihr vorbei. Legt sich jetzt die Hand auf die Schulter? Nein, keine Hand. Wenn es nicht Mitte Oktober, wenn es nicht, trotz aller Beleuchtung, schon fast dunkel wäre, wollte sie keine Sekunde weiterleben. Und geht in den nächsten Laden hinein, bei *WENIG*, und dort gleich zu den großen Geschenkpapierrollen, und dort instinktiv sich gebückt, und schon rutscht die Augenfältchencreme zwischen die Rollen. Susi merkt sich die Rollen, das ist sicher. Und richtet sich auf. Und kauft Papierservietten. In lichtestem Blau. Das ist ihre Lieblingsfarbe. Zumindest bei Papierservietten. Und bezahlt und hinaus, rüber über die Straße, und ab geht's Richtung Brehmplatz. Aber weil auf der Schulter immer noch keine Hand landet, geht Susi langsamer, bleibt dann sogar stehen, dreht sich auch noch um, hat sozusagen den totalen Überblick jetzt, *KAISER'S*, *WENIG*, nirgends eine Bewegung, die auf Suche oder Verfolgung hinwiese. Also überquert Susi die Rethelstraße noch einmal. Zuerst nur bis zur Insel der Straßenbahnhaltestelle. Fühlt sich dort unter den Wartenden zum ersten Mal wieder wohl, atmet durch, überquert die Straße noch vollends, tritt ein bei *WENIG*, ist ganz die, die gerade schon da war, hat noch etwas vergessen, Geschenkpapier nämlich, aber welches soll sie nehmen, bücken wir uns mal, greifen die Packung zwischen den Rollen heraus und lassen sie, wo sie hingehört, in die Edeltüte gleiten und gehen dann, weil wir's uns doch anders überlegt haben, eher schlendernd wieder hinaus. Zu Fuß in die Lindemannstraße. Wenn das, was ihr da gerade passiert ist, einem Herzkranken passieren würde –, der wäre hin. Du aber nicht, sagte Susi zu sich. Gänsehaut und Stolz. Und auf dem ganzen Heimweg keine Angst mehr, sondern zunehmend Stolz. Du hast's ihnen gezeigt. Mein Gott, erst jetzt konnte sie, was ihr passiert war, aufdröseln, der 18. Oktober, ihr Geburtstag, der achtundsechzigste, darum war ihr das überhaupt passiert. Ihre Frauen waren wieder die einzigen, die daran gedacht hatten. Zwanzig Mark und ein buntes Brieflein. Hildchens Hand.

Und sie hatte sich auch etwas schenken müssen! Sie hatte sich feiern müssen! Sie hatte ausbrechen müssen aus diesem Schweigegefängnis. Aber wie das Khalil verständlich machen? Ihrem Khalil! Den sie liebte. Jeden Tag noch mehr. Ohne Khalil bräuchte sie keine Augenfältchencreme mehr. Aber vom Geburtstag durfte ihm gegenüber nicht die Rede sein. Nie. Sie durfte alles, nur kein Jahr älter werden. Dieses Alarmgeschrill hatte sie schon einmal gehört, im Bahnhof, einer war durch die Supermarktschleuse gerast, ganze Rudel von Passanten hatten offenbar darauf gewartet, endlich jemanden gefangen nehmen zu können. Eine Flasche Wasser hatte der sich angeeignet. Das hätte man zu allen Zeiten als Mundraub hingenommen. Es war ein heißer Tag gewesen. Susi hatte dem zwanzig Mark geben wollen, war aber nicht durchgedrungen zu ihm. Natürlich ein Ausländer. Inländer trauen sich doch nicht, mit einer Flasche Wasser abzuhauen. Das nehmen sie Ausländern übel. Zuerst wird sie Khalil erzählen, was im Hochsommer im Bahnhof passiert ist. Wenn Khalil mit ihrer Bewertung einverstanden ist, kann sie ihm erzählen, was ihr passiert ist. Verschweigen konnte sie, was ihr passiert ist, nicht. Es ist ihr ja mehr passiert, als daß sie es getan hat. Andererseits ist sie stolz, daß sie, was ihr passiert ist, getan hat. Egal, wie er reagieren würde –, ein solches Vorkommnis unerzählt zu lassen –, dann konnte sie gleich allein leben. Wenn Khalil ihr moralisch kommen würde, würde sie ihm zum soundsovielten Male vorhalten, wie schwach sie das fand, daß er sich von seinem Vater widerspruchslos die tausend Mark monatlich hatte streichen lassen. Wenn das ihr geschehen wäre – das konnte sie getrost schwören –, dann hätte sie mit ihrem Vater gekämpft und hätte den zurückgezwungen in den Bereich der Vernunft. Die in Casablanca wollten, daß ihr Sohn studiere und nicht etwa kellnere, also bitte! Aber Khalil läßt eben lieber alles zuerst einmal schleifen. Inscha-Allah! Wahrscheinlich war seine Hauptangst – und ihre Hauptangst war es auch –, daß die Familie in Casablanca den Altersunterschied erführe, dann hatte Khalil mit noch Schlimmerem als mit der Streichung von tausend monatlich zu rechnen.

Andreas zu erzählen, was ihr passiert war, wäre leichter. Seit er mit der Neuen dieses Dreizimmerbordell betrieb, durfte er nicht mehr so heikel sein.

Und kam heim, aus Connys Zimmer peitschten beziehungsweise kreischten oder scherbten oder zischten diese künstlichen Schüsse, die sie mit ihrem Gerät auslöste, weil sie beziehungsweise ihre Raumschiffe und -positionen von den bösesten Weltraumgangstern mit rasenden Serien blitzartiger Geschosse attackiert wurden. Als Conny ihre Mutter unter der Tür bemerkte, sagte sie: Komm mal kucken, was ich jetzt mit dem Oberboß mache. Und sofort! Der haut mir nämlich eins auf die Mütze, wenn ich ihn nicht mit einer Dreierkombination vernichte, da geht nur noch Tetris Attack, auf Speed Level Fünf, Easy, Normal, Hard, damit krieg ich ihn, er iss nämlich 'n ganz böser Lümmel, der Oberboß, der spuckt Kumpane aus, die fallen über mich her, die müssen mich töten, sonst macht er sie fertig, aber jetzt, wuff, töte ich sie, so, Herr Oberboß, nu spuck mal die nächste Gemeinheit aus, verstehsse, Mutter, das ist auf Level Fünf der Oberboß Nummer Elf, der ist elfmal so gemein wie der Oberboß von Level Eins, der spuckt Laser-Schlangen aus, da, der will meinen Raumschifftransporter killen, ohne den Raumschifftransporter bin ich ex ... oh ...

Conny mußte niesen. Und sie nieste, wie Edmund geniest hatte, immer mindestens dreimal und genauso explosiv und laut.

Dann rief sie: Jetzt hat er mich getroffen. Mit allen fünf Laserstrahlen. Mich getötet. Weil ich niesen mußte. Alles umsonst. Mutter. Jetzt muß ich zurück auf Level Drei. Noch hab ich vier Raumschiffe. Laß nur, Muttertier, diesmal krieg ich ihn. Ich hab so 'ne Wut im Bauch. Die überlebt er nicht, der Oberboß. Siehsse, jetzt haut er nach mir. Jaa-aaa. Hau nur, Junge, hau nur. Schieß. Siehsse, wie ich weg bin. Und schon hau ich zurück. Mit allen Rohren druff jetzt. Da mach ich 'n Sieb aus ihm. Siehsse. Jaa. Aaah! Hat wohl gedacht, ich nies gleich wieder, wa! Da. Zerbröselt. Ich steige auf, steige auf, bin wieder im fünften Level, schieße mich sofort durch nach

Sechs, da warten drei Schiffe auf mich, Mutter, jetzt räumen wir mal alles weg, was uns im sechsten Level noch stören könnte, siehsse, das Imperium ist jetzt gesichert auf allen sechs Leveln, nirgends mehr ein feindlicher Asteroidenpulk. Bevor ich mich zum siebten Level durchkämpfe, frag ich dich, was du von deiner siegreichen Tochter eigentlich willst.

Der Schirm wurde jetzt fast ausgefüllt von dem Wort IMPERIUM.

Ob sie etwas von Khalil gehört habe?

Sie konnte nicht antworten. Vor Stolz oder Ergriffenheit. Sie konnte nur hinweisen auf das von allen Feinden gesäuberte, im Augenblick in idyllischen Farben schimmernde Level Sechs.

Susi sagte: Wenn du dein Zimmer so aufräumen würdest wie deinen Bildschirm, das wäre toll.

Mutter, sagte Conny, tief Atem holend, das bringt doch null score.

Und folgte jetzt dem Wort CONTINUE.

Susi ging in ihr Zimmer. Oh, Khalil! Und morgen hatte er Klausur. Deshalb hatte er heute auf das Kampfsporttraining verzichten wollen. Wenn er noch zwei Klausuren verhaute, konnte er dieses Semester streichen. Zweimal wöchentlich Kampfsport! Mußte das denn sein? Ein weißer Kampfanzug für zweihundert Mark. Plus Schuhe. Heute hätte er schon um vier zurück sein können. Zurück sein sollen. Jetzt war es sechs vorbei. Das war unter den Schwierigkeiten, die sie mit einander hatten, die schwierigste, daß er, wenn er nicht zur rechten Zeit kam, anrufe. Allerdings, sie war jetzt länger als eine Stunde weg gewesen. Der Anruf kam. Aber nicht von Khalil. Die Überraschung dieses 18. Oktober 1999 für die auf Enttäuschung eingeübte Mutter: Andreas rief an. Aus Spanien. Schon wie er seinen Namen aussprach. Nicht aussprach, sondern sang! Das e fünfmal so lange wie den Rest. Der Junge war gut drauf. Und redete und redete wie schon lange nicht mehr. Offenbar hatte er gerade mit Rocí die Zukunft beschlossen und wollte seine Mutter diese Zukunft wissen lassen. Morgen sind sie zurück in Düsseldorf, dann wickelt er noch ein schon angeleiertes Geschäft ab, am Donnerstag möchte er seine Mutter noch einmal sehen, aber weil seine Gläubiger sich nicht mit dreißig, ja nicht einmal mit vierzig Prozent Abfindung zufrieden geben, könnten die vielleicht den direkten Zugriff wählen, also muß er vorsichtig sein, auch hat er, nachdem er als Anlageberater ausgepowert war, versäumt, sich mit dem gehörigen Eid abzumelden, weil er nämlich, was er vermasselt hatte, wieder zurückerobern wollte, aber nein, das Gesetz will, daß dein KO endgültig sei, keine Anlagegelder hätte er mehr, um wieder hochzukommen, annehmen dürfen, strafbar hat er sich gemacht, also muß es, bitte, beim Jugoslawen in der Schloßstraße das Hinterzimmer sein. Der wunderschöne *KLEINE CLUB* in der Graf-Recke-Straße wird aufgelöst, viel zu hohe Miete, zu blöde Nachbarn, eiserne Hausfrauen, die Klienten beleidigen, da kommt keiner zweimal, aber eigentlich diktiert die Wuchermiete das Aus, wäre sein Kapitalpolster ein bißchen üppiger gewesen, hätte daraus etwas werden können. Rocí hat jeden Tag von sieben bis zwölf gearbeitet. Und Mafalda war auch nicht faul. Er hat ja immer noch das Angebot von der Bank, in Oberkassel die Filiale zu übernehmen, aber weil er sich nun doch fürs reine Risiko entschieden hat, wird Düsseldorfs braver Boden für ihn zu heiß. Sie haben zuerst überlegt, ob sie in Spanien bleiben könnten, Spanien liefert nicht aus, aber Rocí hat Europa satt. Der Flug am vierundzwanzigsten ist gebucht, ab mit dem Taxi zum Flughafen Frankfurt und fort in Rocís Heimat, dort gründen sie mit dem Gewinn aus den halbgeglückten Geschäften eine solide Existenz. Und die Mutter kennt ihn, was er jetzt noch durchzieht, trifft nur Gestalten, denen recht geschieht, wenn sie auch mal 'n bißchen draufzahlen. Witwen und Waisen sind nicht darunter. Daß die Abreise so plötzlich kommt, ist ihm nicht nur angenehm, weil er ja jetzt die drei Operationen, die für sein Knie nötig sind, in Südamerika machen lassen muß. Ach, das weiß die Mutter noch gar nicht! Na ja, in der Altstadt nachts nach drei, ein Taxifahrer am Stand will ihn nicht fahren, weil er noch am Brötchenessen ist. Rocí, die dabei war, zum Fahrer: Aber Besoffene fahren Sie, ja! Da schubst der Rocí. Da mußte Andreas den schlagen. Die Kollegen von dem fielen her über Andreas, traten und schlugen auf ihn ein, der Doktor sagt: Drei Operationen. Solange geht er an Krükken. Also, Muttchen, liebes Muttchen, bis bald. Oh, Moment, jetzt hätte er doch um ein Haar vergessen, dem lieben Muttchen zum Geburtstag zu gratulieren! Also das Allerschönsteallerbeste wünscht ihr Andreas, aber Rocí wünscht das auch und, ob sie's glaubt oder nicht, Alessandro, der immer alles mitkriegt, auch.

Also, wie war das? Andreas mit Rocí, Alessandro und den drei anderen Kindern nach Südamerika? Mit Sack und Pack und vier Kindern, Andreas mit kaputtem Knie an Krücken.

Susi hatte das Gefühl, gleich schwanke wieder die Welt, wie damals, als sie ihre Rache an Klausvier im Gerichtssaal inszenieren wollte. Noch rechtzeitig bevor sich alles um sie herum in wildem Wirbel drehte, schloß sie die Augen und ließ sich aufs Bett gleiten. In den Ohren nahm dieses peinigende Geräusch zu. Wenn das jetzt so weiterkreischte, würde sie den Tag X vorverlegen müssen und springen. Neulich hatte ihr Optiker, als sie über Augenbrennen geklagt hatte, gesagt, Ohrensausen sei schlimmer, ein Kunde, der immer wieder über Ohrensausen geklagt habe, habe sich jetzt gerade erhängt.

Susi merkte, wie ihr der Schweiß ausbrach. Und konnte sich nicht rühren. Andreas verlieren. Schlimmer konnte nichts sein. Sie sah ihn ja nur noch, wenn er seine Telephonrechnung nicht bezahlen konnte. Und wenn sie, was er verlangte, nicht oder nicht sofort geben konnte, sagte er seinen Vorwurfstext auf: Du hast mich nie ernst genommen. Ihre einzige Hoffnungsrichtung Alessandro, auch weg, fort für immer. Südamerika. Wo ist denn, bitte, Südamerika. Nirgends, wo sie hinreicht. Oh Geburtstag, es reicht.

Andreas hatte sich mit keinem Wort nach ihr erkundigt, also hat sie ihre *KAISER'S*-Geschichte nicht loswerden können. Die mußte sie doch erzählen. Sie spürte, wie wichtig ihr Khalil war! Wenn sie nicht ganz sicher wüßte, daß er in der nächsten halben Stunde eintreten wird, könnte sie gar nicht leben.

Sie müßte zur Oberkasseler Brücke fahren und springen. Basta. Lieber Khalil, dachte sie, sei so gut und komm jetzt. Normalerweise trat er ein, Küßchen links, Küßchen rechts, sogar Conny kriegte eins, aber heute, heute mußte von Anfang an mehr sein. Dieses Warten durfte sie nicht einklagen nachher, sonst war der Abend hin. Hatte sie ihr Leben lang irgend etwas anderes getan als zu warten? Gelegentlich hatte sie Khalil schon gesagt, daß sie, wenn sie nicht mehr könne, springen müsse, an irgendeinem Tag X. Er lächelte dann, streichelte sie und gab ihr zu verstehen, daß sie doch immer alles packe. Was sie nicht sagte, aber dachte, war, daß Khalils Vater, wenn Susi gesprungen wäre, wieder monatlich tausend Mark schicken würde.

Der Hauptschmerz war, daß Khalil wieder einmal sein ihm oft und oft abgenötigtes Versprechen anzurufen, wenn er nicht wie ausgemacht heimkommen könne, gebrochen hatte. Die darin spürbar werdende Mißachtung!

Als Khalil eintrat, rührte sich Susi nicht. Khalil wollte sich entschuldigen: Das wichtigste Gespräch, seit er in Deutschland sei! Susi kannte das. Es war immer etwas schlechthin Entscheidendes, was ihn dazu brachte, sie durch unentschuldigte Unpünktlichkeit zu beleidigen. Er wußte, wie sie saß, wenn sie wartete. Nein, er wußte es eben nicht. Einem, der nie wartet, ist nicht beizubringen, wie das kaputtmacht, Warten.

Khalil setzte sich neben sie, legte ihr eine Hand auf die linke Brust, griff ein bißchen zu, ließ los, griff wieder zu. Und sagte, er lasse sich umschulen. Ein Jahr Umschulung, drei Monate Praktikum, dann ist er Computer-Experte, eine Stelle ist ihm sicher. Susi konnte nichts sagen. Ein Studium abbrechen, das gefiel ihr nicht. Andererseits wären sie dann dieses elende Klausurenschreiben los. Sobald Khalil einen zu ihm passenden Beruf ausübte, würde sie ihn verlieren. Verlieren mußte sie ihn. Aber wann? Und wie? Und an wen? Das spielte sie täglich durch. Immer mit anderen Personen und Verläufen. Aber daß er jetzt bald ein Jahr hier wohnte und noch kein einziges Mal drüben in seinem Zimmer geschlafen hatte, lieferte ihr doch eine Art Grundstimmung. Sie paßte auf, ob er jeden Tag nach dem Morgengebet den Trauring über den Finger schiebe. Beim Beten durfte er nichts aus Gold an sich haben. Und ihre Karstadt-Ringe waren aus Gold. Immer wenn er heimkam, ihr erster Blick: trägt er den Ring. Er hätte ihn ja in der Uni leicht in seinen Jeans verschwinden lassen können. Susi trug ihren Ring, in den *Khalil* eingraviert war, Tag und Nacht. In Khalils Ring stand *Susi*.

Sie mußte JA sagen zu seiner Umschulung, sonst bliebe das Leben jetzt stehen. Warum nicht, sagte sie.

Sie wußte, wenn sie irgendeine Schwäche oder Kränklichkeit zeigte, irgend etwas, was von nichts als von ihren achtundsechzig Jahren kommen konnte, dann hatte sie ihn verloren. Ohne Geschlechtsverkehr konnte sie Khalil nicht halten. Er war ihr wahrscheinlich treu. Susi hatte in diesem Sommer den Eindruck gehabt, daß die Frauen in Düsseldorf noch nie so nackt herumgelaufen waren wie jetzt. Und hatten Figuren, die bisher einfach nicht vorgekommen waren. In Illustrierten, ja, aber doch nicht auf der Straße, eine nach der anderen. Wie hält er das aus, hatte sie gedacht, wenn sie mit ihm durch die Stadt ging. Sie hatte nie durch ihre Figur wirklich auffallen können. Sie hatte es ertragen, sogar genießen können, daß es Frauen gab, die daherkamen wie erotische Blitzgewitter. Eine allerhöchste Frauengemeinsamkeit hatte sie empfunden, wenn ihresgleichen beziehungsweise ihresungleichen so daherstakte und -stolzierte. Aber das waren doch immer Frauen gewesen, die sozusagen noch auf dem Boden blieben, auf dem Boden der Tatsachen. Man wußte, wie sich ihre Erscheinungswucht zusammensetzte. Aber jetzt, neuerdings, die sahen aus wie nicht von dieser Welt. Die waren irgendwo produziert worden und dann herabgeschickt, um diese eher mißglückte Welt daran zu erinnern, daß es etwas Schöneres gab, etwas absolut Gelungenes nämlich. Wenn Susi diesen Perfektgeschöpfen entgegenging, fiel ihr immer wieder ein, wovon sie vor vierzig Jahren geträumt hatte: Es müßte in einer vollkommeneren Welt eine Arbeitsteilung geben, Menschen, die ihr Leben im Bett verbringen, und andere, die arbeiten für die. Die im Bett besorgen das Geschlechtsleben. Susi hatte von Anfang an gefunden, die Welt sei eher schrecklich. Die einzige Ausnahme: Das Geschlechtsleben. Das war anders als alles andere. Dabei wäre sie am liebsten geblieben. Aber immer dieser Zwang zur Rückkehr in die Welt, wie sie wirklich war. Wenn sie jetzt diese Glücksmomente aneinanderreihte, wie wenig kam da zusammen. Und was hatte sie dazwischen aushalten, erdulden, hinnehmen müssen! Mein Gott, dieses ewige Rachenehmenmüssen war sie doch so leid. Kann es sein, daß sich dieses ganze Leben überhaupt nicht gelohnt hat? Das durfte nicht sein. Selbst wenn es so war, das durfte nicht sein.

In diesem ersten Sommer mit Khalil hatte sie manchmal keinen Mut mehr gehabt, mit Khalil ins Kino oder zum Eisessen zu gehen. Dabei hatte Khalil öfter unaufgefordert gesagt, daß ihn diese eher nackten als angezogenen Frauen anwiderten. In Marokko nenne man die kahba. Und wie er dieses Wort aus der Kehle schürfte, machte jede Übersetzung überflüssig. Kein Mann in Marokko ließe seine Frau in der Öffentlichkeit so herumlaufen. Wenn Khalil veranlagt gewesen wäre wie Edmund, hätte sie ihn nicht heiraten können. Seit sie Khalils Frau war, dachte sie an Edmunds Veranlagung am liebsten wie an eine Anomalie. Mit dreihundertfünfzig Frauen, hatte er einmal gesagt, sei er im Bett gewesen. Und das in einem Ton, als habe er gemeldet, er habe die Eigernordwand in der Badehose bestiegen. In München, Hamburg oder Amsterdam, wenn sie da gingen, Edmund, plötzlich: Hast du was dagegen, wenn ich schnell mal verschwinde. In der Regel war er nach drei Stunden wieder da. Summend. Nichts als summend. Und ihr die Hand küssend. In München waren sie einmal an einem Freibad vorbeigekommen, das heißt, Edmund hatte eben nicht an einem Freibad vorbeigehen können, in dem, mitten im Juli, Frauen herumsaßen oder -lagen, eher nackt als angezogen. Hast du was dagegen, wenn ich schnell mal ... Und war verschwunden. Susi dann hinter ihm her. Sie konnte sich einfach nicht vorstellen, was der am hellen Nachmittag in einem Münchner Freibad tun konnte. Und schlich sich an und spähte. Und bis sie ihn erspähte, stand der schon vor einer, die nicht kleiner war als er, und beide lachten schon. Offenbar über das, was er sagte. Und dann zog sich die an, verließ das Bad mit ihm, und sie fuhren, offenbar in ihrem Auto, davon. Vielleicht hatte Edmund einen Riecher für Frauen, mit denen das ging. Dergleichen würde Khalil nicht tun. Niemals. Das war ein Gefühl, nach dem sie sich ein Leben lang gesehnt hatte.

Eine der schlimmeren Erfahrungen dieses Jahres: Da Susi sich weißhäutig nicht ertrug und es auch dem überall sanft bräunlichen Khalil schuldig zu sein glaubte, braun zu sein, war sie jede Woche in ein Bräunungsstudio gegangen und war von Mal zu Mal mehr erschrocken, als sie feststellen mußte, daß ihre Haut nicht mehr braun wurde. Nur noch rot, aber überhaupt nicht mehr braun. Darüber konnte sie mit Khalil nicht sprechen. Daß sie Khalil überhaupt halten konnte, verdankte sie seiner Frömmigkeit. Seit sie verheiratet waren, durfte, wenn Khalil nicht da war, kein Mann mehr die Wohnung betreten. Auch kein Handwerker, kein Mitbewohner oder Postbote. Und eine andere Frau begehrlich anzuschauen hätte Khalil für eine Sünde gehalten. Und sündigen kam für ihn nicht in Frage.

Am ersten Tag nach seinem Einzug hatte er gefragt: Soll ich drüben beten? Und sie, sofort: Nein. Sie hatte nicht gewußt, wie das vor sich gehen würde, dieses Beten, aber sie wollte einfach Khalil bei sich haben, lieber betend als gar nicht. Ein gläubiger Muslim, das war ein Geschenk, das sie selber auf fromme Gedanken bringen konnte.

Jetzt konnte Khalil also aufstehen vom Bettrand und kochen.

Dann wurde gegessen. Gesprochen wurde immer erst nach dem Essen. Susi meldete zuerst, daß Andreas samt Rocí und Alessandro und den drei anderen Rocí-Kindern auswandern werde. Abfahrt und Abflug am Sonntag. Es stellte sich heraus, daß Khalil die Ausreise seines Stiefsohns, der elf Jahre älter war als er, nicht bedauern konnte. Viel dazu sagen wollte er nicht. Eigentlich gab es nichts, wozu Khalil mehr als einen Satz sagen konnte. Oder sagen wollte. Neulich merkte sie, daß ihm etwas am Kaffee nicht recht war. Was ist denn, hatte sie gefragt. Und er: Er ist zu stark. Und sie: Den mach ich jetzt schon bald ein Jahr so, dann war der immer zu stark. Stimmt, sagte Khalil. Susi verbrachte viel Zeit damit, Khalils Schweigen zu deuten.

Dann konnte sie beginnen. Als die Augenfältchencreme zu Ende ging. Zu Ende gegangen war. So besingt man Heldentaten. Dieses Gefühl hatte Susi beim Erzählen. Diesen Aufschwung brauchte sie doch jetzt. Und als steigernden Gegenton flocht sie noch ein bißchen Scham ein. Die ihr fremd war. Aber der Schlußsatz kam ihr direkt aus der Seele: Ich bin geheilt. Sie würde eine solche Angst einfach kein zweites Mal durchhalten. Und Khalil sagte: So was Dummes wie dich gibt es nur einmal. Du mußt die Tube natürlich aus der Verpackung nehmen, die Tube einstecken und die Verpackung liegen lassen. Elektronisch gesichert ist immer nur die Verpackung, nicht der Inhalt. Oh, Khalil, sagte Susi, warum hast du mir das nicht früher gesagt. Du hast mich nicht gefragt, sagte Khalil. Und was man ihn nicht fragte, sagte er nicht. Das war für Susi, die alles immerzu ungefragt sagen mußte und wollte, schwer verständlich. Aber sie war glücklich über die Sachlichkeit, mit der Khalil ihre Klaugeschichte quittiert hatte. Was für ein wunderbarer Kerl. Auch ihm konnte sie nicht alles sagen, aber außer Edmund hatte es keinen gegeben, dem sie soviel hatte sagen können. Alles konnte man keinem sagen. Gar keinem. Wem konnte sie was und wieviel sagen, das war Susis Tag- und Nachtproblem. Nicht einmal ihr Leonardo konnte ihr da helfen. Und sie konnte sich nicht den geringsten Fehler leisten. Da half nur ihr Instinkt. Und natürlich eine in jedem Augenblick mobilisierbare Konzentrationsfähigkeit. Wem hatte sie mitteilen können und wem hatte sie mitteilen müssen, daß sie geheiratet hatte. Wem, daß es ein Marokkaner war. Und wem hatte sie unter keinen Umständen verraten dürfen, daß sie oder gar mit wem sie verheiratet war. Die Anwaltskammer überwies fünfhundert pro Monat. Nach einem Jahr hatte Susi melden müssen, daß sie immer noch bedürftig sei. Drei Tage lang hatte sie gesessen, bis sie sich fähig fühlte, den Brief mit Susanne Gern zu unterschreiben statt Gern-Algat. Die würden an eine Verheiratete keinen Pfennig mehr überweisen. Wie die Bundesanstalt. Aber denen hatte sie's einfach sagen müssen. Von einem Amt als Verheiratete noch Witwenrente zu beziehen, das wäre zuviel gewesen. Connys tausendundnochwas tröpfelten zum Glück ununterbrochen aufs Konto. Die, bei denen sie mit Hilfe der Könnten-Sie-sich-vorstellen-Formel Vergünstigungen herausgewirtschaftet hatte, würden, wenn Susi ihre Verheiratung meldete, sofort zum normalen Geschäftsverkehr übergehen. Sie mußte in Not bleiben. Keine Entwarnung. Anderen dagegen, dem Galeristen zum Beispiel, hatte sie die Ehe als Grund für Finanzbedarf melden müssen.

Frau Proll hatte ihr jetzt angeboten, Edmunds Bibliothek zu verkaufen. Nicht verschleudern, hatte sie gesagt, sondern verkaufen. Susi war erstaunt, als sie sich darauf sagen hörte: Edmunds Bücher verkaufen! Nie! Sie hoffe, hatte sie gesagt, mit Edmunds Büchern eines Tages wieder unter einem Dach zu wohnen. Diese fabelhafte Frau Proll. Einmal hatte die sogar angedeutet, daß sie nie etwas gehabt habe mit Edmund. Susi war fast erschrocken und hatte sofort das Thema gewechselt. Sie kann nicht vergessen, wie feindselig Edmund sie angeschaut hatte, als sie vorschlug, seine Bibliothek zu verkaufen. Der feindseligste Blick in den zweiundvierzig Jahren ihrer Ehe.

Zum Sozialamt wurde sie gerufen beziehungsweise bestellt, nächste Woche, Donnerstag. Der 21. Oktober. Da hätte der Abschied von Andreas stattfinden sollen. Beim Jugoslawen in der Schloßstraße. Also zuerst Andreas anrufen. Der lacht hellauf. Sozialamt! Muttchen! Aber er kann das im Augenblick nicht verhindern. Am Freitag kann er nicht, da geht sein letztes Düsseldorfer Geschäft über die Bühne, also am Sonnabend. Susi hätte gern gefragt: Und Alessandro? Vielleicht brachten sie ihn ja mit, wenn sie zu zweit kamen.

Weit war es nicht zum Sozialamt. Cranachstraße. Gleich über der Grafenberger. Frau Boskamp und Frau Büchsenschütz. Beide von Anfang an viel schwerer zu gewinnen als damals die beiden Kommissarinnen am Jürgensplatz. Wahrscheinlich wird man durch die Erfahrungen mit Sozialhilfeempfängern mißtrauischer als durch den Umgang mit Kriminellen. Die waren auch beide viel dünner als die im Polizeipräsidium. Frau Büchsenschütz noch dünner als Frau Boskamp. Frau Boskamp war braungebrannt, wirkte ledern, Frau Büchsenschütz sah aus, als sei sie noch nie in ihrem Leben an der frischen Luft oder gar an der Sonne gewesen. Wenn Susi auf Verständnis hoffen konnte, dann noch eher bei der Braungebrannten als bei der Kartoffeltriebweißen. Das hatte sie sich doch immer als das Schlimmstmögliche vorgestellt, im Sozialamt im Gang auf der Holzbank, wartend, bis eine der Türen aufgehe und eine leblose Stimme rief: Der Nächste, bitte.

Dann war es aber nicht das Schlimmstmögliche gewesen. Sie hatte sich gleich eins gefühlt mit denen, die da saßen und warteten. Die hatten alle ihre Taschen oder Mappen auf den Knien, hielten die mit beiden Händen, als könne den Gang entlang ein Brutalverzweifelter kommen und ihnen die Papiere entreißen, an denen ihr Leben hing. Die hatten alle den Antrag auf Sozialhilfe gestellt oder hatten ihn dabei, um ihn jetzt zu stellen. Das Licht in diesem Gang machte aus allen, die hier saßen, Gleichaltrige. Zeitlose. Gespenster. Das tat gut.

Susi war nicht die einzige, die ihre Papiere noch einmal herausholte und durchblätterte. Aber ihr stand heute ein Termin bevor, der sie heraushob aus allen Wartenden. So aufgeregt wie sie konnte hier kein anderer und keine andere sein. Dem Termin sah sie entgegen wie eine Berufssportlerin einem Wettkampf. Würde es ihr gelingen, die Frauen Büchsenschütz und Boskamp in allen Punkten zu überzeugen? Die durften keinen Punkt machen. Keinen einzigen. Susi bebte, zitterte, schwitzte. Nicht aus Angst, sondern aus Empörung. Aus gerechter Empörung. Schon daß sie diese Sache auf dem Sozialamt ausfechten sollte, war eine amtliche Frechheit. Aber wenn Susi vor den beiden Frauen sitzen wird, wird sie zu denen sprechen wie zu guten Bekannten, fast Freundinnen. Fort mit dir, Zorn, Empörung, verschwinde. Buchstabier die Oberstadtdirektor-Sätze, die du gestern unterstrichen hast, noch einmal, dann probier ein belustigtes Grinsen von Frau zu Frau. Und buchstabierte: ... eine unbeschränkte Aufenthaltserlaubnis nachträglich zeitlich zu beschränken und Sie unter Androhung der Abschiebung zur Ausreise aufzufordern ... wurde Ihnen aufgrund der am 16. 4. 99 erfolgten Eheschließung mit der deutschen Staatsangehörigen Susanne Gern durch mich am 20. 5. 99 eine unbeschränkte Aufenthaltserlaubnis ... Mir liegen Informationen vor, daß die eheliche Lebensgemeinschaft mit Frau Gern-Algat nicht besteht bzw. nie bestanden hat ... Wenn die ihr damit kämen, würde sie, um zu demonstrieren, daß sie heute rabiat unsachlich sein mußte, ausrufen: Aber was die Katzen fressen, ist Ihnen scheißegal. Langsam, Susi, langsam.

Als Susi dran war, fragte sie mit flaumleichtem Lächeln, ob es möglich sei, daß der Oberstadtdirektor durch das Sozialamt auf die Idee gebracht worden sein könnte, Susis Ehe mit Khalil Algat sei eine Scheinehe. Die Bleiche und die Braune hielten das für möglich. Es sei ihre Pflicht, diesen Verdacht auszusprechen. Entschieden sei damit nichts. Nur geprüft werden müsse jetzt. Und nicht nur die Ehe. Die Verdienstbescheinigungen von Herrn Algat zeigen, daß er seine Frau nicht ernähren kann. Der lebt von Ihnen, und Sie haben selber nichts. So sagte es Frau Büchsenschütz. Und Frau Boskamp meldete, die BfA habe jetzt mitgeteilt, daß Frau Gern keinen Rentenanspruch erworben habe. Die Sozialhilfe wird also ab sofort gewährt. Aber wer ernährt hier wen? Frau Gern-Algat hat mitgeteilt, daß Herr Algat monatlich DM 500 zum Haushalt beisteuert. Sechshundertzehn zahlt er Miete. Susi bestätigte das. Die glaubten aber, das sei nichts als eine Konstruktion, damit dem Marokkaner die Aufenthaltserlaubnis verlängert werde und daß ihm ein paar Arbeitsstunden mehr zugestanden würden, weil er mit einer Deutschen verheiratet sei. Das kennt man doch, sagte Frau Büchsenschütz, die Bleiche. Und Frau Boskamp, die Lederne, führte aus, daß nachgewiesen werden müsse: Wer kauft für wen ein, wer ißt mit wem, und wer übernachtet wo. Susi lächelte weiterhin flaumleicht, konnte aber nicht gleich sprechen, weil sie auf dem Büchsenschützschen Schreibtisch eine Fliege sah. Die kam ihr bekannt vor. Susi saß in der Ecke, die entstand, weil der eine Schreibtisch im rechten Winkel an den anderen grenzte. Die Düsseldorfer Amtsfliege, dachte Susi. Aber überheizt war es hier nicht. Tatsächlich hatte Frau Büchsenschütz die Fliege auch entdeckt und hatte sie mit einer bis zur Unsichtbarkeit schnellen Bewegung ihrer viel zu kleinen weißen Hand gefangen, ging zum Fenster, öffnete es und entließ die Fliege ins Freie. Susi dachte, daß sie es ganz genauso gemacht hätte. Was einer Düsseldorfer Amtsfliege bevorstand, wenn sie Ende Oktober ins Freie geschubst wurde, mußte einem fast egal sein. Susi war nichts ganz egal. Aber für diese Fliege war wirklich Gott zuständig und sonst niemand.

Susi eröffnete mit einem einzigen Wort: Scheinehe. Sie hatte schon bei ihrem ersten Besuch hier gesehen, daß beide Frauen verheiratet waren. In ihren Augenpartien waren sie noch verschiedener als in ihren Hautfarben. Die Augen der braunen Frau Boskamp kullerten fast heraus aus den flachen Höhlen. Die Büchsenschütz-Augen lebten tief drin in Höhlen, eng links und rechts neben dem Anfang eines Nullnäschens. Die Braune hatte eine am Ende wieder aufwärtsführende Nasensprungschanze. Aber den Ring trugen sie beide. Scheinehe, sagte Susi noch einmal und zwar so, als sei das ein Lieblingswort. Ziemlich genau vor einem Jahr ist Khalil Algat, Jahrgang 1969, eingezogen in das Apartment direkt neben dem, in dem sie mit ihrer Tochter wohnt. Und er hat seit dem Tag seines Einzugs noch keine Nacht in seinem Apartment verbracht. Andererseits könnte er in Susis Apartment nicht studieren. In Susis Zimmer stößt das Doppelbett, das für andere Raumgrößen gedacht war, fast an alle vier Wände. Genau so in Connys Zimmer. Also ist Khalils Zimmer sein Arbeitszimmer. Computer, Bücher, Schreibtisch et cetera. Aber das schlechthin Entscheidende, und das muß sie einfach schnörkellos heraussagen, komme es bei ihren Zuhörerinnen an, wie es wolle: Sie liebt Khalil Algat. Er liebt sie. Geheiratet wurde erst nach einer Probezeit, die die pingeligste Firma bei der Einstellung einer wichtigen Person nicht strenger hätte beobachten können. Und die Ehe ist eine glückliche. Sie, Susi Gern-Algat, mißtraut keiner Sprachprägung so sehr wie der: GLÜCKLICHE EHE. Und jetzt auch noch die Zahlen, nicht wahr. 1931 und 1969. Nur mal schnell eins: Hätte Khalil Algat eine Scheinehe gebraucht, dann hätte er sich nach glaubhafteren Kombinationen umgesehen als: 1931 heiratet 1969. Er sieht nämlich aus wie ein Mann, der wählen kann.

Und holte sofort das Bild heraus, das sie bereitgelegt hatte. Khalil, schon mit Kontaktlinsen – daß sie die bezahlt hatte, konnte sie wirklich weglassen –, also der feine Schmelz des edlen Gesichts, das sie in Gedanken oft Antlitz nannte, von keiner massiven Hornbrille mehr gestört, Khalil mit seinem gewiegtesten, das heißt, undeutbarsten, also nichts als geheimnisvollen Lächeln. Der Junge kann Geld erheiraten, sagte Susi, habe sie gedacht, als ihre behinderte Tochter den zum ersten Mal ins überfüllte Zimmer brachte. Sie aber sei, wie dem Amt bekannt sei, arm. Sie haben aber geheiratet, obwohl Khalils Vater gedroht hatte: Heiratet der Sohn eine Deutsche, fallen die monatlichen tausend weg. Und die sind weggefallen. Und die Witwenrente, tausendeinundzwanzig, auch. Fragen Sie die BfA, Berlin. Ja, Himmeldonnerwetter! Zwei, nennen wir sie ruhig einmal Liebende, behalten uns aber vor, daß die beiden das erst noch beweisen müssen, zwei Liebende, die nichts haben, heiraten, obwohl sie das monatlich zweitausendeinundzwanzig Mark kostet. Aber was sind diese Zahlen gegen die wirklichen Zahlen, die Schicksalszahlen. 1931 heiratet 1969. Und 1931 ist die Frau, 1969 ist der Mann! Das ist das, was passiert ist. Glücklicherweise, tragischerweise. Und es wäre nicht passiert, wenn nicht zwischen seinen Augen und ihren Augen sofort dieses Blickgewebe geherrscht hätte, sie bitte die beiden Frauen um Nachsicht, wenn es ihr augenblicksweise entfalle, daß sie ja zu Beamtinnen spreche, aber wie soll sie's denn sagen, wenn sie das Allerweltsklischee von der Liebe auf den ersten Blick vermeiden wolle! Und das müsse sie. Denn das war's eben nicht. Ist ihr auch ein viel zu abstrakter Knaller, diese Liebe auf den ersten Blick, was ist denn das überhaupt! Bei ihnen war's sofort ein Blickhinundher. Es gebe doch Kriegsfilme, in denen mit Leuchtspurmunition geschossen wird, hin und her. Nein, das zieht sie zurück. Gewebe ist besser. Feinstes, allerfeinstes Blickgewebe. Seide ist Kattun gegen den Feinstoff, aus dem dieses Blickgewebe war. Also ein solches Blickgewebe, das ist nicht der Stoff, aus dem Scheinehen gemacht sind. Gut, es bleibt die Crux, das Problem, der Wahnsinn schlechthin: die Zahlen. 1931 und 1969. Dem Prüfer mit Normalverstand sagen die Zahlen vielleicht: Scheinehe. Und zwar weil die Frau die Alte ist, und er ist blutjung. Mache oder Wahnsinn!? Wahnsinn. Dazu steht sie. Sie denkt Tag und Nacht nichts anderes mehr als: Wann ist es aus? Wann vorbei? Die Katastrophe wächst jeden Tag ein Stückchen höher. Es ist absehbar, wann die Katastrophe ihr bis zum Hals reicht, dann bis zum Mund und ihr den verschließt. Für immer. Da sie den ehrenwerten Beamtinnen nicht zumuten wolle, den täglich fortschreitenden Lebensverlust wirklich zur Kenntnis nehmen zu müssen, bleibt sie in dieser Hinsicht abstrakt und nennt den Kampf gegen die Tag und Nacht zunehmende Unmöglichkeit einfach Katastrophe. Für die Beurteilung dessen, was amtlich Scheinehe genannt wurde, mag, was sie sich abgerungen hat, genügen. Tut es das nicht, versucht sie alle an sie gestellten Fragen zu beantworten. Nur eins noch: sie ist soundso alt und er ist soundso jung und das Hauptscheußliche ist für sie, daß durch diese Zahlen seine Liebe zu ihr zum Wunder wird beziehungsweise zur Glaubenssache. Sie war nie eine große Gläubige. Aber sie hat immer erlebt, bitte, mit Männern erlebt, unter anderen Zahlenbedingungen allerdings, da hat sie erlebt, daß ihre Liebe zu einem Mann sie jeweils dem übereignet hat, es ist von ihr wenig bis nichts übrig geblieben. Nichts, was da noch hätte disponieren können. Und so gar nichts wie jetzt ist noch nie übrig geblieben von ihr. Aber trotz dieser unabwendbaren Zukunftskatastrophe, ach was, Zukunft, keine Spur von Zukunft, eine komplette Aussichtslosigkeit ist ihr Dasein, aber trotz dieser Nichts-als-Aussichtslosigkeit ist sie, Susi Gern-Algat, nicht unglücklich beziehungsweise immer genauso glücklich wie sie unglücklich ist. Ihr Leben, diese Ehe ist das reine Unglücksglück. Und wenn das auch immer schon so war in ihrem Leben, dann war es doch noch nie so. Sie hat jetzt keine Scheu, sich die glücklichste Frau der Welt zu nennen, wenn mehr mitgedacht als ausgesprochen wird, daß sie auch die unglücklichste Frau der Welt ist. Was ja fast so klingt, als wolle sie sagen, sie sei DIE Frau der Welt. Tatsächlich denke sie das manchmal. Aber jedesmal, das mögen die beiden Beamtinnen glauben, denke sie sofort und total heftig dazu, daß das jede Frau von sich denken müsse. Überhaupt jeder Mensch. Wenn nicht jeder Mensch DER Mensch der Welt wäre, dann wäre doch dieser ganze Lebenspfusch, der ja genau so sehr eine Lebenspracht sei, gar nicht auszuhalten. Und sagen hätte sie das nicht können, so vor zwei Beamtinnen aus sich herausgehen hätte sie nicht können, wenn ihr Frau Büchsenschütz nicht durch die Freilassung der Fliege mitgeteilt hätte, daß man letzten Endes doch empfindungsverwandt sei, eben durch Schicksalsschwesternschaft. Und lächelte wieder. Nicht mehr flaumleicht, sondern so, als sei ein Kopfweh spürbar geworden. Die Falten auf ihrer Stirn wollten offenbar bleiben, das spürte Susi. War das ein Stirnkrampf oder was?

Wir sind keine Beamtinnen, sagte Frau Büchsenschütz, sondern Verwaltungsangestellte.

Entschuldigen Sie bitte, sagte Susi und wußte nicht, was die zwei Frauen entschuldigen sollten. Angestellte war wahrscheinlich weniger als Beamtinnen. Sicher war sie nicht. Vielleicht hieß das auch: Wir sind weder stur noch bürokratisch noch unmusikalisch noch farbenblind, wir sind, im Gegenteil, locker, hell und aufgeschlossen.

Unter der Tür drehte sich Susi noch mal um und sagte: Fragen Sie doch im *BAAN THAI* nach. 16. April 1999, Hochzeitessen Gern-Algat. Mit einer Torte von Bittner. Ach ja, Ana kanhabek, sag ich, wenn's mir danach ist, zu ihm. Glauben Sie, in einer Scheinehe lerne man Gefühlsarabisch!?

Auf jeden Fall hatte Susi, als sie draußen war, das Gefühl, sie habe alle möglichen Punkte gemacht. Daß jemand vom Amt in der Lindemannstraße den Ehezustand persönlich besichtigen wollte, war ihr als Formsache erklärt worden. Der Bericht an den Oberstadtdirektor werde dazu führen, daß die Einschränkung der Aufenthaltserlaubnis zurückgezogen werde. Sagte Frau Büchsenschütz. Und wurde, das war unübersehbar, von der ledernen Frau Boskamp dafür bewundert. Überhaupt gab Frau Büchsenschütz den Ausschlag.

Susi fuhr heim, ohne Musik, aber mit solchen Wörtern: Fristgerechte Aufhebung der Unanfechtbarkeit der Abschiebungsdrohung. Aussetzung der Abschiebung. Ordnungsverfügung. Sie fühlte sich zwischen diesen Wortungetümen fast wohl. Wie mitten in einer Herde größerer bis riesiger Tiere, von denen sie wußte, daß sie ihr freundlich gesonnen waren. Ordnungsverfügung. Sie sah sich dieses Worttier streicheln. Und es biß nicht.

Gut, daß Andreas am Freitag noch nicht konnte. Sie mußte mit Conny die Behindertenwerkstatt besichtigen. Die Frauen Büchsenschütz und Boskamp hatten verlauten lassen, Conny komme, wenn Susi je etwas zustieße, in ein Heim. Und wenn sie sich dann in einer Behindertenwerkstatt nützlich machen könne, sei das gut für Conny. Also gleich hin am Freitag. Nach Ratingen. Aber zu sehen war da nur, daß das nicht Connys Zukunft sein konnte. Die saßen da und schraubten was rein und klemmten dann noch was dran und gaben das dem Nächsten, der wieder was reinschraubte und es weitergab, daß noch etwas drangeklemmt wurde. Die saßen da, als schliefen sie, als träumten sie, was sie taten. Alle mit einander, ein einziger Alptraum. Dazu irgendwoher eine dünne Musik, sich ziehende Töne und kein Rhythmus. Nein. Susi hatte ihrer Tochter nicht neun Jahre lang Lernmühe angetan, daß sie dann ende als ein Alptraum-Roboter aus Fleisch. Conny hatte, als sie wieder im Auto saßen, nur gesagt: Heiliger Bimbam. Dann hatte sie, bis sie daheim waren, die Ramazotti-Nummer Solo con te gepfiffen. Daß Conny, die Ramazotti nie bei sich drüben auflegte, jetzt diese Nummer pfiff, und wie sie sie pfiff, scharf und schmelzend, das brachte Susi fast zum Heulen. Als sie ausstiegen, sagte Susi: Ich liebe dich so. Conny sagte: Und ich erst dich.

Zum Jugoslawen in der Schloßstraße ging Susi allein. Und wie sie befürchtet hatte, Andreas hatte Alessandro nicht mitgebracht. Aber in diesen Stuben, in denen vor lauter Rauch die eine Wand die andere nicht sah, hätte ihr Alessandro leid getan. Und weil man vor Rauch und Halblicht nichts sah, war der Stimmenlärm um so bedrohlicher. Und hier war Andreas Stammgast. Der wußte, warum er Alessandro nicht mitgenommen hatte. Und Susi ahnte, warum Andreas hier Stammgast war. Da ist er der Herr. Da kann er Reden schwingen. Und um seine farbige Frau beneiden sie ihn hier. Daß die es anderswo für Geld tut, sieht man ihr überhaupt nicht an. Andreas saß am Tresen und redete. Er hatte einen Arm um Rocí gelegt, die eng neben ihm stand, seine Krücken in ihren Händen. Als er Susi sah, hörte er sofort auf. Meine Mutter, rief er und humpelte an seinen Krücken vor Susi und Rocí her ins Hinterzimmer. Andreas hatte einen Tisch reserviert. Susi mußte doch sagen, daß sie diese Kneipe nicht gut finde, um von einander Abschied zu nehmen. Rocí fragte unendlich mild, ob Susi sich für etwas Besseres halte. Bevor Susi etwas antworten konnte, rannte eine herein. Das war wohl Mafalda, die Friseuse. Und heulte los. Daß Andreas sie hier sitzenlasse. So gemein findet sie das. Sie kann gar nicht sagen, wie gemein sie das findet. Sie hat doch ganz schön was gebracht ... Andreas und Rocí streichelten sie. Sie wird doch nachkommen, sobald die drüben den Supermarkt gekauft und daneben dann den Kosmetiksalon etabliert haben. Aber Mafalda heulte weiter. Für den Puff sei sie gut genug gewesen, aber jetzt, fürs normale Geschäft ... Schluß, sagte Andreas in einem Ton, der Mafalda sofort zum Schweigen brachte. Aber Rocí hielt Mafalda weiter in ihren Armen und streichelte sie. Susi hatte das Gefühl, daß Rocí zu Mafalda viel herzlicher war als zu jedem anderen. Die beiden waren ja schon Prostituierte und mit einander befreundet, als Andreas zum ersten Mal als Klient auftauchte. Susi fragte nach Alessandro. Sie haben alle vier Kinder in der Wohnung eingeschlossen, da die beiden ältesten, weil sie lieber hier blieben, sonst abhauen würden. Und wenn es brennt, sagte Susi. Andreas klopfte auf sein Handy. Die Nummer haben sie. Susi hätte am liebsten geheult. Sie sollte also Alessandro gar nicht mehr sehen. Immer wenn Alessandro sie sah, lächelte er, und zwar ganz genauso, wie Edmund gelächelt hatte, wenn er von einer seiner Frauen sagte: Schnucke, sie kann dir das Wasser nicht reichen. So winzig und vom Charakter her ganz und gar Edmund. Als Alessandro zwei Monate alt war, hatte Andreas gesagt: Dem brauchst du nur ne Zigarre innen Mund zu stecken, dann ist der Herr fertig. Das ist ein Herr. Andreas wollte, wenn er noch anrief, nur von Alessandro schwärmen. Schreit nur, wenn er die Windel gewechselt haben will oder Hunger hat. Wenn man ihm zu nahe kommt, schielt er, weil er ganz genau kukken will. Das fand Andreas besondern typisch. Und dieses Kind wird ihr einfach weggenommen. Südamerika. Wo ist denn, bitte, Südamerika! Nirgends, wo sie hinreicht.

Susi fuhr heim ohne Musik. Andreas hatte noch gesagt, wenn sie Alessandro noch einmal sehen wolle, sie führen morgen früh um halb acht. Und wenn die Mutter ihm noch fünfhundert Mark leihen könnte, da alles doch teurer geworden sei, als zu erwarten war, wäre er ihr sehr dankbar. Zehn vor halb acht stand Susi vor dem Haus. Das Taxi war schon beladen. Andreas stand mit seinen Krücken dabei und gab die letzten Kommandos. Die drei Kinder und Rocí auf dem Rücksitz, Andreas mit Alessandro auf dem Beifahrersitz. Susi übergab das Kuvert mit den fünfhundert Mark und nahm Mafalda Alessandro ab. Alessandro lächelte das Gernsche Lächeln. Andreas, der sich schon gesetzt und die Krücken dem Taxifahrer gereicht hatte, sagte: Er ist einfach die Sonne. Susi drückte ihn an sich, übergab ihn Andreas, winkte allen zu, drehte sich weg und fuhr ab, bevor das Taxi abfuhr.

Sie fuhr zum Heerdter Friedhof und ging zum Grab. Der Rasen war nahezu makellos. Ach, Lieken. Immer wenn sie Lieken sagte, hörte sie, wie Edmund Schnucke sagte. Sie hörte ihn wirklich. Das war nicht nur eine Einbildung. Er sagte jetzt Schnucke ganz anders als früher. Fast stimmungslos sagte er es. Aber sehr auf sie konzentriert. Dieses ein wenig fragende Schnucke hieß: Es gibt nichts, was du mir nicht sagen kannst, sag es mir doch, sag mir doch einfach alles, sag mir so viel, wie du mir noch nie gesagt hast, entweder bin ich dein Lieken oder ich bin es nicht, aber ich bins doch, ich bin nichts als dein Lieken, vielleicht war ich sogar nie etwas anderes als dein Lieken, aber jetzt bin ich ganz gewiß nichts als dein Lieken, jetzt gehör ich dir ganz, entschuldige, daß ich so lange rede, jetzt komm und sag, was du sagen willst. Sie hätte ihm ewig zuhören können, ihrem Edmund.

Ja, sagte sie, Andreas fliegt nach Südamerika. Er flieht. Vor Gläubigern. Auch können sie, Rocí und er, drüben leichter heiraten. Hier werden mehr Bescheinigungen verlangt, als sie haben. Und er will drüben ihren Namen annehmen. Für alle Fälle. Also Schluß mit Gern, Lieken. Du hast es ja immer gesagt: Andreas ist ein armes Schwein. Eigentlich ein lieber Junge. Aber ein furchtbarer Kerl. Aber ich liebe ihn eben. Aber das weißt du ja. Lieken.

Daß Edmund der Namenswechsel schwer treffen mußte, wußte sie. Aber sie konnte ihm das nicht ersparen. Ich heiße – das habe ich durchgesetzt – und werde immer heißen: Susi Gern-Algat.

Dann fuhr sie zur Oberkasseler Brücke, lief dort so lang herum, bis sie sich hinauftraute, hinauf zur Stelle, von der Ksenija gesprungen war, bei Vollmond.

Dann fuhr sie heim. So langsam war sie noch nie durch die Stadt gefahren. Khalil hatte gekocht, das Tischchen gedeckt, Susi konnte nicht mitessen. Andreas und Alessandro. Beide weg. Susi legte sich auf das riesige Bett. Khalil aß, Susi war jetzt auch einmal dankbar dafür, daß er nichts sagte. Dann fragte er, ob sie mit ihm Kaffee trinke. Ja, sagte Susi. Sie habe doch gestern Teilchen gekauft in der Konditorei. Khalil kam sofort her und gab ihr so etwas wie ein Küßchen. Für Süßigkeiten war er zu haben. Als sie Kaffee tranken, sagte er, er habe heute mit Casablanca telephoniert. Sein jüngerer Bruder heirate. Damit hatte noch niemand gerechnet. Susi sagte: Schön. Und fügte hinzu: Für deine Eltern. Die Mutter erwarte, daß er zu dieser Hochzeit komme, sagte Khalil. Susi sagte nichts. Als Khalil aber gar nichts sagte, blieb ihr nichts anderes übrig als zu fragen: Wann? Am neunten November die Hochzeit, er werde erwartet am siebten. Heute in acht Tagen, sagte Susi. Stimmt, sagte Khalil. Wie lange er dort bleibe. Ja, sagte er, die Mutter habe gemeint, er habe doch endlich auch einmal einen Urlaub verdient. Sein jüngerer Bruder und die junge Frau fahren nach der Hochzeit noch für ein paar Tage nach El Jadida ans Meer. Die würden sich freuen, wenn Khalil mitkäme. Länger als acht Tage könnten die sicher nicht am Meer bleiben. Der jüngere Bruder handelt ja mit Schmuck. Ach, Lotfi, sagte Susi. Khalil fragte scharf: Was soll das? Susi entschuldigte sich. Das sei ihr gerade so herausgerutscht. Vielleicht wegen des Schmuckhandels. Khalil sagte so hart, wie er noch nie etwas gesagt hatte: Das nicht noch mal. Er wußte, wer Lotfi war und was der für Susi bedeutet hatte. Und dieser Drohton war genau der Ton, in dem Lotfi gesagt hatte: Was, du wirfst meine Briefe weg! Susi merkte plötzlich, daß sie vor Khalil Angst haben konnte. Und hörte sich sagen, daß sie, weil er meistens schweige, oft nicht wisse, was er denke. Khalil sagte: Dann frag mich doch. Susi nickte, dachte aber, daß das nicht die Lösung sei. Khalil müßte von sich aus mehr sprechen. Jeder sollte andauernd so mitteilsam sein, daß der andere andauernd auf dem laufenden wäre und nicht befürchten müßte, plötzlich mit einem Satz konfrontiert zu werden, der gar nicht auszuhalten ist. Das nicht noch mal. Da hätte sie doch sagen sollen: Nicht noch mal so einen Satz. Und konnte nichts dergleichen sagen. Sie mußte froh sein … und so weiter. Und konnte froh sein. Daß er nichts Genaueres wissen wollte über ihr Zahnteil. Nicht einmal, wieviel es kostete, wollte er wissen. Die Stumpen, auf die sie's setzen muß, sehen aus zum Davonlaufen. Eines Tages … Schluß mit Einestages.

Am Montag buchte sie seinen Flug. Dreieinhalb Wochen müsse er bleiben, hatte er gesagt. Daß ihm dabei das Wort Urlaub zur Verfügung stand, begriff sie nicht. Wann hatte sie das letzte Mal Urlaub gehabt? Sieh das ein: Du kannst nichts mehr verlangen. Du hast kein Druckmittel mehr. Was ein Mann nicht gibt, hat er nicht zu geben, das weißt du doch.

Das war immer so. Und jetzt erst recht. Du mußt froh sein, daß ... Also, sei froh.

Sie holt viertausend von ihrem Konto. Zweitausend für ihn, zweitausend für ihren Zahnarzt. Als sie den Bankbeleg zu Hause abheftete, merkte sie, daß der Bankbeamte das Geld nicht von ihrem Geheimkonto abgebucht hatte, auf dem sie mit fast sechstausend im Plus stand, sondern von ihrem offiziellen Konto, auf dem sie nichts hatte und das jetzt im Minus war. Das war das Konto, das sie regelmäßig dem Sozialamt vorzulegen hatte. Die würden nicht schlecht staunen, wenn die Sozialhilfeempfängerin mit viertausend im Minus stand. Woher sollte denn je dieses Geld kommen? Sie hatte die falsche Bankkarte vorgelegt, nämlich die fürs offizielle Konto. Bis sie's merkte, war es zu spät, die Bank zu.

Als Khalil heimkam, glaubte er, sie habe Fieber. Sie stellte ihm dar, was passiert war. Ihr unfaßbar, daß er sich das anhören konnte, ohne irgendeinen Vorschlag zu machen. Seine Ruhe machte sie noch unruhiger. Sie war allein. Wenn das Sozialamt merkt, daß sie ein Geheimkonto hat, hagelt es Strafen, und sie wird wahrscheinlich für immer von der Sozialhilfe gestrichen. Khalil schlief schon lange, da marschierten in ihrer Vorstellung all die Formulare auf, die sie unterschrieben hatte. An Eides statt, daß sie kein Geld, keinen Schmuck, keinerlei Wertsachen habe, und wenn, werde sie's sofort melden.

Am nächsten Morgen war sie, als aufgeschlossen wurde, die erste in der Schalterhalle. Leider war ihr Beamter, Herr Dunkerbeck, letzte Woche in Pension gegangen. Seit Montag heißt ihr Beamter Klinkhammer. So jung wie stumpf. Herr Dunkerbeck hätte natürlich gesagt: Frau Gern – den zweiten Namen ließen so gut wie alle, die mit ihr zu tun hatten, weg –, das ist nicht die richtige Karte. Von diesem wesenlosen Klinkhammer war eine solche Reaktion nicht zu erwarten gewesen. Und jetzt die dümmstmögliche Aussage: Können wir von Ihrem anderen Konto rübernehmen. Das können Sie eben nicht, rief Susi. Die Leute schauten her. Sie mußte sich beherrschen. Susi verlangte, daß die Bank bestätige, ihr viertausend ohne Sicherheiten bewilligt zu haben. Wir werden Ihnen zuliebe nicht lügen, wenn von der Kripo eine Anfrage kommt. So Klinkhammer. Von der Kripo kommt keine Anfrage, sagte Susi. Immer noch zu laut. Sie will den Filialleiter sprechen. Geht nicht. Aha, geht nicht. Ne Frau wie sie kommt nicht bis zum Filialleiter. Als sie noch Geld hatte, hätte sich der Filialleiter zweimal überschlagen vor Ergebenheit. Aber Susi bleibt und sagt: Transportieren Sie mich weg, bitte. Herr Klinkhammer greift nach dem Telephon. Susi kann kommen. Nimmt den angebotenen Platz, will jetzt ganz ruhig sprechen, sie braucht diesen Tennisplatztyp. Sie hat sich vertan, sagt sie, aber warum gibt man ihr viertausend Mark im Minus, anstatt ihr zu sagen, sie soll's vom Plus nehmen. Das hat doch einen Grund, daß sie zwei Konten hat. Sie braucht jetzt die Hilfe der Bank, sonst hagelt's ihr ins Kontor. Sie braucht einen Schrieb von der Bank, in dem steht, daß ihr ausnahmsweise gestattet wird, mit viertausend zu überziehen, weil Frau Gern-Algat seit Jahren Kundin ist und weil Frau Gern-Algat zugesagt hat, daß sie, weil sie eine größere Schenkung erwartet, das Konto innerhalb von einem Monat ausgleichen werde. Der Tennisplatztyp: Also, bitte, das kann ich ja vielleicht machen, aber gehen Sie weiterhin zu Herrn Klinkhammer. Daß die viertausend nicht vom Geheimkonto herübergebucht werden, muß ihr dann in der Halle Herr Klinkhammer versprechen. Sie hält ihm die Hand hin. Die muß er nehmen. Ja, kann ruhig ein bißchen feierlich werden, Herr Bankmensch. Dieser behäbige Jüngling soll lernen, daß Zahlen alles andere sind als Zahlen. Schicksalswuchten sind das, Junge. Sie hat das Gefühl, Herr Klinkhammer habe jetzt etwas erlebt. Und kann gehen. Zum Glück ist Herr Hellpapp in der Stadt. Und Ruth Proll ist auch erreichbar. Und beide sagen zu, sofort schriftlich zu versichern, daß sie Frau Gern gerade zweitausend Mark geschenkt haben, um ihr aus einer momentanen Notlage zu helfen.

So, Sozialamt, jetzt kannst du kommen.

Ruth Proll bescheinigte in ihrem Brief eine Schenkung. Herr Hellpapp nannte es eine Geldzuwendung. Wieder mal ein neues Wort. Ihr war es recht. Dann hieß es noch, er, Herr Hellpapp, weise Frau Gern-Algat darauf hin, daß er für eine regelmäßige Unterstützung nicht in Frage komme.

Susi fand, dieser Zusatz erhöhe die Glaubwürdigkeit. Bei dem Telephongespräch mit Ruth Proll hatte Susi erwähnt, daß jetzt die Kartons bergenden Kellerecken und Dachbodenwinkel alle gekündigt würden, zugesagt waren die ohnehin nur für ein Jahr. Und die tolle Proll: Ich kann mehr Kartons unterbringen, als sie haben! Und Susi fuhr mit Wilhelm Granderath herum und sammelte Kartons ein. Außer Theo Oschatz waren alle froh, die Kartons loszuwerden. Susi wollte sich noch bei Ottilie entschuldigen, ihr erklären, warum sie ihr in diesem Jahr zum ersten Mal nicht zum Geburtstag gratuliert habe. Aber Ottilie war nicht mehr zu sprechen. Sie verlasse das Bett nicht mehr. Wolle außer Theo keinen Menschen mehr sehen. Theo wisse selber nicht mehr, ob sie, wenn sie vor sich hinrede, wisse, was sie sage. Er verstehe nur ab und zu einen Namen. Detlef und Adelheit und Saskia und Bernadette und Bertram und Moni und Heide, am häufigsten aber Detlef und Adelheit, Detlef Hellhorn eben und Adelheit Lammerding, und immer wieder einmal strengt sie sich an, ruft sogar Theo ans Bett, aber wenn er dann bei ihr ist, auf dem Bettrand sitzt, dann kommt immer nur ein Satz, immer derselbe Satz, den würde er Frau Gern lieber ersparen, aber da er wisse, wie sehr Frau Gern Ottilie immer geschätzt habe, wage er es, ihr Ottilies immer und immer wieder hingesagten Satz mitzuteilen: Das Leben ist beschissen. Tag und Nacht seit Monaten immer dieser Satz. Und er habe nicht die Kraft, sie umzustimmen. Also wird es wohl so kommen, daß sie bis zum Schluß diesen Satz sagen wird. Das Leben ist beschissen. Theo konnte nicht weitersprechen. Susi drückte ihm die Hand, sagte: Grüßen Sie sie von mir. Und ging.

Wenn Susi der flotten Ruth Proll die Hand gab, mußte sie immer an deren Andeutung denken: Sie habe nichts gehabt mit Edmund. Und mußte immer dazudenken: Dann hat sie ihn geliebt.

Zu Hause die Nachricht: Das Sozialamt verlangt nach ihr. Solange sie im dunklen Gang auf der Bank zwischen ihresgleichen saß, dachte sie, daß nur sie von Ängsten geplagt hier sitze. Die anderen saßen da, nichts als gleichmütig.

Als Andy Warhol in Düsseldorf aufgetaucht war, hatte er in einem Interview gesagt: Düsseldorf ist toll, jeder hat zehn Pelzmäntel. So was kann nur ein Künstler sagen, dachte Susi. Kontoauszüge und Schenkbescheinigungen hatte sie griffbereit. Und nur antworten, was du gefragt wirst. Letztes Mal, das war zuviel. Andererseits kriegen die nicht jeden Tag eine solche Ehe serviert. Scheinehe! Da muß man die Fassung ein bißchen verlieren. Zur Erhöhung der Glaubwürdigkeit. Heute also ums Geld. Das wird eine Glatteispartie. Bösartig waren die beiden nicht. Aber streng. Mußten die ja sein. Wie sollte sie die heute grüßen? Hallo, Frau Büchsenschütz! Wie geht's, Frau Boskamp? Auf jeden Fall die Lederne fröhlich, die Kartoffeltriebweiße ernst. Daß Khalil für dreieinhalb Wochen nach Casablanca fliegt, muß sie sorgfältig verschweigen. Wenn die aber jetzt nach Khalil fragten? Wenn sie ihn sprechen wollten? Diese Woche ging's noch. Ab Sonntag in Marokko. Verschluck's. Dann hat er eben den Fuß gebrochen. Beim Fußball. Gebrochen ist zuviel. Sehnenzerrung? Zu wenig. Meniskusverletzung? Das ist es. Meniskusverletzung. Muß operiert werden. Dreimal. Andreas durfte auch einmal nützlich sein. Daß Khalil für fünfzehnhundert nach Marokko fliegt, darf man ihr nicht ansehen.

Als sie eintrat, strömte vom sonnigen Herbsttag so viel Licht ins Sozialamt, daß die Haare der Ledernen leuchteten. Das hatte Susi schon auf dem Herweg gedacht, daß Düsseldorf heute das Licht wieder direkt vom Meer bezog. Düsseldorf funkelt! Ach Lieken. Düsseldorf funkelt nicht mehr. Düsseldorf funkelte, weil du gesagt hast, du kommst einen Tag früher zurück. Aber leider ist die Pudlich mit dir zurückgeflogen. Die hättest du doch in Rom sitzenlassen können. Bei ihren Basiliken. Aber nein, sie mußte mit dir zurückfliegen, die Schilddrüsenschnepfe. Eng neben dir sitzen im Flugzeug. Wenn es losrast, abhebt, steil hinauf. Und dann brausend abwärts schwebt und wuchtig landet. Ihr war Fliegen immer durch und durch gegangen. Sie hatte sich immer beim Start hochgestemmt und beim Landen fallen lassen. Sie würde nie mehr fliegen. Es sei denn, sie gewänne in der *Glücksspirale* die monatliche Zehntausendmarkrente. Dann flöge sie ununterbrochen um die Welt. Wie Herr Hellpapp. Aber hinter niemandem her. Nur mit Khalil. Sie wollte nichts erleben, was sie nicht mit Khalil erleben konnte.

Die Haare der Ledernen waren rötlich, daher das Leuchten. Und die Bräune immer gleich. Sonnenbank. Das, was Susi nicht mehr schafft. Braunsein und Figur, das war immer eins. Daß sie nicht mehr braun wurde, deprimierte sie. Sie gehörte zu Frau Büchsenschütz. Kartoffeltriebweiß. Basta. Jetzt also. Wie würden die den Kampf eröffnen?

Uns wurde per Telephon mitgeteilt, sagte Frau Büchsenschütz, daß Sie Putzfrauen beschäftigen. Susi atmete auf. Tat noch erstaunter, als sie war, und fragte so empört wie möglich: Wer sagt das?

Und Frau Büchsenschütz: Die geben ja nie ihren richtigen Namen an.

Susi sagte: Nur noch eine, inzwischen, einmal pro Woche, vier Stunden. Hildchen Tönnissen. Und ich bezahle Hildchen Tönnissen aus meinen Kartons, über die Ihnen mein Computer Auskunft gegeben hat. Lauter alte Sachen, aber durchaus nicht wertlos. Hildchen Tönnissen also. Susi legte los. Seit bald zwanzig Jahren eine herrliche Hilfe. Ihre Tochter, sieben jetzt, hat einen krummen Rücken. Und obwohl Hildchen Tönnissen nie eine Anspielung gemacht hat, wartet Susi jedesmal, wenn Hildchen Tönnissen bei ihr arbeitet, auf eine Anspielung, auf einen Vorwurf. Weil Hildchen Tönnissen auch in der Schwangerschaft bei Susi gearbeitet hat wie wild. Oder ist der Alkohol des Mannes schuld, der wegen Alkohol jetzt Busse nur noch reinigen, nicht mehr fahren darf und seitdem noch viel mehr trinkt? Also die Tochter ist krumm und ist Susanne getauft, und Susi ist Patin, und Hildchen arbeitet noch wilder als früher, weil sie die Tochter finanziell sichern will. Aber von Susi wird Hildchen bezahlt ausschließlich mit Blusen, Tüchern, Schuhen. Susi hat Hunderte von Tüchern, alle von Lanvin, Jil Sander oder Charles Jourdan. Sie kann sich aber nicht von allem gleich leicht trennen. Ihren Hasen, zum Beispiel, wird sie nie hergeben. Zur Verlobung hat ihr Mann ihr einen nichts als süßen Stoffhasen geschenkt. Als der vom Knutschen und Tatschen gar nicht mehr schön war, hat ihr Mann vor gut zehn Jahren ihr, ohne es anzukündigen, den Hasen neu gekauft. Den wird sie nie mehr hergeben. Ihr tut ja jede Bluse, von der sie sich trennen muß, weh, jedes Tuch. Aber das schafft sie. Soll sie jetzt, wenn sie Hildchen Tönnissen so entlohnt, jedesmal eine Meldung ans Sozialamt schikken? Oder soll sie Hildchen Tönnissen in die Wüste schicken? Soll sie nicht. Beide Frauen geben sich oder sind gerührt. Die Sache hat sich.

Susi ging heim, schon wieder ein Erfolg. Also noch nicht sofort heim. Mach einen Ausflug in die Schaufensterwelt. Kaufen konnte sie nichts, aber sie wollte prüfen, ob es noch wehtue, nichts kaufen zu können. Kaufhäuser würde sie meiden. Sie konnte sich nicht mehr in den Spiegeln sehen, an denen die Rolltreppen hinauffuhren. Ganz früher hatte sie sich an ihrer stolz aufwärtsfahrenden Erscheinung nicht satt sehen können. Dann hatte sie sich noch viele Jahre mit Interesse und Neugier betrachtet. Sie hatte wissen wollen, wie sie aussah. Das wollte sie nicht mehr. Jetzt dachte sie: Wie ich mich fühle, ist etwas ganz anderes, als wie ich aussehe. Mit diesem Satz landete sie auf der Kö.

Das grüne Rückgrat der Kö war schon mehr golden als grün. An den Schaufenstern entlang ging sie und vor Schaufenstern blieb sie stehen ohne schmerzliche Empfindung. Aber daß sie etwas suchte, gestand sie sich jetzt ein. Für Silvester. Für Khalil ein Hemd, für sich eine Bluse. Ein auffallendes, ein einzigartiges Hemd. Khalil war ein Hemdenfetischist. Er wusch und bügelte alle seine Hemden selbst. Und beim Bügeln sah er fast so fromm aus wie beim Beten. Wie sollten sie denn dieses Jahrtausendsilvester, das jeden Tag noch lauter angekündigt wurde, bestehen? Khalil in einem schwarzen, gleißenden Hemd mit einem edlen Kragen, und in dem Schwarz müßten silberne winzige Sternchen gleißen, nicht unzählig viele, aber einige doch. Am besten wäre es, wenn Sternbilder, wie sie am Himmel erscheinen, das Muster bildeten. Samt Mond, von ihr aus. Der Große Wagen, der Kleine Wagen, die Kassiopeia, die Venus und ein alles behütender Mond. Sie fand noch nichts, aber sie wußte, daß es alles, was sie suchen konnte, gab. Das war eine Erfahrung. Die Bluse, die sie an diesem Sensationsabend tragen würde, wäre dann leicht zu finden. Ein zartestes hellstes Grün oder Rosé.

Für heute gab sie auf, fuhr zurück und mußte, als sie auf das Haus zuging, in dem sie jetzt Miete zahlte, daran denken, daß jemand in diesem Haus wohnte, der sie denunziert hatte. Sie beschäftigen Putzfrauen! Diese Schäbigkeit konnte sie nur bei Frau Baierl im zweiten Stock unterbringen. Die hatte schon hier gewohnt, als das Haus noch Edmund und Susi gehört hatte. Man hatte ihr wie allen anderen Mietern jedes Jahr zu Weihnachten eine Flasche Killepitsch geschenkt, von Susi in der Altstadt gekauft, überreicht jedem Mieter an seiner Tür von Wilhelm Granderath. Susi brachte es seit längerem nicht mehr über sich, bei Frau Baierl zu läuten, Frau Baierl öffnete immer nur eine Handbreite, grüßte nicht und fragte scharf: Ja?! Da konnte man nichts mehr sagen. Frau Baierl hatte ihr Leben lang in einer Speditionsfirma Rechnungen geschrieben, war dann von einem Schwindler geheiratet, um ihr Geld gebracht und dann verlassen worden. Im Haus hieß es: Frau Baierl erträgt nicht den kleinsten Verstoß gegen das, was das Gesetz verlangt. Sie ist schon mehr als einmal als Anzeigende vor Gericht gewesen. Immer auf der Seite des Rechts. Es konnte nur Frau Baierl gewesen sein. Weder die drei Musiker noch die zwei Prostituierten noch Herr Herzig noch der Vorruheständler wären imstande, eine solche Meldung loszulassen. Susi nahm sich vor, Frau Baierl weiterhin aufs freundlichste zu grüßen.

Am Sonntag, beim letzten Frühstück, sagte Susi, weil sie das vorläufig letzte Frühstück so wortlos nicht ertrug: Nimm dir doch noch etwas Marmelade. Khalil sagte: Nein, das reicht mir doch. Dann wieder Stille. Susi: Hat es dir gefallen, heute nacht? Noch nie hatte sie so am nächsten Morgen gefragt. Jetzt mußte das sein. Ja, sagte er. Wirklich, fragte sie. Ja, wirklich, sagte Khalil. Warum sie frage. Nur so, sagte sie. Ob er es ihr sagen würde, wenn es ihm nicht mehr gefiele, mit ihr zu schlafen. Ich glaube schon, sagte er. Und Susi: Sicher bist du nicht? Doch, eigentlich schon, sagte er. Dann kann ich ja beruhigt sein, sagte sie, sarkastisch. Aber er ganz ernst: Das kannst du. Ich mag das so, wenn du danach rauchst, sagte sie. Er möge das auch, danach rauchen, sagte er.

Conny sagte zum Abschied: Na Süßer. Khalil nickte.

Conny sagte: Und fall mir nicht vom Kamel.

Khalil überraschend lebhaft: Versprochen. Susi merkte, daß er auf Conny lebendiger reagierte als auf sie. Und plötzlich fiel ihr der Khalil-Satz ein, den Conny vom zweiten Treffen heimgebracht hatte: Zum Heiraten brauchen wir deine Mutter nicht. Sie hatte noch nie gewagt, ihn an diesen Satz zu erinnern. Manchmal sah er die ungeniert halbbekleidet herumlaufende Conny an, daß Susi dachte, er denke jetzt: Warum hat Susi mich die nicht heiraten lassen.

Das Gepäck war schon im Auto, sie fuhren los. Susi fuhr. Ob sie's bemerkt habe, sagte Khalil, die Benzinanzeige sei defekt. Habe sie bemerkt, sagte Susi. Vielleicht könne sie das ja in den nächsten drei Wochen reparieren lassen, sagte er. Dreieinhalb, sagte Susi. Warum sie das so betone, fragte er. Weil sie immer noch nicht wisse, warum er nicht für drei oder vier Wochen nach Marokko fliege, sondern für dreieinhalb. Er habe eben, sagte er, alles genau berechnet. Mich auch, fragte sie. Du bist unberechenbar, hätte er jetzt sagen sollen. Aber er sagte ehrlich erstaunt: Wieso denn dich? Du wirst mir fehlen, sagte sie. Anstatt zu sagen Du mir auch, sagte er, er komme ja wieder. In dreieinhalb Wochen, sagte sie, um ihn noch einmal darauf zu stoßen, daß es schön wäre, von ihm zu hören, warum es ausgerechnet dreieinhalb Wochen sein mußten. Um nicht in der letzten Stunde noch bitterböse zu werden, mußte sie sich sagen, daß er den Mund nur auftat, wenn es nicht anders ging. Sie sollte ihm einmal das deutsche Wort *maulfaul* erklären. Wenn sie abends etwas fragte, konnte er antworten:

Um fünf geht der Wecker. Wenn sie zusammen Fernsehen kuckten, konnte er furchtbar ruhig sein, während doch für sie Fernsehen erst schön wurde, wenn man andauernd mitreden konnte. Oft mußte sie ihn, wenn sie unter seiner Redekargheit litt, einfach umarmen, ihn an sich ziehen und sagen: Khalil, du sollst hier immer deine Ruhe haben.

Bevor er endgültig durchs Gate ging, schmiegte sie sich noch schnell an ihn, er erwiderte das kurz, küßte sie auf die Stirn, sagte irgend etwas von Telephonieren und war weg. Sie winkte in Glaswände hinein, sah sich in Glaswänden winken, Khalil war fort. Gestern abend hatte sie noch gesagt, sie sollten verabreden, daß sie alle zwei Stunden an einander denken würden. Er wüßte, daß sie jetzt an ihn, sie wüßte, daß er jetzt an sie denke. Auf dieses JETZT käme es an, das könnte man empfinden. Daß das nicht ging, war ihr auch klar. Aber war es nicht eine schöne Vorstellung? Khalil bewies, warum man sich so nicht verabreden konnte.

Bloß nicht dreieinhalb Wochen lang Heulsuse! Probier doch Lachsuse! Fühlt sich angenehmer an. Fahr heim und eröffne bei Khalil eine Unterdatei: UNRÜHMLICHES. Sie fütterte schon seit der ersten Nacht eine Khalil-Datei: RÜHMLICHES. Wäre doch der ideale Sport jetzt: Dreieinhalb Wochen nur UNRÜHMLICHES. Susi spürte, daß sie überhaupt nicht imstande war, eine solche Unterdatei anzulegen und dann auch noch auszustatten. Ja, er ist maulfaul, beschreibt Kuverts verkehrt herum, Geburtstagsgrüße schreibt er auf Micky-Maus- und Donald-Duck-Karten, er hat Konzentrationsschwächen, andauernd vergißt er, worum man ihn gebeten hat, Initiative ist ihm fremd, aber seine Halbmondplätzchen, die er Karb-Gajal nennt, hat er im voraus gebakken für dreieinhalb Wochen, und seine nicht üppig, aber sanft behaarte Brust zu streicheln tut ihr durch und durch gut, und wenn er morgens, nachdem er den Wecker abgestellt hat, noch ihre Hand hält, als könnten sie endlos so liegen, dann spürt sie, wie er sie liebt und wie sie ihn liebt. Eine Unterdatei der Unrühmlichkeit wird es nicht geben. Es war nämlich eine Liebesheirat, werte Damen Büchsenschütz und Boskamp, von beiden Seiten. Aber weil es nichts Unrühmliches gibt an und in und bei Khalil, deshalb ist es so schwer, ihn dreieinhalb Wochen nicht zu haben. Rette mich, wer kann, dachte Susi wieder einmal. Bloß keine Heulsuse. Lieber eine Lachsuse. Auch wenn sie die nicht schaffte, die Heulsuse zu verweigern mußte gelingen.

Khalil war am Telephon kein bißchen redefreudiger als hier in der Wohnung. So schwer zu ertragen wie seine Pausen am Telephon waren seine Pausen, wenn man ihn beim Schweigen vor sich hatte, nicht. Teure Pausen, dachte Susi. Aber ums Geld ging es gar nicht. Er sehnte sich weniger nach ihr, als sie sich nach ihm sehnte. Das wurde übermäßig deutlich. Peinlich deutlich. Daß ihm ein Telephongespräch pro Woche genügte! Sie hätte mit ihm am liebsten telephoniert, wie sie Edmund dann und wann mit seinen Frauen hatte telephonieren hören. Schweinisch, sozusagen. Danach war ihr. Wenigstens zärtlich. Irgendeinen Schmus, bitte. Aber er sprach nicht zärtlicher als der Wettermann im Fernsehen. Kein einziges Mal! Ana kanhabek.

Als sie aufgelegt hatte, mußte sie es als Erfolg verbuchen, daß sie nicht gefragt hatte, ob er schon eine Marokkanerin gesehen habe, mit der er gern mehr als einen Blick getauscht hätte. Ihr fielen die Hochzeitsphotos ein. Gräßlich sah sie aus auf denen. Sie, die verbrauchte Mutter von allen anderen auf diesen Bildern. Auf den Bildern, auf denen nur sie und Khalil drauf waren, sah sie aus wie hundert. Dagegen war Khalils Mutter ein Mädchen. Wie hält er das bloß aus? Sie hatte diese Bilder Khalil bei schlechter Beleuchtung gezeigt und sie dann sofort ins Unauffindbare versenkt. Heute lobte sie sich dafür, daß sie am Hochzeitstag die *BAAN-THAI*-Chefin gebeten hatte, den Blumenschmuck im *BAAN THAI* zu photographieren. Und ihren Strauß roter Rosen auch. Diese Bilder hielt sie griffbereit. Und seitdem hat sie selber jede Blume, die in die Wohnung kam, sei es von Herrn Hellpapp oder sonst wem, photographiert. Auch jedes Alpenveilchen, jede Azalee. Nichts mehr sollte auf Nimmerwiedersehen verschwinden.

Oh Khalil!

So sehr sie sich auch beherrschen wollte, sie konnte keine Nordafrikanerin sehen, ohne zu denken: So eine wird er einmal nehmen. Die wird es schon mal nicht sein, sagte sie sich dann wehrhaft. Und mußte sich doch sagen: Aber geboren ist sie wohl schon. Die ist ja schon irgendwo. Die wartet jetzt schon darauf, daß ich sterbe. Und mußte auch das noch denken: Ich arbeite vor für die, die er einmal heiraten wird. Ein bißchen was brachte sie ihm ja doch bei. Eine Empfindung war täglich niederzukämpfen: Jeder Tag bringt dich dem Khalil-Verlust näher. Dann mußte sie ins Gegenteil fliehen. Handwerker nur in die Wohnung, wenn Khalil da war. Das war nicht nur religiöse Tradition, das war auch Eifersucht. Ana kanhabek sagte er zwar viel seltener, als Susi es sagte, aber er sagte oft genug: Du bist meine Frau. Und das jedesmal in einem Ernst, in dem sie wohnen konnte. Sein Ernst. Sein Gefühlsernst. Sein Lebensernst. Schicksalsernst.

Daß er auch in der zweiten Woche den Anruf erst am Sonnabend brauchte, tat weh. Sie konnte nicht anrufen, weil das Telephon beim Nachbarn war, und um Khalil ans Telephon holen zu lassen, hätte sie sich französisch verständlich machen müssen. Je veux parler ... Zurechtgelegt für irgendeinen unvorstellbaren Notfall, aus Sehnsucht allein allerdings unanwendbar. Wenn er nicht vor Sonnabend anruft, hält er es aus, vor Sonnabend nicht anzurufen, basta. Wenn du ihn vor Sonnabend anrufst, rufst du ihn an, bevor er dich braucht, bastabastabasta. Jetzt begriff sie Dirk Pfeil, diesen Zwang, das Telephon zu bewachen, nicht aufs Klo zu können aus Angst, gerade, wenn sie die Spülung betätige, höre sie den Anruf nicht. Wie ihr Khalil fehlte, und zwar nicht nur zum Anschauen und Liebhaben, sondern überhaupt, das bemerkte sie auch daran, daß sie, wenn sie jetzt aufs Klo ging, abzog, bevor sie den Deckel öffnete und sich setzte. Als wüßten die Ratten tief drunten, daß Khalil jetzt weg war, und kletterten hoch, um sich in sie zu verbeißen.

Was sie erlitten hatte, wenn sie sich Edmund mit der Betulichen, der Verruchten oder der Edelnutte vorgestellt hatte, war nicht, was sie jetzt empfand, wenn sie sich vorstellte,

Khalil könne seine Augen nicht mehr von einer Marokkanerin lösen. Bei Edmund war es eine Verletzung ihres Ichgefühls gewesen, eine Rangverletzung, es war eher Herrschsucht als Eifersucht. Und Edmund hatte, wenn er auf seiner Zwangstour war, jeden Tag einmal angerufen und ihr bestätigt, daß es sie noch gebe. So am Verbluten hatte sie sich auf jeden Fall damals nicht gefühlt, wenn sie sich vorgestellt hatte, wie Edmund sich mit denen in Hotelbetten wälzte. Jetzt konnte sie doch kaum mehr sitzen oder liegen. Nur noch rennen konnte sie. Conny griff nach ihr, rief: Mutter, Mutter, leef Kenke, laß dich was streicheln. Daß kein gemeinsames Fernsehnkucken mehr möglich war, zeigte Conny, wie es stand um ihre Mutter. Susi mußte immer wieder Laute ausstoßen. Vor allem Neinlaute. Sobald sie vor sich sah, daß Khalil in Casablanca seine Augen nicht wegbrachte von einer zarten, dreiundzwanzigjährigen Marokkanerin, mußte sie Neinlaute ausstoßen. Wie sollte sie das denn ertragen, daß er von seiner Mutter oder vom Vater zu der und der und der Jungen hinmanövriert wurde, damit er sich endlich von dieser Deutschen befreien konnte, über die er so gut wie keine Auskunft geben, ja, die er nicht einmal auf einem Photo herzeigen konnte.

Sie fühlte sich wie in der Oktoberwoche, in der kein Mensch bereit gewesen war, sie überhaupt zu bemerken. Nicht nur, daß keiner ihre Bettelei erhört hatte, keiner, kein einziger hatte überhaupt reagiert. Dieses Erlebnis der eigenen Nichtvorhandenheit wiederholte sich jetzt. Und wenn Nichtvorhandenheit gesteigert werden konnte, dann fand das jetzt statt. Sie weckte Leonardo und öffnete drei neue Dateien. Unterdateien zur Datei KHALIL: Einfache Abwesenheit. Gesteigerte Abwesenheit. Hochgradige Abwesenheit. Sie wollte Ordnung bringen in seine Abwesenheiten, sich Überblick verschaffen. Uni, Fußball, Kampfsport und Mülheim hießen Einfache Abwesenheit. Marokkanisches Café, Treffen mit Landsleuten, Abendvorträge jeder Art, Bummeln mit Studenten und Studentinnen: Gesteigerte Abwesenheit. Die war am deutlichsten dadurch charakterisiert, daß Brahim dabei war. Sie wußte oder ahnte doch, nein, sie wußte, Brahim arbeitete an der Zerstörung ihrer Ehe. Er wartete nur auf die richtige Gelegenheit. Oder er führte diese Gelegenheit herbei und schlug zu. Susi sah ihn zuschlagen mit einem Krummschwert, dann war, was Khalil und sie verband, entzwei. Hochgradige Abwesenheit: Marokko. Dagegen war alles, was Brahim planen konnte, ein Spielchen. Oder wartete er nur darauf, daß die Achtjahresfrist abgelaufen sein würde und Khalil die deutsche Staatsbürgerschaft bekäme, ohne mit einer Deutschen verheiratet sein zu müssen? Im vergangenen Sommer war der Antrag, der zweihundertfünfzig Mark gekostet hatte, abgelehnt worden mit der Begründung: Solange Susi von Sozialhilfe lebe, keine Staatsbürgerschaft für ihren Mann. Khalil hatte eine Woche lang nichts mehr gesprochen. Und zwar wirklich gar nichts mehr. Susi war aufs Amt gerannt, hatte protestiert, zweihundertfünfzig für null Effekt, was glauben Sie eigentlich, und hatte erreicht, daß dieser Betrag Khalil gutgeschrieben wurde für den Antrag in zwei Jahren.

Immer wieder fragte sich Susi, ob sie springen würde, wenn Khalil sie verließe, und immer wieder kam sie zu dem Schluß, daß alles, was sie darüber jetzt dachte, keine Bedeutung mehr haben würde, wenn Khalil sie wirklich verlassen hätte. Sie versuchte mindestens einmal am Tag, sich das vorzustellen, und merkte jedesmal, daß das unvorstellbar war. Daß dieser Tag mit jedem Tag näherkam, war einzusehen, aber diese Einsicht blieb bei allem, was sie sich dazu vorstellte, abstrakt. Wenn er nicht mehr mit ihr schlafen wollte oder konnte, würde er gehen, das war sicher. Daß sie sich bei ihm jünger fühlte, als sie war, konnte auf die Dauer zu einer verhängnisvollen Einbildung werden. Er sah ja andauernd, wie alt sie war. Sie sah andauernd, wie jung er war. Aber im Bett kam sie sich nicht nur älter vor. Daß, wenn sie mit einander schliefen, das Licht nicht gelöscht werden durfte, war schlimm genug für sie, aber in der Prozedur glaubte sie, es mit ihm aufnehmen zu können. Er war auch dabei der Ruhigere, der Ernste, und Susi mußte versuchen zu verstehen, wie er das, was er nicht sagte, meinte. Im Bett war das viel schwieriger als beim Frühstück. Zuerst hatte sie sich einfach benommen, wie es ihre Erfahrung gebot: Was ein Mann gibt, das gibt er. Was er nicht gibt, hat er nicht zu geben. Wenn du jung bist, kannst du dir, falls dir, was er gibt, nicht reicht, einen anderen suchen. Sie hat keinen Wunsch mehr offen. Die Phantasien, die in ihr herumgeistern, muß sie zerstampfen. Wenn, was sie sich wünschte, ihm mit ihr schwerfiele, durfte nicht einmal ausgesprochen werden, daß sie es sich wünschte. Was ausgesprochen wird und abgelehnt wird, schwebt nachher für lange oder für immer als Kältewolke zwischen ihnen. Manchmal mußte sie sich einfach wie in eine Höhle zurückziehen in den Schutz ihrer Erfahrung, die sich längst zur Gesetzesreife entwickelt hat: Entweder sind sie müde oder untreu. Ausnahme: Dirk Pfeil. Aber auch der hatte dann einmal auf der Pädagogikstudentin gelegen.

Wie erlösend es für sie gewesen wäre, ein einziges Mal zu sagen: Bin ja nicht mehr schön. Aber immer wenn sie solche Sätze auch nur ansteuert, merkt sie, daß Khalil dergleichen peinlich ist. Das versteht sie nur zu gut. Wie er über ihre Aufführung im Bett denkt, wäre ihr wichtiger als alles, was er sonst über sie denkt oder nicht denkt. Und genau danach kann sie ihn nicht fragen. Wahrscheinlich denkt er: Mit so wenig ist die zufrieden, die hat nie etwas anderes erlebt. Er könnte doch wenigstens einmal in einem Gespräch auf eine andere Stellung anspielen. Oder denkt er: Die und die Stellung geht nicht, dafür ist sie zu alt, dafür fehlen ihr Kraft und Gelenkigkeit. Vielleicht sieht sie von hinten so erbärmlich aus, daß er diese Stellung wegen Ernüchterungsgefahr nichts als meiden muß. Er kann sich ja nicht vom Alkohol helfen lassen. Am besten, sie sagt nichts, spielt auf nichts an, wünscht nichts. Aber manchmal hat sie eben so einen schwer bezähmbaren Übermut. Dann will sie's wissen. Aber bis jetzt hat sie sich jedesmal, wenn sie es einfach sagen wollte, gesagt: Du sagst es nicht, du sagst es nicht, du sagst es nicht. Denk eben auch so: Wenn er mit so wenig zufrieden ist, kannst du froh sein. Und war's nicht. Sie mußte immer wieder alles, was er je im Bett gesagt und getan hatte, durchmustern. Wo war etwas Weiterführendes, was sie nicht aufgenommen und weitergeführt hatte? Ganz selten boxte er mit Wörtern gegen die Schweigsamkeitsschachtel, in die er auch im Bett eingesperrt zu sein schien. Andererseits hätte er immer lieber die Erotikfilme gewählt, die mit drei Punkten ausgezeichnet waren. Ihr waren schon die zweipunktigen unerträglich. Vor allem wegen der Jungschönheit der Nackten, die hier den Geschlechtsverkehr vorführten wie eine hohe Kunst. Nach einem solchen Film war sie schlechthin verstimmt. Das hatte er wohl mitgekriegt. Einpunkter schaffte sie gerade noch, da wurde wenigstens auch geredet. Wenn sie ihm einen solchen Titel vorlas und dazu sagte: Ein Punkt, sagte er: Gut, nehmen wir den. Das sagte er, als sage er: Ich will dich ja schonen. Zwei- oder dreimal hatte er das Wort ficken gebraucht, aber es war deutlich, daß er nicht wußte, nicht merkte, was für eine Ladung dieses Wort für eine Frau ihrer Herkunft, ihres Alters enthielt. Mit diesem Wort war bei ihr viel zu bewegen, aber der Mann mußte mit diesem Wort umgehen können, und zwar ganz natürlich oder frech oder unverschämt. Bei Khalil war das Wort ein Fremdwort, durch das er nicht durchfühlen konnte. Vielleicht hatte Brahim ihm geraten, das Wort einmal an ihr auszuprobieren. Früher hatte sie gedacht, sie würde sich gern aus allen Männern einen mixen. Schon erstaunlich, was sie sich zugetraut hatte. Wenn sie jetzt ihren rechten Oberarm anschaute! Ihr rechter Oberarm ist eine Katastrophe. Er präsentiert ihr andauernd die Zukunft. Das endgültige Aus. Er ist viel älter als der linke. Ihr rechter Oberarm ist schlaff, wellig, greisenhaft. Wahrscheinlich hat Khalil es schon lange vor ihr bemerkt. Und sie hat doch immer alles mit rechts gearbeitet, erledigt, getan, und jetzt dieser Zerfall. Und links nicht. Sie darf nicht mehr hinschauen, sonst sieht Khalil ihr am Gesicht an, wie es um ihren rechten Oberarm bestellt ist. Oh Khalil mein, laß mich dir erträglich sein. Betete sie. Und mied, so gut es ging, den Spiegel. In einer Zeit gelebt zu haben, in der es noch keine Spiegel gab, das wär's. Andererseits hat sie früher ausgiebig hineingeschaut.

Zum Glück war Jeannie so krank geworden, daß Susi sie nicht mehr Conny überlassen konnte. Sie mußte zum Doktor mit ihr, nahm von drei Lalique-Katzen zwei mit, eine sitzende und eine liegende, und eröffnete so: Herr Doktor, das sind zwei Lalique-Katzen, die waren mal dreitausend Mark wert, wenn Sie Jeannie ein Jahr, vielleicht das letzte, versorgen, gehören Sie Ihnen, aber vielleicht wissen Sie den Wert nicht zu schätzen, dann lehnen Sie ab. Dr. Schemel gab sich beleidigt, was für eine Unterstellung, er wisse nicht, was und wie wertvoll Lalique ist. Für so ein paar Routinehandgriffe könne er diese beiden edlen Figuren gar nicht annehmen. Sie, sagte Susi, fühle sich ihm verpflichtet und bitte ihn, die zwei Pretiosen im Namen ihrer Kätzchen anzunehmen. Er tat's.

Jeannie ist zuckerkrank und leidet jetzt noch an einer Verstopfung, die, sie ist vierzehn, gefährlich werden kann. Susi wurde ins Verabreichen der Obstinol-Tropfen eingeübt und konnte gehen. Conny, die Dr. Schemels Praxis nie mehr betreten möchte, wurde beigebracht, Jeannies Pfötchen festzuhalten, daß die Mutter mit der Spritze die Tropfen ins Jeannie-Mündchen spritzen konnte. Susi war froh, daß sie und Conny sich jetzt so auf Jeannie konzentrieren mußten. Hat sie heute schon oder hat sie noch nicht. Und wenn sie nicht mehr in die nächstbeste Ecke machte, sondern aufs Katzenklo, dann waren Susi und Conny glücklich. Und wenn sie trotz Rizinus und Obstinol Mühe hat, ihr Zeug herauszudrücken, und herumrennt und schreit und es nicht schafft, dann rennen Susi und Conny mit ihr und bleiben mit Tönen und Gesten jeder Art bei ihr, bis sie es schafft.

Am Sonnabend spazierte Xandra herein und fragte, ob Susi etwas von Andreas gehört habe, die konnte nur den Kopf schütteln. Vor lauter Khalil war ihr der Andreasschmerz fast kein Schmerz mehr. Das kannte sie: Bei ihr herrschte immer ein Gefühl ganz und gar. Xandra, der sie ihr Sehnsuchtsleiden nicht ganz verheimlichen konnte, sagte: Doch schön, wenn er mal weg ist. Susi war unfähig zu antworten. Und Xandra: Man kann keinen Marokkaner heiraten und dann verlangen, daß der nie mehr nach Marokko fährt. Susi nickte. Xandra sagte: Ich beneide dich. Susi hatte bis jetzt auf ihre eigenen Hände geschaut, jetzt sah sie Xandra in die

Augen, in die dunklen Augen, die eigentlich nie schauten, nie etwas anschauten, sondern aussahen, als seien sie für sich, seien nur da, angeschaut zu werden. Eigentlich sehen sie aus wie die Augen von jemandem, der mit offenen Augen schläft. Wie sie diese Enkelin liebte. Wie erlösend das war, diese Liebe zu spüren. Einen Augenblick ohne Khalilschmerz. Aber jetzt mußte sie doch fragen, worum Xandra sie beneide. Weil du so verliebt bist, sagte Xandra, küßte ihre Großmutter an die Schläfe und ging. Susi zählte die Kippen: Fünf in weniger als einer Stunde.

Aber am Nachmittag fuhr Susi doch noch zum Jugoslawen in der Schloßstraße und fragte den Wirt, ob Andreas angerufen habe. Nein, hat er nicht. Aber bei Andreas sei das ein gutes Zeichen. Susi stimmte zu.

Dann schnell zurück. Konnte ja sein, Khalil rief heute schon am Nachmittag an, weil er abends etwas vorhatte. Daß sie nicht wußte, was er vorhaben konnte, weckte wieder den Schmerz, den typischen, den von allen anderen Schmerzen der Welt unterscheidbaren, den sonst noch nie vorgekommenen, den Khalilschmerz. Das ausschlaggebende Symptom: Sobald dieser Schmerz geweckt wird – und es gibt nichts, was ihn nicht wecken könnte –, kann Susi nicht mehr sitzen bleiben. Rennen muß sie, nichts als rennen. Bis zur Atemlosigkeit rennen. Wenn sie kaum mehr Luft kriegt, wenn das Atmen zum Hauptproblem wird, ist der Khalilschmerz nicht mehr so scharf spürbar. Bis das Atmen wieder problemlos wird. Dann wieder dieser Schmerz. Aber die Wohnung war zu klein zum Rennen. In der Holbeinstraße, da hätte sie sich bewußtlos rennen können. Aber um dieses raumfüllende Bett herum konnte man nicht rennen. Die endlose Lindemannstraße, das wäre eine Rennbahn. Aber dann hörte sie, falls er doch früher anriefe, weil er abends etwas vorhatte, das Telephon nicht. Warum tat das bloß so weh? Und was war denn das, was so wehtat? Du wirst hinausgesogen aus dir. Du bist nur noch eine Hülse. Für nichts. Und diese Leere tut weh. Die ist selber der Schmerz. Es ist die Nichtvorhandenheit. Seine hochgradige Abwesenheit erlebst du als deine Nichtvorhandenheit, weil du davon abhängig geworden bist, daß er dich wahrnimmt, bemerkt, anerkennt. Wenn er das wegen hochgradiger Abwesenheit nicht mehr tut, spürst du das als deine Nichtvorhandenheit. Wie denn? Susi, genau! Mach es dir klar, vielleicht gelingt dann eine Distanz und durch Distanz irgendeine Milderung der Schärfe. Seine hochgradige Abwesenheit erlebst du als Nichtvorhandenheit. Die Nichtvorhandenheit ist eine Atemnot der Seele. Du erstickst. Seelisch. Du bist von Anfang an, von den Eltern an, auf Vorhandenheit gedrillt. Und jetzt ist deine Vorhandenheit abhängig von dem, für den du nicht vorhanden bist. Auf jeden Fall zu wenig. Dann geht dir die Luft aus. Du merkst es, der Atemanlaß fehlt. Du hast keinen Grund mehr weiterzuatmen. Du bist ja nicht vorhanden. Deine Atemzüge werden immer unergiebiger, kürzer, kein Durchatmen mehr, das tendiert gegen Null, dieses Halbatmen und Immerwenigeratmen. Du möchtest andauernd den Kopf irgendwo dagegenschlagen, daß ein anderer, ein schlichter Schmerz entstünde. Eigentlich möchtest du springen. Oberkasseler Brücke. Die Ksenijastelle. Würdest du es schaffen: Kopf voraus. Gib zu, du würdest es auch nur mit den Füßen voraus schaffen. Aber der Arzt hat gesagt, der Aufschlag produziere einen Schock, der ein Koma produziere, das anhalte, bis man an den Aufprallfolgen sterbe, also leiden müsse man nicht. Aber heute noch nicht, liebe Susi. Auch wenn du keinerlei Aussicht hast auf eine erträgliche Entwicklung, auch wenn du weißt, wie das, was du da zugelassen hast, endet, du stiehlst dir noch zwei bis siebzehn bis neunundzwanzig Augenblicke, die sehr erträglich sind, vielleicht werden es sogar einunddreißig ... Auf keinen Fall jammern, wenn du ihn am Telephon hast. Wenn er fragen sollte: Liebst du mich noch? sagst du fröhlich und hell: Ganz genau so wie du mich. Darüber soll er nachdenken. Oder ist das schon zu deutlich? Hört er da schon das schmerzliche Keinbißchen-weniger-kein-bißchen-mehr heraus? Sie sieht einfach nicht ein, daß sie Klimmzüge machen soll, nur weil sie alt ist. Wenn sie ihn nur nicht so liebte. Das sollte sie trainieren: Ihn weniger lieben.

Als er dann anrief, war alles anders, als es zu erwarten gewesen war. Ana kanhabek, sagte er. Das ging ihr durch und durch. Es gibt überhaupt keine Fremdsprachen. Ana kanhabek. Es gibt nur Muttersprachen. Ana kanhabek. Es gibt nur eine Sprache. Ich wäre jetzt am liebsten bei dir. Sagte er. Susi hätte am liebsten gesagt: Und ich erst. Oh Khalil, du. Jetzt duschte sie sich zuerst einmal in seinen sehnsuchtsverbürgenden Sätzen. Am liebsten hätte sie gesagt: Komm doch näher, mit deiner Stimme, deinem Mund, näher an mein Ohr. Er hätte sagen sollen: Ich komme. Und sie: Beiß mich ein bißchen ins Ohr. Und er: Ich beiß dich ein bißchen ins Ohr. Und sie: Das ganze Ohr, nimm's in deinen Mund. Und er: Ich nehm's. Und sie: Jetzt leck mich am Hals hinab, abwärts. Und er: Ich leck dich. Sie: Leck jetzt meine Brüste ab. Er: Ich leck deine Brüste ab. Sie: Die Spitzen extra. Er: Die Spitzen extra. Sie: Jetzt zwischen den Brüsten hinunterlecken, ja, ja, ganz hinunter. Bist du drunten. Er: Ganz. Und sie: Jetzt leck hinein, beiß hinein ... Statt dessen sagte sie, weil sie das Gefühl hatte, gleich werde sie ohnmächtig werden: Warum eigentlich dreieinhalb Wochen, Khalil. Er begriff nicht, daß sie so fragen konnte. Er brauche doch die halbe Woche von Mittwoch bis Sonntag um zu lernen, für die nächsten Klausuren. Sie hätte lieber gehört: Ich komme am Dienstagabend, daß wir dann bis Sonntag Tag und Nacht für uns haben. Sie kam also nicht vor in seiner Planung. Aber er sagte ohne allen Zusammenhang: Ana kanhabek. Sie sagte: Das kannst du gar nicht oft genug sagen. Das sagte sie, weil er, wenn sie Ich-liebe-dich sagte, sie immer warnte: Sag's nicht so oft, sonst nützt es sich ab. Sie dann: Ich habe so viel davon, daß ich's nicht zweimal auf die gleiche Art sage. Er freue sich auf die Rückkehr, sagte er. Diesen Satz machte sie zum Hauptsatz. Von dem wollte sie bis Dienstagabend leben. Aber wie es zuging in ihr! Wie es durcheinandertobte. Wahrscheinlich die Nerven. Sie hatte noch nie etwas gegen die Wand geworfen, war noch nie auf die Straße gerannt und hatte Schreie, nicht enden könnende Schreie ausgestoßen. Aber je näher der Dienstag kam, desto mehr war ihr danach. Ihr Unglücksglück hinausschreien wollte sie. Ihren Verzweiflungsjubel.

Am Montagmorgen meldete sie sich bei Dr. de Sanctis an, sollte vertröstet werden, redete dann aber so, daß sie noch für Dienstagvormittag bestellt wurde. Dr. de Sanctis sagte, das habe noch keiner und keine geschafft, von einem Tag auf den anderen einen Termin. Sie sagte: Herr Doktor, ich bin soweit. Sie erwarte morgen ihren Mann zurück, könne sich aber vor dem nicht mehr ausziehen. Dann die ganze Geschichte. Jetzt mußte sie sich ausziehen. Das war aber eher ein Wohnzimmer als eine Arztpraxis. Außer einem wulstigen Sofa nichts, hinter dem man sich halbwegs geschützt vorkommen konnte. Aber der sah auch, während sie sich auszog, kein einziges Mal her. Dann kam er herüber, betastete sie überall, nickte, schob die Lippen vor. Als er ihren Busen anhob, ihren Po anhob, fiel ihr das Büchlein ein, das auf Edmunds Schreibtisch gelegen hatte: Hebt den Dachbalken hoch, Zimmerleute. Als er sie überall zwei- bis dreimal angefaßt hatte, durfte sie sich wieder anziehen. Susanne, sagte er ... Wenn schon, dann Susi, sagte sie. Susi, sagte er, ich werde Sie so schön machen, wie Sie waren. Bei ihr lohne es sich, gut zu sein. Als Chirurg. Ihr Gesicht, zum Beispiel, versetze er mit seinem V-Schnitt fünfzehn bis zwanzig Jahre zurück. Seit sie sich das letzte Mal gesehen hätten, sei er ein bißchen berühmt geworden. Im Frühjahr hat er seinen V-Schnitt auf Kongressen in Los Angeles und Tokio vorgeführt. Und schlug vor, mit dem Gesicht zu beginnen. Im Januar. Dann im März den Busen. Im Juni den Bauch. Im September den Po. Macht DM sechzigtausend. Susi lachte. Sie wolle zuerst nur das Gesicht renovieren. Daß es Khalil leichter hätte, mit ihr gesehen zu werden. Daß sie einfach nicht diesen Anblick bot. Dann weitersehen. Vielleicht noch den Busen. Aber mehr vorerst sicher nicht. Was das Gesicht allein koste. Fünfzehn. Gut, sagte Susi. Den Termin solle sie mit der Sekretärin abmachen. Herzliche Verabschiedung. Die Sekretärin gab ihr zwei Januar-Termine zur Auswahl, innerhalb einer Woche müsse sie sich entscheiden.

Als Susi in ihrem Auto saß, fielen ihr zuerst Frau Büchsenschütz und Frau Boskamp ein. Die würden doch sofort sehen, daß Susi sich hatte liften lassen. Und wer hat das bezahlt?

Aber das wußte sie ja selber noch nicht. Keinesfalls konnte sie von dem da und dort Zusammengerafften eine Schönheitsoperation bezahlen. Aber sie konnte, als sie abends Khalil am Flughafen abholte, melden, daß sie im Januar verjüngt werde. Er lächelte und schüttelte ganz schnell einmal den Kopf. Offenbar glaubte er, sie habe gescherzt. Da sie sich, als Khalil aus der Arrival-Tür kam, nicht getraut hatte, ihn wirklich zu küssen, hatte sie ihn nur so geküßt, wie eine Mutter ihren heimkehrenden Sohn küssen würde. Am Auto küßten sie einander richtig, aber immer noch mehr auf seine als auf ihre Art. Lange und innig, das war seine Art. Sie hätte gern ihrer Zunge alles erlaubt, worauf die jetzt Lust hatte. Ihre Zunge in seinem, seine Zunge in ihrem Mund, in einem nicht mehr beherrschbaren Wirbel. Dieses fromm gelingende Lutschen war ihr zu wenig jetzt. Sie wollte entfesselt sein dürfen. Es sollte nichts gelingen müssen. Drauflosgelebt sollte werden, jetzt. Aber dann war's ein inniglanger Kuß. Ihr auch recht.

Sobald sie in der Wohnung waren, erlebte Susi wieder die Schutzkraft dieser Wände. Draußen wimmelte es von jungen Frauen. Sie hatte einfach nicht gewußt, wieviel junge Frauen andauernd daherparadierten, nur um von Khalil angeschaut zu werden. Aber in der Wohnung hoffte sie, Khalil auf sich aufmerksam machen zu können.

Conny, die in den dreieinhalb Wochen mehr als einmal gesagt hatte, es sei doch schön, wieder einmal zu zweit zu sein, grüßte den Heimkehrer mit einer nahezu heftigen Umarmung. Sie fragte nach allem, was abenteuerlich gewesen sein konnte. Wüste, Kamele, Basar, das Meer. Khalil gab geduldig Antwort. Dann klopfte sie Khalil auf die Schulter. Gut gemacht, Junge, sagte sie und verschwand. Dann mußte Khalil beten. Er wollte bei Licht beten. Im Dunkeln betete er laut, bei Licht leise. Jetzt wollte er offenbar leise beten. Hätte er jetzt zuerst mit ihr geschlafen, dann wäre, bevor er hätte beten können, eine umständliche Reinigung nötig gewesen. Sie protestierte nicht mehr gegen diese Gebote. Inzwischen erlebte sie seine Religionsübungen als einen Schutz. Zuerst hatte sie gesagt, du wirst dich ganz schön wundern, wenn du gestorben bist. Oder du, hatte er gesagt. Und als sie ihm Edmunds Sexualtourismus als Folge einer Veranlagung geschildert hatte, an der der allesvermögende Gott mindestens so schuld sei wie der, der das auf Erden ausbaden muß, hatte Khalil gesagt: Der Mensch kann sich für das Gute entscheiden. Wenn er das nicht tut, entscheidet er sich für das Böse. Und da Khalil andere Frauen so wenig begehren durfte wie Alkohol und Schweinefleisch, und da er das erfolgreich praktizierte, empfand sie seinen Religionsernst als ein Geschenk. Da können die Frauen noch so nackt herumrennen, Khalil bleibt fest. Jemanden zu haben, auf den man so vertrauen konnte! So zu denken war ihr möglich, wenn sie ihn beten sah und hörte. Hatte sie sich nicht ein Leben lang nach nichts anderem als genau danach gesehnt? Lieber keinen als einen, den sie mit anderen teilen mußte. Khalil mußte sie nach allem, was sie wußte, mit niemandem teilen. Daß er es aushielt, nach dreieinhalb Wochen zuerst zu beten, hieß doch, daß ihm sein Glaube das wichtigste war. Dann erst kam sie. Also mit Gott mußte sie ihn teilen. Und wenn Gott ihm das wichtigste war, hieß das eben, daß er, wenn Gott es verbot, keiner anderen Frau verfiel. Wenn es nach ihr gegangen wäre, wäre man über einander hergefallen. Genau genommen haßte sie seinen Gott. Dieses Irrlicht. Diese leere Stelle im All. Dieses Nichts. Und dem mußte sie dankbar sein. So schwach war sie. Einem Nichts verdankte sie Alles. Inscha-Allah.

Als Khalil soweit war, nahm er sich ihrer zärtlich an. Um ihm wenigstens mit Wörtern näher zu sein als sonst, lobte sie seine Beschnittenheit. Sie wußte, daß sie nicht sagen durfte, wie viele Beschnittene sie schon gehabt hatte; noch immer hätte sie zittern können vor Angst, wenn sie daran dachte, wie er reagiert hatte, als sie ihn aus Versehen Lotfi genannt hat. Das nicht noch mal. So empfindlich war Khalil. So eifersüchtig auch. Kein Handwerker. Nicht einmal ein Bruder dürfte sie, wenn er nicht da war, besuchen. Zutritt hätte nur sein Vater. Das konnte nicht nur Sitte und Religion sein. Er wollte sie für sich haben wie sie ihn auch. Zum Glück ging er auf das Thema Beschneidung ein. Ihr fiel dabei natürlich der Edmundsatz ein – Ich kann mir nicht meinen Schwanz abschneiden –, aber das gehörte jetzt nicht hierher. Sagen konnte sie, daß sie Beschnittene vorziehe. Auch die Saubersten der Unbeschnittenen seien an der Stelle, auf die alles ankomme, nicht so sauber wie die Beschnittenen. Sie merkte, daß er das gern hörte. Die Stelle, auf die alles ankommt. Das wollte er genauer hören. Sie zog ihn eng an sich. Wenn er bloß das Licht löschen ließe. War das auch eine Vorschrift? Geschlechtsverkehr nur bei Licht, daß beide immer genau wissen, mit wem sie's gerade tun? Früher hatte ihr das nicht nur nichts ausgemacht, früher hätte sie von sich soviel vorgeführt, wie ein Mann überhaupt ertragen konnte. Sie glaubte genau empfinden zu können, wieviel ein Mann erwartete, und sie wußte, daß sie über seine Erwartungen hinausgehen mußte, nicht beliebig weit, aber eben genau so weit, daß der Mann noch mitkam. Sie hatte ja immer diesen pädagogischen Kleinehrgeiz, Männer zu entwickeln, sie über sich hinauswachsen zu lassen. Und je mehr ihr das gelang, desto heftiger liebte sie den, den sie so steigern konnte. Aber je ernster es ihr war, desto vorsichtiger mußte sie sein. Und so ernst wie bei Khalil war es ihr noch nie gewesen, also mußte sie ihm gegenüber vorsichtiger sein als je zuvor. Vom Geschlechtsverkehr mit Beschnittenen durfte sie doch wohl schwärmen. Und ihm zuliebe übertreiben. Das lag ihr. Die Unbeschnittenen seien eben unter ihren Vorhäuten empfindlicher als die Beschnittenen, deshalb könnten die länger, bis es ihnen komme. Je jünger einer sei, um so deutlicher sei das ein Vorteil. Die Mitteleuropäer brächten sich ja oft kaum aus ihrer Haut heraus und schon sei es vorbei.

Susi mußte sich bremsen. Soviel hatten sie noch nie während eines Geschlechtsverkehrs mit einander gesprochen. Daß Khalil überhaupt etwas sagte, was mit dem Verkehr zu tun hatte, kam sicher von den dreieinhalb Wochen. Oh Khalil, sagte Susi so, daß es ihn hinriß und sie auch, und das zeigte sie ihm, und es schien ihm recht zu sein. Das war ja offenbar etwas, was er ihr hoch anrechnete: Ihre Gleichzeitigkeit. Ihre immer von Susi dirigierte und herbeigeführte Gleichzeitigkeit hielt er für seine Leistung. In diesem Glauben ließ sie ihn gern.

In seiner Kultur war das offenbar eher selten. Und in Mitteleuropa, belehrte ihn Susi und tat informierter, als sie war, spielen die Frauen den Männern inzwischen ihren Höhepunkt vor, weil sie wissen, wie wichtig den Männern dieser allerletzte Hochsprung ist. Susi sagte nicht, daß sie das auch schon öfter veranstaltet habe; aber nicht, weil es ihr nicht anders möglich gewesen wäre; sie hätte immer durchs Ziel gehen können, wenn sie nur gewollt hätte; aber ihr war's eben nicht jeder wert; und wer es nicht wert war, den bediente sie mit Mache; merken tun das die Männer ohnehin nicht. Und die Eingebildetsten merken's am wenigsten. Die wollen ja nichts, als bestätigt zu werden als die, für die sie sich halten. Oh Khalil. Ich liebe dich so. Sagte sie. Und er sagte wieder: Du bist meine Frau. Und sagte es wieder in einem Ernst, in dem sie wohnen konnte. Wenn du mich jetzt fragen würdest, ob ich glücklich sei, würde ich sagen: Ich bin glücklich. Und ich, sagte Khalil, könnte nicht sagen, daß ich unglücklich bin.

Da ging die Tür auf, und Conny kam herein, die beiden fuhren auseinander, aber Conny war schon mit einem So sorry, folks, wieder draußen. Und ließ drüben Strangers in the night spielen. Susi zog Khalil noch enger an sich und sang ein bißchen mit. Aber Conny kam noch einmal zurück. Diesmal klopfte sie an. Als sie Khalil und Susi neben einander liegen sah, sagte sie, sie habe neulich ein Lied gemacht, ob das jetzt passen würde, frage sie sich. Laß hören, sagte Susi. Und Conny verschränkte sich wie immer, wenn sie etwas vortrug. Sie hatte offenbar das Gefühl, zur Kunst gehöre körperliche Verschränkung. Die zehn Fingerchen in einander, dann gedreht und hoch- und hinausgestemmt, hoch hinauf, noch über den Kopf, den Kopf schief, daß er fast auf die Schulter hängt, auf die linke, weil ja die verschränkten Händchen nach rechts hinaufbugsiert wurden, vielleicht sollte zuerst einmal nur die Silberschrift auf ihrem dunkelblauen Sweatshirt präsentiert werden: BEST COMPANY. Dann sang sie:

> Schließmuskel schließ
> sonst wird die Mutter fies
> die Mutter ist ein Muttertier

und hat jetzt einen Musketier
Gießkännchen gieß
daß neues Leben sprieß
die Mutter ist ein Muttertier
und hat jetzt einen Musketier
sie strecken von sich alle Vier
fließ Flüßchen fließ
fließ Flüßchen fließ.
Susi sagte: Fertig?
Und Conny: Reden wir morgen darüber.
Susi: Eine gute Idee, Kätzken.
Conny ging, Susi und Khalil mußten sich anziehen für die Nacht.

Er würde jetzt seine rotgleißende Adidashose mit den breiten grauen Streifen und das Unterhemd mit Halbarm anziehen, sie die bis fast zu den Knien reichende Bleylehose und oben etwas Altes von Jil Sander. Ihr eigentliches Bedürfnis wäre gewesen, ihm zu erzählen, daß sie früher immer am liebsten nackt geschlafen habe und sehr froh gewesen sei, als sie las, daß Marilyn Monroe auch immer nackt geschlafen habe. Aber da sie ja nie dauerhaft Nacht für Nacht mit einem Mann, der nichts sein wollte als ihr Mann, zusammengelebt hatte, hatte sie sich angewöhnt, dunkelblaue Bleylehosen und ein Jil-Sander-Shirt anzuziehen, um sich von sich abzulenken. Solange sie nackt im Bett gelegen hatte, war sie von Vorstellungen heimgesucht worden, die sie nicht einschlafen ließen. Die dunkelblaue Bleylehose sorgte für Ruhe. Da Khalil ohnehin schon eingeschlafen war, blieb ihr nur noch, das Licht zu löschen und zu versuchen, auch einzuschlafen. Daß Conny Strangers in the night noch einmal und noch einmal laufen ließ, half ihr. Was sollte sie ihr bloß sagen zu dem, was sie da vorgesungen hatte? Jeder tut, was er will, sie soll allen und allem entsprechen.

Khalil reagierte so gut wie überhaupt nicht, als sie sagte, sie müßten jetzt wohl das Auto verkaufen, das Susi inzwischen Khalil überschrieben, also ihm geschenkt hatte, und das nicht nur des Sozialamts wegen, sondern weil sie erlebte, wie er sich danach sehnte, selber Besitzer eines Autos zu sein. Die Dezembermiete mußte sie stunden lassen. Er nahm es hin mit einem erschütternden Gleichmut. Inscha-Allah, ja! Also auf den Trödelmarkt. Vielleicht begriffe er dann, wie es um sie stand! Am ersten Dezembersonntag, Erkrather Straße, ein Stand, zwei Quadratmeter, ein Gestell mit einer Platte, DM 65, halb neun bis nachmittags fünf. Unangenehmer konnte ihr nichts sein, das wußte Khalil. Da Ramadhan schon angefangen hatte, waren die Sonntage in der engen Wohnung eher ungemütlich. Obwohl Khalil nicht andauernd auf seinem Gebetsteppich kniete, hatte sie das Gefühl, sie könne keinen Schritt tun, ohne gleich über den knienden Beter zu stolpern. Aber immer, wenn sich dieser Verdruß melden wollte, wehrte sie ihn ab. Weil Khalil so gläubig war, betrog er sie nicht. Auch weil er von Natur aus eher bedächtig als stürmisch war. Aber wer weiß schon, was auch einen Bedächtigen hinreißen kann! Wäre er kein solcher Beter, könnte sie ihm nicht vertrauen. Schöner wär's, dachte sie, wenn er ihr treu wäre nur aus Liebe. Dann und wann gestattete sie sich die Hoffnung, Khalil stamme aus einer Weltgegend, wo die Männer gar nicht diesen Viehhändlerblick auf Frauen hätten. Den haben hier ja Männer und Frauen. Auf einander. Gib zu, den hattest du auch. Gelegentlich. Geilesuse. Sie wehrte sich. Den hatte sie nicht, diesen Viehhändlerblick. Wenn sie etwas fand an einem, dann erst durch Liebe. Glaubehoffnungliebegeilheit. So lief das bei ihr. Oder sollte doch.

Abends kam sie durchfroren zurück und zählte DM 109,50 auf den kleinen Tisch. Fünfzig hat sie schon an Xandra abgegeben, weil die den ganzen Tag dabei war, ununterbrochen rauchend zwar, aber im Verkaufen erfolgreicher als Susi. Conny hatte es nicht länger als bis Mittag ausgehalten. Als sie Frau Thomasius näherkommen sah, sagte sie: Warum muß die jetzt hier hinkommen? Und ging. Susi selber war das Dastehen und gelegentliche Anbieten nicht peinlich. Sie spürte ihre Motivation wie eine Kraft. Sie hatte gedacht, daß es wehtun könnte, sich von ihren schicken Blusen, ihren Jil-Sander-Shirts und ihren Lanvintüchern und ihren Bermudashorts trennen zu müssen. Es tat eigentlich fast gar nicht weh. Wenn sie genauer hinfühlte, merkte sie, daß sie von sich verlangte, daß es wehtue. Gestern war sie mit einem von Leonardo gelieferten Ausdruck zu den Kartons gefahren und hatte herausgenommen, was sie für günstig hielt. Dadurch hatten auch Hildchen Tönnissen und Frau Thomasius erfahren, daß Susi am Sonntag auf dem Trödelmarkt erscheine. Hildchen kam nicht. Hildchen glaubte sicher, dieser Auftritt tue ihrer bewunderten Frau Gern so weh wie ihr selber. Frau Thomasius kaufte für fünf Mark einen der Zegna-Gürtel von Edmund, der sicher einmal mehr als hundert gekostet hatte. Aber das war gegen Mittag schon klargeworden: Leute, die wußten, was Susis Waren wert waren, kamen hier nicht her. Frau Thomasius mußte, als sie den Gürtel schon erbeutet hatte, noch bemerken, daß hier ja mehr Ausländer herkämen als Düsseldorfer. Jetzt stellte sich heraus, daß der Mann am Stand nebendran Jugoslawe war. Er sagte ruhig, Ausländer seien auch Menschen. Frau Thomasius, etwas lauter, daß sie das nie bestritten habe und nie bestreiten werde, aber jeder Mensch sei doch irgendwo zu Hause, sie würde erschrecken, wenn plötzlich alle Kölner nach Düsseldorf kämen, sie habe doch nichts gegen Kölner, aber die Kölner gehörten doch wirklich nach Köln. Da stimmten ihr alle zu, die ihr inzwischen zugehört hatten, also ächzte sie zufrieden davon.

Xandra schrieb immer neue Preisschilder mit immer noch niedrigeren Preisen. Aber als dann einer kam und acht Bermudas für fünf Mark wollte, schüttelten Xandra und Susi einmütig die Köpfe. Xandra sagte: Fünf für fünfzehn. Der kaufte. Eine Dame hätte eine Baskenmütze für neun Mark genommen, wenn sie sich in einem Spiegel hätte anschauen können. Also das nächste Mal mit Spiegel, dachte Susi. Vier Koffer voll hatten sie gebracht, zwei volle Koffer nahmen sie wieder mit. Während sie am Einpacken waren, sagte der Jugoslawe von nebenan, die Jacke für fünfzehn Mark würde er nehmen. Der hatte Xandra und Susi ein paar Male mit heißem Kaffee versorgt und hatte sich dafür nichts bezahlen lassen.

Khalil war, als Susi heimgekommen war, noch in der Moschee gewesen. Susi hatte die einhundertneunmarkfünfzig auf dem Tisch ausgebreitet, dann saß sie und wartete. Ausgemacht war, um sechs seien beide zurück. Da war die Sonne längst weg, das Fastenbrechen konnte beginnen. Khalil hatte Lammschnitzel vorgesehen. Susi hätte Pute vorgezogen, aber für Pute war Khalil nicht zu gewinnen. Als er um halb sieben noch nicht da war, konnte sie annehmen, daß er das Fastenbrechen im *ALHAMBRA* beging, gemeinsam mit Brahim und den anderen. Wahrscheinlich hatte Brahim ihn dazu überredet. Und wenn Khalil gesagt haben sollte, daß seine Frau auf ihn warte, hatte Brahim sicher gesagt: Die läuft dir nicht weg. Und alle hatten gelacht. Nein, so weit würde es auch Brahim nicht treiben, weil dann Khalil aufstehen und gehen würde. Andererseits war der Golf jetzt auf Brahims Namen zugelassen, also durfte Khalil mit Brahim keinen Streit riskieren. Aber vielleicht hatte Khalil ihre Verabredung einfach vergessen. Was der alles vergessen konnte! Manchmal begriff sie's einfach nicht. Und wie wenig ihm das ausmachte, wenn er etwas vergaß. Etwas, was er mit ihr verabredet hatte. Geht Kuchen holen. Seine einzige Initiative: die acht Bäckereien in der Rethelstraße nach immer neuen Süßigkeiten zu durchforschen. Dann ruft ihm Susi nach: Und für mich drei Bällchen Nußeis von *PALATINI*. Er kommt zurück mit seinem Kuchen. Ohne ihr Eis. Hat er vergessen. Wenn ihr das passierte, wäre sie schon wieder weg, riefe noch: Moment, ich hol's dir. Aber er: Ach, hab ich vergessen, tut mir leid. Setzt sich hin und ißt seinen Kuchen.

Im *ALHAMBRA* anrufen? Sagen, wie spät es ist? Das würde ihn dort lächerlich machen. Er würde brüsk werden. Sie würde Sätze sagen, die sie morgen bereuen würde. Daß es Menschen gibt, die von einer Wiedergeburt träumen, versteht sie sowieso nicht. Schon einmal ist zuviel. Wart's ab, wenn er zwei Stunden später anruft, wird er alles so erklären, daß es hat gar nicht anders sein können, als es gewesen ist. Wie immer. Und wie immer in solchen Minuten und Stunden trainierte sie das Aufhören, den Schluß. Das Wohlseinsgefühl überwog nicht mehr. Und sie hatte immer das Ende inszeniert, wenn das Wohlseinsgefühl nicht mehr überwog. Und wußte, daß sie sich das zwar sagen und aufsagen konnte, daß sie aber das Aufhören nicht einüben konnte, weil die Vorstellung, ohne Khalil zu leben, bei ihr, in ihr nicht durchzusetzen war. Der konnte machen, was er wollte. Nein, konnte er nicht. Diesen Gedanken ließ sie sich nicht durch.

Sie mußte sich, angezogen, wie sie war, in ihr Bett legen, unter die Decke kriechen, sich die Decke über den Kopf ziehen, sich einbilden, ein scheußlicher Sturm rase über sie hinweg, den könne sie nur so, unter der Decke kauernd wie ein Kind, überleben. Also Fernsehnkucken schied jetzt aus. Sie hatte, als sie so unter der Decke lag, sogar das Gefühl, als könne sie nie mehr fernsehnkucken. Er konnte dort eine junge Marokkanerin getroffen haben. Sollte sie sich die vorstellen? Fünfzehntausend verlangte Dr. de Sanctis für das Gesicht. Noch einmal soviel für den Busen. Noch einmal soviel für den Bauch. Und dann noch den Po. Ein Jahr lang fiele sie praktisch aus. Das dauerte ja Wochen, bis die Fäden raus und die Schnitte verheilt waren. Sie hatte kein Jahr zu verschenken. Das Geld hatte sie auch nicht. Sie mußte morgen zu Dr. de Sanctis. Und zwar so: Könnten Sie sich vorstellen, daß Sie mir das Gesicht mit Ihren fabelhaften V-Schnitten anheben könnten für, sagen wir, dreitausend Mark? Das *sagen wir* mußte sie weg lassen. Schlicht und direkt: für dreitausend Mark.

Als sie Khalil kommen hörte, stand sie schnell auf. Er hatte den Landsleuten über Marokko berichten müssen. Was die alles hatten wissen wollen. Das sei eben so. Immer wenn einer daheim war, wurde er dann ausgequetscht. Aber so viel wie er hatte bis jetzt noch keiner erzählen müssen.

Susi nickte. Dann sagte sie, da auf dem Tisch, zähl nach. Er zählte tatsächlich nach und sagte: Eindhundertneunmarkfünfzig. Und sagte, daß er dafür in Mülheim sieben Stunden arbeiten müßte. Susi sagte: Bei mir waren es acht. Er legte seine Arme um sie, zog sie an sich und sagte: Du bist meine Frau. Zum ersten Mal kam Susi dieser Satz mehrdeutig vor. Klang das nicht, als wundere er sich darüber, so eine Frau, so eine alte Frau zu haben? Bis jetzt hatte sie in diesem Satz immer eine Art Begeisterung, zumindest Zufriedenheit herausgehört. Jetzt wunderte er sich selber darüber, daß so eine seine Frau war. Schlußschlußschluß.

Wir müssen dein Auto verkaufen, sagte sie. Einhundertneunmarkfünfzig reichen nicht. Und deutete auf das hingelegte Geld. Er zog sie an sich und sagte: Ich habe dich vermißt.

Oh Khalil! Susi hätte am liebsten gesagt: Und ich erst dich. Aber sie schmiegte sich an ihn und sagte, das höre sie gern. Aber von Autoverkauf konnte sie jetzt nicht mehr reden. Nicht mit diesem lieben Mann.

Am nächsten Tag sagte Khalil, er wolle lieber seine Wohnung aufgeben als sein Auto verkaufen. Aber wohin dann mit dem, was er drüben hatte? Wieder um Kellerecken und Dachbodenverschläge betteln? Susi fühlte sich, was Umzüge anging, wund. Der nächste Tag brachte eine Rechnung ins Haus, die auch die rechnungsgewohnte Susi schockierte. Ihre Nackenhaare sträubten sich, als sie las, daß sie der Stadt dreitausendundsechzigmarkachtundneunzig schulde für Müllabfuhr, Mahngebühren und Zinsen. Eine letzte Mahnung. Susi rief an, wurde belehrt. Also ein weiterer Gruß von Edmund. Er hatte den Verkauf des Objektes Lindemannstraße nicht gemeldet. Die Abfallbeseitiger werden nicht vom Grundbuchamt über Besitzerwechsel informiert. Susi schilderte ihre Lage. Der Beamte bot Ratenzahlung an. Susi bat um Stundung. Und bat um Entschuldigung dafür, daß sie, sie wisse selbst nicht, aus welchen Gründen, frühere Mahnungen übersehen habe. Der Beamte klang dann verständnisvoll. Der Immobilienmensch, der das Objekt gekauft hat und der ihr ja gelegentlich ohne weiteres die Miete stundete, war sehr verständnisvoll, aber er mußte ihr sagen, daß diese Gebühren sich auf die Zeit bezögen, in der die Familie Gern noch Eigentümer gewesen sei. Susi dankte. Solche Nachrichten konnten in einer so kleinen Wohnung nicht verarbeitet werden. Ab in die Stadt. Und hin zu Herrn Kreidemeister. Als sie die Talstraße runter ging, überlegte sie, wie sie dort auftreten sollte. Daß er mit den monatlichen zweitausend im Rückstand war, mußte sie nicht aussprechen, das sah er wohl an der Art ihres Auftritts: Eine von unwürdigen Finanzquerelen belästigte Frau. Oder sollte sie forschfrechsieghaft auftreten: So mit mir nicht, Herr Kreidemeister. Wahrscheinlich würde er wieder vom Warhol-Doppel anfangen, um zu sehen, ob die Not sie inzwischen so weichgeklopft habe, daß sie's verkaufe. Lieber würde sie im Ladeneingang eines Juweliers die Bettelbüchse schwingen als dieses Bild verkaufen. Herr Kreidemeister hatte das Bild inzwischen bei Granderath holen dürfen. In seinem Safe sei es sicherer. Ein solches Kunstwerk, auf dem Dachboden in Benrath, gnädige Frau! Herr Kreidemeister war der einzige Mensch, der sie noch Gnädige Frau nannte. Sie durfte, wenn sie wollte, das Bild jederzeit anschauen. Und wenn sie's anschaute, dachte sie, daß der empfindliche Mr. Warhol sie heute nicht mehr so malen würde, so aus dem Bild mit Kopfwendung herausschauend, das herüberschauende Reh war sie nicht mehr. Frontal wie Edmund, der junge zarte Stier mit der im Nacken gesammelten Kraft. Sie fühlte sich inzwischen auch frontal zur Welt. Als alte Stierin würde Mr. Warhol sie jetzt malen.

Sie war schon fast bei der Galerie angekommen, als eine Männerstimme sagte: Ach sieh mal, Frau Gern. Es war Herr Wassenaar, von *Alles reinigt Wassenaar*. Mit seiner Frau. Und was fällt denen ein? Er erbittet sich ganz kurz von seiner Frau die Erlaubnis, Frau Gern einhundert Mark schenken zu dürfen. Falls sie's annehme. Die Frau stimmte strahlend zu, Susi nahm's an, die beiden verkleinerten das Geschehnis mit abwinkenden Gesten zur Bagatelle, sagten etwas von Weihnachtszeit und waren weg. Susi hatte kaum Danke sagen können. Wassenaar, der die Abmachung, ein Jahr lang monatlich ein Stück gratis zu reinigen, gekündigt hatte, nach fast zwei Jahren. Und das tat ihm jetzt leid. Susi drückte den Hundertmarkschein ans Herz. So wie in diesem Augenblick hatte sie sich in Düsseldorf noch nie daheim gefühlt. Trotzdem: sie mußte sofort dafür sorgen, daß dieses Geschehnis nicht in ihr nachwirke. Keine Entwarnung. Nicht gleich frechforschsieghaft. Ihre Rolle war, was sie war: Die Geplagte, wenn auch nicht Besiegte.

Schon Herrn Kreidemeister zu sehen tat gut. Eine schwarz glänzende Feder, von jedem Windhauch zierlich bewegt. Wenn man empfangen wurde. Sie wurde. Drei Interessenten hat er inzwischen für den Mondrian. Nach aller Erfahrung springen von drei Interessenten höchstens zwei ab, nie drei. Dem Gierigsten unter den dreien, das ist eben dieser Schweizer, ist jetzt der jüngste Sohn erkrankt, Niere, vielleicht muß der Vater oder die Mutter eine Niere spenden. Der zweite Interessent ist einer von denen, die sich mehr als Interessenten gefallen als daß sie's sind. Den dritten hat Herr Kreidemeister, weil der auf Raten zahlen will, bisher noch nicht ernst genommen, aber er wird sich dem jetzt widmen. Und wenn er sich einem widmet, hat er den. Und rief die Sekretärin herein: Schreiben Sie für Frau Gern einen Scheck aus, D-Mark viertausend. Und mit einer fast schwungvollen Handbewegung, als unterschreibe er einen Riesenscheck in der Luft, entließ er sie und rief ihr noch nach: Im Januar mehr.

Also, Tageseinnahme: 4100. Klar, Herr Kreidemeister hatte sie mit viertausend abgelenkt von den achttausend, die er ihr, wenn er seine Zusage einhalten wollte, schuldig war. Trotzdem: Viertausend und einhundert, es gab schon schlechtere Tage. Aber davon kein Wort zu Khalil. So schwer ihr das fallen würde. Sie fühlte sich, als hätte sie einundvierzigtausend kassiert. Sie fühlte sich, als könne sie jederzeit die Arme ausbreiten, es wären Flügel, sie könnte sich in die Luft schwingen und hinschweben über Düsseldorf, die Stadt mit dem Rheinknie im Bauch. Sie hätte jetzt am liebsten jeden und jede umarmt, wenigstens gegrüßt. Wenn sie soviel Platt wie Conny könnte, würde sie's tun. Düsseldorf war doch eine Perle. Perle unterm Regenschirm, dachte Susi, weil es jetzt ein bißchen regnete und beim geringsten Anflug von Regen in Düsseldorf sofort ein Heer von Schirmen aufspringt. Hoffentlich passierte ihr heute noch etwas Unangenehmes, daß sie herauskam aus dieser Tanz- und Schwebestimmung. So jauchzend und strahlend durfte niemand sie sehen, die Frau in Not. Wie sie jetzt die Talstraße raufging, würde kein Mensch auf die Idee kommen, ihr hundert Mark zu schenken. Frau in Not, bitte.

Auch dem liebsten Menschen kann man nicht alles sagen. In einer Ehe ist jeder einsam. Viel einsamer als in jeder anderen Beziehung, weil im Lauf der Zeit das, was nicht gesagt werden kann, zunimmt, ungeheuer zunimmt. Je enger die Beziehung, desto empfindlicher wird sie, desto mehr muß man verschweigen. Susi litt. Sie wollte so nicht denken. Hinsein wollte sie, nichts als eng, enger, am engsten. Aber dem anderen zuliebe mußt du verheimlichen. Lern das beim großen Schweiger Khalil. Der sagt nur, was du ihn fragst. Schweigen sei dort Unterrichtsfach gewesen. Mit Hausaufgaben. Da muß er Musterschüler gewesen sein. Etwas verschweigen konnte sie nur mit dem Vorsatz: Jetzt nicht, aber später. Und sie rechnete sich hoch an, daß es ihr wehtat, Khalil nicht rückhaltlos alles hinzusagen, restlos. Nichts für sich. Alles gemeinsam. Das hatte es nie gegeben. Das gab es jetzt nicht. Wird es nie geben. Sie hatte schon in der Schule zu Freundinnen und Freunden gesagt: Erzähl mir, bitte, nichts, was ich nicht weitererzählen darf. Etwas zu verschweigen lag ihr nicht. Sie hatte es lernen müssen. Edmund, sagte sie, ich habe es gelernt, hoffentlich. Edmund sagte: Schnucke, wenn du den perfekten Mord hinkriegen würdest, weißt du, was dann deine größte Strafe wäre? Nein, flüsterte Susi, sag es mir, Lieken. Daß du nicht darüber sprechen dürftest, sagte Edmund. Susi fühlte sich von Edmund wieder einmal ganz erkannt. Mein Gott, war das ein Mann! Eine Ehe! Eine Nähe! Ein Niveau!

Es gelang ihr, noch vor Weihnachten zu Dr. de Sanctis vorzudringen. Die Sekretärin, die es ermöglichte, sagte: Sie sind eine tolle Person, Frau Gern. Susi schüttelte glaubhaft den Kopf. Könnten Sie sich vorstellen, daß Sie mir das Gesicht anheben für dreitausend? So wollte sie beginnen und so begann sie, und Dr. de Sanctis sah sie erstaunt an und sagte: Das kann ich mir nicht vorstellen. Als sie schon wieder gehen wollte, sagte er: Moment. Rief die Sekretärin herein, schilderte Susis Lage und sagte dann, wenn Susi bereit sei, die Operation in einer Uniklinik machen zu lassen, vor Studenten und vor einer laufenden Kamera, dann könne er mit dreieinhalb hinkommen. Dreieinhalb, das seien seine Selbstkosten. Susi fragte noch, ob er sich denn unter solchen Umständen genauso konzentrieren könne, wie wenn er allein im OP operiere. Im Gegenteil. Bei dieser Veranstaltung stehe sein Ruf auf dem Spiel, da operiere er unübertrefflich gut. Und daß sie dann aussehe wie Kleopatra, sei sicher. Wann das sein könne, fragte Susi. Im Lauf des nächsten Jahres, sie werde drei Wochen vor dem Termin verständigt. Sie durfte gehen, im Vorzimmer gratulierte ihr die Sekretärin, das habe Susi wieder toll hingekriegt. Also mit Erfolgsgefühlen heim. Aber auf dem Weg noch schnell bei Karstadt das schwarz gleißende, sternenübersäte Hemd und die leicht lachsfarbene Bluse gekauft. Und beides daheim gleich versteckt. Milleniumsilvester. Wo man hinschaute, tobten die Vorbereitungen. Wenn Khalil angesteckt wurde, wie sollte sie da bestehen? Conny, er und sie in zwei überfüllten Zimmern. Das Millenium überflutete die Stadt. Kein Unterschied mehr zwischen den Kaufhausetagen und den Straßenzügen, die ganze Stadt trug Karstadt.

Von den viertausend konnte sie den Zahnarzt noch vollends bezahlen. Schon das durfte sie Khalil nicht sagen. Sie hatte zwar ihre Zahnarztbesuche nicht ganz verschwiegen, aber was und wieviel da gemacht und ersetzt wurde, hatte sie nicht gesagt. Er hatte auch nicht gefragt. Daß sie kein Sozialhilfeempfängerzahnteil wollte, würde er wahrscheinlich verstehen. Aber noch besser war, es nicht mit ihm zu besprechen. Es wäre nichts als entsetzlich, wenn er sähe, wie die Stumpen aussahen, auf denen dann das Ersatzteil saß. Vor dreißig Jahren hätte sie mit Khalil eine Nähe entwickelt, die, glaubte sie, einmalig gewesen wäre in der Geschichte der Menschheit. Zwei Menschen, die sich ganz und gar auf einander verlassen können. Aber vor dreißig Jahren war Khalil noch kein Jahr alt.

Conny war, als Susi heimkam, schon bei ihrem vietnamesischen Baby. Susi räumte Connys Zimmer auf. Am meisten war an Domino und Jeannie zu tun. Domino hatte wieder seinen Winterschnupfen und nieste und rotzte die Wände voll, die Bettwäsche voll, die Schranktüren voll, die Läufer voll, überall dieser grünliche Rotz. Auch in Jeannies Fell. Conny bemerkte das natürlich nicht. Auf Connys Tischchen sah sie fünf Kinogutscheine liegen. Conny kam von der Stadt öfter mit Kinogutscheinen heim. Susi nahm zwei davon. Sie würde mit Khalil ins Kino gehen. Irgend etwas mußte sie heute tun, um die viertausendeinhundert zu feiern, ohne daß sie sie erwähnte. Für Kino war Khalil immer zu haben. Wahrscheinlich, weil während eines Films kein Mensch von ihm erwartete, daß er ein Wort sagte. Seine Mundfaulheit hatte sicher auch mit der Fremdsprache zu tun. Er konnte zwar inzwischen so gut Deutsch, daß man ihm neulich sogar das Wort Schlaraffenland nicht übersetzen mußte, aber Susi konnte sich vorstellen, daß es ganz innen vielleicht eine Sprachseele gab, die von der Fremdsprache einfach nicht ganz zu wecken war. Wenn ihn Landsleute abholten, wachte seine Sprache deutlich auf.

Die Braut, die sich nicht traut hieß der Film. Khalil lächelte lebhaft.

Als sie das Haus verließen, halfen Kirke und Kalypso gerade einem Freier aus seinem, oh ja, den kannte Susi, aus seinem Bentley. Der Freier mindestens so alt wie Edmund zuletzt gewesen war und noch brüchiger. Aber fallen oder auch nur stolpern konnte er nicht, dafür sorgten die zwei Strammen. Der wurde sicher gleich in den sagenhaften Whirlpool gelegt und erst mal aufgebaut. Susi beneidete die beiden nicht und grüßte sie so freundlich, wie es, ohne aufdringlich zu erscheinen, möglich war. Die sollten nicht auf die Idee kommen, daß Susi etwas gegen ihr Gewerbe hatte. Schließlich hatte Susis Sohn damit auch Geld verdient. Vielleicht wußten das die beiden. Der *KLEINE CLUB* in der Graf-Recke-Straße war nahe genug. Und hatte nicht mal einen Whirlpool. Susi hielt Kirke und Kalypso für konkurrenzlos. Da kriegte der Kunde zwei nicht von einander zu unterscheidende Frauen, also zwei Frauen, die wie eine aussahen, und doch zwei waren. Susi konnte sich das nur als sexuellen Erztraum vorstellen. Bei ihren Selbstbefriedigungen brauchte sie für das Phantasietheater immer mindestens zwei Männer. Und dieser Whirlpool der Zwillinge, hieß es, sei wild bemalt mit Dschungelschilf und hochgehenden Wogen. Daß Khalil die beiden Strammen nicht grüßte, fand sie nicht richtig, aber aussprechen wollte sie das nicht. Beide antworteten Susi mit ihrem blitzschnell formierten Rechteckmund, der ihre kleinen Gesichter auf Zähne reduzierte. Genauso schnell wie dieser Mund die Zahnpracht produzierte, verschloß er sie wieder. Susi wollte schon lange einmal ins Gespräch kommen mit denen. Bloß wie.

Als sie vom Kino heimkamen, kinoheiter heimkamen, sogar Khalil war zu Albernheiten aufgelegt, da sorgte eine erzürnte Conny für Stimmungssturz. Sie hatte bemerkt, daß ihre Mutter ihr zwei Kinogutscheine weggenommen hatte. Und das, ohne zu fragen. Sie arbeitet, als Babysitterin und Deutschlehrerin, und zu Hause wird sie bestohlen. Wahrscheinlich habe die Mutter gedacht, Conny bemerke das nicht. Also heimtückischer Diebstahl. Susi legte ihr sofort dreißig Mark aufs Tischchen. Da, bitte, dafür kann sie sich zwei Karten kaufen. Aber darauf kam es Conny nicht an. Sie weinte und weinte. Und wollte allein gelassen werden. Kam eine Stunde später herüber und sagte, sie könne der Mutter verzeihen, wenn die Mutter gestehe, daß das nicht richtig gewesen sei, ihrer Tochter zwei Kinogutscheine zu klauen, in der Hoffnung, die merke das nicht. Für so dumm wolle sie nicht gehalten werden. Das könne die Mutter mit einer Behinderten machen, aber nicht mit ihr. Also gibt die Mutter zu, daß das nicht richtig war, und verspricht, das nie wieder zu machen. Nie, das heißt in hundert Jahren nicht und unter keinen Umständen ... Khalil sagte nichts. Susi mußte Conny von diesem Thema wegbringen, also erklärte sie ihr, das genau sei Connys Behinderung, daß sie von so einem lächerlichen Quatsch nicht mehr loskomme. Ach, Quatsch nennst du das, rief Conny, und auch noch lächerlich, wenn man sich dagegen wehrt, bestohlen zu werden von der eigenen Mutter ... Susi bemerkte, daß sich Conny vor Khalil aufspielte. Also zog sie sie langsam nach drüben, dort gelang es ihr, sie zu beruhigen.

Als der Wecker die Radiomusik einschaltete, war es fünf. Der jähe Musikschub tat ihr weh. Oh Khalil. Mülheim. Ramadhan. Aber im Dezember konnte er doch um sechs noch essen und trinken. Khalil war auch nicht in die Küche gegangen, er hatte die Wohnung verlassen. Um fünf Uhr morgens. Susi merkte, daß sie an nichts anderes denken konnte. Lernte der schon? Sie hatte ihm hundertmal gesagt, daß er, bevor er lerne, etwas zu sich nehmen müsse. Und sei's nur eine Tasse Kaffee. Dergleichen hörte er sich an, lächelte, nickte sogar, und tat trotzdem, was er wollte. Eine halbe Stunde später konnte er sie anschauen, daß sie das Gefühl hatte, sie versinke in einem Ozean des Glücks. Und streicheln konnte er. Er war überhaupt ein Streichler. Das lag ihm, sie zu streicheln, als sei das eine Aufgabe, die er gar nicht sorgfältig genug lösen könne. Er schloß die Augen, offenbar, um seine Empfindung zu schärfen. Zuerst hatte sie gedacht, er könne ihren Anblick nicht ertragen, aber dann hatte sie begriffen, daß das Augenschließen der Konzentrationsförderung diente. Und was er streichelte, erwachte, wurde lebendig, lebte auf, wurde sogar fester. Er streichelte ja nicht drauflos, sondern leichthin, fast schwebend und doch überaus spürbar. Sie mußte sich beherrschen, sonst wäre sie aufgestanden, rübergerannt, um zu sehen, was er um fünf da drüben tat. Telephonieren konnte er drüben nicht. Sie lag jetzt verkrampft, unglücklich, erledigt. Das geht doch nicht, morgens um fünf aus dem Zimmer rennen, ohne ein Wort. Einschlafen, unmöglich. Also warten, bis er kommt und dir sagt, was er drüben getan hat. Konzentrier dich nur auf eins: Wenn er zurückkommt, kein Vorwurf, kein Schmollgesicht, kein Trauertheater. Das mag er nicht. Als sie einmal nach einer elend langen Warterei laut geworden war, allerdings schon sehr laut, so laut, daß es ihm – sein Gesicht verzerrte sich – physisch wehtat, da sagte er seinen schlimmsten, nachhaltigsten, gefährlichsten Satz: Das nicht noch mal. Wenn er auch geschrien hätte! Aber nein, er mußte seidenweich, aber total knapp sein Das-nicht-noch-mal herauslassen. Also, wenn er hereinkommt, stell dich schlafend. Aber das gelang ihr dann doch nicht. Sie schrie nicht, sie fragte: Und was macht mein Liebster schon so früh da drüben? Hörte sich an wie aus dem Radio. Wenn er eine Antwort nicht für wichtig hielt, machte er eine bagatellisierende Handbewegung. Das hieß: Es lohnt sich nicht, dafür den Mund aufzumachen. Und ließ die Handbewegung streichelnd enden. Jetzt konnte sie die nächste Frage in zärtlich klingende Halbverschlafenheit kleiden: So früh lernst du doch nicht. Er bestätigte das. Dann fuhr es ihr heraus: Könnte es sein, daß du gebetet hast. Jetzt machte er sogar den Mund auf. Und sagte: Ja. Sie sagte: Ramadhan. Er sagte: Ja. Er war schon vollständig angezogen. Die Begegnungen morgens, ihr besonders lieb, fanden in der Ramadhan-Zeit nicht statt, wahrscheinlich, weil er während dieser Zeit der durch den Geschlechtsverkehr verschuldeten Unreinheit durch keine Waschung mehr Herr zu werden fürchtete. Als er dann aus dem Haus war, ertappte sich Susi bei Selbstbefriedigungsbewegungen. Und ließ die Männer auftreten, die sie dazu brauchte. In Wirklichkeit möchte sie nie mehr als einen, und zwar nur DEN einen, wenn sie DEN nicht hatte, dann brauchte sie DIE, es waren Zwillinge, Drillinge, Vierlinge, immer eineiige, alle EIN Gesicht, aber vier Körper, mindestens vier, daß es nicht so schnell vorbei war, daß sie, wenn einer fertig war, sofort den nächsten auftreten lassen konnte und nach dem den Dritten und nach dem den Vierten, und alle stießen dieselbe Hymne hervor, daß sie nämlich alle nur sie, sie, sie und noch einmal sie und nichts als sie wollten, bis sie sie soweit hatten, daß sie aufging und überging in ein Beben, ein Beben von Grund auf und reichend bis in den Himmel, wo sie weiterbebt und bebt und bebt, bis sie ganz verbebt ist und schauen muß, wie sie wieder runterkommt auf diese arme Erde. Wenn sie dann die Augen aufschlug, wunderte sie sich, daß es noch rechte Winkel gab. Dann gab sie's auch Leonardo zur Aufbewahrung. Datei: SB, 23. Dezember, 6 Uhr 50. Khalil würde sie es nicht sagen, weil er, das hatte sie schon bemerkt, nicht dafür war, daß sie es sich selber machte. Sie war dann einen Tag lang nicht so interessiert an ihm wie sonst. Aber das merkte er doch gar nicht. Wahrscheinlich war seine Religion dagegen. Inscha-Allah. Aber ihr ging's dabei besser als bei einem schlechten Liebhaber. Inscha-Allah.

Natürlich rief jetzt der nackte Riese im Zweireiher an. Große Neuigkeiten. Ob es heute noch gehe? Im *KYTHARO*?

Sagte Susi. Herr Hellpapp gab einen Schmerzlaut, dann sagte er: Im *VICTORIAN*. Er hatte Susi dem unten bedienenden Ober so gut beschrieben, daß der sie sofort zur Treppe geleitete, und er empfing sie mit weit ausgebreiteten Armen, aber das angriffslustige Lächeln, samt dem dazugehörigen Blick präsentierte er nicht. Und nicht mehr braungebrannt. Der haarlose Kopf hatte braungebrannt besser ausgesehen. Blaß sah er fast zerknittert aus. Von diesem Bekümmertblassen, der sie da in Empfang nahm, würde sie nicht träumen. Seine erste, mehr angedeutete als ausgesprochene Frage: Ob sie noch mit dem Marokkaner ... Ja, sie sei. Dann mußte er loswerden, wie sehr sein Arthur von Susi schwärme. Susi sagte, sie habe leider noch nichts geschafft. Keine Frau für Arthur. An eine denke sie immer öfter. Die hat zwar auch schon Prostitution hinter sich, die sei aber jederzeit davon abzubringen. Gelernte Friseuse, eigentlich ein liebes, gutes, herzliches Ding, gründlich ausgerutscht, heißt Mafalda, Susi prüft sie noch eine Zeit lang, vielleicht wird etwas daraus. Herr Hellpapp sagte, wen immer Frau Gern bringe, die sei willkommen, er vertraue Susis Urteil mehr als seinem eigenen. Er fliege ja immer noch hinter Yumiko her, in der verzweifelten Hoffnung, sie eines Tages im Bett des Copiloten zu entdecken. Aber jetzt die Nachricht: Er hat, wie sie weiß, den Dachpalast verkaufen müssen, so eine Immobilienperle immerzu unbenutzt zu lassen kann sich ein rechnender Mensch nicht leisten. Jetzt ist aus der Rücklagenbildung Geld aufgetaucht, das Frau Gern gehört. Der Reparaturfonds wies Überschuß auf, auf das Penthouse entfielen fünftausendachthundert. Hier der Scheck. Dann die Weihnachtsfünfhundert für die liebe Conny in bar. Er bitte, jetzt nicht als guter Mensch verdächtigt zu werden, es handle sich um nichts als Überbringung von Zustehendem beziehungsweise Zugesagtem. Susi hatte inzwischen schon eine Routine, Katastrophen und Glücksblitzen gegenüber Fassung zu bewahren. Schlug das Glück ein, war das fast noch schwerer als beim Eintritt der Katastrophe. Wer sich zu sehr bedankt, erregt den Argwohn, ihm stehe, was er gerade kriegen soll, gar nicht zu. Sie tat's also eher ab. Sagte: Prima. Ist ja echt ne lustige Überraschung. Berichtete dann von den Besuchen bei Arthur. So einen feinen Menschen habe sie nie davor kennengelernt. In seinem Gesicht sei andauernd abzulesen, wie er das, was ihm gerade gesagt wird, erlebt. Seine Fähigkeit, an dem, was einen anderen trifft, teilzunehmen, sei grenzenlos. Sie gehe dahin, um ihm zu helfen, und wenn sie weggehe von ihm, fühle sie, daß ihr geholfen worden ist. Für diesen feinen Kerl findet sie eine Frau, das ist sicher. Und sei's die herzensgute Mafalda. Sein Nervenleiden, das ihm alle paar Minuten die Zuckungen durchs Gesicht treibt und die Hände hochwirft –, sie könnte damit leben, leicht sogar, sie hat mit Schlimmerem gelebt. Wäre sie jünger, sofort zöge sie zu ihm.

Der Abschied war noch herzlicher als die Begrüßung. Herr Hellpapp wird nur noch selten hierherkommen. Der deutsche Staat ist eine Räuberbande. Er ist inzwischen Monegasse.

Auf dem Rückweg den Scheck dem Geheimkonto übergeben und dann, liebe Conny, zu dir. Hier sind deine fünfhundert vom Gönner Hellpapp. Jetzt sag gleich mal, was du dir zu Weihnachten wünschst. Und Conny: Tomatensuppe und Kartoffelknödel von Bo-Frost und das neueste Nintendospiel.

Susi ging aufs Klo, um den Einzahlungsbeleg über die fünftausendachthundert hinunterzuspülen, und trainierte das Nichtweiterplappern ihres heutigen Glücks. Frau in Not! Sie wartete auf den Großgewinn ihres *Glücksspirale*-Abonnements. Zehntausend monatlich lebenslänglich, das ist der Preis, auf den sie wartet. Und für zehn Mark extra hat sie die Zusage, daß sie, falls das Glück sie trifft, sofort verständigt wird. Xandra wünschte sich für ihre WG einen Badezimmerläufer. Und Khalil? Durfte man einem lebhaft praktizierenden Muslim zum hochchristlichen Fest etwas schenken? Salim, Lotfi und Shankar waren religiös unauffällig gewesen und stets bereit, sich beschenken zu lassen. Für Khalil eine edle Schreibgarnitur? Khalil freute sich an Schönem mehr als an Nützlichem. Für sie selber – darauf kam nie einer, war noch nie einer gekommen – Chanel Nr. 5. Herrn Hellpapp sei Dank. Schon am Nachmittag trug sie eine stillebenreife Obstplatte zu Herrn

Herzig hinauf. Trauben mußten dominieren. Darum herum Datteln, Kiwis, kernlose Mandarinen. Trauben waren inzwischen Herrn Herzigs liebste Nahrung. Er öffnete die Tür erst ganz, als er die Obstplatte sah. Die roten Erbsen in seinen Mundwinkeln mußten zugenommen haben an Glanz und Größe. Mit dem Zeigefinger vor dem Mund deutete er an, daß man nur flüstern oder, noch besser, gar nicht sprechen solle. Der Mutter gehe es ganz schlecht. Der Arzt habe gesagt, er könne es nicht mehr verantworten, sie hier liegen zu lassen. Aber sie sage, im Krankenhaus sterbe sie sofort, sie dürfe aber doch erst sterben, wenn ihr Sohn gestorben sei. Und er, sagte Herr Herzig, dürfe erst sterben, wenn sie gestorben sei. Das könne sich also durchaus noch hinziehen. Trauben, sagte er. Weil Sie wissen, daß ich den Mund kaum noch aufbringe, suchen Sie die feinsten kleinsten Trauben für mich aus. Oh, Susi Gern. Gestatten Sie mir, daß ich Sie immer noch so nenne. Er legte die Hände wie zum Gebet zusammen und verneigte sich ein bißchen. Susi verneigte sich spiegelbildlich und ging. Für den Vorruheständler hatte sie eine Flasche Killepitsch gekauft. Daß sie diesen Brauch immer noch fortsetze, sagte er, widerspreche allen seinen Erfahrungen. Er könne die Flasche nur annehmen, wenn Susi von ihm nicht verlange, die Menschen für gut zu halten. Susi sei die Ausnahme. Die Menschheit, ein Gesindel. Er habe gelesen, daß in achtzigtausend Jahren die Erde vollkommen unbewohnbar sein werde. Menschenwerk. Den konnte sie nicht zu Weihnachten bekehren. Sie kam sich selber komisch vor. Jetzt waren Liebe und Häuslichkeit endlich in einer Person vereint, jetzt könnte sie Weihnachten feiern mit dem geliebten Mann, jetzt war der ein glaubenstreuer Muslim. Also Zurückhaltung. Keinen Baum mit brennenden Kerzen. Sie hatte ein Photo, auf dem der von Kerzenschein strahlende Baum früherer Jahre zu sehen war, vergrößern und rahmen lassen, das baute sie als Altarbild für den Abend auf. Davor die Geschenke. Als Musik Strangers in the night: Aber so leise wie noch nie. Das wirkte fast weihnachtlich. Alle schienen sich zu freuen. Khalil küßte Susi auf die Stirn. Xandra umarmte Susi kraftvoll. Conny mußte aber sofort ihr Kriegsspiel vorführen. Alle hockten dann eng um Conny, die Weltraumkriegerin, herum. Sie weihte vor allem Xandra ein. Da, in der Ecke, die getürmten Schachteln voller zahlenbedeckter Papiere, das sind die SCORES bisheriger Kriegführungen. Das Ganze sei ihr IMPERIUM, das sie gegen die Angriffe aus dem Weltraum verteidigen müsse. First Level, da, bitte, der spuckt sofort Asteroiden aus, um mich zu töten. Jetzt dreht sich gleich einer um, zeigt seinen Bart, was hab ich gesagt, zeigt seinen Bart, aus dem schießen zwei Laserstrahlen heraus, und hat mich nicht gekriegt, und verrammelt sich, daß ich ihn nicht kriege, der haut nach mir, der ist stärker als ich, aha, das ist schon der erste Oberboß, hier wird nach meinem Namen gefragt, write down your name, Moment, und schrieb auf den Schirm PAPAGEI, und schon geht's los, die Asteroiden höherer Levels brausen herein, feuern aus allen Rohren auf Papagei, aber Papagei schießt doppelt so schnell zurück, verdammt, das hätte das Ende sein können, geschafft, CONTINUE, von Level Zwei weiter, auf geht's, ihr müden Krieger, euch leg ich um mit links, au weih, das war's, nein, ich komm davon, ich verteile mich, Papagei auf vier Raumtransportern, in keinem zu treffen, oh, oh, oh, Papagei weint, I've arrived, Moment, the Energy Chip, where is the Orbital Hideout ... oh, jetzt noch gegen den Energietank der Asteroiden, wenn ich den nicht sofort vernichte, blown to bits, wa, das gibt 'n hübsches score ... Susi ging leise hinaus. Khalil folgte ihr. Sie schlossen die Tür, aber das Peitschen und Zischen der Schüsse hörte man durch beide Türen. Später kam, sich zu verabschieden, Xandra herüber, umarmte ihre Großmutter routiniert, sagte, das Gelernte demonstrierend, Susi mach's gut, der Badezimmerteppich müsse absolut nicht umgetauscht werden, winkte Khalil einen Gruß hin und verschwand: zur WG-Bescherung. Susi schaltete den Fernseher ein, damit Khalil sehe, wie Weihnachten aus allen Programmen strahlte. Weihnachten, ein Fernsehfest sondergleichen, das mußte ihn doch beeindrucken.

Am ersten Feiertag rief Andreas an und sagte seinen Namen so kurz und abrupt wie noch nie. Einsilbig sagte er Andreas.

Susi hauchte: Endlich. Ja, ja, jaa, sagte er, er habe zu kämpfen, wieder alles nichts als ein Kampf, eingebrochen wurde bei ihnen, fünftausend sind weg, sie hatten extra einen Hund gekauft, Rottweiler sogar, der ist verschwunden, am Silvestervormittag wollen sie heiraten, die machen hier kein solches Gedöns mit Papieren, dreißig Leute sind eingeladen, das gehört sich hier so, zuerst einmal zurückrufen, bitte. Und diktierte eine endlose Nummer. Also, er werde durch die Heirat den Namen los, unter dem er gesucht werde. Seine Gläubiger seien Typen, die Spaß am Verfolgen hätten. Er braucht also spätestens bis übermorgen fünfhundert. Telegraphisch. Wenn die Mutter das nicht bar hat, gehe sie zu Klaus, Klaus, der Ober, Vater der ältesten Rocí-Tochter, arbeitet in der Pizzeria in der Pempelforter, hin zu dem und dem mindestens dreihundert abgenommen, der zahlt keinen Pfennig für seine Tochter, ihm sagen, die verhungere sonst, die Operationen – es waren nur zwei – waren teurer als befürchtet, sie haben einen Supermarkt gepachtet, der geht und geht nicht, zwei Cousins von Rocí reingesetzt, die spuren einfach nicht, er lernt die Sprache, er will sich mit Alessandro, wenn der hier sprechen lernt, unterhalten können, Alessandro soll nie etwas von Deutschland hören, Alessandro ist ein großer Mann, jetzt schon, das erlebt man jeden Tag, der wird der König von Südamerika, vor zwei Wochen ein Autounfall, Rocí fuhr, hat Vorfahrt, einer von der Seite voll in sie rein, Rocí ist zum Glück nichts passiert, aber Andreas hat ein Schleudertrauma, drei Rippen gebrochen, das Auto demoliert, und der Kerl brüllt sofort auf Rocí ein, von überall strömen Leute her, nichts zu machen, die bezeugen alle, daß Rocí ihre Vorfahrt nicht hätte ausüben dürfen, weil der andere schon zu weit war, die Aussagen ganz klar gegen ihn, Andreas, gerichtet, da sie einen Europäer fährt, ist sie schuld, basta, also selber bezahlen, und wie das wehtut, die Rippen, das Knie, ach Muttchen, also übermorgen fünfhundert, sonst kann er nicht heiraten, und solange er Gern heißt, ist er in Gefahr, Muttchen, mach's gut. Susi kam nicht mehr dazu, sich zu beherrschen. Losheulen, etwas anderes blieb ihr nicht übrig. Edmund, rief sie leise, Edmund, hast du das gehört, Andreas will nicht mehr Gern heißen. Wenn sie da nicht heulen durfte! Edmund, flüsterte sie, hast du das gehört. Und Edmund antwortete: Weißt du noch, als ich in Saudi-Arabien die Verträge für das Geflügel-Schlachthaus aushandelte, am ersten Tag fährt mir einer, der alles, nur keine Vorfahrt hatte, von rechts voll rein, ich kümmere mich nicht um das Gezeter der Einheimischen, verlange Polizei, Polizei kommt, nimmt auf, vier Tage später der Richter im Eilverfahren: Schuld ist allein Mr. Edmund A. Gern. Begründung: Wenn Herr Gern in Deutschland geblieben wäre, hätte dieser Unfall nicht stattgefunden. Da Herr Gern nicht in Deutschland geblieben ist, hat er den Unfall verursacht. Und Edmund hat, um das Geflügel-Schlachthaus-Projekt nicht zu gefährden, die Strafe, die mit Geld zu büßen war, akzeptiert.

Khalil fand sie weinend, führte sie zum Bett und fing an sie zu streicheln. Auf die bewährte Art. Susi sagte, als sie lag, sie entwickle sich allmählich zur Heulsuse, und das sei ihr nicht recht. Und war glücklich, daß Khalil fragte, was das sei, eine Heulsuse. Sie erklärte es ihm.

Khalil wollte zwischen Weihnachten und Neujahr konzentriert lernen, weil er im Januar und Februar Klausuren nachschreiben mußte. Konzentriert, dieses Wort hörte Susi am liebsten von ihm. Sie fuhr ihn gleich am Montag in die Bücherei. Da man direkt hinter dem Bahnhof nirgends parken konnte, bot sie sich an. Sie ließ Khalil aussteigen, auf ihn zu warten, sei nicht nötig, da er nicht wisse, wie lange es dauere, alles, was er brauche, nachzuschlagen. Sie sah ihn im Bahnhof verschwinden, konnte sich plötzlich nicht zurückhalten, ihm nachzurennen. Das Auto ließ sie einfach in der Immermannstraße stehen. Natürlich war Khalil, bis sie im Bahnhof ankam, schon durch den Bahnhof durch und hatte den Bertha-von-Suttner-Platz hinter dem Bahnhof überquert oder war um ihn herum in die Bibliothek gegangen. Der Bertha-von-Suttner-Platz war durch die silbrigen Neubauten mehr ein Innenhof als ein Platz. In der Mitte des Platzes ein Rund, bestanden mit stählernem Schilf, aus dem im Sommer Wasser hochschießt. Jetzt waren's gebogene Lanzen. Susi stellte sich hinter das dichte Stahlschilf und beobachtete den Eingang VHS/STADTBÜCHEREIEN. Der lag dem Bahnhofsüdausgang direkt gegenüber. Wenn Khalil in die Bibliothek gegangen war, mußte sie ihn, wenn er herauskam, sehen. Neunundsiebzig Minuten stand sie, dann merkte sie, daß sie sich schämte, drehte sich um und ging zurück auf die Bahnhofnordseite. Je näher sie dem Auto kam, desto mißmutiger wurde sie. Läßt sich abbringen von einer höchst notwendigen Erkundung. Sie muß doch wissen, wie sie dran ist. Mit dem. Sonst kann sie doch gar nicht leben. Und vertreibt sich selber! Wegen Sichschämen! Vor wem denn? Blödesuse! Wer sich schämt, ist verloren!

Und war doch nicht fähig, umzukehren, zurückzugehen auf den Beobachterposten. Inzwischen konnte Khalil, wenn er tatsächlich drin gewesen war, die Bibliothek verlassen haben. Sobald sie im Auto saß, fragte sie Edmund, was sie tun solle. Er sagte: Schnucke, du kannst einen, der weg will, nicht halten. Was hast du davon, wenn du einen, der weg will, hältst? Einen Gefangenen! Willst du einen Gefangenen? Erinnere dich, ich habe dir einmal aus einem der Balkonbücher vorgelesen, ich glaube, es hieß *Percy auf Abwegen*, da läßt sich ein Chef von seinem Fahrer zum Kaufhaus fahren, verschwindet im Kaufhaus, für immer. Edmund hatte das so vorgelesen, daß Susi gedacht hatte, so zu verschwinden müsse ein Männertraum schlechthin sein. Sie konnte jetzt nicht heimfahren. Die Wohnung war für ihre Unruhe zu klein. Also parkte sie das Auto und suchte in der Pempelforter die Pizzeria, in der ein Klaus arbeitete, dem sie dreihundert Mark abnehmen sollte. Daß der Klaus hieß, erleichterte ihr die Aufgabe. Zuerst ging sie mal auf der Straße hin und her und konnte sich auf nichts konzentrieren. Warum war sie weggerannt, obwohl sie hinter diesem stählernen Dikkicht stand und alles hätte beobachten können! Sie hatte doch ein Recht zu wissen, was der trieb. Gut, Bibliothek, das war nicht der höchstmögliche Abwesenheitsgrad gewesen. Wenn aber die Bibliothek ein Vorwand war, dann war das Verschwinden in der Bibliothek die aufs höchste gesteigerte Abwesenheit. Daß sie das heute abend nicht noch Khalil hinplaudert!

Sie ihn kontrollieren! Kontrolliert zu werden war für ihn das Schlimmste. Angeblich, weil das durch Kontrolle ausgedrückte Mißtrauen ihn zum Verbrecher stempelte. Dann wollte er lieber einer sein, als behandelt zu werden wie einer, ohne daß er einer war. Hatte sie nicht zu ihrem immerzu im Eifersuchtsfieber rasenden Dirk Pfeil gesagt, daß ihr, wenn er sie so heftig verdächtige, am Ende nichts anderes bleibe, als zu tun, was er ihr nachsage, damit er dann doch endlich im Recht sei. Kontrolle ist Seelenmord, hatte Khalil gesagt. Andererseits hatte ihre Erfahrung zu dem Gesetz geführt: Es gibt keinen ehemännlichen Satz, der nicht gelogen sein kann.

Aber sie wußte jetzt wenigstens, warum sie vom Beobachterposten weggerannt war. Angst. Nichts als Angst. Das nicht noch mal, hatte er einmal gesagt, als er sich überwacht gefühlt hatte. Und schlimmer als dieser Satz war immer das Gesicht, das er kriegte oder machte, wenn er diesen Satz sagte. Zum Fürchten.

Die Pizzeria fand sie, dieser Klaus war Pizzabäcker, unterbrechen konnte er nicht, sie stellte sich neben ihn, sagte auf, was Andreas ihr vorgesagt hatte. Das war ein ganz anderer Klaus als alle Kläuse ihres Lebens. Mild, leise, scheu. Je mehr er zu hören kriegte, um so sorgenvoll ängstlicher wurde sein Gesicht. Der litt doch darunter, daß seine viereinhalbjährige Tochter so weit fortgeflogen war. Dem liefen gleich mehrere Tränen übers Gesicht. Susi fiel ein, ihm zu sagen, wenn er zweihundert bezahle – hundert ließ sie wegen der Tränen gleich mal weg –, könne er seine Tochter bald am Telephon sprechen, dafür werde sie sorgen. Anfangs hatte er Susis Text nur mit Kopfschütteln begleitet, jetzt legte er plötzlich seinen Holzschieber weg, wendete sich ihr ganz zu und sagte: Du kannst übermorgen hier bei mir zur selben Zeit zweihundert holen, ich verlaß mich auf dich. Susi sagte, so ein Gespräch koste dann etwa zwanzig Mark. Und er: Zwanzig Mark ist mir meine Tochter dicke wert.

Daheim fiel ihr sofort der Uringestank auf. Sofort rasten ihr Edmunds Pipiszenen durch den Kopf. Sein und ihr Urinmartyrium. Und landete ganz rasch bei Khalil. Den hatte sie vor diesem Gestank zu schützen! Jeannie! Die hatte schon mal was an den Nieren gehabt. Schnuppernd war Susi dem Gestank gefolgt und stand jetzt vor dem Katzenklo. Prüfte den Sand. Dicke, noch nasse Klumpen. Das konnte nur Jeannie gewesen sein. Sie mußte gleich Dr. Schemel anrufen, ihm eine weitere Lalique-Figur anbieten und ihr Versprechen erneuern, daß sie, sollten ihre beiden Kätzchen tot sein, keine Kätzchen mehr anschaffen werde. Aber noch wichtiger: den Gestank vertreiben. Khalil reagierte gereizt auf Katzengestank jeder Art. Er hatte ihr schon erklärt, daß man, wo er herkam, ein anderes Verhältnis zu Tieren hatte. Susi hatte gedacht: Die haben einfach weniger Defizite. Als sie sich von Dr. Schemels Sekretärin einen Termin geben ließ, tauchte Conny auf und flüsterte: Das war ich. Susi sagte ins Telephon, es habe sich geklärt, und fragte Conny: Warum denn das? Du nennst mich doch immer Kätzken, sagte Conny. Ja, schon, aber ... sagte Susi. Nichts schon und aber, sagte Conny, ich bin's Kätzken, also darf ich aufs Katzenklo. Susi brüllte: Nein.

Conny: Immer wenn du laut wirst, bist du schwach. Aber, sagte sie, sie könne auch ABER sagen, also sage sie, aber nicht nur, weil sie auch ein Kätzchen sei, sei sie aufs Katzenklo, sondern weil Susi sie immer schimpfe, wenn sie auf dem Kloläufer Pipiflecken hinterlasse. Susi sagte, sie werde morgen einen braunen Läufer fürs Klo kaufen, dann gebe es keine Flecken mehr, aber Conny müsse ihr dafür versprechen, nie mehr das Katzenklo zu benutzen. Versprochen, sagte Conny. Und die braune Vorlage verdiene sie selbst. Sie will Blut spenden. Sie hat doch viel zuviel Blut. Susi sagte: Kannste machen.

Zum Glück geht heute die Sonne nicht auf, dachte Susi, als sie am Silvestertag zum ersten Mal zum Fenster hinschaute. Sie würde sich wehren. Gegen jedes Wetter, jede Widrigkeit. Ihr Lebensgrundgefühl: Anspruch auf Glück. Anatol Fahrenhold hätte sie doch nie in eine Welt gesetzt, in der es ein Unglück war zu leben. Wenn die Welt ihr den Anspruch auf Glück verweigert, wird sie aus persönlicher Stärke ihr Unglück zu ihrem Glück machen. Unglücksglück. Nicht zum ersten Mal formulierte sich das in ihr so.

Sie mußte in die Stadt und für Khalil eine erlesene, ganz besondere, ihm noch nicht bekannte Süßigkeit finden. Er würde auch heute, trotz Milleniumssilvester, keinen Tropfen Alkohol trinken. Sie mußte ihm das Fest versüßen. Wenn er das sternenübersäte, schwarz gleißende Hemd und sie die leicht lachsfarbene Bluse mit ihrer letzten Brosche trüge, und an den Ohren ihre letzten Brillis, dann konnte sie nicht sich mit Sekt regalieren und ihn bei Saft sitzen sehen.

Susi fragte den geradezu abenteuerlich jungen Busfahrer, ob er in der Pempelforter Straße halte. Der: Ich halte an allen Haltestellen. Das sagte er aber so, als sage er: Fragen Sie nicht so dämlich und gehen Sie jetzt sofort weiter auf einen Platz, ich kann Ihre Fratze keine Sekunde länger ertragen, ich werde heute noch jemanden umbringen müssen, und Sie sind schuld daran.

Es waren erstaunlich wenig Leute in dem Bus. Susi war durch den groben Ton, in dem der junge Fahrer, der dazu noch fetter als fett war, geantwortet hatte, ganz unsicher geworden. Vielleicht war das jetzt der Umgangston im Bus. Sie war zu lange nicht Bus gefahren. Ihr fiel ein Satz von Andreas ein: Für tausend Mark kannst du heute in Deutschland umbringen lassen, wen du willst, und du kannst wählen, Messer oder Pistole. Was der für eine böse Brille im Gesicht hatte. In der Steeler Straße in Essen gab es nur Brillenträger. Ihre Kindheit war umstellt gewesen von Brillenträgern. In einer Postsiedlung, klar. Schon dadurch, daß Anatol Fahrenhold, ihr in der Erinnerung immer schöner werdender Vater, kein Brillenträger war, waren sie etwas Besonderes. Auch ihre Mutter, keine Brillenträgerin. Sie beobachtete den Busfahrer von schräg hinten. Was Busfahrer für Menschen sein konnten, hatte sie an Ulli, Hildchen Tönnissens Mann, erlebt. Daß die Tochter einen krummen Rücken hatte, konnte sehr wohl an irgendeiner Busfahrergrobheit des Mannes liegen.

Daß dieser Fahrer an der Pempelforter Straße tatsächlich hielt, überraschte Susi. Sie hatte schon damit gerechnet, daß der sie zu irgendeinem Friedhof fahren und dort alle Fahrgäste an der Friedhofsmauer erschießen, dann die Leichen nach Brauchbarem, seien es Nieren oder Geld, durchsuchen würde, daß er dann heute abend, ausgerüstet mit ungeheuren

Mitteln, das Düsseldorfer Millenium als der Oberboß des höchsten Levels durchtoben konnte.

In einer könahen Konditorei fand sie ein wirklich verführerisches Angebot: so bunt und gleißend wie im Augenblick die ganze Stadt. Also auf die Sonne konnte man heute wirklich verzichten. DIAS FELICES prangte auf der brillierenden Packung. Das verstand sie. Das begrüßte sie. Das wollte sie. Jetzt sofort und überhaupt. Edmund, flüsterte sie, Düsseldorf funkelt. Aber künstlich, spitz, gefährlich. Den bösen Busfahrer kriegte sie nicht mehr los. Junge Kerle kamen ihr entgegen, brüllende Transistors geschultert. Sie mußte rennen, außer Atem sein, nicht denken müssen, Luft schnappen und sonst nichts. Sie rannte durch den Flitterglanz. Dann durch bescheidenere Straßen. Ja, das waren Geschäfte, die sie jetzt ertrug. Kebab Salonn – Beste Reste – Auspuff – Bremsen – Reifen – Cosmos Reisen – Leckerschmecker – Bestattungshaus – Erfassen und Abrechnen – En fuule Stock – Preishammer – Panasonic – Techem – Drachenladen ... Sie sang sich von Geschäft zu Geschäft. Sang jeden Ladennamen so lange, bis der nächste sichtbar wurde. Sie wollte nichts mehr denken. Erst als sie auf ein Geschäft zutrieb, in dem Leggins angeboten wurden, hielt sie. Sie hatte zwar mehr Leggins, als sie zu ihren Lebzeiten austragen konnte, sie hatte Leggins in Blau, in Pink, in Rot, fünf oder sechs schwarze, sieben in Weiß, aber jetzt mußte sie Leggins kaufen. Sie trug nur noch Leggins. Den Leggins war es egal, ob Susi gerade mal dikker oder dünner war. Früher hatte sie die Jeans im Liegen angezogen, wenn die anders nicht zugingen. Einmal nicht gespuckt, am nächsten Morgen ein Pfund mehr. Leggins passen immer. Inzwischen wog sie fünf Kilo zuviel. Spucken kam nicht mehr in Frage, die Kraft, die nötig war, um fünf Kilo abzunehmen, hatte sie nicht mehr. Und mit jedem Pfund, das sie abnähme, träten die Falten schroffer hervor. Also Leggins. Für das Rethelstraße-Publikum war sie sicher DIE LEGGINSFRAU. Eine hat immer ein Stirnband um. Seit fünfzehn oder fünfundzwanzig Jahren immer ein Stirnband, egal was sie sonst noch anhat. Hat wahrscheinlich in jungen Jahren Erfolg gehabt mit einem Stirnband, jetzt bleibt sie dabei, bis sie achtzig ist. Eine hat immer denselben Hut auf, aber mit wechselnden Bändern. Wäre Susi dünn, trüge sie keine Leggins mehr. Khalil erwähnt die Leggins mit keinem Wort. Wenn Edmund mit einer Kleidung nicht einverstanden war, sagte er: Wie können die Leute dir so etwas verkaufen. Das waren noch Zeiten. Dieses Interesse! Diese Wachheit! Wenn Khalil sagte, er habe nach der Uni noch eine Verabredung, um halb fünf, dann hätte sie, um zu erfahren, mit wem, fragen müssen: Mit wem. Wenn er in seine Wohnung rüberging, hatte er nie etwas gesagt, also hatte Susi sich beklagt. Und er: Soll ich immer sagen, ich geh jetzt rüber? Susi: Ja. Er: Wie, das muß man andauernd sagen? Und Susi: Ja, das muß man. Aber es war ganz schwer, ihm beizubringen, daß ihr Bedürfnis nach Mitteilung nichts mit Verhör und Kontrolle zu tun hatte. Sie wollte eben immer, immer, immer wissen, wo ihr Liebster gerade war, was er gerade tat und vor allem: was er gerade dachte. Er weiß doch auch, wo sie ist, was sie tut, was sie denkt. Er weiß, egal wo sie ist, egal was sie tut, sie denkt an ihn. Vielleicht hat sie's ihm zu leicht gemacht. Sie will alles wissen, auch wenn es gegen sie geht. Dann vor allem.

Sie stand vor dem Legginsladen und war froh, daß sie keine Lust mehr hatte, hineinzugehen. Mein Gott, er hätte ihr doch wenigstens mitteilen können, warum er immer nur mit der rechten Hand aß. Zerschnitt sich alles so, daß er es nachher mit der Gabel essen konnte. Nach Monaten hatte sie ihn gefragt. Der Prophet Mohammed also. Die Linke für Schmutziges, Hintern wischen u. s. w., die Rechte für Reines. Hat sie doch nichts dagegen, aber sagen hätte er es ihr doch können. Nur der Teufel, sagte er dann noch freiwillig dazu, esse mit der Linken. Und erfuhr, was sie noch gar nicht bemerkt hatte, daß er immer den rechten Schuh zuerst anziehe. Und die Moschee natürlich zuerst mit dem rechten Fuß betrete. Und in der Moschee war er jetzt. Immer noch. Daß Silvester in diesem Jahr in den Ramadhan-Monat fiel, erfüllte sie mit Ahnungen. Wenn er heimkam und sie nur flüchtig auf die Wange küßte, wußte sie: Es ist vor halb fünf. Küßte er herzhafter: Nach halb fünf. Da durfte er. Wenigstens küssen. In ihr sammelte sich eine Art Groll gegen diese Belagerung. Ach was, Belagerung. Der war doch schon ganz und gar eingedrungen, dieser liebe Gott. Susi hatte das Gefühl, die Wohnung sei zu klein. Ein Dritter paßte doch da gar nicht hinein. Und schon gar nicht einer, der so raumgreifend war wie der liebe Gott. Und wie der zunahm, schwoll, sich ausbreitete. In der Ramadhan-Zeit stellte sich dieser Gott regelrecht zwischen sie und Khalil. Khalil vorgestern: Er werde Ramadhan diesmal sechs Tage länger machen. Nach einem Tag Unterbrechung noch sechs Tage dranhängen, das sei bei denen, die es ernst meinten, keine Seltenheit. Und er sei dringend darauf angewiesen, Gott wieder näherzukommen. Im Januar und Februar die Schlußklausuren. Wer, außer Allah, könne ihm da beistehen. Susi war erschrocken wie noch nie. Daß er glaubte, Allah helfe ihm bei den Klausuren, war zuviel. Sie kämpfte nieder, was sich da bilden wollte gegen Khalil, gegen den lieben, sanften, ruhig schönen Khalil. Konnte der etwas dafür? Nein. Aufgewachsen ist er in einer Religionsluft, die hundertmal so dicht ist wie jede Religionsluft hier. Also, häng deine sechs Tage dran, Junge.

Sie stand an einer Straßenbahnhaltestelle, die mit Plakaten tapeziert war, auf denen halbnackte total Drahtige Pyjamahosen anboten für vierundzwanzigfünfzig, peace comes from within, stand dabei, Susi wollte diese Attacke nicht ertragen, fing sich ein Taxi, fuhr heim. Khalil konnte noch lange nicht da sein. Nach der Moschee gingen sie noch ins *ALHAMBRA*, Datteln essen und Wasser trinken. Zur Mahlzeit, mit der dann das Fastenbrechen begangen wird, würde er heimkommen. Er wollte ja dafür selber kochen. Aber Susi wußte, daß Khalil, wenn er sagte, er komme gegen sieben, nicht vor halb acht zu erwarten war. Frühestens. Sie hatte sich zwar daran nicht gewöhnt, aber sie hatte trainiert, das Warten, die Wartestellung, die Wartenerven, den Wartestreß. Ab sieben weckte sie die Warteformeln: Du mußt bei dir durchsetzen, daß du nicht wollen darfst, er komme jetzt gleich. Ihm gefällt es dort, wo er ist. Das ist ihm zu gönnen. Er ist dein Mann. Ohne Vertrauen, sagt er immerzu, sind wir verloren. Aber zu dir darf kein Handwerker in die Wohnung kommen, wenn er nicht da ist. Anderseits zeigt das: er meint es immer noch ernst. Warum kann er ihre Angst um ihn nicht als Liebe erleben? Sie kann so tun, als sei sie dafür, daß es ihm, wo er gerade ist, gefällt, aber sie spürt, daß sie nur so tut. Deine Großmut ist Lippengebet, Suse. Es soll ihm nirgends so gut gefallen wie bei dir, also soll er kommen. Sofort. Anrufen dort, wo er angeblich ist, geht schon gar nicht. Die würden ja wiehern vor Hohn, diese marokkanischen Hengste. Da sie sich nicht selber so belügen kann, daß sie tut, als könne sie seine Abwesenheit um seinetwillen begrüßen, bleibt ihr nichts anderes übrig als sein Nichtkommen hinzunehmen, es wartend zu erdulden. Wenn sie auch wund ist. Fünfzig Jahre lang gewartet. Warten heißt, seinem Nichtkommen zustimmen. Wenn du das nicht schaffst, rennst du hinaus auf die Straße und schreist. Und das hast du dir zeitlebens verboten. Aber daß du zuviel Geduld aufbringst, darfst du dir allmählich eingestehen. Jeden Tag läßt du dir etwas gefallen, was du dir nicht gefallen lassen dürftest. Du machst dir vor, etwas werde sich ändern. Nur weil du dir vormachst, daß du irgendwann, und zwar schon bald, alle Geduld kündigen wirst, erträgst du die Schmach der Geduld. Fluch deiner Geduld. Schande über dein Aushalten.

Sie konnte es sich nicht leisten, gegen ihre Geduld zu polemisieren. Solange sie sich nicht stark genug fühlte, sich ein Leben ohne Khalil vorzustellen, mußte sie das Mögliche hätscheln. Sie muß ihn eine Schonfrist für Fragen erleben lassen. Obwohl sie das Gefühl hat, sie erlaube sich so gut wie keine Frage, zeigt er, daß sie viel zuviel fragt. Selbst auf Fragen, mit denen sie keinerlei Kontrollabsicht verbindet, reagiert er gereizt. Wenn sie ihm dann beweist, daß diese Frage vollkommen harmlos ist, sagt er, es sei ihre Schuld, daß er in jeder Frage eine Kontrollabsicht spüre.

Das schlechthin Gemeine: Wenn er heimkommt, wird er dir die Verspätung wie immer vollkommen verständlich machen. Immer ist es so: Keine Phantasie der Welt reicht aus, dir vorstellbar zu machen, warum er heute gegen sieben da sein wollte und jetzt, nach acht, immer noch nicht da ist und auch nicht angerufen hat. Nachher wird er dir die brutale Verspätung, in der du nichts als Mißachtung fühlst, so erklären, daß nichts verständlicher ist als diese Verspätung. Samt Nicht-Anruf. Sie konnte sich jetzt nicht wehren gegen die Heimsuchungen von früher, die ihr demonstrierten, daß sie längst hätte davonrennen müssen. Jener Apriltag. Der Tag vor der Hochzeit. Ein Donnerstag. Sie war pünktlich von Aenne Klomfass zurückgekommen. Sie hatte Aenne Klomfass, als die sie warten lassen wollte, damit sie dann mit Susi allein sei und ihr von den letzten drei Tagen mit zwei Männern erzählen konnte, fast angeschrieen: Entweder gleich oder gar nicht. Also hat Aenne Klomfass die Nägel, an denen sie gerade arbeitete, der Assistentin überlassen und hatte Susi drangenommen und ihr nur eine Kurzfassung ihres neuesten Abenteuers ins Ohr geflüstert. Vor allem das Fazit hatte sie Susi übermitteln müssen, weil es für Susi noch viel wichtiger sei als für Aenne Klomfass selbst: Eine Frau, die glaubt, einem Mann treu sein zu müssen, ist verloren. Eine Frau, die nicht zwei Männer in drei Tagen verkraftet, hat nichts anderes verdient, als daß sie ausgebeutet, betrogen und, sobald dem Herrn danach ist, auf dem Sperrmüll deponiert wird. Und das am Tag vor Susis Hochzeit. Eben drum, hatte Aenne Klomfass gesagt. Aber Susi war um halb vier zurück gewesen. Um vier sollten Khalil und sie bei der Bittner-Filiale in der Rethelstraße die Torte abholen und sie dann ins *BAAN THAI* schaffen. Kein Khalil kam. Um halb fünf fing Susi an, rumzuschreien. Einen Tag vor der Hochzeit erlaubt der sich das. Warum hast du den überhaupt mitgebracht?! Schrie sie Conny an. Sie hätte doch niemals wieder geheiratet! Dann bringt die doofe Conny diesen Marokkaner an! Du bist an allem schuld, schrie sie. Aber sag ihm das nur nicht, daß ich hier so rumgeschrien habe, sonst wird alles noch schlimmer. Das ist doch ein Vollidiot. Und zwar ein muslimischmarokkanischer Vollidiot! Und befahl Conny: Mit der Straßenbahn vor in die Rethelstraße, die Torte geholt, mit dem Taxi zurück und den Fahrer gebeten, daß der die Torte vom Auto herauftrüge. Dann kommt Conny mit der Torte. Der Fahrer hat sich geweigert, die Torte heraufzutragen. Sofort im *BAAN THAI* angerufen. Die schicken eine Bedienung, die die Torte per Taxi holt. Die DM dreißig waren dann auf der Rechnung. Und um sieben kam Khalil und verstand wieder einmal überhaupt nicht, warum Susi so aufgeregt war. Er hat doch nicht woanders übernachtet. Er hat nur mit Hilfe eines Kollegen ein paar besonders schwierige Aufgaben gelöst. Und Susi hatte sich von dieser Aufregung nicht so schnell erholen können, so gut wie nicht geschlafen hat sie die Nacht vor der Hochzeit und hat entsprechend ausgesehen. So, und jetzt weiß sie, was sie zu tun hat. Sofort. Die Hochzeitsphotos vernichten. Sie hatte, als die Bilder kamen, gerufen, daß sie aussehe wie hundert. Immer wieder hatte sie gedacht, daß diese Bilder sie nicht überleben durften. Jetzt war sie soweit, jetzt hatte sie die Kraft, diese Bilder zu vernichten. Und fing an zu suchen. Sie hatte sie versteckt. Das passierte jetzt immer öfter, sie versteckte etwas so gut, daß sie es nicht mehr oder nur durch Zufall wiederfand. Sie ließ keine Schublade und keine Schachtel aus, fand nichts. Vielleicht hatte sie die Bilder, um ganz sicher zu sein, daß Khalil sie nicht sähe, bei Conny drüben versteckt. Sie durchsuchte Connys Zimmer. Sogar von dem Schachtelturm mit den von Conny bearbeiteten Papieren nahm sie die oberen Schachteln und blätterte darin herum. Nichts. Das hieß: Khalil hatte die Bilder zu sich hinübergenommen. Aber drüben durfte sie nicht suchen. Er hatte sicher alles so hingelegt, daß er es sofort bemerken würde, wenn jemand etwas berührte. Bei ihm suchen, das würde er für Kontrolle halten, dann wäre es ganz aus.

Aber sie war bei der Sucherei auf ihre alte und auf ihre neuere Reizwäsche gestoßen. Die wenigstens konnte sie mit Schere und Klospülung sofort und für immer fortschaffen. Daß sie dergleichen überhaupt aufbewahrte, mußte sie sich doch übelnehmen. Das schwarz gleißende sternenübersäte Hemd und die lachsfarbene Bluse aber legte sie jetzt heraus. Aufs Bett. Den einen Hemdsärmel legte sie unter der Bluse durch, daß Khalil, wenn er einträte, sofort sähe, worauf sie wartete. Sie will doch, wenn er eintritt, locker sein, kein Hauch eines Vorwurfs soll spürbar werden. Silvester. Und was für eins. Das darf nicht mißlingen. Sie ist ja nicht glücklich, wenn sie böse ist. Sie ist nur glücklich, wenn sie lieb ist. Und sie will glücklich sein. Sie muß glücklich sein. Sonst kann sie doch gleich zur Brücke fahren und springen.

Da sie etwas tun mußte, fing sie an, die Blumen zu photographieren, mit denen sie die Wohnung für diesen Abend dekoriert hatte. Vor allem die zwei riesigen Orchideen-Rispen, eine in Rostrot und eine in Weißrosa, die in ihren zwei größten Vasen das Zimmer beherrschten, mußte sie photographieren. Leider hatte sie das viel zu spät entdeckt, das Blumenphotographieren. Wenn sie die Blumenpracht im Dachpalast immer photographiert hätte, könnte sie jetzt ein Album anlegen und ihre Lebenszeit in Blumen durchblättern und sich dabei mit Edmund unterhalten. Weißt du noch, Lieken, wann wir uns von diesen kriegerischen Strelizien beherrschen oder betören ließen? Und Edmund würde sagen, er habe sich von Strelizien weder beherrschen noch betören lassen, da er, das könne sie nicht vergessen haben, solche ins Obszöne weisenden Gewächse im Eigenheim nicht ertragen hätte. Stimmt ja, die hast du nur bei der Edelnutte aufgestellt. Stimmt nicht, Schnucke, nur bei Frau Prellmann. Ach ja, Lieken, klar, bei der Verruchten. Wieder leicht falsch, Schnucke, bei der Verruchtheitsdarstellerin. Und ich sage dir, würde er dann sagen, eine Verruchtheitsdarstellerin ist einer Verruchten immer vorzuziehen. Ich weiß, sagte Susi jetzt ganz leise, je mehr es gegen die Natur geht, um so genußvoller. Stimmt natürlich auch nicht, sagte ihr Edmund, man muß die Natur so bewirtschaften, daß sie an ihrer Steigerung ins Genießbare gierig mitarbeitet. Oh, Edmund, sagte Susi. Ach, Schnucke, sagte er. Mit dir konnte ich immer so gut reden, sagte sie. Und ich erst mit dir, sagte er. Plagiat, sagte sie. Gut, rief er. Hör endlich auf, mich zu benoten, sagte sie. Laut. Schnucke, sagte er, sei doch endlich per Du mit Dir. Sofort, sagte sie. Und schaltete das Fernsehen ein. Und gleich wieder aus. Dazu sagte sie: Allein schau ich mir so was nicht an. Und Edmund sagte herüber: Schnucke, weißt du, was ich dir höher anrechne als alles andere? Ich wüßte es nur zu gern, sagte Susi. Und Edmund beugte sich förmlich herüber und flüsterte ihr richtig ins Ohr: Daß du meine Bücher immer noch nicht verkauft hast! Susi, ganz laut ausrufend: Deine Bücher werden nie verkauft! Lieber mit der Bettelbüchse vors Juwelengeschäft. Ach Schnukke, sagte er, du machst mich glücklich. Und sie ergänzte: Zum Schluß. Sie hörte ihn summen.

Zu Ksenijas Zeiten hat Andreas ausgerufen: Mutter, ich finde den Knopf nicht, wo ich diese Frau abstellen kann. Sie braucht jetzt den Knopf, mit dem sie die Suse abstellen kann, die hinter Khalil herheult. Und öffnete den Rotwein. Und aß die von Khalil für heute gebackenen Karb-Gajal-Plätzchen.

Sie hatte heute ja ihre Hausaufgaben noch nicht gemacht. Das neueste Preisausschreiben war zwar gelöst, aber die Lösungen waren noch nicht eingetragen. Immerhin waren, wenn der Zufallsgenerator mitmachte, DM 250 000 zu gewinnen. Am schwersten war gewesen: Kriminalbeamter, der ein Täterprofil erstellt? Sie hatte Dr. Hornfeck angerufen, der wußte es nicht. Sie hatte auf der Straße einen Polizisten gefragt, der hat sofort gesagt: Profiler. Sie mußte jede Gewinnchance nutzen. Wahrscheinlich würde der Galerist die Zahlungen demnächst einstellen. Immer häufiger dieses Gerede vom überfüllten Markt und wie schwer es sei, überhaupt noch Geld aufzutreiben. Ja, lieber Edmund, am Ende bleibt nur noch Warhol. Aber der wird nicht verkauft. Niemals. Das versprech ich dir. Sie kramte schnell ein paar Photos aus Edmunds bester Zeit heraus. Dieser Mr. Warhol hat ihn erschütternd genau erfaßt. Ein Frontaledmund, der von nichts so durchdrungen ist wie von seiner Bedeutung. Und auf allen Photos, in den verschiedensten Situationen und Ländern, immer das gleiche: Kein Photo, auf dem Edmund nicht der Mittelpunkt ist. Edmund, immer den anderen, bedeutend aussehenden Herren etwas erklärend, erläuternd, eine gerade eingeweihte Produktionsanlage, eine Industrie-Ausstellung, immer alle um Edmund herum, alle schauen immer auf seine sprechenden Hände, aber alle diese Herren sehen immer älter aus als Edmund, erwachsener, er ist immer ein Junge unter Männern. Und so ist er gestorben, als Junge. Und hat immer so schnell gelesen. An einem Sonntagnachmittag drei Bücher. Drei Balkonbücher. Im Liegestuhl. Susi hat immer, wenn sie ein Buch aufschlägt, zuerst das Gefühl: zu viele Zeilen auf einer Seite. Sie hat ja auch Tänzerin werden wollen. Dann aber nach dem Abi gleich ab zu HNO, ein Doktor mit einem Gesicht aus lauter Schmissen. Gönn dir diese Erinnerung, Susi. Fast drei Jahre lang, und schrieb am Ende immer noch Thomapiryn statt Thomapyrin, der Doktor blieb gut gelaunt: Fahrenhold, Ihre Qualitäten liegen ganz woanders, so schön war's in unserer Praxis noch nie, und tönte: Die Fahrenhold macht Rentner froh! Und den Doktor auch. Sagen Sie mal, haben Sie eigentlich Krach mit Ihren Eltern, morgens sind Sie zu früh da, abends gehen Sie raus als letzte, den Doktor hätte sie heiraten können, zuerst die Diktierprobe, Susi malte und malte, und er: Was machen Sie denn da? Sie stenographiert, sagt sie, und warum so langsam, in Normalschrift ist sie, sagt sie, schneller. Der wäre zu haben gewesen, Susi wollte von zweihundert auf zweihundertundfünfzig erhöht werden, dreimal hat sie ihn an ihre Bitte erinnert, und er: Fahrenhold, ich habe vergessen, das mit meiner Frau zu besprechen, und Susi heim, die Kündigung geschrieben, wenn der wegen fünfzig Mark seine Frau fragen muß, danke, und er: Das ist doch nicht Ihr Ernst, Fahrenhold! Und Susi: Doch! Heuert beim Chirurgen an, da floß Blut, Susi wollte bald heiraten, also nicht verrohen. Gekündigt. Sie wollte überhaupt nirgends bleiben. Nirgends gab es genug. Sie wollte immer mehr, als es gab. Sie wußte noch, daß ihr ihre Gier schon früh aufgefallen war. Damals hatte sie gedacht, sie werde sicher bald sterben, deshalb dieser Lebenshunger, diese Erlebnisgier. Schlucken Sie die mal weiter, hatte ihr Internist gesagt, als sie gejammert hatte, wie schmerzlich das für sie sei, die Anti-Babypille nicht mehr nehmen zu dürfen, bloß weil sie jetzt keine Kinder mehr kriegen konnte. Und sie hatte weitergeschluckt und gespürt, wie gut ihr das tat, dieses Schlucken. Schlucken lag ihr. Wie nichts sonst. Ihre Eß-Brechsucht, von Dr. Hornfeck Bulimie genannt, paßte zu ihr. Sie hatte sich für eine Meisterspuckerin halten dürfen. Ach, hätte sie doch dieses Buch geschrieben *Unterweisung im Schlucken und Spucken*. Ganze Hefte hatte sie vollgeschrieben, und dann liegengelassen. Faulesuse. Nur weil ihr das Leben wichtiger war als das Schreiben. Und sie hätte so vielen Menschen helfen können. Und sich selber auch. Sie hätte auf Kongressen gesprochen, Präsidenten und Professoren zu ihren Füßen. Und sonstwo auch.

Oh Khalil.

Er müßte blind sein, wenn er nicht sähe, daß es überall von jungen hübschen Frauen wimmelt. Und daß er ihr nur treu ist, weil ihn seine Religion dazu zwingt, ist ein schlechter Trost. Sie ist ihm treu aus Liebe. Aber sie ist achtundsechzig. Und im Bett eine Niete. Jetzt. Ihre Lieblingsbeschäftigung ist es immer noch, aber wenn sie sich zu gewissen Bewegungen hinreißen lassen will, fällt ihr ein: wenn du das machst, hängt der Busen, wenn du das machst, der Bauch. Ja, wenn er sie ermuntern würde! Tut er nicht. Aber wenn er danach seine Zigarette raucht, weiß sie, daß sie ohne ihn nicht leben kann. Er schält doch nie eine Mandarine, ohne ihr ein Stück und noch eins zu reichen. Edmund hat ihr vom Sauerbraten, den er wie seine Mutter auf pfälzische Art machte, immer den Anschnitt, weil das ihr Lieblingsstück war, aufgelegt. Wenn einer tot ist, hat er auf einmal keinen Fehler mehr.

Sie muß sich, wenn Khalil zurückkommt, beherrschen, sonst schaut sie zu allererst auf seine Hand, ob er den Ring trage. Das könnte er schon für Kontrolle halten, der Abend wäre hin. Wenn da überhaupt noch ein Abend stattfindet. Vielleicht bleibt er die ganze Nacht dort. Oder irgendwo. Ein neues Jahrtausend. Diese wilde Propaganda. Für einen einzigen Abend. Bisher hat für Silvester das Fernsehen genügt. Jetzt muß das Leben her. Aber wenn er kommt, wird sie ihn endlich fragen, was er gedacht hat, als er hörte, in zwei Jahren könne er Deutscher werden, auch wenn er nicht mit einer Deutschen verheiratet wäre. Das muß sie jetzt wissen. Und ihr ist an Wahrheit gelegen, mag sie ausfallen, wie sie will. Das ist ganz sicher. Tröstlicher Schmu ist nicht, was sie braucht. Das wissen die Schonenden nicht. Von der erlösenden Härte der Wahrheit haben sie keine Ahnung. Sie und Herr Hellpapp, Schicksalskollegen. Yumiko und Khalil, die Folterer, unwillkürlich und ahnungslos. Wem man nicht die Wahrheit sagen kann, dem darf man überhaupt nichts sagen. Kein Wort mehr. Stumm muß man, wenn man nicht abhauen kann, mit dem leben, ganz und gar sprachlos. Keine Wahrheit kann so wehtun wie jede Lüge. Wahrheit unter allen Umständen, einen anderen LiebesBEWEIS gibt es nicht.

Paß auf, sagte Susi in den Raum, paß bloß auf. Sie fing an, beide Kätzchen zu bürsten und zu putzen, dann legte sie sich mit ihnen auf Connys Bett. Auf ihrem Bett wartete ja das schwarz gleißende Hemd, das die lachsfarbene Bluse an sich ziehen will. Aber lang hielt sie's nicht aus. Sie wußte, daß es von Minute zu Minute gefährlicher wurde, sich ihrem Gedankenfluß zu überlassen. Der riß sie hin, wo sie nicht hinwollte. Das Leben muß doch, wenn es gut verläuft, so verlaufen, daß man gern stirbt. Dazu muß es schlecht verlaufen. Das Leben muß also, wenn es gut verlaufen soll, schlecht verlaufen.

Sie wollte jetzt nichts mehr wissen von sich. Sie wollte sich nicht mehr begegnen. Sie wußte, daß sie sich endlich ablehnen müßte. Das schaffte sie nicht. Sie möchte von sich keine Ahnung mehr haben. Nicht mehr ins Solarium. Ihr Bauch, ihr Po, ihre ganze Verwelktheit sieht leicht angerötet noch schlimmer aus als weiß. Und Herrn Dr. de Sanctis abgesagt. Was soll das denn, Gesicht zehn Jahre jünger, Busen fünfzehn Jahre jünger, der Rest Methusalem. Als sie sich bei Khalil im Haferkamp-Zimmer über den Vermieter lustig gemacht hatte, der einem Dreißigjährigen keinen Übernachtbesuch gestattet, hatte Khalil gesagt: Was willst du, das ist doch der reine Grufti. Woher hatte er dieses Wort? Von den Studenten. Und wie alt, glaubt er, ist der Vermieter? Sechzig sicher. Ach ja. Und ihm fiel überhaupt nicht auf, was er da gesagt hatte.

Neulich im Fernsehen hat sie zugeschaut, wie die einen zusammentuggern. Keine Sanierungsillusion mehr. Aber: Ohne diese Illusion kann sie doch gar nicht atmen. Dann springt sie. Tust du nicht. Daß sie ihm so wenig sagen konnte! Weil er offenbar keine Wörter brauchte. Neulich kam ihr in den Sinn: Ich will jetzt deine Husarin sein. Daß es zu etwas Entsprechendem hätte kommen können. Aber wie ihm sagen: Ich will jetzt deine Husarin sein?! Kannst du einem gemächlich dahinschaukelnden Kamelreiter doch überhaupt nicht vermitteln! Khalil hat ihr zwei-, dreimal schüchtern und verschwommen geäußerte Wünsche abgeschlagen. Im Bett. Nie mehr könnte sie seitdem einen Wunsch auch nur andeuten. Dick und kreideweiß, basta. Wenn sie mit einem älteren Mann zu tun hätte, würde sie hochkonzentriert und sorgfältig darüber wachen, ihn nicht noch verschämter werden zu lassen, als er wegen seines körperlichen Zustands ohnehin wäre. Sie würde versuchen, ihn zu befreien von seiner Körperangst. Ich weiß, würde sie sagen, daß du'n Bauch hast, den kannst du mir ruhig zeigen. Davon weiß ein Dreißigjähriger nichts, deshalb wird sie sich vollends verkapseln. Oder doch zu Dr. de Sanctis? Das war doch nicht ihr Stil, etwas unversucht zu lassen. Das Gesicht wird saniert. Daß sie nicht mehr vor Spiegeln fliehen muß. Und – das Allerallerwichtigste, das einzige, was zählt – Khalil soll sich mit ihr sehen lassen können! Und warum dann nicht den Busen auch noch sanieren! Warum etwas unterlassen, was dich, wenn du es tust, stärker macht!

Und rannte hinüber, Leonardo zu wecken. Ihr war danach. Und gründete eine neue Datei:

NOTIZEN FÜRS TESTAMENT

Falls sie springt oder so fällt, die Kätzchen sofort zu Dr. Schemel. Einschläfern. Bezahlen mit den zwei letzten Figürchen im Schrank. Das Warhol-Doppelbild verkaufen. Was noch in Kartons ist (siehe die entsprechenden Dateien) sofort verkaufen. Meine zwei Ohrclip-Brillis, verkaufen. Anschaffungspreis 50 000. Von Juwelier Kern bescheinigter Wiederbeschaffungswert 37 000. Khalil kann, falls er will, Conny mit nach Marokko nehmen. Die gehen dort mit Behinderten nicht so knallhart um wie die Deutschen. Alle Verkaufserlöse gehen an Conny. Mit ihrem bißchen Geld kann sie in Marokko mehr anfangen als in Düsseldorf.

Sie ließ die Hände sinken. Sie würde doch nicht springen. Sie mußte sich nichts vormachen. Sei per Du mit Dir. Hatte Edmund ihr aus seinem eng benachbarten Jenseits zugerufen. Danke, lieber Edmund. Und speicherte die Notizen, dann nahm sie Hemd und Bluse, legte sie in die Schachteln, wie sie sie gekauft hatte, nahm noch eine Flasche Martini mit, vergaß auch nicht die rote Prachtpackung mit den DIAS FELICES, fuhr hinunter ins Parterre und läutete bei K. u. K. CZLOWIECZEK. Die, die öffnete war Kirke oder Kalypso, Susi begriff sofort, der blonde Haarturm gehörte zum Beruf, offenbar hatten sie, Kirke und Kalypso, heute geschlossen. Ich bin Kalypso, sagte die Dunkelhaarige, kommen Sie doch rein. Susi sagte, sie wolle nicht stören, nur etwas abgeben. An der Tür nehmen wir nichts an, sagte Kalypso. Als Susi immer noch zögerte, sagte sie: Der Club ruht, kommen Sie. Susi folgte ihr in ein Zimmer, das fast schon eine kleine Halle war. Das hatten sie sicher aus zwei Zimmern gemacht. Ja, schauen Sie sich ruhig um, Frau Gern-Algat. Sagen Sie doch Susi zu mir, sagte Susi. Und von der Bar her rief Kirke: Jetzt sind alle, die einem in diesem Haus lieb sind, versammelt. Bruno, sag, fehlt dir noch einer oder eine aus den fünfunddreißig Waben dieses Baus? Und der Vorruheständler, der mit Kirke an der Bar saß, rief mehr als er sagte: Mir ist keiner und keine zu wenig hier, Kirke. Frau Gern ertrag ich, euch zwei lieb ich, das Jahrtausend endet besser, als es war. Das ist immer so, Bruno, sagte Kalypso, das Ende ist immer das schönste. Susi mußte sich an die Bar setzen, die gleich links neben der Tür begann, dann noch eine Ecke mitnahm, an der Längswand gleich aufhörte, das heißt, Platz machen mußte einem Raum im Raum. Ein gleißend roter Plastikvorhang lief an einer Deckenschiene in den Raum und bog dann wieder zurück bis zur Wand. Susi wußte sofort, dahinter lag der mit Dschungelschilf und Wellen bemalte Whirlpool, von dem jeder schon gehört hatte. Noch attraktiver war, zumindest fürs Auge, was da in der hintern rechten Ecke, also diagonal zur Barecke, zusammenlief. Schilfmatten deckten die Hälfte der rechten und die Hälfte der hinteren Wand bis in die Ecke, die Ecke selbst war ausgefüllt von einem riesigen Bettquadrat, das auf drei Stufen zu erreichen war. Zwei Bettseiten also an zwei Zimmerwänden, und an zwei Bettseiten führten Stufen hinauf. Und von beiden Schilfmattenwänden neigten sich in der Ecke Palmen sanft über das Bett. Auch hier war eine Vorhangschiene in die Decke montiert. Der Vorhang oder die Vorhänge, im Augenblick zurückgezogen, waren aus grünem durchsichtigen Material. Chiffon, dachte Susi. Susi staunt, sagte Kalypso. Susi bestätigte. Und das? sagte Susi und zeigte auf die halbhohe Glasschrankfront, die unter den Fenstern durchging bis dahin, wo dann die Schilfmattenwand begann. Hinter Glasschiebetüren auf drei Ebenen nichts als Feuerzeuge. Susi mußte jetzt doch näher hin, weil der Raum eher dämmrig als hell gehalten war. Tatsächlich, Feuerzeuge, sicher Tausende. Unsere Kunden wissen, sagte Kalypso, wer hier eintritt, läßt unter anderem ein Feuerzeug da. *FEUERZEUG-CLUB* heißen wir. Für unsere Gäste. Wenn Kirke und ich uns dereinst pensionieren, wollen wir etwas zum Zählen haben. Die sehen aus wie ein ganzes Volk, sagte Susi. Eben, sagte Kalypso, dann beschließen wir unsere Praxis mit einer Volkszählung. Susi sah, daß einzelne Feuerzeuge Initialen trugen und fragte, ob überall Initialen drauf seien. Leider nein, sagte Kalypso, das zu verlangen, sei ihnen zu spät eingefallen. Eines dieser Feuerzeuge trug die Initialen EAG, das wußte sie, ohne genauer hinzuschauen. Da sie jetzt direkt vor einem gewaltigen goldgerahmten Portrait stand, das die Wand zwischen den zwei Fenstern ausfüllte, mußte sie doch fragen, wer das sei. Das ist also Tamasz Czlowieczek, der Vater der Zwillinge. Und er ist kein Jagiellonenfürst, sagte Kalypso, der Hermelin, den er da umhat, wurde ihm in Brüssel umgelegt, bei der Verleihung der Ehrendoktorwürde durch die Katholische Universität. Kirke sagte: Altphilologe, verstehen Sie, er hat uns, als er hörte, was wir in Deutschland vorhatten, die Namen geliefert, in Krakau hießen wir ja ganz brav … Nicht, rief Kirke von der Bar her, laß das, kommen Sie doch. Auch sie heute ohne erotisch-martialischen Blondhelm. Ein polnisches Mädchen eben. Susi blieb noch bei dem Schlitten stehen, der aufrecht in der Raummitte, wahrscheinlich da, wo sich die Diagonalen schnitten, mit einem Winkeleisen am Boden befestigt war. Das ist nichts als der Schlitten unserer Kindheit, sagte Kirke. Tamasz hat ihn, als er uns hier zur Einweihung besuchte, mitgebracht. Wir hatten die Einrichtung mit ihm lange und gründlich am Telephon besprochen. Dann er: Die Mitte darf nicht leer bleiben, ich bring euch was mit. Und brachte diesen Schlitten mit. Der ist wunderschön, sagte Susi. Finden wir auch, sagte Kirke. Die gibt's bei uns schon gar nicht mehr, sagte Susi, die Kufen vorne so aufgebogen und sich dann fast einrollend. Dem Hörnerschlitten im Gebirge nachgemacht, sagte der Vorruheständler. Erst als Susi auf einem Barhocker Platz genommen hatte, sah sie, daß Kirke neben sich zwei Krücken stehen hatte. Und einen Fuß im Gips. Aber die zwei Krücken waren rot. Susi sagte sofort, sie habe immer gedacht, wenn sie je einmal an Krücken müsse, dann nicht an die grauen Krankenhausdinger, sondern an solche, genau die habe sie sich vorgestellt, rote. Und erkundigte sich nach der Ursache. Kein Betriebsunfall, sagte Kirke und lachte. Wieso denn nicht, sagte Kalypso, Sturz beim Whirlpoolputzen darf wohl Betriebsunfall heißen. Was Susi trinke? Susi wollte zuerst erklären, warum sie gekommen sei. Öffnete die Schachteln, Hemd und Bluse erstrahlten im sanften Licht der Barbeleuchtung. Und die DIAS FELICES samt Martini. Das sei durch Änderungen in ihrem Silvesterprogramm überflüssig geworden, und sie wolle das loshaben, da sie sonst andauernd auf ihr verpfuschtes Silvesterprogramm hingewiesen werde. Gut, sagte Kirke, als Beitrag zur Entsorgung wird es dankbar akzeptiert. Das Hemd kriegt Bruno. Der zierte sich, nahm's aber dann doch. Und die Zwillinge verlangten, daß er's sofort anziehe. Nach weiterem Zögern ging er in den Vorraum und kam herein, sternenübersät und gleißend. Toll, sagte Kalypso, Bruno, das Sternbild des Kummers, aufgenommen in einen pathetischen Himmel. Schau nur, wie er jetzt strahlt, sagte Kirke. Tatsächlich, der Vorruheständler schien für einen Augenblick seine ganze Lebenserfahrung vergessen zu haben. Aber als sei das schon zuviel gewesen, sagte er plötzlich: Daß Herzig und Mutter abgeholt worden sind, ins Krankenhaus, habt ihr mitgekriegt. Nein, hatten sie nicht. Das dürfte das Ende sein, sagte er. Das Ende ist immer das schönste, sagte Kalypso. Aber bis es soweit ist, sagte Susi. Und was trinkt sie jetzt? Bloody Mary, sagte Susi. Das sei ein Wort, sagte Kalypso. Susi wandte sich noch einmal dem von Palmen überwölbten Bett zu. Die riesige Fläche, eine Kissen- und Deckenlandschaft, der Ecke zu ansteigend und durch die drei Stufen an einen Altar erinnernd. Oase der Liebe, erläuterte Kirke. Susi nickte. Und das alles muß weg, sagte Bruno. Die zwei liebsten Menschen dieses Hauses müssen hinaus. Das sage ich doch immer, Frau Gern, und Sie wollen's nicht glauben, die Menschheit, ein Gesindel. Prost. Der Vorruheständler trank Bier, Kirke Wasser, Kalypso hatte für sich auch eine Bloody Mary gemixt.

Susi mußte aufgeklärt werden. Den Zwillingen ist gekündigt worden. Von der Firma. Obwohl die Zwillinge das Dreifache des im Haus üblichen Quadratmetermietpreises zahlen. Die Firma bedauert echt. Aber je feiner die Mieter und Käufer geworden sind, desto größer der Druck auf die Firma. Whirlpool, Oase der Liebe, Feuerzeugclub, weg, raus, fort. Heute, der letzte Abend. Am Montag kommen die Handwerker. Susi sagte: Das ist ja furchtbar. 's iss wie's iss, sagte der Vorruheständler. Das ist mir auch schon aufgefallen, sagte Susi.

Von den Wänden, gleich gedämpft, Licht und Musik. Die Oase der Liebe ein wenig heller als alles andere, die hellste Stelle, der in die Ecke mündende Polsterberg. Und durch den roten Gleißvorhang rund um den Whirlpool schimmerte auch noch eine hellere Stelle durch. Eigentlich wie in einer Kirche, dachte Susi. Aber für welche Religion? Für meine, dachte sie. Susi sagte, wenn das Haus noch ihr gehören würde, hätte sie sich nicht erpressen lassen von Mietern oder Käufern. Aber das ist doch kein Zufall, daß Ihnen das nicht mehr gehört, sagte der Vorruheständler, das spricht doch Bände. Bruno regt sich mehr auf als wir, sagte Kirke. Kalypso sagte, wenn unser Vater das erfährt, wird er sagen: Hab ich's euch nicht gleich gesagt, Deutschland! Ihr Vater sei Pole, ihre Mutter Deutsche. Krakau. Ob Susi schon einmal in Krakau gewesen sei. Leider nicht. Oh ja, das könne sie gar nicht genug bedauern. Krakau sei keine Stadt, sondern ein Märchen. Ein unzerstörbares Märchen. Ein Jagiellonenmärchen. Auf Schritt und Tritt tausend Jahre. Vater Tamasz hat die Wawelburg beschrieben wie keiner. Krakau, ein einziges Prunkgrab. Nichts kann schöner sein als das Ende. Das bleibt nämlich. Für immer. Ist ja klar. Alles vergeht. Das Ende bleibt. Veit Stoß, Peter Vischer, Thorwaldsen haben dafür gesorgt. In Krakau.

Die Zwillinge wollten einander überbieten. Und Kalypso setzte den Schlußpunkt: Ein Betriebsausflug nach Krakau. Einverstanden? Alle riefen: Einverstanden! Die Bücher von Vater Tamasz über die frühere Welt seien ins Deutsche übersetzt. Kalypso zeigte in die Regale hinter sich, zwischen den Flaschen standen Bücher. Susi fragte, ob die Zwillinge jetzt zurückgingen nach Krakau. Natürlich nicht. Sie haben sich schon untergebracht. Nicht weit von hier. Sie werden Susi eine Einladung schicken zur Eröffnungsparty. Und Bruno bringen Sie gleich mit. Samt Hemd. Der wehrte ab. Warum sollte er irgendwohin gehen, wo das Gesindel in der Mehrzahl auftrete.

Die Feuerwerksblitze und die Explosionen hatten inzwischen draußen so zugenommen, daß Susi plötzlich klarwurde, wo sie hingehörte. Sie mußte sich verabschieden. Kalypso sagte: Vergessen Sie nicht unseren Wahlspruch. Und zeigte auf einen eingerahmten Spruch an der Wand: ALLES IST MÖGLICH. Das hoff ich auch, immer wieder, sagte Susi. Wir leben davon, sage Kirke. Die überreifen Herren, die wir behandeln, halten den Spruch zuerst immer für Gedöns. Dann zeigen wir's ihnen. Dann staunen sie. Und stimmen zu. Susi sagte, wenn Sie die roten Krücken nicht mehr haben, weiß ich nicht mehr, daß Sie Kirke sind. Es gibt Stellen, da beginnen die Unterschiede, sagte der Vorruheständler. Ein Mann müßte man sein, sagte Susi. Und verabschiedete sich so, daß die merken mußten, wie gern sie noch geblieben wäre. Aber wenn Khalil doch noch anrief ...

Wo das liebe Töchterchen sei, frage der Vorruheständler.
Bei ihrer vietnamesischen Freundin.

Alle gaben Grüße an Conny auf, und die Grüße klangen so wenig nach Routine, daß Susi sie möglichst getreu weitermelden würde.

Als sie wieder in ihrer engen Wohnung stand, merkte sie, daß der Zauber, der zwei volle Stunden Khalils Abwesenheit gemildert hatte, rasch verflog. Mußte sie sich jetzt sagen, daß das Leben an ihr vorbeiging? Ohne sie stattfand? Sie am spektakulärsten Silvester des Jahrtausends allein. Als sei das überhaupt die Tendenz aller Zeiten gewesen: die Steigerung der

Einsamkeit Susi Gerns bis zum unübertreffbar höchsten Grad. Sollte die Oktoberwoche achtundneunzig, als auf dreiundvierzig Bettelbriefe nicht eine einzige Antwort eingegangen war, übertroffen werden? Das würde sie nicht zulassen. Mehr als allein kann man nicht sein. Die gesteigertste Abwesenheit Khalils. War sie durch Khalils Abwesenheit einsamer geworden, als sie ohne ihn gewesen war?

Sei per Du mit Dir.

Conny brach herein, donnerte herein. Linh war in dem Schuppen, in dem sie bediente, beleidigt worden, war weinend nach Hause gekommen. Der Vater war ja nie da. Der arbeitete in Köln. Offenbar Tag und Nacht.

Also, das war 'n Ding, sagte Conny, Muttertier, dat gloobste nich. Zuerst sei sie ja mit dem Baby allein gewesen. Das Baby habe fast nur gequengelt und geschrieen, also verlor Conny die Geduld und schlug mit der flachen Hand gegen die Wand und rief Heiliger Bimbam. Und dat gloobste nich, das Baby macht alles nach, was Conny danach noch macht, dat Rotzkrabbel lot sin Jequängel un ech sach dem du bes e leef Kenke, und schlag an die Wand und sach Heiliger Bimbam und dat schlägt an die Wand und sacht Bam. Linh habe sich so was von gewundert über ihr fröhliches Kind, weil das Kind, als sie hereingekommen sei, gerade so richtig am Quieksen war. Dann hat ihre Freundin gesagt ... Conny kann nichts vergessen und kann nichts, was sie nicht vergessen kann, nur einmal erzählen. Nach dem fünften Mal sagte Susi: Du hast es jetzt fünfmal erzählt, jetzt reicht es aber. Und Conny: Muttertier, du hättest das erleben sollen, die Linh sagte ... Susi brüllte: Schluß! No mak keene Ambrahsch on lot et jot sin, sagte unerschütterlich Conny und umarmte ihre Mutter und sagte: Ich bin doch froh, daß ich dich habe. Ich werde dich nie enttäuschen. Und jetzt müsse sie hinüber zu den Levels. Heute Cybernator, oder nie! Heute könne sie, bei dem allgemeinen Geknalle, ja mal richtig loslegen. Und imitierte sofort die zischenden und peitschenden Schüsse ihres Krieges. Und ging.

Als Susi allein war, überlegte sie, ob sie Khalil, wenn er heimkäme, zuerst sagen sollte, daß sein Auto jetzt endlich verkauft werden müsse. Unwiderruflich. Ihm klarmachen, daß er ein schlechter Autofahrer sei. Sie, die ein Vierteljahrhundert Automatik gefahren habe, komme mit der alten Gangschaltung spielend zurecht, er würge den Motor bei jedem Anfahren zuerst einmal ab ... Nein, so keinesfalls. Daß Andreas nicht anruft, versteht sie. Erstens hat er heute Hochzeit, zweitens findet Silvester dort sechs oder acht Stunden später statt, drittens will sie ihn loswerden, innerlich. Nicht mehr warten. Auf keinen mehr. Unglaublich, wie schwer es ihr fällt, selbständig zu sein. Achtundsechzig! Und darf sich ihre Liebe und ihren Haß und die Ununterscheidbarkeit von beiden nicht eingestehen.

Andreas, tot vor ihr sollte er liegen, daß sie endlich tun könnte, was sie tun wollte, immer schon: niederknien, ihn küssen und küssen und schlagen. Er wird enden als Penner am Strand von Südamerika, und das ist besser als im Gefängnis in Deutschland. Frau Oschatz anrufen, jetzt, das wär's. Voller Bewunderung. Aber Theo Oschatz hat gesagt, sie reagiere nicht mehr. Sie hat's also geschafft. Den Fernseher einschalten –, geht nicht. Uneingeschaltet sieht er aus wie das Auge Gottes. Und wenn du ihn anmachst, kannst du nur an den Vorruheständler denken: die Menschheit, ein Gesindel. Quatsch. Sinatra? Auch nicht. Sitzen, und nichts. Das genügt. Nicht. Zeitung lesen. Tatsächlich, das ging noch. Und wie! Die *Rheinische Post*, ein Schmerzmittel. *Vater Rhein hat sich in seinem Bett mächtig breit gemacht.* Millenium, dachte Susi, das läßt der sich nicht entgehen. Dem Schloßturm unten rum lecken. Er wird's nicht übertreiben. In *seinem* Bett, stand da, bitte. Schau, hatte sie gesagt, als sie mit dem krummen Justus an der Promenade saß, schau, auf dem Rhein treibt Abendgold. Der hatte so geglotzt, da wußte sie oder hätte wissen können, daß sie auf zwei verschiedenen Sternen lebten. Eine Anzeige schnitt sie aus für Xandra: *Karriere im Tourismus*. Die Anzeige, über der *Ratingen* stand, schnitt sie auch aus. Für sich. Solange in Ratingen noch eine Hilfsgärtnerin und Maschinistin gesucht wird, wirst du nicht verzweifeln.

Das Telephon. Den Hörer nicht abzunehmen gelang ihr dann doch nicht. Khalil. Susi, sagte er.

Ja, sagte sie.

Ana kanhabek, sagte er. So hatte er es noch nie gesagt. So aus der Kehle. Ihr verschlug es die Sprache.

Said und Fatima, sagte er, seien doch heute aus Casablanca zurückgekommen, die seien immer noch am Reden, was alles dort im Bidonville passiert sei, die zwei seien gar nicht mehr zu stoppen. Wir haben viel zu besprechen, Susi.

Susi sagte: Ja.

Und er: Ich komme jetzt. Jetzt gleich. Du fehlst mir. Mach dich gefaßt auf einen, dem du fehlst.

Susi sagte: Ich mache mich gefaßt auf einen, dem ich fehle.

Er küßte ins Telephon. Und sagte: Bitte, auch.

Sie küßte auch, wenn auch schwächer als er.

Und er: Ich werde dir beibringen, wie man mich küßt.

Susi darauf: Bring mir bei, wie man dich küßt.

Bis gleich, sagte er.

Bis gleich, sagte sie.

Susi rannte hinüber und rief: Conny, er kommt. Nicht stören, rief Conny, ich bin kurz vor dem Sieg. Susi ging zurück. Die Kätzchen waren inzwischen so an die Schießerei gewöhnt, daß sie keine Lust zeigten, sich Susi anzuschließen. Susi legte Frank Sinatra auf. Strangers in the night. Aber so, daß es ganz leise blieb. Fern. Sie wollte an nichts erinnert werden.

Dann kam, ziemlich bald, Conny herüber und stellte sich vor als der neue Cybernator. Susi sagte: Ich gratuliere dir, Mäusken. Conny sagte: Weder Mäusken noch Kätzken, sondern Cybernator. Es ist gleich zwölf, sagte Susi, bin gespannt, ob er es schafft.

Conny: Ich hab das Gefühl, es sei noch was hin bis zwölf.

Dann fängt ein neues Jahrtausend an, sagte Susi.

Und ich der Cybernator, sagte Conny.

Susi mußte Conny umarmen, an sich drücken wie noch nie und sagen: Ich liebe dich so. Und Conny, statt Und ich erst dich: Ich hab dir ein Lied gemacht. Susi bettelte, wie es sich gehörte, und Conny sang, und zwar mit ihrer Doppelstimme:

    Auf meim Kopf die Krone
    iss nich ohne
    iss aus Schaum

> und aus Traum
> auf meim Kopf die Krone
> iss nich ohne.

Susi rief leise: Edmund, hast du das gehört. Sie hörte ihn summen. Was bleibt von uns, fragte sie. Den letzten Porsche hätt' ich dir nicht kaufen dürfen, sagte er. Dann hörte sie, schon ein bißchen leiser: Muß das denn sein, neunzehnhundert, für eine Jacke, jetzt. Dann verstummte er, wie für immer.

Die Glocken fingen an zu läuten. Die Tür ging auf, Khalil war da, legte seine Arme um Susi, zog sie an sich und küßte sie. Gleich auf den Mund.

Bei diesem Kuß blieben beide.

Susi hatte gesehen, den Ring trug er.

Conny stand dicht bei ihnen, Susi spürte sie. Dann sagte Conny zu ihr und Khalil herauf: Mer blewe zusamm wie Kätzke und Tätzke bes zom Lewejottsdach. Susi nickte, konnte sich aber, solange es blitzte und knallte und läutete, nicht regen und sich schon gar nicht von Khalil lösen. Und er sich offenbar auch nicht von ihr. Conny sagte zu ihnen herauf: Ich liebe euch beide. Jetzt lösten beide ihre Münder von einander, ohne ihre Arme von einander zu lassen, und sagten beide zugleich zu Conny hin: Und wir erst dich.

Inhalt

Sonntagskind
7

Glücksrad
199

Strangers in the night
359